KB123318

국제질서 변화와 유엔의 평화·안보 거버넌스

국제질서 변화와 유엔의 평화·안보 거버넌스

초판 1쇄 발행   2019년 2월 20일

지은이 ㅣ 정은숙
발행인 ㅣ 윤관백
발행처 ㅣ 도서출판 선인

등록 ㅣ 제5-77호(1998.11.4)
주소 ㅣ 서울시 마포구 마포대로 4다길 4 곳마루 B/D 1층
전화 ㅣ 02)718-6252 / 6257   팩스 ㅣ 02)718-6253
E-mail ㅣ sunin72@chol.com

정가   47,000원

ISBN   979-11-6068-246-5   93340

세종연구소
세종정책총서 2019-3

국제질서 변화와
유엔의 평화·안보 거버넌스

정 은 숙 저

 도서
출판 선인

저자의 말

회고해 보면 적어도 1990년대 중반까지 한국의 외교안보 정책이나 유관 씽크탱크의 연구과제들이 대체로 글로벌 차원의 문제보다는 한반도와 주변 강대국들과의 관계에 대한 연구에 초점을 두었던 것 같다. 지금도 크게 변한 것은 아니다. 이는 긴 역사를 볼 때 주변 강대국들의 주도권 경쟁 속에서 국가생존과 번영을 추구해야 했던 한반도의 지리적, 역사적 특수성에 비추어 불가피한 점이 있다. 다른 한편, 동서 냉전질서의 종식을 앞두고 가능했던 1991년 유엔가입, 1996년 수원국이었던 역사를 뒤로 하고 선진국 진입의 관문인 OECD(경제협력개발기구) 가입, 2010년 원조공여국 모임인 OECD의 DAC(개발원조위원회) 가입 등은 우리의 외교안보에서 비로소 글로벌 지평의 존재를 일깨워 주는 동시, 그 중요성을 알려주기 시작했다. 2000년대 들어서면서 역대 한국정부는 글로벌 무대에서 명실공한 중견국 클럽의 일원이 되고자 노력해 왔다. 중견국 대외행위의 이점은 단독 혹은 연합으로 다자무대와 다층적 네트워크 외교를 통해 21세기가 요구하는 다각적 국제규범 창출에 기여할 수 있다는 점이다.

글로벌 거버넌스를 위한 최상위 기구가 제2차 세계대전의 참화를 뒤로 하고 연합국이 주도해 1945년 창립한 유엔(United Nations)임은 주지의 사실이다. 본 저서는 2018년 세종연구소 종합연구의 일환으로 탄생했다. 세종연구소가 수석연구위원들에게 자신이 발표한 연구결과들을 종합하여 한 권의 책으로 발간토록 장려한 결과이다. 주제를 가급적 "국제평화와 안보" 거버넌스 영역으로 정하여 유엔과 유엔체계의 역할과 활동을 살펴보고, 거버넌스 갭을 지적하며 더불어 향후 발전 방향을 제시해 보고자 했다.

여기 실린 글들은 기본적으로 그간 저자가 국제평화와 안보측면에서 유엔과 유엔체계, 글로벌 거버넌스, 다자주의 등에 대해 발표해온 논문과 저서, 단문, 국제회의 발표문 등을 보완, 정리한 것이다. 이 책자를 위해 새롭게 집필한 글들도 포함된다(제1부 유엔 어제와 오늘; 제2부 7장 다자주의 퇴조 속 구테흐스 사무총장 취임; 제3부 1장 유엔평화유지활동 도전과 응전: HIPPO와 A4P) 등이다.

최근 3년(2015-2018) 저자는 국제유엔체계학회(ACUNS, Academic Council on the United Nations System)의 이사로서 이사회 운용 및 전체 ACUNS 활동을 가까이 목도하면서 유엔과 유엔체계의 현주소, 그 성과와 한계에 대한 실질적 이해를 도모할 수 있는 기회를 가질 수 있었다. 이 경험은 본 책자 출판에 큰 동기부여가 됐다. ACUNS는 냉전종식의 기운이 감돌던 1988년 창설되어 지난 30년간 유엔체계, 다자주의, 국제기구 등에 관한 연구발표의 장이 됨은 물론 여러 채널을 통해 연구자들의 논의를 뉴욕, 비엔나, 제네바 등지 유엔 종사자들에게 연계하는 데에 선봉이 되어왔다. 현재 ACUNS는 교수 및 연구자, 현장업무 종사자 등 500여명이 참여하는 일종의 글로벌 전문가협회로 성장했다. 54개국 전문가들이 참여하고 있다. 이 책자를 내놓으면서 필자는 개인적으로 지난 3년간 ACUNS 이사직을 수행하게 된 것이 실로 큰 보람이었음을 느낀다.

날로 변모해 가는 산업기술 시대, 76억 세계인구의 현재와 미래가 보다 안전하고 행복해 지기를 기대하며, 우리 정부와 민간도 이에 대한 기여를 도모하고 궁극적으로는 수혜자가 되기를 바란다. 미흡하지만 이 책자가 한국의 학계와 정책부서에 유엔과 유엔체계의 이해를 위한 유익한 기초서가 되기를 바란다.

끝으로 이 책의 집필을 물심양면 지원해준 세종연구소에 감사드린다. 세종연구소 연구지원팀과 도서출판 선인의 노고가 컸다. 고려대학교에서 석사학위를 목전에 둔 이영현 양, 이제 막 뉴욕에서 박사학위 과정을 시작한 윤희원 양에게 그간 자료의 수집, 정리에 도움을 준데 대해 감사하며, 두 조교의 장도(壯途)에 축복을 기원한다. 무엇보다 오늘을 있게 해주신 사랑하는 가족에게 이 책을 바친다.

연구실에서
2019년 2월 1일

차 례

서론

인류가 1945년 전쟁의 참화를 뒤로 하고 창립한 유엔은 2019년 현재 74세이다. 51개국으로 시작된 유엔은 이제 193개 회원국을 가진 인류 최대 국제기구가 되어 글로벌 거버넌스의 정점에 있다. 연일 유엔과 30여 유엔체계 기구들이 국제관계, 국제법, 글로벌 거버넌스 등의 영역에서 중요한 역할을 수행하고 있는 것이다.

유엔의 임무와 기능은 헌장의 목적과 원칙에 따른다. 헌장이 부여한 권한과 국제적 성격에 따라 유엔은 평화와 안보의 문제, 난민, 기후변화, 지속가능발전, 인권, 군축, 테러리즘, 인본주의 및 보건 비상사태, 성평등, 식량생산 등 21세기 인류가 직면한 다양한 현안들에 대해 행동을 취한다. 유엔은 또한 회원국들에게 총회, 안전보장이사회, 경제사회이사회를 위시한 각종 유엔 조직 및 위원회에서 자국의 입장을 피력할 수 있는 포럼을 제공한다. 회원국간 대화를 가능케 함으로써, 또 협상의 장이 됨으로써 유엔은 회원국 정부간 합의점 모색 및 문제 해결의 기제가 되고 있는 것이다. 유엔 행정의 최상위 관리자는 사무총장이다.

본 책자는 2018년 세종연구소 종합연구의 일환으로 탄생했다. 세종연구소가 수석연구위원들에게 자신이 산출한 기존의 연구결과를 종합하여 한 권의 책으로 발간토록 장려한 결과이다. 유엔과 유엔체계 산하 모든 기관 혹은 이들이 다루는 모든 이슈를 한 사람의 전문가가 한 권의 책으로 다루기는 불가능하다. 인류에 대한 다양하고 방대한 도전을 다루기 때문이다. 본고는 주제를 가급적 "국제평화와 안보" 거버넌스 영역에서 유엔과 유엔체계의 역할과 활동을 살펴보고, 거버넌스 갭을 지적하며 더불어 향후 발전방향을 제시해 보고자 했다. 그러다 보니 유엔헌장상 국제평화와 안보의 담보를 존립근거로 하는 유엔안전보장이사회(이하, 안보리) 그리고 범지구적 정통성을 지닌 다자포럼으로서 유엔총회가 유엔체계 여러 기관 중 가장 핵심적인 정책결정자의 지위를 갖게 된다. 행정지원 차원에서는 유엔사무국과 그 수장인 유엔사무총장이 중요한 행위자가 된다.

1991년 소련붕괴 및 냉전종식이후, 세계는 미소(美蘇)간의 정치, 군사적 대립과 충돌 가능성이 사라진 반면 근대사를 분쟁으로 물들였던 인종, 종교, 문화적 차원에서의 갈등이 재연되고 있다. 이의 해결을 위한 국제사회의 노력이 요구되면서 유엔에 대한 기대와 관심도 증폭되고 있다. 코피 아난 전 유엔사무총장은 더 이상 국가폭력에 의한 주민학살을 방치해서는 안 된다는 의미에서 1999년, '두 개의 주권개념'(Two Concepts of Sovereignty)이란 제하의 단상을 *Economist*지에 기고했다. "개인주권"도 "국가주권"과 동등한 주권임을 강조한 글로, 경우에 따라 국내문제가 단순히 국내문제로 취급되기 어려움을 말한다.[1] 나아가 2001년 9.11사태 이후 테러와의 전쟁 및 2003년 연합군의 이라크 군사작전이라는 돌발변수의 충격 속에서 아난은 "보다 큰 자유"(In Larger Freedom) (2005) 제하의 보고서를 통해 "발전, 인권, 안보가 공히 글로벌 차원의 문제인 만큼 상호연관성에 초점을 맞추어야 한다"고 주장했다.[2]

21세기 들어 어느새 19년이 흘렀다. 유엔안보리내 거부권을 소지한 상임이사국 5개국간 유엔 다자주의를 보는 시각차가 드러나고, 상호간 유엔밖 외교안보 정책 견제도 만만치 않다. 시리아, 우크라이나, 예멘에서의 평화정착, 이란핵, 북한핵 문제, NPT레짐의 보존방식에 대해 원론은 같지만 현실주의적 강대국 정치를 배제하기 어렵다. 트럼프 행정부는 2015년 타결된 파리 기후변화협약으로부터의 탈퇴를

---

[1] Kofi A. Annan, "Two Concepts of Sovereignty," *The Economist*, 1999.9.19.

[2] http://www.un.org/largerfreedom/summary.html

선언했다. 유엔에 대해 썩 호의적이 아니다. 여기에 2010년 중반을 기해 봇물처럼 터진 중동 난민들의 유럽 이주, 중동 혼란을 틈타 등장한 '이슬람국가'(IS)의 대륙을 넘나드는 국제테러리즘 등은 역설적으로 다자주의 퇴조를 불러오고 있다. 2017년 제9대 유엔사무총장으로 취임한 구테흐스 현 총장에게는 이러한 국제질서 동향을 극복하고 지구촌 문제를 같이 해결해 나가는 것이 적지 않은 도전이다.

  본 책자가 안고 있는 특성과 제한점을 미리 밝혀둔다. 전체적으로 여기 실린 글들은 새롭게 집필한 글도 포함하지만, 기본적으로는 세종연구소 종합연구 취지에 맞추어 1990년대 이후 필자가 유엔과 유엔체계, 글로벌 거버넌스, 다자주의 등에 대해 발표해온 글을 토대로 한다. 이에 따라 다음 측면에서 독자의 이해를 청한다.

  첫째, 기존 발표문의 경우, 제목각주에서 글의 출처와 함께 발표시점을 알린다. 2019년 시점에서 보면 분명 시간적 간극이 있다. 그럼에도 해당 글을 부분적으로 업데이트하기 보다는 가급적 당시 시점에서의 논점을 그대로 살리는 쪽이 오히려 일관성을 살릴 수 있다고 판단했다. 대신 최근의 유엔활동과 조직, 동향 등을 집중적으로 포괄 소개하는 제1부(部) (유엔, 어제와 오늘)를 새로 집필하였고, 더불어 각 부(部)말미에 집필시 참조가 된 문헌과 함께 주제와 관련된 최근 신간들을 소개하는 '참고문헌' 공간을 두는 방식으로 독자들에게 도움을 주려 했다.

  첨언하자면 저자를 포함해 외교안보 분야 전문가들은 보통 매일매일의 정세변화에 매몰되기 쉽다. 이번 세종연구소 종합연구과제 수행을 기회로 수년전 발표된 논문들을 다시 읽으면서 여전히 그것들의 유용성을 알게 되었다. 시간이 빨리 흐르고, 국제정세가 빠르게 변화하는 것으로만 알았는데, 큰 줄기로 본다면 꼭 그렇지만은 않다는 생각을 떨치기 어려웠다. 즉, 유엔의 평화 · 안보 역할을 주제로 한 저자의 몇 년간의 연구들을 모아 정리하고, 또 부족한 부분을 메꾸다 보니 이 방법이야말로 지금 벌어지는 일들을 좀 더 긴 안목에서, 좀 더 깊게 볼 수 있는 방식이구나 하는 생각이 들었다. 나아가 미래의 유엔 기제와 활동, 국제질서의 흐름에 대해서도 무엇인가 작은 안목이 생긴 것 같다. 이 점은 이번 작업의 큰 소득이었다.

둘째, 구성상 처음부터 책의 구도를 설정해 차례차례 집필간 저서들과의 차이점이다. 우선은 저자의 기존 발표된 연구물들을 모아 정리하는 방식이다 보니, 각부와 장을 구성함에 있어 다소 어색한 부분이 있을 것이다. 먼저 유엔의 개요, 그리고 유엔의 국제 평화 · 안보 관련 핵심주체로서 안전보장이사회, 그리고 이의 수행을 맡은 사무총장의 역할을 살핀 후, 현안으로는 저자가 그간 연구해온 평화유지활동, 유엔과 인권의 국제화 문제, 유엔이 맞닥뜨린 글로벌 비전통 안보로서 테러리즘의 패러다임 변환, 그리고 헌장 7장에 입각한 안보리 제재, 국제질서와 유엔관계 측면에서 유엔안전보장이사회 5개 상임이사국간 유엔밖 견제와 경쟁 구도 등 모두 7개의 부(部)를 두기로 했다. 더러는 사례연구도 포함된다. 다음으로 왜 그 주제를 연구했는가 질문을 받을 수 있다. 답은 그때그때 저자 스스로 중요한 문제라고 생각했거나, 외부의 요청에 의해 연구에 착수한 결과라고 하겠다. 요컨대, 귀납적으로 기존의 글들을 연결하는 데 따른 구성의 부자연스러움이 있고, 이에 따라 같은 부(部)내 글들간, 주제에 관한 이론적, 역사적 배경을 다소 중복 설명하는 경향도 있을 것이다.

셋째, 각 글들의 형식 및 분량이 일률적이지 않다. 심층규명 혹은 이론가설 검증 등 학술논문이 기저이지만, 2-5쪽 분량 논평형식의 단문들도 포함된다. 특히 세종연구소가 발간해온 월간지 「정세와 정책」과 이(e)메일로 배포하는 '세종논평'은 저자의 시사적 단상을 정리해온 기회의 창이었다. 학술적 연구물과 시사논평이 나란히 게재된 사실은 유엔 평화 · 안보 거버넌스에 대한 학술적 분석과 동향분석간 균형을 도모하는 이점이 있을 것이나, 독자에 따라서는 기대방향에 따라 시사성을 중시한다면 너무 학술적이라고 할 수 있고, 학술성을 중시한다면 너무 시사적이라고도 할 수 있을 것이다.

넷째, 게재글 중에는 원래 발표문이 영어인 경우, 필자가 한글로 번역하여 게재했다. 독자들은 제목각주에서 이 사실을 알 수 있다(제3부 4장 "한국, 중국, 일본의 유엔평화유지활동 참여"; 제4부 3장 "인도주의적 군사개입, 시행착오의 여정"; 제6부 2장 "유엔의 대북비확산 제재, 2013년 잠정평가"). 처음부터 한글로 쓴 글에 비해 부자연스러울 수 있다. 단, 2016년 12월 필자가 ACUNS(국제유엔체계학회) 웹사이트에 기고한 짧은 서평은 영문원본을 그대로 실었다(제6부 4장 "유엔 타깃제재의 영향과 실효성"). 이는 짧은 분량에 전문어휘들이 많아, 그편이 독자들과의 소통에 나을 수 있다는 바람에서였다.

I.

제1부(部) '유엔, 어제와 오늘'은 본 책자의 도입부다. 각론에 들어가기 앞서, 국제관계 이론적 시각에서 보는 유엔, 초심 차원에서 제2차 세계대전 중 유엔이란 국제기구를 염원했던 연합국들의 염원과 노력 반추, 유엔과 유엔체계의 복합적 구조, 그리고 오늘날 이들이 평화, 발전, 인권 3축을 넘나들며 상호조율적으로 수행하는 폭넓은 활동을 소개했다. 책자의 문을 여는 서설인 만큼 평화·안보 부문에 국한하지 않고 종합적으로 유엔이라고 하는 국제기구를 조망코자 한 것이다.

먼저 제1장은 국제관계이론 측면에서 유엔을 바라보고 미래를 전망해 보았다. 현실주의, 다원주의, 글로벌리즘의 틀, 다른 하나는 신현실주의와 신자유주의 틀에서 각각 유엔의 가능성과 한계를 찾고, 논쟁의 지속보다는 통합의 길을 권고한다. 즉, 이들 이론들은 국제문제와 국제협력에 대한 경쟁적이 아닌 상호보완적 요소를 더 크게 갖고 있는 것이 아닌가 여겨진다. 제2장은 제2차 세계대전 중 독일, 이탈리아, 일본에 맞서 싸우면서도 좌절하지 않고 날로 강해졌던 연합국들의 국제평화기구 염원이 마침내 1945년 10월 유엔창설에 까지 이른 과정을 되짚어 보았다. 이즈음 유엔안전보장이사회 5개 상임이사국간 크림의 러시아 복속, 시리아 내전, 심지어 미국 대선 중 러시아의 개입, 영국 솔즈베리 독극물 사건, 남중국해 갈등 등 상호불신의 장벽이 높아지는 국제질서 속에서 유엔헌장이 추구하는 초심으로 돌아갈 필요성은 더 커졌다고 하겠다. 제3장은 유엔 기본조직과 유엔 "체계" 혹은 "가족"의 방대한 구조를 설명하고, 상호간 유기적 관계를 조명한다. 후자에는 15개 유엔전문기구, 3개 유엔관련기구, 12개 유엔기금 및 프로그램이 포함된다. 제4장은 평화·안보, 인권보호, 지속가능발전 인도주의적 지원, 국제법 지지 등 유엔의 다양한 활동과 이들 각각에 대한 전담조직과 협업체계를 정리했다. 시간이 가면서 유엔능력 제고를 위해 재편되기도 한다.

Ⅱ.

　제2부는 '유엔평화·안보주체로서의 안전보장이사회와 사무총장'에 관한 저자의 비교적 짧은 글들을 모았다. 유엔평화·안보 부문 정책결정기제로서 유엔안전보장이사회의 동학, 그리고 실질적 업무수행의 책임을 지는 유엔사무국의 수반인 유엔사무총장에 대해 그 임무와 역할, 그리고 도전과 업적을 살펴보았다. 주지하다시피 유엔헌장상 유엔안전보장이사회는 국제평화와 안보의 담보를 존립근거로 하며 유엔 평화·안보 거버넌스의 핵심적 정채결정자의 지위를 갖는다. 15개 이사국은 거부권을 소지한 상임이사국("P5")과 나머지 지역배분을 고려하여 임기 2년으로 총회가 선출하는 10개 비상임이사국으로 구성된다. 행정지원 차원에서 유엔사무국과 그 수장인 유엔사무총장도 중요한 행위자가 된다.

제1장부터 제5장은 유엔안보리 관련 주제다. 제1장은 총론격으로 5개 상임이사국 관계를 정리했다. 강대국이기도 한 이들 5개국간 특히 미국, 영국, 프랑스를 한 축으로 하고, 중국과 러시아를 다른 축으로 하는 민감한 동학과 구조를 밝힌다. 냉전이 종식된 오늘날 이들 거부권을 소지한 상임이사국들은 한편으로는 국제평화와 안보를 목표로 한 다자주의를 지향하고 선도하지만, 다른 한편으로는 현실주의적 국익고려에 따른 입장을 극복하기가 쉽지 않다는 요지이다. 제2장과 3장은 안보리 개혁논의에 관한 두 논평으로서 제2장은 안보리 개혁논의와 한일관계, 제3장은 공히 제2차 세계대전 발발의 책임에서 자유로울 수 없는 독일과 일본의 유엔안보리 상임이사국 진출노력을 비교해 보았다. 제4장과 5장은 현실적으로 미국 43대 부시대통령 집권기인 2000년대 초, 특히 9.11테러 이후 이라크 군사작전을 전후로 한 유엔안보리 향방에 대한 전망, 그리고 이라크 전후 복구단계에서의 유엔의 역할을 사례차원에서 살폈다.

제6장부터 9장은 유엔사무총장에 관한 것으로 제7대 아난, 제8대 반기문, 현재 제9대 구테흐스 총장의 선출, 과제, 업적 등을 다뤘다. 퇴임후 시리아 내전, 미얀마 소수민족 분쟁 등의 해결을 위해 애써온 아난 전(前) 사무총장은 2018년 8월 영면에 들어갔다. 그는 재임기(1997-2006) 주권국가내 정부에 의한 주민학살을 목도하고 이에 대한 국제사회의 '보호책임'(R2P, responsibility to protect)개념을 수용했으며, 인도주의적 개입, 평화구축위원회 신설, 빈곤국 지원을 위한 '새천년 개발계획목표'(MDGs) 출범 등 업적을 남겼다. 아난의 뒤를 이어 대한민국 외교부 장관을 역임한 반기문 사무총장은 재임 10년간(2007-2016) 유엔 최고위 행정가로서 전세계적 기후변화협정 타결(2015), '지속가능 발전목표'(SDGs, 2015-2030)출범을 선도해 나갔다. 취임과 함께 AU(아프리카연합) 회원국 군만을 자국주둔 평화유지군으로 허용하던 수단 대통령을 설득, 유엔사상 최초로 AU-유엔 혼성 평화유지단을 다르푸

르에 파견했으며, 2014년 유엔평화활동 전반의 문제점과 개선을 목적으로 한 고위급 독립패널(HIPPO, Independent High-Level Panel)을 창립, 2015년 그 보고서(「평화활동에 관한 고위급 독립패널 리포트: 정치, 파트너십, 사람」 *Report on Peace Operations: Politics, Partnership and People*)가 공개되는 등, 평화활동에 큰 족적을 남겼다.[3] 유엔은 제9대 사무총장 선출을 앞두고 기존 선출규범과 관행을 유지하면서도 보다 투명하고 공개적인 인터뷰 방식 가용 등 글로벌 리더십 선택기법에 변용을 기했다. 그에 따라 선출되어 2017년 1월 취임한 현직 사무총장 구테흐스에게는 많은 도전이 놓여 있다. 그는 현재 미국 트럼프 정부를 위시하여 전세계적으로 다자주의 퇴조의 분위기 속 기후문제, 지속가능발전, 난민, 인권, 인도주의, 핵과 미사일 비확산 등 여러 부문에서 유엔의 가능성과 한계를 짚어가고 있다. 구테흐스 총장은 2018년 3월 28일, 안보리 고위급 토론회에서 유엔평화유지활동 70주년을 맞아 '평화유지를 위한 행동'(Action for Peacekeeping, A4P)구상을 출범시켰다. 그 골자는 성공적 유엔평화활동은 '책임공유'에 입각한 '집단적 행동'을 요한다는 것이며 (i) 현실성 있는 기대, (ii) 평화유지 임무강화 및 안전화, (iii) 정치적 해결·조직개선·장비보충·훈련강화를 위한 지지 동원을 다짐하고 있다.[4] 2018년 9월 25일 100여개 회원국, 지역기구, 국제기구 등이 참가한 A4P 고위급 회의는 이의 이행을 위한 중대한 노정이 됐다.[5]

Ⅲ.

제3부 '유엔평화유지활동의 지평'은 본격적으로 유엔 평화·안보 거버넌스의 핵심 중 하나인 평화유지활동(Peacekeeping Operations, PKO)

을 다룬 저자의 글들을 모았다. 제1장은 유엔PKO의 도전과 응전차원에서 위의 2015년 채택된 HIPPO의 보고서 내용을 살피고 구테흐스 사무총장의 구상인 A4P의 요지를 밝힌다. 제2장은 냉전기 대비 냉전 종식이후 유엔PKO의 특성, 현황, 도전요소 그리고 글로벌 주요국들의 입장과 PKO의 미래를 살폈다. 제3장은 21세기형 통합 유엔PKO사례로서 코소보행정미션을 필자의 현지조사 결과를 반영, 심층적으로 조명했다. 1999년 출범하여 아직도 존립하고 있는 코소보행정미션은 유엔 PKO운영 방식의 전환기적 변혁을 감지할 수 있는 대표적 사례이다. 제4장과 5장은 동아시아 국가들의 유엔PKO참여에 관한 것이다. 한국, 중국, 일본의 참여 동기와 전망, 그리고 한국군의 국제평화유지활동 배경, 성과, 도전요소를 각각 짚어 보았다.

Ⅳ.

제4부는 유엔과 인권의 국제화에 대한 논문들을 정리했다. 제1장은 인권의 국제화 측면에서 냉전종식이후 유엔인권위원회의 역할, 유엔 안보리 상임이사국 중 하나인 러시아가 21세기 진입을 앞둔 시점 체첸작전으로 인해 유엔인권위원회의 지적을 받고, 이에 조응하는 과정을 분석했다. 이는 냉전기 수준을 훌쩍 넘는 인권의 국제화에 대한 새로운 지평인 것이다. 60년 역사를 지닌 유엔인권위원회(Commission)는 2006년 유엔인권이사회(Council)로 거듭났다. 제2장은 1993년 신설된 헤이그 소재 구유고슬라비아국제형사재판소(ICTY)의 피고가 된 밀로셰비치의 1990년대 발칸전쟁기 역할을 검토했다. 최후의 순간까지 세르비아의 영광을 위해 유럽 한복판에서 여타 인종들의 대량학살을 결과한 그는 2001년 크로아티아 독립전쟁, 보스니아 전쟁, 코소보 전쟁에서의 인도주의에 반한 전범 혐의로 헤이그로 신병 인도되어 재판을 받게 됐고, 재판중인 2006년 심장이상으로 사망했다. 그의 개인적 흥망성쇠는 오늘날 극심한 인권침해가 한 국가의 주권 안에 숨어

있기 어려움을 극명히 말해 준다. 이어서 제3장은 인도주의적 군사개입에 대한 국제법적, 국제정치적 논쟁을 1990년대 이후 시행착오 사례들과 함께 조망했다. 과연 정당성과 효율성을 모두 소지한 인도주의적 군사개입이 불가능한 것인지 딜레마를 짚었다.

Ⅴ.

제5부는 '글로벌 비전통 안보위협과 유엔의 과제'이다. 제1장은 유엔과 한국의 기여 요소로서 평화유지활동, 반테러리즘, 핵안보, 녹색성장 등의 요소를 살폈다. 제2장은 9.11테러 이후 더욱 경각심을 높이게 된 글로벌 테러리즘에 대한 유엔을 위시한 국제사회의 대응 노력을 담았다. 제3장과 4장은 2011년 이후 시리아 내전에서 비롯된 자칭 '이슬람국가'(IS)의 등장과 중동·유럽 난민위기, 핵테러리즘의 가능성, 유엔안보리의 대응을 다뤘다.

Ⅵ.

제6부는 마침내 유엔헌장 제7장(평화위협, 평화파괴, 침략행위에 관한 조처)하 시행되는 인류 최대의 국제기구 유엔의 제재와 강제력에 관심을 두고 그 효용성을 살펴보았다. 유엔헌장상 국제평화와 안보에 관한 책임과 권한을 소지한 안보리 결정과정과 5개 상임이사국의 거부권 위력, 그리고 소위 타깃 제재 혹은 스마트 제재 등 냉전종식이후의 국제안보환경 변화에 따른 유엔의 제재기법 진화를 조망했다. 이론과 함께 2006년부터 적용되어온 북한에 대한 유엔의 비핵화 제재 사례가 다측면에서 분석의 대상이 됐다. 제1장은 안보리 상임이사국으로서 비확산 레짐의 위기를 막아야 하지만 정치 및 경제적으로, 또 역사적으로 북한과 비교적 우호관계를 쌓아온 중국과 러시아의 특징적 역할과 입장을 별도 국제정치이론측면에서 설명해 보았다. 현실주의 모델, 구성주의 모델, 자유주의·제도주의 모델을 각각 원용했다.

제2장은 김정은 집권후 처음으로 북한 제3차 핵실험(2013)이 감행된 시점, 북한의 제재회피전략 및 유엔제재레짐의 실용성에 대해 문제제기를 한 글이다. 제3장은 수출통제 측면에서 우리의 북한제재 현주소를 살폈다. 제4장은 유엔 타깃 제재의 영향과 실효성 일반에 관한 국제적 담론이다. 유엔제재를 연구하는 국외연구인 3인이 실증적으로 유엔제재의 영향과 실효성에 관해 저술한 원서(Thomas J. Biersteker, Sue E. Eckert & Marcos Tourinho eds. *Targeted Sanctions: The Impacts and Effectiveness of United Nations Action.* Cambridge University Press, 2016)에 대한 저자의 서평이 토대이다.

VII.

마지막으로 제7부는 국제질서와 유엔관계 측면에서 냉전종식이후 글로벌 강대국이라 할 미국, 중국, 영국, 프랑스, 러시아가 그리고 있는 현실주의적 국제질서의 단면들을 모아 보았다. 이들(이른바 "P5," Permanent Five)의 유엔밖 상호견제구도와 국제질서의 동향에 대해 필자가 그간 적어온 짧은 글 중 13건을 추려 실었다. P5는 공히 제2차 세계대전의 연합국 대표로서 글로벌 차원에서 유엔의 가치를 지향하며 국제 평화 및 안보 담보의 의무와 권한을 소지한 유엔안전보장이사회, 그중에서도 거부권을 소지한 5개 상임이사국인 것이다. 냉전기에 비한다면 냉전종식이후 유엔안보리내 P5는 국제테러리즘, 비확산 등 다양한 비전통안보 문제에 있어 비교적 수월하게 협력하는 편이다. 그러나 군사부문 전통적 국가안보나 지역영향력과 관련된 이슈, 혹은 비록 비전통 안보라도 그렇게 확장될 개연성이 있는 경우 이들의 입장은 여전히 주권, 혹은 'P3 대(對) P2'라는 냉전기 국제질서 구조를 보여주고 있다. 그런만큼 제7부의 글들이 유엔 평화·안보 거버넌스에 주는 함의가 적지 않고, 그만큼 본 책자의 중요한 골격 중 하나가 된다.

책자 말미 부록은 3개 요소로 구성됐다. 유엔헌장 제6장(분쟁의 평화적 해결)과 제7장(평화위협, 평화파괴, 침략행위에 관한 조처), 그리고 유엔의 대북 비확산제재레짐의 근간인 안보리 결의문 제1718호(2006.10.14)이다. 이 책을 읽는 중 가장 많이 참조가 될 것으로 생각됐다.

유엔이 21세기 세계화, 디지털화 흐름 속에서 보다 복잡하고 다양해진 지구촌 모든 문제에 대해 일일이 해결책을 내놓을 수는 없다. 그러나 유엔과 유엔체계는 적어도 국제사회의 보다 효율적인 문제해결 지원체계 수립노력의 중심에 서고자 한다. 그런만큼 소위 '관련성'(relevance) 제고는 오늘날 유엔의 핵심과제다. 홀브루크 전임 유엔주재 미국대사의 말대로 유엔은 "흠이 있음에도 불구하고 없앨 수 없는" 기제인 것이다.[6]

---

[6] 홀브루크(Richard Holbrook) 전임 미국 유엔대사의 말. Derek Chollet & Robert Orr, "Carpe Diem: Reclaiming Success at the United Nations." *Washington Quarterly*. vol.24, no.4. (Autumn 2001), p.10.

제1부

유엔, 어제와 오늘

제1장
국제관계이론 시각에서 보는 유엔

국제관계 연구자는 시대의 흐름과 영향을 주고받으며, 다양한 개념과 개념틀로서 국제관계를 설명해 왔다. 현실주의, 이상주의, 제도주의, 자유주의, 구성주의, 그런가하면 신현실주의, 신자유주의 등 무궁하다. 따라서 이론을 분류하는 방식도 다양하고, 특정 이론과 또 다른 이론의 입장이 대조적이라 해도 꼭 상호배타적인 것만은 아니다. 그런가하면 같은 이론내에도 여러 소이론들이 각각의 차별적 주장을 펼쳐오고 있다.

여기서는 인류 최대의 국제기구, 인류 최대의 '정통성'을 소지했다고 간주하는 국제기구, 그러나 주권국가들이 모여 만든 그래서 때때로 '효용성'과 '유관성' 문제에서 비난을 듣기도 하는 유엔이란 국제기구를 기존 이론들의 프리즘 속에서 보고자 했다.

Ⅰ. 현실주의, 다원주의, 글로벌리즘과 유엔

비오티와 카우피(Viotti & Kauppi)는 현실주의, 다원주의, 글로벌리즘으로 나누어, 현실주의가 "단일국가," "권력," "세력균형," "무정부상태," "생존", "국가안보," "상대적 이득" 등의 개념을 국제관계의 기본적 개념으로 수용하는데 반해, 다원주의는 상대적으로 "정책결정과정," "초국가주의," "상호의존성," "다자주의"의 이미지로 국제관계를 분석한다고 본다. 비오티와 카우피가 말하는 글로벌리즘은 종속이론과 유사하

여 세계자본주의 체계와 의존성의 시각을 지칭한다.[1]

우선 현실주의의 주요 가정은 (i) "국가"가 가장 기본적인 국제관계 행위자이며. 국제관계란 이들 간의 관계를 연구하는 것이다. 국제기구같은 비정부 기구는 독자적 행위자 지위를 갖고자 하나, 이런 희망은 어느 수준 이상으로 이루어진 적이 없다고 본다. (ii) 국가는 단위행위자이며 합리적 행위자이다. (iii) 국가안보를 국익상 최우선으로 본다.

둘째, 다원주의의 주요 가정은 (i) "국제기구"를 포함하여 비정부 행위자가 국제관계에서 중요한 역할을 수행한다. 때로 국제기구는 고유의 권한을 소지한 독립 행위자일 수 있다. (ii) 국제기구의 정책결정, 관료, 기타 관련 그룹들이 국제관계 의제선정 등에 영향을 미친다. 즉, 국제기구는 단순히 주권국가가 경쟁하는 영역이상의 것이다. 따라서 획일적으로 기구의 권한과 자율성이 절대적이라 할 수도 없지만, 절대적으로 없다고도 할 수 없다. 각 기구마다 다른 것이다. (iii) 국가가 단위행위자가 아니다. 국내 뿐 아니라 초국가 차원에서도 정부와 비정부 행위자가 국경을 넘어 영향을 주고받는다. 또한 국제정치의 의제가 무한한 만큼, 국가가 합리적 행위자라는 명제의 유용성도 재고해야 한다.

비오티와 카우피가 제3의 이론으로 제시한 글로벌리즘의 주요 가정은 (i) 국가와 여타 주체들이 상호작용하는 "글로벌 맥락"이중요하다. 국제구조내지 큰 그림을 강조한다. (ii) "역사적" 시각에서 국제관계를 보아야 한다고 본다. 현실주의나 다원주의에서와 달리 국가가 종속변수일 수 있다. 그것을 설명해야 한다. (iii) 국가, 국제기구, 초국가행위자 등이 국제관계에서 중요하긴 하나, 자본주의 체계에서 어떤 국가, 계급, 혹은 엘리트가 다른 주체들에게 손해를 입혀가며 이

---

[1] Paul R. Viotti & Mark V. Kauppi, *International Relations Theory: Realism, Pluralism, Globalism* (New York: Macmillan Publishing Company, 1993).

득을 취하는 가를 분석의 초점에 둔다.

상기 세 이론 측면에서 본다면, 유엔은 현실주의적 국가들이 생존을 위해 다원주의적 노력을 기하는 장이 된다. 또한 유엔은 글로벌리즘의 주장을 반영하여, 최대한 이에서 파생될 수 있는 부정적 결과를 미연에 예방하려는 행위체일 수 있다.

II. 신현실주의, 신자유주의, 그리고 유엔

구조적 현실주의자로 불리는 케네스 월츠(Waltz)는 1979년 자신의 현실주의 이론은 국가행위에 영향을 미치는 '국제체계 구조'를 중시한 만큼, 고전적 현실주의와 다르다는 명제를 발표했다.[2] 체계의 단위체인 '민족국가'와 '권력'의 개념도 기존 현실주의와 차이점이 있다는 것이다. 이를 일컬어 신(新)현실주의라 한다.

월츠의 신현실주의 논거에 대한 비판으로, 민족국가를 극복하고 '새로운 국제제도 혹은 레짐'을 주창한 이들이 있었는데, 그 대표적 학자가 1986년 『신현실주의와 그 비평가』라는 제하의 책을 편집한 로버트 코헤인(Keohane)이었다.[3] 이들은 신(新)자유주의 입장에서 주권 원칙의 재해석(reinterpreting) 혹은 신현실주의자들이 표방하는 '행위자로서의 국가'모델의 타당성에 도전장을 냈다.

편의상 신현실주의와 신자유주의의 기본 가정을 다음으로 대별해 볼 수 있다. (i) 무정부상태의 성격·결과: 신자유주의자들은 무정부상태에서도 자율적 국가들이 스스로의 이익을 추구코자 국제레짐을 형성한다고 한다. 독자적 정책결정보다 공동의 정책결정이 나을 수 있

---

[2] Kenneth N. Waltz, *Theory of International Politics* (Reading, Mass.: Addison-Wesley, 1979).

[3] Robert O. Keohane (ed), *Neorealism and Its Critics* (NY: Columbia University, 1986).

다는 것을 안다. 무정부상태가 정부 부재로 정의됨에도 불구하고 국가간 상호작용 패턴은 다양할 수 있는 것이다. 혼란스럽게 보이는 세계정세 속에서도 질서적 측면을 찾아낸 것은 신현실주의의 최대 업적이지만, 상호의존을 경시하면서 무정부 개념을 지나치게 강조한다는 것이다. 반면 신현실주의자들은 신자유주의 제도론자들이 국가행위의 동기로서 무정부상태의 필연적 결과인 생존에 대한 걱정을 과소평가한다고 본다. (ii) 국제협력: 신자유주의자들은 국제협력 가능성을 찾는 데 반해, 신현실주의자들은 국가권력의 중요성에 따라 국제협력이 어렵고, 일단 달성된다 해도 유지하기가 어렵다고 본다. 냉전 종식이후 가속화되는 유럽통합은 중요한 시험대가 될 것이다. (iii) 국제 제도·레짐: 두 학파 모두 1945년 이후 속출한 국제제도나 레짐을 인정하지만 중요성에 대해서는 평가가 다르다. 신자유주의 제도론자들은 국제제도와 레짐이 국제정치에서 큰 의미를 지닌다고 본다. 반면 신현실주의자들은 국제협력을 어렵게 하는 무정부상태에서 다소 완충역할을 하는 것이며, 신자유주의 제도론자들이 이를 과장해 말한다고 본다.[4]

신현실주의와 신자유주의의 프리즘 속에서 유엔은 의당 신자유주의론자들, 특히 코헤인 같은 신자유주의 제도론자들에게 중요한 국제협력 기제이다. 그렇다고 해서 월츠와 같은 신현실주의자들이 제2차 세계대전 이후 인류의 평화, 인권, 발전에 대한 유엔의 기여를 전적으로 인정치 않거나, 현재와 미래의 인류에게 이에 대한 믿음을 져버리게 하는 것은 아니다. 다만 좀 더 주권국가의 속성, 권력의 속성, 그리고 주권국이 모여 만든 국제기구의 효용성에 대해 경고의 메시지를 보내고 있는 것이다. 국제협력이 어렵다는 점을 상대적으로 강조하고 있는 것이다.

---

[4] David A. Baldwain (ed), *Neorealism and Neoliberalism: The Contemporary Debate* (NY: Columbia University Press, 1993) 참조.

제2차 세계대전 이후 국제정치 분석틀로서 현실주의와 이상주의라는 두 개의 큰 흐름 속에서 학자들간 논쟁이 계속돼 왔다. 종종 양자 간 상호 도전적 측면이 있기는 하나 근본적 대칭 개념인가에 대한 회의가 든다. 암울한 현실에서 희망의 내일을 위해 주권국가들이 무엇인가를 하는 것이다. 과정이 순탄치 않은 것을 인정해야 한다. 유엔의 가치 및 운용방식에 비추어 보아도 양대 이론은 국제문제와 국제협력에 대한 경쟁적이 아닌 상호보완적 요소가 더 큰 것으로 보인다. 논쟁의 지속보다는 통합의 길을 갈 수 있기를 기대해 본다.

제2장
연합국의 국제평화 의지와 유엔탄생

유엔은 73년 전, 1945년 10월 24일 제2차 세계대전의 참상을 겪은 인류가 평화 보존을 위해 출범시킨 국제기구다. 뜻을 모은 51개국이 1945년 4월-6월, 미국 서부도시 샌프란시스코에 대표를 보내 '국제협력'과 '집단안보'를 통한 평화보존을 목적으로 헌장을 채택한 데 따른 것이다.

오늘날 유엔은 193개 회원국을 자랑하는 세계 최대 다자기구가 되었다. 지구상 거의 모든 국가가 이의 회원이다. 회원이 될 때 이들은 유엔헌장 준수를 약속한다. 유엔헌장은 국제조약의 하나로 국제관계 기본원칙을 설정한다. 헌장에 따르면 유엔은 4개 목적이 있다: (i) 국제평화와 안보 유지, (ii) 우호적 국가관계 도모, (iii) 국제문제 해결 및 인권존중 증진을 위한 협력, (iv) 조화로운 국가정책을 위한 구심적 역할이다.

그렇다 해도 유엔은 주권국가가 모여 만든 기구일 뿐 단일 세계정부는 아니다. 그 한계 내 유엔은 부단히 국제분쟁 해결 지원방안을 제공하며 인류에 영향을 미치는 각종 정책을 마련해 간다.

Ⅰ. 유엔 이전의 국제기구

유럽 산업혁명을 촉매로 세계근대화가 시작된 19세기 후반부터 인류는 국가간 협력의 필요성에 공감하고 범국제적 기구의 창립을 도모해 왔다. 국제전기통신연합(ITU, 1865), 만국우편연합(UPU, 1874) 등이 바로 그 결실인데 이들은 대부분 1945년 유엔창설 이후 유엔의 '전문기구'로 편입됐다.

그런가 하면 보다 원대히 '평화'를 의제로 하는 기구도 있었다. 1899년 유엔 창립목적과 유사하게 평화적 위기해결, 전쟁방지, 교전규칙 성문화 등을 목적을 한 '만국평화회의'(International Peace Conference)가 네덜란드 헤이그에서 개최됐다. 이로써 '국제분쟁해결협약'이 체결되고 '상설중재재판소'가 출범하여 1902년부터 업무를 시작했다.

그렇다 해도 유엔의 직접적 전신은 20세기 초, '국제연맹'(The League of Nations)이 될 것이다. 이는 국제협력 촉진과 국제 평화 및 안전 유지라는 보편 정치적 목적을 가진 사상 최초의 국제기구였다. 900만 병사가 희생된 제1차 세계대전(1914.7.28-1918.11.11) 후유증 속에서 체결된 '베르사유조약'(1919)에 따라 1920년 국제협력 증진 및 평화·안보 달성을 목적으로 창설됐다. 국제노동기구(ILO)도 이때 국제연맹 산하기구의 하나로 창립되었다가 유엔창설 이후 유엔 전문기구가 됐다.

불행히도 국제연맹은 제2차 세계대전을 막지 못한 채, 짧은 생을 마감해야 했다. 국제연맹의 아이러니는 우드로 윌슨(Woodrow Wilson) 당시 미국 대통령의 제안으로 창설됐음에도 정작 미국은 '먼로 독트린'(Monroe Doctrine, 1823)에 부합치 않는다는 이유로 공화당 의원이 다수였던 상원의 비준을 받을 수 없었던 것이다.[5] 미국이 불참한 가

---

[5] '먼로 독트린'은 1823년 미국 대통령 제임스 먼로(James Monroe)가 국회 의 정연설에서 주창한 외교정책 기조로서 미주 독립국가내 유럽 식민주의 청 산을 요청하는 한편, 미국은 기존 유럽의 식민지나 유럽국 내부 문제에 개 입하지 않겠다는 요지다, 즉, 신세계와 구세계간 지정학적 구분을 확실히 짓자는 제안이다. '신세계'를 더 이상 '구세력'간 전투의 장으로 만들지 말라 는 것이다. 당시 라틴 아메리카 내 스페인 및 포르투갈 식민지들이 거의 모 두 독립했거나 독립직전에 있었던 시대적 상황이 반영된 것이다. 당시 국 무장관이자 후에 대통령이 된 존 애덤스(John Quincy Adams)의 업적으로서 19세기 말까지 먼로 독트린은 미국 외교정책의 중심이 되었다. 약간씩의 조

운데 협상국 중 영국, 프랑스, 일본, 이탈리아 4개국이 국제연맹 상임
이사국 지위에 있었다. 1930년대 들어 국제분쟁에 적절히 대응치 못
하다가 끝내 제2차 세계대전 억제에 실패했다. 42개국으로 시작된 국
제연맹은 1934년 소련의 가입 등 60개국에 달했지만 이후는 탈퇴 · 제
명 등 회원국 수가 오히려 감소됐다. 결국 1945년 유엔창설로 국제연
맹은 모든 업무와 자산을 유엔에 승계하고 해체됐다. 스위스 제네바
소재 국제연맹 본부는 현재 유엔 유럽본부로 사용된다.

II. 제2차 세계대전 중 연합국의 결의와 선언들[6]

1. '성 제임스궁(런던) 선언' (1941.6.12)

1941년 6월 12일, 근 2년간 전쟁의 참화를 겪고 있던 런던에서 14
개국, 즉, 영국, 캐나다, 호주, 뉴질랜드, 남아프리카 및 런던주재 9개
망명정부(벨기에, 체코슬로바키아, 그리스, 룩셈부르크, 네덜란드, 노
르웨이, 폴란드, 유고슬라비아, 프랑스) 대표들이 성 제임스궁에 모였
다. 이들은 궁극적 승리에 대한 믿음과 함께 단순 군사적 승리 이상
의 전후 미래를 바라보는 선언문에 서명했다. 장차 전쟁의 근본적 원
인을 없애고, 모든 나라와 국민들이 좀 더 나은 삶을 영위할 수 있는
방법을 찾아야 한다는 것이었다. "지속적 평화의 진정한 기반은 공격

정은 있었지만 그랜트, 루즈벨트(테오도르), 케네디, 리건 등 역대 미국 대통
령들이 이 기조를 활용해 왔다. George C. Herring, *From Colony to Superpower:
U.S. Foreign Relations Since 1776* (New York: Oxford University Press, 2008)
비판학자 중에는 먼로 독트린이 미주내 미국의 헤게모니와 개입권 선언으로
악용되어 왔다고 보는 이들이 있다. Noam Chomsky, *Hegemony or Survival:
Quest for Global Dominance* (New York: Henry Holt, 2004), pp.63~64 참조.
[6] http://www.un.org/en/sections/history/history-united-nations/index.html과 기타
자료 참조.

위협에서 벗어나 경제적, 사회적 안전을 즐길 수 있는 자유로운 사람들의 자발적 협력으로서만 가능하다. 우리의 의도는 이 목적을 위해 전시건 평시건 여러 자유 국민들과 함께 하는 것이다."[7]

2. 미국과 영국의 '대서양헌장' (1941.8.14)

성 제임스궁 선언 두 달후 루즈벨트 미 대통령과 처칠 영국 수상 양인은 해상전쟁이 벌어지는 대서양상에서 '대서양헌장' 공동선언을 발표했다. "좀 더 나은 미래 세계를 위한 양국 정책 공동원칙"에 관한 것이었다.[8] 피점령국 및 연합국들에게 이는 민주주의 양대 강국간의 결속력이자 아직 비교전국으로서 물질적 원조를 제공해온 미국의 도덕적 지원을 의미하는 희망의 메시지였다. 이들은 나치독일을 위시한 추축국의 우세 속 히틀러-무솔리니 정상회담으로 사기가 떨어져 있었던 터였다. 독일의 대소련 개전(1941.6.22)으로 공산국가 소련의 연합국 가담 가능성이 생겼지만 아직 소련의 힘이 어느 정도인지 알 수 없어 불안했다. 대서양헌장 8개항 중 다음은 직접 국제기구와 관련된다: △나치독재 패배후 평화를 구축하여 모든 국가 국경선내 안전보장, 공포 및 결핍으로부터의 자유; △공해 횡단 안전성; △평화목적 모든 국가 육해공 무력사용 포기; △국제법 원칙(비팽창, 국민 자유의사 없는 국경변경 불가, 국민의 정부형태 결정권, 천연자원에 대한 모든 민족의 평등한 접촉); △모든 국가간 전면적 경제협력 등이다.

한 달여 후(9월 24일) 드디어 "소련"과 여타 9개 유럽 망명정부 대표들이 런던에 모여 대서양헌장 지지 및 협력을 약속했다.

---

7) http://avalon.law.yale.edu/imt/imtjames.asp.

8) http://avalon.law.yale.edu/wwii/atlantic.asp.

3. '유엔(United Nations)의 선언' (연합국공동선언) (1942.1.1-2)

대서양헌장 선언 넉 달여 만에 드디어 제2차 세계대전 연합국을
공식화하는 주요 조약인 '유엔의 선언'이 나왔다.[9] '유엔'(국제연합, The
United Nations)이란 명칭은 미국 루즈벨트(Franklin D. Roosevelt) 대통령
이 만들었다. 1942년 1월 1일, 미국 워싱턴 D.C에서 미국(루즈벨트),
영국(처칠), 소련(리트비노프), 중국(숭) 4개국 지도자들이 독일-이탈리아
-일본 등 주축국들을 대상으로 공동투쟁할 것을 약속하는 짧은 문건
에 서명했고, 다음날(1월 2일) 여타 22개국이 추가 서명함으로써 모두
26개국의 연합투쟁 의지가 '유엔의 선언'으로 표출된 것이다. 1945년
까지 참가국 수는 47개국으로 늘어났으며, 1945년 6월 26일 51개국(추후
서명한 폴란드 포함)이 서명한 유엔헌장과 유엔 탄생의 기초가 된다.

4. "Big Four"(미국, 영국, 소련, 중국) 외상의 '모스크바 선언' (1943.10.30)

1943년 들어 전세는 연합국의 우세였고, 1943년 10월 30일 모스크
바에서 미국(헐), 영국(이든), 소련(몰로토프) 외무장관과 소련주재 중
국대사(셴)는 적국 항복에 대한 공동관리를 약속하는 동시, 모스크바
선언문 제4항에 따라 "국제평화와 안보 유지를 위해 빠른 시일내 국
제기구를 창립할 필요성이 있다"고 인정했다. "대소를 막론하고 평화
를 사랑하는 모든 국가에게 회원자격이 부여되며 주권 평등원칙에
기초한다"고 적시했다.[10]

두 달후 12월 1일 미국(루즈벨트), 영국(처칠), 소련(스탈린) 3국 정
상은 최초로 이란 수도 테헤란에서 전승 공동작전을 세웠다고 선언

---

[9] http://avalon.law.yale.edu/20th_century/decade03.asp.
[10] http://avalon.law.yale.edu/wwii/moscow.asp.

했다. 세 정상은 동부전선 소련의 반격에 호응한 제2전선 결성 등을
약속했다.

5. "Big Four" 덤버턴 오크스 실무회의 (1944.10.7)

미국, 영국, 소련, 중국 4개국 대표가 1944년 8월-10월 2개월간 미국
워싱턴 DC 소재 덤버턴 오크스(Dumbarton Oaks)에서 실무회의를 가
졌다. 10월 7일 종료된 이 회의 결과 4개국은 모든 유엔 참가국들에
게 국제기구 조직에 관한 자신들의 제안서를 송부, 검토토록 했다.
제안서는 특히 영국과 미국의 적극적 독려로 연합국 전체에서 활발
히 논의될 수 있었다.

제안서에 따르면 △유엔은 총회, 안전보장이사회(5개 상임이사국과
2년 임기 6개 비상임이사국), 국제사법재판소, 사무국 등 4개 기본조
직을 갖춘다. 총회 산하에 경제사회이사회를 둔다. △미래 전쟁예방
책임은 안전보장이사회가 맡는다. 총회는 국제협력 증진 및 복지침해
가능성 완화를 위한 연구 및 토론, 그리고 권고를 맡는다. 총회는 보
편원칙하 평화와 안보유지 협력을 다룰 수는 있지만 안보리가 심의
중인 사안에 대해 권고할 수 없으며, 필요행동에 대한 모든 문제는
안보리로 이관해야 한다. △안보리 투표방식은 매우 중요하며 이는
"향후" 토론한다. △회원국은 전쟁방지 및 침략억제 목적을 위해 안보
리가 가용할 수 있는 군을 제공한다. 평화보존 측면에서 '국제연맹'의
치명적 취약점이 평화를 위한 가용 군이 없었다는 점을 인정한다.

6. "Big Three" 얄타회담 (1945.2.11)

1945년 2월 11일 소련 크림반도 얄타에서 미국(루즈벨트), 영국(처
칠), 소련(스탈린) 정상들은 "덤버턴 오크스가 부과한 문제," 즉, 안보
리 투표절차를 정하는 동시, 덤버턴 오크스 제안을 토대로 국제기구

헌장을 만들기 위한 연합국 회의를 석 달후 미국 샌프란시스코에서 개최키로 합의했다. 이들은 다음 달(3월 5일) 안보리 투표절차 공지 및 샌프란시스코 회의 초청장을 연합국들에 송부했다.

두 달후(4월 12일) 루즈벨트 대통령이 갑자기 사망했지만, 그의 약속을 이행하겠다는 후임자(트루먼)의 결정에 따라 샌프란시스코 연합국 회의가 예정대로 4월 25일 개최될 수 있었다.

7. '국제기구에 관한 유엔회의' (샌프란시스코 회의) (1945.4.25-6.26)

얄타회담 계획대로 유엔헌장 채택을 위한 연합국 회의가 샌프란시스코에서 두 달간 개최됐다. "Big Four"를 포함 50개 연합국(후에 폴란드 포함 51국)이 대표를 파견했다. 전년도 덤버튼 오크스에서 마련한 초안을 숙의한 결과, 마침내 6월 26일 유엔헌장이 채택됐다.

〈유엔헌장 전문〉

국제연합의 인류는 다음을 결의한다.
- 우리의 후손을 인류에게 말할 수 없는 슬픔을 을 안겨주었던 우리 생애 두 번의 전쟁참화로부터 보호하고
- 기본권, 인간의 존엄과 가치, 남녀평등 및 국가평등에 대한 믿음을 재확인하고
- 정의 및 조약과 기타 국제법 의무에 대한 존중이 유지될 수 있는 조건을 창출하고
- 좀 더 자유로운 환경 속 사회적 발전 및 생활수준 향상을 기한다.

이러한 목적을 위해
- 관용을 실천하며 서로서로 이웃으로 평화롭게 함께 살며
- 원칙 및 방법상의 제도를 수용함으로써 공동의 이익이 아닌 한, 무력을 사용하지 않을 것을 보장하며
- 모든 사람들의 경제적, 사회적 발전을 위해 국제기제를 활용한다.

이들 목적달성을 위해 우리의 노력을 결합하기로 결의한다.

따라서 각 정부는 샌프란시스코 회의에 파견한 자국 대표의 효과적이고 적절한 방식의 전권행사를 통해 이 유엔헌장에 합의하고, 이에 따라 유엔으로 알려진 국제기구를 창립한다.[11]

△유엔헌장: 연합국 51개국이 서명한 유엔헌장은 서명 4개월 후인 1945년 10월 24일 발효됐다. 전문에 이어 모두 19개장으로 구성된다: 1장: "목적과 원칙," 2장: "회원자격," 3장: "조직," 4장: "총회," 5장: "안전보장이사회," 6장: "분쟁의 평화적 해결," 7장: "평화위협, 평화파괴, 공격행위에 대한 조처," 8장: "지역기구," 9장: "국제적 경제사회 협력," 10장: "경제사회이사회," 11장: "비(非)자치지역에 관한 선언," 12장: "국제적 신탁체제," 13장: "신탁통치위원회," 14장: "국제사법재판소," 15장: "사무국," 16장: "기타 규정," 17장: "과도적 안전보장조치," 18장: "개정," 19장: "비준과 서명"이다. 국제사법재판소 법규는 헌장의 일부다.

과정을 보면 우선 헌장준비위원회가에서 조율을 거친 부문별 초안들이 각각 전체회의로 이관되어 2/3의 득표로 확정되는 방식이었다. 전체회의 의장은 "Big Four"대표들이 돌아가면서 맡았다. 대표적인 논쟁중 하나가 "안전보장이사회의 평화와 안보에 대한 의무와 권한," 그리고 "상임이사국의 거부권"에 관한 것이었다. 다수의 작은 나라들이 총회의 역할을 중시하면서, 안보리 4강(미국, 영국, 소련, 중국, 나중에 프랑스 포함 5강)의 거부권에 대해 적극 찬성하지 않았지만 결과적으로 이들의 뜻이 반영되지는 않았다.[12] 샌프란시스코 회의는 유엔

11) http://www.un.org/en/sections/un-charter/preamble/index.html (검색일: 2018.2.1)

12) https://www.britannica.com/event/San-Francisco-Conference (검색일: 2018.5.10). 프랑스가 승전국 대열에 든 것은 기본적으로 "얄타회의"(1945.2) 중 "처칠" 수상의 강력한 주창에 따른 것이다. 그는 프랑스가 승전국으로 독일점령에 참가해야 한다는 입장을 펼쳤다. 이에 대해 루즈벨트 미대통령은 동의했고, 스탈린은 영국, 미국의 점령지역을 나누는 조건으로 양보했다. 연장선상에서 처칠은 프랑스가 승전국으로 독일점령에 참가한다면 당연히 새 국제기구

헌장 채택이라는 역사적 사실 외에도 회의 규모의 방대성으로 주목을 모았다. 850명의 대표와 참모, 기타 사무국 직원 포함 모두 3,500명이 함께 하는 회의였다. 이들 외에도 언론인 및 옵저버가 약 2,500명이나 됐다.

△유엔의 로고와 기(旗): 샌프란시스코 유엔회의가 임명한 디자인팀에 의해 유엔 로고가 탄생, 유엔 출범 이듬해인 1946년 12월 7일 승인됐다. 인류의 희망, 꿈, 평화, 단합을 기원하는 디자인이다. 흰색과 연청색을 사용하여 올리브 가지 화환 안에 북극에서 바라 본 방위각 세계지도가 5개 동심원과 함께 그려졌다. 유엔기는 연청색 바탕위에 이 유엔 로고를 넣은 것이다. 유엔 로고와 유엔기는 위험지대혹은 분쟁지역을 포함, 세계 도처에서 유엔 활동의 상징이자 인류의희망, 꿈, 평화, 단합의 상징이 되어 왔다. 유엔 6대 기관은 물론 '유엔체계' 기구의 로고에서도 볼 수 있다.

8. '유엔의 날' (UN Day)

유엔이 마침내 1945년 10월 24일 공식 출범했다. 넉 달전(6.26) '국제기구에 관한 유엔회의'에서 51개국이 서명한 유엔헌장이 "Big Five"(미국, 영국, 소련, 중국, 프랑스)

〈그림 1〉 유엔기[13]

유엔의 안전보장이사회 상임이사국이 되어야 한다는 주장을 폈다. 스탈린과 루즈벨트가 이에 동의했다. 처칠수상은 얄타회의 개최시 소련의 동구장악이 이미 시작된 만큼 이를 대척키 위해 서구내 다른 국가가 필요하다고 판단한 것이다. 독일과 이탈리아는 패전국이고 남은 것은 프랑스였다. https://www.quora.com/Why-is-France-one-of-the-United-Nation-Security-Councils-permanent-members-but-not-India-Pakistan-or-Israel (검색일: 2018.9.5)

13) http://research.un.org/en/maps/flags.

와 서명국 과반수의 비준을 마쳤기 때문이다(유엔헌장 110조 3항).[14]
인류는 이후 매년 10월 24일을 '유엔의 날'로 기념하고 있다.

---

[14] 19장 110조: 1. 본 헌장은 서명국들이 자국 헌정과정에 맞추어 비준한다. 2. 비
준서는 미국정부에 기탁하며, 미정부는 유엔사무총장이 임명되면 그와 모든
서명국들에게 각각의 기탁건을 공지한다. 3. "본 헌장은 미국, 영국, 소련, 중
국, 프랑스 및 여타 서명국 과반수의 비준서 기탁과 함께 효력이 발생한다." 미
정부는 수합된 공탁비준서 원본을 복사하여 모든 서명국들과 공유한다. 4. 헌
장서명국으로서 효력발생 후 비준한 국가들은 자국 비준서 공탁일에 유엔 창
립회원국이 된다.

제3장
유엔과 유엔체계 구조15)

Ⅰ. 유엔 6대 핵심기관

유엔 6대 핵심기관은 총회, 안전보장이사회, 경제사회이사회, 신탁통치위원회, 국제사법재판소, 사무국이다. 모두 1945년 출범했다. 네덜란드 헤이그 소재 국제사법재판소를 제외하고 모두 "뉴욕 유엔본부"에 있다.

(i) 유엔총회(UN General Assembly): 193개 회원국 모두가 참가한다. 유엔을 대표하는 조직으로 토론 및 정책결정 기능을 수행한다. 총회의 권고는 강제력을 갖지 않지만 국제여론으로서 도덕적 권위를 갖는 것으로 간주된다. 1국1표 원칙이 적용된다. 국제 평화와 안보, 신입 회원 승인, 유엔예산 등 주요 사안에 관한 결정은 2/3, 이외의 모든 안건은 단순 다수(1/2)의 찬성으로 정한다. 최근 들어서는 투표보다 합의방식의 결정이 잦다. 의장은 매년 선출된다. 해마다 9월 뉴욕 유엔본부에서 정기총회 및 다수 국가수반이 참석하는 포괄토의가 개최되며, 필요시 추가 개최 된다. 회의가 열리지 않는 기간에는 총회 내 6개 주요 위원회 및 여타 보조기제들 그리고 유엔사무국이 그 업

---

15) http://www.un.org/en/sections/about-un/main-organs/; Margaret. P. Karns, Mingst A. Karen & Kendall W. Stiles, *International Organizations: The Politics and Processes of Global Governance* (Boulder: Lynne Rienner, 2015), pp.109~160. 제4장. "The United Nations: Centerpiece of Global Governance"; 다수 유엔보고서 참조.

무를 대행한다.

총회 주요 6개 위원회는 각각 해당의제를 심의하고 그 내용과 결과를 총회에 회부한다. 그러면 총회는 이들의 결정 혹은 결의 초안을 심의하고 필요시 총회 결정으로 채택한다: 제1위원회("군축 및 국제안보"); 제2위원회("경제 및 금융"); 제3위원회("사회, 인본, 문화"); 제4위원회("정치, 탈식민, 평화유지")16); 제5위원회("행정, 예산"); 제6위원회("법").17)

(ii) 유엔안전보장이사회(UN Security Council): 유엔헌장은 "국제평화와 안보 유지에 관한 기본 책무"를 유엔 6대 조직 중 유독 안보리에 부여하고 있다. 나아가 헌장하 모든 회원국은 "안보리 결정 이행의무"를 지닌다. 안보리는 국제평화가 위협받는 경우 밤낮 가리지 않고 상시 회의를 개최한다.

안보리는 국제 평화와 안보가 위협받는 경우, 우선적으로 해결안 제시 혹은 중재 등 평화적인 분쟁해결을 모색하며, 무력충돌시에는 정전유지 및 적대세력 분리를 목적으로 '평화유지활동'(PKO, peace-keeping operation) 미션의 파견을 결정한다. 나아가 경제제재나 무기금수 등 강제조처를 취할 수도 있다. 아주 드물게는 유엔회원국들로 하여금 집단적 군사행동을 포함한 "필요한 모든 수단(all necessary means)" 강구를 요청한다. 이외에도 안보리는 총회에 대해 차기 유엔 사무총장 지명 및 유엔 신입회원 승인 권고서를 제출한다.

안보리는 15개 이사국으로 구성되며 1국1표 원칙이 적용되지만 두 그룹으로 나눠진다. 즉, "5개 상임이사국"과 총회에서 2년 임기로 선출되는 "10개 비상임이사국"으로 구분된다. 절차상(procedural) 문제라면 9개국(3/5) 찬성으로 결정되지만 실질적(substantial) 문제의 경우, 9

---

16) 1993년까지 "탈식민"의제만을 다룬 제4위원회는 이때부터 기존 '특별정치위원회'가 다루던 "정치의제"도 다루고 있다.

17) https://research.un.org/en/docs/ga/committees (검색일: 2018.7.11)

개국의 찬성은 물론 5개 상임이사국 중 한 나라도 거부권을 행사하지 않아야 한다는 조건이 붙는다. 사실 냉전종식이후 상당수 유엔회원국들이 안보리 구성변화의 필요성을 제기해 왔다. 유엔창립 이후 변모해온 세계적 정치 및 사회적 환경변화를 반영해야 한다는 것이다. 2018년 현재까지 몇몇 그룹 중심으로 여러 제안들이 있었으나 회원국들간 입장차가 커 논의에 그치고 있다. 최종결정은 안보리 15개 이사국 중 9개 이사국의 찬성과 5개 상임이사국의 거부권 부재여야만 하는 만큼 수월치 않을 것이다.

안보리 의장국은 15개 이사국 국가명 알파벳순으로 한 달씩 순회하는 방식으로 정한다. 안보리는 산하에 반테러리즘위원회, 비확산위원회, 제재위원회, 평화유지활동미션, 정치미션, 국제형사재판소, 평화구축위원회 등 업무수행 지원을 위한 보조기제들을 두고 있다.

(iii) 유엔 경제사회이사회(UN Economic and Social Council): 유엔총회에서 선출된 임기 3년의 54개 이사국으로 구성된다. 국제적으로 합의된 개발목표 수행은 물론, 경제, 사회, 환경 문제에 관한 조율, 정책리뷰, 정책대화, 권고 등을 수행한다. 유엔내 "지속가능발전"(SD, Sustainable Development) 숙고 및 창의적 대안 제시의 센터로서 보조기제 및 전문가 그룹들을 매개로 유엔 전문기구 등 유엔체계 구성체들과 유기적 관계를 유지하고 있다.

(iv) 유엔 신탁통치위원회(UN Trusteeship Council): 유엔헌장 제13장에 의거, 유엔창립 당시 7개 회원국 관할하에 있던 11개 신탁지역에 대한 국제적 감독을 목적으로 창설됐다. 소정의 절차를 거쳐 자치 및 독립을 달성토록 한 것이었다. 그 결과 1994년까지 근 50년에 걸쳐 이들 신탁통치구역이 자치 혹은 독립을 이뤘다. 마지막 임무는 태평양전쟁 당시 일본 해군의 주요 기지였다가 미국의 신탁통치령이 되었던 태평양 서부의 섬 팔라우(Palau)가 1994년 10월 독립을 맞은 것이었다.[18] 이에 신탁통치위원회는 1994년 11월 1일 활동을 중단하고

연례회의 개최 규칙을 폐지했다. 대신 필요시 위원회 혹은 의장의 결정, 혹은 이사국 다수나, 총회 혹은 안보리의 요청에 따라 회의를 개최키로 규칙을 개정했다.

(v) 국제사법재판소(IJC, International Justice Court): 총회와 안보리가 선출하는 15명의 재판관으로 구성된다. 국제사법재판소는 유엔의 중추적 법률기관으로서 유엔 6대 기관 중 유일하게 네덜란드 헤이그에 소재하고 있다. 국제법에 따라 국가들이 제소한 법적분쟁에 관한 결정을 내리며 총회나 안보리 등 유엔조직과 전문기구가 제시한 법적 문제에 대해 자문한다.

(vi) 유엔 사무국(UN Secretariat): 사무국은 사무총장과 수만명 국제직원으로 구성되며 유엔 주요기관들이 위임하는 일상의 업무를 수행한다. 즉, 총회, 안보리 기타 유엔조직이 원하는 유엔의 실질적, 행정적 업무를 관장한다. 사무총장은 유엔의 최상급 행정가로서 총체적 행정지도를 맡는다. 총장의 선출은 안보리의 추천과 총회의 지명으로 결정되며, 임기 5년이며 재선이 가능하다. 유엔 직원은 대부분 뉴욕시에 소재한 유엔본부가 근무지이지만 제네바, 비엔나, 나이로비의 유엔사무실 그리고 현지 임무지 및 전세계 평화유지 미션에서 근무한다. 세계 분쟁지역에서 평화라는 명분을 위한 일은 위험한 직업이다. 유엔창설 이후 수백명의 요원들이 임무 중 희생됐다.

II. 유엔 "체계" 혹은 "가족"

"유엔체계" 혹은 "유엔가족"으로 알려져 있는 기구들은 유엔 6대 조직(총회, 안보리, 경제사회이사회, 신탁통치이사회, 국제사법재판소, 유엔사무국)을 포함, 회원국 합의로 창립된 15개 전문기구, 3개 관련

---

18) 인구 2만명의 팔라우는 1994년 12월 제185번째 유엔회원국이 됐다.

기구, 유엔총회가 창립한 12개 기금과 프로그램을 총칭하는 용어다. 기구간 상호조율을 강화하는 가운데 다양한 활동을 펼치고 있다.

모두 31개 수장들로 구성된 '유엔체계 행정수장 조율이사회'(CEB, Chief Executive Board)가 있으며 사무국은 뉴욕 유엔사무총장실과 제네바에 둔다. 의장은 유엔사무총장이 맡으며 연중 2회 만나 유엔체계에 영향을 미치는 정책조율 및 관리방식을 논한다. 이들 구성체는 각기 다른 창립목적, 다양한 기원 및 법체계를 갖고 있다. 예컨대 급여, 수당, 여타 업무조건과 관련하여서는 소위 "유엔공동체계" 안에 있을 수도 있고, 밖에 있을 수도 있다.

▲15개 유엔전문기구: 경제, 사회, 문화, 교육, 보건 등 광범위한 국제적 이슈를 다룬다. 국제노동기구(ILO), 식량농업기구(FAO), 유엔교육과학문화기구(UNESCO), 국제민간항공기구(ICAO), 세계보건기구(WHO), 세계은행그룹(World Bank Group), 국제통화기금(IMF), 만국우편연합(UPU), 국제전기통신연합(ITU), 세계기상기구(WMO), 세계지적재산권기구(WIPO), 국제농업개발기금(IFAD), 유엔산업개발기구(UNIDO), 세계관광기구(UNWTO) 등이 포함된다.

ILO, ITU, UPU 등 유엔보다 오랜 된 전문기구들도 있지만 대체로 유엔전문기구는 유엔헌장 제9장(국제경제사회협력)과 제10장(경제사회이사회)를 근거로 정부간 협약 및 유엔총회의 승인으로 창립되며, 그 목적은 생활수준, 완전고용, 경제사회발전 조건 향상; 국제경제, 사회보장 문제해결; 인종, 성별, 언어 혹은 종교 구분없이 인권과 기본권에 대한 보편적 존중 및 준수를 위한 것이다(57조).[19] 전문기구들은

---

19) △제57조: 1. 정부간 경제, 사회, 문화, 교육, 보건, 기타 유관 부문 협약에 기초하여 창립되어, 국제적 책무를 소지한 여러 전문기구들은 헌장 제63조에 따라 유엔과의 관계를 수립한다. 2. 그렇게 유엔과 관계를 맺게 된 기구들을 이제부터 '전문기구'라 한다.
△제63조: 1. 경제사회이사회는 제57조에서 언급한 어떤 기구와도 유엔과의 관계 조건을 설정하고 합의에 들어갈 수 있다. 그러한 합의는 총회의 승인

그 활동을 유엔 경제사회이사회에 보고한다(63조). 각각 별도의 임무 수행 지침 및 관리체계를 갖추고 있고, '유엔체계 행정수장 조율이사회'(CEB)를 매개로 유엔총회 및 경제사회이사회와의 약정에 따라 유엔과 조율한다.

　▲3개 유엔관련기구: 국제원자력기구(IAEA), 세계무역기구(WTO), 국제이주기구(IOM)는 유엔관련기구다. 유엔전문기구와 마찬가지로 유엔과의 협력에 합의한 기구들이다. 그러나 유엔 헌장 57조 및 63조와 무관하다는 점에서 상기 전문기구들과 다른 지위에 있다. IAEA와 유엔과의 협약은 유엔총회 결의문 제1145(1957.11.14)호로 승인되었으며 이후 유엔 전문기구처럼 활동하고 있다. IAEA의 독특성은 관행적으로 유엔총회에 보고하며 필요시 안전보장이사회 및 경제사회이사회에도 보고한다는 점이다. 세계무역기구(WTO)의 지위는 더 복잡하다. 그 전신인 '관세무역협정'(GATT, General Agreement on Tariffs and Trade)나 현재의 WTO나 모두 유엔과의 공식적 협력 합의가 부재하나 1953년 당시 GATT 초대 사무총장 화이트(Eric Wyndham White)와 트뤼그베 리(Trygve Lie) 유엔사무총장이 "양 기구간 사실상의 협약에 가까운 문서를 교환했다"고 선언한 바 있으며 40여년 후 1995년 WTO가 창립되자 동년 10월 러기에로(Renato Ruggiero) WTO사무총장과 부트로스-갈리(Boutros Boutros-Ghali) 유엔사무총장간 양자 협력관계를 뒷받침하는 서한이 교환됐다. 이를 유엔총회가 결의문 제322(1995.12.12)호로 승인했다. IOM도 유사한 입장이다.

　▲12개 유엔 기금 및 프로그램: 인류의 경제적, 사회적 환경개선을 위해 유엔이 운영하는 다수의 사무실, 프로그램, 혹은 기금들이 있다. 유엔무역개발회의(UNCTAD), 유엔개발계획(UNDP), 유엔환경계획(UNEP), 유엔난민기구(UNHCR), 유엔팔레스타인난민구호기구(UNRWA), 유엔아

을 득해야 한다. 2. 경제사회이사회는 전문기구들의 활동을 그들과의 협상 및 권고, 총회 및 유엔회원국에의 건의방식 등으로 조율할 수 있다.

동기금(UNICEF), 유엔인구기금(UNFPA), 세계식량계획(WFP), 유엔마약
범죄기구(UNODC), 유엔인간정주계획(UN-Habitat), 유엔여성(UN Women),
유엔프로젝트서비스기구(UNOPS) 등이다.[20] 이들 '유엔 기금 및 프로
그램'은 대부분 팔레스타인 난민, 개발지원, 식량지원, 환경 등 유엔
구상 당시 샌프란시스코(1945)에서 미처 예견치 못한 요구에 부응키
위해 창립된 유엔 산하 기구다. 이들은 헌장 22조 "유엔총회가 기능
수행상 필요하다고 판단하는 경우 보조기제를 창립한다"라는 규정에
의거, 총회의 기제로 간주되며 이들의 행정 및 인사는 유엔 규칙 및
지침을 적용한다. 그러나 이들을 직접적으로 통제하는 것은 별도의
정부간 기제이며 동시에 대부분 재원도 유엔 예산이 아니라는 점에
서는 유엔의 각종 위원회 등 유엔 "보조기제"들과는 다르며, 유엔전문
기구 및 유엔관련기구들과 더 유사하다.

III. 유엔업무 소재지

유엔은 70억 인류와 관계된 글로벌 차원의 임무를 수행한다. 유엔
과 다수 "유엔체계" 구성체들은 도움이 절실히 필요한 자들에게 신속
히 접하고자 전세계 5개 지역에서 사무실과 프로그램을 운영하고 있
다. ▲미주: 북미 유엔활동의 중심은 유엔 본부를 유치한 뉴욕시이며,
남미 유엔활동의 중심은 '라틴아메리카·카리브 경제위원회'가 소재한
칠레 산티아고다. ▲유럽·중앙아시아: 유럽내 유엔활동 센터는 스위
스 제네바와 오스트리아 비엔나, 그리고 네덜란드 헤이그다. 제네바
에는 '제네바유엔사무실'(UNDO)과 '유럽경제위원회'가 있다. 비엔나에
는 '비엔나유엔사무실'(UNOV), 헤이그에는 '국제사법재판소'(ICJ)가 각
각 있다. 이외에도 유럽과 중앙아시아에는 다수 유엔체계 기구들의

---

[20] https://www.unsystem.org/content/un-system (검색일: 2018.8.10)

지역 및 국가 사무실, 유엔 정치사무실 등이 있다. ▲아프리카: 케냐 나이로비와 에티오피아 아디스아바바가 유엔 아프리카 활동을 위한 양대 도시다. 이외에 아프리카 대륙 여러 지역과 국가내 다수 유엔체계 구성체와 유엔경찰, 그리고 9개 유엔 PKO미션이 활동하고 있다. ▲아시아-태평양: 아시아-태평양내 유엔 활동 센터는 '아시아-태평양 경제사회이사회'가 소재한 태국수도 방콕이다. 이외에도 여타 유엔체계 구성체와 유엔 정치사무실 등이 역내 및 지역국가에서 활동한다. ▲중동: 중동지역 활동센터는 '서아시아 경제사회이사회'가 소재한 레바논 베이루트이다. 이외에도 중동에는 유엔 정치사무실이 있고 중동과 북아프리카 역내 유엔체계 구성체들이 지역 및 국가 차원에서 활동하고 있다.

제4장
유엔의 다양한 활동과 전담조직[21]

I. 평화·안보 활동

1. 위기완화, 갈등해결, 평화 정착

평화보존은 유엔의 기본적 목표다. 헌장에 따라 유엔회원국은 평화적 방법에 의한 분쟁종식 및 타국에 대한 위협 혹은 무력사용 억제에 합의했다. "안전보장이사회"가 국제평화와 안보에 관한 기본 책무를 지지만, "총회"와 "사무총장"도 여타 유엔 기구들과 함께 중요한 보완적 역할을 수행한다.

▲평화조성(peace-making): 평화조성은 예방외교 및 중재를 말한다. 외교적 방법을 통해 적대세력간 합의를 모색토록 하는 것이다. '안전보장이사회'는 국제평화와 안보 유지를 위해 예방외교 차원에서 분쟁회피안 권고나 협상 혹은 국제사법재판소 회부를 통해 평화를 달성 혹은 회복시킨다. '사무총장'도 국제평화와 안보를 위협하는 것으로 보이는 사안을 안보리에 보고하거나 자신의 '좋은 직책'(good office)을 활용하여 중재할 수 있다. 또한 그는 배후에서 직접 혹은 특별사절을 통해 '조용한 외교'를 펼치는 등 여러 방식으로 평화조성을 위해 중요한 역할을 수행한다.

▲평화구축(peace-building): 유엔 평화구축 활동은 점차 분쟁의 "근

---

[21] www.un.org의 정보를 근간으로 보완하였음.

본 원인"에 초점을 두고 "지속가능한 평화 및 개발"을 목표로 삼는다. 유엔 특별기구, 기부국, 수혜국 및 NGO들이 협력하여 분쟁후유증을 앓고 있는 국가들에 들어가 건실한 통치, 법과 질서, 선거, 인권 등의 영역에서 지원활동을 펼친다. 개발지원도 '평화구축'의 핵심 요소에 속한다. 유엔 평화구축기제로는 '평화구축위원회,' '평화구축기금,' '평화구축지원실' 등이 있다. 평화구축지원실은 평화구축 기금 관리, 평화구축위원회에 대한 자문 및 정책제안, 그리고 유엔 사무총장이 수행하는 유엔 기제들의 평화구축 활동 조율 업무를 지원한다.

▲평화유지(peace-keeping): 평화유지는 유엔활동 중 특정국가의 "분쟁이후 평화이행"과 관련하여 가장 효과적 기제 중 하나로 자리매김하고 있다. '안전보장이사회'가 국제안보와 평화유지 노력의 일환으로 유엔 평화유지 미션을 결정하고 이들의 규모와 임무를 정한다. 냉전기와 달리 오늘날 PKO의 임무는 전통적인 정전감시 및 장기적 해결안 협상 중의 완충지대 구축에 머무르지 않고 다차원적이다. 정치과정 지원, 민간인 보호, 군축·전(前)전투요원 해산 및 재통합 지원, 헌법과정 지원 및 선거관리, 인권증진, 법치회복, 합법정부의 권한 강화 등이 포함된다. 더불어 오늘날 평화유지 미션에는 군뿐 아니라 민간경찰 및 민간인 활동도 필요하다. 1948년 첫 유엔PKO 미션 출범 이후 2018년 현재까지 71건의 유엔 PKO가 수행됐다. 현재는 전세계 15개 미션이 활동 중이다.

각 유엔 PKO미션의 임무를 결정하는 것은 "안전보장이사회"이지만, 일단 결정이 나면 실행은 유엔 "회원국"과 "사무국"의 몫이다. 즉, 회원국은 PKO미션에 자국 군과 경찰을 파견하며, 뉴욕 유엔 사무국내에서 '평화유지국'(DPKO, 1994 창설)은 PKO요원의 업무전담 관리, '현장지원국'(DFS, 1997 창설)은 병참 등 현지 지원을 맡는다.

2. 군축

유엔의 주요 목표 중에는 "무기확산방지," "WMD(대량살상무기) 감축 및 궁극적 제거"가 포함된다. 이로써 국제 평화와 안보 증진에 이바지하려는 것이다. 유엔의 이 활동은 총회 및 여타 유엔기구들이 본부를 제네바에 둔 사무국 산하의 '유엔군축사무실'(UNODA, UN Office for Disarmament, 1998 창설)의 지원을 받아 수행한다.

유엔은 그간 군축협상을 위한 포럼기능 수행, 관련연구 및 권고안 제안, 유엔군축회의(Conference on Disarmament) 및 여타 국제기구의 다자협상 지원 등 다각적으로 군축에 이바지 해왔다. 이러한 기여 속에서 '핵비확산조약'(NPT, 1968), '포괄적 핵실험금지조약'(CTBT, 1996) 그리고 '비핵지대'(NWFZ)조약들이 도출될 수 있었다. 화학무기 및 생물무기의 개발, 생산, 비축을 금하는 '화학무기금지협약'(CWC, 1992)과 '생물무기금지협약'(BWC, 1972)도 그러하다. 유엔은 '해저 핵무기 및 여타 대량상살무기 금지조약'(Seabed Arms Control Treaty, 1971), '외기권 핵무기 금지조약'(Outer Space Treaty, 1967), 그리고 1997년 100개국의 지뢰금지 목적의 '오타와 협약'(Mine Ban Treaty, 1997) 체결에도 기여했다.

유엔은 전세계 전쟁에서 사용되고 있는 소형무기와 경무기(SALW) 규제에도 기여하고 있다. "유엔총회"가 1991년 12월 소형무기 통제 필요성을 알리는 결의문을 채택했으며, 1996년 1월에는 이를 위한 군비통제 레짐 가능성을 조사키로 하는 결의문을 채택했다. 그 결과 2001년 7월 전문가패널 권고에 기초한 "소형무기 불법거래에 관한 유엔회의"가 처음 개최됐으며 2006년 7월, 그 후속회의가 있었다. 마침내 2013년 4월, 유엔총회는 전함, 항공기, 소형 및 경무기 등 다양한 재래식 무기의 합법적 국제거래를 위한 '무기거래조약'(Arms Trade Treaty)을 압도적 지지 속에 채택했다. 모든 회원국이 이를 준수함으로써 국제사회가 재래식 무기의 규제 밖 혹은 불법적 거래를 방지코자 한 것이다. 2018년 현재까지 유엔 회원국 2/3(130)가 서명했으며, 이중 97개국이 비준을 마쳤다. 2014년 12월 24일 효력이 발생했다. 사무국은 제네바에 있다.

한편 2013년 9월, 유엔 "안전보장이사회"는 회원국들의 '소형무기 금수 및 소형무기 · 경무기(SALW) 통제협약' 준수를 촉구하는 결의문 제2117을 채택했다. 유엔의 SALW에 관한 활동은 유엔군축사무실(UNODA)이 SALW와 관련된 21개 유엔부처 및 유엔기구들로 구성된 '유엔소형무기조율행동'을 통해 조율한다. 그런가하면 "총회 제1위원회" 산하 유엔군축연구소(UNIDIR, 1980 창설)는 군비통제에 관한 연구 및 SALW에 관한 연구결과를 출간한다.

비엔나 소재 '국제원자력기구'(IAEA)는 회원국과의 안전협약에 의거, 평화적 목적의 핵물질 시설이 군사적 목적으로 전용되지 않도록 보장하는 업무를 수행한다. 헤이그 소재 '화학무기금지조약기구'(CTBTO)는 전세계 화학시설에 관한 정보를 수집하며 화학무기협약 준수를 위한 정기사찰을 실시한다.

3. 반테러리즘

국제사회는 점차 유엔이 '글로벌 테러리즘'과의 전쟁에서 조율기능을 맡기를 바란다. 유엔체계내 특정 테러활동과 관련된 18건의 포괄문건이 채택된 사실에서도 알 수 있다. 특히 2006년 9월 유엔회원국은 '유엔글로벌반테러리즘전략'(United Nations Global Counter-Terrorism Strategy)을 채택했다. 이 문건은 사상 최초로 유엔회원국들이 테러리즘 대치를 위한 공동전략 및 작전체계에 합의했다는 점에서 큰 의의를 갖는다.

Ⅱ. 인권보호

유엔의 노력으로 세계를 보다 더 많은 기회와 정의가 있는 곳, 보다 안전하고 건설적인 곳으로 만들기 위한 수백건의 다자합의가 체결됐다. 무엇보다 1945년 채택된 '유엔헌장'에는 '인권'이란 단어가 일곱 번 나온다. 인권증진과 보호가 유엔의 핵심 목적과 지침에 포함됨을 말한다. 3년 후 1948년 탄생한 '세계인권선언'은 인권을 국제법의 영역으로 만드는 계기가 된다. 이후 유엔은 법제와 현장활동 등을 통해 부단히 인권 보호를 도모해 왔다.

1. 유엔의 인권기구

▲유엔인권고등판무관실(OHCHR): 유엔체계내 인권증진에 관한 책임기구로 1993년 '세계인권대회'를 계기로 한 유엔총회 결의로 출범했다. 필요시 평화유지 미션내 인권요소를 지원하며, 다수의 국가 및 지역에 사무소 및 센터를 둔다. 고등판무관은 정기적으로 전세계 인권상황을 브리핑하며 이에 대한 상황과 현안에 대한 조사권을 지닌다. '유엔개발그룹'의 일원이다. 현재는 2018년 9월 1일, 제7대 고등판무관으로 취임한 미첼 바첼렛(Michelle Bachelet, 칠레 대통령 역임)여사가 복무중이다. 약 1,300명의 직원이 제네바와 뉴욕 사무실에 근무한다.

▲유엔인권이사회(Human Right Council): 2006년 60년 역사를 지닌 기존 유엔 '인권위원회'(Human Right Commission)의 후신으로 출범했다. 유엔내 인권에 관한 책무를 갖는 기관이지만 총회에서 직접 · 비밀방식으로 선출된 47개 이사국(임기 3년)으로 구성된 "독립적 정부간 기구"이다. 유엔 제네바사무실에서 회의를 개최한다. 이사국 의석은 5개 지역 균등배분을 고려한다(아프리카-13석, 아시아 · 태평양-13석, 라

틴아메리카 · 카리브-8석, 서유럽 · 기타-7석, 동유럽-6석). 인권이사회 '특별절차들'은 자발적 참여를 근간으로 한 저명하고 독립적인 전문가들로 구성되며 주제 혹은 국가의 특정관점에서 인권에 관한 모니터, 공개보고 및 자문을 수행한다.

▲유엔인권조약 기제들: 주요 국제인권조약들의 이행을 모니터링하는 독립 전문가 위원회들을 말한다.

▲UNDG-HRM: 이는 '유엔개발그룹'(UN Development Group)의 인권비차별 기제(Human Rights Mainstreaming Mechanism)를 말한다. 유엔개발체계내 인권 참여 노력 증진을 목적으로 한다.

▲학살예방 및 보호책임(R2P, Responsibility to Protect)에 관한 특별자문단: '학살예방 특별자문단'은 학살의 원인과 동태성에 대한 인식제고, 학살의 위험이 있는 곳에서의 경각심 제고, 합당한 행동 대응지지 등을 위한 촉매기능을 한다. '보호책임 특별자문단'은 보호책임에 관한 개념적, 정치적, 그리고 제도 및 작전 개발을 선도한다.

2. 유엔의 인권보호를 위한 법적 장치

▲국제인권법: 보편인권 보호 목적의 최초 법문건은 '세계인권선언' (Universal Declaration of Human Rights, 1948)이다. 생명, 자유, 민족성에 관한 권리, 사상, 양심, 종교에 관한 권리, 노동, 교육, 참정의 권리를 담고 있다. 이후 이러한 권리들은 1966년 채택되어 1976년 발효된 두 개의 법적 구속력을 지닌 국제규약(International Covenants), 즉, '시민정치권리 국제협약'과 '경제사회문화권리 국제협약'을 낳았다. 세계인권선언은 이 두 규약과 함께 소위 3대 국제인권법으로 간주된다.

또한 세계인권선언은 인종차별, 여성차별철폐 협약, 아동권 협약, 난민지위 협약, 학살방지 협약, 자치선언, 강제실종에 관한 선언, 발전권에 관한 선언 등 인권에 관한 수십 건의 협약 및 선언의 토대가 된다.

유엔은 기준설정 작업이 거의 완료됨에 따라 인권작업의 초점을 인권법 이행으로 옮기고 있다. 즉, '인권고등판무관'이 모든 유엔인권 활동을 조율하며 정부들과 함께 인권준수 개선, 침해 방지, 남용조사 등을 수행하며, 정부간 기구인 '인권이사회'는 국가들의 인권수행 실태를 검토하는 공개회의를 개최한다. 또한 독립전문가들을 임명, 특정국가내 인권남용 보고를 하도록 한다. 제네바 유엔 사무실에는 24시간 인권침해를 알리는 보고채널이 가동된다.

▲법치에 근간한 민주주의: 유엔은 '법치에 근간한 민주주의'가 궁극적으로 유엔헌장에 담긴 유엔의 3대 축, 즉, '국제 평화와 안보,' '경제개발 및 사회발전,' '인권존중' 달성을 위한 핵심 방편이라 본다. 2005년 유엔정상회의에서 회원국 정부들은 "민주주의가 국민들이 자유롭게 자신의 정치, 경제, 사회, 문화 체계를 결정하는 의사표출 및 모든 생활영역에의 완전한 참여에 근간한 보편가치"임을 재확인했다. 또한 "기본권들은 상호의존적이며 상호보강적" 성격임을 강조했다. 민주적 원칙들은 유엔 규범구조와 상통한다. '유엔사무총장의 민주주의 가이던스 비망록'(2009)은 보편원칙과 규범기준에 근거한 유엔의 민주주의 틀을 설정하고, 유엔이 민주주의 지지 차원에서 원칙적이며 일관적인 행동을 할 것이라 공약하고 있다.

3. 인권보호 책임있는 유엔의 여타 조직

▲유엔안전보장이사회: 때로 안보리가 심대한 인권침해를 다룬다. 유엔헌장이 안보리에게 조사, 중재, 미션 파견, 특별사절 지명 혹은 유엔사무총장에게 'good office' 활용을 요청할 권위를 부여했기 때문이다. 또한 인권침해가 종종 분쟁지역에서 나타나기 때문이다. 안보리는 휴전명령, 군옵저버 혹은 평화유지군 파병을 결정할 수 있다. 이로써 해결이 되지 않으면 강제조처로서 경제제재, 무기금수, 금융

제재 및 제약, 여행금지, 외교관계 중단, 봉쇄 혹은 심지어 집단적 군사행동을 택할 수 있다.

▲유엔총회 제3위원회: 총회 제3위원회는 사회, 인도주의, 문화를 전담하며 인권을 포함한 폭넓은 문제들을 검토한다. 또한 여성, 아동, 원주민, 난민, 인종주의 및 인종차별 폐지를 통한 기본권 증진, 자치권 등과 관련된 문제들을 토론한다.

▲유엔사무총장: 사무총장은 '아동과 무력분쟁,' '분쟁 중 성폭력,' '아동에 대한 폭력' 등 주요 인권침해의 효과적 해결을 위해 특별대리인을 지명한다. 반기문 총장의 '인권 업 프론트'(HR Up Front, 2013) 이니셔티브는 유엔체계 구성체로 하여금 유엔헌장 및 유엔총회와 안보리 결의문에 의거하여 조기에 효과적 행동을 취하도록 독려함으로써 심대한 인권 혹은 국제 인도주의 법 침해를 방지 혹은 대응토록 하고 있다. 본 이니셔티브는 유엔 구성체들이 그러한 침해에 대해 함께 '책임'을 공유한다는 점을 부각시키면서 문화, 작전, 정치, 세 차원에서 변화를 이끌어 내고자 한다. 2013년 이후 사무총장과 사무차장은 발표, 서신, 정책문건 등을 통해 보다 진취적으로 HRuF를 총회, 유엔직원 및 유엔체계 지도자들에게 제시해 왔다.[22]

▲유엔평화작전: 다수 유엔 PKO 및 정치미션, 평화구축미션 또한 즉각적 혹은 장기적 행동을 통해 인권보호나 증진을 위임받고 있다. 주민들이 자신의 인권을 주창하도록 힘을 실어주고, 국가 및 여타 국가기구들에게 그들의 인권의무를 이행하고 법치를 유지할 수 있는 능력을 부여코자 한다. 현장의 인권팀들은 여타 민간인 등 제복을 입지 않은 평화작전 요원들과 긴밀히 협력하고 조율하며 특히 민간인 보호, 분쟁 관련 성폭력과 아동에 대한 침해제기, 법 및 사법개혁, 안보부문 개혁, 투옥체계 개혁 등을 통한 인권과 법치 강화에 주력한다.

---

[22] http://www.un.org/News/dh/pdf/english/2016/Human-Rights-up-Front.pdf 참조 (검색일: 2018.2.1)

▲'유엔여성지위위원회'(CSW, UN Commission on the Status of Women): 성평등 및 여성 지위증진에 기여하는 중요한 글로벌 정부간기구다. 1946년 6월 여성의 평등권 확보 및 여권증진에 전문 위원회로 출범했다. 임무는 경세사회이사회에 대해 정치, 경제, 사회, 교육 부문 여성 권한 증진, 여권 관련 즉각적 관심이 요구되는 긴급한 문제에 대한 권고 및 보고이다.[23] 2010년 출범한 'UN Women'이 본 위원회의 사무국 역할을 한다.

▲여타 다양한 유엔 기구들: 다수의 '정부간' 기구 및 뉴욕 '유엔본부 부서간' 기제가 다양한 인권문제를 제기한다. 또한 총회와 경제사회이사회, 이들의 보조기관 등도 회원국이나 유엔체계, 기타 행위자들을 대상으로 정책결정 촉구 및 권고안을 제시한다. 예컨대, 경제사회이사회의 자문기구 중 하나인 '유엔 토착의제에 관한 상설포럼'(UNPFII, UN Permanent Forum on Indigenous Issues)은 인권을 포함한 토착 의제에 관한 토론이 목적이다. '유엔인권고등판무관실'(OHCHR)은 이들 조직 및 기제들과의 관계에서 인권의제에 관한 조언과 지지를 보내며, 개발, 평화 및 안보, 평화유지 및 평화구축 활동, 인본주의 문제 등 유엔 활동 전 영역에서의 인권 수용을 위해 노력한다.

III. 인도주의적 지원

유엔헌장에 명시된 바, 유엔의 목표 중에는 "경제, 사회, 문화 혹은 인도주의 성격의 국제적 문제 해결을 위한 국제협력 달성"이 있다. 최초의 유엔 기여는 제2차 세계대전 종식이후 유럽대륙 재건을 위한 지원이었다. 오늘날 국제사회는 단일 정부 차원에서는 구난이 어려운

---

[23] http://www.un.org/womenwatch/daw/CSW60YRS/CSWbriefhistory.pdf 참조 (검색일: 2018.5.12).

자연재해 및 인재로 인해 유엔에게 인도주의 구난작전 조율을 의탁하고 있다. 인도주의 재앙은 언제 어디서나 발생할 수 있다. 원인이 무엇이던 즉, 홍수, 가뭄, 지진, 분쟁 등으로 인한 모든 인도주의 재앙은 희생, 인구 재배치, 자립유지 불가 등 고통을 수반한다.

1. 유엔의 인도주의적 지원 기구

▲유엔사무국내 인도주의조율국(OCHA, Office for Coordination of Humanitarian Affairs): 유엔 사무국내 OCHA는 비상구난 관련 유엔체계 기구들로 구성된 '기구간 상설위원회'를 통해 비상사태 대응을 조율한다. 자연재앙 및 전쟁발발시 보다 신속하고 효과적인 인도적 구난을 위해서는 조율되고, 체계적인 접근이 필수적이다. OCHA가 관리하는 '유엔 중앙긴급대응기금'(CERF)은 그 수단 중 하나로 세계 어디건 즉각적으로 인명구조 작전 기금을 제공키 위해 연중 자발적 기부를 받고 있다.

2. 유엔전문기구

유엔 전문기구 중에는 UNDP(유엔개발계획), UNHCR(유엔난민기구), UNICEF(유엔아동기금), WFP(세계식량계획)가 구난지원과 관련된 기본 역할을 수행한다.

▲UNDP(유엔개발계획): "자연재해" 완화, 예방, 대비를 위한 국가역량 강화 활동을 전담한다. 보다 장기적인 발전과 회복을 목표로 하며 비상사태 발생시 UNDP 현지주재 조정관이 구호작업을 조율한다.

▲UNHCR(유엔난민고등판무관, UN High Commissioner for Refugees): UNHCR은 제2차 세계대전으로 "난민"이 된 유럽인들을 지원하기 위해 1950년 출범했지만 점차 전세계 난민보호 및 난민문제 해결을 목적으

로 하는 국제활동을 선도하고 조율한다. 난민, 강제이주사회, 무국적자 보호, 그들의 자발적 귀환, 현지통합 혹은 제3국에서의 정주 지원이 임무다. 본부는 제네바에 있으며 '유엔개발그룹'의 일원이다. 1954년과 1981년 노벨평화상을 수상했다.

'유엔팔레스타인난민구호기구'(UNRWA, UN Relief and Works Agency for Palestine Refugees in the Near East)는 1949년 "유엔총회"가 UNHCR과 별도로 1948년 아랍-이스라엘 전쟁 결과 집과 터전을 잃은 약 75만 팔레스타인 난민들에게 긴급구난을 제공할 목적으로 출범시켰다. 오늘날 약 500만 이상의 중동지역 팔레스타인 난민들이 UNRWA의 건강, 교육, 물자지원, 사회지원 봉사의 대상이다. 유엔총회는 또한 2016년 9월 19일 난민과 이주자의 대규모 이동을 다룰 '고위급 회의'를 개최했다. 회원국들의 보다 인도적이며 조율된 접근을 목적으로 한 것이다.

▲UNICEF(유엔아동기금): 1946년 12월 출범 이후 보다 효과적이고 저비용으로 가급적 많은 수의 "아동"들의 생존위협을 해결코자 노력해 왔다. 또한 회원국들 및 교전국들에게 좀 더 효과적인 아동보호 정책을 펼치도록 노력한다. 1953년 이름을 '유엔국제아동긴급기금'(United Nations International Children's Emergency Fund)에서 현재의 이름 '국제아동기금'(UN Children's Fund)으로 바뀌었지만 예전 이름의 약자인 UNICEF로 통용되고 있다. 유니세프는 144개 가난한 국가의 배곯는 어린이를 위해 활동한다. 긴급 구호, 영양, 예방접종, 식수 및 환경개선, 기초교육 등과 관련된 일을 하고 있다. 1965년 노벨평화상을 수상했다.

▲WFP(세계식량계획): "기아"에 직면한 수백만명을 구제하며, UNHCR 관할하의 대규모 난민들에게 줄 음식과 운반비용을 책임진다.

▲FAO(식량농업기구): "농부"들로 하여금 홍수, 가축질병, 여타 긴급 사태 후의 재생산을 지원한다. FAO의 '글로벌 정보 및 조기경고 체계'는 매월 전세계 홍수 상황에 대해 보고한다.

▲WHO(세계보건기구): 인도주의 차원에서 "보건" 비상사태에 대한 국제적 대응을 조율한다. 보건 분야 연구의제 설정, 규범과 기준 제시, 실증적 정책대안 제안, 회원국 기술지원 제공, 보건 추이 감독 및 평가 등 글로벌 보건 문제에 대한 리더십을 발휘한다. 21세기 보건은 핵심적 치료에 대한 동등한 접근권, 그리고 초국가적 위협에 대한 집단방어 등 책임공유의 원칙을 내포한다.

Ⅳ. '지속가능발전'(SD) 증진

1945년 출범부터 유엔의 주요 과제중 하나는 "경제, 사회, 문화 혹은 인도주의 문제 해결 및 인종, 성별, 언어 혹은 종교 차별없는 인권과 기본권 존중 증진을 위한 국제협력 달성"이었다. 이후 유엔은 줄곧 인류의 복지 향상에 관심을 두어왔다. 발전에 대한 글로벌 이해는 계속 변해왔는데 근래 '지속가능발전'(SD, Sustainable Development)이 인류의 삶 증진을 위해 가장 좋은 경로라는 합의에 도달했다. 즉, 번영과 경제기회, 좀 더 나은 사회복지 및 환경보호를 말한다. 개도국 인구의 약 40%는 20년 전만 해도 극단적 빈곤 속에서 살았으나 이후 유엔 '새천년개발목표 2000-2015'(Milenium Development Goals 2000-2015)의 기여로 극단적 빈곤 인구가 반감됐다. 즉, 2000년 9월, 유엔총회에서 세계지도자들은 2015년까지 8개 MDGs달성을 공약했다. 이들 목표는 극한 빈곤 절감부터 HIV/AIDS 확산중지, 보편 초등교육 등 다양했다. 이를 위해 코피 아난(Kofi Annan) 총장은 '기아제로(zero) 도전' '모든 여성과 아동' 등 여러 프로그램을 출범시켰다. 다수 목표가 달성되었지만 아직 더 진척되어야 했다.

이에 2015년 유엔은 MDGs 성공 및 빈곤탈출 과제 완수의 필요성을 인식하고 '2030지속개발의제'(2030 Agenda for Sustainable Development)

를 채택했다. 동시에 기후변화가 점차 세계 개발목표에 도전해 오자 '글로벌 기후합의 2015' 채택을 위한 협상을 지지했다. 유엔은 또 지속가능발전 의제와 기후변화의 재원확보를 위한 금융개발도 추진하고 있다.

▲지속가능발전 의제: 2015년 지속가능발전의 첫 단추인 '인류 · 지구를 위한 글로벌행동 타임'(2015 Time for Global Action for People and Planet)이 출범했다. "2015년 이후"(post-2015) 유엔의 지속가능발전 의제에 초점을 둔 것으로서 기후변화 등 여러 문제들에 대한 정보를 담았다. 마침내 2015년 9월 뉴욕 '지속가능발전 정상회의'는 지속가능발전을 위한 2030의제와 17개 지속가능발전목표를 채택했다.[24] 이는 2016년 1월 1일, 실효에 들어갔다. 17개 목표는 '빈곤퇴출, 제로기아, 보건, 교육, 성평등, 에너지, 경제성장, 기간산업, 불평등, 도시, 지속가능 소비 · 생산, 기후변화, 대양, 생물다양성, 평화와 정의, 동반자이다.

1. 주요 의제들

▲기후변화: '지속가능반전'을 위한 중요한 요소 중 하나가 바로 기후변화에 대한 대처이다. 사실 유엔은 기후과학 평가, 유엔 기후합의 협약틀의 모색, 배기물 축소 및 기후탄력성 구축 등을 목표로 한 국가 및 공동체의 노력을 지원해 왔다.

1988년 유엔환경계획(UNEP)과 세계기상기구(WMO)가 공동창립하고 총회가 승인한 '유엔기후변화 정부간패널'(IPCC)은 현재까지 기후변화 예측에 관한 한 대표적인 국제기구다.[25] 현재 195개국이 IPCC회원국

---

24) 상세한 것은 "Sustainable Knowledge Platform" 참조. https://sustainabledevelopment.un.org/post2015/summit 참조 (검색일: 2018.1.5)

25) http://www.ipcc.ch/organization/organization.shtml (검색일: 2018.4.3)

이며 전세계 수천명 과학자들이 이의 검토에 기여한다. 사무국은 제네바 WMO 본부에 소재한다. 각국은 IPCC보고서의 과학성을 인정하면서, 정책연관성이 있음에도 정책중립성을 견지하는 IPCC의 정책처방을 경청한다. IPCC는 지속적으로 너무 늦기 전 해결책 강구의 시급성을 강조해 왔다. 세계가 이미 해수면 상승과 해빙, 극단적 기후 패턴 등 다양한 기후변화의 영향을 목도하고 있기 때문이다. 1992년 브라질 리우데자네이루에서 채택된 '유엔기후변화기본협약'(UNFCCC, UN Framework Convention on Climate Change)을 지원하는 보고문을 발표했다.[26] 또한 현재 속도라면 온실가스 방출이 증대되어 21세기내 글로벌 평균기온이 섭씨 3도 이상 올라간다고 경고한다. 2007년 전(前) 미국 부통령이며 환경운동가인 엘 고어(Al Gore)와 공동으로 노벨평화상을 수여받았다.

한편 사무국을 독일 본(Bonn)에 둔 UNFCC는 기후상승을 2도 심지어 1.5도까지로 제한하는 방법을 제공하는 등, 2015년 파리에서 새로운 보편 기후변화합의문 채택이 있기까지 노력을 기울여 왔다. 2014년 9월 뉴욕 '기후정상회의'는 파리회의를 앞두고 기후협약 지지세력 동원 및 촉매활동을 통해 기후변화의 중요성에 대한 인식을 제고하는 데 기여한 것이다. 2016년 파리기후협약이 효력을 발생했다.

또한 2010년 유엔총회는 2012년을 '모두에게 지속가능에너지'의 해로 결의했고, 반기문 사무총장은 2011년 '모두에게 지속가능에너지'(Sustainable Energy for All)라는 운동 및 동명의 기구를 비엔나에 창설했다. 이는 청정에너지 접근성, 에너지 효율성 증진, 에너지 재생원 활용증진 등을 지원키 위한 것이다. 본 기구의 임무는 특히 2015

---

[26] UNFCCC(1992)는 선진국들이 이산화탄소를 비롯한 각종 온실기체의 방출을 제한하여 지구온난화를 막도록 하는 것이 주요 목적이었다. 본 협약자체는 강제성에 의한 법적 구속력이 없으나 시행령에 해당하는 의정서 ("교토의정서" 1997)를 통해 의무 배출량 제한을 규정했다. 2015년 파리에서 후속 '기후협약'이 채택됐다.

SDGs의 제7목표 즉, "2030목표 지속가능 에너지에 대한 보편접근" 및 "섭씨 2도 이하 온난화"를 목표한 2015 '파리기후협약'과 밀접한 관계가 있다.

▲재난위험 감축: 재난은 즉각 공동체를 파멸시킬 수 있기 때문에 지속가능발전의 중심에 있어야만 한다. '유엔재난위험감축실'(UNISDR)은 국가 및 여타 이해관계자들과 함께 재난으로 인한 공동체 및 국가의 생명과 재산의 손실을 줄이기 위해 활동한다. 2015년 일본 센다이에서 채택된 '센다이 재난위험감축 구상 2015-2030'은 이 점에서 기여를 하고 있다.

▲성평등과 여성 및 소녀 능력배양: 유엔 MDGs를 통해 세계가 성평등에의 진전을 보았지만, 세계 곳곳에서 여성과 소녀들이 여전히 차별과 폭력에 고통받고 있다. 성평등은 기본적 인권이면서 동시에 평화롭고, 번영하며 지속가능한 세상에 꼭 필요한 기반이다. 'UN Women'은 여성과 소녀에 대한 차별을 없애고 모든 여성에게 능력을 부여하며 발전, 인권, 인도주의 활동, 평화와 안보의 파트너 및 수혜자로서 여성과 남성간 평등성을 달성코자 한다.

2. 유엔내 발전 전담 기구

▲유엔 사무실 및 프로그램: 유엔사무국내 '경제사회국'은 회원국의 경제, 사회, 환경 목표 달성 지원을 위해 각국 정부 및 이해관계자들과 긴밀히 협력한다. '유엔개발계획'(UNDP)은 위기대처, 삶의 질 향상, 지속성장을 위한 국가건설을 지원한다. 이를 위해 사회 각계각층 사람들과 협력한다. 이외에도 WHO, FAO, UNICEF, UNESCO, UNEP 등 많은 유엔기구들이 특정 발전의 특정 부문을 위해 노력한다.

▲유엔 조직: 유엔총회 제2위원회(경제, 금융)가 경제성장, 인간정주, 빈곤추방, 세계화, 정보 및 통신기술과 관련된 문제를 다룬다.

V. 국제법 지지

유엔헌장과 그 전문은 "조약과 여타 국제법에서 비롯된 정의와 의무 존중이 유지될 수 있는 조건 창출"을 기구의 목표에 포함시켰다. 이후 국제법 발전 및 존중은 유엔 활동의 핵심 요소 중 하나가 됐다. 법원, 재판소, 다자조약 등 여러 방식으로 수행됐으며 때로는 안전보장이사회가 PKO미션 승인, 국제평화와 안보가 위협받을시 재재부과 혹은 무력사용을 승인함으로써 수행됐다. 이들 안보리의 권한은 국제조약으로 간주되는 유엔헌장이 부여한 것이다. 유엔헌장은 국제법 문서이며 유엔 회원국은 이에 구속받는다. 유엔헌장은 주권평등서부터 국제관계에서의 무력사용 금지까지 국제관계 주요 원칙을 명문화했다.

1. 국가간 분쟁 해결

'국제사법재판소'(ICJ)는 유엔의 주요 재판기제로서 국제법에 따라 회원국들이 제출한 법적분쟁을 해결한다. 또한 유엔기관과 유엔전문기구가 회부한 법적 문제에 관해 조언한다. 유엔총회와 안보리가 선출한 9년 임기인 15명의 판사로 구성된다.

ICJ외에도 국제법원, 국제재판소, 특별재판소, 유엔지원 재판소 등이 유엔과 다양한 관계를 맺고 있다. 이들은 유엔안전보장이사회가 창립한 안보리 보조기관이며 '구유고슬라비아와 르완다 재판소,' '시에라리온 특별법원,' '캄보디아 법원 비상회의실,' '레바논 특별재판소' 등이 포함된다. '유엔국제형사재판메카니즘'(UNMICT, International Residual Mechanism for Criminal Tribune MICT)은 '르완다국제형사재판소'(ICTR)와 '구유고슬라비아국제형사재판소'(ICTY)가 고유임무를 완료한 후, 2010년 12월 22일 주요한 잔여기능 수행을 위해 안보리가 마련한 기제다.

국제형사재판소(ICC, 2002-)와 국제해양법재판소(ITLOS, 1994-)는 유엔

협약으로 창립됐지만, 현재는 특별협력합의문하 독자적으로 운용된다.

2. 국제법 이행

국제법은 국가관계 및 국경내 개인에 대한 처우관련 국가의 법적 책임을 정한다. 그 영역은 인권, 군축, 국제적 범죄, 난민, 이주, 국적 문제, 죄인처우, 무력사용, 전쟁감행 등 광범위한 국제적 우려 현안을 포괄한다. 또한 환경 및 지속가능발전, 국제수역, 우주, 글로벌 통신, 세계무역 등 글로벌 공공재를 규제한다.

▲유엔안전보장이사회와 국제법: 평화유지미션, 특별재판소 신설, 제재 등 헌장 제7장("평화위협, 평화파괴 및 침략향위에 대한 조처")에 의거한 결의문 채택 등 특정의 안보리 행위들은 국제법 함의를 갖는다. 국제형사재판소(ICC) 로마법령 제13(b)에 따라 학살, 인도에 반한 범죄, 전쟁범죄, 공격범죄 등에 대해 안보리는 특정 사건을 국제형사재판소에 회부할 수 있다.

▲유엔총회와 국제법: 유엔헌장은 총회에 조사발의권 및 국제법 개발과 성문화 증진 권고권을 부여한다. 총회의 여러 보조기관들은 국제법 특정부문을 검토하며 전체회의에 보고한다. 대부분 법적 문제는 총회내 법적 문제에 관한 주요 포럼인 "제6위원회"로 회부되며 제6위원회가 이를 총회 전체회의에 보고하는 방식이다. 제6위원회에는 모든 유엔 회원국이 참여권을 갖는다. "국제법위원회"와 "유엔 국제무역법위원회"(UNCITAL)도 총회에 보고한다. 총회 또한 '직원규제,' '내부 정의체계' 수립 등 유엔 제도법과 관련된 의제를 검토한다.[27]

▲유엔해양법협약: 유엔해양법협약은 대양과 그 자원의 모든 활동

---

[27] '국제법위원회'는 진보적 국제법 개발 및 명문화를 증진한다. '유엔 국제무역법위원회'는 유엔 체계내 국제무역법 부문 핵심 법률 기관으로 위원회 업무와 관련된 법원결정과 중재에 관한 정보 수집 및 배포 체계를 갖추고 있다.

에 관한 규정을 설정하는 등 전세계 대양과 바다부문 법 및 질서에 관한 포괄 레짐이다. 사무국은 '유엔법치국 대양·해양법과'이다.

▲유엔조약 데이터베이스: 유엔 다자조약·협정 사이트(UN Treaty Collection)는 사무총장실에 보관된 약 560건 주요법문에 관한 구체적 정보를 제공한다.[28] 인권, 군축, 난민, 환경, 상품, 해양법 등 다양한 주제를 다루며, 각각에 대해 회원국의 서명, 비준, 동의 혹은 보류, 반대 등의 현황을 알려준다.

▲유엔 정의체계: 새롭게 2009년 도입됐다. 유엔은 고유 면책권에 따라 국가 법정에 고소될 수 없으므로 '내부 정의체계'를 통해 기강문제를 포함, 유엔직원 관련 분쟁을 해결코자 하는 것이다. 공식기소 전 비공식 방식으로 분쟁을 해결하는 데에 보다 큰 방점을 두었다.

▲법적 재원과 교육: 유엔 '국제법 영상도서관'은 국제법 문건을 교육, 연구하는 데에 귀중한 자료다. 또한 유엔은 회원국에 대해 자문, 교육 등 다양한 법적, 기술적 지원을 한다. 유엔 '국제법 지원 프로그램'은 국제 평화와 안보 강화 및 국가간 우호협력 관계 증진을 위한 한 방안으로서의 국제법에 대한 지식 기여를 목적으로 한 것이다.

---

[28] https://treaties.un.org/pages/participationstatus.aspx?clang=_en (검색일: 2018.9.5)

제1부 참고문헌

▶ 단행본·논문

김영호 외. 2007. 『유엔과 평화』. 서울평화상문화재단.

김지훈. 2016. 『무엇이 유엔을 움직이는가』. 서울: 넥서스.

박흥순, 조한승, 정우탁 (편). 2013. 『유엔과 세계평화』. 서울: 오름.

정은숙. 2005. "유엔안보리 개혁과 한일관계." 「정세와 정책」 5.

_____. 2010. "미-러 신전략무기감축조약 타결." 「세종논평」 3.31.

_____. 2010. "제1차 핵안보정상회의: 배경, 성과, 시사점." 「정세와 정책」 5.

_____. 2010. "한국의 유엔PKO참여법과 평화유지활동." 「정세와 정책」 2.

_____. 2012. 『글로벌 거버넌스와 국제안보: 이슈와 행위자』. 서울: 한울.

최동주, 조동준, 정우탁 (편). 2013. 『국제기구의 과거·현재·미래』. 서울: 오름.

Alley, Roderic. 2016. *The United Nations in Southeast Asia and the South Pacific*. Springer.

Baehr, Peter R. & and Leon Gordenker. 2016. *The United Nations in the 1990s*. Springer.

Baldwin, David A, ed. 1993. *Neorealism and Neoliberalism: The Contemporary Debate*. NY: Columbia University Press.

Berndorfer, Thomas. 2009. *Nuclear commerce: its control regime and the non-proliferation treaty*. Diplomica Verlag.

Bleek, Philipp C. 2003. "Project Vinca: Lessons for securing civil nuclear material stockpiles." *The Nonproliferation Review* 10-3. Fall-Winter

Bode, Ingvild. 2015. *Individual agency and policy change at the United Nations: The people of the United Nations*. Routledge.

Bosch, Olivia, and Peter Van Ham, eds. 2007. *Global non-proliferation and counter-terrorism: the impact of UNSCR 1540*. Brookings Institution Press.

Browne, Stephen. 2017. *Sustainable development goals and UN goal-setting*. Routledge.

Center on International Cooperation (New York University). 2009. *Annual Review of Global Peace Operations*. Lynne Rienner Publishers.

Chomsky, Noam. 2004. *Hegemony or Survival: Quest for Global Dominance.* New York: Henry Holt.

Daniel, Donald CF, Patricia Taft, and Sharon Wiharta, eds. 2008. *Peace operations: trends, progress, and prospects.* Georgetown University Press.

Diehl, Paul F., and Daniel Druckman. 2010. *Evaluating peace operations.* Lynne Rienner Publishers.

Doyle, Michael W., and Nicholas Sambanis. 2006. *Making war and building peace: United Nations peace operations.* Princeton University Press.

Durch, William J., ed. 2006. *Twenty-first-century peace operations.* US Institute of Peace Press.

Herring, George C. 2008. *From Colony to Superpower: U.S. Foreign Relations Since 1776.* New York: Oxford University Press.

Joyner, Daniel, ed. 2006. *Non-proliferation export controls: origins, challenges, and proposals for strengthening.* Ashgate Publishing, Ltd.

Karns, Margaret. P., Mingst A.Karen & Kendall W.Stiles 2015. *International Organizations: The Politics and Processes of Global Governance.* Boulder: Lynne Rienner.

Keohane, Robert O., ed. 1986. *Neorealism and Its Critics.* NY: Columbia University.

Lodgaard, Sverre. 2010. *Nuclear disarmament and non-proliferation: towards a nuclear-weapon-free world?.* Taylor & Francis.

Luard, Evan. 2016. *A History of the United Nations: Volume 2: The Age of Decolonization, 1955-1965.* Springer.

MacQueen, Norrie. 2014. *United Nations peacekeeping in Africa since 1960.* Routledge.

Miller, Linda B. 2015. *World order and local disorder: the United Nations and internal conflicts.* Vol. 2080. Princeton University Press.

Mingst, Karen A., et al. 2017. *The United Nations in the 21st Century.* Westview Press.

Ministry of National Defense, Republic of Korea. 2008. *Defense White Paper.*

Nikitin, A. I., and Morten Bremer Mærli, eds. 2008. *Tuning Priorities in Nuclear Arms Control and Non-proliferation: Comparing Approaches of Russia and the West.* 33. IOS Press.

Njølstad, O., ed. 2010. *Nuclear proliferation and international order: challenges to the Non-Proliferation Treaty.* Routledge.

Paris, Roland, and Timothy D. Sisk, eds. 2009. *The dilemmas of statebuilding: confronting the contradictions of postwar peace operations.* Routledge.

Park, Kang-ho. 2010. "Korea's role in global development." *Brookings Northeast Asia Commentary.* Washington DC: The Brookings Institution.

Patterson, Malcolm. 2009. *Privatising peace: A corporate adjunct to United Nations peacekeeping and humanitarian operations.* Springer.

Perito, Robert, ed. 2007. *Guide for participants in peace, stability, and relief operations.* US Institute of Peace Press.

Reinisch, August, ed. 2016. *The Conventions on the Privileges and Immunities of the United Nations and Its Specialized Agencies.* Oxford University Press.

Rosenau, James. 1999. Toward an ontology for global governance. In *Approaches to Global Governance Theory.* SUNY Press.

Schrafstetter, Susanna, and Stephen Robert Twigge. 2004. *Avoiding Armageddon: Europe, the United States, and the struggle for nuclear nonproliferation, 1945-1970.* Greenwood Publishing Group.

Smith, Dane F. 2010. *US Peacefare: Organizing American Peace-building Operations.* ABC-CLIO.

Stone, Diane. 2008. "Global Public Policy, Transnational Policy Communities, and Their Networks." *Journal of Policy Sciences*, 36(1).

Sunga, Lyal. S. 1997. *The emerging system of international criminal law: developments in codification and implementation.* Brill Publishers.

Svenson, Nanette. 2015. *The United Nations as a Knowledge System.* Routledge.

Thakur, Ramesh, and Thomas Weiss. 2006. *The UN and global governance: An idea and its prospects.* Bloomington, IN: Indiana University Press.

United Nations. 2013. *Realizing the Right to Development Essays in Commemoration of 25 Years of the United Nations Declaration on the Right to Development.*

UNR Commissions. 2013. *A Regional Perspective on the Post-2015 United Nations Development Agenda.3.*

Waltz, Kenneth N. 1979. *Theory of International Politics.* Reading, Mass.: Addison-Wesley.

Weiss Thomas G., and Ramesh Thakur. 2010. *Global Governance and the UN: An Unfinished Journey.* Indiana University Press.

▶ 웹사이트

http://www.un.org/terrorism/cttaskforce.shtml

http://www.un.org/peace/peacebuilding/mem-orgcomembers.shtml

http://rus-moscow.mofat.go.kr/kor/eu/rus-moscow/affair/relation/index.jsp

http://en.wikipedia.org/wiki/International_conventions_on_terrorism#International_c
        onventions_related_to_terrorism_and_counter-terrorism_cases

http://treaties.un.org/

http://treaties.un.org/doc/db/Terrorism/english-18-15.pdf

        http://www.etnews.co.kr/news/detail.html?id=201006160041

http://www.president.go.kr/kr/president/speech

http://article.joins.com/article/article.asp?ctg=13&Total_ID=3930175

http://www.greengrowth.go.kr/

http://unfccc.int/kyoto_protocol/items/2830.php

http://unfccc.int/essential_background/convention/background/items/1353.php

http://www.unep.org/PDF/UNEPOrganizationsProfile.pdf

http://www.unep.org/climatechange/Introduction/tabid/233/Default.aspx

http://www.mnd.go.kr

http://www.un.org/en/peacekeeping/documents/factsheet.pdf

http://www.koica.go.kr

▶ 언론

BBC

Economist

Guardian

Korea Herald

New York Times

기타

제2부

유엔 평화·안보주체로서
안전보장이사회와 사무총장

제1장
유엔안전보장이사회와 강대국정치[1]
구조 · 절차 · 개혁논의

유엔은 193개 회원국을 가진 세계 최대 국제기구이다. 2017년 창설 72주년을 기념했다. 인류가 제2차 세계대전의 참화를 뒤로 한지 72주년이 된 것을 말한다.

무엇보다 유엔은 냉전과 냉전종식이후의 국제질서를 가로지르며, 국제평화와 안보에 관한 가장 정통성있는 기제로 간주되어 왔다. 그 중심에 유엔안전보장이사회(UN Security Council, 이하 '안보리')가 있다. 안보리는 유엔기제 중 독특한 권한을 지닌다. 즉, 유엔헌장 제25조에 따라 회원국들은 안보리가 내린 결정을 반드시 "준수해야" 한다. 유엔의 다른 기관들이 회원국 정부에 대해 조언만을 하는 것과는 대조적이다. 안보리는 유엔헌장 제6장(분쟁의 평화적 해결)에 의거, 분쟁당사국들로 하여금 평화적 방법에 의한 해결을 요청하고 조정의 방식 혹은 해결의 조건을 제시한다. 그렇지만 이로써 해결이 어려울 경우, 국제적 평화와 안전의 유지 혹은 복원을 위해 부득이 헌장 제7장(평화에 대한 위협, 평화파괴 및 침략행위에 관한 조처)에 의거, 비군사적 제재(41조)를 가하거나 나아가 무력사용(42조)을 승인할 수도 있다.

이하에서는 오늘날의 안보리를 각각 강대국정치, 제도와 절차, 개혁논의 측면에서 간단히 조망해 보고자 한다. 한국은 한반도를 위요

---

[1] 「정세와 정책」 (2017.12)

한 3국(미국, 러시아, 중국)이 안보리 투표에서 거부권을 소지한 5개 상임이사국에 속한 만큼, 현재의 안보리 동학을 주의 깊게 살펴보지 않으면 안 될 것이다.

정치: 강대국 이해간극

안보리 상임이사국(미국, 영국, 프랑스, 중국, 러시아, 이하 P5) 중 한 나라라도 자국 이익을 계산하고 특정초안에 대해 거부권을 행사 하기로 마음을 먹으면 구속력 있는 안보리 결정은 불가능하다. 이런 측면에서 지난 몇 년 유엔이 상당한 국제안보 실패를 경험하고 있음 을 지적하지 않을 수 없다. 시리아, 우크라이나, 리비아 등지의 위기 는 이미 강대국 관계를 악화시켜온 요소였는데, 이는 그대로 안보리 결정과정에도 드러나 합의를 어렵게 한다. 유엔이 뒤로 가고 냉혹한 국제정치 현실주의와 냉전의 국제질서가 도래하는 것은 아닌지 불안 하게 한다.

가장 극명한 예는 지난 6년간 수십만명 희생과 수백만 난민을 초 래한 시리아 내전이다. P5 합의결여는 2011년 시작된 시리아내 아사 드 정부군과 반군간 내전의 여파를 이라크에도 옮겨놓았다. 설상가상 2014년 시리아와 이라크를 거점으로 한 무자비한 극단수니파 테러단 체 IS("이슬람국가")출현으로 이어졌다. 이들은 아사드군이나 반군과는 또 다른 의미에서 초국가적 잔인한 테러를 일삼았다. 그 사이 내전은 국제전으로 변모했다. 미국과 서방은 시리아 반군을 지원하고, 정부 권을 지원해 오던 러시아는 2015년부터 본격적으로 아사드 정부편에 서 군사작전을 대대적으로 전개하고 있다. IS격퇴라는 명분을 들었지 만 서방은 실제로는 반군에 대한 공격도 아랑곳하지 않는다고 비판 한다. 이란도 아사드 정부와 러시아 편에 서 전쟁을 지원한다. 인구 1,800만명 시리아에서 6년간 465,000명이 목숨을 잃었고, 510만명이 국 외난민으로 전락했다. 중동과 유럽이 난민위기에 직면했다. 이런 측면에서 지난 몇 년 유엔이 상당한 국제안보실패를 경험하고 있음을 지적하지 않을 수 없다.

미국이 아사드 대통령을 화학무기로 자국민을 살해하는 독재자로 규정하고 안보리제재를 시도하는데 반해, 러시아는 아사드 정권 존립을 목표로 한다. 2017년 11월 11일 APEC 정상회의에서 트럼프-푸틴 양정상은 IS의 점령지 90%이상을 되찾았다고 보고 완전퇴치를 위한 노력을 다짐했다. 그러나 열흘 후(11.20), 보란 듯이 아사드 대통령이 러시아를 전격 방문하여 푸틴 대통령과 향후 정치프로세스 구상을 위한 정상회담을 진행했다. 앞으로도 안보리의 결정이 매우 어렵거나 있다 해도 소극적인 결정에 국한될 것으로 전망되는 이유다.

2017년 현재 시리아와 함께 러시아와 서방의 입장이 첨예하게 대립된 또 다른 현안은 우크라이나 내전이다. 이 사안에서도 안보리가 뚜렷한 결정을 하지 못하고 있다. 러시아의 명시적 묵시적 반군 지원하 2014년부터 우크라이나 동부(주로 돈바스)에서 발발한 내전으로 지난 3년간 10,225명이 목숨을 잃었지만 말이다. 21세기 유럽에서 벌어진 일이다.

한편 2011년 이후 안보리내 중국과 러시아, 두 상임이사국(P2)간의 연대가 눈에 뜨인다. 시리아 내전을 두고 서방과 러시아간 이해관계가 엇갈리는데, 중국이 전술적으로 러시아와 입장을 같이 해 온 점, 그리고 중국의 경제적 부상에 따른 국제문제에서의 자신감, 푸틴 집권3기 새롭게 전개되는 러시아의 국제적 위상제고 노력 등이 그 저변에 있다. 안보리내 중러협력은 양국 "공동" 거부권행사를 보면 알 수 있다. 예컨대, 2007-14년 7년간 중러는 여섯 번 공동으로 거부권을 행사했다: 미얀마(2007), 짐바브웨(2008), 시리아 4회(2011-14) 등이다. 단, 2008년 그루지아 위기 및 2014년 우크라이나 위기 관련 투표에서 중국은 러시아의 거부권 행사에 동참할 수 없었다. 자국내 티벳 등 분리주의 문제를 염두에 둔 것이다. 상호 양해가 있었을 것이다.

2016년에는 P5의 거부권 행사가 두 번 있었는데 둘 다 "시리아" 관련 의제였다. 안보리 15개 이사국 중 3/5을 넘은 11개국이나 결의안 채택에 찬성했지만 각각 러시아의 단독 거부(S/2016/846), 그리고 중·러의 공동거부로(S/2016/1026) 채택될 수 없었다.

이렇게 본다면, 2006년 이후 2018년 현재까지 유엔안보리 대북제재 결의문이 아홉 차례나 "만장일치"로 채택된 사실은 비록 중국과 러시아로 인해 초안이 수정됐다 하더라도 상대적으로 냉전종식이후 "비확산 레짐 보존"에 관한 P5 공동의 결의를 감지할 수 있다고 하겠다.

제도: 구조, 절차, 관행

안보리는 제2차 세계대전 연합국인 5개 "상임이사국"과 유엔총회에서 지역배분을 고려하여 선출되는 임기2년의 10개 "비상임이사국"으로 구성된다. 안보리의 결정은 투표로 결정된다. 3/5, 즉, 9개국이 찬성해야 결정이 채택되는데, 절차문제가 아닌 실질적 문제의 경우 통과를 위한 조건이 하나 더 있다. 즉, 5개 상임이사국 중 한 국가라도 "거부권"을 행사하는 경우, 초안은 채택될 수 없다.

거부권제(소위 "vetocracy")하에서는 거부권행사 위협만으로도 충분한 특권행사가 가능하다. 초안을 두고 5개국간 비공식 협상이 필요함을 말한다. 그간 초안발의는 대체로 미국, 프랑스, 영국(이하, P3)중 한 국가가 주도해 왔다. 첫 단계에서 P3간 최소한의 합의가 이루어지면 그 다음 중국, 러시아(P2)의 지지를 구해야 한다.

P3를 밖에서 먼저 협상이 벌어진 경우는 흔치 않다. 다만 2013년 미국과 러시아간 시리아 화학무기 관련 결정을 위해, 그리고 2000년대 이후 미국과 중국간 북한 핵문제 관련 결정을 위해 각각 먼저 양자 조율을 하는 경우가 있는데 이는 예외적이었다. P3가 아닌 중국이나 러시아가 적극적으로 안보리 의제를 발굴하고 발의를 주도한 사례는 흔치 않다. 공히 "국가주권"과 "비개입" 원칙의 수호자임을 자처

하는 중국과 러시아는 대체로 관망 내지 소극적 입장을 취한다. P3가 주도한 초안이 자국의 이해에 반하는가를 판단해서 거부권을 행사하거나 행사위협을 하면 되는 것이다. 중국의 발의주도 사례는 거의 부재한 상황이며 예외적으로 시리아 문제에서 러시아가 대체안을 제시하는 경우는 있다.

결과적으로 P5가 초안을 안보리 투표에 부치기로 합의할 때는 이미 상당한 "상호양보"가 이루어진 상태이며, 10개 비상임이사국들이 초안내용을 수정할 여지는 크지 않다. 다만 산술적으로 만일 10개 비상임이사국 중 7개국이 연대한다면 P5가 합의한다 해도 초안 통과가 어렵다(반대 7 : 찬성 8). 통과를 위해 15개 이사국 중 최소 9개국의 지지가 필요하기 때문이다. 그러나 현실적으로 그런 연대가 쉽지 않다. 더구나 P5가 분열된 경우, 즉, 2011-13 시리아 사태, 2002-03년 이라크 문제에서 보듯, 비상임 10개국도 P5분열에 맞추어 분열되거나 아니면 강대국 대립 속에서 불이익을 당할 것을 우려하며 중립(기권)을 취하려 한다.

장기화되는 안보리 개혁논의

냉전기는 동서(東西)이념에 따른 진영정치에 종속되어 안보리 개혁을 논할 여건이 아니었다. 유일하게 1960년대 초반 탈식민국가들의 유엔 가입이 급증하면서 지리적 대표성 문제가 대두되자 1965년 "비상임이사국 수"를 6석에서 현재의 10석으로 늘린 것이 다였다. 냉전 종식후 유엔회원국들은 안보리 관행과 절차에 대한 개혁의 필요성을 주장하기 시작했다. 투명성, 참여, 책임, 효율성, 대표성 등을 제고해야 한다는 입장에서였다. 유엔총회는 1993년 12월 10일 결의를 통해 '형평성 있는 대의제 및 이사국 확장, 기타 안보리 제반 문제에 관한 워킹그룹'을 출범시켰다. 개혁부재 속 12년 후인 2005년 유엔정상들은 유엔창설 60주년을 맞아 안보리 개혁을 권고했고, 이어 국가간 협상도 활발했었다. 그럼에도 워킹그룹 창설 25년이 되어가는 2017년 현재 새로운 안보리 구성 혹은 업무방식에 대한 어떠한 합의도 도출되지 못한 상태이다.

그간은 주로 "안보리 구조"(상임 및 비상임이사국 구성과 권한 등) 개혁이 핵심 사안이었다. 제2차 세계대전연합국으로 구성된 P5 체제가 21세기 힘의 배분을 반영하지 못한다는 것이 핵심논제이다. 대표적으로 G4(일본, 인도, 독일, 브라질)가 상임이사국 진출을 서로 돕기 위해 2005년 결성됐다. G4는 자신들과 함께 아프리카 두 나라를 상임이사국에 추가하는 제안을 하고 있다. 비상임이사국도 4개국 더 추가하자고 한다. 이들 4개국은 여러 차례 아시아, 유럽, 남미 등 지역을 대표하며 비상임이사국에 당선되어온 경험도 소지하고 있다. 그러나 이들은 각각 현재의 P5 및 여타 유엔회원국들로부터 지지 혹은 강한 반대를 받고 있어 경로가 험난해 보인다. 특히 한국을 비롯하여 이탈리아, 멕시코, 스페인, 파키스탄, 아르헨티나, 콜롬비아, 캐나다, 코스타리카, 터키, 몰타, 산마리노 등 12개국이 주도하는 '합의를 위한 연합'(Uniting for Consensus, 일명 커피클럽)은 G4국가의 상임이사국 진출을 반대하고 있다. 이들은 상임이사국은 현행대로 두고 비상임이사국을 확대하고 임기를 연장해야 한다는 입장이다. 이외에도 '아프리카연합'(AU)은 거부권을 갖는 상임이사국 2석과 비상임이사국 2석을 아프리카에 배정해야 한다고 주장한다.

안보리 구성변화는 유엔헌장 수정을 수반해야만 하는데, 헌장의 수정은 또 다른 지난한 노정이다. 유엔헌장 108조에 따르면 총회 구성국의 2/3가 찬성하고 "안보리 상임이사국"을 포함한 유엔회원국 2/3가 각각 헌법절차에 따라 비준해야 한다. 이에 부합할 개혁체제가 가능한지 생각하게 한다. 그런가하면 안보리 구성에 관한 개혁에서 얻을 것이 별로 없다고 판단한 작은 나라들이 2005년 소위 S-5(small five: 코스타리카, 요르단, 리히텐슈타인, 싱가포르, 스위스)를 결성, 안보리의 현행 "관행과 절차"에 대한 구상을 제안했다. 이에는 P5의 거부권 제한, 신입이사국의 효과적 통합, 안보리 심의 시 비안보리 회원 참여 등이 포함된다. 그러나 이 제안은 안보리 업무방식 개선에 관한 의장성명(S/2006/507)에 부분적으로 반영되는데 그쳤다. 상설 운용절차의 일부가 되지는 못했다.

전망과 중요변수들

안보리 결정은 "정당성"이 전제되기 때문에 P5는 상호경쟁과 견제에도 불구하고 안보리를 건너뛰기보다는 부단히 안보리를 통해 자국의 입장을 옹호하고 이익을 추구하고자 한다. 그래서 특정 이슈에서의 이해 간극에도 불구하고 오히려 냉전종식이후 "만장일치"로 강제제재를 포함하는 "유엔헌장 제7장"하 결의문을 채택하는 비율도 높아졌다. 2016년 안보리가 채택한 77건의 결의문 중 42건이 헌장 제7장을 명기한 조처였고 67건은 만장일치로 채택됐다. 부결된 초안은 단 4건에 불과하다(2건은 P5 거부권, 2건은 9개국 찬성 미달). 그렇다 해도 시리아사태가 보여주듯 P5가 어떻게 자국의 이해추구와 안보리의 정당성 확보 사이에서 균형을 찾는가는 향후 국제평화와 안보부문 글로벌 거버넌스에서 유엔의 관련성(relevance)을 결정하는 중요변수가 될 것이다.

한편 안보리의 정당성 제고를 목표로 한 개혁과제는 안보리 15개 이사국만의 문제가 아닌 전체 유엔체계 미래에 영향을 주는 중요변수다. 안보리 개혁 워킹그룹 창설 25주년이 되는 2018년, 일본 등 G4가들이 개혁논의를 재점화시킬 가능성이 있다. 다만, 여전히 많은 회원국들이 서두르지 않고 있다는 점도 지적해야 할 것 같다.

글로벌 중견국을 지향하며 두 차례 안보리 비상임이사국(1996-97, 2013-14)을 역임한 우리로서는 안보리의 국제위협 대처능력을 검토하고 전망할 필요가 있다. 안보리는 2006년 북한 제1차 핵실험 이후 북한 비핵화를 목표로 한 대북제재레짐 운용을 결정해 오늘에 이른다. 무엇보다 거부권을 갖는 5개 상임이사국 중 미국, 중국, 러시아가 소위 "한반도 주변4강"에 속하는 만큼 안보리에서 이들 세 나라가 펼치는 글로벌 차원의 안보 역할을 살펴볼 필요성은 언제라도 있는 것이다. 한반도나 북한핵만이 그들의 의제가 아님을 알아야 한다.

제2장
유엔안전보장이사회의 개혁논의와 한일관계2)

2005년은 유엔(United Nations, 국제연합)창설 60주년 되는 해이다. 창립당시 51개국이던 가입국이 191개국으로 확대되었고, 냉전종식과 함께 국제평화에 대한 위협요인 역시 질적 변화를 경험하고 왔다. 1990년 이후 이미 유엔총회를 중심으로 새로운 환경에 보다 효율적으로 부응하기 위해서는 총체적 유엔 개혁이 불가피하다는 주장이 크게 대두되어 왔다. 유엔 사무총장 코피 아난은 2005년은 유엔 개혁, 그중에서도 특히 안전보장이사회(이하, 안보리) 개혁 및 확장 관련 이정표가 마련되어야 한다고 역설했다. 이미 너무 지연된 상태라는 것이다. 바로 이러한 시점, 독도문제, 일본 역사교과서의 왜곡 등으로 한일관계가 불편해 지면서 뉴욕 유엔본부에서 한국과 일본간 안보리 개혁과 관련하여 제로섬 게임 양상이 벌어지고 있다.

유엔안보리의 기능과 권한

안보리는 유엔헌장이 규정하는 바, 국제평화와 안보에 관한 최우선적 책임기구이다. 안보리 결정에 대해서는 모든 유엔 가입국이 이를 준수할 의무를 지니는데, 이는 유엔내 안보리만이 소지한 권한이다. 안보리는 안보가 위협받는다고 판단하면 중재를 위시하여 휴전명령, 평화유지군 파견, 나아가 경제 및 군사적 제재에 이르기까지 각종 방

---

2) 「정세와 정책」(2005.5). 정은숙, 『글로벌 거버넌스와 국제안보: 이슈와 행위자』(한울, 2012), pp.54~59.

안을 모색할 수 있다. 냉전종식이후 안보리는 미국과 소련이 유엔내에서 각축전을 벌이던 냉전기와 비교할 때, 보다 적극적으로 국제평화와 안보를 담보하는 데에 일익을 담당하여 왔다. 1990년 이후 안보리 결의안 및 평화유지활동의 양적 증대는 물론 제재위원회, 반테러위원회, 반확산위원회, 구유고 및 르완다 전범재판소, 감시 · 검증 · 사찰위원회(UNMOVIC) 등 산하 특별조직의 신설 및 운용이 이를 입증해주고 있다.

안보리는 5개 상임이사국, 그리고 임기 2년의 10개 비상임이사국으로 구성된다. 안보리의 결정은 이들 15개 이사국 중 2/3인 9개국의 동의를 요한다. 다만 절차적이지 않은 실질적 의제에 관한 결정은 찬성 9개국 중 5개 상임이사국(미국, 중국, 러시아, 프랑스, 영국) 전원이 포함되어야 한다. 이른바 상임이사국의 '거부권'이다. 1945년 유엔 창립당시 이중적 안전장치라며 전승 5개국에 주어졌던 이 거부권에 대해 냉전종식이후 회의론이 나오고 있다. 제3세계 국가들은 선진국들에 대한 "불균형적 특혜"라고 하고, 일본과 독일은 자신들의 유엔 정규 분담금 및 기부금이 러시아, 프랑스, 영국, 중국을 능가하면서도 주요 정책결정에서 배제되는 데서 오는 비효율성을 지적해 왔다. 더불어 정책결정과정의 투명성과 공개성 증진에 대한 요구도 병행돼 왔다.

안보리 확장논의: 모델 A, 모델 B

안보리는 유엔 '헌장'이 발효된 1945년 이후 60년간 단 한차례 개혁을 단행했다. 1965년 "비상임이사국"의 수를 당초 6개국에서 오늘날과 같이 10개국으로 확장한 것이다. 이는 단지 식민지에서 벗어난 신생 독립국들의 유엔가입 추세에 부응코자 한 것으로 "상임이사국"의 수(5)와 지위(거부권)에 관한 한, 유엔은 창립 이후 현재까지 아무런 개혁을 취하지 않았다.

보다 총체적인 안보리 개혁 가능성이 엿보였던 것은 냉전종식이후 1993년 비동맹권의 제안을 토대로 유엔총회가 'Open-Ended Working Group'을 결성하면서부터다. 그러나 본 그룹은 희망국 모두에게 참여의 기회를 주었고 의사결정도 만장일치제를 따른 결과, 소기의 합의안을 만드는 데에 성공하지 못했다. 그룹결성 10년이 지난 2003년 미국의 이라크 개전으로 안보리의 권위가 실추하자 아난 사무총장은 다시금 안보리 개혁의 필요성을 절감하고 전문가 그룹을 결성, 개혁방안을 모색하도록 하였다. 그 보고서가 2004년 말 완료되었다. 이를 약술하면 안보리 구성을 현행 15개국에서 24개국으로 확장하는 것이다. 다만 추가 9개국에 대해 '모델 A'는 각각 (i) 6개 상임이사국과 (ii) 3개 비상임이사국 추가를, '모델 B'는 상임이사국은 현행 5개국으로 그대로 둔 채 (i) 제3의 충원방식에 따르는 8개 비상임이사국 신설(임기 4년, 연임가능, 특별 기준에 따라 선출된 중간 규모 국가들간 순환), (ii) 현행 선출방식의 비상임이사국 1개국 추가를 각각 상정하고 있다. 2005년 3월 아난 사무총장은 유엔총회 연설을 통해 유엔가입국들로 하여금 본 그룹이 제시한 두 개의 확장모델을 토대로 논의를 거쳐 2005년 말 안에 합의안을 만들도록 강력히 권고하였다.

헌장에 따르면 본 개혁은 우선적으로 유엔총회에서 가입국 2/3의 지지를 득해야 하고, 제2단계로 5개 상임이사국을 포함, 안보리 15개 이사국 2/3의 비준을 득해야 효력이 발생된다. 현재는 가입국들이 입장을 분명히 정리한 상태가 아니어서 두 모델 모두 승리를 장담하기 어렵다. 그러나 지난 10여년의 논의과정들을 살펴보면 "상임이사국" 증설을 상정한 모델 A가 그렇지 않은 모델 B보다 다소 설득력이 클 것으로 보인다.

일본의 입장

상임이사국 지위를 목표로 하는 일본은 당연히 상임이사국 증설을 골자로 하는 '모델 A'를 선호한다. 다시 말해, 상임이사국 증설을 받아들이지 않는 모델 B는 적어도 일본에게는 안보리 개혁안이 될 수 없다.

고이즈미 총리를 비롯한 일본 지도부는 기회있을 때마다 유엔이 전통적인 국가간 갈등 외에도 국내폭력, 빈곤, 전염병, 테러, 대량살상무기확산 등 신종의 위협에 처해 있다며, 안보리가 효과적으로 이들 위협에 대처하기 위해서는 유엔헌장이 정한 바, 국제 평화와 안보에 주요 역할을 할 "의지"와 "재원"을 소지한 국가가 상시 안보리의 정책결정과정에 참여하여야 한다는 주장을 펼쳐 왔다. 실제로 정규 유엔분담금 측면에서만 보더라도 일본은 미국에 이어 제2위를 차지하고 있다. 이외에도 일본은 자발적으로 평화유지, 국제개발협력, 인도주의 원조, 인권증진 등 냉전종식이후 지구촌 곳곳에서 벌어지는 유엔 설립취지 관련 소요비용을 세계 제1위 혹은 제2위로 기여하여 왔다. 일본 외무성 자료에 따르면 지난 10년 일본은 전세계 개발지원금, 그리고 유엔평화유지 활동비의 1/5을 담당했다. 2004년 동남아 쓰나미 참사의 경우 5억불을 지원함으로써 제1의 지원국이 되었다. 한편 '아프리카개발 국제회의'(1993), '아프가니스탄재건 국제회의'(2002), '아시아-아프리카 무역투자회의'(2004) 등을 유치하면서 이들 지역개발을 주도하고 있다. 또한 자위대의 이라크 재건활동, 8건의 평화유지 활동 등 인적 공헌측면에서도 점차 두각을 보이고 있다.

일본은 또한 "대표성" 차원에서도 안보리가 오늘날의 국제현실을 잘 반영할 수 있도록 선진국과 개도국이 균형있게 상임이사국 지위를 획득해야 한다고 주장하면서, 2004년 9월 독일, 브라질, 인도와 함께 소위 'G4그룹' 연대방안을 발표하였다. 독일의 경우, 일본과 같이 유엔헌장내 소위 "적국(敵國)"에 속하지만 유엔활동에 대한 공헌도가 일본에 이어 제3위이며, 오랫동안 상임이사국 진출의 기회를 찾아 왔다. 한편 브라질은 남미 최대의 민주주의 국가, 그리고 인도 역시 아시아권에서 중국 다음가는 거대국가이자 최대 민주주의 국가로서 각각 상임이사국의 지위를 희망해 온 바이다. 이들 4개국은 아프리카 국가에게도 1개 상임이사국 지위가 부여되어야 한다는 제안을 내놓은 상태이다. 결국 일본은 G4그룹 연대를 통해 선진국 뿐 아니라 아시아, 남미, 아프리카 국가들도 상임이사국에 진출하여야 한다는 입장을 실질적, 그리고 상징적으로 밝혀 둠으로써, 민주성, 대표성 측면에서의 호소력을 증진시키는 전략을 채택한 것이다. 일본 외무성은 2005년 최우선 외교정책 목표를 안보리 개혁에 두고 3월, 아프리카, 중동, 남미, 서유럽, 동유럽, 아태 등 6개 권역별로 일본의 안보리 상임이사국 진출 지지를 유도할 목적으로 6명의 '유엔개혁 특사'를 임명했다.

결언

북핵문제를 비롯, 전환기 동북아 정세 측면에서 한일관계는 매우 신중하게 관리하여야 할 과제임을 양국 정부가 모를 리 없다. 그럼에도 불구하고 한일 국교정상화 40주년을 기하는 한일 '우정의 해'(2005)에 뜻하지 않은 한일 외교전이 유엔본부에서 벌어지고 있다. 먼저 일본에게 궁금한 점은 유엔 창설 60주년인 2005년을 안보리 상임이사국 진출의 호기로 상정한 상태에서 왜 이웃인 한국 그리고 중국 국민의 정서를 자극하고 있는가이다. 안보리 상임이사국의 자격조건으로는 일본 정부가 강조하듯 국제공헌의 '의지'와 '재원'도 중요하지만 과거 군국주의 정책에 대한 진실한 반성 역시 필수적이어야 한다. 일본은 현재 독일과 함께 유엔헌장 제53조와 제107조 '적국' 조항의 삭제를 설득하고 있는 상황 아닌가. 안보리 상임이사국 지위가 부여되는 경우 일본의 외교안보 정책이 국제평화와 안보를 위해 보다 효과적으로, 그리고 장기적 안목에서 보다 건설적인 쪽으로 영향력을 발휘할 수 있을 것이라는 신뢰를 심어주어야 할 것이다.

한편 한국정부도 신중할 필요가 있다. 첫째, 과연 현재 우리정부가

모델 A, 즉, 상임이사국 확장형대신 기존 5개 상임이사국을 그대로
두는 모델 B형을 타당하다고 생각하는 이유는 무엇인지. 단지 일본의
진출 가능성을 봉쇄하기 위한 것이라는 인상을 준다면 국제사회에서
설득력이 떨어진다. 둘째, 우리가 일본의 상임이사국 진출을 반대함
에 있어 중국과 연대하는 인상을 주는 것이 타당한 것인지, 장기적으
로 정책성과로 치부될 수 있는지 생각해 보아야 한다. 중국 역시 현
재적, 잠재적 역사왜곡으로부터 자유로운 국가는 아니기 때문이다.
나아가 강대국간에는 늘 협상의 문을 열고 있다. 신중히 접근할 필요
가 있을 것이다. 셋째, 앞서 약술한 모델 A, 모델 B는 토론을 위한
자료다. 신규 상임이사국에게도 기존 5개국처럼 거부권이 부여될 것
인지 등 향후 합의안을 도출하는 과정에서 세부사항들이 수정, 변모
될 수 있다. 넷째, 평소 우리의 국제공헌도를 제고할 필요가 있다. 이
점에서 우리는 절대적으로나 상대적으로나 일본에 못미처 온 것이
사실이다. 일본의 상임이사국 진출 반대이건 한국의 2007년 비상임이
사국 지위 확보 노력이건, 성과를 보기 위해서는 이 부분에도 관심을
두어야 할 것이다.

　유엔사무총장 아난의 희망대로 2005년 안보리 개혁이 타결을 보게
될지 지금으로선 낙관하기 어렵다. 여러 나라들의 이해가 첨예하게
얽혀 있기 때문이다. 191개국간 바둑을 두듯 복잡한 심리적, 기술적
과정이 뒤따를 것이다. 일본의 유엔안보리 상임이사국 진출은 군사대
국화의 명분, 한반도 개입가능성 등 우려되는 측면도 있고 반면 중국
의 영향력 견제, 일본의 유엔내 보다 건설적이고 평화적 역할을 통한
군사대국화의 가능성 축소 등 긍정적 측면도 함께 있어 우리에게는
어려운 선택임이 분명하다.

제3장
독일과 일본, 유엔안보리 진출 노력3)

독일과 일본은 공히 제2차 세계대전 종식과 함께 연합국 주도로 출범한 유엔의 헌장상 적국조항 대상국이다. 실제로 독일과 일본의 전후체제는 대내외적으로 법적, 정치적 제약 속에 살아야 했고 특히 군비차원에서의 제약은 두드러졌다. 반면 이 두 나라는 상대적으로 적은 국방비와 동맹(미일동맹과 NATO)의 활용을 바탕으로 급속한 경제발전을 꾀할 수 있었다. 그 결과 2000년대 중반 이후 이 두 나라는 본격적으로 상호연대하며 자신들의 신장된 경제력, 유엔재정 분담, 국제개발 및 평화지원 등의 수준에 맞추어 이제는 유엔안전보장이사회 상임이사국이 되어야 한다는 주장을 펴고 있다. 그러나 종전 68년을 맞은 오늘날 전후 두 나라의 역사반성 진화과정을 보면 괴리가 있음을 직시할 수 있다.

2013년 현재 유럽과 동북아의 국제관계는 서로 많이 다르다. 그 배경에는 독일과 일본의 역사인식이 다르게 진화돼 온 점이 한 몫을 하고 있다. 이미 '안보공동체'(security community)로 거듭난 유럽에서는 독일, 프랑스, 영국 등 주요 강대국간 군비경쟁이나 영토분쟁의 여지가 거의 전무한데 비해, 동북아에서는 역내 주요국간 과거사 논쟁, 위안부 갈등, 영토분쟁 등 불편한 관계가 그치지 않고 있다.

이하에서는 독일인들이 맞이한 제2차 세계대전의 종식 및 뉘른베르크 재판, 탈나치화 과정, 영토상실, 분단, 1990년 통일 이후 지난 23

---

3) "전후 독일의 역사반성과 유럽평화에의 기여: 일본과의 비교," 「정세와 정책」 (2013.3)

년 독일정부의 지속적 역사반성 정책 등을 검토해 보고자 한다. 이 시점에서 독일의 전후 발전을 다시 보는 이유는 일본이 군국주의 피해국 및 피해자들에게 역사왜곡 및 영토분쟁을 통해 지속적 상처를 안겨주고 있기 때문이다. 더불어 필자는 2012년 10월부터 3개월간 독일에 머물며 독일정부와 국민들이 '국가사회주의'(이하 '나치즘')와 제2차 세계대전의 유산을 어떻게 극복했는가 어느 정도 살펴볼 기회가 있었다. 일본의 강제점령을 경험한 한국의 국민으로서 주변국들과 영토분쟁을 일삼는 일본의 모습이 계속 떠 올라왔다.

뉘른베르크 재판

뉘른베르크 재판은 종전후 독일 뉘른베르크에서 연합군(미국, 소련, 영국, 프랑스) 관할하 진행된 일련의 군사재판이다. 이중 나치독일 최고위층 23인을 대상으로 1945년 11월-1946년 10월까지 근 1년간 진행된 '주요 전범에 대한 국제군사재판'은 역사적 이정표가 되었다. 재판 결과 사형이 구형된 12인 중 사형전날 자살한 1인과 기소 전 실종된 1인을 제외한 10인은 보름 후 사형됐다. 시신을 화장해 강물에 뿌림으로써 이후 나치즘 추도의 기회를 봉쇄했다. 히틀러는 괴벨즈, 힘러와 함께 이미 기소 전 자살했기에 재판대상이 아니었다.

이 국제군사재판을 시작으로 각종 나치관리들 및 나치의사에 대한 재판이 이어졌다. 일각에서 승자의 정의였다는 비난이 없지 않지만 1948년 국제인권선언, 1949년 전쟁법과 관습에 관한 제네바협약, 1950년 뉘른베르크 원칙 수립 등에 영향을 주었으며, 1990년대 초 유엔의 발칸 및 르완다 학살책임자 처벌을 위한 전범재판소 출범에도 시사하는 바가 컸다. 4개 공용어(영어, 불어, 독어, 러시아어)를 동시통역으로 소화한 측면에서도 역사적 전기가 되었다.

더하여 1946년 4월 29일 시작하여 1948년 11월 종료된 '극동국제군사재판'(동경재판)에도 모델이 되었다는 점도 간과하기 어렵다. 그러나 재판의 특징은 유럽과 아시아가 서로 달랐다. 유럽에서는 이미 전쟁 중이던 1942년부터 범연합국 차원에서 보다 철저히 독일전범 재판을 강구해 왔었다. 반면 아시아에서는 피해국들간 이러한 논의가 취약했고 실천력도 떨어졌다. 또한 동경재판에서는 뉘른베르크재판과 비교하여 기소내용을 보강할 문서가 적었다. 항복당시 일본이 대부분의 군사기록을 파기했기 때문이다. 미국이 주도하는 가운데 호주, 캐나다, 중국, 프랑스, 인도, 네덜란드, 뉴질랜드, 필리핀이 각 1인의 재판관과 검사를 파견했지만 일제 강점에서 벗어난 한국은 이에 해당되지 않았다. 또한 히로히토 일본 천황은 전범재판의 대상이 아니었는데 이 사실은 천황제 존속여부와 함께 상당한 논란의 대상이었다.

'탈(脫)나치화'

탈나치화는 독일과 오스트리아내 사회, 문화, 언론, 경제, 법제, 정치 각 부문에서의 나치즘의 척결을 목적으로 펼쳐진 연합국 프로그램을 말한다. 무엇보다 나치즘 관련자들을 영향력 있는 자리에서 퇴출시키고, 관련 조직들을 해체 혹은 무력화시키는 데에 중점을 두었다. 베를린 소재 '연합국관리위원회'의 탈나치화 지침을 준용하지만 4개국(미국, 소련, 영국, 프랑스) 점령군 영내에서 그 방식이나 강도는 서로 조금씩 달랐다.

예컨대, 미국이 점령한 남부독일에서는 아이젠하워 사령관 주관하 18세 이상의 모든 주민이 과거 정체성관련 조사를 받아야 했으며(1. 주요 공격자; 2.공격자; 3.약한 공격자; 4.추종자; 5.면책자), 언론, 예술 부문에서도 탈나치화가 진행되었다. 영국, 프랑스 점령지에서도 유사한 탈나치화 과정이 있었다. 궁극적으로 국민의 '재교육'을 목표로 한 탈나치화는 1949년 서독의 기본법 제정에 영향을 미쳤다. 한편 소련이 점령한 동부 독일에서는 소련 비밀경찰(NKVD)이 나치감금을 위한 특수캠프를 설치하여, 수만명이 캠프에서 희생된 것으로 알려졌다.

종전후 일본에서 궁극적 국민 재교육을 염두에 둔 탈군국주의화 프로그램이 독일에서 만큼 철저하게 치러졌다고 보기는 어렵다.

동 · 서독의 분단

전쟁이 끝을 향해 달리던 1945년 2월 4-11일, 미국, 영국, 소련 3대 연합국 지도자들은 소련 얄타에서 전후유럽과 대일본 전략을 의제로 협상했다. 독일을 4개 지역으로 분할점령하기로 하였다. 서부는 프랑스, 북서부는 영국, 남부는 미국, 동부는 소련이 맡기로 하였다. 당시 의도는 독일의 분할이 아닌 행정적 편이에서였다. 그러나 곧바로 1946년부터 연합국이던 소련과 서방 사이 냉전이 도래하면서 독일은 분단의 길에 들어서게 됐다. 즉, 1949년 5월 미국, 영국, 프랑스령이 통합되어 자유주의와 시장경제를 토대로 한 '서독'(독일연방공화국)이, 그리고 10월에는 소련령에서 소비에트 모델을 답습한 공산진영의 한 국가로서 '동독'(독일민주공화국)이 각각 수립됐다. 그 결과 독일인들은 1949년부터 1990년 동서독 통일이 올 때까지, 탈나치화와 함께 동서 이념대립의 고통도 함께 안아야 했다. 특히 종전후 동독은 소련에 대해 막대한 배상을 치러야 했다.

반면 아시아에서 미국 단일국 점령 하에 놓여있던 일본은 독일에서처럼 소련이 참여한 분할점령이 아니었기에 분단을 경험하지 않았다. 오히려 일본 강점의 희생물이었던 한반도가 소련의 영향력과 함께 분단되었다. 냉전기 독일과 한국은 공히 분단국을 상징하는 나라였지만 그 분단의 배경은 너무도 상반된 것이었다.

영토 양허

종전후 소련이 새롭게 Oder-Neisse강을 독일-폴란드간 국경으로 확정함에 따라 독일은 강의 동쪽을 폴란드에 할양하게 됐다. 여기 살던 독일인들은 폴란드의 행정관할권에 놓이게 되었다. 그런데도 1970년 대 초 '서독'은 빌리 브란트 총리의 동방정책하 폴란드와 조약을 체결하여 Oder-Neisse강이 독일-폴란드 국경임을 확인해 주었다. 다시금 통일 이후 1990년 11월, 독일은 폴란드와 Oder-Neisse 국경을 재확인하는 조약을 체결했다.

이를 볼 때 아시아에서 일본이 엄연한 타국의 영토 일부에 대해 영토주권을 논하며 논쟁을 일삼는 일은 역사반성의 불충분성을 보여주는 것으로 보인다. 또한 전후 일본이 주창해온 국제평화에의 기여를 역행하는 것은 아닌지 생각하게 한다.

21세기 독일과 유럽평화

2013년 현재 유럽은 유로존의 위기가 역내 최대 도전으로 부각되고 있다. 그러나 주요국간 이에 대한 현실적 대처방안이 건설적으로 논의되고 있을 뿐, 역내 강대국들, 예컨대, 독일, 프랑스, 영국간 군비경쟁이나 제2차 세계대전 해석과 의미를 두고 이들 주요국 지도자들간 서로 얼굴을 붉히는 일들은 찾기 어렵다. 무엇보다 1945년 연합국들의 치밀한 재발방지 정책과 이에 대한 독일 정부 및 국민들의 진솔한 수용이 진가를 발휘했기 때문이다.

종전후 폐허가 된 분단된 독일에서 독일인들은 나치즘에 의해 희생된 자들에 대한 배상과 새로운 역사, 새로운 교육, 이웃과의 새로운 관계를 설정하지 않으면 안 됐다. 분단된 독일에서 '서독'은 나치의 책임을 전적으로 수용하며 유럽의 점진적 통합에 기여하는 방식으로 국제사회를 안심시켜 나갔다. 그러는 가운데 경제적 기적을 일으켰고 국제적으로 개발 및 평화 지원 등 평화적 국가로 인정되어 갔다. 소련의 감독 하에 놓인 동독은 소련과 동구국가들로부터 보다 더 한 응징을 당하면서 동시에 공산주의 이론에 맞추어 나치즘을 자본주의 폐단으로 낙인찍고, 자신들의 공산 동독체제와 과거 나치즘과의 거리를 강조하는 방식으로 소련과 동구국가들을 안심시켜야 했다. 더불어 소련의 결정에 따라 저항없이 동부 영토 상당부분을 폴란드에 이양해 주었던 것이다. 요컨대, 냉전기 독일인들은 제2차 세계대전을 일으킨 국가의 국민으로서 경제적 배상은 물론 영토일부 상실, 궁극적으로 국민 재교육을 염두에 둔 '탈나치화' 프로그램 등을 통해 혹독한 대가를 치르고 거듭났다.

그래도 1990년 10월 통일을 전후하여 주변국들은 독일의 통일에 대해 적지 않은 우려를 표했었다. 그러나 통일독일의 초대 총리 콜을 위시한 독일 지도자들은 또 한 차례 독일의 유럽통합 정신을 강조하면서 이들을 설득하여 통일을 얻어냈다. 2013년 독일은 통독 23주년이 된다. 독일 지도자들의 약속대로 통일 이후에도 독일은 나치즘이 낳은 폐해를 각인하는 기념을 멈추지 않아왔다. 필자는 2012년 독일에 체류하면서 1990년 이후에도 계속되는 유관 기념사업 및 새로운 조형물들을 볼 수 있었다. 또한 독일은 동구권 붕괴에 따라 새롭게 동구권 국가내 나치즘 피해자들에 대한 보상도 강구해 왔다. 진정한 역사반성과 이를 반영한 국가적 차원에서의 종합적 대내외 정책이 독일의 미래비전이 되고 있는 것이다.

결론

EU의 공동통화(유로) 및 공동안보가 가능하게 된 데에는 유럽의 최강국 독일의 역사반성에 따른 대외정책이 그 기저에 있다. 독일은 무엇보다도 한때 자국의 군국주의 피해국들인 이웃들이 모여 있는 EU의 통합과 발전을 대외정책의 기조로 삼고 있다. 독일이 역사반성을 실천으로 보여 온 만큼, 오늘날 인본주의 중요성을 말하고 세계평화에 기여하려 함은 수미일관하다고 할 것이다.

반면 전후 일본의 경우, 군국주의에 대한 반성은 지속적이고 전체 국가사회적 과정이 아닌, 간헐적이고 국부적 현상에 머물러 왔다. 지도자급이나 시민단체에서 우경화 발언을 서슴지 않고 할 수 있는 정치사회 분위기 속에서, 일본은 하나의 외교방책으로서 국제무대에서 평화우호국임을 강조하고 있다. 필자는 2012년 말, 독일 하노버의 한 교회마당에서 히로시마인들이 보낸 평화의 종을 보았다. 이 교회는 연합군의 폭격을 맞아 인명피해가 컸고 내부가 붕괴되었지만 그대로 기념물로 존재한다. 독일이 역사반성을 토대로 유럽평화에 기여하려는 노력을 보여 온 데 반해, 일본이 주변국들과 영토분쟁, 위안부 문제, 역사왜곡 등으로 옥신각신하고 있어 그 평화의 종이 그 자리에 잘 어우러져 보이지 않았다. 일본은 미국에 이어 제2위의 유엔 재정 기여국이다. 그러나 일본이 지속적으로 그리고 거국적으로 군국주의 피해국 및 피해자들의 상처를 치유하려들지 않는다면, 피해당사국은 물론 국제사회 전체가 일본에게 국제평화와 안보를 담보하는 유엔안전보장이사회 상임이사국 지위를 부여하기는 어려울 것이다.

제4장
비유엔행위자의 군사적 제재와
유엔안보리의 향방4)

　유엔은 1945년 10월 24일, '국제협력과 집단안보를 통한 평화유지'에 뜻을 같이 한 51개국 합의로써 출범한 국제기구이다. 유엔창립이래 옵저버 지위에 머물던 스위스, 그리고 인도네시아로부터의 독립에 성공한 동티모르(Timor-Leste)가 2002년 각각 190번째, 그리고 191번째로 유엔에 가입함으로써 이제 유엔은 지구상 거의 모든 국가가 참여하는 맘모스 국제기구로서의 독특한 위상을 유감없이 발휘하고 있다.

　무릇 레짐의 생명력은 외부환경 변화에 대해 어느 정도 부응해 나가느냐에 달려 있다. 냉전이 종식되면서 새로운 국제환경 속에서 유엔의 경우에도 1990년대 갈리(Boutros Boutros-Ghali) 전임 사무총장 재임시부터 여러 측면에서 조심스런 개혁작업이 시작되어 왔다. 아난(Kofi Annan) 사무총장은 1997년 취임 이후 현재까지 적어도 유엔 사무국 조직개편 및 새로운 충원방식 도입, 보다 효율적이고 적극적인 평화유지활동(PKO)의 토대마련이란 측면에서 커다란 족적을 남겼다고 하겠다.

　큰 그림으로 본 유엔은 분명 인류가 점진적으로 공공선을 향해 나아가는 데에 지대한 공헌을 하고 있다. 그럼에도 불구하고 최근 그야말로 국제안보에 대해 유엔내 거의 절대적 권한과 의무를 소지한 유엔안전보장이사회(이하 '안보리')를 두고 그 구성과 의사결정 규칙에

---

4) "유엔안전보장이사회의 향방"「정세와 정책」(2003.5)

대해 변화가 필요한 것 아닌지 지속적으로 다양한 대안이 제기되고 있다. 주지하다시피 1999년 3월, 안보리의 직접적 승인없이 NATO라는 지역군사기구가 행한 대유고연방(세르비아) 군사제재, 그리고 2003년 3월, 역시 안보리의 직접적 승인없이 미·영이 행한 대이라크 군사제재가 이러한 논쟁을 가속화시키는 크게 기여하고 있다.

본 글은 이들 논의들을 정리해 보는 데에 의의를 두고 있다. 우리로서는 이를 예의 주시하지 않을 수 없다. 그 이유는 첫째, 안보리에서 거부권을 행사하는 5개 상임이사국(미국, 영국, 중국, 러시아, 프랑스)중 3개국이 역사적으로 우리의 안보에 중대한 영향을 미친 소위 '주변4강' 중 세 나라라는 점이다. 둘째, 현재 핵문제로 전세계를 불안하게 하고 있는 북한의 김정일 위원장에 대한 서방의 인식이 밀로셰비치나 후세인과 크게 다르지 않다는 점이다. 셋째, 유고와 이라크 사례는 공히 제재를 가한 연합국이 비안보리상임이사국들이 아닌 안보리내 거부권을 행사할 수 있는 상임이사국이 주축이된 만큼, 현실적으로 우리의 정책입안가에게 중요한 것은 제재의 정당성 여부에 집착하는 국제규범론자들과 달리 상임이사국간 군사제재 결의안을 중심으로 한 이해의 얽힘 속에서 하나의 패턴을 찾아내는 일이라는 점이다. '안보리의 승인없이', '비(非)안보리 상임이사국 연합'이 행한 군사적 제재와는 그 성격이 다르지 않겠나 하는 생각이다.

안보리의 구성, 기능, 권한, 절차

안보리는 모두 15개 이사국으로 구성되며 이중 미국, 영국, 중국, 러시아, 프랑스 5개국은 상임(permanent)이사국이다. 10개 비상임(non-permanent)이사국은 총회에서 2년 임기로 선출되는데 국제평화와 안보 및 기타 유엔 목적에 대한 공헌도와 형평성, 지리적 안배(아시아 아프리카: 5석, 동유럽 1석, 중남미 2석, 서유럽 및 기타 2석)등이 고려된다. 한국도 1995년 피선된 바 있다. 2003년 현재는 기니아, 멕시코, 시리아, 불가리아, 카메룬, 독일, 파키스탄, 스페인, 앙골라, 칠레가 비상임이사국 지위에 있다. 안보리의 결의안 통과는 15개국 중 9개국의 찬성을 필요로 한다. 단, 절차에 관한 문제가 아닌 실질적(substantial) 문제의 경우, 상임이사국 중 한 나라라도 거부권(veto)를 행사하는 경우 결의안이 통과될 수 없다. 국제안보에 대한 신중한 결의를 의도한 결과이다.

유엔헌장은 안보리로 하여금 국제 평화 및 안보유지에 관한 우선적 책임과 그에 따른 권한을 소지토록 하고 있다. 무엇보다 모든 유엔 회원국은 안보리결의를 이행할 의무가 있다. 이는 유엔기관중 유일하게 안보리만이 지닌 권한이다. 예컨대 총회의 경우 모든 회원국이 균등히 한 표를 행사한다는 점에서는 도덕적 권위가 있으나 회원국에 대해 행위를 강제할 없다는 점에서는 안보리의 권한을 따라갈 수 없다. 안보리는 특정 상황이 국제 평화에 대한 위협이라고 판단하는 경우, 우선적으로 관련국들에게 평화적 방법에 의한 합의를 제안한다. 이 과정에서 안보리 스스로 조사 혹은 중재에 나서기도 하며, 때로는 사무총장에게 이를 의뢰하기도 한다. 그러나 이로써 문제가 해결되지 않고 무력이 사용되는 경우, 안보리는 이의 즉각적 중단 혹은 휴전을 종용한다. 이때 휴전을 확실시하고 적대세력을 분리해 둘 목적으로 평화유지군 파견을 결정하기도 한다. 안보리는 결의안 이행을 위해 경제제재를 부과하거나 무기수출금지를 결정할 수도 있다. 나아가 회원국들에게 집단군사행동을 포함한 "모든 필요한 수단"을 동원할 수 있는 권한을 부여하기도 한다.

국가명의 알파벳 순으로 매월 순환되는 의장은 이사국, 총회, 사무총장 등의 요청에 따라 상시 회의를 개최하여야 한다. 회의는 통상 뉴욕 본부에서 개최하지만 이사국이나 사무총장이 다른 장소를 제안할 수도 있다. 안보리는 2003년 들어 4월 11까지 모두 55회의 회의를 통해 20개의 결의안, 3개 의장성명서, 8회에 걸친 커뮤니케를 채택 혹

은 발표하였다. 아랍어, 중국어, 영어, 불어, 러시아어, 스페인어 등 6
개 언어가 안보리의 공식어이다.

현행 안보리 운용방식에 대한 상반된 개혁안

냉전의 양극질서하 상호견제 차원에서 빈번히 사용되어 오던 상임
이사국의 거부권 행사가 냉전종식이후 상당히 줄어들었다. 예컨대 이
들 다섯나라의 합의로 과거보다 훨씬 다양하고 새로운 형태의 적극
적 평화유지활동이 가능해졌으며, 2001년 9.11사태 직후에는 유엔헌장
의 안보리 강제 규정하 전세계적으로 테러리즘 자금지원의 범법화,
테러리스트 금융자산 동결, 테러리스트 이동에 대한 회원국들간 정보
교환 강화 등이 쉽게 결의될 수 있었다. 또한 인권의 국제화 현상을
상징하듯 1993년에는 '구유고내 국제인도주의법 위반 관련자 처벌을
위한 국제재판소,' 1994년에는 '르완다 국제인도주의법 위반 관련자
처벌을 위한 국제재판소'가 각각 안보리결의에 의해 창립될 수 있었
다. 이처럼 국제안보에 대한 상임이사국의 합의가 과거에 비해 수월
해 졌음에도 불구하고 안보리의 구조 및 운용에 대한 회의론은 수그
러들지 않고 있다.

안보리 최초의 개혁은 1965년 회원국 2/3의 찬성을 얻어 비상임이
사국 수를 당초 6개국에서 현재의 10개국으로 확장한 데에서 찾을 수
있다. 결의안 통과를 위한 필요조건도 '11개 이사국 중 7개국의 동의'
로부터 '15개 이사국 중 9개국의 동의'로 바뀌어졌다. 이로써 거부권
을 가진 상임이사국 수를 확장하지 않은 채, 보다 민주화된 제도로의
변모를 시도했던 것이다. 냉전종식이후, 1993년 안보리 개혁에 대한
유엔의 공개적 연구착수 이후 일본과 독일의 새로운 상임이사국 지위
실현이 미국 등 서방의 지지 속에 가시화되는 듯하더니, 나이지리아,
브라질, 인도 등도 이러한 의향을 내보이는 가운데 안보리의 적정규
모, 이사국 선임 및 표결 방식에 대한 합의를 도출하지 못하고 있다.

　문제는 현행 안보리의 제도적 취약성의 근본적 원인을 민주성 결여로 보는 다소 이상적 논리를 전개하는 이들이 있는가 하면, 그와 반대로 오히려 오늘날의 미국 일극 국제질서를 제대로 반영치 못하는 데에서 찾는 현실주의자들이 팽팽히 맞서고 있다는 점이다. 소위 아시아, 아프리카, 중동, 남미 등 제3세계 쪽에서 나오는 안보리 개혁안은 문제를 비민주성에서 찾고 있다. 이들은 안보리 개혁의 문제를 국제기구의 '민주화'라는 측면에서 민감하게 받아들이고 있다. 이들은 루즈벨트(Franklin D.Roosevelt)가 전후 세계정세 안정을 낙관한 데에는 4대 강대국인 미국, 소련, 영국, 중국이 안보리 상임이사국으로서 각기 영향력권내 무질서를 예방하면서 경찰역할을 하기 때문으로 보았다는 것이다. 다만 드골 대통령이 불만을 보이자 프랑스가 다섯번째 상임이사국으로 확정되었다는 것이다. 이들은 제2차 세계대전 종식후 소위 거부권이 부여된 '엘리트국가들'의 권익을 보장하는 현재의 '루스벨트식 체계'를 지리적 위치, 영토 및 인구규모를 토대로 하면서 이사국 전원이 거부권을 행사할 수 있는 '민주적 확장형' 모델로 변화시키던가, 아니면 아예 평화 및 안보에 직결된 중요 문제들을 총회로 이양하여 모든 국가가 공히 한 표씩을 행사하여야 한다고 한다.

　구체적으로 이들이 제기하는 안보리 상임이사국에 대한 이의는 첫째, 유엔창립 당시의 5개 상임이사국 선정기준이 분명치 않다는 것이다. 예컨대, 영국과 프랑스는 전후 국력이 하강하였고 중국 역시 경제적 빈곤지경에 있었다는 것이다. 둘째, 산업화된 나라들에 편향되어 있다는 점이다. 중국이 포함되기는 하나 아프리카, 남미, 중동의 국가들이 배제되어 있다는 점이다. 셋째, 새로운 상임이사국 선정기준이 없다는 점이다. 독일이나 일본이 그 후보가 될 수 없는지, 역으로 서구의 투자와 경제지원에 의존하는 러시아가 그대로 국제적 지도력을 발휘해야하는지 등이 분명치 않다는 점이다. 넷째, 거부권을 가진 이들 5개 상임이사국들에 대해서는 집단적 군사행동이 불가능하다는 점이다. 이는 유엔총회에서 구현되고 있는 주권평등의 원칙에 어긋난다는 것이다. 따라서 이들은 거부권 제도가 1945년 전승국들이 스스로에게 특혜를 준 것이라며 폐지되어야 한다고 주장한다. 당시 신생독립국들은 그 수가 적은데다 모두 국가건설에 여념이 없었고 이후 냉전기에는 어느 한쪽 진영에 속하여야 했기 때문에 유엔의 민주화에 관심을 두지 못했다는 것이다. 이들은 미국 등 서구의 안보리 개혁론이 스스로의 권익을 유지하기 위한 '최소주의'에 머물러 있다며 불신감을 드러내고 있다.

한편 또 다른 극단에서 국제주의 현실주의자들은 안보리의 직접적 승인없이 감행된 2003년 3월 미·영의 이라크 군사제재를 보면서 국제안보를 위해 절실한 문제는 비민주성이 아닌 '비효율성'에 있다며 아쉬워하고 있다. 이들은 2003년 미국은 유일한 초강대국으로서 1945년 당시 소련, 영국, 중국, 프랑스와 함께 보조를 맞추며 국제질서를 이끌던 미국이 아니라는 점을 강조하고 있다. 미국의 단극체제가 오늘의 국제적 현실인데 1945년 정립된 현행 체제가 이에 부응치 못하고 있다는 것이다. 미국이 아니라 러시아, 프랑스, 중국, 독일이라도 마찬가지였을 것이라는 것이다. 이들은 새로운 국제법적 질서를 고안할 때 작금의 '안보리 실패'를 교훈삼아 첫째, 반드시 현실세계의 '힘'을 반영할 것, 둘째, 이상이나 기대가 아닌 각국의 실질적 행동에 기인할 것 등을 제시하고 있다. 당초부터 주권의 평등이란 신화일 뿐이라는 것이다. 오히려 유엔이 이 신화에서 출발한 결과, 대량살상무기 확산이나 인도주의 위기 등에 대해 효과적으로 대처하지 못하게 되었다는 것이다. 예컨대, 1999년 밀로셰비치의 유고연방이 다른 민주국가들처럼 비개입권을 향유하는 경우, 유고국민들에게는 민주국가 국민들이 향유하는 만큼의 인권이 주어지지 않는다는 것이다. 마찬가지로 이들은 유엔헌장상 상임이사국의 거부권이 극단적 평등주의에 대한 견제 필요에서 나온 것이라 인정하면서도, 그 의도가 현재 제대로 실현되지 못하고 있다고 본다. 예컨대, 2003년 안보리 이사국인 앙골라, 기니아, 카메룬이 스페인, 독일, 파키스탄과 나란히 앉아 똑같은 한 표를 가지고 국제안보에 대한 안보리 의사를 결정하는 일이 잘못된 일이 아닌가 묻고 있다. 9개국 동의를 얻어야 하기 때문에 이들 비상임국가들도 경우에 따라 실질적 거부권을 행사하는 셈이 된 만큼, 현재와 같은 구성 양상은 불합리하다고 보는 것이다. 또한 초강대국 미국이 프랑스와 꼭 같은 거부권을 소지한 점, 잠재력이 큰 인도가 안보리 비상임이사국도 아닌데 반해 프랑스는 거부권을 가지고 있는 점 등을 모두 비합리적이고 비효율적이라고 보는 것이다. 요컨대, 이들은 힘, 부, 국제질서나 인권에 대한 존중 정도 등의 측면에서 모든 나라들이 꼭 같지 않다는 것을 명심하여야 한다고 본다.

안보리의 제도적 취약성에 대한 진단과 처방차원에서 상기 양극단에 선 두 입장이 접점을 찾기는 쉽지 않을 것으로 보인다.

이라크 전후복구와 유엔

미 · 영의 대이라크 군사제재가 3주 만에 승리로 종결되었다. 이에 반대했던 러시아, 프랑스, 독일 등은 '긴급한 인도적 지원은 전쟁을 일으킨 연합군이 담당하고 이라크 과도정부 수립은 2002년 아프가니스탄 과도정부 수립의 경우처럼 유엔이 브로커 역할을 하여야 할 것'이라는 기대를 피력하였다.

유엔만이 폭넓은 지지층을 획득한 정부를 구성할 수 있는 정당성과 공평성을 소지한다고 역설하지만 내심 전후 이라크에서 미국이 정치, 경제적 이권을 독점할 것을 염려하는 것이다. 한편 미국은 오히려 인도주의 구호 부문에서는 유엔의 일정 역할을 기대하지만 과도정부 구성 등 전후관리는 자국이 연합국과 함께 주도할 계획이다.

비록 안보리의 승인을 얻지 않았지만 1999년 코소보 공습은 적어도 NATO 회원국간 연대를 발휘한 제재였다. 또한 전후 처리는 유엔임시

행정부에 일임하였었다. 그러나 금번 이라크전은 처음부터 상임이사국 지위를 가진 프랑스의 반대로 인해 NATO의 분열상을 극명히 드러낸 제재였다. NATO분열에 따른 정치적, 경제적 댓가를 지불한 미국으로서는 적어도 현재 그 결과가 공이던 과이던 여타 안보리 상임이사국과 더불어 안고 싶지 않은 것이다.

이미 많은 이들이 안보리 실종까지를 거론하고 있다. 지켜 볼 일이다. 전환기 우리로서는 첫째, 강자는 늘 부도덕하고 이를 견제하는 것만이 도덕적이라는 관념, 견제하는 자의 동기는 늘 평화적이라는 관념의 틀을 넘어 꼭 그렇지 않을 수도 있다는 생각 속에서 국제정치를 바라볼 필요가 있다. 강자 혹은 견제자라는 입장자체가 도덕이나 평화 정도를 규정하지 않을 수도 있고 경우에 따라서는 의외로 강자의 책임감 혹은 이기적 동기가 결과한 공공선, 견제자의 선의 혹은 이기적 동기가 결과한 공공악을 발견할 수도 있기 때문이다.

둘째, 향후 안보리 위상이 어떻게 전개되던 상임이사국간의 거부권 동학을 선악이나 시비로서가 아닌 강대국 외교정책의 경쟁과 협력의 장으로 바라 볼 필요가 있다. 특정지역, 특정이슈에 대해 미국, 영국, 러시아, 중국, 프랑스가 어떤 이해를 가지고 어떻게 접근하고 있나를 '게임이론'의 관점에서 살펴볼 필요가 있다. 여타 상임이사국들의 입장에서는 미국이라는 초강대국이 향후 안보리 승인없이 일방행위를 거듭하는 경우, 차라리 동의하는 것 이상의 실질적, 상징적 불이익을 감당할 수도 있다는 사실을 실감치 않을 수 없을 것이다. 이미 러시아, 프랑스, 독일이 각각 대미유화적 입장을 내비치고 있다.

셋째, 안보리의 위상이 흔들리면서 유엔의 전체적 위상 역시 부정적 영향을 받을 것이라 염려치 않을 수 없다.

그렇다 해도 지난 반세기 국제안보와 평화, 경제사회 발전, 인도주의 지원 등의 차원에서 유엔이 이룬 과업을 부정할 수는 없다. 이 과정에서 유엔과 '유엔체계'가 쌓은 축적된 경험은 금번과 같이 안보리의 허약함이 드러난 후에도 그 탄력성을 발휘할 것으로 기대된다. 여하한 경우에도 안보리와 유엔의 실종을 전제로 국가정책을 펼쳐서는 안 될 것이다.

제5장
이라크 전후복구와 유엔의 역할[5]
유엔효용론인가, 유엔무용론인가

제2차 걸프전을 전후하여 전세계적으로 전쟁 찬반론자 양측으로부터 공히 유엔에 대한 실망과 회의론이 분출하였다. 한쪽에서는 유엔이 對이라크 군사작전을 지지하지 않았다고 비난하였고 또 다른 한쪽에서는 유엔이 전쟁을 막지 못했다고 비난하였다.

그런데 2003년 3월 유엔의 직접적 승인없이 군사적 공격을 감행함으로써 반전국들로부터 일방주의라고 비난받던 미국이 이라크 전후복구 문제와 관련하여 유엔과의 협력을 제안하고 있어, 이것이 향후 유엔의 위상에 대한 재평가의 계기가 될지 주목받고 있다. 미국은 파키스탄, 터키, 한국, 일본 등과도 별도 접촉을 통해 병력을 지원받고자 하고 있다. 여러 나라들이 자국의 지원여부가 상당정도 유엔승인 여하에 달려 있다는 입장을 표명함으로써 향후 유엔의 움직임에 따라 이라크 전후 복구 양상이 적지 않은 영향을 받을 것으로 보인다. 다시금 제도론자와 현실주의자간 '유엔효용론'과 '유엔무용론'을 놓고 새로운 경주가 전개될지도 모르겠다.

미국의 구상

유엔은 국제적 평화와 안전에 관한 책임과 권한은 일차적으로 15개국으로 구성된 안전보장이사회(이하 '안보리')에 위임하고 있다. 따

---

[5] 「정세와 정책」(2003.10)

라서 현재 미국이 이라크 전후 복구 문제와 관련하여 유엔을 향해 협력을 제안했다 함은 구체적으로 자국이 제출한 초안이 안보리에서 통과되기를 바란다는 말이다. 더 구체적으로는 거부권을 소지한 5개 상임이사국 모두의 동의하 9개국의 찬성을 득하는 것을 말한다.

9월 초(2003) 파웰 미국 국무장관은 국무성 브리핑을 통해 미국의 결의문 초안을 약술한 바, 이는 크게 (i) 미군 통합사령부하 다국적평화유지군의 창설; (ii) 25명의 이라크인으로 구성된 기존 '이라크통치위원회'에 의한 정치발전 타임테이블(이라크 헌법→정부제도→자유선거 실시→주권국가 이라크) 작성 등 두 부문으로 나뉘어져 있다. 미국의 통합사령관이 정기적으로 對안보리 보고를 할 것이며, 역시 미국이 주도하고 있는 현존 '연합임시행정부'(Coalition Provisional Authority)의 수장인 브레머(Paul Bremer)가 주도적인 정치적 역할을 하게 된다. 단, 최종적으로 이라크 새 정부가 구성되면 미국 주도의 현 '연합임시행정부'와 '연합군'(Coalition Military Forces)은 이라크 새 정부와 파트너십 관계에 놓이게 될 것이라고 하였다. 복구과정에서 유엔의 역할확대를 기대하는 바 이는 기금 지원, 선거제도의 선택 및 실시 과정에서의 지원 등이 될 것이라고 밝혔다. 군사적으로나 정치적으로나 미국의 지속적 권한과 의무를 강조하고 있다고 하겠다.

미국의 구상대로라면 이라크에서 유엔은 정책결정 주체라기보다는 인도주의적 지원, 경제건설, 대의제도 정착 등의 기능을 수행하는 협조체로서 아프가니스탄에서처럼 새 정부의 산파역도 또 동티모르나 코소보에서처럼 과도기적 통치체역도 아니라고 하겠다. 이들 지역에서와 달리 전쟁수행을 위해 인적, 물적 대가를 일방적으로 지불한 미국으로서는 이미 확보한 전후 이라크 복구 과정에서의 주도권을 프랑스 등이 요구하고 있는 것처럼 '급히' 그리고 '전폭적'으로 유엔이나 이라크인들에게 내주기가 쉽지 않음을 말한다. 공격을 감행한 국가로서 어느 수준까지 전후복구를 책임진다는 의무의 측면도 없다고 할 수 없다.

　물론 파웰은 이라크 전후복구 문제와 관련한 미국의 결의문 초안 제출 배경이 결코 2003년 5월 1일 인정한 소위 군사적 승리 이후 지속되고 있는 과도한 미군의 희생 및 막대한 경비에 따른 것이 아님을 강조하였다. 미국은 오래전부터 이라크인들 스스로 그들의 재산, 생명, 운명을 책임지기를 바래왔다고 강조하면서 폴란드군이 새롭게 이라크 중부사령부를 총괄하게 된 사실이나 '이라크통치위원회'의 새 내각 구성 등을 들어 큰 어려움을 겪고 있다는 인상을 주지 않으려 하였다.

　같은 달(9월) 23일 유엔총회 연설에서 부시 대통령 역시 이라크 전후복구의 어려움을 토로하기 보다는 제2차 걸프전을 이라크 민주주의와 중동의 평화를 위한 하나의 커다란 업적이라 평가하면서, 이라크 내 유엔의 역할이 확대되어야 한다고 강조하였다. 동시에 유엔의 역할을 헌법제정, 공무원 교육, 자유선거 실시 등 행정적 기능에 국한하고 있다. 부시 대통령은 "서두를 것도 지연시킬 것도 없이" "순서대로" 처리해 가겠다는 방침을 밝혔다.

프랑스의 주장

　미국은 당초 2003년 9월내 다국적 평화유지군 및 정치발전에 대한 상기 초안이 안보리에서 통과되기를 바랐으나 유엔총회내 분위기 등, 최소한 한달 정도가 더 소요될 것으로 보고 있다. 무엇보다 안보리 상임이사국중 하나인 프랑스와의 타협이 쉽지 않을 것으로 보인다. 9월 중순 제네바에서 있었던 상임이사국 외무장관 회의에서 프랑스는 "한달내" 권력이양을 제안하였는 바, 파웰 미국무장관이 이에 대해 "비현실적"이라는 반응을 보였다. 이에 그치지 않고 프랑스 외무장관은 한 일간지를 통해 획기적 이양방식을 제시하였다. 유엔이 미국으로부터 정치적 통제권을 전수하여, 한달내 이라크인들로 하여금 임시정부를 수립토록 하고 2003년내 헌법을 고안하여 2004년 봄 선거를 실시한다는 것이다. 시라크 프랑스 대통령 역시 유엔총회 연설 중 제2차 걸프전과 관련한 미국의 일방주의를 비난하면서 전후 이라크 재건과정에서 유엔이 중요한 정치적 역할을 하여야 한다고 강조하였다.

프랑스 정도는 아니지만 또 다른 안보리 상임이사국들인 러시아나 중국도 유엔의 역할을 강조하고 있어 향후 얼마간 유엔안보리내 전후 이라크 복구과정에서 유엔의 역할, 그리고 권력이양 타임테이블을 놓고 열띤 논쟁이 전개될 것으로 보인다. 가장 쉽게 생각할 수 있는 협상구도는 한쪽에서 미국과 영국, 다른 한쪽에서 프랑스, 러시아, 중국이 서는 것인데, 교착상태에 빠질 가능성도 배제할 수는 없지만 상호 타협과 협력을 도모할 이유도 적지 않다: (i) 미·영은 일방주의 정책에도 불구하고 앞으로 테러와의 전쟁, 그리고 소위 불량국가문제에 관한 한 안보리의 지지를 얻는 것이 정당성과 실리차원에서 유리하다는 사실을 간과할 수 없다. 국제적 정당성 및 이로 인한 책임의 국제적 분담이란 점에서 현존 국제기구들 가운데 안보리만큼 유용한 기제가 없음을 인정치 않을 수 없는 것이다. 바로 이 때문에, 부시 대통령과 파월 국무장관은 제2차 걸프전 이전과 이후 유엔의 승인을 얻고자 노력하였고 또 현재 노력하고 있는 것이다; (ii) 프랑스, 러시아, 중국도 이들이 상임이사국 지위를 통해 각각 국제적 영향력을 행사하고 있는 만큼 초강대국 미국으로 하여금 국제레짐을 벗어나 소위 '안보리 실종'을 야기하는 것이 국익에 별로 이롭지 않다는 것을 알고 있을 것이다. 그보다는 차라리 미국의 헤게모니를 어느 정도 완화하는 차원에서 만족하는 편이 낫다고 평가할 수 있다.

이라크에서의 유엔 평화유지활동 가능성은?

그렇다면 안보리내 모종의 타협결과 이라크내 유엔평화유지활동이 전개되리라고 예상해 볼 수 있다. 전통적으로 냉전 중 유엔평화유지활동은 신뢰구축 활동이었다. 갈등관계에 있는 두 국가간 평화보존 혹은 정전관리를 목적으로 동의를 표하는 경우 유엔은 제3자로서 쌍방사이에서 엄정한 중립을 지키면서 완충역할을 해왔다. 그러나 1990년대 이후 유엔평화유지활동은 비전투요원들의 다대한 희생을 수반하는 내전 그리고 국제군에 대한 전쟁당사자들의 적대감 등 어려운 환경에 처하는 경우가 허다하였고 아울러 중무장을 필요로 하여 왔다. 보스니아-헤르제고비나, 소말리아, 르완다 등이 이러한 예이다. 과거와 달리 중무장을 필요로 하는 평화유지활동은 어려운 점이 많다. 따라서 안보리는 상비군의 부재, 그리고 회원국의 자발성과 집단적 성격에 의존하여야 하는 유엔평화유지군 자체에 내재한 취약성을 극복하고 효율성을 높이기 위해 특정국가로 하여금 연합군을 조직하는 방안을 채택하고 있다. 이 경우 안보리가 전체적 임무를 규정하지만 주도국이 공식적으로나 실제적으로 임무수행을 위한 핵심역할을 수행하는 것이다. 하이티, 동티모르, 시에라리온, 코소보 등이 그 예이다.

이라크의 경우 물론 미국이 피위임국이 될 터이고 특별한 이변이 없는 한, 이라크인들로부터 현재의 미·영주도 연합군보다 훨씬 객관적인 안전보장 기제로 인정받을 수 있을 것이다. 특히 아랍국가들과 이슬람권 국가들이 파병하는 경우, 다국적군은 반서방 정서를 가진 이라크인들의 불신을 완화시키는 데에 크게 기여할 것이다.

냉전종식이후 유엔평화유지활동은 이와 같이 군사적 안정문제를 특정국가가 주도하는 국제군에게 위임해 둔 채, 민간행정차원에서 보다 적극적인 전후 복구사업에 매진하여 왔다. 이라크의 경우, 미국이 자체적으로 군사적 승리후 현재 이를 주도하고 있는 독특한 상황인 만큼 미국과 유엔간 이에 대한 건설적 논의가 필요할 것이다. 미국이 유엔의 노하우를 수용하고 유엔은 미국이 지금까지 기여한 바를 인정, 수용하는 방안이 나올 수 있을 것이다.

미국의 유엔인식

사실 1990년대 중반 미국의 對유엔정책은 깅그리치(Newt Gingrich), 헬름(Jesse Helms) 등 공화당 의원들의 유엔평화유지활동 비난 및 유엔분담금 체불로 인해 고비를 맞이한 적이 있다. 미국 보수론자들은 상비군도, 체포권도, 징수권도, 몰수권도, 규제권도 없는 유엔이 어떻게 국제적 임무를 수행할 수 있을 것인가 묻고 있다. 효율성을 기대할 수 없다는 것이다. 오히려 초강대국 미국의 주권이 불필요하게 국제기구에 양도될 뿐이라는 점을 지적하고 있다. 기본적으로 유엔은 힘을 가진 나라들이 이를 통해 힘을 발휘할 의지를 갖지 않는 한, 안보부문에서 중대한 역할을 할 수 없다는 것이다.

그러나 미국은 냉전종식 및 9.11테러 이후 새로운 국제질서 속에서 민주주의, 인권, 반테러 등의 측면에서 유엔과 미국의 주요안보 의제가 상당히 일치되고 있다는 점을 놓쳐서는 안 될 것이다. 예컨대 비록 유엔헌장은 '민선정부'를 말하지 않았지만, 유엔요원들은 세계도처에서 전후 선거감시, 자유선거 실시 등 민주적 전환을 위한 과제를 수행하고 있다. 또한 헌장은 주권국가에 대한 유엔의 개입을 금지하고 있지만, 1993년 미국의 권고에 의해 탄생된 유엔인권고등판무관 제도는 회원국 정부로 하여금 자국 국민들에 대한 가혹행위를 어렵게 하고 있다. 마찬가지로 유엔창설시는 테러리즘이 주요위협으로 떠올라오지 않았지만 유엔은 이제 회원국들로 하여금 반테러 협약 비준, 테러분자들의 자산 동결, 육해공에서의 안전강화 등을 고무하고 있는 것이다.

미국은 리얼 폴리티크만으로 모든 문제들, 특히 문명사에 얽힌 문제들을 풀기는 어렵다는 점을 인식할 필요가 있다. 동시에 안보리 차원에서 프랑스 등 상임이사국들도 미국을 일방주의라고 매도하고 이라크 전후복구의 모든 책임을 혼자 지거나 유엔에 모두 내놓으라고 주장하기에 앞서, 아난 유엔사무총장이 2003년 총회 연설에서 말한 것처럼 테러단체가 경고없이 대량살상무기를 사용할 수 있다는 미국의 우려를 경청하고 이를 불식시킬 수 있는 방안을 심도있게 논의했어야 하고 또 하여야 할 것이다.

비록 불완전하지만 인류의 평화와 안전을 위한 제도구축 과정에서 유엔은 막대한 공헌을 하여왔다. 우리로서도 미국으로부터 이라크파병 요청을 받고 있는 만큼 21세기 글로벌 추세 속에서 국가위상의 보존, 강화를 위해 그간 남북관계에만 치중하던 유엔외교에서 벗어나 좀 더 넓은 시야로 국제적 분쟁에 얽힌 유엔다자외교의 틀을 이해할 필요가 절실해졌다. 유엔회원국들은 우리가 1991년 유엔가입 이후 안보리 비상임이사국, 총회의장국 등 유엔내 위상을 강화해옴에 따라 평화유지활동 부문에서도 좀 더 적극적인 기여를 원하고 있다. 따라서 유엔의 각종 포럼, 특히 1990년대 이후 지속되고 있는 안보리 개혁 및 평화유지활동 개혁 논의에 보다 더 큰 관심을 가질 필요가 있다.

제6장

2018년 영면에 든 제7대 유엔사무총장 코피 아난[6]
업적과 유엔의 과제

2018년 8월 18일, 제7대 유엔사무총장 코피 아난이 80세로 스위스 베른에서 짧은 병고 끝에 영면했다. 그는 아프리카 가나 출신으로 유엔사상 첫 사하라이남 아프리카 출신 사무총장이며 동시에 유엔사상 첫 유엔직원 출신의 사무총장이었다. 생전 그는 조용한 카리스마를 갖춘 리더로 평가돼 왔다.

이 시대 인류에게 그는 낯선 사람이 아니다. 무엇보다 20세기와 21세기를 가로지르는 10년(1997-2006), 전세계 매스컴을 통해 그가 유엔이란 세계 최대 포괄다자기구(193 회원국) 수장으로서 동분서주하는 모습을 익히 보아 왔기 때문이다. 더하여 퇴임 후에도 지난 12년 아난 재단 및 글로벌 명사 모임인 The Elders를 통해 꾸준히 글로벌 분쟁 중재 및 세계 평화에 헌신하는 모습을 보여 주었기 때문이다. 케냐 선거 소요사태 중재(2007), 시리아 유엔 특사(2012), 미얀마 로힝야족 분쟁해결 자문위원회 위원장(2016-2017)을 맡았었으며 나이지리아 등지 평화적 선거 지원, 아프리카 전역 지속가능한 농업 및 행정 지원 등을 위해 노력해 왔다.

이런 고인의 서거에 유엔안팎에서 많은 이들이 애도하고 있다. 구테흐스 현 유엔사무총장은 아난은 "어디에서건 모든 이들에게 대화의 공간, 문제해결의 장소, 더 나은 세계에의 길을 제공했다"고 술회하며

---

6) 세종논평 (2018.8.24)

"그의 유산이 우리 모두에게 새로운 영감으로 남을 것"이라했다. 2003년 미국의 이라크작전에 대해 아난과 이견을 가졌던 조시 W. 부시 미국 전 대통령도 "세계가 그의 경륜을 잃게 됐다"고 평했다.

여기서는 간략히 아난의 이력과 업적을 회고하고 이를 계기로 유엔의 과제를 짚어 보고자 한다. 고향 가나에서 대학교 재학 중 미국 미네소타로 유학, 경제학사 학위를 받고 1년간 제네바 소재 국제문제연구소에서 대학원 과정을 밟았다. 그리고는 곧 1962년 제네바 '세계보건기구'(WHO) 행정 · 예산 담당관으로 유엔체계 경력을 시작한다. 이후 아프리카 경제위원회, 유엔긴급병력(UNEF) II, 유엔난민고등판무관실(UNHCR), 그리고는 뉴욕 유엔본부내 인사, 예산, 보안 등 다양한 직무를 수행했으며, 사무총장 직전 마지막 직책은 '유엔평화유지활동(PKO) 전담 사무차장'(1992-1996)이었다.

1945년 창립 이후 유엔의 정당성과 효율성은 늘 시험대에 서 왔다. 그러나 그의 사무총장 재임 10년(1-2기)은 한층 더 도전을 받았던 시기였다. 무엇보다 그의 선임인 부투로스-갈리 총장 재임기(1992-96) 냉전질서 종식을 계기로 시작된 지구촌 곳곳의 내전과 학살이 지속됐으며, 글로벌 테러리즘, 비확산레짐의 위기, 국제금융위기, 아프리카의 빈곤과 저개발. 기후 온난화 심화 등 각종 신(新)안보위협이 자리를 잡는 변혁기였다. 세계평화를 위한 그와 유엔의 노력은 2001년 노벨평화상 수상으로 이어졌다.

사무총장으로서 아난의 주요 정책 가운데 하나는 효율성 증진을 위한 유엔 개혁이었으며, 인권, 법치, '새천년개발목표'(MDG, Millenium Development Goals)와 아프리카 발전, 시민사회, 기업 등 글로벌 공공의 역할확대, PKO 고양 등이 주요 성과부문이 될 것이다. 기업의 사회적 책임을 다룬 그의 '글로벌 계약' 구상(1999)은 2011년 유엔인권이사회의 '기업의 인권지침' 채택의 문을 열어 놓았으며, MDG(2000-2015)의 성공은 2015년 좀 더 야심적인 지속가능발전목표(Sustainable

Development Goals, 2015-2030) 채택으로 이어졌다. 또한 그의 재임 중 2002년 헤이그 소재 국제형사재판소(ICC)가 출범, 학살 등 심대한 범죄를 저지른 개인들을 대상으로 한 조사 및 기소가 시작됐다.

2005년 유엔창설 60주년 기념 특별정상회의는 9년차 사무총장이던 아난에게 퇴임에 앞서 자신의 원대한 비전과 구상을 회원국들에게 승인받는 기회가 됐다. '평화구축위원회'(Peacebuilding Commission) 및 기존 인권위원회를 대체할 '인권이사회'(Human Right Council) 출범, "대량학살, 전범, 인종청소, 인간성에 반하는 범죄"로부터의 '보호책임(R2P, Responsibility to Protect)' 채택; MDG 재회부 등은 회원국이 개혁 주체이지만 아난 자신의 의제이기도 했다. *Foreign Affairs*(2005)에 게 재된 "*In Larger Freedom: Decision Time at the UN*" 이라는 제하의 그의 기고 및 유엔총회 보고문(2005)은 '발전, 안전, 인권, 유엔개혁' 등에 대한 아난의 현실진단과 간곡한 제안을 담고 있다.

재임기 유엔사무총장으로서 그의 외교력을 엿볼 수 있는 사례도 적지 않다. 나이지리아 민주정부 수립 타결(1998), 이라크-유엔안보리 간 무기사찰 및 여타 의제에 관한 이견조정(1988), 티모르 레스테 독립과정 관여(1999), 이스라엘의 레바논 철수 및 헤즈볼라 대치 중재(2000, 2006) 카메룬-나이지리아간 마카시반도 분쟁 국제사법재판소(ICJ) 회부 등이 포함된다.

그렇다하더라도 누구나 그러하듯 아난에게도 한 인간으로서, 또 공무수행자로서 아픈 기억이 없지 않다. '유엔평화유지 전담 사무차장' 시절 유엔이 미처 예방치 못한 가운데 벌어졌던 르완다(1994년 80만 명 희생)와 보스니아 스레브레니차(1995년 8천명 희생) 학살 사건, 그리고 총장 제2기인 2005년 드러난 이라크 '석유-식량 프로그램'(1996-2003)스캔들이다. 전자는 유엔 실패의 경험으로 이후 사무총장 아난의 글로벌 전략 사고에 큰 영향을 준 계기가 된다. 국제사회의 "보호책임"과 "개인주권" 개념의 출현, 안보리 상임이사국 분열과 결정 지연, 회원국 지원 결여 등에 대한 실망과 그 대안의 필요성 인식 등이 포함된다. 아난은 이 아픈 경험을 누차 술회하곤 했다.

후자는 사무총장 제2기 발생한 스캔들로 유엔의 이라크 제재기간 석유를 팔아 그 대금으로 식량 등 생필품을 구매토록 하는 프로그램이었다. 아난총장의 아들이 유관 스위스 업체와 연관됐다는 조사결과가 나왔었다. 아난은 사무총장으로서, 또 아버지로서 이것이 큰 시험대였다고 술회했다. 그럼에도 2006년 퇴임시 그는 많은 공헌으로 인해 역대 유엔사무총장 중 가장 인기있는 총장의 한 사람으로 자리를 떠날 수 있었다.

일찍이 1952년, 초대 유엔사무총장 트리그브 리는 임기를 마치면서 유엔사무총장직을 "세상에서 가장 불가능한 직업"(the most impossible job on the earth)이라 평했다. 이상적 목표 속 현실적 한계와 제약을 극복해야 하는 직책임을 말한다. 2018년 8월 아난의 영면을 맞아 인류는 그의 공로와 함께 그가 미처 이루지 못한 일들 혹은 실패한 기억까지도 포함하여 유엔의 정당성과 효율성, 무엇보다도 관련성(relevance)을 높이기 위해 노력해야 할 것이다.

시리아 내전과 미얀마 로힝야 탄압의 종식, 북한의 핵문제 해결과 핵비확산(NPT) 레짐 복귀, 미국, 중국, 러시아를 위시 유엔안보리 상임이사국의 국제평화와 안보를 위한 단합된 정치적 의지, 그리고 회원국들의 유엔 다자주의 지지 제고 등을 말한다. 회원국들 특히 안보리 상임이사국들이 주저하면 국제질서는 불안정한 강대국관계로 되돌아 갈 것이다.

제7장
반기문 제8대 유엔사무총장 재선 (2011)[7]

2011년 6월 17일, 유엔안전보장이사회('안보리') 15개 이사국은 만장일치로 반기문 사무총장의 연임 결의안을 통과시켰다. 곧 있을 총회 (192개국) 의결을 거쳐, 반기문 총장은 2012년 1월 1일부터 또 다시 5년간 중책을 수행하게 된다.

주지하다시피, 인류최대의 포괄다자기구인 유엔의 사무총장은 다음과 같은 역할을 수행한다. 첫째, "유엔 최고관리(chief officer of the UN)"로서 안전보장이사회, 총회, 경제사회이사회 등 여타 유엔조직이 부과하는 과제를 이행한다. 유엔사무국내 약 4만여명의 국제민간공무원들은 유엔헌장을 준수하며 모국 정부가 아닌 사무총장의 지휘를 받고 있다. 둘째, 국제 평화와 안보를 위태롭게 하는 특정사안을 안보리에 회부한다. 셋째, 도덕적 권위, 자율성, 공정성을 상징하는 자신의 'good office'를 십분 활용하여 국제분쟁의 악화 및 확대를 방지하는 데에 기여한다.

유엔사무총장이 되기 위해서는 유엔안보리의 추천과 총회의 의결이 필요하다. 즉, 안보리 5개 상임이사국(미국, 중국, 영국, 프랑스, 러시아) 중 어느 한 나라라도 거부권을 행사하면 처음부터 불가능하다. 창립 이후 현재까지 모두 여덟 명의 사무총장이 나왔으나 안보리 상임이사국 출신은 없고, 긴 흐름에서 보면 지역순환이 고려되어 왔다: 제1대 트뤼그베 리(노르웨이, 1946-1952),[8] 제2대 다그 함마슐트(스웨

---

7) 세종논평(2011.6.20). 정은숙,『글로벌 거버넌스와 국제안보: 이슈와 행위자』(한울, 2012), pp.66~69.

텐, 1953-1962), 제3대 우 탄트(미얀마, 1962-1971), 제4대 쿠르트 발트하임(오스트리아, 1972-1981), 제5대 자비에르 P. 쿠엘라(페루, 1982-1991), 제6대 부트로스-부트로스 갈리(이집트, 1992-1996), 제7대 코피 아난(가나, 1997-2006), 그리고 제8대 반기문(한국, 2007-2016)이다.

제1대와 6대 총장을 제외한 모든 총장들이 재임됐다. 따라서 반기문 총장의 재임도 어느 면 예측되어온 바이지만, 이번 재임 확정과정에서 안보리 5개 상임이사국을 포함, 회원국내 이견이 없었던 점에 비추어 반총장 제2기의 안정적 리더십을 기대해 볼 수 있다.

5년 전인 2006년 가을, 반기문 당시 외교통상부 장관의 유엔사무총장 당선소식은 한국인들에게 매우 뜻깊은 일이었다. 유엔과 대한민국은 20세기 중반 탄생, 동거동락한 부분이 있다. 즉, 1945년 탄생한 신생 국제기구 유엔은 1948년 대한민국 수립, 그리고 1950년 한국전쟁 관련 중요한 역할을 하였다. 그렇게 긴밀한 관계임에도 불구하고 동서냉전의 국제질서 및 한반도 남북경쟁구도 속에서 한국은 뒤늦게(1991년) 북한과 동시 가입했다.

한국은 1949년 1월부터 수차례 유엔가입을 신청했지만 상임이사국 소련의 거부로 부결되어 왔다. 북한 역시 1949년 2월 신청했지만 소련 이외 국가들로부터 협조를 얻지 못했다. 냉전기 남북 분리 가입계획을 반민족적 범죄행위라 비난하던 북한은 1991년 5월 남한 단독가입을 견제하기 위해 남북 단일의석 가입입장을 공식 철회했다. 결국 냉전종식을 전후한 국제기류 속에서 1991년 9월 17일, 제46차 유엔총

---

8) 트뤼그베 리는 노르웨이 법무부장관(1935-39), 통상부장관(1939.7-10월), 교통부장관(1939-1941)을 역임했다. 제2차 세계대전 중이던 1940년 나치독일의 노르웨이 점령에 따라 선박을 이용, 연합국으로 망명, 940-1946 영국 런던주재 노르웨이 망명정부 외무장관을 지냈다. 유엔헌장 안전보장이사회 조항의 초안을 작성했으며, 1946년 2월 1일, 초대 유엔사무총장으로 선출되었다. 1952년 11월 10일 사임했다. 재임 중 이스라엘과 인도네시아 독립 지원, 소련군의 이란철수, 카슈미르 분쟁 중재 등을 위해 노력했다. 1950년 한국전쟁 발발시 소련을 규탄하는 성명을 내고, 유엔의 남한 지원을 지지했다.

회에서 남북한 유엔가입안이 159개국 전회원국 만장일치로 승인됐다. 7월 가입안을 제출한 북한이 160번째, 9월 제출한 한국이 161번째로 각각 유엔회원국이 됐다. 뉴욕 유엔본부 광장에는 태극기와 인공기가 게양됐다. 한국 이상옥 외무장관과 북측 수석대표 강석주 외교부 부부장이 각각 수락연설을 했다. 비록 따로 유엔에 들어왔지만 단합된 협력과 노력을 통해 평화통일을 이루자는 요지였다. 그로부터 16년 만에 한국 외무장관이 유엔 최고행정수장으로 임명된 것이었다.

세계적으로는 반기문 총장이 제3대 사무총장인 미얀마의 우 탄트 (1962-1971)에 이어 아시아에서 두 번째로 사무총장이 되었다는 점에서 시사하는 바가 컸다.[9] 당초 7인의 후보가 있었으나 최종적으로 반기문 총장이 안보리의 추천을 얻어 제8대 총장으로 확정된 것이다. 당시 국제평론가들은 끈기, 온화, 겸손 등으로 대변되는 신임총장의 성품이 카리스마적인 전임총장 아난과는 다르다고 진단했다. 실제로 반총장은 자신의 역할을 교각 건설자(bridge-builder) 내지는 조화추구자로 밝혀왔다.

취임 이후 반기문 총장은 유엔개혁, 기후변화, 다르푸르 분쟁, 개발지원 등 그가 우선적 과제로 세웠던 문제들에 있어서 긍정적 평가를 받고 있다: (i) 평화유지활동 요구증대에 따라 2007년 기존 평화유지국(DPKO) 외에 현지병참을 담당하는 현장지원국(DFS)이 신설됐다. 또한 여성의 유엔 고위관리직 진출이 증대되었으며 2010년에는 사무국 내 'UN Women'이 신설되었다; (ii) 취임원년 9월, 전세계 80개국 정상

---

[9] 버마(미얀마) 랑군대학 졸업후, 1928-47년 언론인 및 교사로 활동했다. 식민주의에 대한 반대입장을 강하게 주장했다. 1957년 유엔주재 버마 대사, 알제리 문제에 대한 아시아그룹 상임위원회 위원장, 콩고위원회 위원, 유엔자본개발기금설립 위원 등을 지냈다. 1961년 다그 함마슐트 제2대 유엔 사무총장이 비행사고로 죽자 후임 사무총장으로 취임했다. 개도국 및 아시아 출신으로는 최초 유엔 사무총장이었다. 재임되어 1971년까지 봉직했으며, 3선 연임 제의가 있었으나 고사했다.

을 초치, 기후변화 정상회의를 개최하였다. 이것이 이후의 협상에 큰 견인차 역할을 하였다는 평가다; (iii) 다르푸르 인종학살을 유엔 인도주의 사업 최대 과제 중 하나로 본 반총장은 아프리카연합(AU)회원국의 평화유지군만을 고집하던 수단 대통령을 설득, 유엔과의 혼성작전, 즉, AU-UN합동 평화유지군을 가능케 했다; (iv) 빈곤과 발전문제역시 주관심사이다. 특히 2008년 시작된 글로벌 경제위기 이후, G8등 주요국을 대상으로 글로벌 취약계층의 곤경에 한층 더 관심을 가질 것을 촉구하고 있다.

　제2기 5년간(2012.1-2016.12), 외유내강의 반기문 총장이 총장직의 도덕적 권위를 활용해, 제1기에 비해 상대적으로 강력한 리더십을 추구할 것이라 기대해 본다. 예컨대, 인권, 비확산 등에 대해 보다 적극적으로 관여할 수도 있다. 실제로 유엔이념의 구현자인 유엔사무총장에 대해 많은 이들은 "세속 황제" 혹은 "세계의 대통령"이라고도 칭한다. 적어도 도덕적 권위의 측면에서는 맞는 말이다.

　그러나 다른 한편, 초대 사무총장 트뤼그베 리가 자신의 임기를 마치면서 유엔사무총장을 "세상에서 가장 불가능한 직업"(the most impossible job on the earth)이라 칭했던 사실도 기억해야 한다. 그만큼 한계와 제약이 크다는 의미이다. 무엇보다 유엔은 세계정부가 아니다. 즉, 190여 회원국들이 스스로 따르지 않는 한, 선거로 당선된 국민정부가 갖고 있는 정당성과 강제력을 유엔으로부터 기대하기는 어려운 것이다.

　첫째, 유엔개혁과 관련된 제도변화는 총회의 승인을 필요로 한다. 따라서 제1기에서와 같이 완만한 개선은 가능하겠지만 안보리 개혁등 보다 실질적인 개혁을 위해서는 선진국과 개도국간, 혹은 주요국간 그랜드 협상이 무엇보다 중요하다. 둘째, 사무총장은 때로는 회원국의 반대를 감수하면서까지 유엔의 도덕적 권위를 지켜야 할 경우가 있다. 그래서 때때로 미국에 너무 가깝다고, 혹은 개도국에 너무 가깝다고, 혹은 너무 일관성이 없다고 비난받기가 쉽다. 셋째, 결정적으로 회원국들의 분담금 연체 혹은 소극적 관여는 유엔활동 자체의 효율성을 감하는 악순환을 낳는다. 이에 더하여, 21세기 유엔은 60년 전, 트리그브 리 총장 재임기 보다 훨씬 더 다양하고 복잡한 도전에 직면해 있다. 중동의 소요사태, 세계적으로 산재한 내전, 2015년을 기한으로 한 새천년개발목표(MDGs) 달성, NPT(핵비확산조약) 등 국제안보와 군축, 인권보호, 그리고 기후변화, 천연재해, 테러리즘, 대량살상 무기 확산, 해적문제 등 다양한 비전통적 안보로부터의 도전이 반기문 총장과 회원국 앞에 놓여 있다.

이렇게 볼 때, 지구촌 문제 하나하나에 대해 유엔사무총장 개인의 능력에만 의존하거나 책임을 묻기보다는, 비록 불완전하고 어렵지만, 192개 회원국이 함께 유엔을 통해 조금씩 지구촌 문제를 해결해 나갈 수 있다는 데에 희망을 가져야 할 것이다.

반기문 총장 제2기, 좀 더 많은 문제들이 유엔을 통해 해결될 수 있기를 기대해 본다. 더불어 우리 스스로도 국제 평화와 안보, 그리고 인류공영에 대한 좀 더 강한 책임감을 갖고, 한국을 지구촌에서 존경받는 모델 국가로 유지발전 시키는 데에 한층 더 노력해야 할 것이다. 이로써 보다 장기적인 국익도 도모할 수 있는 것이다. 평화유지활동 및 ODA(공적개발원조)의 확충은 그 주요한 요소 중 하나라 하겠다.

제8장
제9대 유엔사무총장 선출과정 조망10)
글로벌 리더십 발굴을 위한 새 노력

　2016년 유엔은 반기문 현 사무총장의 후임으로 2017년 1월 1일부터 임기가 시작될 제9대 사무총장을 선출한다. 193개 회원국과 글로벌 시민사회내 그 과정에 대한 논의가 뜨겁다. 최종결정은 아직 두 달 정도 더 소요될 터이지만 현 단계 진척상황을 간략히 조망해 보고자 한다.

　유엔헌장 제97조는 사무총장 선출절차에 대해 간단히 '안전보장이사회'(안보리)의 권고에 따라 '총회'가 임명한다고만 서술하고 있다. 이 조항과 1945년 이래 여덟 번의 사무총장 선출을 거치면서 다음이 관례화되었다. 첫째, 임명권은 분명 '총회'가 갖고 있지만 첫 관문인 '안보리 권고'가 결정력을 지녀왔다. 안보리는 단일후보를 추천했고, 총회는 임명을 거부한 적이 없다. 그러다보니 처음부터 거부권을 지닌 5개 안보리 상임이사국(미국, 중국, 러시아, 영국, 프랑스)의 지지를 얻는 일이 늘 긴요했다. 정치적이고 비밀주의라는 지적이 없지 않았지만, 마땅한 대안을 찾기가 쉽지 않았다. 둘째, 역대총장들은 중소국 출신이며 "대체적으로" 지역순환이 고려되었다. 현재 11인 후보의 국적을 보면, 아직 한번도 사무총장을 배출한 적 없는 "동유럽" 출신이 7인이며 나머지 4인이 "WEOG"(서유럽 등 지역)와 "라틴아메리카" 출신이다. 아시아(8대 반기문 총장)와 아프리카(7대 아난 총장) 후보

---

10) 세종논평 (2016.8.31)

는 부재하다. 셋째, 임기에 대한 규정은 없지만 5년이 통례이며, 대체로 재임되었다.

그럼에도 불구하고 작금 진행중인 제9대 사무총장 선출과정은 다음 두 측면에서 글로벌 차원의 변화흐름을 "선도" 혹은 "반영"하고 있다고 하겠다. 첫째, 제한적이나마 적어도 경쟁초기 개방성과 투명성이 제고됐다. 2015년 9월, "총회"의 역할과 권위회복을 위한 결의문(A/Res/69/321) 채택에 따른 것이다. 과정의 첫 단추로서 2015년 12월 15일, "총회의장"과 "안보리의장"이 공동명의로 회원국들에게 차기 총장후보 제안을 요청했다. 검증된 리더십과 관리능력, 국제관계에 대한 폭넓은 경험, 강력한 외교력과 소통, 다중언어 능력 등을 겸비한 자를 추천해 달라면서, 후보들에게 "비공식 대화기회"를 부여할 용의가 있음을 밝혔다. 이런 대화기회가 2016년 7월 말 시작되는 안보리의 선출논의에 도움이 될 것이라 본 것이다.

이에 따라 2016년 들어 후보들이 차례로 드러나기 시작했고, 4월 12-14일, 총회의장 주재하 각 후보가 두 시간씩 회원국과 글로벌 시민단체 대표들을 초치한 자리에서 공개적이고 투명한 비공식 정견발표 기회를 가질 수 있었다. 후보자는 사전에 회원국들에게 2000단어 이내로 평화와 안보, 지속가능한 발전, 인권, 인본주의 대책 등 유엔경영관련 핵심 도전의제들에 대한 자신의 비전서를 배포했다. 이들이 제출한 비전문건과 비공식 대화 동영상은 그대로 웹에 공개됐다. 유엔사상 처음이다. 요컨대, 종전처럼 실제적 결정력은 안보리 몫이라 하더라도, 이번에 처음으로 총회주도 글로벌 공개 면접이 가미된 것이다.

둘째, "여성" 사무총장을 선출하자는 운동이 'Woman SC' 등 시민단체에 의해 진행되어 왔다. 주창자들은 유엔역사 71년, 8인의 역대 사무총장이 모두 남성이었음에 비추어 이제는 인류절반에 대한 대표성을 회복해야 한다고 강조한다. 이러한 흐름에 따라 현재 후보 11인

중 5인이 자국 혹은 유엔 등 국제기구에서의 고위직 경력을 지닌 여성들이다. 비록 이번에 여성이 사무총장으로 선출되지 않는다 해도 이러한 문제의식이 처음으로 운동으로 전개된 점은 유엔사상 중요한 의미를 지니고 있다 하겠다. 이는 분쟁 및 평화관련 여성의 역할 중요성을 담은 안보리 결의문 1325(2000)호와 함께 중요한 이정표가 될 것이다.

마침내 절차에 따라 2016년 7-8월 중 안보리 15개 이사국은 후보 11인 각각에 대해 "격려" "저지" "의견없음" 세 항목 중 하나를 선정하는 비밀투표를 세 차례 시도했다. 그 결과로 본다면 총리 및 유엔난민고등관 경력을 지닌 포르투갈의 구테흐스 후보가 가장 유력해 보인다. 그가 세 차례 모두 최다 '격려'표(12국, 11국, 11국)와 최소 '저지'표(0, 2국, 3국)를 얻었기 때문이다. 그렇더라도 안보리 최종심의에서 5개 상임이사국(미국, 중국, 러시아, 영국, 프랑스) 중 한 나라라도 거부권을 행사한다면 상황은 좀 복잡해진다. 안보리 15개국내 "9개국의 찬성 AND 5개 상임사국의 거부권 부재"가 통과요건이기 때문이다.

구테흐스 외에도 라사크 슬로바키아 외무장관, 예레미치 세르비아 前 외무장관, UNESCO 최초의 여성 사무총장인 보꼬바(女, 불가리아), 뉴질랜드 총리를 역임한 UNDP 행정관 클라크(女), 아르헨티나 외무장관 말코라(女), 마케도니아 前 외무장관 케림 등이 가능성을 엿보는 후보들이며 2016년 9월 있을 4차 투표를 전후해 철회를 결정할 후보들도 나올 것이다. 2016년 초에는 메르켈 독일총리가 적임이라는 여론도 없지 않았다. 적어도 10월 말까지는 안보리가 적격자를 선출하여 유엔총회에 임명을 권고할 것으로 예상된다.

유엔사무총장은 유엔 "최상위 행정가"(chief administrative officer)로서 43,000여명 사무국 직원을 계도하며 "총회, 안보리, 경제사회이사회 등 유엔조직들이 부과하는 기능을 수행한다"(헌장 98조). "유엔이외 특정 정부 혹은 단체의 지시를 추구하거나 수용해서는 안된다"(100조).

사무총장은 유엔이념의 상징이자 인류이해의 대변자이기도 하다. 그런 만큼 핵심역할 중 하나가 "좋은 직책", 즉, 자신의 독립성, 공정성, 성실성을 통해 국제분쟁의 발발, 악화, 확산을 미연에 방지하기 위한 조처를 취할 수 있는 것이다. 사무총장은 "국제평화와 안보를 위협한다고 여겨지는 사안을 안보리 심의에 부칠 수 있다."(헌장 99조).

　사무총장은 영예롭지만, 정치적, 법적, 재정적 제약에 둘러싸인 힘든 직책이다. 일찍이 제1대 총장 트뤼그베 리(노르웨이)는 1952년 임기를 마치며 '세상에서 가장 불가능한 직책'(the most impossible job in the world)이라 술회한 바 있다. 회원국의 이해와 우려를 반영해야 하지만 때로는 회원국의 도전이나 반대를 무릅쓰고라도 유엔의 가치와 도덕적 권위를 유지해 나가야하는 어려움에 봉착하게 된다. 불경기의 회사CEO가 회사를 개혁하듯, 주권국가 행정수장이 정부를 개혁하듯, 사무총장이 그렇게 다자기구 유엔을 개혁하기는 어렵다. 분담금 연체국도 적지 않다. 그런 가운데 역대총장들의 리더십 스타일도 획일적이지만은 않아, 좀 더 카리스마적인, 혹은 좀 더 중재자적인 각각의 특성이 발휘되어 왔다.

　21세기 글로벌 거버넌스의 중심에 선 유엔의 정당성과 효율성은 기본적으로 193개 회원국의 정치적 의지와 능력에 달렸다. 즉, 글로벌 문제 모두를 사무총장의 책임으로 돌릴 수는 없음을 말한다. 그렇다하더라도 유엔 최상위행정가이자, 유엔이념의 상징인 사무총장의 역할이중요치 않다고 할 수 없다. 고도의 능률, 자질과 인품, 유엔헌장의 목적과 원칙에 대한 신념 등에 가장 잘 부합하는 후보가 선출되기를 기대해 본다.

제9장
다자주의 퇴조 속
구테흐스 제9대 유엔사무총장 취임
난민, 북한핵, 미국-유엔관계

안토니우 구테흐스(Antonio Manel de Oliveira Guterres) 제9대 유엔 사무총장이 취임한지 1년이 지났다. 그의 나이는 2018년 현재 69세다. 7년간 포르투갈 총리(1995-2002)를 역임하고 이후 10년간 유엔난민고 등판무관(UNHCR, United Nations High Commissioner for Refugees)을 역임한, 즉, 오랜 기간 출신국 정부수장으로 또 유엔고위관리로서 봉직 해 온 노련한 경력의 소유자다.

리스본 기술대학교에서 물리학과 전기공학을 전공했다. 잠시 전공 분야 조교수를 역임한 후 1974년 당시 군사정권이 승인치 않던 사회 당에 입당하면서 정계에 진출했다. 이후 정당자유화와 함께 사회당 국회의원으로 선출됐다. 1992년 사회당 대표로, 그리고 1995년과 1999 년 연이어 총리로 당선됐다. 총리퇴임 3년만인 2005년 유엔총회에서 유엔난민고등판무관으로 임명되어 10년간(연임) 봉직했다. 마침내 2016 년 10월 13일, 유엔안전보장이사회의 추천에 따라 유엔총회가 그를 반기문 총장의 후임으로 승인했다.

유엔난민고등판무관(UNHCR)경력, 2005-2015

UNHCR은 제네바에 본부를 두고 있으며, 세계 최대 인도주의 기구 중 하나다. 그의 임기 말(2015년) 10,000여명 직원이 126개국에서 6,000

만명 이상의 난민, 귀환자, 국내난민, 무국적자 등을 대상으로 보호 및 지원 정책을 펼쳤다.

그의 재임기 활동은 다음을 포함한다. 첫째, 조직개혁이다. "아랍의 봄," 특히 시리아 내전으로 인해 제2차 세계대전 후 최악의 난민위기를 맞아 UNHCR은 제네바 본부 직원 및 행정비용 축소, 긴급대처력 제고 등 근본적 개혁을 수행했다. 둘째, 2013년 시리아 난민의 인접국 이주가 급증하자 그는 난민위기가 레바논, 요르단 등 난민수용국에게는 실존적 문제임을 강조하며 당시로서는 사상 최대인 50억 달러 목표 국제적 지원을 요청했다. 셋째, 2012년 그는 미국 배우 안젤리나 졸리를 UNHCR특사로 임명하여 이후 함께 터키, 요르단, 말타 등지 난민시설을 방문하고, 유엔안전보장이사회에도 참석했었다. 문제의 시급성을 전세계에 효과적으로 알리기 위한 고안이었다. 넷째, 2006년 3월, 중국 방문시, 탈북난민 재송환 반대표명 등 같은 시기 이라크, 수단 등지 난민문제와 함께 중국내 탈북민에 대해서도 관심을 보인 바 있다.

UNHCR판무관으로서는 기구탄생(1950) 이후 사드루딘 아가 칸(Sadruddin Aga Khan, 1966-77, 이란)에 이어 두 번째로 긴 복무였다.

난민, 전쟁과 평화에 대한 관심 (2017)

유엔난민기구 수장이었던 그는 2017년 1월 1일 취임사에서 취임원년을 "평화의 해"로 만들겠다고 다짐했다.[11] 회원국들에게 자신의 평화 우선시 정책에 동참할 것을 호소했다. 끝이 보이지 않는 전쟁으로 심대한 고통을 겪고 있는 수백만명을 떠올리라며 평화를 향해 가는 것이 답이라고 강조했다.

그로부터 1년이 흐른 2018년 1월, 그의 신년사는 전세계를 향한 적

---

11) "New UN Chief Guterres pledges to make 2017 'a year of peace,'" https://news.un.org/en/story/2017/01/548762-new-un-chief-guterres-pledges-make-2017-year-peace.

색경고였다.[12] 민족주의와 외국인혐오(xenophobia) 심화, 불평등 심화, 기후변화 가속화, 심대한 인권침해 현상을 경고했다. 지구촌에서 6,500만명 이상이 전쟁으로 인해 집을 떠나 있으며, 9,100만명이 인도주의적 지원을 필요로 하고 있다고 강조했다.

구테흐스 사무총장의 우려대로 2018년 '세계인권선언' 70주년이란 사실이 무색하게 전세계적으로 전례없이 많은 수의 사람들이 좀 더 안전하고 좀 더 나은 곳을 찾아 길을 떠나고 있다. 시리아, 예멘, 미얀마 등 이들의 모국이 내전 내지 극심한 소수인종 차별정책 등으로 정치, 경제, 환경 차원에서 제 기능을 수행치 못하거나 붕괴지경에 달했기 때문이다.

똑같이 중요한 점은 서방내 반이주 정서가 드러나고 있는 점이다. 2016년의 두 흐름, 즉, 영국의 EU탈퇴 결정이나, 멕시코 혹은 시리아 등 분쟁지역으로부터의 이민"위협"을 선전한 트럼프 공화당 후보의 당선은 유독 2015년 급격했던 시리아 난민폭주가 적어도 일정부분 역할을 했다고 할 수 있다. 2017-18년 유럽을 향해오던 지중해 난민선의 전복 및 표류가 빈번해지면서 서방의 난민정책 향방이 국제적으로나 각 국가차원에서나 핵심의제로 부각되고 있다. EU는 2018년 6월 정상회의에서 해상 구조된 사람들에 대한 보다 지속가능하고 예측가능하며 체계적인 정책이 필요하다는 원론에 합의했다. 아직 구체안이 부재한 상태에서 2018년 7월 UNHCR은 유럽입항거부로 표류하던 450명 난민과 이주민 탑승선을 유럽 몇 국가들이 공동으로 해결한 데 대해 환영했다.[13] 프랑스, 독일, 이탈리아, 몰타, 스페인, 포르투갈 정부가 이

---

[12] "UN chief issues 'red alert,' urges world to come together in 2018 to tackle pressing challenges," https://news.un.org/en/story/2017/12/640812-un-chief-issues-red-alert-urges-world-come-together-2018-tackle-pressing

[13] UNHCR welcomes end to the latest Mediterranean standoff
  Source: Xinhua | 2018-07-20 02:48:41 | Editor: yan. http://www.xinhuanet.com/english/2018-07/20/c_137336294.htm.

들의 입국 및 난민요청 등 수속절차 공유에 합의한 것이다. '국제이주기구'(IOM)에 따르면 2018년 1월 1일부터 7월 17일까지 모두 50,872명의 이주 · 난민이 지중해를 통해 유럽으로 들어왔다. 문제는 매 선박에 대한 해결이 아닌 보다 근본적인 EU공동의 해결책이 필요하다는 점이다. UNHCR은 구난, 입항, 입국절치 등에 대한 지중해 차원이 공조가 부족함을 지적한다.

국가실패, 분쟁, 환경재앙, 집단이주 등의 맥락에서는 유엔의 '지속가능발전목표'(SDGs)이행이나 인권보호 지원이 쉽지 않다. 난민, 전쟁과 평화, 인권, 발전이 복합적으로 연계돼 있는 것이다. 취임원년을 보낸 구테흐스 총장의 평화 적색경고를 회원국 지도자들이 얼마나 수용할지 미지수다.

북한의 핵 · 미사일 실험 & 북한의 인도주의 · 인권문제 (2017)

난민의 고통을 주관심사로 하는 그의 취임원년(2017), 한반도 전쟁위기가 그의 조망 속 가장 위험한 평화안보 현안 중 하나로 부각됐다. 질적으로 양적으로 도발성을 과시한 북한의 핵과 미사일 실험에 따른 것이다. 2017년 12월 15일, 구테흐스 사무총장은 유엔안전보장이사회 연설에서 한반도내 군사적 행동은 참담하고 전례없는 결과를 낳을 것이라며 한반도 상황을 "가장 긴박하고 위험한 평화 · 안보 현안"으로 기술했다. 비의도적 착각 등에서 올 수 있는 무력충돌도 지적했다. 이 자리에는 안보리 15개 이사국 외에도 남북한 대표도 참석했다. 다음은 그 일부인데, 북한 핵과 미사일 문제의 심각성을 여실히 지적하고 있다.[14]

---

[14] Remarks to the Security Council on the Non-Proliferation by the DPRK, (https://www.un.org/sg/en/content/sg/speeches/2017-12-15/remarks-security-council-non-proliferationdprk)

2017년 북한은 핵과 탄도미사일 관련 활동을 가속화하면서 국제사회를 놀라게 했습니다. 2017년 9월 3일, 자칭 "2단계 화력 핵무기"를 포함하는 제6차 핵실험을 진행했습니다. 이 실험은 진도 6.1의 힘을 보였습니다. 또한 2017년 한 해 동안 북한은 최초의 대륙간탄도미사일(2회). 신종 중거리 및 중장거리 미사일을 포함 모두 20차례 탄도미사일을 발사했습니다. 9월, 2개의 화성-12 중장거리 탄도미사일이 일본 영해로 넘어갔습니다. 이들 발사에 대해 어떤 항공 혹은 해상 안전통지도 없었습니다.

IAEA는 북핵 핵프로그램 검증을 목적으로 한 북핵접근이 불가능한 상태입니다. 단지 위성사진을 통해 상황을 감시하고 있습니다. IAEA는 영변 핵과학연구소에서 플루토늄생산용 원자로와 이미 보고된 바 있는 원심분리 농축시설 작동을 의심할 수 있는 신호를 발견했습니다. 또한 평산 우라늄광산과 평산 우라늄 농축발전소로부터 채굴, 분쇄, 농축 활동의 징후를 계속 포착해 왔습니다.

북한은 지속적으로 세계에서 핵실험금지 규범을 위해하는 유일한 국가입니다. 북한의 행동은 유엔안보리의 의지 및 결의문들, 그리고 핵비확산 레짐을 노골적으로 무시하고 있음을 말합니다. 9월 채택된 안보리 결의 제2375는 북한에 대해 가장 강력한 제재를 포함하고 있습니다.

또한 인도주의 및 인권차원에서 북한주민의 실태도 간과하지 않았다.

유엔안전보장이사회의 단합도 긴요합니다. 나는 유엔안보리의 인도주의 및 인권 차원의 우려를 환영합니다.... 주민의 40%가 영양실조, 70%가 식량결핍자로 분류됩니다. 2017년 유엔체계내 북한 인도주의팀이 작성한 '북한 인도주의적 수요 및 우선순위'(DPRK Humanitarian Needs and Priorities)보고서는 긴급조달 목적으로 1억 1,400만 달러를 요구하고 있습니다. 그런데 이중 30%만이 조달됐습니다.... 나는 머지않아 평창 동계올림픽에 북한이 참석하길 간곡히 희망합니다. 유엔총회가 인정했듯, 이 올림픽이 한반도 안팎에서 평화, 발전, 관용, 이해의 분위기를 조성할 수 있습니다.... 외교적 관여만이 지속가능한 평화와 비핵화의 경로입니다.... 경로를 예측할 수 없고 결과는 재앙이 될 위험을 피하자면 무엇이던 해야 합니다.

이 자리에서 구테흐스 사무총장은 제프리 펠트먼 유엔정무담당 사무차장의 북한방문(2017.12.5-10)이 8년만에 첫 유엔-북한 교류라며, 북한 비핵화 및 평화를 위한 대화과정에서 자신과 유엔사무국의 적극적 역할을 제안하기도 했다.

> 나는 북한지도부가 안보리 결의문들을 준수하고 비핵화 및 한반도 지속가능한 평화를 위한 대화 재개위한 공간을 허용하길 요청합니다.... 나와 사무국은 이를 위한 파트너입니다. 내 'good office'는 언제나 열려 있습니다. 유엔사무국이 3대 핵심 부문에서 전략적 가치를 지원할 수 있다고 생각합니다: (i) 공정성, (ii) 평화적이고 외교적인 해결에 있어 국제법에 상응하는 목소리, 규범, 가치, 원칙, (iii) 모든 관련국들과의 소통채널 제공입니다. 유엔은 북핵관련 6개국 모두가 모여 이견을 좁히고 신뢰구축조치를 증진하기 위해 상호소통하는 장소가 될 수 있습니다.

트럼프 정부 출범과 서먹한 미국-유엔관계

트럼프 대통령 취임(2017.2) 이후 "미국 우선주의"를 기치로 하는 초강대국 미국과 다자주의를 근간으로 하는 유엔, 양자관계가 국제정치 주요 의제 중 하나다. 미국은 구테흐스 사무총장 취임원년인 2017년 한해 파리기후협약(2015), '유엔교육과학문화기구'(UNESCO) 등 유엔주도 기구나 협상과정으로부터의 철수를 공식선언해 왔으며, 유엔예산 납부에도 이런저런 재고입장을 보였다.

첫째, 구테흐스 유엔사무총장은 2018년 신년사에서 가후변화 가속화가 인류에 대한 심대한 위협임을 강조했다. 무엇보다 2017년 8월 미 국무부는 공식적으로 파리기후협약 탈퇴서를 유엔에 제출했다. 규제가 개선되면 다시 합류할 수 있다는 여운과 함께 향후 약 3년여 탈퇴과정 중 계속 유엔기후변화회의에 참여할 것임도 밝혔다. 미국은 "경제성장, 에너지안보, 온실가스 감축 등을 모두 고려하는 균형적 기후변화 접근법"을 취한다는 취지다. 트럼프 대통령은 공식통보 두 달 전인 2017년 6월, 기후협약이 미국내 고용박탈, 석유, 가스, 석탄 등 에너지 산업 및 제조업 위해 등 수조달러에 달하는 비용을 치르게 한다며 탈퇴할 것이라 선언했었다. 미국이 재협상 가능성을 열어두었다고 했지만 관측자들은 파리기후협약이 근 200개 국가가 지난 몇 년 지난한 협상 끝에 어렵게 합의한 문건인 만큼 그 가능성이 희박하다고 보고 있다. 미공화당 의원들은 전임 오바마 행정부가 국내 에너지 생산과 고용을 고려하지 않고 합의한 협약이라며 탈퇴에 대한 지지를 표하고 있다. 그러나 미국내 우려를 표하는 이들은 국제적 기후변화 대처 노력을 경시했다는 사실, 나아가 부상 중인 청정에너지산업 성장기회를 놓친 것이라며 부정적 평가를 내놓고 있다. 전임 오바마 행정부하 미국은 파리협약의 일환으로 2025년 온실가스 방출을 2005년 대비 28%로 줄이기로 약속한 바 있다. 미국의 탈퇴일자는 빠르면 2020년 11월초로서 차기 대선기간이 될 것이다.[15]

둘째, 미 국무부는 2017년 10월, UNESCO 사무총장(이리나 보코바)에게 탈퇴결정을 통보했다. 대신 상임 옵버저국가로 남을 것이라 했다. 이는 기구의 누적연체, 조직개혁 필요성, UNESCO내 반이스라엘 정서 등에 대한 미국의 우려를 반영한 것으로 보인다. UNESCO헌장 제2조(6)에 따라 2018년 12월 31일이면 미국의 탈퇴가 효력을 발생하게 된다.[16]

셋째, 2017년 12월, 미국은 '이주에 관한 글로벌계약'(GCM, Global Compact for Safer, Orderly and Regular Migration) 협상과정으로부터의 철수를 통보했다. GCM협상은 2016년 유엔의 소위 '난민·이주자에 대한 뉴욕선언'(2016.9)에 입각한 것으로서 글로벌 거버넌스 강화를 목표로 한 다수의 정책지침을 담고 있다.[17] 미국은 이것이 자국의 이민법과 국경정책에 부합하지 않다고 본 것이다. 미 국무부는 미국은

---

[15] https://www.reuters.com/article/us-un-climate-usa-paris/u-s-submits-formal-notice-of-withdrawal-from-paris-climate-pact-idUSKBN1AK2FM

[16] https://www.state.gov/r/pa/prs/ps/2017/10/274748.htm

[17] http://www.unhcr.org/new-york-declaration-for-refugees-and-migrants.html (검색일: 2018.5.3)

"이주문제에서의 국제협력을 지지하지만, 안전하고, 질서 있으며, 합법적 이주에 대한 기본책무는 주권국가에 있다"고 설명했다.[18]

넷째, 2017년 12월 24일, 니키 헤일리 주유엔 미국대사는 미국이 2018-19회계년도 유엔 예산을 전년 대비 2억 8,500만 달러 축소키로 협상했다고 밝혔다. 유엔의 "비효율성"과 "과소비"를 지적하며 보다 효율적이고 책임있는 유엔이 되어야 한다고 강조했다.[19]

향후 트럼프 대통령의 유엔외교가 어떻게 전개될지 지켜볼 일이다. 일방주의로만 나가던 트럼프 대통령은 2018년 5월 구테흐스 사무총장을 만나서는, 북한, 시리아, 이란, 유엔개혁 등 상호 관심사를 토론하는 가운데 사무총장의 유엔 효율성(efficiency) 및 효과성(effectiveness) 증진노력을 지지한다고 강조했다. 또한 앞으로 이 문제와 여타 공동의 위협 및 도전을 해결하기 위해 함께 노력하기로 약속했다.[20] 중국은 트럼프 행정부의 다자주의로부터의 후퇴를 자국 외교전략 선전기회로 삼아 유엔의 권위와 다자주의 지지를 결속하는 모습을 보이고 있다. 미-중 경제, 안보 갈등 속에서 이 두 나라가 진정 상반된 유엔 전략을 구가할 것인지 지켜봐야 할 것이다.

구테흐스 사무총장의 새해(2018) 기대

2018년 신년사에서 구테흐스 사무총장은 난민, 인권, 전쟁과 평화에 대한 적신호에도 불구하고 전임 반기문 총장기 발전과 기후를 주제로 채택된 두 국제적 합의, 즉, '2030 지속가능발전 의제'(Sustainable Development Agenda)(2015)와 '파리 기후협약'(2015)을 역사적 합의라며

---

18) https://www.state.gov/secretary/remarks/2017/12/276190.htm

19) https://www.washingtonexaminer.com/nikki-haley-announces-285-million-cut-to-united-nations-budget

20) 백악관, https://www.whitehouse.gov/briefings-statements/readout-president-donald-j-trumps-meeting-united-nations-secretary-general-antonio-guterres-2/ (검색일: 2018. 5.25)

높이 평가했다. 여타 평화, 안보 주제들이 보여주는 지구촌 분열양상과 대조적이라는 점에서 충분히 바른 평가다. 그는 이 두 합의가 인류 공통의 희망 속에 승인된 것이라 강조한다. 더불어 그는 지구촌 곳곳 15개 미션에서 12만명 이상이 참여하고 있는 유엔평화유지활동(peacekeeping operation)의 개선에도 희망을 두고 있다.

구테흐스 사무총장의 2018 신년사는 평화에 대한 적색경고와 함께 도전과 위협에도 불구하고 세상을 보다 안전하게 만들 수 있다는 확신으로 끝을 맺는다. 그는 분쟁해결, 증오극복, 공유가치 수호 등을 할 수 있다며 용기를 북돋는다. 전세계 지도자들이 간극을 좁히고, 흩어진 것을 모으며, 공동의 목표 앞에 사람들을 불러 신뢰를 회복하라 촉구한다. 이것이 "화합(unity)이 길"이며 "여기에 우리의 미래가 달렸다"고 강조한다. 구테흐스 총장은 2018년 3월 28일, 안보리 고위급 토론회에서 유엔평화유지활동 70주년을 맞아 성공적 유엔평화활동은 '책임공유'에 입각한 '집단적 행동'을 요한다는 취지로 '평화유지를 위한 행동'(Action for Peacekeeping, A4P)구상을 출범시켰다. 9월 100여개 회원국과 관련기구 고위대표들이 뉴욕에서 그의 A4P구상을 승인하고 이행을 다짐하는 대회를 개최했다.[21]

---

21) https://peacekeeping.un.org/en/action-for-peacekeeping-a4p

제2부 참고문헌

▶ 단행본 · 논문

정은숙. 2003. "유엔안전보장이사회의 향방."「정세와 정책」2003.5.

_____. 2003. "이라크 전후복구와 유엔의 역할."「정세와 정책」2003.10.

_____. 2005. "유엔안보리 개혁과 한일관계."「정세와 정책」5.

_____. 2011. "반기문 유엔사무총장의 재선."「세종논평」6.20.

_____. 2012.『글로벌 거버넌스와 국제안보: 이슈와 행위자』. 한울.

_____. 2013. "전후 독일의 역사반성과 유럽평화에의 기여: 일본과의 비교."「정세와 정책」2013.3.

_____. 2016. "제9대 유엔사무총장 선출과정 조망: 글로벌 리더십 발굴을 위한 새 노력."「세종논평」2016.8.31.

_____. 2017. "유엔안보리와 강대국정치: 구조, 절차, 개혁논의."「정세와 정책」12.

_____. 2018. "아난(Kofi Anna) 서거에 부쳐."「세종논평」8.24.

Barnett, Michael and Thomas Weiss, eds. 2008. *Humanitarianism in Question: Politics, Power, Ethics.* Ithaca and London: Cornell University.

Benner, Thorsten. 2007. "Filling Sisyphus's Shoes: The Annan years and the future of the United Nations," *Global Issues.* Spring.

_____. 2007. "Never ending? Administrative reform in the UN." *Vereinte Nationen* 55-1.

Bennett, Leroy. 1988. *International Organizations: Principles and Issues.* NJ: Prentice Hall.

Chung, Eunsook. 2007. "Humanitarian Intervention: Can it be Perfect?" *The Journal of Peace Studies* 8-2.

Einsiedel Sebastian von et al, eds. 2016. The UN Security Council in the 21st Century. International Peace Institute.

Ellis, David. 2009. On the possibility of "international community." *International Studies Review* 11-1.

Fackler, Martin. 2006. *"On His Ancestor's Wings, a Korean Soars to the U.N."* The New York Times. 22 December.

Heilbrum, Jacob. 2009. "Nowhere Man: Why Ban Ki-Moon is the World's Most Dangerous Korean." *Foreign Policy*. July-August.

Hogge, Warren. 2006. "*South Korean is appointed Secretary General of the UN*". The New York Times. 25 October.

Kegley, Charles. 1995. *Controversies in international relations theory: Realism and the neoliberal challenge*. New York: St. Martin's Press.

Kille. Jent, ed. 2007. *The UN Secretary-General and Moral Authority*. Washington D.C.: Georgetown University Press.

LaFranchi, Howard. 2008. "UN's Ban Ki-moon Emerges as Dogged Reformer." *Christian Science Monitor*. 12 March.

Mathiason, John. 2008. "What kind of international public service do we need for the twenty-first century?" *Global Governance* 14.

Piiparinen, Touko. 2007. "The Lessons of Darfur for the Future Humanitarian Intervention." *Global Governance* 13.

Ribbelink, Oliver, ed. 2008. *Beyond the UN charter: peace, security and the role of justice*. Hague Academic Press.

Rushton, Simon. 2008. "The UN Secretary-General and Norm Entrepreneurship: Boutros Boutros-Ghali and Democracy Promotion." *Global Governance* 14.

Swanson, Stevenson. 2007. "Leaders making world of difference: Higher profile at UN brings new emphasis on issues affecting women." *Chicago Tribune*. 11 April.

Trabu, James. 2007. "*Memorandum*." *Foreign Policy*. Jan-Feb.

▶ 웹사이트

https://en.wikipedia.org/wiki/United_Nations_Secretary-General_selection,_2016

https://new.un.org/en/story/2017/01/548762-new-un-chief-guterres-pledges-make-2017-year-peace

https://news.un.org/en/story/2017/12/640812-un-chief-issues-red-alert-urges-world-come-together-2018-tackle-pressing

https://unchronicle.un.org/article/role-secretary-general-personal-history

https://www.state.gov/r/pa/prs/ps/2017/10/274748.htm

https://www.state.gov/secretary/remarks/2017/12/276190.htm

http://www.un.int/korea/index.asp

http://www.un.org

http://www.un.org/Pubs/chronicle/2007

https://www.un.org/sg/en/content/sg/speeches/2017-12-15/remarks-security-council
　　　-non-proliferationdprk

https://www.unhcr.org/new-york-declaration-for-refugees-and-migrants.html

http://www.unsg.org/support.htm.

https://www.whitehouse.gov/briefings-statements/readout-president-donald-j-trumps
　　　-meeting-united-nations-secretary-general-antonio-guterres-2/

▶ 언론

Economist

Guardian

Korea Herald

New York Times

제3부

유엔 평화유지활동의 지평

제1장
유엔평화유지활동 도전과 응전
HIPPO와 A4P

냉전종식이후 유엔은 지구촌 분쟁 증대 및 질적 변환에 부응하여 1990년대부터 지속적으로 평화유지활동에 대한 개념 재정립, 그리고 성공적 평화유지활동을 목표로 한 제도적 개선을 취해왔다.

단순히 분쟁 후 평화유지라는 소극성을 탈피해야만 했고, 더욱이 준비되지 않은 평화유지요원들의 파견이 빚는 요원의 희생, 나아가 유엔의 명예를 크게 훼손시키는 평화유지군으로서의 기율결핍도 큰 문제가 됐다. 그런가하면 때로 평화유지군이 직접 분쟁의 한 당사자와 대척해야 했고, 때로 살생무기도 사용해야 하는 등 냉전기 평화유지활동의 중립성과 자위성 성격을 벗어나야 하는 상황에 직면하게 된다. 이런 과정 속에서 평화유지활동의 재정 및 인력을 담당해야 하는 유엔 회원국들은 일종의 피로감, 무기력 증에 시달리게 된다. 특히 평화과정의 미래가 보이지 않는 위험한 곳에서는 더욱 그렇다. 개발협력 과제, 인권증진 과제와도 불가분의 관계다. 분쟁과 빈곤, 인권침해는 하나의 악순환 고리이기 때문이다. 유엔안전보장이사회가 내린 파병결정을 후진국 병사들이 이행한다는 점도 때로 논쟁에 포함된다.

이 모든 도전에 대한 유엔의 응전은 1990년대 초 소련붕괴 및 양극질서의 붕괴 후 꾸준히 계속되어 왔다. 제6대 갈리 총장, 제7대 아난 총장, 제8대 반기문 총장, 제9대 구테흐스 총장으로 이어진다. 매번 문제에 대한 인식과 이에 대한 다각적인 제도적 처방이 수반되지만 만병통치약은 없고, 늘 결핍으로 나타난다. 유엔 행정수반인 사무총장들의 구상과 독려도 중요하지만, 궁극적으로는 유엔회원국 전체의 부단한 관심과 의지가 필요한 것이다. 유엔 평화유지활동은 그들의 재정적, 인적 지원에 의존하기 때문이다.

아난 제7대 유엔사무총장 재임기 '브레이미 보고서' (2000)와 후속조치

갈리(Boutros Boutros-Ghal) 제6대 유엔사무총장은 1992년 사무국내 사무차장 직속의 '유엔평화유지국'을 신설했으며, 1994년에는 보다 신속한 미션파견을 위해 '예비협정제도(UN's Standby Arrangements System)'를 채택했다.

갈리의 후임으로 제7대 사무총장이 된 아난도 재임기(1997-2016) 꾸준히 유엔평화유지활동의 제도적 결핍에 부응하여 개선책을 강구했다. 특히 '브레이미 보고서'라 불리는 「유엔평화활동에 관한 보고서」(Report of the Panel on United Nations Peace Operations, 2000) 및 일련의 후속 보고서를 토대로 한 개선에 착수했다. 브레이미 보고서는 아난이 자신의 자문인 브레이미(Lakhdar Brahimi, 前 알제리 외무장관)로 하여금 유엔PKO의 효율성 제고방안을 의뢰한 데서 비롯됐다. 보고서의 3대 핵심제안은 (i) 분명하고 구체적인 임무; (ii) 분쟁당사자들의 동의; (iii) 임무수행에 적합한 재원 공급이었다.[1]

이에 따라 아난 총장 재임기, 뉴욕 유엔본부의 PKO국이 세밀한 조직도를 갖추게 되었다. 즉, 군사 및 경찰 자문, 경험의 분석 및 활용, 평화유지요원의 의무 및 기강 확립, 군축·동원해제·재통합 프로그램, 법치방안 개발 등을 심층적으로 또 전문적으로 다루게 되었다. 또한 신규미션 착수목적의 예산 및 이탈리아 소재 유엔PKO국 병참기지 전략물품 구매예산 확보 등을 제도화했다. 유엔회원국과의 예비협

---

[1] Report of the Panel on United Nations Peace Operations (UN Document A/55/305-S/2000/809 (2000.8.21).

상제도(UNASAS)를 보강, 긴급배치에 대비한 상설훈련을 강화했다. 작전개시 30-90일 사이 투입될 수 있는 특수군과 민간요원, 물품 및 장비 목록을 설정하는 것이다. 또한 제2세대 PKO가 '군사모델'을 넘어 '통합모델'을 취하는 만큼 미션 수행중인 모든 군, 경, 민 요원에 대한 통합훈련 체계 개발을 추구해 왔다.

반기문 제8대 유엔사무총장 재임기 유엔평화활동 전반에 관한 HIPPO 보고서 (2015) 요지

브레이미 보고서가 나온지 15년만인 2015년 유엔평화활동과 관련된 또 하나의 고위급패널 보고서가 발표됐다. 취지는 앞의 것과 유사하다. 즉, 2014년 반기문 총장이 '유엔평화활동에 관한 고위급 독립패널'(HIPPO, High-Level Independent Panel on UN Peace Operation)을 창설하여 평화유지활동과 특별정치미션 등 유엔의 평화활동 전반에 대한 현황 및 도전에 대한 평가, 그리고 개선책 제안을 위임한 데 따른 것이다. 이에 따라 HIPPO는 2015년 6월, 유엔창설 70주년을 맞아 '평화를 위한 우리의 힘 규합: 정치, 파트너십, 사람'(*Uniting our strength for peace: politics, partnership, people*, 2015)이란 제하의 100쪽 여 분량의 보고서를 제출했다.[2] (i) 분쟁방지, (ii) 내구력을 지닌 정치해결책 달성, (iii) 민간인 보호, (iv) 유엔평화유지활동에 대한 보다 효과적 지원에 대한 권고를 담고 있다.

보고서는 2014년 4월 어느 날, 분쟁국가 수단에서 '니아핵'이라는 3세 소녀가 UNICEF-WFP의 신속대응공여 센터까지 4시간을 걸어와 생필품을 받고 다시 4시간을 걸어간 이야기에서 시작된다. 이 지역은 남수단의 군과 반군간 격전지이며, '유엔남수단미션'(UNMISS)이 민간인 보호 및 안전지대 창설을 목적으로 주둔하고 있다. 니아핵의 이야

---

[2] 원문: http://www.un.org/en/ga/search/view_doc.asp?symbol=S/2015/446

기는 70년전 인간의 기본권, 존엄성과 가치를 재확인하고자 창설된 유엔에게 많은 질문을 던지고 있는 것이다. 유엔의 현장관련성, 정통성, 신뢰성의 결핍인 것이다. 아래는 보고서의 내용을 간추린 것이다.

첫째, HIPPO는 4개 측면에서의 변화가 긴요하다는 입장이다: (i) "정치"(politics)가 평화활동 추동, 계획, 이행 주체가 되어야 한다. 항구적 평화는 군사적, 기술적 관여가 아닌 정치적 해결을 통해서여야 한다; (ii) 현장의 변화무쌍한 요구에 부응하기 위해서는 평화활동이 보다 신축적으로 적용되어야 한다. "평화활동"(peace operation)'이란 용어가 바람직하며, 평화유지활동과 특별정치미션은 연속선상에서 다뤄져야 한다; (iii) 보다 도전적인 오늘날의 위기에 대응키 위해서는 유엔체계 안팎에서 보다 강하고, 폭넓은 평화안보 "파트너십"이 필요하다; (iv) 유엔사무국이 좀 더 "현장중심적"이어야 하며, 평화유지활동은 보다 더 "주민중심적"이어야 한다.

둘째, 유엔과 회원국에게 필요한 4개 접근방식이다: (i) "분쟁방지와 중재"가 우선시돼야 한다; (ii) "민간인 보호"는 유엔의 핵심 의무이지만 갭이 크다. 민간인 보호는 해당 국가의 책임이지만 유엔평화활동은 중요한 보조역할을 할 수 있다. 보호위기가 오면 모든 평화요원들은 군, 경찰, 민간을 막론하고 민간인 보호를 위해 모든 가용수단을 사용해야만 한다; (iii) 임무수행에서 "무력사용에 대한 명확성"이 필요하다. 패널은 앞으로 점점 더 이 도전에 직면하게 될 것이라 믿는다. 패널은 성공적 유엔평화유지활동을 유도함에 있어 전통적 유엔평화유지활동 핵심 원칙의 중요성을 확신하지만, 새로운 도전에 직면하여 보다 신축적으로 해석돼야 하고, 민간인 보호 혹은 미션실패에 대한 핑계가 되어서는 안 된다고 본다; (iv) "평화지속"을 위해서는 정치적 세심성이 필요하다. 평화과정은 평화합의문 서명 혹은 선거실시로서 종료되는 것이 아니다. 국제사회는 고도의 정치적 관여를 유지하면서 그 나라의 포용 및 화해 과정 심화, 분쟁의 근본원인 해결을 지원해야만 한다.

셋째, 현장의 능력과 기반을 강화하는 것이다: (i) 분명한 방향과 공동목표 설정: 안보리, 사무국, 지역행위자, 필요시 군·경 파견국들을 포함 제 행위자들간 효과적 협의를 통해 "달성가능"한 임무가 위임돼야 한다; (ii) 군경요원 배치속도, 능력, 수행 개선을 도모해야 한다. 포괄적인 중기적 틀이 마련돼야 하며, 우선적으로 훈련요건을 해결하기 위해 보다 강력한 글로벌 훈련 파트너십을 강구해야 한다; (iii) 글로벌 및 지역 파트너십: 유엔은 좀 더 강한 평화와 안보 글로벌-지역 파트너십 비전 구상에서 선도적 역할을 해야 한다. 안보리가 미래 위협대응을 위해 보다 준비된 동원을 할 수 있기 위함이다. 특히 지역기구의 미래 역할은 공동작전뿐 아니라 유엔헌장에 입각한 부담공유도 포함된다; (iv) 정책의 실천: 유엔 앞에는 실천해야 할 다양한 정책권고들이 있다; (v) 유치국 및 현지 공동체와의 관계강화: 현지 국가와 사회공동체에의 관여가 미션성공의 핵심이다; (vi) 남용 해결 및 책임성 강화: 지난 10년 유엔이 평화유지 요원의 성적 착취와 남용에 대한 체계적 해결을 모색했으나 여전히 갭이 있다. 민간요원에 대해 면죄부는 없으며, 군대파견국은 자국 요원에 대해 좀 더 강력하게 조사하고 기소해야 한다. 사무총장은 이와 관련된 개별 회원국들의 조처 혹은 비조처에 대해 보고해야 한다. 또한 유엔은 개별 피해자들이 보상받도록 해야 한다; (vii) 책임성 있는 평화활동을 위한 지원체계 개선: 평화활동 예산은 여타 부문 사무국 예산의 4배 이상을 차지하며, 사무국 직원의 55%가 대부분 현지주재 평화활동을 다룬다. 그럼에도 유엔 현지활동은 유엔본부 중심의 행정 틀에 매여 있다. 권한위임이 필요하다.

넷째, 혁신지원 및 중요 재원 요청이다.

다섯째, 본부, 리더십, 관리와 개혁: 평화와 안보 관련 기존의 유엔 사무국 조직이 때때로 효과적인 유엔평화활동 기획과 실행을 어렵게 한다. 사무총장은 사무국의 평화안보 기제 재구성을 위한 옵션을 개발해야 한다. 평화와 안보 담당 부총장직 신설을 고려해야 한다.

결론적으로 유엔은 도전 극복을 위해 힘을 규합, 강화해야 한다. 정치, 파트너십, 사람을 통해서다. "정치적 전략"이 평화활동을 선도해야 하며 "파트너십"으로 미래 장기적이고 새로운 위기를 극복해야 한다. 또한 "사람"이 유엔 평화활동노력의 중심에 놓여 있어야 한다.

구테흐스 제9대 유엔사무총장의 '평화유지를 위한 행동'(A4P) 구상에 거는 기대

구테흐스 총장은 2018년 3월 28일, 안보리 고위급 토론회에서 유엔 평화유지활동 70주년을 맞아 '평화유지를 위한 행동'(A4P, Action for Peacekeeping, A4P)구상을 밝혔다. 그 골자는 위의 HIPPO보고서(2015)와 상통한다. 즉, 성공적 유엔평화활동은 '책임공유'에 입각한 '집단적 행동'을 요하며 (i) 현실성 있는 기대, (ii) 평화유지 임무강화 및 안전화, (iii) 정치적 해결 · 조직개선 · 장비보충 · 훈련강화를 위한 지지 동원을 필요로 한다는 것이다.[3] HIPPO 보고서(2015)에 토대를 둔 실천 의지로 보인다. 이에 따라 일차적으로 2018년 9월 25일, 뉴욕에서 100여개 회원국, 지역기구, 국제기구 등이 참가한 A4P 고위급 회의를 개최, A4P 이정표의 문을 열었다. 구테흐스 총장의 임기 5년 중, 혹은 연임시 10년간 A4P구상이 어떻게, 얼마큼 실천에 옮겨질지 이후의 노정이 기대된다.[4]

---

[3] https://www.un.int/news/secretary-general-launches-%E2%80%98action-peacekeeping%E2%80%99-initiative

[4] https://peacekeeping.un.org/en/action-for-peacekeeping-a4p

제2장
제2세대 유엔평화유지활동의 특징, 현황, 정치5)

Ⅰ. 서론

　제2차 세계대전 종식후 연합국들이 주축이 되어 더 이상 "후손들에게 전쟁의 참화"를 겪게 해서는 안 된다며 탄생한 '국제연합'(United Nations, 이하 '유엔')이 2007년 탄생 62주년이 되었다. 21세기 들어 유엔은 새로운 국제환경과 새로운 도전요소에 직면하여 정당성뿐 아니라 효율성까지도 수반하는 전인류 차원의 국제기구가 되고자 개혁을 거듭하고 있다.

　그중에서도 분쟁이후 '평화유지활동'(peacekeeping operation, 이하 'PKO')은 예산으로나 중요도로나 유엔의 평화 및 안전 기능 중 가장 큰 관심을 받고 있다. PKO는 유엔이 고안, 개발한 하나의 평화기제로서 간단히 정의하기가 쉽지 않다. 다만 일반적으로 "분쟁으로 피해를 입은 국가들로 하여금 지속가능한 평화의 조건을 창출하도록 지원하는 하나의 방식" 정도로 이해되고 있을 따름이다. 아이러니컬하게도 유엔헌장에 평화유지라는 단어는 없다. 유엔 평화유지의 창시자라 불리는 제2대 유엔사무총장 다그 함마슐트(Dag Hammarskjold, 재임 1953-1961년, 스웨덴인)는 이것이 헌장 제6장(중재 혹은 사실확인 등 분쟁의 평화적 해결을 위한 전통적 방안)과 헌장 제7장(금수 혹은 군사제재

---

5) 다음을 축약하였음: "제2세대 유엔PKO: 특징, 현황, 정치,"「세종정책연구」제4권 제1호 (2008), pp.213~250; 정은숙 저, 『글로벌 거버넌스와 국제안보: 이슈와 행위자』(한울, 2012), pp.73~132.

와 같은 보다 강제적 행위) 사이에 놓여 있다는 의미에서 '6과 1/2'이라는 별명을 붙인 바 있다(부록: 유엔헌장 제6장과 제7장 참조). 1948년 제1차 아랍-이스라엘 정전감시를 위해 36명의 군감시단이 '유엔정전감독기구'(UNTSO: UN Truce Supervision Organization)이라는 이름으로 배치된 이래 유엔PKO는 다양한 환경, 다양한 성격의 분쟁에 그때그때 대처하면서 오늘에 이르렀다. 그것이 유연성을 주기도 했지만 그렇기 때문에 어려움 또한 감수해야 했다. 많은 개선이 있었지만 현재도 이로 인한 유엔PKO의 유연성과 어려움은 그대로 존재한다고 봐야 한다.

냉전기 소위 '제1세대' 유엔PKO는 국가간 정전을 감시하는 단순한 '군사모델'의 성격을 지니고 있었지만 냉전종식이후 '제2세대' 유엔의 PKO는 보다 복합적이고 다차원적인 '통합모델'로 변모하여 왔다. 이는 미소(美蘇) 양극 세계질서가 붕괴되면서 1990년대 이후 유럽 발칸반도의 유고슬라비아, 그리고 아시아, 아프리카의 대다수 국가내 인종적, 종교적, 정치적 갈등으로 인한 내전의 빈번한 발생에서 기인한 것이다. 즉, 냉전종식이후 발생한 대부분의 유엔PKO미션은 과거와 달리 단순한 휴전이행 감시에 국한되지 않고 법과 질서의 유지, 자유선거, 발전계획 등 보다 장기적인 평화구축 및 예방예교까지도 염두에 두어야 했다. 따라서 군이나 군옵저버 외에 경찰 및 다수 민간요원의 참여까지도 요구하고 있다. 캄보디아(1992-1993), 동티모르(1999-2003), 코소보(1999-2007년 현재) 미션은 극심한 내전으로 인해 유엔PKO 미션이 아예 임시 민간행정부를 구성한 대표적 사례라고 하겠다. 냉전의 종식은 이 같은 질적 변화 뿐 아니라 양적으로도 유엔PKO미션 증대를 불러왔다. 유엔출범 이후 첫 40년간 13건에 그쳤던 유엔 PKO가 이후 20년간에는 47건이나 되었던 것이다.[6]

꼭 인본주의라는 이상을 내세우지 않더라도 21세기 세계화의 국제

---

[6] www.un.org/Dept/dpko (검색일: 2007.12.8)

환경에서는 지구 저편의 분쟁을 우리와 무관하다고 방치하기 어렵게 되었다. 소지역 분쟁과 불안이 종종 무기 및 마약의 불법밀수, 인신매매, 테러, 난민, 환경오염 등의 차원에서 국제 평화와 안전을 해칠 수 있기 때문이다. 이러한 안보도전 요소를 관리함에 있어 적어도 정통성과 보편성이라는 점에서 유엔만큼 불가결한 도구는 없다. 무엇보다도 유엔의 활동은 전세계 192개 주권국을 대표한다고 간주되기 때문이다. 여하히 효율성을 높일 것인가는 회원국 모두의 과제가 될 것이다.

본고는 (i) 제2세대 PKO의 특징 및 이를 위한 유엔의 능력개발 노력, (ii) 2007년 현재 반기문 유엔사무총장하 유엔PKO국이 주관하는 PKO 운용현황; (iii) 그리고 정치측면으로서 유엔PKO 임무의 효율적 이행을 위해 절대적으로 필요한 강대국의 지원의지 및 능력을 살펴보았다. 미군의 유엔관료체계에 대한 거부감, 러시아와 서방간 이해간극, 중국의 외교수단화, 일본과 독일의 진퇴양난 상황을 세부적으로 검토해 보았다. 마지막으로 연구결과를 바탕으로 제2세대 유엔 PKO에 관한 평가 및 향후 과제를 정리하면서 한국의 유엔 PKO정책을 위한 시사점을 찾아보았다.

한국은 1948년 유엔감시하 초대 의회선거, 1950년대 한국전쟁시 유엔 최초의 군사작전, 전후 유엔의 지원 등 유엔과의 각별한 인연에도 불구하고 20세기 후반 냉전기류 속에서 지연되다가 1991년 9월에서야 북한과 나란히 유엔에 가입할 수 있었다. 이후 한국은 점차 경제지위에 상응하는 중진국으로서 유엔 안팎 다자외교를 통한 국제적 역할 강화를 추구하여 왔다.[7] 한국은 유엔 정규예산분담금과 PKO분담금도 성실히 납부한 국가에 속한다.[8] 1996-97년 안전보장이사회(이하 '안보

---

[7] 김승채, "유엔과 한국," 김영호 외 「유엔과 평화」 (밝음기획, 2007), pp.146
~169 참조.

[8] 2006년 기준 각각 3천만 달러와 7천만 달러를 납부했다. 2007년 1월 기준 PKO분담금은 세계 제10위이다. http://www.mofat.go.kr/index.jsp (검색일: 2007.6.15).

리') 비상임 이사국, 2001년 유엔총회의장(한승수 前 외교통상부 장관), 마침내 2006년 유엔사무총장(반기문 前 외교통상부 장관) 당선 등 짧은 기간내 성취한 유엔내 지위는 보다 큰 맥락에서 보면 한국과 국제사회 관계 강화의 결과인 동시 장차 더 중요한 역할을 수행할 수 있는 또 다른 토대가 되고 있다.

특히 한국은 1993년 7월 소말리아 파견을 필두로 특정지역에 국한하지 않고 다수의 유엔PKO에 참여해 왔다. 소말리아, 서부사하라, 앙골라, 동티모르, 사이프러스, 부룬디 6건의 미션이 이미 종료되었으며 인도·파키스탄, 그루지아, 라이베리아, 아프가니스탄, 수단, 동티모르, 네팔, 레바논 등 8건이 2007년 현재 수행 중에 있다.

한국의 유엔 및 유엔 PKO에 대한 관심 및 참여 증대에도 불구하고 국내 유엔PKO에 관한 연구가 이를 따르지 못해온 감이 있다. 본 연구가 미력하나마 한국의 국제정치학계뿐 아니라 정책입안자들에게도 작은 기여가 되기를 바란다.

II. 유엔PKO의 진화

1. 냉전기 제1세대 특징

냉전기 소위 전통적 유엔 PKO는 '군옵저버 혹은 평화유지군'을 주요수단으로 하며 '국가간'의 군사적 충돌이 '종료된 후' 분쟁당사국의 '동의'하에 정전이행 감독 및 평화협상을 위한 완충지대 형성 등을 목적으로 한, 비교적 단순한 국제협력 기제였다. 그 배경에는 미-소 핵초강대국으로 하여금 가급적 지역분쟁에 휘말리지 않게 하려던 유엔 제2대 사무총장 함마슐트 등 유엔 주요 인사들의 역할이 컸다. 평화유지군은 총격전을 벌이지 않아야 하며 무기는 자위차원에서만 사용

할 수 있었다. 평화유지 요원은 휴전의 준수, 군의 철수 등 평화합의
문의 이행에 관해 공정한 보고를 해야 한다.

　▲중동지역: 냉전기 유엔 평화유지는 주로 중동지역을 대상으로 전
개됐다. 1948년 이스라엘과 아랍국가간의 정전감시를 시작으로 1956
년, 1967년, 1974년, 그리고 1978년 매 위기 때마다 재개됐다. 그중
1956년 PKO는 최초로 평화유지 목적의 "군"이 배치되었다는 점에서
유엔PKO의 이정표가 된다. 즉, 10개국이 파병한 최초의 평화유지군이
시나이반도 이스라엘군과 이집트군 사이 완충지대를 구축했던 것이다.
이후 1967년 이스라엘-이집트 정전관리, 그리고 1974년 골란고원내 이
스라엘군-시리아군 격리를 목적으로 각각 설치되었다. 중동내 가장
대규모 유엔PKO는 1978년 이스라엘의 레바논 침입결과 탄생한 '유엔
레바논임시군(UNIFIL)'이었다. UNIFIL은 이스라엘의 철수확인, 평화 및
안전조건 유지, 레바논 정부의 권위복원 지원 등 비교적 어려운 임무
를 소지하였음에도 불구하고 이후 역내 갈등수위를 낮추는데 이바지
한 것으로 평가된다. 그러나 1988년까지 첫 10년간 평화유지군 200명
이 희생되었으며, 2006년 이래 다시금 긴장이 고조되고 있다.

　▲기타 지역: 아프리카 콩고가 1960년 벨기에로부터 독립한 직후부
터 유엔PKO 대상국이 되었다. 20,000명 이상의 유엔평화유지군이 무
정부상태에 처한 콩고정부의 평화 및 질서유지 지원을 목적으로 개
입했다. 그 결과 내전은 멈추었지만 임무수행 중 유엔평화유지의 창
시자이자 당시 현직 유엔사무총장이었던 다그 함마슐트가 1961년 9월
17일, 헬리콥터 추락으로 사망하고 말았다. 이외에 또 다른 냉전기
대표적 유엔PKO로는 인도·파키스탄 국경감시단과 사이프러스 평화
유지단('그리스-사이프러스 터키인' 내전 계기)을 들 수 있다. 두 경우
모두 유엔평화유지군이 완충지대를 창출했다.[9] 콩고나 사이프러스의

---

9) 냉전기 유엔 PKO 사례 및 특징에 관해서는 A. B. Fetherston, *Towards a
　 Theory of United Nations Peacekeepers* (New York: St. Martin's, 1995); Michael

경우 국가간 갈등이 아닌 내전관리라는 점에서는 이미 제2세대를 예고 하였다고 할 수도 있으나, 공히 평화유지군에 의한 적대 세력 긴장완 화에 초점을 두었다는 점에서는 제1세대적 요소가 더 크다고 하겠다.

냉전기 출범한 대부분의 제1세대 유엔PKO는 유감스럽게도 2007년 현재까지도 계속되고 있다. 즉, 근본적인 분쟁원인 해결 및 평화구축 에는 역부족인 것이다. 그럼에도 불구하고 적어도 휴전이나 정전의 관리에는 기여해 왔다고 하겠다.

2. 냉전종식이후 제2세대 특징

"분쟁이후의 평화유지"를 목적으로 한다는 대원칙에서는 제1세대나 제2세대 PKO나 다를 바가 없다. 다만 냉전종식후 출범한 다수의 유 엔PKO는 전통적인 제1세대와 다음 측면에서 구분된다.

첫째, 분쟁의 성격이 국가간의 적대관계보다는 "국내적으로" 인종, 종교, 신념을 달리하는 분리주의에 기인하는 경우가 대다수다. 둘째, PKO가 평화합의문의 이행을 "다각적으로" 지원한다는 점이다. 인간안 보, 신뢰구축방안, 분권장치, 선거지원, 법치강화, 경제사회 발전 등 통합적이다. 보다 장기적인 평화구축까지도 감안하고 있다는 점에서 질적 변환이라고 하겠다. 냉전종식직후 5년간(1992.1.1-1997.1.1) 유엔 의 살림을 맡았던 제6대 유엔사무총장 갈리(Boutros Boutros-Ghali, 이 집트 출신)는 취임직후 *An Agenda for Peace*라는 제하의 에세이를 통 해 최초로 유엔PKO와 분쟁이후의 "평화구축"이 불가분의 관계임을 강 력하게 주장했다.[10] 셋째, 평화유지단 구성원에 과거처럼 군이나 군 옵저버만이 아니라 경찰 및 민간전문가도 포함된다. 넷째, 유엔평화

Harbottle, *The Impartial Soldier* (London: Oxford University Press, 1970); Brian Urquhart, *A Life in Peace and War* (New York: W. W. Norton, 1971)를 참조.
[10] B. Boutros-Ghali, *An Agenda for Peace* (New York: United Nations, 1992), pp.32~4.

유지군은 통상 유엔이 직접 주도하지만 그것이 적합지 않거나 불가능
한 경우 종종 "지역기구 혹은 자발적 국가연합"에 그 기능을 위임한다.
1990년대 이후 유엔PKO가 EU, AU(아프리카연합), NATO, ECOWAS(서아
프리카경제공동체) 등과 역할분담 및 조율하는 사례가 급증하고 있
다.11) 유엔이 평화유지군의 임무를 '자발적 국가연합'에 위임한 대표
적 예는 1999년 호주가 주도했던 '동티모르 국제군'이 될 것이다.12)
넷째, 분쟁당사자의 "동의없이" 평화유지군을 파견하는 경우도 있다.
예컨대 1990년대 초, 보스니아-헤르제고비나의 경우 평화유지군은 제1
세대 평화유지에서와 달리 적대적인 두 세력 사이중립성 고수를 목
표하는 대신 강자와 대적해야 했다.

　물론 냉전종식이후 출범한 모든 유엔PKO 미션이 모두 위의 특성을
소지한 것은 아니다. 그러나 이 사실들은 공히 1990년대 이후 유엔
PKO가 직면한 새로운 도전양상 및 새로운 대응양식의 추이를 말해
준다. 서론에서 밝혔듯 유엔은 냉전 말부터 2007년까지 약 20년간 모
두 47건이나 되는 유엔PKO를 발족시켰다. 이중에는 이하에서 보듯
UNTAC(캄보디아)와 같이 성공한 사례가 있는가 하면 UNPROF(보스니
아-헤르제고비나)와 같이 실패한 사례도 있다.

　유엔 캄보디아과도기구(UNTAC) 성공사례: 제2세대 PKO가 평화구축
까지도 염두에 둔 통합모델이란 점에서 UNTAC는 분명 전통적 PKO에
서 상상하기 어려운 최초의 제2세대 PKO 성공사례가 될 것이다.
1992년 10월, 유엔PKO가 캄보디아 내전 관련 당사자들이 파리에서 서

---

11) 다수의 전문가들이 실제로 이를 긍정적으로 평가하고 있다. 예컨대 Piirarinen
　은 현재 다르푸르내 AU회원국 병력활용을 현지친화력 차원에서 바람직하
　다고 주장한다. Touko Piiparinen, "The Lessons of Darfur for the Future of
　Humanitarian Intervention," *Global Government* 13-3 (2007), pp.365~390.
12) Hugh Smith, "Australia," in David S. Sorenson & Pia Christina Wood eds. *The
　Politics of Peacekeeping in the Post-Cold War Era* (New York: Frank Cass,
　2005).

명한 평화합의문을 잘 이행하는지 확인할 목적으로 설치되었다.[13] 그러나 부여된 임무는 휴전감시는 인권존중, 자유선거 실시, 군축소, 경찰, 민간행정 통제 및 감독, 법과 질서, 난민 복귀 및 정착, 기간산업 복원 등 전례없이 폭넓었다. 한때 최대 규모시 유엔PKO 요원은 인권전문가, 민간행정요원, 군, 경찰을 포함, 100여개국에서 파견된 21,000명에 이르렀다. UNTAC는 1993년 5월, 20개 정파가 참가한 선거를 필두로 초대의회 구성, 헌법 채택, 신정부 선포 등 임무를 완료하고 1999년 9월 해체됐다. 이후 유엔은 인권정책지원 사무실 등의 형태로 캄보디아에 남아 있다.

1990년대 전반 엘살바도르와 모잠비크, 1999년 동티모르의 독립을 위한 유엔임시행정부 및 코소보 유엔임시행정부, 그리고 최근 종료된 아프리카의 시에라리온과 부룬디의 PKO미션들 역시 제2세대 PKO의 성공사례로 치부되고 있다.[14]

유엔 보스니아-헤르제고비나 보호군(UNPROFOR)의 실패사례: 유엔보호군은 유고슬라비아 내전 중 크로아티아와 보스니아-헤르제고비나에 설치된 최초 유엔 평화유지군이었다. 1992년 2월 유엔의 개입과 함께 39개국 39,000명으로 구성되었다. 그러나 내전이 격화되면서 이들은 보스니아내 세르비아군과 적대관계에 놓이게 되었다. 유엔이 정한 '안전지대' 스레브레니차는 유엔보호군의 감시에도 불구하고 세르비아인이 주도하는 정부군에 의해 함락됐다. 이곳에서 8,000명의 보스니아인들이 살육당했으며 유엔보호군은 인간방패로 활용되었다.[15] 1995년 11월 '보스니아-헤르제고비나 평화합의문'(Dayton Agreement)이

---

13) http://www.un.org/Depts/dpko/dpko/co_mission/untacbackgr1.html (검색일: 2007. 8.25)
14) 코소보 유엔임시행정부 사례에 관해서는 정은숙, 「21세기 유엔 평화유지활동: 코소보 사례를 중심으로」(세종연구소, 2003) 참조.
15) 상세한 것은 Hikaru Yamashita, *Humanitarian Space and International Politics: The Creation of Safe Area* (Ashgate, 2004) 참조.

있기까지 3년 반동안 유엔보호군 320명이 목숨을 잃었다. 이후 유엔
보호군은 신설 NATO 주도 '보스니아-헤르제고비나 실천군'(IFOR)에게
PKO의 임무를 인계하고 해산됐다.

　유엔보호군의 교훈은 첫째, 분쟁주체로부터 유엔보호군 배치에 대
한 동의를 받지 못했다. 나아가 분쟁주체와 심각한 적대관계에 돌입
하게 되리라는 예상을 하지 못했다. 막연히 '중립성' 및 '자기방어 목
적의 무기사용'이라는 전통적 PKO원칙에 입각하여 유엔평화유지군을
파병했다는 점이다. 둘째, 이 사건은 1994년 아프리카 르완다에서 발
생한 부족간의 전쟁에서 80만명이라는 대학살이 발발한 사건과 함께
국가간의 무력충돌이 아닌 "국가내 분쟁 및 인간안보 위기"라는 점에
서 국제사회에 큰 충격을 안겨주었다. 결과적으로 유엔PKO 역시 자
체점검을 필요로 하게 되었다.

3. 유엔제도의 부응

　냉전기 제1세대 PKO는 수요도 크지 않았고 임무도 비교적 적대세력
완충 및 정전감시여서 유엔내 주로 중립국이 주도하는 소규모 'PKO
특별위원회'를 통해 관리할 수 있었다. 그러나 냉전종식이후 바야흐
로 제2세대 PKO의 수요 증대 및 복합적 성격의 임무수행을 위해 유
엔은 1990년대 이후 시행착오를 거듭하면서 제도적 개혁을 도모해 왔
다. 갈리(Boutros Boutros-Ghali, 이집트인) 제6대 유엔사무총장 출범원
년인 1992년 사무국내 사무차장 직속의 '유엔평화유지국' 신설과 1994
년 유엔 회원국의 '예비협정제도(UN's Standby Arrangements System)'
출범은 기념비적 예가 될 것이다. 그럼에도 불구하고 1994년 르완다
비개입, 1995년 스레브레니차 실패 등은 유엔 및 인류에게 깊은 회한
을 남겼다. 갈리에 이어 1997년 제7대 유엔사무총장으로 취임한 코피
아난(Kofi Annan, 가나인) 역시 재임 10년간 다수 아프리카 국가 및

유럽의 코소보, 아시아의 동티모르 등지 내전 분출에 직면하여 지속적
으로 PKO체계를 보완, 강화해야 했다. 아난은 더 이상 국가폭력에 의
한 주민살해를 방치해서는 안된다는 의미에서 1999년, "두개의 주권
개념"(Two Concepts of Sovereignty)라는 제하의 단상을 Economist에 기
고했다. "개인 주권"도 국가주권과 동등한 주권임을 강조한 글이다.16)

아난 재임기 유엔PKO 개선책은 소위 '브레이미 보고서'(Report of the
Panel on United Nations Peace Operations, 2000) 및 일련의 후속 보고
서를 토대로 진행됐다. 브레이미 보고서는 아난이 자신의 자문역인
브레이미(Lakhdar Brahimi, 前 알제리 외무장관)로 하여금 유엔PKO의
효율성 제고방안을 모색토록 의뢰한 데서 비롯됐다. 보고서의 3대 핵
심제안은 ▲분명하고 구체적인 임무 부여; ▲분쟁당사자들의 동의;
▲임무수행에 적합한 재원 공급이었다.17) 그 결과 △뉴욕 유엔본부의
PKO국이 오늘날과 같은 세밀한 조직도를 갖추게 되었다. 즉, 군사 및
경찰 자문, 경험의 분석 및 활용, 평화유지요원의 의무 및 기강 확립,
군축 · 동원해제 · 재통합 프로그램, 법치방안 개발 등을 심층적으로
또 전문적으로 다루게 되었다; △신규미션 착수를 위한 예산 및 이탈
리아 브린디시(Brindisi) 소재 유엔PKO국 관할 병참기지내 전략물품
구매예산 확보를 제도화했다; △유엔회원국과의 예비협정제도를 보
강, 긴급배치에 대비한 상설훈련을 강화했다. 작전개시 30-90일 사이
투입될 수 있는 특수군과 민간요원, 물품 및 장비 목록을 설정해 둔
다. 또한 제2세대 PKO가 '군사모델'을 넘어 '통합모델'을 취하는 만큼
미션 수행중인 모든 군, 경, 민 요원에 대한 통합훈련 체계 개발을
추구해 왔다.

나아가 2001년 9.11사태 이후 테러와의 전쟁 및 2003년 연합군의

---

16) Kofi A. Annan, "Two Concepts of Sovereignty," *The Economist*, 1999.9.19.

17) Report of the Panel on United Nations Peace Operations (UN Document A/
55/305-S/2000/809 (2000.8.21)

이라크 군사작전이라는 돌발변수의 충격 속에서 아난은 "보다 큰 자유"(In Larger Freedom) (2005) 제하의 보고서를 통해 "발전, 인권, 안보가 공히 글로벌 차원의 문제인 만큼 상호연관성에 초점을 맞추어야 한다"고 주장했다.[18] 여기서 그는 "분쟁이후 사회"가 다시 전쟁으로 회귀치 않도록 일종의 국제자문포럼인 '평화구축위원회'(Peacebuilding Commission) 설립을 제안했다. 2005년 World Summit에서 정상들이 이를 수용, 2006년 출범했다. 첫 1년간의 활동에 대한 보고서가 2007년 7월 나왔다. 본 위원회는 2007년 현재 15개 유엔안전보장이사회 이사국, 5대 유엔PKO파병국 및 5대 유엔PKO 재정분담국, 제2세대 유엔PKO 수혜경험국 등 31개국이 참여하고 있다. 이들은 향후 '분쟁이후 재건'에 관한 자문 및 통합 전략을 제안할 것이다.[19]

2007년 1월 1일 아난에 이어 제8대 유엔사무총장으로 취임한 반기문 前 한국외교통상부장관 역시 2007년 3월 유엔PKO 개혁안을 제시, 회원국의 승인을 득했다. 이의 요체는 △PKO국 구조개편; △사무차장을 수장으로 하는 별도 '현장지원국' 신설; △PKO국 재원증대; △임무 복합화 및 명령일원화를 위한 통합구조 확립 등이었다.[20]

---

[18] http://www.un.org/largerfreedom/summary.html (검색일: 2007.9.6)

[19] 상세한 것은 http://www.un.org/peace/peacebuilding/questions.htm (검색일: 2007. 6.8) 참조.

[20] Report of the Secretary-General on the Work of the Organization [UN document, A62/1] (UN, 2007년 9월)

III. 유엔PKO의 운용현황[21]

1. 규모와 분포

2007년 현재 유엔PKO는 4개 대륙, 18개 지역에서 수행되고 있다
〈표 1〉. 100,000명 이상의 유엔회원국 파견요원이 현지에서 이를 수행
하고 있는데 이중 군 및 군옵저버가 73,000명으로 절대다수를 이룬다.
이외에 경찰(9,500명), 국제민간요원(6,700), 현지 민간요원(12,400), 유
엔자원자(2,000)가 포함된다. 2008년 다르푸르내 AU(아프리카연합)-UN
혼성PKO 작전 요원까지 포함하면 한층 더 증대될 것이다.[22]

〈표 1〉 수행중인 18개 유엔PKO 미션 (2007.5 기준)[23]

시작년도	국가	미션명
1948	예루살렘	UNSTO (유엔정전감독기구)
1949	인도 · 파키스탄	UNMOGIP (유엔 인도 · 파키스탄 군옵저버그룹)
1964	키프로스	UNFICYP (유엔 사이프러스평화유지군)
1974	시리아	UNDOF (유엔철수감시군)
1978	레바논	UNIFIL (유엔레바논임시군)
1991	서부사하라	MINURSO (서부사하라 유엔선거단)
1993	그루지아	UNOMIG (유엔 그루지아옵저버미션)
1999	코소보	UNMIK (유엔 코소보임시정부)
1999	콩고민주공화국	MONUC (유엔 콩고민주공화국조직미션)
2000	에티오피아/에리트레아	UNMEE (유엔에티오피아-에리트레아단)
2002	아프가니스탄	UNAMA (유엔 아프가니스탄지원미션)

---

21) 주요 정보는 유엔 PKO부가 발간한 Fact Sheet와 위의 반기문 사무총장의 보
고서를 근거로 한다.
22) 그간 다르푸르내 평화유지군으로 AU회원국 군대만을 허용하던 수단정부가
2007년 6월 마침내 AU-UN 혼성군을 허용함에 따라 안보리는 26,000명 규모
(군병력 20,000; 경찰 6,000)의 별도 다르푸르 평화유지단을 구성, 7,000명의
AU평화유지군과 합동작전을 수행키로 결정한 것이다.

2003	라이베리아	UNMIL (유엔 라이베리아미션)
2004	코트디부아르	UNOCI (유엔 코트디부아르작전)
2004	아이티	MINUSTAH (유엔 아이티안정화미션)
2005	수단	UNMIS (유엔수단미션)
2006	시에라리온	UNIOSIL (유엔시에라리온 통합사무실)
2006	티모르-레스테	UNMIT (유엔 티모르-레스테(동티모르) 통합미션)
2007	부룬디	BINUB (유엔 부룬디통합사무소)

2007년 현재 수행중인 PKO의 주요특징을 정리하면 첫째, 18건 중 5건은 1948년 출범한 '유엔정전단' 등 냉전기 성립된 "제1세대 PKO"다. 중동 3건, 인디아-파키스탄, 사이프러스 등 긴장지역 완충지대 구축 및 군철수 확인 등을 임무로 한 군사형 모델이 그대로 잔존하고 있는 것이다. 더욱 안타까운 것은 2006년 7월, '유엔레바논임시군'(UNIFIL)이 창설 28년만에 다시금 이스라엘의 레바논 공격으로 인해 상황이 급격히 악화된 사실이다. 이에 대해 안보리는 즉각 평화유지군을 기존 2,000명에서 15,000명으로 상향조정했다. 2007년 10월 현재 UNIFIL병력은 한국을 포함 27개국 13,264명이다.[24] 이스라엘 건국 이후 중동지역이 냉전과 냉전종식이후를 가로지르며 대표적 분쟁지역 중 하나로 남아 있음을 실감할 수 있다.

둘째, 여타 13건은 비록 세부적으로는 각기 다양한 도전과 임무를 소지함에도 불구하고 공히 "제2세대 PKO"에 해당된다. 이중 다수, 즉 8건이 아프리카 대륙을 대상으로 하고 있다는 점이 인상적이다. 수행중인 제2세대 PKO 중 최근 국제적 관심을 받고 있는 몇몇 활동은 다음들이다: △수단: 2003년 반군과 정부군의 무력충돌로 희생자 20만명,

---

[23] *United Nations Peacekeeping Fact Sheet* (May, 2007) (http://www.un.org/Depts/dpko/factsheet.pdf).

[24] http://www.un.org/Depts/dpko/missions/unifil/background.html (검색일: 2007. 3.5)

난민 200만명을 낳았다. 2005년 어렵게 분쟁주체간 '평화합의문'이 체결됐지만 문제는 수단내 다르푸르(Darfur) 위기가 이웃 차드와 중앙아프리카공화국으로까지 확산되고 있는 점이다; △콩고민주공화국: 2006년 8월, 대선직후 이틀간 소요사태가 발생했지만, 유엔PKO와 EU의 신속한 군경 개입으로 안정화시켜 재선을 치를 수 있게 했다; △코소보: 세르비아내 분리주의를 꾀하여 온 코소보의 최종지위에 대해 유엔안보리 상임이사국들간 심각한 논쟁이 일고 있다. 특히 러시아가 코소보의 독립가능성을 원천 봉쇄하고자 하는 가운데, 2007년 3월 반기문 사무총장이 안보리에 제출한 해결안이 안보리 협의의 토대가 되고 있다. 이외에도 아직 안전과 치안, 선거과정과 법치 등에 초점을 두고 티모르-레스테, 아이티, 시에라리온, 라이베리아, 아프가니스탄 등지에서 유엔PKO가 진행되고 있는 것이다.

셋째, 유엔과 지역기구와의 협력이다. 유엔은 현재 수단내 다르푸르 분쟁은 AU, 콩고민주공화국 선거과정은 EU, 그리고 아프가니스탄과 코소보의 PKO는 NATO와의 긴밀한 공조 속에서 진행하고 있다.

넷째, 2006-2007년 1년간 85명의 유엔평화유지군이 콩고, 레바논, 수단 등지에서 임무 중 희생됐다. PKO요원의 안전관리는 유엔PKO의 중요한 도전 중 하나이다.

2. 유엔회원국의 지원양상

유엔PKO의 인적, 물적 지원은 유엔회원국에 의한 것이다. 첫째, 2007-08 회계연도 유엔PKO예산은 약 56억 달러이다. 회원국은 고유 분할방식에 의거, 각각의 PKO분담금을 납부하고 있다. 2007년 1월 기준 상위 10개국은 (i) 미국, (ii) 일본, (iii) 독일, (iv) 영국, (v) 프랑스, (vi) 이탈리아, (vii) 중국, (viii) 캐나다, (viiii) 스페인, 그리고 (x) 한국 순으로 나타났다 〈표 2, 표 3〉.

192개 회원국 모두 소정의 분할방식에 의거, 재정부담의 법적 책무를 소지하지만 2006년 1월 31일 기준, 약 26억 6천만 달러가 연체됐다.

〈표 2〉 주요국의 2007년도 유엔PKO 분담비율 및 분담금 (예상치)*25)

국명	2007년도 PKO분담률(%)	2007년 PKO분담금(달러)
미국	26.3497	13억
일본	16.624	8.3억
독일	8.5770	4.2억
영국	7.9552	3.9억
프랑스	7.5468	3.7억
이탈리아	5.0790	2.5억
중국	3.2530	1.6억
캐나다	2.9770	1.4억
스페인	2.9680	1.4억
대한민국	1.9557	0.9억
네덜란드	1.8730	0.9억
호주	1.7870	0.9억

* 2007년도 PKO분담금을 50억불 수준으로 산정

둘째, '블루헬멧'을 쓰는 평화유지군의 경우 2006-07년 110개 유엔회원국이 파병했다. 상위 10개국 대부분이 PKO재정분담 순위와 대조적이다. 즉, 이탈리아와 프랑스를 제외하면 소위 '남'(南)의 개도국으로서 다분히 '북'(北)의 선진국과 불균형 양태를 보이고 있다: (i) 파키스탄; (ii) 방글라데시; (iii) 인도; (iv) 네팔; (v) 요르단; (vi) 가나; (vii) 우루과이; (viii) 이탈리아; (viiii) 나이지리아; (x) 프랑스 순이다 〈표 4〉. 상위 3개국(파키스탄, 방글라데시, 인도)이 전체 유엔평화유지군의 40% 이상을 차지하고 있는 반면 유럽국가 비중은 6%정도로 미미하다.

25) http://www.mofat.go.kr/index.jsp (검색일: 2007.5.2)

<표 3> 유엔 PKO 병력지원 상위 20국 (2007.5.31)[26]

국명	파견규모
파키스탄	10,173
방글라데시	9,675
인도	9,471
네팔	3,626
요르단	3,564
가나	2,907
우루과이	2,583
이탈리아	2,539
나이지리아	2,465
프랑스	1,975
세네갈	1,916
에티오피아	1,830
중국	1,809
모로코	1,550
베냉	1,342
브라질	1,277
남아프리카	1,188
스페인	1,164
케냐	1,077
나이지리아	1,063

3. 유엔 행위자별 권한과 의무

유엔PKO 미션은 안보리가 그 출범, 임무, 종결을 결정하지만 유엔 총회의 재정분담비율 확정, 그리고 회원국과 유엔사무국(PKO국)의 실 행으로서 현실화된다.

첫째, 유엔은 PKO에 관한 모든 결정, 즉 신규 파견단 발족, 기존 임무의 변경 및 강화, 종결 등을 유엔헌장상 "국제 평화와 안보유지 의 책임"을 진 유엔안전보장이사회에 일임하고 있다. 안보리 15개국 은 ▲미국, 영국, 프랑스, 러시아, 중국의 5개 상임이사국과 ▲매2년 마다 총회가 지리를 고려하여 선출하는 10개 비상임이사국으로 구성

---

[26] *United Nations Peacekeeping Fact Sheet* (May 2007)

된다. PKO관련 사항은 이사국의 2/3인 9개국의 찬성을 얻어야 한다. 단, 5개 상임이사국 중 어떤 나라도 거부권을 행사하지 않아야 한다. 즉, 이들 5개국이 반드시 찬성하거나 최소한 기권을 해야만 한다. 5개 상임이사국은 제2차 세계대전 전승국으로서 1971년 중국의 유엔가입으로 대만의 의석을 중국이, 그리고 1991년 소련붕괴로 소련의 의석을 러시아가 각각 이어 받아 오늘에 이른다.

둘째, 안보리가 내린 결정은 유엔기제 중 사무국내 'PKO국'이 유엔 사무총장을 대신하여 집행하며 사무총장은 PKO 진척 상황을 안보리

〈그림 1〉 유엔 사무국 PKO국 조직도[27]

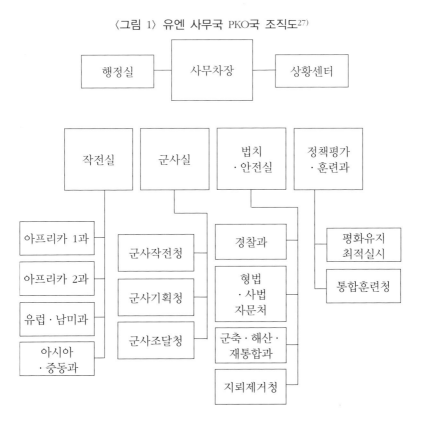

27) http://www.un.org (검색일: 2007.2.1)

에 보고한다. 개별 파견단은 대부분 사무총장이 '총장특별대리인'을 임명, 지휘토록 한다. PKO국은 앞서 언급하였듯 냉전종식 직후 제2세대 PKO 요구의 급증에 부응하기 위해 1992년 사무국내 사무차장을 부서장으로 하여 신설한 부서다. PKO국은 파견단 계도 및 관리 외에도 사무총장을 대상으로 PKO 정책 및 절차에 관한 결정, 신규 파견단 설립, 기존 파견단 관리 등에 관해 조언한다. PKO국은 창설 이후 수요에 부응하기 위해 지속적으로 인력 및 업무체계를 보완, 강화하여 왔다(그림 1). 2006년 한해만 하더라도 PKO국은 △100여 파병국들과의 협상, △약 80만 승객 및 16만 화물의 공수; △200여 현지 병원 및 보건소 운영 등의 업무를 수행했다.

셋째, 유엔총회는 회원국의 경제수준에 맞추어 PKO분담 비율을 확정하고 있다. 넷째, 유엔PKO에 참여하는 회원국의 군이 유엔평화유지군이며, 유엔과 회원국간의 협상에 근거한다. 유엔 지휘하 주어진 PKO임무를 수행하지만 자국군의 지위를 유지한다. 즉, 급여, 배치기간 및 개인 문제 등이 모두 파병국 소관이다. 다만 유엔은 "파병국"에 대해 총회에서 정한 기준에 의거 보상한다. 2007년 현재 유엔이 사용하는 보상기준은 병사 1인당 월 급여 및 수당 1,028달러, 제복 및 소지품 68달러, 그리고 개인소장 무기 5달러다.[28] 개도국 파병이 높은 원인 중에는 유엔의 보상액이 병사의 월급을 상회하기 때문이라는 주장도 종종 피력된다.

IV. 주요 강대국의 유엔PKO 정치

제2세대 유엔PKO는 통합적 성격의 임무로 인해 산적한 도전과 과

---

[28] 단, 고급장교, 고문장교, 군옵저버, 경찰은 유엔직 중 '전문가 파견'항목에 해당되며, 유엔이 직접 고용한다.

제를 안고 있다. 기술차원의 문제는 보다 심층적으로 분석해 보면 소위 강대국의 유엔PKO 정치와 불가분의 관계에 있다. 이하에서는 현재 특별히 유엔PKO의 향방에 영향을 미치고 있다고 여겨지는 미국, 러시아, 중국, 그리고 일본과 독일의 유엔PKO에 대한 입장 및 지원형태, 그리고 한계를 비교, 분석해 보고자 한다.

1. 미국

제1세대 PKO는 주로 중립국이 주도해 나갔기 때문에 냉전종식 직후 미국은 여타 강대국들과 마찬가지로 유엔PKO에 관한 특별한 입장을 갖지 못했다. 미국 학계와 정계에서는 여러 의견이 나왔다. 극단적으로는 소련이 붕괴되었기 때문에 더 이상 글로벌 이해를 추구할 필요가 없다는 주장도 나왔다.[29] 결과적으로 '글로벌 개입파'와 '제한적 개입파'로 논거가 압축되었다. 전자의 논거로는 미국의 리더십, 무기확산 저지, 지역분쟁 봉쇄, 지역 호전국 제지, 국제규범 강화, 민주정부 확장, 미국과 잠재적 적국과의 다자협력 참가를 통한 교역 및 고용 증대, 장기적 분쟁비용 관리 등이 대두됐다.[30] 반면 후자의 논거로는 도덕적으로 어느 편이 옳다는 것은 주관적이며 또한 PKO를 요하는 지역이 대부분 제3세계인데 이는 미국의 안보적, 경제적 국익에도 그리 긴요한 국가들이 아니라는 데 근거했다.[31] 당시 부시(41대

---

[29] 예컨대, Eugene Gholz et. al, "Come Home, America: The Strategy of Restraint in the Face of Temptation," *International Security* 21 (Spring 1997), pp.5~48.

[30] Edward C. Luck, "The Case for Engagement: American Interests in UN Peace Operations," in Donald Daniel & Bradd Hayes eds., *Beyond Traditional Peacekeeping* (New York: St. Martin's Press, 1995), pp.76~9.

[31] Christopher Lane, "Minding Our Own Business: The Case for American Non-Participation in International Peacekeeping Operations," in Daniel and Hays eds. (1995), p.87; Eric A. Nordlinger, *Isolationism Reconfigured: American Foreign Policy for a New Century* (Princeton University Press, 1995).

대통령. H.W.) 행정부는 미국 고유의 군사력을 필요로 하는 경우에 한하여 유엔PKO에 참여한다는 방침하 선별적으로 유엔 PKO에 참여하기 시작했다.

이후 미국정부 특히 군부는 유엔이 고도의 관료화된 기구로서 군사작전에 적합하지 않다는 인식을 갖게 되었다. 또한 1992-3년 소말리아 개입결과 미군 유해에 대한 잔인한 보복공개 등 "非이해지역"내 "무정부상태" 혹은 "非민주정권"내 인도주의 개입에 대한 두려움을 갖게 되었다.[32] 즉, 미국 전투군에게 휴전협정 감독, 완충지대 순시, 혹은 인도주의적 지원을 맡기는 일은 전투승리를 목적으로 하는 군 본연의 임무와 전적으로 무관하거나 배치되는 일이라는 견해가 지배적이었다.[33] 따라서 1990년대 초 H.W.부시행정부 이후 유엔PKO 참여가 증대되지 않았다. 특히 2001년 부시(43대 대통령) 행정부 출범 이후 미국은 새로 출범하는 유엔PKO에 참가하지 않았다. W.부시 대통령은 오히려 2001년 3월 취임 후 첫 외교조치로 1995년 출범한 유엔 보스니아-헤르제고비나미션(UNMIBH) 참가병력을 대폭 감축했다. 나아가 미국의 평화유지요원이 2002년 안보리 승인하 탄생한 '국제형사재판소'(ICC,

---

[32] 1992년 12월 미국은 소말리아내 난민식료품 수송을 위해 28,000병력을 파병하였다. 반군의 능력을 과소평가하는 한편, 미국의 인기가 높다고 오판한 것이다. 당시 미의회내 양당 모두, 그리고 대통령 당선자였던 클린턴도 소말리아 작전을 지지했었다. 그러나 1993년 10월, 18명의 미군이 살해되고 텔레비전에 보도되면서 미국은 철수했다. 그 여파 속 클린턴 행정부는 1994년 르완다 개입을 거부했다. 유엔 PKO라기 보다는 미국의 인도주의 개입차원에서 클린턴 행정부의 적극성과 후임 부시(제43대)행정부의 소극성을 대조한 글로는 Michael C. Desch, "Liberals, Neocons, and Realcons," *Orbis* (Fall 2001), pp.519~533; 미국의 인도주의 개입이 지역적으로 제한되어야 하며 방법적으로 구난활동에 국한되어야 한다는 견해는 James Kurth, "Lessons from the Past Decade," *Orbis* (Fall 2001), pp.569~578 참조.

[33] Sam C. Sarkesian, "The Price Piad by the Military," *Orbis* (Fall 2001), pp. 557~568. 물론 이에 대해 유엔 PKO가 저강도 전투상황과 유사, 훈련 차원에서 바람직하는 견해도 없지는 않다.

International Criminal Court)로부터 면책권을 받지 않는다면, 향후 유엔 PKO에 참여하기 어렵다는 입장을 보이기도 했다.³⁴⁾ 이 입장을 철수하기는 했지만 이는 현재 및 향후 미국의 유엔PKO참여를 위축시키는 한 요인이 될 것이다. 설상가상 2001년 9.11테러 이후 미군이 아프가니스탄, 이라크 등지 "테러리즘과의 전쟁"에 매진하면서 미국의 유엔주도 PKO에 대한 관심은 더욱 줄어들었다.³⁵⁾ 2007년 현재 미국은 8건의 유엔PKO에 참여하고 있지만 파병순위 20위권에 들지 않는다.³⁶⁾

미국은 "유엔주도"보다는 주로 미국주도 다국적군 형태의 "유엔위임" 공동작전을 선호하여 왔다. 예컨대 클린턴 행정부하 미국은 NATO의 일원으로 보스니아 안정화군(SFOR) 3000명, 코소보군(KFOR) 4800명, 코소보군 지원 목적하 마케도니아 파병(1309)이 그 예이다. 이외에도 1990년대 초 아이티 그리고 2001년 아프가니스탄전이 각각 '미주기구'(OAS)와 NATO주도로 이루어졌고 미국이 이에 주도적 역할을 수행했다. 1999년 코소보 공습과 2003년 이라크전은 각각 NATO와 "자발적 국가연합"에 의한 것이지만 안보리의 합의를 이끌기 어렵다는 판단하 유엔의 분명한 위임없이 미국 주도하 진행되었다.³⁷⁾

---

³⁴⁾ 헤이그 소재 국제범죄재판소는 2002년 7월 1일 탄생했다. "이날 이후" 발생한 대량학살, 인본성에 대한 범죄, 전범, 그리고 침범 등에 대한 처벌을 위한 상설재판소이다. 2007년 11월 기준 105개국이 회원국이다. 미국, 인도, 중국 등이 아직 참여하지 않고 있다. 현재까지 4개 지역(북우간다, 콩고민주공화국, 중앙아프리카공화국, 다루프)을 대상으로 9건의 영장이 발부되었고 2명이 재판을 기다리고 있다.

³⁵⁾ David S. Sorenson, "The United States," in Sorenson & Wood (2005), pp.114~139; Edward M., "US Peace Operations: The Transition Continues," Rachel E. Utley ed., *Major Powers and Peacekeeping: Perspectives, Priorities and the Challenges of Military Intervention* (Ashgate, 2006), pp.16~25.

³⁶⁾ 2007년 현재 미군이 참가하는 8개 유엔 PKO 미션은 라이베리아, 콩고민주공화국, 수단, 에티오피아-에리트리아, 하이티, 티모르-레스트, 중동 유엔정전감시단, 코소보이다 (http://www.state) (검색일: 2007.5.11).

³⁷⁾ 코소보 공습의 정당화에 관한 학자들간 집중적 토의는 *The American Journal of International Law* 93-4 (1999), pp.824~860을 참조. "Editorial Comments:

그럼에도 불구하고 분명한 사실은 미국은 세계 제1위 유엔PKO "재정지원국"이라는 점이다. 또한 미국은 유엔PKO내 미군의 직접적 참여를 줄이는 대신 여타의 지원방안을 강구하여 왔다: △평시 외국군 대상의 훈련실시(예: 2000년 이후 나이지리아, 가나 등 '서부사하라경제공동체' 회원국들에 대한 PKO 훈련); △지뢰제거, 휴전감독 등 PKO업무일부를 정규군 이외의 요원에게 일임; △민간업체와의 계약을 통한 민간경찰력 제공; △미군에 의한 유엔 PKO요원 수송(예: 동티모르) 및 억제력 시위 등이다. 요컨대, 미국은 유일 초강대국으로서 자국의 첨단 군사력 일부를 유엔명령에 직접 맡기는 대신 유엔PKO에 대한 여타의 지원강화 방안을 실천하고 있는 것이다.

2. 러시아

1980년대 말, 소련 붕괴직전 고르바초프 대통령은 소련의 약화에도 불구하고 냉전의 한 축으로서 국제적 영향력 유지를 위해 PKO의 정당성을 공식적으로 인정했다. 동시에 소련은 1991년 4월 유엔 이라크-쿠웨이트 관찰단(UNIKOM), 9월 서부사하라 유엔선거단(MINURSO) 등 몇몇 유엔PKO미션에 직접 참가했었다.

1991년 12월 소련붕괴후 새로 탄생한 러시아 역시 1990년대 발칸(UNPROFOR), 캄보디아(UNAMIC), 모잠비크(UNCTAD) 등 유엔PKO에 참가하였다. 1993년 발표한 「러시아군사독트린」은 "유엔안보리의 필요성 혹은 국제적 상황에 부합하여 PKO 목적의 특수군을 준비할 필요가 있다"고 갈파했다.[38] 러시아는 이후의 모든 외교 및 안보 문건, 그리고 대통령 등 위정자의 주요연설에서 국제 평화와 안보의 센터가 바로 유엔과 유엔안전보장이사회임을 강조해 왔다. 즉, 약화된 국제무

NATO's Kosovo Intervention: Kosovo and the Law of Humanitarian Intervention."
[38] 「러시아군사독트린」 (1993) (*Nezavisimaya gazeta*, 2000.4.22).

대에서의 영향력을 자국의 안보리 상임이사국 지위에서 찾고자 하는 노력이 역력했다. 1990년대 발칸위기시 러시아는 공수작전요원 5,000명 이상을 보스니아(실천군/안정화군)와 코소보에 파견하였다. 또한 러시아는 '독립국가연합'(CIS)내 PKO를 주도하면서 이것이 유엔의 기준과 절차를 준거로 한다고 주장해 왔다. 2000년 집권한 푸틴 대통령 역시 PKO 및 위기관리 부문이 NATO-러시아간 화해의 주요 부문 중 하나라고 강조하여 왔다. 러시아는 2003년 보스니아-헤르제고비나 최초의 EU 경찰미션에도 상징적으로 31명을 파견하기도 했다.[39]

그럼에도 불구하고 현실적으로 러시아와 서방은 "발칸"과 "CIS" 경험을 통해 오히려 양측의 PKO협력이 생각만큼 쉽지 않다는 인식을 갖게 됐다. 첫째, 발칸 PKO 경험은 양측 모두에게 오히려 언어 및 작전방식의 차이, 기술격차, 문화차이 등을 보여주는 기회가 되었다. 러시아와 서방간의 정치적 불신도 이를 악화시키는 데에 기여했다. 예컨대 2004년 NATO의 발트국가 영입으로 러시아군내 서방이 여전히 자국의 잠재적 적성국이라는 인식이 강화되었다. 그런가하면 서방은 러시아군이 무기 및 밀수품을 크로아티아와 보스니아-헤르제고비나 친러 세르비아인 집단거주지로 전달하는 채널이라며 의혹을 제기했다.[40] 결국 2003년 7월 러시아는 발칸내 러시아 평화유지군을 모두 철수했다. 그 이유를 러시아 두마 국방위원장 자바르진(Victor Zavarzin)은 "NATO 당국이 코소보 활동을 러시아-NATO 공동의 임무로 간주하지 않기 때문"이라고 했다. 즉, 정책결정과정에서 러시아가 배제되었다는 것이다.[41] 보스니아-헤르제고비나 320명, 코소보에서 650명이 각

---

[39] Isabelle Facon, "Integration or Retrenchment? Russian Approaches to Peacekeeping," in Utley (2006), p.39.

[40] W. J. Durch, "US-Russian Cooperation in Peace Operation: Lessons an Prospects," in S. Oznobishchev and J. H. Brusstar eds., *US-Russia Partnership: Meeting the New Millenium* (National Defense University, 1999).

[41] Facon (2006), pp.41~42.

각 6월과 7월 철수했다.[42]

둘째, 소련붕괴 이후 CIS내 "러시아 주도" PKO를 두고 러시아와 서방간 인식 간극이 점점 확대되고 있다. 2007년 현재 CIS내 러시아 주도 PKO 요원은 몰도바 분리지역(트랜스드니스트리아) 500명 병력과 1개 소총대대, 그루지아 분리지역인 남 오세티아 530명, 그리고 그루지아내 또 다른 분리지역 압하지아 소재 1,600명이다.[43] 물론 많은 서방 전문가와 정책가들은 1990년대 초 급작스런 소련붕괴로 CIS내 다수 분쟁이 분출했고 이에 따라 러시아가 불가피 PKO를 수행하게 된 점을 인정한다. 그럼에도 불구하고 서방은 새 러시아 탄생 이후 지난 15년여(1992-2007) 러시아의 CIS내 PKO에 대해 △유엔 지침과 달리 정치적 해결책을 뒤로한 PKO의 출범, △평화유지군의 공정성 및 중립성 원칙 결여, △유엔 위임 부재 등의 차원에서 유감을 피력하고 있다. 이들은 그 주요 원인을 1990년대 초 러시아군 자체가 독트린으로나 훈련 및 기강으로나 불안정한 상태의 소련군에 불과했다는 데에서 찾고 있다.[44]

서방은 푸틴 대통령 집권 이후 러시아 국방예산이 증대된 것은 사

---

[42] Interfax (2003.6.15; 2003.7.30). 유엔 PKO기제에 대한 러시아측 불만은 V. Zaemsky, "Mechanism of UN Peacekeeping," *International Affairs* 50-5 (2004), pp.55~64 참조.

[43] 1990년대 초 전환기 러시아의 CIS 평화유지 배경은 Kevin P. O'Prey, "Keeping Peace in the Borderlands of Russia," in William J. Durch ed., *Peacekeeping, American Policy, and the Uncivil Wars of the 1990s* (New York: St. Martin Press, 1996), pp.409~465 참조. 저자는 러시아의 CIS내 독점적 평화유지활동이 이상적이지도 않고 문제도 크지만, 주어진 상황하 최선책이라 평가하고 있다.

[44] 유엔안보리는 압하지아의 요구에 의해 마지못해 1994년 7월 승인하였으나 "블루헬멧"지위와 재정지원은 부여하지 않았다. 유엔은 재정도 어려웠지만 러시아의 특별한 혹은 주도적 역할에 대해 마땅치 않았던 것이다. 다만 차선책으로 유엔은 타지키스탄과 압하지아에 감독목적의 옵저버를 파견하였었다. O'Prey (1996), p.417.

실이나 전문성, 기술, 공정성 등의 측면에서 볼 때 아직 러시아군이 서방군과 나란히 제2세대 유엔 PKO에 기여할 능력을 갖추었다고 보지 않는다. PKO분담금 측면에서도 러시아는 제12위에 머물러 있다.

3. 중국

중국은 1971년 10월 이전, 즉 유엔가입 및 유엔안전보장이사회 상임이사국 지위 확보 이전에는 1950년대 초 있었던 한국전쟁 참전경험을 토대로 유엔을 미국의 헤게모니를 위한 도구에 불과하다고 비난해 왔다.[45] 예컨대, 1965년 인민일보 사설은 유엔을 "소수의 강대국이 장악한 더러운 국제적 정치 거래장"이라 비난했으며 나아가 유엔의 'PKO특별위원회'를 "세계인민의 혁명적 투쟁을 억압하려는 미국주도 국제헌병본부 구축을 시도하는 기제"로 폄하했다.[46] 중국은 "특정국가의 영토전일성 혹은 정치적 독립성에 대한 위협 혹은 무력사용을 하지 않아야 한다"는 유엔헌장 제1장 제2조(4항)를 근거로 주권국가 국내문제에 대한 개입은 국제적 범죄라며 중국은 그럴 준비가 되어 있지 않다는 원칙론을 펼쳐 왔다.

그렇지만 정작 1971년 유엔총회 결의문 제2758호에 의거 중국(중국인민공화국)이 대만을 대신하여 중국의 대표정부로 유엔가입을 인정받고, 안보리 상임이사국 지위까지 오른 이후 PKO에 대한 거부권 행사는 단 5건에 불과할 정도로 자제하여 왔다.[47] 중국은 거부권 대신

---

45) 유엔창설 이후 미국은 소련이외에 또 다른 공산국가 중국의 상임이사국 지위확보 가능성을 차단하려 하였다. 중국 배제에 대한 저항으로 소련 대표가 1950년 1월부터 8월까지 유엔 참여를 거부했다. 소련의 불참, 즉, 거부권 행사가 없는 상황에서 유엔군의 한국적 개입이 안보리를 통과할 수 있었던 것이다.

46) R. Foot, *The Practice of Power* (Oxford: Oxford University Press, 1995), p.239 재인용.

47) 총5건의 중국의 거부권행사는 1972년 방글라데시의 유엔가입건 (파키스탄

기권 방식으로 사실상 PKO결의를 가능케 했다. 예컨대, 1990-91년 미국주도 다국적군의 걸프전을 승인한 안보리 결의안 제678호는 중국의 PKO에 대한 기본적 입장을 시험할 수 있는 중대한 계기였다. 본 결의안은 "미국주도 다국적군"에게 "필요한 모든 방법"을 동원하여 무조건적으로 이라크를 쿠웨이트로부터 철수시킴으로써 지역 평화와 안전을 부활시키라는 임무를 부여하고 있었다. 중국은 특유의 "기권"방식을 선택함으로써 결의안을 통과시켰다. 당시 중국의 유엔대사는 기권의 변을 중국은 군사력 사용에 대해 반대하지만 동시에 "이라크의 쿠웨이트 무력병합에 대해서는 비판적"이란 말로 표출했다.[48]

뿐만 아니라 중국은 1990년 최초로 5명의 군옵저버를 중동지역 유엔정전감독기구(UNTSO)에 파견했으며, 이후 2007년 현재까지 13건의 유엔PKO 미션에 3,362명의 병력을 파견했다. 1999년에는 동티모르에 경찰을 파견, 유엔경찰의 의무를 수행케 했으며, 콩고민주공화국에도 비전투군을 파병했다.[49] 2000년대 들어서는 콩고민주공화국을 위시, 라이베리아, 수단 등 아프리카 진출이 크게 눈에 뜨인다. 2007년 현재 파병순위는 세계 제13위이다. 최근 중국의 다르푸르 특사는 AU(아프리카연합) 이외의 평화유지군 접수를 거부해오던 수단이 "AU-UN 혼성군" 승인조약을 체결할 수 있었던 데에는 중국의 노력이 결정적이었다며 자부심을 피력하였다.

이처럼 제3세계내 중국의 적극적 PKO 진출은 중국군의 국제화라는 측면에서 긍정적일 수 있다. 그러나 점차 서방 및 국제인권기구들은

고려); 1973년 욤키푸르전 휴전 결의 (소련과 공동거부); 1997년 과테말라 휴전감독 (대만의 정통성 인정에 대한 반격); 1999년 마케도니아 공화국 관찰단 연장 (러시아와 공동거부); 2007년 미얀마 인권비난 (러시아와 공동거부)에 관한 것이었다.

[48] Gary D. Rawnsley, "May You Live in Interesting Times: China, Japan and Peacekeeping" in Utley (2006) 참조.

[49] http://en.wikipedia.org/wiki/China_and_the_United_Nations. 보다 상세한 것은 중국 외무부 홈페이지 참조 (http://www.fmprc.gov.cn/eng).

아시아, 아프리카내 제2세대 PKO에 대한 중국의 기여의도 및 효율성을 의심하기 시작했다. 첫째, 수단정부와의 관계를 중시하는 중국은 그간 다르푸르내 "학살"을 우려하는 미국의 제재안을 거부해 왔다. 인권단체들은 중국이 수단과의 관계에서 석유수입(수단 석유수출의 2/3 차지) 및 무기수출이라는 경제적 이익에 눈이 어둡다는 비난을 아끼지 않고 있다.[50] 둘째, 전문성과 정치성 측면에서 중국이 선거, 인권, 민주주의 등 분쟁이후 국가지원의 영역에서 서구와의 이견없이 효율적인 PKO관리에 이바지할 수 있는 가이다. 중국은 2006년 강화된 레바논 UNIFIL에도 현재 1,000명의 병력과 200명의 기술자를 파견하고 있다.

요컨대, 1971년 이전 냉소적이던 중국의 유엔 및 유엔 PKO에 대한 인식이 적어도 전술적으로 변화하고 있는 것이다. 중국의 유엔PKO 재정기여도는 러시아(13위)보다 높은 제7위이다.

4. 일본 · 독일

일본과 독일은 냉전종식이후 조심스럽게 그러나 적극적으로 유엔 PKO에 관심을 보이고 있다.[51] 양국의 공통점은 첫째, 유엔 5개 상임이사국과 대칭적 지위인 패전국으로서 유엔헌장의 소위 적국조항에 의해 규제받고 있다. 유엔헌장 제53조와 제107조 '舊적국조항'에 따르면, 이들 국가가 침략전쟁으로 간주되는 행동을 할 때는 유엔이 적절한 행동을 취할 때까지 예외적으로 연합국이었던 유엔회원국이 공격 강화를 막기 위해 "안보리 결의없이" 공격할 수 있다(제53조). 또한 이들이 전후 연합국들과 체결한 각종 합의문들은 유엔헌장과 무관히

---

50) http://www.globalsecurity.org/military/library/news/2007/07/mil-070705-voa03.htm.

51) 상세한 것은 일본, 독일 외무부 홈페이지 참조. http://mofa.go.jp; http://www.auswaertiges-amt.de/diplo/en/Startseite.html.

이행되어야만 한다(제107조).

둘째, 일본과 독일은 전후 채택한 국가헌법에 따라 원칙적으로 군사력 증강 및 파병을 금한다. 1947년 채택한 일본헌법 제9조(일명 "평화조항")는 무력의 사용 혹은 위협을 국가의 정책수단으로 사용할 수 없게 하였다. 1954년 자위대가 탄생되었지만 파병은 금지되었다. 1956년 유엔 가입을 계기로 국제 사회에 대한 기여의 기회가 왔지만, 적어도 무력사용에 대한 대내외 거부감으로 인해 PKO 참여 결정이 쉽지 않았다. 예컨대, 1958년 당시 유엔사무총장이던 함마슐트 방일시 '유엔 레바논옵저버그룹'(UNOGIL)에의 참여를 요청받았지만 일본은 이를 거절했다.52) 독일의 경우 1949년 채택한 기본법(헌법)에는 군창설에 관한 규정이 없다.53) 다만 1950년 한국전쟁 발발의 여파로 미국이 서유럽 방위능력 제고를 위해 "NATO통합" 및 "50만 이내"라는 규제하 재무장을 허용하는 정도였다. 또한 1982년 연방정부 안보회의는 독일군의 "NATO 이외지역" 배치는 기본법에 의해 금지되어 있다는 법적 의견을 내놓았다.

셋째, 일본과 독일은 이 같은 군비제한을 중대 배경으로 전후 패전국이었음에도 불구하고 공히 기적적 경제강국이 되었다. 이에 따라 대내외적으로 경제력에 부합되는 국제 평화 및 안보 의무를 져야한다는 논고가 일었다. 특히 걸프전(1990-91) 직후 일본과 독일에 대한 국제적 비난은 양국 모두에게 사고의 전환을 가져오는 계기가 되었다. 일본은 정부와 의회의 줄다리기 끝에 결국 지뢰제거단을 파견키로 결정했지만 정작 이들이 중동에 도착했을 때는 이미 전쟁이 끝나 있었다. 일본인들이 별도의 세금추징을 통해 130억 달러라는 적지 않은 기부금을 연합군에 제공했음에도 불구하고 국제여론은 일본에 대해

---

52) L.W. Heinrich et. al. *United Nations Peace-keeping Operations: A Guide to Japanese Policies* (Tokyo: UN University Press, 1999), p.9.

53) T. Stein, "Germany's Constitution and Participation in International Peacekeeping Operation," *Asia-Pacific Review* 7-2 (2000), pp.33~40; p.34.

매우 비판적이었다.[54] 그 결과 일본내 PKO목적의 자위대 파견 지지율이 걸프전 이전 22%에서 68%로 증대되었다.[55] 일본 의회는 마침내 1992년 6월 '유엔PKO 및 기타 기구와의 협력에 관한 법'을 통과시켰다.

독일 역시 기존의 법해석에 따라 군사지원 대신 재정지원을 택했지만 대내외 회의론에 직면하여야 했다. 1991년 1월 의회연설에서 콜(Helmut Kohl) 총리는 평화, 자유, 정의로운 세계를 위해서는 독일의 기여가 필요하다고 강조했다. 이듬해 국방장관(Volker Ruie)은 독일군의 국제화를 위해서라도 다국적군과의 협력경험이 필요하다고 피력했다.[56] 국내 여론의 양극화는 마침내 헌법재판소의 판결로 이어진 바, 마침내 1994년 7월 독일 헌법재판소가 "의회의 사전승인" 및 "집단안보체제 하"라는 조건하, 독일군 일부가 "非NATO 지역 군사작전"에도 참가할 수 있다고 결론지었다.[57]

넷째, 제1차 걸프전을 계기로 일본과 독일은 공히 유엔PKO내 자신들의 군사 및 제반 역량을 발휘하기 시작했다. 물론 상기 1992년 6월 일본의회가 채택한 '유엔PKO 및 기타 기구와의 협력에 관한 법'은 다음과 같은 조건을 부과한 것이었다. 즉 △중립성 위협하는 군사분쟁 회피, △휴전 이후 참가, △분쟁당사자의 동의, △자위 수단으로서의 무기사용, △상황악화시 철수이다. 그럼에도 불구하고 일본은 이를 근거로 유엔PKO에 참가할 수 있었다. 즉, 1993년 최초로 캄보디아에 자위대를 포함 약 20,000명(군옵저버, 경찰, 기술자)을 파견, 유엔 캄보디아미션(1992-93)을 주도해 나갔다. 일본 안팎에서 "일본의 지원이 없었다면 유엔의 캄보디아 정책은 아마도 불가능했을 것"이라는 논평

---

54) 당시 전체 유엔 PKO예산이 연30억 달러에 불과했다.

55) Gary D. Rawnsley (2006), p.91.

56) J.S. Lantis, *Strategic Dilemmas and the Evolution of German Foreign Policy since Unification* (Westport: Praeger, 2002), p.55.

57) Rachel E. Utley, "A Means to Wider Ends? France, Germany and Peacekeeping," in Utley (2006), p.71.

이 돌았다.[58] 또한 일본의 모잠비크 PKO 참여(1993-95)는 자위대 최초의 "非아시아" 지역 활동이란 점에서 주목을 받았다. 나아가 최근 몇 년 일본 자위대는 마치 유엔의 PKO 수요 분출에 부합이라도 하듯 기존 방위태세로부터 원격능력 확보를 꾀하고 있다. 특히 2001년 12월 일본의회는 자위대가 방위뿐 아니라 외국군과 난민 등 민간인 보호를 위해서도 무기를 사용할 수 있다는 법을 통과시켰다.[59] 요컨대, 일본사회내 9.11사건 이후 국제 테러리즘과의 전쟁이라는 새로운 국제질서하 유엔PKO를 포함 일본의 국제적 역할이 강조되고 있는 것이다.

독일도 1994년 헌법재판소의 PKO에 대한 우호적 판결에 힘을 받게 되었다. 특히 독일의 '이해지역'에 속한다 할 발칸지역 전쟁을 계기로 유엔PKO 및 NATO차원의 국제적 군사작전에 참가하게 되었다. 2007년 현재 독일이 참여하는 유엔 PKO는 레바논과 그루지아의 평화유지군, 그리고 에티오피아-에리트리아 군참관단이다. 이외에도 약 100명의 민간전문가들이 다수 유엔PKO내 사법, 기술, 의료 지원에 참가하고 있다. 독일의 유엔PKO 참가 특징은 첫째, 적어도 현재까지 발칸 이외지역 유엔PKO를 당연시하는 분위기는 아니라는 점이다. 예컨대 콩고민주공화국 PKO에 단지 7명만을 파견했다.[60] 둘째, 1990년대 독일은 유엔 그 자체의 활동보다는 유엔의 위임을 받은 'NATO'의 평화작전에 절대적으로 공헌했다. 발칸내 안정화군, 코소보군, 그리고 아프가니스탄전 이후 국제안전지원군 등이다. 2007년 현재 38개국 약 40,000명으로 구성된 아프가니스탄 국제안전지원군 중 독일은 미국(15,000)에 이어 두 번째로 많은 3,100명을 파병했다. 다만 2006년 강화된 현재 레바논 UNIFIL은 또 하나의 주요 이정표가 될 것이다. 즉,

---

58) R. Dore, Japan, *Internationalism and the UN* (London: Routledge, 1997), p.112.
59) *Japan Times*, 2001.12.20.
60) Utley (2006), p.75.

독일이 NATO 주도 다국적군이 아닌 유엔평화유지군의 일환으로 레바논 미션에 이탈리아(2,500명)에 이어 제2위로 많은 2,400명을 파병한 것이다. 특히 2006년 10월 이후 독일 해군 주도하 유엔군이 레바논 해군과 함께 해상안전을 도모하고 있다.[61] 요컨대, 제2차 세계대전의 유산이 있기는 하나 1991년 걸프전시 논쟁과 비교해 보면, 2007년 일본과 독일의 국제평화에 대한 의지 및 능력은 괄목하게 변화했다.[62] 즉, 일본과 독일이 과거처럼 군사안보 부문에서 소극적인 자세만을 고집하지 않게 된 것이다.

다섯째, 일본과 독일이 제2세대 유엔PKO를 통해 자신들의 평화적 이미지를 부각시켜 국제적 영향력 및 유엔안전보장이사회 상임이사국 지위확보를 목표로 하고 있다는 점이다.[63] 양국은 실제로 유엔분담금과 PKO분담금 모두 미국에 이어 2위(일본)와 3위(독일)를 차지해 왔으며 마침내 2005년 인도 및 브라질과 함께 4개국 공동의 안보리개혁안("G4안")을 내놓은 바 있다. 나아가 제7대 유엔사무총장 코피 아난은 In Larger Freedom(2005) 보고서에서 유엔헌장내 소위 적국(敵國)조항을 삭제하여야 한다고 말하기도 했다.[64] 그렇지만 역사적 유산, 즉, 일본과 독일의 적극적인 유엔PKO참가가 향후 이들 나라의 또 다른 군사 우선주의의 전초가 되는 것은 아닌지 우려의 입장도 없지 않다. 특히 지역다자주의 제도 공고화를 달성치 못한 동아시아에서 일본에 대한 입장이 그렇다. 예컨대 한국은 1993년 일본 최초의 자위대 파견 선언시 즉각 우려를 표명했다.[65]

---

[61] http://en.wikipedia.org/wiki/UNIFIL.

[62] 상세한 것은 Mary N. Hampton, "Germnany," in Sorenson & Wood (2005), pp. 29~51참조.

[63] 정은숙, "유엔안보리의 향방"「정세와 정책」5 (2003); "유엔안보리 개혁과 한일관계"「정세와 정책」5 (2005) 참조.

[64] http://www.un.org/largerfreedom/summary.html

[65] Heung-Soon Park, "UN PKO: Korean Experiences and Lessons," Paper presented at a Conference held by Korean Academic Council on the United Nations

V. 결론

이상의 연구결과 제2세대 유엔PKO와 관련하여 다음과 같이 크게 도전요인, 기대요인, 그리고 한국의 정책시사점을 각각 도출할 수 있었다.

첫째, PKO는 유엔에 대한 도전으로 남을 수밖에 없다: ▲언제 분쟁으로 번질지 모를 지구 곳곳의 불안정은 말할 것도 없고 분쟁직후 치안을 위한 경찰력의 확보, PKO군 및 국제요원의 안전문제, 선거 및 신정부 구성 지원 등 임무확장에 따른 소요경비 그리고 전문성 및 도덕성을 고루 갖춘 다수의 인력확보 등의 과제가 이를 말해 준다.[66] 더욱이 특정의 PKO가 단기적으로 안보리에 의해 주어진 과제를 효과적으로 수행했다고 해서 성공을 단언하기도 어렵다. PKO를 초치했던 국가들 중에는 아이티의 경우처럼 유엔PKO 임무완수 몇 년후 다시금 분쟁에 휘말리는 사례가 적지 않기 때문이다.[67] 요컨대, 제2세대 PKO의 임무가 이제는 "분쟁이후 평화구축" 나아가 예방외교 차원의 "평화조성"과도 불가분의 관계라는 점에서 적지 않은 학자들이 PKO대신 'PSO'(평화지원활동, peace-supporting operation)라는 용어를 제안하고 있을 정도이다.[68]

▲유엔PKO 미션은 회원국의 물적, 인적, 기술적 지원을 요체로 함에도 불구하고, 전체적으로 미흡한 상태다. 우선 PKO분담금 연체국이 적지 않다. 또한 1990년대 들어서야 비로소 유엔PKO에 대한 입장을

System (2000).

[66] 국제 안보환경 측면의 PKO 도전요인들은 Alex J. Bellamy et al., *Understanding Peacekeeping* (Polity Press, 2004), pp.187~250; 유엔기제에 관한 비관적 전망은 Dennis C. Jett, *Why Peacekeeping Fails* (Palgrave, 1999) 참조.

[67] Eunsook Chung, "Humanitarian Intervention: Can it Be Perfect?" *The Journal of Peace Studies* 8-2 (2007), pp.291~320.

[68] 예컨대 Andrzej Sitkowiecki, *UN Peacekeeping: Mith and Reality* (Westport: Praeger Security International, 2006).

정리하게 된 강대국들의 정책방향도 향후 유엔PKO의 능력제고와 관련된 중요한 변수가 될 것이다. 제1의 재정지원국임에도 불구하고 저조한 미군의 직접 참여율, 명실 공히 제2세대 PKO에 부합될 수 있는 러시아군의 국제화 필요성, 중국의 제3세계 외교수단화, 그리고 법적, 정치적 제약에도 불구하고 점차 강화되는 일본과 독일의 PKO 정책 등이 2007년 현재 유엔 PKO의 동력인 동시에 브레이크가 아닐까 여겨진다. 한편 유엔안보리 상임이사국 내부 동학으로는 제2세대 유엔 PKO가 그 임무영역을 정치과정 지원, 사법체계 개혁, 법적 강제력 안착 및 경찰 교육, 전투 가담세력의 무장해제 및 재통합 등 확장하는 추세에 비추어 전략 및 정치문화적 특성상 중국과 러시아를 일방으로 하고 미국, 영국, 프랑스를 또 다른 일방으로 하는 두 PKO의 밑그림이 쉽게 일치하기 어려울 것으로 보인다.[69]

▲선진국과 제3세계간 파병규모의 불균형도 지적하지 않을 수 없다. 미국 등 주요 군사 및 경제 강국들은 PKO에 대한 재정측면의 지원과 달리 파병은 여러 이유에서 꺼려왔다. 기술로나 전문성으로나 상대적으로 뛰어난 자국의 군을 유엔통제에 맡기기 쉽지 않은 점, 대부분의 PKO대상지역내 분쟁주체가 반서방 정서를 소지한 세력이라는 점, 특히 일본과 독일의 경우, 제2위, 제3위의 유엔 PKO분담금을 납부하지만 제2차 세계대전의 책임으로 인해 법적, 정치적으로 자국군의 국외배치가 수월치 않았다는 점이 그 배경에 있어 왔다. 반면 제3세계 국가의 파병은 현지 분쟁세력내 유엔PKO에 대한 저항감을 줄일 수 있는 이점이 있다. 또한 평화유지군 파병국에 대한 유엔측의 보상액도 동기부여가 될 수 있다. 그럼에도 불구하고 현재와 같은 선·후진국 불균형 양태가 지속될 경우, 강대국이 결정한 위험한 일을 가난

---

[69] 다수의 PKO 연구자들은 제2세대 PKO의 성패변수를 '자유, 인권, 민주주의'에 두고 있다. 모잠비크 PKO의 성공과 앙골라 PKO의 실패를 이 틀에서 제시한 Dennis C. Jett, *Why Peacekeeping Fails* (Palgrave, 1999) 참조.

한 나라의 젊은이들이 맡는다는 냉소주의를 낳을 수 있으며, 보다 장기적으로는 유엔PKO의 전문성 및 효율성을 높이는 데에도 취약할 수 있다.[70] 이 점에서 현재 반기문 제8대 유엔사무총장은 레바논 UNIFIL 평화유지군내 유럽국가가 총 7,000명을 파병한 사실을 고무적으로 평가하고 있다. 레바논을 제외한 여타 17건의 현 유엔 PKO미션에 참여하는 유럽병사의 합이 이의 절반도 되지 않는 실정이다.[71]

둘째, 이 모든 도전 및 과제에도 불구하고 유엔 PKO가 여전히 인류평화에 대한 기대를 안겨주고 있는 것 또한 사실이다: ▲냉전종식 이후 갈리(1992-1997), 아난(1997-2007), 그리고 반기문 유엔사무총장이 지속적으로 보다 효과적인 제2세대 PKO 수행을 위한 개혁과 개선을 시도하여 왔다. 그 결과 이미 임무를 수행하고 종료된 다수의 성공사례들이 있다. ▲유엔 PKO의 실패 사례 및 수많은 도전과 불확실성에도 불구하고 '분쟁이후' 사회 안정화와 관련 유엔만큼 효율성과 정당성을 소지한 PKO주체가 없다는 연구결과가 끊임없이 나오고 있다. 예컨대, 옥스포드 대학교 콜리어와 회플러(Paul Collier & Hoeffler)교수의 2004년 발표에 따르면 유엔이 직접 주도하는 PKO가 글로벌 차원에서의 재정적, 물리적, 인적비용 공유체제로 인해 "자발적 국가연합" 등 여타 주체에 의한 PKO보다 월등히 큰 이점이 있다는 것이다.[72] 미정

---

70) 제3세계나 서방의 급진주의자들 중에는 오늘날 제2세대 PKO가 19세기 식민주의와 유사한 소위 '강대국 언어'라는 주장을 펴기도 한다. John Tirman, "The New Humanitarianism: How Military Intervention Became the Norm," *Boston Review* (Dec. 2003/Jan. 2004)

71) 반기문 유엔사무총장, 연례보고서. *Report of the Secretary-General on the Work of the Organization* (UN document, A/62/1) (2007)

72) Paul Collier & Anke Hoeffler, *The Challenges of Reducing the Global Incidence of Civil War* (Center for the Study of African Economies, Oxford University, 2004). 같은 견해로는 Nicholas Sambanis & Michael W. Doyle, "No Enemy Choices: Estimating the Effects of United Nations Peacekeeping," *International Security Quarterly* 51 (2007), pp.217~326. 콩고, 나미비아, 엘살바도르, 캄보디아, 모잠비크, 동슬라포니카, 시에라리온, 동티모르 등 이미 완료된 8개

부 회계청도 2006년도 한 보고서에서 만일 미국이 유엔 '아이티 안정 화단'과 유사한 PKO를 수행했을 경우 첫 14개월간 유엔경비(8억 7천 만 달러)의 두 배 정도 지출하였을 것이라 예측했다.[73] 마찬가지로 잦은 비난과 비판의 소리에도 불구하고 유엔만큼 '정당성'을 소지한 국제기구가 없다는 것 또한 널리 인정되고 있다. 그렇기 때문에 유엔 PKO의 관료주의를 불편해하는 미국도 유엔 미션의 전후재건 역할을 필요로 하는 것이다.[74]

셋째, 유엔PKO가 효과적이면서도 동시에 강대국 언어가 아닌 중진 국 언어가 될 수 있는 가능성은 한국과 같은 중진국들의 보다 적극 적 동참을 통해서일 것이다.[75]

유엔 PKO를 대상으로 조사한 결과 2/3가 "성공적"이었으며 저비용 구조, 고 성공율, 고정통성 등으로 인해 유엔이 가장 적합한 제도적 틀을 제공하고 있다고 보았다. 유엔 www.un.org (Peacekeeping-FAQ). 유사한 연구결과로 Michael Doyle, *Making War and Building Peace: United Nations Peace Operations in 1990s* (Princeton University Press, 2005)등이 있음.

[73] "Peacekeeping: Cost Comparison of Actual UN and Hypothetical U.S. Operations in Haiti," United States Government Accountability Office, *Report to the Subcommittee on Oversight and Investigations, Committee on International Relations, House of Representatives*, GAO-06-331 (February 2006).

[74] 정은숙, "유엔과 이라크 전후복구"「정세와 정책」9 (2003); Ramesh Thakur, "UN Peace Operations & U.S. Unilateralism & Multilateralism," in David M. Malone & Foong Khong eds. *Unilateralism and U.S. Foreign Policy: International Perspective* (Lynne Rienne, 2003).

[75] 그간 한국의 유엔 PKO특징은 대체로 의료병, 공병, 군옵저버 등 非보병 활 동에 국한되어 왔다. 예외적으로 1999년 유엔 동티모르과도정부 (UNTAET) 와 2007년 유엔레바논임시군 (UNIFIL)의 경우는 비교적 대규모의 보병을 파 병한 사례로서 주목을 받고 있다. 전자의 경우 "동티모르 독립정부 수립지 원 및 선거감시" 임무하 369명(장교 66, 준사관 1, 하사관 189, 보병 163), 후 자의 경우 "이스라엘-레바논 정전협정 이행 감시"를 목적으로 362명을 각각 파병하였다 (http://www.mofat.go.kr/index.jsp). 한국의 유엔정책에 관해서는 박흥순 "반기문 유엔사무총장 선출 의미와 한국외교의 과제"「정세와 정책」 11 (2006)과 Heung-Soon Park (2000) 참조.

제3장
통합형 유엔평화유지활동76)
코소보 사례를 중심으로

Ⅰ. 서론

'국제연합'(UN: The United Nation, 이하 '유엔') 탄생 58주년이 됐다.77) 유엔은 주권국가를 회원국으로 하는 국제기구인 만큼 엄밀히 '세계정부'라 할 수도 없으며 법률도 제정하지 않는다. 그럼에도 불구하고 유엔은 냉전과 냉전종식이후, 즉, 20세기와 21세기를 가로지르며 인류에 도전하는 각종 문제의 해결을 위한 글로벌 국제협력의 산실이 되

---

76) 세종연구소 중장기정책연구 (2003-1), 「21세기형 유엔평화유지활동: 코소보 사례를 중심으로」를 토대로 함. 정은숙 저,『글로벌 거버넌스와 국제안보: 이슈와 행위자』(한울, 2012), pp.112~163을 보완하였음. 저자는 본 연구를 위해 2002년 5월중 코소보를 방문, '유엔 코소보임시정부'(UNMIK)과 '코소보 국제군'(KFOR)관계자, 그리고 Bajram Rexhepi 총리를 위시한 코소보 과도정부 인사, 그리고 코소보 주민들과 면담하였다.

77) 유엔(United Nations, 국제연합)이란 이름은 본래 미국 루즈벨트(Franklin D. Roosevelt)대통령이 제2차 세계대전중인 1942년 1월 1일, 주축국에 대항하여 함께 싸우기를 다짐한 26개국 대표 회의에서 이들을 일컬어 처음 사용하였다. 현재의 유엔은 1944년 8-10월 중국, 소련, 영국, 미국 대표가 미국의 덤버튼 오크스(Dumbarton Oaks)에서 국제기구 설립을 위한 제안서를 작성하였고 이를 토대로 1945년 6월 26일 50개국 대표가 유엔 헌장 초안에 서명함으로써 태동하였다. 이때 참석은 못했으나 후에 서명한 폴란드까지 51개국이 초대회원국이다. 그러나 유엔의 공식 발족은 미국, 영국, 소련, 중국, 프랑스 및 여타 서명국 다수가 헌장의 비준을 완료한 1945년 10월 24일에 이루어졌다.

어왔음을 인정치 않을 수 없다. 현재(2003) 유엔은 지구상 거의 모든 국가인 189개 회원국을 확보한 인류 최대 국제기구다.[78]

본고는 평화를 위한 유엔의 여러 활동 중 21세기 빈도수로나 규모로나 확대일로에 있는 소위 '평화유지활동'(Peacekeeping Operation, 이하 'PKO')의 전환기적 성격을 분석해 보고자 한다. 'PKO'는 유엔이 고안, 개발한 하나의 평화기제로서 간단히 정의하기가 쉽지 않다. 아이러니컬하게도 유엔헌장에 PKO라는 단어는 없다. 다만 유엔 PKO 창시자라 불리우는 함마슐트(Dag Hammarskjold, 1953-1961년 유엔사무총장 역임)는 PKO가 헌장 제6장('중재'나 '사실확인'과 같은 분쟁의 평화적 해결을 위한 전통적 방안)과 헌장 제7장('금수' 혹은 '군사제재'와 같은 보다 강제적 행위)사이에 놓여 있다며 "6과 1/2"이라는 별명을 만든 바 있다. 유엔내 PKO에 관한 모든 결정은 유엔안전보장이사회(이하 '안보리')가 내리며, 사무총장이 이를 이행하고 총회는 회원국의 경제수준에 맞추어 PKO분담 비율을 확정하고 있다.[79] 1948년 제1차 아랍-이스라엘 전쟁 정전감시를 위해 36명의 군감시단이 '유엔정전감독기구'(UNTSO: UN Truce Supervision Organization)라는 이름으로 배치된 이래 유엔 PKO는 다양한 환경, 다양한 성격의 갈등에 처해 그때

---

[78] IMF, World Bank, WHO, ICAO 등 국가간 합의에 의해 창립된 14개 자율적 국제기구가 유엔과의 'cooperation agreement'를 통해 유엔의 'specialized agencies' 지위를 유지하고 있다. 이들은 경제, 사회, 문화, 교육, 보건 등 광범위한 부문에서 국제적으로 부과된 의무를 이행하고 있다. 이외에도 인류의 경제, 사회적 환경개선을 목적으로 UNHCR, UNDP, UNICEF 등 다수의 프로그램 및 기금이 '유엔 가족'에 포함된다. 이들 모든 기구들은 각기 독자적 조직, 예산, 사무국을 갖고 있으며 상호조율 속에 다양한 업무를 수행하고 있다.

[79] 유엔은 PKO와 관련된 모든 결정을 헌장에 따라 국제 평화와 안보 유지의 책임을 맡고 있는 안보리에 일임하고 있다. 안보리는 모두 15개국이며 미국, 영국, 프랑스, 러시아, 중국의 5개 상임이사국(permanent members)과 매 2년마다 총회가 선출하는 10개 비상임 이사국(non-permanent members)으로 구성된다. PKO와 관련된 사안은 회원의 2/3인 9개국의 찬성을 얻어야 한다.

그때 대처하면서 오늘에 이른 것이다. 1948년 이래 현재(2003)까지 전
세계적으로 55건의 PKO에 75만명(123개국)의 요원들이 참가하였으며
이중 1,762명이 희생됐다.

냉전기 '전통적' 유엔 PKO는 '군옵저버 혹은 평화유지군(Peacekeeping
Force)'을 주요 수단으로 하여 '국가간의 군사적 충돌'이 '종료된 후,
분쟁당사자의 '동의' 하에 정전 이행 감시 및 협상을 위한 완충지대
형성 등을 목적으로 한 비교적 단순한 국제협력 기제였다. 이에는 양
극질서하 미 · 소 핵초강대국으로 하여금 가급적 지역분쟁에 휘말리지
않게 하려던 함마슐트 등 유엔 주요 인사들의 역할이 컸다. 그러나
21세기 전세계적으로 양극체제하 갇혀 있었던 인종, 종교, 문화 차원
에서의 분쟁과 긴장 요인이 분출되고 있는 가운데 냉전 중 '전통적'
PKO에 안주해 있던 유엔이 보다 효과적이고 적극적인 PKO를 수행해
주리라는 기대가 증대되고 있다. 경우에 따라서는 주권국가 내분에도,
분쟁 중에도, 또 분쟁당사자의 동의가 없어도 PKO 미션파견의 당위
성이 있다는 논의와 함께 평화유지군이 단순한 정전감시나 완충지대
구축을 넘어 강제력까지 동원해야 한다는 인식이 대두되고 있는 것
이다. 심지어 종전이후 유엔행정부를 통해 민주선거, 치안유지, 경제
재건 등 민간차원에서의 평화구축(peace-building)업무까지를 포괄하는
다차원적 PKO, 나아가서는 분쟁억지 목적의 평화유지군 배치 필요성
도 증대되고 있다. 실제로 유엔은 이미 1990년대 들어서며 '전통적
PKO'의 테두리를 넘나들며 이러한 요구에 부응코자 노력하여 왔다.[80]

---

80) 냉전종식이후 유엔의 국제평화에 관한 역할을 다룬 단행본으로는 Joseph P.
Lorenz (ed.), *Peace, Power and the United Nations: A Security System for the
Twenty-first Century* (Westview Press, 1999); Wolfgang Biermann & Martin
Vadset (eds.), *UN Peacekeeping in Trouble: Lessons Learned from the Former
Yugoslavia* (Brookfield: Ashgate, 1999); William J. Durch, *UN Peacekeeping,
Amerian Policy, and the Uncivil Wars of the 1990s* (NY: St. Martin's Press,
1996); William J. Durch (ed.), *The Evolution of UN Peacekeeping: Case Studies
and Comparative Analysis* (New York: St. Martin's Press. 1993); Adam Roberts

21세기형 유엔 PKO의 대표적 사례 중 하나가 유엔 코소보임시정부(UNMIK)가 될 것이다. 코소보주는 세르비아인이 다수인 유고연방공화국(Federal Republic of Yugoslavia, 이하 '유고연방')내 알바니아인이 다수인 인구 약 2백만명의 자치주이다. 1999년 6월 출범하여 2003년 초 현재에도 진행중인 코소보 유엔 PKO는 그 출범배경(NATO의 인도주의적 개입)으로나 수행양상(주권국가내 특정지역에 대해 행정, 입법, 사법의 전권행사/별도 지휘체계의 국제군 파트너/ 지역기구의 대폭참여)으로나 21세기 유엔 PKO 일반에 대한 시금석이 될 수 있다고 여겨진다.

정책차원에서 폭넓게 21세기 유엔 PKO의 개념확장 추이를 밝혀 둠으로써 비록 직접적은 아니지만 우리정부의 對 유엔 PKO정책 수립을 위한 참고자료가 되었으면 한다. 특히 유엔 회원국들은 한국이 1991년 유엔 가입 이후 유엔안전보장이사회 비상임이사국, 총회 의장국 등 유엔내 위상을 강화해 감에 따라 PKO부문에서도 좀 더 적극적인 기여를 수행키를 원하고 있다. 우리로서도 21세기 글로벌 추세 속에서 국가위상의 보존·강화를 위해 그간 남북관계에만 치중하던 유엔 외교를 뛰어넘어 좀 더 넓은 시야로 국제적 분쟁에 얽힌 유엔다자외교의 틀을 이해할 필요가 절실해졌다. 더욱이 9.11사건 이후 테러 근절을 위한 국제협력 모색 과정에서 글로벌 다자외교의 중심인 유엔의 역할이 한층 더 부각되고 있어 그 필요성은 더 커졌다고 하겠다.

다만 유엔 PKO자체가 전환기적 개념확장을 경험하고 있는 만큼 여기서는 특정이론의 검증, 그리고 가치판단적 진술을 가급적 유보하고자 하였다. 이론검증이나 가치판단을 목적으로 한 본격적 과제는 작금의 개념확장 과정을 좀 더 지켜본 후 다수의 유엔 PKO 사례에 대한 질적, 양적 비교분석 방식으로써 가능할 것이다. 추후의 과제로

and Benedict Kingsbury, *United Nations, Divided World: The UN's Role in International Relations* (Oxford: Clarendon Press, 1993)를 참조.

남겨둔다.

이하는 냉전기 '전통적' 유엔 PKO를 준거로 냉전종식이후 새롭게 전개되는 유엔 PKO의 개념확장 추이이다. 이로써 21세기 유엔 PKO 일반에 대한 시사점을 도출해 보고자 한다.

II. '냉전종식이후' 유엔 PKO의 개념확장 추이

'전통적' 유엔 PKO라고 할 때는 보통 냉전 중(1945-1988) 긴장지역 내 미국과 소련의 직접적 충돌을 방지코자 하는 비교적 단순한 평화기제를 일컬었다. 정태적이었으며, 분쟁지역내 민간인들에 대한 신속하고 대대적인 인도적 지원 필요성도 그다지 높지 않았었다. 1960년대-70년대 콩고, 사이프러스, 남레바논 등지에서 난민 발생에 따른 인도주의적 도전요인이 있기는 하였으나 냉전 중 이러한 경우는 오히려 예외에 속했다. 그러나 정작 냉전이 종식되면서 원시적 성격의 인권 침해, 기아, 난민 등에 처해 유엔안전보장이사회가 마치 유엔 PKO가 만병통치약인 듯, 평화유지미션 파견을 결의하곤 했다.[81] 개념차원에서나 인적, 물적 지원차원에서나 준비가 덜 된 상태이다 보니 자연히 유엔본부와 각 미션에서 전환기적 시행착오를 겪어야 했다. 유엔이 2003년 현재까지 수행한 총 55건 PKO 중 42건이 냉전종식이후 발생한 점만 보아도 알 수 있다. 냉전종식이후 PKO 비용이 가장 컸던 해는 1993년으로 약 36억 달러가 사용되었으며 총 8만명 가량이 이에 참가했다. 소말리아, 구유고사회주의연방공화국(이하 '구유고' 혹은 '공산유고') 등지에서 새로운 PKO가 탄생되었던 해다.[82] 다소 편이

---

[81] 냉전종식이후 유엔 평화활동 부문에서 나타난 새로운 도전과 응전 방안에 관해서는 Boutros Boutros-Ghali, *An Agenda for Peace* (UN, 1992) 참조.

[82] http://www.un.org/Depts/dpok/dpok/ques/htm.

적인 감이 없지 않으나 여기서는 냉전종식이후 새로운 유엔 PKO의 개념확장에 관한 이해를 돕기 위해 전통적 유엔 PKO와 새로운 유엔 PKO의 차이를 여러 측면에서 일대일 대응시켜 보았다.[83]

1. 주권국가내(intra-state)분쟁 개입

전통적 유엔 PKO는 대체로 주권국가내의 분쟁보다는 주권국가간 국제적 분쟁을 다루었다. 유엔헌장 제1장 제2조는 '주권평등의 원칙,' '특정국가의 영토통합, 정치적 독립성에 대한 위협 혹은 무력사용 절제,' '특정국가의 국내관할 문제에 대한 유엔의 비개입'을 규정하고 있다. 따라서 전통적 유엔 PKO는 주권존중 원칙을 비교적 준수하였다.

반면 냉전종식이후 새로운 유엔 PKO는 전통적인 국가간의 전쟁보다는 '내전 양상의 분쟁'을 다루어야 하는 경우가 더 빈번해 졌다.[84] 더구나 인도주의적 재앙과 관련하여서는 '무력충돌중'에 개입하는 새로운 형태의 PKO도 적지 않게 되었다. 이 경우 전통적 유엔 PKO가 중시하던 헌장 제1장의 '주권존중' 원칙의 중요성이 상대적으로 감해질 우려가 있음은 물론 전통적 유엔 PKO보다 상대적 난관도 크다. 현지 무장 세력의 반대에 직면할 가능성, 자칫 '분쟁의 평화적 해결'을 규정한 유엔헌장 제6장의 틀을 벗어나 제7장 '평화강제'로 비화될 위험, 그리고 개입 의무 확장과정에서 봉착하게 될 도덕적 딜레마 등 전통적 PKO에서 찾기 힘든 어려움이 있다. 냉전종식이후 유엔은 리

83) David Chandler, "The people-centered approach to peace operations: the new UN agenda," *International Peacekeeping*, vol.8, no.1 (Spring 2001), pp.1~19; Shalini Chawla, "Trends in the UN Peacekeeping," *Strategic Analysis* vol.24, no.10 (January 2001), pp.1815~1910 참조.

84) John D. Steinbruner, "Containing Civil Violence," Chap.4 in *Principles of Global Security* (Brookings Institution Press, 2000); Barbara F. Walter & Jack Snyder (eds), *Civil Wars, Insecurity and Intervention* (NY: Columbia University Press, 1999).

베리아, 소말리아, 그루지아, 보스니아-헤르제고비나, 크로아티아, 동슬라보니아, 중앙아프리카공화국, 시에라리온, 콩고, 동티모르, 코소보 등지에서 내전양상의 분쟁과 관련된 PKO를 전개하여 왔으며 21세기 그러한 추세가 지속되고 있다.

2. 임무영역 확장

전술하였듯 전통적 유엔 PKO는 임무의 범위를 분쟁이후 적대세력 분리, 정전협약 이행, 완충지대 설정 등 평화유지군 중심의 평화유지 부문으로 제한하였었다. 그러나 냉전종식이후 새로운 유엔 PKO는 분쟁종식 후 단일 평화유지미션에 '군·경·민'이 함께 참여하여 긴급구호, 무력투쟁세력 해체, 지뢰제거, 선거실시 및 정치제도 창출, 지속적인 발전기반 확충 등 보다 포괄적이고 다차원적인 평화구축(peace-building) 임무까지도 수행하고 있다. 이는 동서갈등 종식으로 인해 냉전기에 비해 비교적 안보리 상임이사국내 합의가 수월해진 측면과도 무관치 않을 것이다.

새로운 유엔PKO가 다차원적 평화구축 과제를 수행함에 따라 유엔 평화유지단내 민간단원 및 경찰의 역할이 눈에 띄게 증대되었다. 첫째, 점차 민간단원의 비율이 높아지고 있다. 비록 민간요원들이 이미 유엔 PK단 최초 투입(콩고PKO, 1960-64)된 사례가 있고, 여러 유엔 PK단내에서 정무, 행정, 병참, 인권, 홍보와 관련된 업무를 담당하여 왔던 터라 해도 그리 비중이 높지 않았다. 그러나 냉전종식이후 유엔 PKO가 보다 포괄적으로 특정국가 혹은 특정 지역내 행정, 예산, 재정, 보건, 교육, 사법, 지뢰제거 등 매우 전문적 부문까지 그 임무에 포함시킴에 따라 회원국 정부나 여타 국제기구로부터의 민간요원 지원 필요성이 월등히 증대되고 있다. 2000년 중반 기준 12,500명 이상의 민간요원이 유엔 PKO에 참가하고 있으며 거의 모든 평화유지단

단장은 평화유지군사령관이 아니라 사무총장이 임명하는 '유엔사무총 장특별대리인'(Special Representative of Secretary General, 이하 'SRSG'), 즉 민간요원이 맡고 있다.[85]

둘째, 평화유지단내 민간경찰의 역할도 증대되고 있다. 민간경찰 역시 이미 콩고PKO(1960-64)에 최초 참여하였으며, 사이프러스의 경우 25년 이상 민간경찰이 평화유지요원의 일부로 상주하고 있었다. 그러 나 유엔평화유지단내 민간경찰의 요소가 본격적으로 눈에 뜨이기 시 작한 것은 1988년 나미비아PKO에서부터이다. 2000년 중반 기준, 70여 국가로부터 약 7,000명의 민간경찰이 10개 유엔PKO에 참여하였다. 냉 전종식이후 아이티, 크로아티아, 보스니아-헤르제고비나, 코소보 등지 에서 이들은 보다 적극적으로 현지 경찰 창립 혹은 업무감독, 수사 등의 임무를 수행하여 왔다.

냉전종식이후 유엔 PKO가 보다 다차원적인 '평화구축' 기능까지 수 행한 대표적 사례로는 캄보디아, 모잠비크, 동티모르, 코소보 등을 들 수 있을 것이다. 21세기 유엔은 '분쟁종식이후'의 '평화구축' 외에도 최 근 마케도니아에서 보듯 '예방 목적'의 평화유지군 배치(deterrent deployment) 등 보다 적극적으로 PKO임무와 관련된 개념확장을 시도 하고 있는 것이다.

3. 지역기구 활용

냉전종식이후 또 다른 유엔PKO의 추세는 지역기구들과의 긴밀한 협력 속에 평화유지임무를 수행해 나가는 점이다. 전통적 유엔PKO는 과제도 단순했을 뿐 아니라 동서냉전의 중압감 속에서 지역기구들의

---

[85] http://www.un.org/Depts/dpko/dpko/intro. 분쟁이후 유엔PKO의 다차원적 임 무수행과 관련된 문제점은 Outi Korhonen, "International Governance in Post-Conflict Situations," *Leiden Journal of International Law*, vol.14, no.2 (2001), pp.496~529 참조.

자율적 역할도 위축되었기 때문에 유엔사무국 관료체계 자체 역량으로 PKO를 관리해 나갔다. 그러나 냉전종식이후 PKO과제가 복잡해진데다 전세계적 지역화 추세 속에서 분쟁발발을 전후하여 유엔PKO와 지역기구간 상호보완적 협력이 활발해지고 있다. 1993년 결성된 유엔 라이베리아옵저버미션(UNOMIL)는 '서부아프리카국가경제공동체'(ECOWAS: Economic Community of West African States)가 라이베리아 내전종식을 위해 이미 타결해 놓은 평화안의 이행을 목표로 한 것이다. 이는 유엔PKO 사상 처음으로 유엔이 다른 국제기구가 주도해온 PKO에 합류한 사례이다.[86] 1998년 결성된 유엔 중앙아프리카미션(MINURCA)는 바로 전년도 안보리가 승인했던 지역 다국적군(7개국 800명)을 대체한 경우다. 이외에도 근래 아프리카에서 수행되는 거의 모든 PKO에서 '아프리카통합기구'(OAU: Organization of African Unity)가 유엔과 유기적 협력을 도모하고 있다.

유럽의 경우, 유엔 보스니아-헤르제고비나미션(UNMIBH)와 제IV장에서 언급될 코소보 유엔PKO의 경우 EU, NATO주도 국제군, OSCE 등이 긴밀히 협력하고 있으며 그루지아 옵저버미션(UNOMIG)도 OSCE 그리고 '독립국가연합'(CIS) 평화유지군과 협력하고 있다.[87] 21세기 유럽은 물론 기타 지역에서도 PKO의 개념확장 연장선상에서 지역기구들과의 연대가 한층 더 강화될 것으로 보인다.

4. 강제력 사용

도입부에서 지적하였듯 유엔헌장 내에는 PKO에 관한 명시적 언급이 없다. 다만 전통적 유엔 PKO는 헌장 제6장('분쟁의 평화적 해결')

---

[86] 1997년 ECOWAS와 합동으로 선거감시를 수행하여 라이베리아 내전을 종식시키는 데에 성공하였다.

[87] http://www.un.org/Depts/dpko/dpko/intro/region.htm.

에 부합된 평화기제로서 '분쟁이 중지된 상태에서 평화를 유지'시켜주는 활동으로 받아 들여져 왔다.[88] 따라서 평화유지미션 파견전, 유엔 사무총장 등의 외교적 방법에 의한 분쟁중지, 그리고 PKO에 대한 분쟁당사자들의 동의가 확보되어야 한다. 1956년 수에즈 위기이후, 1973년 10월 전쟁이후, 그리고 1998년 이란-이라크 전쟁이후의 활동이 그 대표적 예이다. 소규모 장교로 구성된 군옵저버 혹은 평화유지군이 정전 감시, 군철수 검증, 국경 혹은 비무장지대 순시의 임무를 수행했다. 평화유지군은 어디까지나 분쟁당사자들이 초청한 손님이므로 전투병과는 다른 방식으로 임무를 수행하여야 한다. 예컨대, 경무기만을 소지하며 반드시 자기방어에 국한하여 사용해야 한다. 또한 배치장소 공개 등 활동의 투명성 보장, 긴장 고조가 아닌 완화, 분쟁당사자와 적대관계가 아닌 동반자 관계 유지 등 활동의 제약이 있다. 유엔헌장 제6장 틀내에서 PKO가 수행되는 경우 평화유지군은 유엔헌장 제104, 105조에 따라 유엔관리의 외교면책권에 상응하는 지위가 부여되기 때문에 비교적 신분이 안전하다. 이 법적 지위는 '군지위협정'(SOFA, Status of Forces Agreements)을 통해 구체적으로 성립된다.[89]

그러나 냉전종식이후 안보리는 때때로 소말리아나 구유고연방에서와 같이 '위협적'상황하 유엔헌장 제6장에 입각한 전통적 PKO로는 소정의 목적을 달성할 수 없다고 판단되는 경우, PKO의 효율성을 위해

---

88) 특히 제6장 제33조가 거론되어 왔다. The parties to any dispute, the continuance of which is likely to endanger the maintenance of international peace and security, shall, first of all, seek a solution by negotiation, enquiry, mediation, conciliation, arbitration, judicial settlement, resort to regional agencies or arrangements, or other peaceful means of their own choice. The Security Council shall, when it deems necessary, call upon the parties to settle their dispute by such means.

89) Biermann & Vadset, "Setting the Scene," Chap.3 in Wolfgang Biermann & Martin Vadset (eds), UN Peacekeeping in Trouble: Lessons Learned from the Former Yugoslavia (Brookfied: Ashgate, 1999).

평화유지군의 중무장은 물론 헌장 제7장에 근거 '평화강제'를 기도한
다. 이 경우 평화유지군은 '전투병'으로서 외교관의 면책권이 주어지
지 않기 때문에 PKO활동은 매우 위험해진다.[90] 강제력 동원의 필요
성이 증대되면서 종전의 '평화유지'(peace-keeping)라는 용어 외에 '평
화조성'(peace-making), '강건한 평화유지'(robust peace-keeping) 등 신조
어가 출현되고 있다. 심지어 냉전종식이후 인도주의적 개입 추세와
함께 중세기적 '정의 전쟁' 개념도 부활되고 있다. 이에 따라 과연 헌
장 제7장에 근거한 '평화강제'도 PKO라 할 수 있는가에 대해서 냉전
종식이후 커다란 논란이 일고 있다.

유엔은 헌장 제7장에만 근거한 '평화강제'는 분명 '평화유지'에 속하
지 않는다는 입장을 취하고 있다.[91] 21세기 유엔은 PKO과정에서 강
제기능이 필요한 경우, 헌장7장에 입각하여 유엔민간행정부와 별도로
회원국들에 의한 국제군 구성을 승인하는 방식, 즉 일종의 분업을 통
해 유엔PKO의 업무 효율성도 높이고 전통적 평화이미지도 보존할 수
있는 방안을 선호할 것으로 보인다.[92]

5. 유엔사무국 관리체계 정비

냉전시의 전통적 유엔PKO는 비교적 예측 가능하고 단순했던 만큼
뉴욕의 유엔 사무국 행정 체계내에서 그다지 큰 주목을 받는 프로그
램은 아니었다. 현장활동을 전제로 한 대부분의 유엔 프로그램이 UNDP,
WFP, UNHCR 등 특별기구를 통해 이루어졌지만 PKO는 그렇지 않았

---

90) UN Document GA/Res49/59 84th Plenary Meeting 9 December 1994. Article 2 (2).
91) http://www.un.org/Depts/dpko/intro/enforce.htm.
92) John M. Sanderson, "The Incalculable Dynamics of Using Forces," Chap.12 in
    Bierman and Vadset (1999); David M. Malone and Karin Wermester, "Bosnia
    and bust? The changing nature of UN peacekeeping," *International Peacekeeping*,
    vol.7, no.4 (Winter 2000), pp.37~54.

다.[93] 현지 평화유지미션의 불만에도 불구하고 별다른 개선책이 나오지는 않았다.

이처럼 냉전기 비교적 근소한 요원과 재원으로 관리될 수 있었던 유엔PKO는 1990년대 들어 PKO의 수적 증가와 과제의 복잡성에 직면하여 보다 효율적 임무수행을 위한 체제정비를 서두르지 않을 수 없었다. 첫째, 정치, 군사, 인도주의 등 여러 부문간의 조율문제가 1991년, '조율개선책'(Framework for Co-ordination)으로 나타나 PK 업무와 관련된 유엔체계 구성체간 기존 '정보차단'의 문화를 새롭게 '정보공유'의 문화로 변환시키는 작업이 시작되었다. 둘째, 유엔 PK단 결성에 대한 회원국의 지원을 보다 예측가능하고 신속하게 확보하기 위해 '대기제'(Stand-by Arrangement), '분견대 장비제'(Contingent-owned Equipment System) 등의 제도, '신속배치가능미션본부'(Rapid Deployable Mission Headquarters), 평화유지국(Department of Peacekeeping Operation)내 '기획팀' '교육팀' 등 전담기구가 신설되었다. 요컨대, 유엔 PKO는 과거와 달리 주권국가내 분쟁, 강제력의 필요성, 포괄임무, 지역기구 참가 등 개념확장을 요구하는 시대적 환경 속에서 지속적으로 새로운 PKO의 개념정립 및 체제정비를 강구하고 있다.

이하에서는 코소보 PKO는 1999년 6월 10일 유엔안보리 결의문 제1244호에 의거 출범하여 2003년 초 현재 수행 중에 있는 코소보 유엔 임시행정미션 사례를 검토해 보고자 한다.

III. 개념확장의 한 사례로서 코소보 유엔PKO

전세계의 주목을 받았던 1998-1999 코소보 위기의 배경은 크게 밀

---

93) Cees Van Egmond, "The Situation in UN Headquarter," Chap. 17 in Biermann & Vadset (1999).

로셰비치의 세르비아 민족주의 출현과 이에 대한 코소보알바니아인
들의 저항으로 설명될 수 있다. 코소보에 거주하는 알바니아인(이하
'코소보알바니아인')들은 세르비아 민족주의를 기치로 한 밀로셰비치
의 통치권에 대해 정면 대항하기 시작했고 급기야 무력충돌로 인한
코소보 위기가 초래됐다. 유엔안보리가 수차례 결의문을 채택, 밀로
셰비치 세르비아 군경의 철수를 종용했지만, 소용이 없었다. 1999년 3
월 23일 NATO위원회가 공식적으로 '동맹군 작전'을 승인하고 공습에
들어간 것이다. 최후통첩을 수용치 않은 밀로셰비치에 대해 NATO가
일종의 '正義 전쟁'에 돌입한 것이다.[94] 주권국가 국내문제를 이유로
지역 군사기구가 군사적 제재를 가한 사실, 더구나 안보리 기존 결의
문들과 관련은 있지만 직접적 승인 없이 제재를 가했다는 점에서 연
일 정당성에 대한 논란이 전세계적으로 그치지 않았다.[95]

1. 유엔안전보장이사회 결의문 제1244호 개요

안보리는 NATO와 유고군경이 정전합의에 성공하자 바로 다음날,
결의안 제1244를 통과시켰다. 15개 이사국 중 반대없이 찬성 14표와

---

[94] Andrew J. Bacevich and Eliot A. Cohen (eds.), *War Over Kosovo: Politics and Strategy in a Global Age* (NY: Columbia University Press, 2001) 참조.

[95] 중국과 러시아의 반대를 예상한 NATO가 불가피 이를 피해 인도주의적 문제를 해결하고자 했다는 입장: Ivo H. Daalder & Michael E. O'Hanlen, "Unlearing the Lessons of Kosovo," *Foreign Policy* (Fall 1999), pp.125~126. 이미 SCR 1199, 1203을 통해 1990년 리베리아, 1991년 북이라크의 경우에서와 같이 군사적 개입에 대한 정치적 지지가 있었다고 보는 입장: Dino Kritsiotis, "The Kosovo crisis and NATO's appication of armed forces against the Federal Republic of Yugoslavia," *International and Comparative Law Quarterly*, vol.49, no.2 (April 2000), pp.330~359; 손익측면에서 보다 신중할 필요가 있었다는 입장: Charlie Lyon, "Operation Allied Force: A lesson on strategy, risk, and tactical execution," *Comparative Strategy*, vol.20, no.1 (January/March 2001), pp.57~75.

기권 1표(중국)였다.[96] 동 결의안은 유고연방이 코소보 위기의 정치적 해결을 수용한 점을 환영한다면서 폭력의 즉각적 중지, 군·경·민병대의 즉각적 철수를 요구하고 있다. 또한 난민의 안전귀환, 코소보알바니아인과 여타 소수민족간의 화합 속에서 정치, 경제, 사회의 안정 및 발전을 추구하고 있다. 코소보의 최종지위에 관해서는 한편으로는 '유고연방의 주권과 영토통합,' 다른 한편으로는 '코소보의 실질적 자율성(substantial autonomy) 및 의미 있는 자치행정(meaningful self-administration)'을 지지한다는 입장을 취함으로써 2003년 초 현재에도 코소보 유엔평화유지단, 유고연방, 코소보 주민간 신경전이 계속되고 있다.

동 결의안은 유엔헌장 제7장(평화위협, 평화파괴, 침략행위에 대한 조치)을 언급하며 '유엔코소보임시행정파견단'(The United Nations Interim Administration Mission in Kosovo, 이하 'UNMIK')과 '코소보국제군'(Kosovo Force, 이하 'KFOR')의 창립, 배치를 결정하였다. 유엔사무총장이 유관국제기구 지원하 UNMIK를 구성하며 그 임무는 다음과 같다: 유고연방 주권하 코소보 주민이 민주적이고 실질적 자율성(substantial autonomy)을 소지하는 자치정부(self-government)창출, 재건, 인권보호 등이다. 동시에 회원국들과 유관 국제기구가 주도적으로 발족하는 코소보국제군(KFOR)의 임무는 다음과 같다: 적대감 재발방지, 정전유지 혹은 강제적 정전, 유고슬라비아 군·경·민병대의 코소보로부터의 철수보장; 코소보알바니아인 단체의 무장해제; 난민과 이주민 귀환, 지뢰제거 감독, 필요시 국경감시, 이동의 자유보장 등이다. 동 결의문은 UNMIK와 KFOR의 활동기간은 최초 12개월이며, 별도 안보리 결의가 없는 한 지속된다고 규정했다.

기타 (i) 전범 수사 및 체포를 위한 ICTY(구유고슬라비아국제형사재

---

[96] 당시 10개 비상임이사국은 아르헨티나, 바레인, 브라질, 나미비아, 가봉, 잠비아, 말레이시아, 나미비아, 네덜란드, 슬로베니아였다.

판소)와의 협력; (ii) KFOR와 UNMIK가 무기 및 관련 물질의 對유고연
방 유입을 제한했던 안보리결의문 제1160에 의해 저촉받지 않을 권
한[97]; (iii) 난민유입 등 코소보 위기에 의해 영향을 받은 인근 국가들
의 경제발전 및 안정화를 위한 포괄접근 도모; (iv) 안보리에 대한 유
엔사무총장의 정규적 보고[98] 등이 결정됐다.

요컨대, 유엔안전보장이사회 결의문 제1244는 NATO와 유고연방간
군사적 대립의 출구를 찾기 위한 급속한 국제적 합의로 탄생되었다.
이로써 국제사회는 단기적으로는 NATO 공습 종식, 코소보알바니아인
에 대한 세르비아의 인종청소 중지, 그리고 보다 더 장기적으로는 세
르비아인과 코소보알바니아인간 정치적 해결의 토대 구축을 목표로
삼게 되었다.

2. 코소보 유엔PKO의 특징과 의의

1999년 6월 안보리 결의문 제1244를 모태로 NATO가 주도하는 KFOR
와 UNMIK가 코소보에 진주했다. 코소보 유엔 PKO는 일면 '전통적'
유엔 PKO의 성격을 고수하려는 흔적이 있다. 첫째, 결의문 제1244에
서 명시되었듯 비록 NATO 공습이 낳은 실질적 항복의 결과이기는
하지만, 적어도 표면적으로 초치국인 유고연방이 UNMIK와 KFOR의
진주에 대해 '동의'를 표하였다는 점이다. 둘째, 결의문 제1244에 의
거, 코소보에 진주한 UNMIK와 KFOR는 유고연방 군경철수뿐 아니라
코소보해방군측의 무장해제, 나아가 코소보내 소수민족인 세르비아인

---

[97] 1998년 3월 31일 채택된 본 SCR 1660 제8항은 코소보 평화와 안정을 확보하
기 위해 모든 국가들은 자국 국민들에 의해서, 혹은 그 영토로 부터, 혹은
국제적 선박이나 항공기를 이용하여 코소보를 포함한 '유고연방'에 무기와
탄약, 군사장비 판매 혹은 공급을 중단을 하여야 한다고 규정하였었다. 또
한 유고에서의 테러활동을 목적으로 한 무장 및 훈련을 저지하여야 한다고
규정하였었다.

[98] 그간 사무총장은 매 3개월마다 안보리에 보고문을 제출하여 왔다.

('코소보세르비아인')의 신변보호에 착안하는 등 불편부당한 '제3의 조정자'로서의 입장을 강조하고 있다. 즉, 누구에 의해서건 테러행위 및 코소보 주민에 대한 폭력은 저지하겠다는 의지를 보이고 있다.

그러나 면밀히 살펴보면 기본적으로 '국가간'의 '분쟁이후 정전보장'에 귀착했던 '전통적' 유엔PKO와 비교할 때 상당한 개념확장을 수반한 새로운 유형의 유엔 PKO임을 알 수 있다.

첫째, 코소보 유엔PKO는 냉전종식이후 유엔PKO의 한 특성인 주권국가내 유엔통치의 유형을 따르고 있다.[99] 유고연방의 동의를 구했다고는 하나 유엔안보리 결의문 제1244에서 파생된 코소보에 관한 권한이 유고연방 주권의 실질적 중단이라 할 만큼 막강하다.[100] 코소보에서 '모든 규제의 모태'로 불리어지는 '규제 No.1999/1(1999.7.25)'은 코소보에 관한 행정, 입법, 사법 권한을 UNMIK의 '유엔사무총장특별대리인'(SRSG)에게 부과하고 있다. 유고연방 정부는 코소보 행정에 대한 감독 기회를 부여치 않음은 물론 협의나 통보조차 하지 않는 것에 항의한 바 있다.[101] 코소보에서 유고연방의 실체는 단지 '유고연방 협력위원회'라는 사무실로만 증명될 뿐이다. 예컨대 UNMIK 행정관리

---

[99] UNMIK가 유엔이 주권국가내 행정기능을 수행한 첫 사례는 아니다. 예컨대 City of Trieste(1947), 예루살렘시(1950), 서부이란(1962), 콩고(1960-1964), 나미비아(1989-1990), 캄보디아(1992-93), 엘살바도르(1991-95), 크로아티아-동부 슬라보니아(1996-98) 등 코소보 이전의 사례가 있다. 개별사례에 대한 상세한 기술은 Outi Korhonen, "International Governance in Post-Conflict Situations," *Leiden Journal of International Law*, Vol.14, No.3 (2001), pp. 495~529 참조.

[100] 유엔헌장에 따르면 안보리는 지역평화와 관련하여 필요한 경우 특정지역의 지위 및 국경의 영구변경권을 소지한다. Michael Matheson, "United Nations Governance of Post-Conflict Societies," *American Journal of International Law*, vol.95, no.1 (January 2001), pp.76~85.

[101] "Memorandum by the Government of Yugoslavia on the Implementation of the United Nations Security Council Resolution 1244," *Yugoslav Daily Survey*, No. 2710 (November 5, 1999), Outi Korhonen (2001), p.500에서 재인용.

이후 코소보에서는 유고연방의 화폐(Dinar)대신 2002년 1월 까지는 독일화폐, 이후는 유로를 사용하고 있으며 거의 전품목 EU와 자유무역거래를 하고 있다. 적어도 UNMIK 초기 코소보세르비아인들은 UNMIK와 KFOR를 점령군으로 간주하면서 UNMIK의 모든 법안이 유고연방의 주권을 침해한다며 협력을 거부했었다.[102] 또한 유고연방과 무관히 독자적 코소보경찰이 창립되었으며 은행은 대부분 독일에 본점을 두고 있다. 교육은 이웃 나라 '알바니아'의 제도를 원용하고 있다.[103]

둘째, 코소보 유엔 PKO의 모태가 된 안보리 결의문 제1244는 코소보의 최종지위에 대해 분명히 밝히지 않고 있다. 안보리가 급히 절충안을 찾다보니 의도적으로 모호하게 처리하였을 수 있다. UNMIK는 흔히 몇 주권국가내 분쟁이후 유엔이 막강한 권한으로 다차원적 평화유지에 들어섰다는 점에서 몇 달 후 탄생된 유엔 동티모르과도정부(UNTAET: UN Transitional Administration in East Timor)와 비교될 수 있다.[104] 그러나 UNTAET는 동티모르 주민투표에 의해 인도네시아로부터의 독립이 기정사실화된 상태에서 진행된 반면,[105] UNMIK는 코소보의 최종지위에 관해 어떠한 입장도 밝히지 않은 상태에서 다만 유고연방 주권내 자율성과 자치행정만을 거론하고 있다. 따라서 코소

---

[102] 예: UNMIK Regulations No.1999/3 *On the Establishment of the Customs and other Related Services in Kosovo; No.1999/4 On the Currency Permitted to be Used in Kosovo*.

[103] 유고연방측 언론들은 2001년 11월 15일 코소보 총선이 분리독립을 의미한다며 불만을 터뜨렸다. 유엔등 국제기구를 '제국'이라 성토하였다. *Balkan Express* (2001.11.15), (http://www.balkanpeace.org/rs/archive/nov01/rs190.shtml).

[104] 나미비아, 캄보디아, 동슬라보니아 등 이와 유사했던 이전의 유엔 PKO보다 그 정도가 강하였다. Jarat Chopra, "The UN's Kingdom of East Timor," *Survival*, vol.42, no.3 (Autumn 2000), pp.27~39; Michele Griffin and Bruce Jones, "Building peace through transitional authority: new directions, major challenges," *International Peacekeeping*, vol.7, no.4 (Winter 2000), pp.75~90.

[105] 기존 인도네시아와 포르투갈간 합의에 따라 국민투표 실시를 아예 동티모르 유엔 PKO결의안 제1246호 일정에 포함시켰다.

보알바니아인들은 다시는 세르비아인의 통치로 돌아갈 수 없다는 신념을 버리지 않고 있고, 다른 한편에서 코소보세르비아인들은 코소보에 대한 유고연방의 주권회복의 날을 고대하고 있다. 즉, 동상이몽이 잔존하고 있다. 안보리내에서는 중국과 러시아가 그간 UNMIK가 코소보 독립쪽으로 기울지 않도록 견제하여 왔다.[106] 코피 아난(Kofi Annan) 사무총장은 최초 코소보 방문 후 안보리 결의문 제1244의 모호성으로 인해 UNMIK가 겪고 있는 어려움을 지적한 바 있다.

　　안보리가 유엔에게 유고연방의 주권과 영토통합 존중 의무를 주었지만, 임시 행정부 역할을 수행하는 UNMIK는 유고연방으로부터의 독립을 염원하는 주민을 대면하고 있다. 이 모호성으로 인해 긴장이 내재돼 있다.[107]

2001년 5월 채택된 과도정부 구성을 위한 '헌법 틀'에서나 현실적 평화구축 과정에서나 UNMIK는 여전히 상급기관으로 남아있으며 '유엔사무총장특별대리인'(SRSG)이 정책결정의 정점에 있다.[108]

---

[106] Alexandros Yannis, "Kosovo Under International Administration," *Survival*, vol.43, no.2 (Summer 2001), p.35.

[107] "Statement by Kofi Annan to the UN Security Council," *UNMIK press release* (1999.10.21)

[108] 코소보 자치권의 역사적 변천은 Carsten Stahn, "Constitution Without a State? Kosovo Under the United Nations Constitutional Framework for Self-Government," *Leiden Journal of International Law*, vol.14, no.3 (2001), pp.531~561 참조.

〈그림 1〉 자치정부의 과도기 제도 구조

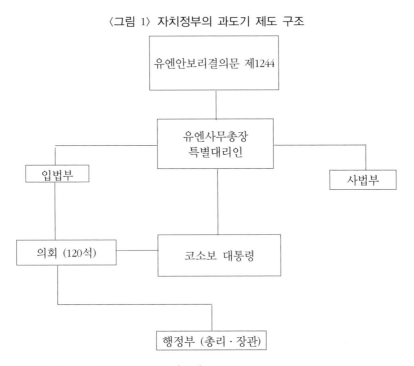

〈출처〉 *What is UNMIK?* (UNMIK 팜플렛, 2002.5).

'유엔사무총장 대리인' 슈타이너(Michael Steiner, SRSG)는 "분명 안보리 결의문 제1244 이행의 중요 의무 중 하나가 코소보 미래지위 결정 과정을 고안하는 것이지만, 코소보 사회와 제도가 준비되기 전에 이를 논의할 수 없다"고 못 박고 있다. 다만 그 상태에 이르기 위해 '민주제도,' '법치,' '이동의 자유,' '경제발전,' '재산소유권,' '유고연방과의 대화,' '코소보 경찰' 등 제 부문에서 유럽기준의 정책목표를 설정·이행함으로써 언젠가 코소보가 정의롭게 공평한 사회가 될 때, 그때 비로소 유럽에의 통합문제와 함께 코소보의 지위를 논할 수 있다는 것이다. 이러한 취지에서 2003년 현재 UNMIK는 '지위보다 기준이 먼저!' (Standards then Status!)프로그램을 펼치고 있다.[109] 과도정부 총리로 당선된 코소보해방군 출신 렉쥐피(Bajram Rexhepi)도 본 연구자와의 인터뷰중 이를 수용, 자신은 코소보 의회와 주민을 상대로 코소보 발전에 매진할 뿐 유고연방과의 접촉은 '유엔사무총장 대리인'의 몫임을 인정했다. UNMIK가 코소보의 최종적 지위에 대해 분명한 청사진을 제시하지 않는 한, 유엔은 출구를 찾지 못한 채 소위 '키프로스 신드롬'에 빠질 수도 있다.

(1) 다차원적 임무

UNMIK의 구조는 바로 냉전종식이후 유엔 PKO의 추세인 다차원적 접근방식을 극명하게 반영하고 있다. 1999년 6월, UNMIK발족시 코소보는 전쟁이 남긴 폐허와 난민문제 외에도 사회주의 경제가 남긴 만성적 비생산성, 그리고 냉전종식이후 10년간 세르비아의 차별정책 유산 등으로 사회 각부문별로 수많은 도전에 직면해 있었다. 유엔은 코소보 분쟁의 보다 완전한 해결은 이들 문제를 다차원적으로 풀어가는 과정에서 가능하다고 판단하여 주요 당면과제를 4대 축으로 설정하고 '유엔사무총장특별대리인'(SRSG)이 이를 총괄토록 조직을 구성하였다.[110]

---

109) Michael Steiner (SRSG), "Standards before status," *Focus Kosovo* (April 2002), pp.4~5.

110) 초기 UNMIK는 코소보의 州都인 프리스티나 (Pristina) 및 지방 주민대표들과의 공조관계를 위한 첫 조치로서 5개도의 도지사, 30개시의 시장을 임명하였다. 급속한 난민 귀환에 따라 생필품 지원 규모 증대, 파괴된 가옥의 개축 및 신축을 위한 자재 보급 등에 초점을 맞추었다. UNMIK 초기 또 다른 도전은 전쟁 중 설치된 각종 위험물질들을 제거하는 일이었다. UN Mine Action Coordination Centre가 KFOR와 함께 마을 주변의 덫, 지뢰, 기타 폭발물을 탐색, 제거하였다. 한편 유엔 경찰 사상 최초로 UNMIK의 국제경찰이 '법 집행' 임무를 안고 출범하였다. *UNMIK at Two* (June 2001), pp.2~3.

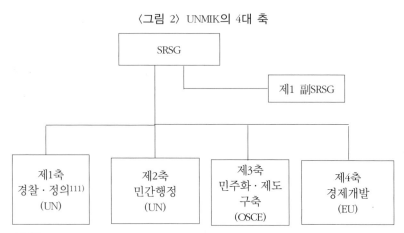

〈그림 2〉 UNMIK의 4대 축

〈출처〉 *UNMIK at Two: The War Ahead; Partnership, Responsibility and Trust* (UNMIK 2001), p.2 재구성.

제1축: 경찰 · 정의

제1축은 원래 UNMIK출범시 '유엔난민고등판무관'(UNHCR)이 주관하는 '인도주의적 지원' 임무였다. 급속한 난민귀환에 따른 구호물자 배분 등의 임무가 어느 정도 완수되자 2001년 6월 유엔이 직접 주관하는 '경찰과 정의'임무가 이를 대신하여 제1축으로 자리잡았다. 조직범죄, 테러, 인종폭력 저지, 그리고 법치에 근간한 정의수호를 목적으로 한다. UNMIK 초기 경찰과 사법체계의 부재 속에서 적지 않은 어려움을 겪은 것이 사실이다. 그러나 곧 산하에 '국제경찰'을 배치하게 되었고 이어 코소보해방군 KLA를 전신으로 한 '코소보경찰' 창립에 성공을 거두면서 주민생활에 안정을 주기 시작하였다.[112]

---

111) 초기에는 '인도주의적 지원'축으로서 UNHCR가 담당하였었다.

112) KLA의 '코소보경찰' 전환에 대해서는 세르비아계의 반대가 있었고 실제로 '코소보경찰'이 후에 인종간 범죄에 관여하는 등, 부작용이 없지 않았지만 그렇지 않았을 경우 UNMIK는 KLA병사 처리문제에 더 큰 어려움을 겪었을 가능성이 높다. KLA에 관한 우려는 Chris Hedges, "Kosovo's Next Masters," *Foreign Affairs* (May/June 1999).

〈그림 3〉 경찰·정의 '축'

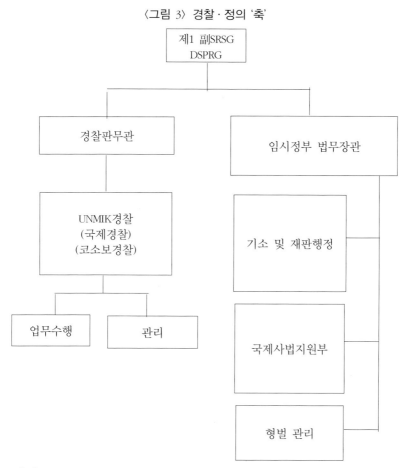

〈출처〉 *UNMIK at Two: The War Ahead; Partnership, Responsibility and Trust* (UNMIK 2001), p.11

UNMIK의 국제경찰은 유엔PKO사상 최초로 단순감시 이상의 법강제 기능을 수행하고 있다.[113]

---

113) "UNMIK Police," *Focus Kosovo* (February 2002), p.16.

〈표 2〉 UNMIK 국제경찰 참가 현황 (47개국)

아르헨티나	146	말레이시아	47
오스트리아	44	말라위	21
방글라데시	73	네팔	46
벨기에	1	나이지리아	63
불가리아	100	노르웨이	27
캐나다	23	파키스탄	71
카메룬	19	필리핀	25
체크공화국	16	폴란드	125
덴마크	17	포르투갈	19
이집트	57	루마니아	184
피지	35	러시아	123
핀란드	26	세네갈	15
프랑스	94	슬로베니아	15
독일	400	스페인	148
가나	110	스위스	9
그리스	20	스웨덴	46
헝가리	5	투지니아	6
아이슬란드	2	터키	119
인도	505	우크라이나	193
이탈리아	62	영국과 북아일랜드	155
요르단	437	미국	478
케냐	25	잠비아	38
키르기스스탄	4	짐바브웨	61
리투아니아	9		
합계			4,274

〈출처〉 *Report of the Secretary-General on the United Nations Interim Administration Mission in Kosovo* (October 2002).

한편 창립 3주년을 맞이한 '코소보경찰'은 5,240명으로서 이중 약 85%가 알바니아인이며 약 8%가 세르비아인이다. UNMIK 초기 코소보 세르비아인들이 UNMIK에의 불참을 주장했던 점을 상기하면 상당한 진전이라고 하겠다.

<표 3> 코소보경찰 구성 현황

코소보알바니아인	85.23%	4,283명
코소보세르비아인	8.11%	498명
기타 소수인종	6.67%	558명
합계		5,240명

<출처> *Report of the Secretary-General on the United Nations Interim Administration Mission in Kosovo* (October 2002).

UNMIK는 정의구현 차원에서 경찰뿐 아니라 독립적이고 능률적인 코소보 '사법체계' 구축을 위해서도 상당한 노력을 기울여 왔다. 밀로셰비치 통치하 코소보의 사법전문인들이 대체로 세르비아계로서 이미 코소보를 떠났거나, 그나마 코소보에 남아있는 법조인들은 모두 신변보호를 위해 협력을 꺼렸기 때문에 UNMIK 초기 사법마비 현상이 빚어졌었다.[114] UNMIK는 뒤늦게 2000년 2월 국제 판검사를 임명하기로 결정하였으며 2002년 말 기준 12명의 국제검사와 12명의 국제판사가 코소보 재판소에서 임무를 수행하고 있다. 한편 점진적으로 코소보 출신 인사들을 발굴, 교육시켜 현재 341명의 판검사들이 코소보의 사법체계를 구성하게 되었다. 이중 알바니아계가 319명, 세르비아계가 4인이다.[115]

---

[114] Lawyers Committee for Human Rights, *A Fragile Peace: Threats to Justice in Kosovo*, October 1999.

[115] *Report of the Secretary-General on the United Nations Interim Administration Mission in Kosovo* (October 2002); 냉전종식이후 다차원 PKO에서 신속한 사법체계 정립의 필요성은 Hansjorg Strohmeyer, "Collapse and Reconstruction of a judicial system: The United Nations Missions in Kosovo and East Timor," *American Journal of International Law*, vol.94, no.1 (January 2001), pp.46~63.

제2축: 민간행정

제2축 '민간행정' 역시 '경찰·정의'축과 마찬가지로 유엔이 직접 주관하는 임무다. 코소보 내 알바니아인이 다수인만큼 소수민족의 이익이 반영되는 다민족 정부기구의 수립과 운영을 목적으로 한다. 특히 전세가 역전된 상황에서 심리적으로 불안해하는 소수 코소보세르비아인들을 보호하고 이들에게 자신감을 부여하는 방안을 모색하는 일에 초점을 두고 있다.

◆ 1999년 7월 '코소보과도이사회'(Kosovo Transitional Counci)' 발족
　　　(코소보 정치인사로 구성된 UNMIK의 자문단)[116]
◆ 1999년 12월 '합동과도행정부'(JIAS) 발족[117]
　　(UNMIK 업무에 코소보 대표가 참여하는 '이중 장관제도')
◆ 2000년 8월 코소보 실질적 자치를 위한 법적틀 및 시단위 주민행정책임
　　이양 제1단계[118]
◆ 2000년 10월 28일 코소보 전역에서 최초의 자유, 공정 시선거[119]
◆ 2001년 5월 신설될 코소보 자치과도정부'헌법틀'확정[120]

---

116) 한편으로는 반목하던 코소보알바니아 지도자들간 화해포럼이 제공되었고 또 다른 한편으로는 국제사회와 코소보알바니아 지도자간 건설적 협력이 시작되었다.

117) UNMIK Regulation No.2000/1 *On the Kosovo Joint Interim Administrative Structure*. 이는 UNMIK의 정당성 강화에 이바지하였을 뿐 아니라 코소보 위기 이전 구성된 Hashim Thaci의 '코소보과도정부'와 Ibrahim Rugova '코소보대통령'을 포용함으로써 이들이 UNMIK밖에서 UNMIK의 정치적 소외를 야기할 소지를 제거할 수 있었다. 또한 1999년 11월 SRSG가 코소보세르비아인들의 공공서비스 활용 및 코소보로의 조직적 귀환을 보장하기 위해 제창한 'Agenda for Coexistence'가 온건한 코소보세르비아 단체인 SNC-Gracanica의 호응을 얻어 2000년 3월, 세르비아인들도 임시행정부에 참여하게 되었다.

118) UNMIK Regulation No.2000/45 *On Self-Government of Municipalities in Kosovo* (2000.8.11).

119) Ibrahim Rugova의 온건세력 승리로 코소보안정에 대한 낙관이 생겼다.

120) UNMIK Regulations 2001/9 *A Constitutional Framework for Provisional Self-Government in Kosovo* (2001.5.15). 최종안에 이르기까지 UNMIK, 국제적

(유엔안보리 결의문 제1244를 근거로 코소보 사회 모든 인종의 권한과 이익 보호 & 유고 주권과 영토통합 존중; UNMIK와 과도정부간 권한 공유)
◆ 2001년 11월 코소보 전역에 걸친 총선[121]
◆ 2002년 3월 '코소보자치과도정부' 구성[122]

　　유엔사무총장특별대리인(SRSG)은 2002년 '코소보자치과도정부' 출범과 함께 과도정부에게 코소보 예산(37억 유로)의 50%를 독자관리토록 했다.[123] 그는 과도정부의 우선적 과제로서 사유화를 통해 코소보 청년실업자 50% 고용토록 직업 창출; 범죄 및 부패 타파, 법치; 인종통합과 소수인종 귀환 보장으로 설정하고 있다.[124] 특히 UNMIK는 알바니아인들의 복수와 차별이 두려워 귀환하지 못하는 코소보세르비아인들에 착안하여 과도정부의 차별정책 가능성 차단에 주력하고 있다.[125] 이는 코소보해방군 출신인 과도정부 총리(Bajram Raxhepi)가 주

　　전문가, 코소보내 정치지도자, 코소보내 국제기구 등이 참여하였다. 세르비아계와 터키계가 제안한 '공동체권 보호'는 수용되었으나 세르비아계가 내놓은 모든 입법시 세르비아 사회의 '거부권 보장'은 기각되었다. 본 헌법틀은 기본적으로 의회중심제 정부형태로서 총 120의석 중 20석은 소수대표에게 할당된다. 의회가 대통령을 선출하며 대통령이 제안한 총리를 승인한다. 총리는 의회에 장관을 천거하여 승인을 구한다. 대통령이 '코소보자치정부'의 민주성과 주민화합을 상징하는 한편 유엔사무총장특별대리인(SRSG)은 (i) 코소보 각 인종공동체의 권리와 이익 보호; (ii) 안전보장; (iii) 의회의 SCR 1244준수 감독; (iii) 금융·통화 정책; (iv) 치안; (v) 외국 혹은 국제기구와의 합의문 체결 등 대외관계; (vi) 예산 최종통제; (vii) 코소보경찰 통제 등 여전히 막강한 권한을 행사한다.
121) 14개 정당이 원내 진출하였다.
122) 총선 이후 4개월만에 새정부가 구성되었다. 의회에서 최대당인 온건 '코소보민주연맹'(LDK)대표인 Ibrahim Rugova가 대통령으로, 그리고 원내 제2당으로서 비교적 강경한 '코소보민주당'(PDK) 대표인 Bajram Rexhepi 박사가 총리로 선임되었다.
123) "Consolidated Budget 2002," Focus Kosovo (February 2002), p.27.
124) Michael Steiner (2002), pp.4~5.
125) 이 점은 필자가 참석했던 UNMIK 주관 공청회(과도정부 관리, UNMIK 제1副SRSG 등 참가)에서 가장 중요한 문제로 부각되었다. (2002.5.28 코소보

재한 첫 각료회의에서 유엔사무총장특별대리인의 제1副대리인(Charles Brayshaw)이 "코소보 신정부가 법을 준수할 것, 코소보 모든 주민들에게 공정한 정부가 될 것"을 당부한 사실에서도 잘 알 수 있다.[126] 실제로 알바니아계가 다수인 과도정부와 UNMIK간 인종정책과 관련한 불협화음이 종종 발생하고 있다.[127] 예컨대, 2002년 8월, 과도정부가 "UNMIK 국제경찰이 인종범죄와 관련하여 코소보알바니아인들에게는 엄격하고 코소보세르비아인들에게는 관대하다"는 비난결의하자 UNMIK가 공개적으로 이 결의문을 비난한 바 있다.[128]

1999년 폐허의 코소보 거리에서 알바니아인들에게는 해방세력으로 세르비아인들에게는 점령군으로 간주되었던 UNMIK가 이제는 코소보 알바니아인이 다수인 과도정부 수립과 함께 세르비아 주민편을 든다는 핀잔까지 들을 정도로 공평관리에 촉각을 세우고 있는 것이다.

제3축: 민주화 · 제도 구축

제3축은 코소보 주민으로 하여금 민주제도 창출 및 법치와 인권의 개선을 도모토록 하는 기제로서 '유럽안보협력기구'(OSCE)가 주관하고 있다. 군, 민, 사법 등 각 분야의 공무원 교육, 언론 및 정보의 자유를 위한 조건 창출, 선거 관리 및 감독을 수행하고 있다.

Pec市). 동일문제에 대한 보도자료로는 OSCE Press Release "Insecurity and Lack of Freedom of Movement Still Hinders Returns" (2002.5.22); Eleanor Beardsley, "In Kosovo, former neighbors warily eye each other," *Christian Science Monitors* (2002.5.29).

126) *Focus Kosovo* (April 2002), p.2.

127) 현재 총리인 Rexhepi박사는 의사이자 코소보해방군 출신이다

128) 이어 코소보알바니아 정치지도자들이 UNMIK의 공정성을 지지한다는 발표문을 내었다. *Report of the Secretary-General on the United Nations Interim Administration Mission in Kosovo* (October 2002).

제4축: 경제개발

제4축은 '유럽연합'(EU) 주관 하 경제회복 및 개발을 담당한다. 재건활동 조율, 경제활동 활성화 및 현대식 투명 시장경제 조건 창출 등을 수행한다. UNMIK 초기 인도주의 지원에 의존하였던 코소보 경제를 장기적으로 유지가능한 경제로 이행시키는 것이 목적이다.[129] 1999년 코소보 총예산의 64%를 차지하던 기부금의 비율이 2000년 47%, 2001년 18%, 그리고 2002년 약 7%로 감소하였으며 2003년은 총예산 약 4억 유로 중 기부금 0%를 목표로 하고 있다.[130] 2002년 기준, 코소보 경제체제는 정상적으로 운용되지 못하는 실정이다. 수입이 수출의 10배를 차지하고 있으며 공공투자 프로그램은 대부분 자선기금에 의존하고 있다.[131] 고용창출을 위한 시장경제 기반 형성 그리고 교육과 훈련을 통한 인적자원 개발이 급선무로 대두되고 있다.

(2) 유럽 다자기구의 적극적 참여

코소보 유엔 PKO의 또 하나 괄목할 점은 지역 국제기구와의 긴밀한 공조 속에 진행되고 있다는 점이다. 무엇보다 NATO군이 주축이 되어 전반적 안전을 보장해 주고 있고, 이외에도 3개 국제기구가 전쟁폐허 속에서 제대로 기능하는 민주사회를 구축한다는 단일 목적으로 유엔사무총장대리인을 정점으로 UNMIK체계내 활동하고 있다. 즉, 인도주의적 지원을 맡은 UNHCR 유럽사무소, 민주주의와 제도구축을 담당한 OSCE, 그리고 경제재건 부문을 주도하고 있는 EU가 이들이다. 이외에도 유럽의 여러나라 NGO들이 코소보내 크고 작은 사회발전

---

[129] *What is UNMIK?* (UNMIK 팜플릿) (2002. 5).

[130] *Report of the Secretary-General on the United Nations Interim Administration Mission in Kosovo*, (April 2002).

[131] *Report of the Secretary-General on the United Nations Interim Administration Mission in Kosovo* (October 2002).

프로그램을 지원 혹은 주도하고 있다.

이에는 지정학적으로 코소보 위기의 전이 가능성이 높은 이유, 그리고 냉전종식이후 급속히 진행되고 있는 통합의 열기 등이 중요한 몫을 하는 것으로 보인다.

(3) NATO주도 KFOR에 '평화강제' 위임

KFOR는 유엔이 가급적 유엔헌장 제7장하 평화강제의 기능을 별도의 국제기구나 회원국들에게 위임코자 하는 새로운 유엔 PKO의 추세를 반영하고 있다.

유엔안보리 결의문 제1244는 유엔헌장 제7장을 언급, 이 지역 상황이 계속 '국제평화와 안보에 대한 위협'이라며 '회원국이나 국제기구'로 하여금 '코소보국제군'(KFOR)을 발족토록 했다. 즉, 유엔 스스로 코소보국제군을 구성하지 않고 이를 위임한 것이다. 이를 법적 근거로 안보리는 이미 코소보 위기 해결을 위한 외교적 지원의 일환으로 코소보를 공습한 후 유고군경과 '군사기술합의문'을 체결한 NATO에게 KFOR 결성을 요청하였다. 또한 SCR 1244는 KFOR와 UNMIK는 기존 유고연방에 대한 무기금수 조처가 적용되지 않음을 밝힘으로써 '전통적' PKO의 경무장 경향을 배제하였다. 코소보내 적대감 재현시 강제적 조처까지도 임무에 포함하고 있는 KFOR에는 19개 NATO회원국을 포함, 모두 37개국이 군병력을 파견하였다. 최대 병력규모 5만까지를 상정하고 있는 KFOR는 사령관을 정점으로 한 단일 명령체계하 '특수여단'(이탈리아 주도), '중부여단'(영국 주도), '남서여단'(독일 주도), '동부여단'(미국 주도) 등 5개 다국적 여단을 두고 있다. 2002년 말 기준, 약 4만명이 코소보에 주둔하고 있으며 7,500명은 후방지원 목적으로 마케도니아, 알바니아, 그리스에 파견되어 있다.[132]

---

132) http://www.nato.int/kfor/kfor/structure/htm.

〈표 4〉 KFOR 참가국 (37개국)

<u>NATO회원국</u> 벨기에, 캐나다, 체크 공화국, 덴마크, 프랑스, 독일, 그리스, 헝가리, 아이슬 랜드, 이탈리아, 룩셈부르그, 네덜란드, 노르웨이, 폴란드, 포르투갈, 스페인, 터키, 영국, 미국. <u>非NATO회원국</u> 아르헨티나, 오스트리아, 아제바잔, 불가리아, 에스토니아, 핀란드, 그루지 아, 아일랜드, 리투아니아, 모로코, 루마니아, 러시아, 슬로바키아, 슬로베니 아, 스웨덴, 스위스, 우크라이나, 아랍에미리트연합.

출처: http://www.nato.int/kfor/nations/default.htm

안보리 결의문 제1244호 통과 이틀만에 '공동수호작전'이라는 이름
으로 NATO 신속대응군이 최초로 코소보 진군에 착수하였으며, 이를
기반으로 한 KFOR는 5일만에 2만명, 다시 두 달 만에 4만명으로 확대
되었다. 처음 KFOR에 합류를 꺼리던 러시아도 6월 중 이에 합류하였다.

KFOR는 UNMIK의 국제경찰 결성이 더디어지는 것과 대조적으로
UNMIK 초기 효과적으로 난민귀환, 구호품전달, 행정요원 업무수행
등을 위한 안전한 환경을 조성하였으며 인종적 폭력의 흔적이 잔존
한 상태에서 코소보 전역에 초소를 배치, 치안도 담당하였다. NATO
는 또한 유고정부와의 '군사기술합의문'의 당사자로서 유고군경의 코
소보 철수를 보장하는 역할을 하였다. 어느 정도 안정화되면서는 무
기자진 신고, 소수민족 이동 호송, 코소보경찰 대상 교육, 테러리즘
관리, 소수민족 귀환 지원 등의 임무도 수행하고 있다[133].

2002년 말 기준, KFOR은 코소보내 세르비아 민족주의가 강한 미트
로비차(Mitrovica)시의 북부를 제외한 코소보 전역에서 점진적으로 초
소 폐쇄와 상주 배치인력 감축을 추진하고 있다. 다만 아직도 코소보

---

[133] *KFOR Report* (KFOR본부, 2002.4.10).

알바니아인들과 코소보세르비아인간 인종청소에 대한 앙금이 가시지 않은 만큼 ,주민 귀환과 관련하여 안전이 문제가 되는 지역, 그리고 알바니아 접경지역과 마케도니아 접경지역에서의 무장 극단주의자들에 대한 경계를 강화하고 있는데 이 역시 점차 단독이 아닌 UNMIK 산하 국제경찰, 그리고 이제 3년 된 '코소보경찰'과 합동으로 수행하고 있다. KFOR가 관리해온 프리스티나 공항도 2004년 중 민간정부로 이양할 계획이다.[134)

(4) 관리구조

코소보 유엔PKO는 처음부터 국제군 결성 및 운용을 NATO에 위임하고 "민간요원과 국제경찰"만을 충원하였다. UNMIK의 민간요원은 유엔사무국 직원이거나 회원국 혹은 국제기구로부터 파견 형식으로 충원된다. 최초 유엔기를 든 선발팀 투입은 결의문 제1244호 채택 3일 후인 1999년 6월 13일이었다. 정치, 경찰, 군, 법, 인도주의, 홍보 등 각 부문 요원들로 구성된 이들 선발팀은 KFOR와 코소보 주민대표 등과 접촉하면서 향후 활동계획을 구상했다.[135)

코소보 유엔PKO 관리체계와 관련하여 눈여겨 볼 사항은 첫째, 국제경찰이 신속하게 배치되지 않아 유고군경 철수 이후 치안부재의 코소보에서 무장 코소보해방군에 의해 소수 세르비아인들이 逆인종청소와 폭력, 협박을 경험하여야 했던 점이다.[136) 유고군경의 철수와 함께 15만 이상의 세르비아인들이 자신의 고향 코소보를 떠나야했으며 잔존한 10만명 가량의 세르비아인들은 신변보호를 위해 자신들만의

---

134) *Report of the Secretary-General on the United Nations Interim Administration Mission in Kosovo* (October 2002); Marcel Valentin 중장 (KFOR 사령관), *Press Statement.*

135) *Fact Sheet* (http://www.un.org/News/ossg/factkos1.htm)

136) 국제경찰 배치가 지연된 데 따르는 유엔의 애로는 *Fact Sheet* http://www.un.org/News/ossg/kos28jun.htm 참조.

'집단거주지'(enclave)를 조성하고 밖에 나오지 못했었다. 이는 "UNMIK 와 KFOR가 코소보알바니아인들과 공조하여 세르비아인들을 내몰고 코소보를 독립시키려 한다"는 밀로셰비치 정권의 선전공세와 함께 코 소보세르비아인들에게 코소보에서의 삶에 대한 두려움을 안겨주기에 충분했다.

둘째, 국제경찰의 유입이 지연된 외에도 코소보 내 사법체계 정립 이 늦어져 UNMIK 초기 KFOR가 인종폭력 등 명백한 질서유린자들을 체포하고도 다시 방면해주는 사태가 발생했다. 또한 어느 시점의 사 법체계를 준거로 할 것인가 하는 공방도 미처 예상치 못했던 것이었 다. 결국 UNMIK는 다수 코소보인의 주장대로 코소보가 밀로셰비치에 의해 탄압받기 이전의 법체계를 잠정적으로 채택하였었다. 새로운 형 태의 유엔PKO에서 적어도 초기 사회안정을 위해서는 치안뿐 아니라 사법체계 정립의 중요성을 말해준다고 하겠다.

셋째, KFOR와 UNMIK과의 관계이다. 안보리 결의문 제1244호는 민 간인 유엔사무총장특별대리인에게 코소보 유엔PKO의 총괄 관리를 위 임하면서, 코소보 안정과 평화구축이라는 단일 목표하 KFOR와의 긴 밀한 공조를 요청하고 있다. 그러나 KFOR는 어디까지나 유엔과 별도 의 구성논리와 지휘체계를 갖춘 조직이다. 따라서 UNMIK과 KFOR간 일종의 듀얼리즘을 기대할 수밖에 없다. 다행히 지난 3년여 '유엔사무 총장특별대리인'(SRSG)과 KFOR 사령관간 좋은 유대관계로 인해 듀얼 리즘이 빚어낼 수 있는 큰 불협화음은 없었다. 그간 3인의 SRSG 그리 고 3인의 KFOR사령관이 있었다.[137]

---

137) SRSG: 초대 Bernard Kouchner 프랑스 전임 보건부장관, 제2대 Hans Haekkerup 네델란드 전임 국방장관, 제3대 독일 외교관 Michael Steiner.

IV. 21세기 유엔PKO에 대한 시사점

냉전종식이후 변모하는 유엔PKO의 특성을 1999년 6월 유엔안보리 결의문 제1244에 의해 탄생된 '코소보' PKO 사례를 통해 살펴보았다. 21세기 유엔PKO의 개념확장과 관련하여 다음의 시사점을 얻을 수 있었다.

1. 先군사제재, 수습안으로서의 유엔PKO

유엔PKO가 특정국가 혹은 국가연합에 의한 군사제재 후 그 수습안으로 채택될 수 있다. 유엔 PKO는 보다 객관적이고 정당한 다자평화기제로 인정받고 있으며 전후복구에도 적합한 기제로 여겨지기 때문이다. 이 경우 군사적 제재는 헌장 제7장(평화위협, 평화파괴, 침략행위에 대한 조치)에 의거, 안보리의 승인을 득하는 것이 범례이지만 코소보 사례는 꼭 그렇지 않을 수도 있음을 시사한다. 즉, 안보리 상임이사국 중 한 나라라도 군사적 제재에 대해 거부권을 행사할 소지가 있는 경우, 다른 상임이사국 쪽에서 이를 안보리에 상정하지 않고 직접 제재에 들어가는 것이다. 코소보의 경우는 미국과 서유럽의 군사동맹 NATO의 군사적 제재였지만 다음에는 중국, 혹은 러시아에 의한 군사제재사례가 없을 것이라고 장담하기 어렵다. 물론 코소보의 경우 NATO의 군사제재 이전에 안보리가 몇 차례 밀로셰비치의 유고연방에 대해 코소보에서의 군사력 사용 중단을 결의해 온 바여서, 윤리적 차원에서 그렇지 않은 경우에 비해 정당성을 주장할 소지가 없지는 않다.[138]

---

138) NATO의 유고연방 공습은 이전에 안보리가 몇 차례 유고연방에게 정치적 해결을 권고한 결의문을 통과시켰다는 점에서 비록 안보리의 직접적 승인을 득하지는 않았지만 정당성을 소지한다는 주장이 제기되기도 한다. 그러나 보다 분명한 위임이 아니라는 점에서는 1998년 초 미국과 영국의 이라

또한 코소보 사례는 NATO내 미국과 서유럽간 일종의 분업을 예시한다. 즉, 先군사제재 단계에서는 독보적 군사기술을 소지한 미국의 절대적 기여, 후(後)유엔PKO 단계에서는 재정, 기술, 인력 지원 등 서유럽 국가들의 절대적 기여 현상을 볼 수 있다.[139]

2. 인권 국제화의 지평 확대

인권국제화의 지평이 넓혀졌다.[140] 21세기 주권국가의 군경이 자국 내 특정인종에 대해 인종청소와 같은 잔혹행위를 범한 경우, 유엔안전보장이사회는 처음 정치적 해결을 종용하고, 이 방법이 효과를 거두지 못할 경우 무기금수 및 군사적 제재도 고려할 수 있게 되었다. 나아가 인권재앙 재발가능성이 완전제거 될 때까지 무기한 당해 지역에 대한 전권을 소지하며 평화와 안정을 도모할 유엔PKO 출범을 결의할 수도 있다.[141] 21세기 안보리가 특정 주권국가내 자국민에 대해

크 공습시 1990년 안보리결의문 제678호를 법적 근거로 한 것과 유사하다. 이에 대한 법적 논쟁은 Jules Lobel & Michael Ratner, "Bypassing the Security Council: Ambiguous Authorizations to us Force, Cease-fires and the Iraqi Inspection Regime," *American Journal of International Law*, vol.93, no.1 (January 1999), pp.124~153.

[139] Heiko Borchert and Mary N. Hampton, "The Lessons of Kosovo: Boon of Bust for Transatlantic Security?" *Orbis* (Spring 2002), pp.369~389.

[140] 이와 관련된 유익한 저서로는 David P. Forsythe, *Human Rights in International Relations* (Cambridge University Press, 2001). 냉전종식이후 국제사회의 '인도적 개입' 사례가 확산됨에 따라 *Orbis*와 *International Affairs*가 각각 이에 관한 전문가들의 글을 모아 특집호를 발간한 바 있다. *Orbis*, vol.45, no.4 (September 2001); *Ethics and International Affairs*, vol.14 (2000).

[141] 유엔은 1948년 총회가 '보편인권선언'을 채택한 이래 지난 50여년 인종차별, 여성차별 철폐에 관한 협약, 아동권 협약, 난민 지위협약, 학살 예방 협약, 자치선언, 강제실종에 관한 선언, 발전권에 관한 선언 등 인권에 관한 80여건의 다자 협약과 선언의 성사에 기여하였다. 특히 민족의 평등과 인종주의 거부를 주창해온 유엔은 총회결의에 따라 2001년 남아프리카에서 '인종주의, 인종차별, 크세노포비아, 기타 비관용에 관한 세계대회'를 개최한 바 있다.

극단적 인권침해를 범하는 정권이나 지도자에게 주권이라는 이름으로 면죄부를 주지 않는다는 점이다. 다시 말해 유엔헌장 제1장 제2절 "주권존중"은 모든 나라가 아니라 '국제적으로 그럴만한 자격을 갖추었다고 인정되는' 국가에만 한정된다는 묵시적 조건이 부여된 셈이다. 코소보가 UNMIK의 전권통치에 들어갔음은 물론 인권재앙을 초래한 밀로셰비치 전 대통령은 현재 ICTY(구유고슬라비아국제형사재판소)에 송치되어 코소보에서의 인종청소 행위에 대해 조사를 받고 있다.[142]

3. '중국·러시아' 동학

21세기 인권문제의 일률적 적용에 대하여 상임이사국 중 중국이 거부권을 행사하거나 최소한 기권을 택할 가능성이 크다. 중국은 안보리결의안 제1244호 표결시 다른 상임이사국 모두 찬성했지만, 유일하게 기권을 표하였다. 중국이 찬성을 하지 않은 배경에는 자국내 티벳, 신장위구르 등 소수민족을 안고 있는 사실, 상임이사국 중 유일하게 아시아 국가로서 아시아적 인권 개념을 논해온 사실[143], 그리고 밀로셰비치 정권이 냉전종식이후 유럽에서 미국 일방주의에 대해 유일하게 저항해온 유일한 체제인 점 등이 있었을 것으로 보인다. 그럼에도 불구하고 유엔 PKO파견에 대해 최소한 거부권은 행사하지 않은 배경에는 인권재앙에 대한 부정적 국제여론, 미국 등 안보리 서방 상임이사국들과의 경제협력 필요성 등 관계소원화 방지, 국제사회에서 밀로셰비치의 입장을 대변하는듯 하던 러시아의 찬성 선회, 마지막으로 차라리 자국이 안보리 상임이사국 지위에 있는 유엔이 주둔함으

---

142) 현재 진행중인 ICTY의 조사는 1998년 학살죄를 선고한 '르완다국제형사재판소'에 이어 두 번째 국제전범재판이어서 그 귀추가 주목된다. Lori Galway, "Milosevic trial spotlights the ICTY," *Focus Kosovo* (February 2002), p.17.

143) WY. Theodore de Barry, *Asian Values and Human Rights: A Confucian Communitarian Perspective* (Harvard University Press, 1998) 참조.

로써 NATO의 유고연방에 대한 일방적 진출을 견제할 수 있는 이점 등이 고려됐을 것이다.

한편 러시아는 21세기 유고연방과 같이 국민의 인권침해 문제로 서방과 대립국면에 있는 국가에 대해 처음은 중재적 역할을 자처하지만, 곧 서방의 입장으로 선회하는 패턴을 보일 가능성이 크다. 처음 러시아는 유엔 등 강대국 협상의 장에서 중국과 함께 유고연방의 주권과 영토통합을 해치지 않아야 한다는 입장을 강력히 피력해 주었다.144) 이는 자국 내 소수 체첸분리주의 문제, 냉전종식이후 유고연방이 유럽 내 미국과 NATO에 대항하는 유일한 세력인 점, 그리고 동일 슬라브족으로서 세르비아와의 인종적 유대, 사회주의 체제에 대한 공동의 경험 등이 그 배경이었을 것이다. 코소보 위기시 밀로세비치는 처음부터 러시아의 국제적 영향력에 기대를 걸었었다. 그렇지만 NATO가 안보리를 거치지 않은 채 공습에 착수하자 러시아는 가급적 NATO라는 서방 군사기구의 일방적 공습을 중단시키고 이를 대신해 상임이사국인 자국의 목소리가 반영될 수 있는 유엔평화유지 미션 구성을 찬성하지 않을 수 없게 된 것이다. 거부권 행사로 인해 소외되는 것보다는 참여를 통해 영향력을 발휘하는 편이 낫다고 본 것이다. 러시아는 뒤늦게 KFOR에도 참가하였다.145) 이후 UNMIK의 정책이나 KFOR 방향이 안보리결의문(SCR) 제1244를 벗어나 '코소보 독립'으

---

144) 코소보 위기시 러시아가 긍정적 역할을 했으나 서방이 이를 무용지물로 만들었다는 입장은 Brian Efird, "Negotiating Peace in Kosovo," *International Interaction*, vol.26, no.2 (2000). pp.153~178. 반대로 러시아가 무책임하고 비일관적이어서 오히려 밀로세비치에게 오판을 유도했다는 주장은 Oleg Levitin, "Inside Moscow's Kosovo Huddle," *Survival*, vol.42, no.1 (Spring 2000), pp.130~40.

145) 러시아와 NATO간 발칸 PKO를 둘러싼 협력과 갈등의 양상은 Sharyl Cross, "Russia and NATO Toward the Twenty-First Century: Conflicts and Peacekeeping in Bosnia-Herzegovina and Kosovo," *The Journal of Slavic Military Studies*, vol.15, no.2 (June 2002), pp.1~58 참조.

로 가지 않도록 주의를 기울여 왔다.[146]

결의문 제1244호가 이처럼 상임이사국내 중국과 러시아의 거부권을 피하고 통과될 수 있었던 데에는 결의문내 '유고주권과 영토통합'에 대한 공약이중요한 역할을 하였다. 다시 말해 NATO로서도 유고연방과의 정의전쟁에서 출구를 찾기 위해 중국과 러시아가 동의 내지 적어도 반대하지 않는 원안이 필요했던 것이다. 그 결과 결의문 제1244호는 코소보의 실질적 자치, 자치정부 추구 등을 말하면서도 코소보의 최종지위에 대해 모호한 형태를 취한 것이다. 이는 코소보의 최종지위를 상당정도 국제정세에 남겨놓는 결과를 낳은 것이라 하겠다.

밀로셰비치가 체포되고 후임 유고연방 대통령으로 코스투니차(Vojislav Kostinuca)가 등장한 2000년 가을 이전과 이후, 그리고 2001년 9월 11일 이슬람권 극단주의자들에 의한 미국내 9.11 테러 이전과 이후, UNMIK 주변에 각각 새로운 기류가 형성되고 있다. 더 이상 직접적 인권범죄를 일으킨 인물이 유고연방 지도자로 남아있지 않은 데에다 중동지역 반테러전의 심대성에 비추어 미국의 코소보에 대한 관심이 상대적으로 떨어질 것으로 보인다. 더불어 미국과 서방은 모슬렘권에 속하는 코소보알바니아인들의 '독립'의지에 대해 과거보다 덜 호의적인 자세를 보이고 있는 듯하다.[147]

---

146) 러시아는 서방의 NATO보다 유엔을 활용하여 냉전종식이후 지역분쟁을 해결하여야 한다고 주장해온 바이다. Igor Ivanov, *Novaya rossiiskaya diplomatiya* (Moskva: Olams, 2001), pp.91~102; Beverly Crawford, "The Bosnian road to NATO enlargement," *Contemporary Security Policy*, vol.21, no.2 (August 2000), pp.39~59; Alexander Lukin, "NATO and Russia after the Kosovo Crisis," *Mezhdunarodni Problemi*, vol.51, 3-4 (1999), pp.295~307.

147) Ivo H. Daalder, "The US, Europe, and the Balkan" *Problems of Post-Communism*, vol.49, no.1 (Jan/Feb. 2002), pp.2~11; Marta Dassu & Nicholas Whyte, "America's Balkan Disengagement?" *Survival*, vol.43, no.4 (Winter 2001-02), pp.123~126. Daalder & O'Hanlon은 냉전종식이후 유엔 PK의 건설적 측면에 착안, 미국정부가 발칸의 PKO에 계속 남아있어야 한다는 견해를 피력하고 있다. Ivo H. Daalder & Michael E. O'Hanlon, "The United States

4. 헌장 제6장과 제7장 병행

유엔은 상설군이 없다. 21세기 유엔PKO는 강제력이 필요한 경우 헌장 제7장(평화위협, 평화파괴, 침략행위에 대한 조치)에 따라 별도의 지휘체계를 갖춘 국제군에게 이를 위임할 가능성이 높다.

이로써 유엔은 헌장 제6장(분쟁의 평화적 해결)에 근거한 전통적 PKO의 평화적 이미지를 훼손하지 않은 채, 보다 철저히 평화구축을 위한 다차원적 임무를 수행할 수 있는 것이다. 민간경찰, 선거전문가, 지뢰제거전담자, 인권감시인, 행정전문가, 홍보전문가 등을 요원으로 참가시키고 있으며, 군이 아닌 민간요원을 '유엔사무총장특별대리인' (Special Representative of the Secretary-General)직에 임명하여 해당 평화유지단의 통솔권을 부여하고 있다. 동시에 유엔민간행정부와 파트너관계에 있는 별도의 국제군을 통해 유엔 다국적 경찰 도착 전(前), 치안공백을 메꿀 수도 있고 강제력의 필요성이 장기화될 경우 비교적 수월하게 지속적 지원을 확보할 수도 있다.

냉전종식이후 유엔PKO의 파트너로 별도 조직된 다국적군은 대체로 미국 혹은 서방의 군이 주도했다. 중국이나 러시아가 주도한 경우는 아직 없었다. 이는 냉전종식이후 서방이 경제력과 군사력 차원에서 중국, 러시아보다 여유가 있음은 물론, 민주주의, 인권 등 가치 차원에서의 공약 역시 중국이나 러시아에 비해 더 자신있게 표출하고 있음을 입증한다고 하겠다.

5. 지역차원의 접근 양식

21세기 유엔PKO는 유엔헌장 제8장(지역제도)이 권유하고 있듯 과

---

in the Balkans: There to Stay," *The Washington Quarterly* (Autumn 2000), pp.157~170.

거와 달리 지역적 접근을 중시하게 될 것이다.

코소보의 경우 첫째, 기존 지역기구를 코소보의 안정과 평화라는 유엔PKO 목표달성을 위한 공식적 도구로 수용하고 있으며 둘째, 현재 '뜨거운 감자'인 코소보의 최종 지위와 관련하여서도 지역 경제권에 편입된 상태에서 자연스럽게 해결될 수 있는 방안을 모색하고 있다. 유엔의 주요인사들, 유럽의 정치인, 전문가 등은 공히 신유럽내 발칸의 통합과정이라는 전제하에서 단일경제권, OSCE방식의 정치적 협약 및 포괄지역안보협약 등을 통해서만이 코소보의 독립이 가능하다는 입장을 보이고 있다.[148] 이들은 1999년 '동남부유럽안정협약', 2001년 독일외상 피셔(Joschka Fischer)가 제안한 소위 '유럽경제권 II' (European Economic Area II)[149] 등 지역차원의 포괄 프로그램에 관심을 두고 있다.

이는 코소보가 지정학적, 역사문화적으로 인근지역 불안정화를 불러일으킬 우려가 클 뿐 아니라 냉전종식이후 유럽의 통합 추세가 확산되고 있기 때문이라고 할 수 있다. 그렇지만 꼭 코소보와 유럽의 특수성에서만 연유된다고 할 수는 없다. 첫째, 오늘날 어떤 국가이건 한 나라에서 발생하는 인도주의적 재앙은 피난민의 이동, 경제협력 중단, 교통통신 장애 등 인근국가의 안정에 부정적 영향을 미칠 수 있다. 둘째, 분쟁이후 평화와 안정, 경제재건을 보다 광역적으로 인근국가들과의 협력 및 관계발전 속에서 풀어가는 것이 더욱 효과적일 수 있다. 셋째, 잠재적 위험에의 노출강도 측면에서 볼 때, 멀리있는

---

148) Louis Sell, "Kosovo: The Key to Balkan Stability," *Problems of Post-Communism* (Jan/Feb. 2002), pp.12~15; Jacque Rupik, "Yugoslavia after Milosevic," *Survival*, vol.43, no.2 (Summer 2001), pp.19~29; Louis Sell, "Kosovo Getting Out with Peace and Honor Intact," *Problems of Post-Communism*, vol.48, no.2 (March/April 2001), pp.3~14.

149) Stability Pact와 마찬가지로 지역경제연합을 모색하는 것이다. 단, 코소보와 같이 준국가(state-like entities)도 지역경제협상 과정에서 여타 민족국가와 나란히 행위자가 된다. Dassu & Whyte (2001), pp.128~129.

초강대국보다는 인근국가중 비교적 경제적 여유가 있는 국가들이 더 지속적이고 책임있는 지역정책을 주도할 수 있다. 2001년 9.11테러 이후 미국의 초점이중동 대테러전으로 옮아감에 따라 지리적으로 발칸 불안정의 영향을 많이 받게 될 독일과 이탈리아가 부쩍 동남부 유럽 지역안보에 큰 관심과 지원을 보내고 있다. 동북아와 아시아에서 이렇듯 권역에 기초한 유엔PKO의 가능성이 얼마나 있는지 생각해 보아야 할 것이다.

6. 유엔PKO 관리체계 합리화 모색

21세게 유엔PKO는 수요증대와 과제의 복잡성에 직면해 있다. 보다 효율적 임무수행을 위해 체제 정비를 서두르지 않으면 안된다. 코소보 유엔PKO사례에서 보았듯 각각의 유엔PKO는 그때그때 문제해결에 적합한 기구로 고안, 결성되고 있다. 회원국의 협력의지, 유엔의 평화유지기금 및 전략적 준비상황에 따라 24시간내 배치될 수도 있고 수 개월이 소요될 수도 있다. 1990년대 이후 유엔은 보다 예측가능하고 보다 신속한 지원을 확보하기 위한 다각적 방안을 강구하여 왔다. 첫째, 대기제(Stand-by Arrangement)이다. 회원국이 PKO에 관한 지원규모와 성격을 구체적으로 서약함으로써 당해국가로서는 사전준비가 가능하고 유엔사무총장의 입장에서는 새로운 PK임무에 적합한 국가를 효과적으로 찾아낼 수 있는 방안이 된다. 상설군이 없는 유엔으로서는 평화유지군 결성을 위한 최선책이라 하겠다. 1994년 이래 이는 새로운 파견단 결성의 자료로 활용되고 있는데 현재 65개국이 참여하고 있다.

둘째, '분견대 장비제'(Contingent-owned Equipment System)이다. 각 회원국이 평화유지군 배치전 '공여합의문'(Contribution Agreement)을 통해 자국 분견대 소유 장비에 대해 유엔으로부터 사후 지급액을 확정받아두는 제도이다.

셋째, 21세기 유엔 PKO가 대체로 정부의 급속한 붕괴를 전제하고 있는 만큼, 치안과 행정 공백을 최대한 줄일 목적으로 '신속배치가능 미션본부'(Rapid Deployable Mission Headquarters)가 신설되었다. 이로 써 PKO에 관해 충분히 교육을 받아 둔 민·군·경 요원 60-80명을 최초 배치한 후 이로부터 60-90일 후에 장기 요원으로 대체할 수 있게 된 것이다.

넷째, 전세계 각 평화유지단의 일상적 수행방향, 관리, 병참 지원을 담당하는 유엔사무국 'PKO국'(Department of Peacekeeping Operation)내 '기획팀,' '교육팀'이 별도 신설되었다. 전자는 다차원 임무수행을 위해 유관조직간 조율을 염두에 둔 총체적 기획, 후자는 회원국과 지역기 구 군사요원을 대상으로 PKO에 관한 지도, 전문가 지원, 정보제공 등 을 수행하고 있다.

상기 방안들은 극소수 예에 해당된다. 이외에도 민간인이 유엔평화 유지단장으로 임명되는 경우 유엔 민간행정부와 별도로 다국적군과 의 원만한 관계 정립 등[150] 유엔 안팎에서 보다 효율적인 '21세기형 유엔 PKO'를 위한 방안들이 지속적으로 논의, 모색되고 있다.

V. 결론

이상 코소보 사례를 통해 유엔의 평화기제 중 PKO에 초점을 맞추 어 21세기 분쟁관리의 현주소를 가늠해 보았다. 연구결과, (i) 21세기 유엔PKO가 개념확장 및 적극화 현상을 겪고 있다는 점 (ii) 아직 이 현상의 성과에 대해 판단하기가 이르다는 점 (iii) 각 회원국, 그리고

---

[150] Wolfgang Bierman & Martin Vadset, "After Dayton: Write off the UN?," Chapter. 23 in Biermann & Vadset (1999).

유엔차원에서 보다 바람직한 '21세기형 유엔PKO' 모색을 위한 노력이
필요하다는 점을 발견하였다.

첫째, 냉전기 미·소 양 초강대국의 영향력하에서 실시되었던 비교
적 예측가능하고 정태적이었던 '전통적' PKO양식이 보다 더 적극적인
역할 수행을 위해 개념적 확장을 경험하고 있음을 알게 되었다. 역사
적으로 모든 시대는 나름대로 다 '전환기'였을 것이다. 그러나 적어도
유엔PKO의 개념확장과 성격변화 측면에서 보면 분명 냉전종식이후
21세기는 전환기임이 확실하다. 냉전기 유엔PKO가 비교적 주권국가
간 분쟁이 가라앉은 후 정전감시 등 평화유지를 위해 경무장 군 혹
은 비무장 군옵저버를 파견한 데 반해, 21세기 유엔 PKO는 그 임무
나 양상이 훨씬 복잡해진 가운데 때로는 중무장군, 민, 경 모두가 참
여하는 다차원적 활동으로 변모하고 있다. 과제가 포괄화되면서 과거
와 달리 지역국제기구들도 각 유엔 평화유지단과 함께 주요한 역할
을 수행하고 있다. 이 모든 것이 한편으로는 냉전기 분출되지 못했던
인종분규, 종교갈등 등이 폭발한 데 따른 것이고 다른 한편으로는 안
보리 상임이사국내 동서(東西)이념갈등이 어느 정도 이완됨에 따라
과거보다 수월하게 강대국간 '적극적' PKO에 대한 합의가 가능해 진
데서 연유한 것으로 보인다.

코소보 사례는 21세기 유엔PKO의 개념확장 및 적극화 현상을 보다
명확히 드러내 주고 있다. 1999년 6월 10일 결의문 제1244호에 따라
성립된 코소보 유엔PKO는 유엔 헌장 제1장 2절 '주권국가에 대한 존
중,' 그리고 제6장 '분쟁의 평화적 해결'에 근간하던 전통적 유엔 PKO
의 성격을 명시적으로는 그대로 강조하면서도, 실질적으로는 안보리
가 냉전시에 비해 보다 적극적으로, 보다 깊숙이 국제평화유지에 나
서고 있다는 느낌을 떨치기 어렵다.

둘째, 냉전종식이후 PKO의 개념확장 및 적극화 기류에 대해서는
아직 그 효율성이나 당위성을 판단하기 이르다. 다만 코소보 사례를

통해 확연히 알 수 있는 점은 유엔PKO의 개념확장 및 적극화 현상이 21세기 인류 앞에 새롭게 출현하는 각종 위협요인에 직면하여 평화롭고 안전한 세상을 수호하거나 복원하기 위한 유엔 차원의 적극적 응전에서 비롯된 것이라는 점이다. 한편에서는 큰 기대를 가지고 보는 이들이 있는 반면,[151] 또 다른 한편에서는 유엔의 적극적 PKO가 가져올지 모를 '주권 존중의 가치 훼손,' '강대국 논리의 정당화' 등을 들어 심대한 우려를 표명하기도 한다.[152]

신자유주의의 입장에서 보면 냉전종식이후 유엔PKO의 개념확장 추이는 국제기구가 독자적으로 시대환경에 부응하여 합리화를 추구해 가는 것이며, 이것이 21세기 글로벌 시대에 부합하는 불가피한 추세이자 바람직한 국제정치의 노정이라고 할 수 있다.[153] 그러나 처음부터 국제기구의 독자성이 제한되어 있다고 보는 현실주의 및 구성주의 시각에서는 낙관적 전망만을 제시하기가 어렵다: 그 논거는 (i) 냉전종식이후 안보리가 PKO와 관련하여 유엔헌장 제7장을 원용, '강제력'을 병행하는 과정에서 미국과 NATO국가들이 국제안보에서 차지하는 비중이 불균형적으로 커지고 있다는 점이다[154]; (ii) 인권이 문제가

---

151) 예컨대 Derek Chollet (George Washington University) and Robert Orr (CSIS), "Carpe Diem: Reclaiming Success at the United Nations," *Washington Quarterly*, vol.24, no.4 (Autumn, 2001), pp.7~18.

152) David Rieff, "Humanitarianism in Crisis," *Foreign Affairs*, vol.81, no.6 (2002), pp.111~121; Anne Julie Semb, "The New Practice of UN-Authorized Interventions: A Slippery Slope of Forcible Interference?" *Journal of Peace Research*, vol.37, no.4 (2000), pp.460~488; Bhikhu Parenkh, "The Dilemmas of Humanitarian Interests," *International Political Studies Review*, vol.11, no.1 (1997), pp.5~7.

153) Paul R. Viotti & Mark v. Kauppi, *International Relations Theory* (Macmillan Publishing Co., 1987; David A. Baldwin (ed.), *Neorealism and Neoliberalism* (NY: Columbia University Press, 1993).

154) Hideaki Shinoda, "The politics of legitimacy in international relations: a critical examiniation of NATO's intervention in Kosovo," *Alternatives*, vol.25, no.4 (2000), pp.515~536.

되었다고 하지만 과연 객관적 척도가 있을 수 있을까 의문을 제시할 수 있다는 것이다.[155] 또한 인권 뿐 아니라 환경오염, 대량살상무기 확산 등 안보리 상임이사국 5개국간 합의가 달성되기만 하면 평화강제, 그리고 유엔PKO 채택이라는 수순이 가능해진 것 아니냐는 우려도 가능하다; (iii) 분쟁의 근본원인이 보다 역사적이고 문화적인 사실과 결부되어 있다는 점이다. 21세기 분쟁이 대부분 구소련·동구권, 아시아·아프리카 등 非서방 사회에서 발생한다고 가정할 때, 서구적 가치에 입각한 새로운 사회제도를 '이식'하는 것만으로는 근본적으로 불안정 요인을 불식하기 어렵다는 점이다.

마찬가지로 코소보 유엔PKO의 지난 3년반 성과에 대해서도 아직 진행중인 만큼 단적으로 평가하기 어렵다. 분명 UNMIK과 KFOR의 공조 속에서 코소보에서 인종청소 종식, 유고연방 군경 철수, 난민귀환, KLA의 무장해제, 코소보경찰 창립, 선거와 과도정부 수립 등 가시적 성과가 있었던 것은 사실이다. 또한 피부색을 달리하는 47개국 4천여명의 다국적 경찰과 37개국 4만여명의 국제군이 코소보에서 인종재앙을 종식시키고 안정과 평화를 정착시킬 단일 목적하 '유엔사무총장특별대리인'(SRSG)을 정점으로 유엔기 아래 공조하는 모습은 분명 21세기 국제평화를 위한 유엔의 긍정적 역할을 실감하게 한다. 그러나 결의문 제1244가 안보리상임이사국의 급속한 합의를 구하기 위해 당초 코소보 위기의 원인이 되었던 코소보의 최종지위를 모호하게 설정한 결과 위기의 진정한 해결책은 구하지 못한 상태에 놓여있는 것도 사

---

155) 예: O. Azhirnov (ed.), *Mir posle Kosovo* (Moskva: INION RAN, 2001); Paul de Waart, "NATO and Yugoslavia: taking international law into its own hands," *Mezhudnarodni Problemi*, vol.52, no.3 (2000), pp.259~284; Rachel Kerr, "International judicial intervention: the International Criminal Tribunal for the Former Yugoslavia," *International Relations*, vol.15, no.2 (August 2000), pp.17~26.; Barbara Delcourt, "Use of international law in the Yugoslavia: two laws two yardsticks," *Mezhdunarodni Problemi*, vol.53, no.3 (2000), pp.285 ~290). 이들은 국제법이 국제정치에 활용될 수 있다는 우려를 표명한다.

실이다. 즉, 2002년 3월 코소보 과도정부가 성립되었지만 여전히 SRSG
의 보호하에 놓여 있으며 주민의 80%인 알바니아계와 10%인 세르비
아계간의 긴장, 그리고 전자에 의한 보복 범죄들이 지속되고 있다.
또한 코소보 최종지위가 국제정치 추이의 영향을 받고 있다. 1999년
6월 당시 세르비아계가 유엔평화유지 미션을 점령군으로 간주하며 의
심했던 것과 대조적으로 이번에는 알바니아계가 밀로셰비치 이후 민
주화의 길을 걷고 있는 유고연방의 유연성, 9.11테러 이후 극단 모슬
렘권 테러리즘에 대한 서방의 경계 분위기 등을 감지하면서 코소보
독립의 길이 멀어지는 것은 아닌지 UNMIK의 동태를 예의 주시하고
있다.

셋째, '21세기형 유엔PKO'가 아직 이렇다 하게 정립된 것은 아니다.
지속적 도전요소에 대한 행위자들의 응전 양태로 발전해 가고 있는
중이다. 새로운 임무수행에 있어 유엔은 본부차원에서나 현지에서나
보다 명확한 독트린을 창출함으로써 유엔PKO의 공명성과 불편부당성
을 확보, 유지하여야 할 것이며 아울러 보다 효율적이고 공명정대한
PKO를 위해 체제개선을 게을리 해서는 안 될 것이다. 홀브루크 전임
유엔주재 미국대사의 말대로 유엔은 "흠이 있음에도 불구하고 없앨
수 없는" 기제인 것이다.[156)

한국도 1993년 최초로 소말리아에 평화유지군을 파견한 이래 2003
년 현재까지 약 3,000명이 6개 활동에 참가하였다. 2002년 7월 기준,
총 475명의 요원이 동티모르, 서부사하라, 인도 · 파키스탄, 그루지아
에서 유엔기 아래 군, 군옵저버, 의료원 등의 임무를 수행하고 있
다.[157) 21세기 지구 각처에서 발생하는 분쟁과 분규에 우리가 여타
유엔회원국들과 나란히 동참하여 평화를 정착시키는 데에 일조하는

---

156) 홀브루크 (Richard Holbrook) 전임 미국 유엔대사의 말. Chollet & Orr (2001),
    p.10 재인용.
157) http://www.un.int/korea/pko.htm.

일은 장기적 국익이나 국제적 위상 제고 측면에서 바람직한 일이다. 지구공동체와의 협력을 저버리고는 글로벌 시대 번영과 발전을 기대하기 어렵기 때문이다. 그러나 유엔헌장 제6장을 준거로 한 분쟁의 평화적 해결에 목적을 둔 '전통적' PKO인지, 유엔헌장 제7장에 입각한 '위협상황'하 강제력을 수반한 PKO인지, 후자의 경우 국제군을 유엔이 구성하는 것인지, 특정국가에 위임한 것인지, 아니면 아예 위임 없이 치러지는 단순 전쟁인지 등에 따라 병사의 국제법적, 그리고 물리적 안전성 정도, 더불어 국익과 국제위상에 대한 모험성 정도가 달라진다. 이에 대한 숙고가 있어야 할 것이다. 어떠한 경우라도 우리는 유엔PKO가 무정형적으로 개념확장을 거듭하는 21세기, 특정지역 분쟁에 대한 안보리내 5개 상임이사국의 동학, 그리고 총회와 사무국 주변 유엔PKO와 관련된 새로운 정책포럼 혹은 제도 설정과정을 주의 깊게 분석, 대비하고 있어야 할 것이다.

별 첨

〈별첨 1〉 군사기술합의문

MILITARY TECHNICAL AGREEMENT

between the International Security Force ("KFOR") and
the Governments of the Federal Republic of Yugoslavia
and the Republic of Serbia
9 June 1999

Article I: General Obligations

1. The Parties to this Agreement reaffirm the document presented by President Ahtisaari to President Milosevic and approved by the Serb Parliament and the Federal Government on June 3, 1999, to include deployment in Kosovo under UN auspices of effective international civil and security presences. The Parties further note that the UN Security Council is prepared to adopt a resolution, which has been introduced, regarding these presences.

2. The State Governmental authorities of the Federal Republic of Yugoslavia and the Republic of Serbia understand and agree that the international security force ("KFOR") will deploy following the adoption of the UNSCR referred to in paragraph 1 and operate without hindrance within Kosovo and with the authority to take all necessary action to establish and maintain a secure environment for all citizens of Kosovo and otherwise carry out its mission. They further agree to comply with all of the obligations of this Agreement and to facilitate the deployment and operation of this force.

3. For purposes of the agreement, the following expressions shall have the meanings as described below:

(a) "The Parties" are those signatories to the Agreement.

(b) "Authorities" means the appropriate responsible individual, agency, or organisation of the Parties.

(c) "FRY Forces" includes all of the FRY and Republic of Serbia personnel and organisations with a military capability. This includes regular army and naval forces, armed civilian groups, associated paramilitary groups, air forces, national guards, border police, army reserves, military police, intelligence services, federal and Serbian Ministry of Internal Affairs local, special, riot and anti-terrorist police, and any other groups or individuals so designated by the international security force ("KFOR") commander.

(d) The Air Safety Zone (ASZ) is defined as a 25-kilometre zone that extends beyond the Kosovo province border into the rest of FRY territory. It includes the airspace above that 25-kilometre zone.

(e) The Ground Safety Zone (GSZ) is defined as a 5-kilometre zone that extends beyond the Kosovo province border into the rest of FRY territory. It includes the terrain within that 5-kilometre zone.

(f) Entry into Force Day (EIF Day) is defined as the day this Agreement is signed.

4. The purposes of these obligations are as follows:

(a) To establish a durable cessation of hostilities, under no circumstances shall any Forces of the FRY and the Republic of Serbia enter into, reenter, or remain within the territory of Kosovo or the Ground Safety Zone (GSZ) and the Air Safety Zone (ASZ) described in paragraph 3. Article I without the prior express consent of the international security force ("KFOR") commander. Local police will be allowed to remain in the GSZ. The above paragraph is without prejudice to the agreed return of FRY and Serbian personnel which will be the subject of a subsequent separate agreement as provided for in paragraph 6 of the document mentioned in paragraph 1 of this Article.

(b) To provide for the support and authorization of the international security force ("KFOR") and in particular to authorize the international security force ("KFOR") to take such actions as are required, including the use of necessary force, to ensure compliance with this Agreement and protection of the international security force ("KFOR"), and to contribute to a secure environment for the international civil implementation presence, and other international organisations, agencies, and non-governmental organisations (details in Appendix B).

Article II: Cessation of Hostilities

1. The FRY Forces shall immediately, upon entry into force (EIF) of this Agreement, refrain from committing any hostile or provocative acts of any type against any person in Kosovo and will order armed forces to cease all such activities. They shall not encourage, organise or support hostile or provocative demonstrations.

2. Phased Withdrawal of FRY Forces (ground): The FRY agrees to a phased withdrawal of all FRY Forces from Kosovo to locations in Serbia outside Kosovo. FRY Forces will mark and clear minefields, booby traps and obstacles. As they withdraw, FRY Forces will clear all lines of communication by removing all mines, demolitions, booby traps, obstacles and charges. They will also mark all sides of all minefields. International security forces' ("KFOR") entry and deployment into Kosovo will be synchronized. The phased withdrawal of FRY Forces from Kosovo will be in accordance with the sequence outlined below:

(a) By EIF+1 day, FRY Forces located in Zone 3 will have vacated, via designated routes, that Zone to demonstrate compliance (depicted on the map at Appendix A to the Agreement). Once it is verified that FRY forces have complied with this subparagraph and with paragraph 1 of this Article, NATO air strikes will be suspended. The suspension will continue provided that the obligations of this agreement are fully complied with, and provided that the UNSC adopts a resolution concerning the deployment of the international security force ("KFOR") so rapidly that a security gap can be avoided.

(b) By EIF+6 days, all FRY Forces in Kosovo will have vacated Zone 1 (depicted on the map at Appendix A to the Agreement). Establish liaison teams with the KFOR commander in Pristina.

(c) By EIF+9 days, all FRY Forces in Kosovo will have vacated Zone 2 (depicted on the map at Appendix A to the Agreement).

(d) By EIF+11 days, all FRY Forces in Kosovo will have vacated Zone 3 (depicted on the map at Appendix A to the Agreement).

(e) By EIF+11 days, all FRY Forces in Kosovo will have completed their withdrawal from Kosovo (depicted on map at Appendix A to the Agreement) to locations in Serbia outside Kosovo, and not within the 5 km GSZ. At the end of the sequence (EIF + 11), the senior FRY Forces commanders responsible for the withdrawing forces shall confirm in writing to the international security force ("KFOR") commander that the FRY Forces have complied and completed the phased withdrawal. The international security force ("KFOR") commander may approve specific requests for exceptions to the phased withdrawal. The bombing campaign will terminate on complete withdrawal of FRY Forces as provided under Article II. The international security force ("KFOR") shall retain, as necessary, authority to enforce compliance with this Agreement.

(f) The authorities of the FRY and the Republic of Serbia will co-operate fully with international security force ("KFOR") in its verification of the withdrawal of forces from Kosovo and beyond the ASZ/GSZ.

(g) FRY armed forces withdrawing in accordance with Appendix A, i.e. in designated assembly areas or withdrawing on designated routes, will not be subject to air attack.

(h) The international security force ("KFOR") will provide appropriate control of the borders of FRY in Kosovo with Albania and FYROM until the arrival of the civilian mission of the UN.

3. Phased Withdrawal of Yugoslavia Air and Air Defence Forces (YAADF)

(a) At EIF+1 day, no FRY aircraft, fixed wing and rotary, will fly in Kosovo airspace or over the ASZ without prior approval by the international security force ("KFOR") commander. All air defence systems, radar, surface-to-air missile and aircraft of the Parties will refrain from acquisition, target tracking or otherwise illuminating international security ("KFOR") air platforms operating in the Kosovo airspace or over the ASZ.

(b) By EIF+3 days, all aircraft, radars, surface-to-air missiles (including man-portable air defence systems (MANPADS)) and anti-aircraft artillery in Kosovo will withdraw to other locations in Serbia outside the 25 kilometre ASZ.

(c) The international security force ("KFOR") commander will control and coordinate use of airspace over Kosovo and the ASZ commencing at EIF. Violation of any of the provisions above, including the international security force ("KFOR") commander's rules and procedures governing the airspace over Kosovo, as well as unauthorised flight or activation of FRY Integrated Air Defence (IADS) within the ASZ, are subject to military action by the international security force ("KFOR"), including the use of necessary force. The international security force ("KFOR") commander may delegate control of normal civilian air activities to appropriate FRY institutions to monitor operations, deconflict international security force ("KFOR") air traffic movements, and ensure smooth and safe operations of the air traffic system. It is envisioned that control of civil air traffic will be returned to civilian authorities as soon as practicable.

Article III: Notifications

1. This agreement and written orders requiring compliance will be immediately communicated to all FRY forces.

2. By EIF+2 days, the State governmental authorities of the FRY and the Republic of Serbia shall furnish the following specific information regarding the status of all FRY Forces:

    a. Detailed records, positions and descriptions of all mines, unexploded ordnance, explosive devices, demolitions, obstacles, booby traps, wire entanglement, physical or military hazards to the safe movement of any personnel in Kosovo laid by FRY Forces.

    b. Any further information of a military or security nature about FRY Forces in the territory of Kosovo and the GSZ and ASZ requested by the international security force ("KFOR") commander.

Article IV: Establishment of a Joint Implementation Commission (JIC)

A JIC shall be established with the deployment of the international security force ("KFOR") to Kosovo as directed by the international security force ("KFOR") commander.

Article V: Final Authority to Interpret

The international security force ("KFOR") commander is the final authority regarding interpretation of this Agreement and the security aspects of the peace settlement it supports. His determinations are binding on all Parties and persons.

Article VI: Entry Into Force

This agreement shall enter into force upon signature.

Appendices:

A. Phased withdrawal of FRY Forces from Kosovo

B. International security force ("KFOR") operations

1. Consistent with the general obligations of the Military Technical Agreement, the State Governmental authorities of the FRY and the Republic of Serbia understand and agree that the international security force ("KFOR") will deploy and operate without hindrance within Kosovo and with the authority to take all necessary action to establish and maintain a secure environment for all citizens of Kosovo.

2. The international security force ("KFOR") commander shall have the authority, without interference or permission, to do all that he judges necessary and proper, including the use of military force, to protect the international security force ("KFOR"), the international civil implementation presence, and to carry out the responsibilities inherent in this Military Technical Agreement and the Peace Settlement which it supports.

3. The international security force ("KFOR") nor any of its personnel or staff shall be liable for any damages to public or private property that they may cause in the course of duties related to the implementation of this Agreement. The parties will agree a Status of Forces Agreement (SOFA) as soon as possible.

4. The international security force ("KFOR") shall have the right:

   (a) To monitor and ensure compliance with this Agreement and to respond promptly to any violations and restore compliance, using military force if required.

   This includes necessary actions to:

   1. Enforce withdrawals of FRY forces.

   2. Enforce compliance following the return of selected FRY personnel to Kosovo

   3. Provide assistance to other international entities involved in the implementation or otherwise authorised by the UNSC.

   (b) To establish liaison arrangements with local Kosovo authorities, and with FRY/Serbian civil and military authorities.

(c) To observe, monitor and inspect any and all facilities or activities in Kosovo that the international security force ("KFOR") commander believes has or may have military or police capability, or may be associated with the employment of military or police capabilities, or are otherwise relevant to compliance with this Agreement.

5. Notwithstanding any other provision of this Agreement, the Parties understand and agree that the international security force ("KFOR") commander has the right and is authorised to compel the removal, withdrawal, or relocation of specific Forces and weapons, and to order the cessation of any activities whenever the international security force ("KFOR") commander determines a potential threat to either the international security force ("KFOR") or its mission, or to another Party. Forces failing to redeploy, withdraw, relocate, or to cease threatening or potentially threatening activities following such a demand by the international security force ("KFOR") shall be subject to military action by the international security force ("KFOR"), including the use of necessary force, to ensure compliance.

〈별첨 2〉 유엔안보리 결의문 제1244호

RESOLUTION 1244 (1999)

Adopted by the Security Council at its 4011th meeting,

on 10 June 1999

The Security Council,

Bearing in mind the purposes and principles of the Charter of the United Nations, and the primary responsibility of the Security Council for the maintenance of international peace and security,

Recalling its resolutions 1160 (1998) of 31 March 1998, 1199 (1998) of 23 September 1998, 1203 (1998) of 24 October 1998 and 1239 (1999) of 14 May 1999,

Regretting that there has not been full compliance with the requirements of these resolutions,

Determined to resolve the grave humanitarian situation in Kosovo, Federal Republic of Yugoslavia, and to provide for the safe and free return of all refugees and displaced persons to their homes,

Condemning all acts of violence against the Kosovo population as well as all terrorist acts by any party,

Recalling the statement made by the Secretary-General on 9 April 1999, expressing concern at the humanitarian tragedy taking place in Kosovo,

Reaffirming the right of all refugees and displaced persons to return to their homes in safety,

Recalling the jurisdiction and the mandate of the International Tribunal for the Former Yugoslavia,

Welcoming the general principles on a political solution to the Kosovo crisis adopted on 6 May 1999 (S/1999/516, annex 1 to this resolution) and welcoming also the acceptance by the Federal Republic of Yugoslavia of the principles set forth in points 1 to 9 of the paper presented in Belgrade on 2 June 1999 (S/1999/649, annex 2 to this resolution), and the Federal Republic of Yugoslavia's agreement to that paper,

Reaffirming the commitment of all Member States to the sovereignty and territorial integrity of the Federal Republic of Yugoslavia and the other States of the region, as set out in the Helsinki Final Act and annex 2,

Reaffirming the call in previous resolutions for substantial autonomy and meaningful self-administration for Kosovo,

Determining that the situation in the region continues to constitute a threat to international peace and security,

Determined to ensure the safety and security of international personnel and the implementation by all concerned of their responsibilities under the present resolution, and acting for these purposes under Chapter VII of the Charter of the United Nations,

1. Decides that a political solution to the Kosovo crisis shall be based on the general principles in annex 1 and as further elaborated in the principles and other required elements in annex 2;

2. Welcomes the acceptance by the Federal Republic of Yugoslavia of the principles and other required elements referred to in paragraph 1 above, and demands the full cooperation of the Federal Republic of Yugoslavia in their rapid implementation;

3. Demands in particular that the Federal Republic of Yugoslavia put an immediate and verifiable end to violence and repression in Kosovo, and begin and complete verifiable phased withdrawal from Kosovo of all military, police and paramilitary forces according to a rapid timetable, with which the deployment of the international security presence in Kosovo will be synchronized;

4. Confirms that after the withdrawal an agreed number of Yugoslav and

Serb military and police personnel will be permitted to return to Kosovo to perform the functions in accordance with annex 2;

5. Decides on the deployment in Kosovo, under United Nations auspices, of international civil and security presences, with appropriate equipment and personnel as required, and welcomes the agreement of the Federal Republic of Yugoslavia to such presences;

6. Requests the Secretary-General to appoint, in consultation with the Security Council, a Special Representative to control the implementation of the international civil presence, and further requests the Secretary-General to instruct his Special Representative to coordinate closely with the international security presence to ensure that both presences operate towards the same goals and in a mutually supportive manner;

7. Authorizes Member States and relevant international organizations to establish the international security presence in Kosovo as set out in point 4 of annex 2 with all necessary means to fulfil its responsibilities under paragraph 9 below;

8. Affirms the need for the rapid early deployment of effective international civil and security presences to Kosovo, and demands that the parties cooperate fully in their deployment;

9. Decides that the responsibilities of the international security presence to be deployed and acting in Kosovo will include:

   (a) Deterring renewed hostilities, maintaining and where necessary enforcing a ceasefire, and ensuring the withdrawal and preventing the return into Kosovo of Federal and Republic military, police and paramilitary forces, except as provided in point 6 of annex 2;

   (b) Demilitarizing the Kosovo Liberation Army (KLA) and other armed Kosovo Albanian groups as required in paragraph 15 below;

   (c) Establishing a secure environment in which refugees and displaced persons can return home in safety, the international civil presence can operate, a transitional administration can be established, and humanitarian aid can be delivered;

(d) Ensuring public safety and order until the international civil presence can take responsibility for this task;

(e) Supervising demining until the international civil presence can, as appropriate, take over responsibility for this task;

(f) Supporting, as appropriate, and coordinating closely with the work of the international civil presence;

(g) Conducting border monitoring duties as required;

(h) Ensuring the protection and freedom of movement of itself, the international civil presence, and other international organizations;

10. Authorizes the Secretary-General, with the assistance of relevant international organizations, to establish an international civil presence in Kosovo in order to provide an interim administration for Kosovo under which the people of Kosovo can enjoy substantial autonomy within the Federal Republic of Yugoslavia, and which will provide transitional administration while establishing and overseeing the development of provisional democratic selfgoverning institutions to ensure conditions for a peaceful and normal life for all inhabitants of Kosovo;

11. Decides that the main responsibilities of the international civil presence will include:

(a) Promoting the establishment, pending a final settlement, of substantial autonomy and self-government in Kosovo, taking full account of annex 2 and of the Rambouillet accords (S/1999/648);

(b) Performing basic civilian administrative functions where and as long as required;

(c) Organizing and overseeing the development of provisional institutions for democratic and autonomous self-government pending a political settlement, including the holding of elections;

(d) Transferring, as these institutions are established, its administrative responsibilities while overseeing and supporting the consolidation of Kosovo's local provisional institutions and other peacebuilding activities;

(e) Facilitating a political process designed to determine Kosovo's future status, taking into account the Rambouillet accords (S/1999/648);

(f) In a final stage, overseeing the transfer of authority from Kosovo's provisional institutions to institutions established under a political settlement;

(g) Supporting the reconstruction of key infrastructure and other economic reconstruction;

(h) Supporting, in coordination with international humanitarian organizations, humanitarian and disaster relief aid;

(i) Maintaining civil law and order, including establishing local police forces and meanwhile through the deployment of international police personnel to serve in Kosovo;

(j) Protecting and promoting human rights;

(k) Assuring the safe and unimpeded return of all refugees and displaced persons to their homes in Kosovo;

12. Emphasizes the need for coordinated humanitarian relief operations, and for the Federal Republic of Yugoslavia to allow unimpeded access to Kosovo by humanitarian aid organizations and to cooperate with such organizations so as to ensure the fast and effective delivery of international aid;

13. Encourages all Member States and international organizations to contribute to economic and social reconstruction as well as to the safe return of refugees and displaced persons, and emphasizes in this context the importance of convening an international donors' conference, particularly for the purposes set out in paragraph 11 (g) above, at the earliest possible date;

14. Demands full cooperation by all concerned, including the international security presence, with the International Tribunal for the Former Yugoslavia;

15. Demands that the KLA and other armed Kosovo Albanian groups end

immediately all offensive actions and comply with the requirements for demilitarization as laid down by the head of the international security presence in consultation with the Special Representative of the Secretary-General;

16. Decides that the prohibitions imposed by paragraph 8 of resolution 1160 (1998) shall not apply to arms and related material for the use of the international civil and security presences;

17. Welcomes the work in hand in the European Union and other international organizations to develop a comprehensive approach to the economic development and stabilization of the region affected by the Kosovo crisis, including the implementation of a Stability Pact for South Eastern Europe with broad international participation in order to further the promotion of democracy, economic prosperity, stability and regional cooperation;

18. Demands that all States in the region cooperate fully in the implementation of all aspects of this resolution;

19. Decides that the international civil and security presences are established for an initial period of 12 months, to continue thereafter unless the Security Council decides otherwise;

20. Requests the Secretary-General to report to the Council at regular intervals on the implementation of this resolution, including reports from the leaderships of the international civil and security presences, the first reports to be submitted within 30 days of the adoption of this resolution;

21. Decides to remain actively seized of the matter.

⟨Annex 1⟩

Statement by the Chairman on the conclusion of the meeting
of the G8 Foreign Ministers held at the Petersberg Centre
on 6 May 1999

The G8 Foreign Ministers adopted the following general principles on the political solution to the Kosovo crisis:

- Immediate and verifiable end of violence and repression in Kosovo;
- Withdrawal from Kosovo of military, police and paramilitary forces;
- Deployment in Kosovo of effective international civil and security presences, endorsed and adopted by the United Nations, capable of guaranteeing the achievement of the common objectives;
- Establishment of an interim administration for Kosovo to be decided by the Security Council of the United Nations to ensure conditions for a peaceful and normal life for all inhabitants in Kosovo;
- The safe and free return of all refugees and displaced persons and unimpeded access to Kosovo by humanitarian aid organizations;
- A political process towards the establishment of an interim political framework agreement providing for a substantial self- government for Kosovo, taking full account of the Rambouillet accords and the principles of sovereignty and territorial integrity of the Federal Republic of Yugoslavia and the other countries of the region, and the demilitarization of the KLA;
- Comprehensive approach to the economic development and stabilization of the crisis region.

⟨Annex 2⟩

Agreement should be reached on the following principles to move towards a resolution of the Kosovo crisis:

1. An immediate and verifiable end of violence and repression in Kosovo.
2. Verifiable withdrawal from Kosovo of all military, police and paramilitary forces according to a rapid timetable.
3. Deployment in Kosovo under United Nations auspices of effective international civil and security presences, acting as may be decided under Chapter VII of the Charter, capable of guaranteeing the achievement of common objectives.

4. The international security presence with substantial North Atlantic Treaty Organization participation must be deployed under unified command and control and authorized to establish a safe environment for all people in Kosovo and to facilitate the safe return to their homes of all displaced persons and refugees.

5. Establishment of an interim administration for Kosovo as a part of the international civil presence under which the people of Kosovo can enjoy substantial autonomy within the Federal Republic of Yugoslavia, to be decided by the Security Council of the United Nations. The interim administration to provide transitional administration while establishing and overseeing the development of provisional democratic self-governing institutions to ensure conditions for a peaceful and normal life for all inhabitants in Kosovo.

6. After withdrawal, an agreed number of Yugoslav and Serbian personnel will be permitted to return to perform the following functions:
   - Liaison with the international civil mission and the international security presence;
   - Marking/clearing minefields;
   - Maintaining a presence at Serb patrimonial sites;
   - Maintaining a presence at key border crossings.

7. Safe and free return of all refugees and displaced persons under the supervision of the Office of the United Nations High Commissioner for Refugees and unimpeded access to Kosovo by humanitarian aid organizations.

8. A political process towards the establishment of an interim political framework agreement providing for substantial self-government for Kosovo, taking full account of the Rambouillet accords and the principles of sovereignty and territorial integrity of the Federal Republic of Yugoslavia and the other countries of the region, and the demilitarization of UCK. Negotiations between the parties for a settlement should not delay or disrupt the establishment of democratic

self-governing institutions.

9. A comprehensive approach to the economic development and stabilization of the crisis region. This will include the implementation of a stability pact for South-Eastern Europe with broad international participation in order to further promotion of democracy, economic prosperity, stability and regional cooperation.

10. Suspension of military activity will require acceptance of the principles set forth above in addition to agreement to other, previously identified, required elements, which are specified in the footnote below.1 A military-technical agreement will then be rapidly concluded that would, among other things, specify additional modalities, including the roles and functions of Yugoslav/Serb personnel in Kosovo:

Withdrawal

- Procedures for withdrawals, including the phased, detailed schedule and delineation of a buffer area in Serbia beyond which forces will be withdrawn;

Returning personnel

- Equipment associated with returning personnel;
- Terms of reference for their functional responsibilities;
- Timetable for their return;
- Delineation of their geographical areas of operation;
- Rules governing their relationship to the international security presence and the international civil mission.

⟨Notes⟩

1 Other required elements:

- A rapid and precise timetable for withdrawals, meaning, e.g., seven days to complete withdrawal and air defence weapons withdrawn outside a 25 kilometre mutual safety zone within 48 hours;

- Return of personnel for the four functions specified above will be under the supervision of the international security presence and will be limited to a small agreed number (hundreds, not thousands);
- Suspension of military activity will occur after the beginning of verifiable withdrawals;
- The discussion and achievement of a military-technical agreement shall not extend the previously determined time for completion of withdrawals.

제4장
한국·중국·일본의 유엔평화유지활동 참여158)
배경, 동인, 전망 비교

I. 서론

한국, 중국, 일본은 지리적 이웃이며, 문화적으로도 가깝다. 3국협력이 본격적으로 시작된 것은 1999년이며, 2011년 서울에 '3국협력사무국'이 출범한 이래 다차원적이고 광범위한 협력이 추진되고 있다. 2009년 9-10월, 두 달간은 중국, 일본, 한국, 동북아 3국정상들이 피츠버그 G20정상회의, 제10회 베이징 한중일 정상회의 등 글로벌 및 역내 현안과 관련된 일련의 회의에 참석했다.159) 현재 3개국 인구는 15억이고, 세계GDP와 세계무역에서 각각 약 17%를 차지한다. 2009년 베이징 공동선언에서 정상들은 정치적, 경제적 협력뿐 아니라 "글로벌 사안"에 있어서도 3국이 협력할 것이라 규정했다. 그렇지만 현실적으로 "국제평화유지" 문제가 역내 문제, 즉, 동북아의 안보·평화 및 경제협력 등에 비해 우선적 이슈로 부각될 것인지는 불투명하다.

차제에 본 연구는 중국, 일본이라는 아시아-태평양 지역의 두 강대국과 한국이라는 중견국이 어떻게 국제평화유지활동(이하 'PKO', peace-keeping operation)을 개념화하고 있는지를 논의할 것이다. 사실 중국,

---

158) 일본방위연구소(NIDS)가 주최한 국제회의(Frontiers of Peace Operatio, 2009. 12.2.-3) 저자의 영어 발제문을 번역·정리했음.

159) 3국 협력은 ASEAN(동남아국가연합) 연례회의에 처음 초대되었던 1999년부터 ASEAN Plus Three라는 이름으로 시작되었다.

일본, 그리고 어느 정도 한국도 1990년대 이래로 각자의 방식과 접근
방법으로 국제평화유지에 상당한 관심을 보여 왔다. 냉전종식이후 이
들 3국 각각의 전략적 결정과 국제사회로부터의 기대가 함께 반영된
결과다. 중국과 일본의 GDP수준은 세계 제2, 제3위를 점하며 국민총
소득지수(Atals Method)로나 구매력지수(Purchasing Power Parity)로나
미국을 매우 근접하게 따라가고 있다. 게다가 중국은 유엔안전보장이
사회에서 거부권을 행사할 수 있는 5개 상임이사국 중 유일한 아시아
국가이다.

〈표 1〉 2008년 중국, 일본, 한국 인구 · 경제 규모

	인구(천만) (세계순위)	GDP (100만 달러) (세계순위)	GDP PPP (100만 달러) (세계순위)	개인GNI (Atlas Method, 달러) (세계순위)	일인당 GNI (PPP 달러) (세계순위)
중국	1,325,640 (1)	4,326,187 (3)	7,903,235 (2)	2,940 (127)	6,020 (122)
일본	127,704 (10)	4,909,272 (2)	4,354,550 (3)	38,210 (30)	35,220 (32)
한국	48,607 (26)	929,121 (15)	1,358,037 (13)	21,530 (49)	28,120 (44)

〈출처〉 World Bank (2009.7.1). http://web.worldbank.org

본 연구는 동북아 3국의 평화유지활동을 잠정 비교함에 있어 유엔
이 주도하는 PKO를 대상으로 한다. 3국은 제2차 세계대전 직후(1945)
탄생한 유엔과 각각 다른 관계에 놓여 있었다. 그리고 이 관계는 후
에 유엔PKO에 대한 그들의 정책을 만들어 나가는 데에도 영향을 미
쳤다. 즉, 3국은 각각 제2차 세계대전 후유증 속에서 자국의 국제적
역할과 위상, 그리고 유엔에 대한 국민들의 인식 혹은 정서를 동시에
반영해 나가야 했다. 하버드 대학교 교수를 역임한 정치학자 퍼트넘
(Robert D. Putnam)의 '양면게임'(two-level games)이론에 따르면, 각국
의 외교정책 행위자들은 국제적 합의는 물론 국내 비준까지도 성사
시켜야만 한다.160)

II. 2009년 현재 유엔평화유지활동 현황

2009년 11만명 이상의 남녀가 아프리카에 8개, 중동 3개, 유럽 2개, 아 · 태지역 3개, 아메리카 1개 등 총 17건의 유엔PKO 미션에 투입됐다. 군과 군옵저버가 8만명, 민간경찰 1만명, 국제민간요원 6,000명, 현지 민간인 13,000명, 유엔자원봉사자 2,000명이 참여한다. [161]

〈표 2〉 유엔PKO 미션 17건 (2009.8 기준)

〈아프리카〉: 8
o 유엔 중앙아프리카 · 차드미션 United Nations Mission in the Central African Republic and Chad (MINURCAT) o 다르푸르 AU-UN혼성평화유지임무단 African Union-United Nations Hybrid Operation in Darfur (UNAMID) o 유엔 수단미션 United Nations Mission in the Sudan (UNMIS) o 유엔 코트디부아르작전 United Nations Operation in Côte d'Ivoire (UNOCI) o 유엔 라이베리아미션 United Nations Mission in Liberia (UNMIL) o 유엔 콩고민주공화국조직미션 United Nations Organization Mission in the Democratic Republic of the Congo (MONUC) o 서부사하라 유엔선거단 United Nations Mission for the Referendum in Western Sahara (MINURSO) o 유엔 부룬디통합사무소 United Nations Integrated Office in Burundi (BINUB) [162]

---

160) Robert D. Putnam, "Diplomacy and Domestic Politics: The Logic of Two-Level Games." *International Organization* 42 (Summer 1988), pp.427~61.

161) http://www.un.org/en/peacekeeping/bnote.htm.

〈아메리카〉: 1
   o 유엔 아이티안정화미션
     United Nations Stabilization Mission in Haiti (MINUSTAH)

〈아시아-태평양〉: 3
   o 유엔 티모르-레스테(동티모르) 통합미션
     United Nations Integrated Mission in Timor-Leste (UNMIT)
   o 유엔 인도 · 파키스탄 군옵저버그룹
     United Nations Military Observer Group in India and Pakistan
     (UNMOGIP)
   o 유엔 아프가니스탄지원미션
     United Nations Assistance Mission in Afghanistan (UNAMA)[163]

〈유럽〉: 2
   o 유엔 사이프러스평화유지군
     United Nations Peacekeeping Force in Cyprus (UNFICYP)
   o 유엔 코소보임시정부
     United Nations Interim Administration Mission in Kosovo (UNMIK)

〈중동〉: 3
   o 유엔철수감시군
     United Nations Disengagement Observer Force (UNDOF)
   o 유엔레바논임시군
     United Nations Interim Force in Lebanon (UNIFIL)
   o 유엔정전감독기구
     United Nations Truce Supervision Organization (UNTSO)

출처: http://www.un.org/en/peacekeeping/bnote.htm

    제1세대 유엔PKO 5건이 2009년 현재까지도 존립하고 있음은 유감
스런 일이다. UNTSO(예루살렘, 1948), UNMOGIP(인도 · 파키스탄, 1949),

---

[162] BINUB는 DPKO가 수행하는 "정치미션"임.
[163] UNAMA은 DPKO가 수행하는 "정치미션"임.

UNFICYP(사이프러스, 1964), UNDOF(시리아, 1974), UNIFIL(레바논, 1978)
을 말한다. 이는 휴전상태 유지가 곧 근본적 문제해결을 가져오기 어
려움을 말한다. 나머지 12개 제2세대 PKO 중 8건은 아프리카 대륙에
서 수행되고 있다. 이중 평화유지요원 규모로 가장 큰 미션은 콩고
(22,140)이며 그 다음이 다르푸르(17,674)이다. 소요비용 측면에서는
(2008.7-2009.6) 다르푸르(15억 7천만 달러)와 콩고(12억 4천만 달러)가
선두다.

17건 전체 중 희생자를 가잔 많이 낸 미션은 레바논 미션(1948년
이후 279명)이 첫째이고, 그 다음은 1964년 사이프러스 미션(1964년
이후 179명), 그리고 콩고미션이다(1999년 이후 141명).[164]

잘 알려져 있듯, 각 유엔PKO 미션의 출범과 종료에 관한 결정권한
은 유엔안전보장이사회의 몫이다. 유엔헌장상 국제적 평화와 안보 문
제는 안보리가 주관하기 때문이다. 유엔사무총장은 안보리에 미션경
과를 보고하며 미션 임무수행을 위해 자신의 특별대리인을 미션의
수장으로 임명한다. 유엔사무총장이 계도하는 사무국내에서는 DPKO
가 미션을 계획, 관리, 지시한다. DFS는 평화유지, 재정, 정보, 의사소
통, 실행계획 등과 같은 일상적 지역지원을 담당한다. 유엔총회는 회
원국들에게 PKO 소요재원을 계획, 배분한다. 이번 회계연도(2008.7-
2009.6) 유엔PKO예산은 71억 달러다.

2009년 유엔총회 보고서에서, 반기문 사무총장은 유엔PKO에 대해
두 가지 명확한 도전요소를 강조했다: 하나는 오늘날 평화유지요원들
이 직면한 도전요소들은 그 규모, 복잡성, 위험정도를 예측하기 어렵
다는 점이다. 다른 하나는 좀 더 안전한 세계를 만들려면, 회원국들
및 유엔체계 내외 기구들과의 지구적 동반자 관계가 필요하다는 점
이다.[165] 냉전기에 비해 나아졌다고 하지만, 사실 냉전종식이후에도

---

164) http://www.un.org
165) *Report of the Security-General on the Work of the Organization*, General

거부권을 갖는 유엔안보리 5개 상임이사국들은 각 PKO미션의 필요
성, 유지, 종결 등의 문제에 대해 종종 이견을 보이곤 한다. 게다가
세계 도처 극단주의자들과 대중영합주의자들은 선진국이 결정한 일
을 제3세계 군인들이 수행한다고 시니컬하게 선전한다.[166]

   그렇다면 동북아 3국, 중국, 일본, 한국은 유엔평화유지에 대해 어
떤 입장을 취하고 있을까?

III. 중국의 유엔PKO 정책변화

1. 1971-1990년대

   중국은 1971년 10월 유엔회원국이 됐으며, 더불어 유엔안전보장이
사회 상임위원국 의석마저도 차지하게 됐다. 1950년대 초 한국전쟁기
미군주도 유엔군과 중국군은 서로에게 교전세력이었다. 중국정부는
1950년대부터 60년대에 걸쳐 유엔을 "미국 헤게모니의 수단"이라고 비
난했다[167]. 1970년대 들어서도 국가주권 및 내정불간섭에 초점을 맞
춘 소위 '원칙적인 입장'을 반복할 뿐, 중국의 유엔PKO 정책은 활발하
지 않았다.

   그럼에도 불구하고 중국은 1971년 유엔가입 이래 상임이사국에게

Assembly 64th Session (UN, 2009). 평화유지활동이 처한 도전에 대해서는
다음을 참조: Eunsook Chung, "Humanitarian Intervention: Can it be Perfect?"
The Journal of Peace Studies 8-2 (2007), pp.291~320; Alexi J. Bently et. al.,
Understanding Peacekeeping (Polity Press, 2004), pp.187~250; Dennis C. Jett,
Why Peacekeeping Fails (Palgrave, 1999); Anrzei Sitkowiecki, *UN Peacekeeping:
Mith and Reality* (Prager, 2006).

[166] 예를 들면, John Tirman, "The New Humanitarianism: How Military Intervention
Became the Norm," *Boston Review* (December 2003/January 2004).

[167] R. Foot, *The Practice of Power* (Oxford: Oxford University Press, 1995), p.239.

부여된 거부권을 행사하기 보다는 표결불참(기권)을 택하는 방식으로 일련의 중요 유엔PKO미션 수행을 허용하는 결과를 낳았다. 1981년 중국은 사이프러스 PKO확장에까지 찬성했다. 1982년부터는 종전과 달리 PKO분담금도 지급하기 시작했다. 심지어 1980년대 후반 중국은 최초로 중동 휴전참관단(UNTSO)에 옵저버를 파견하기도 했다. 1980년대 중국의 이런 입장변화는 자국 안보에 대한 긍정적 전망과 경제개혁의 필요성 때문이라는 분석이 지배적이다.[168]

1990-91년 제1차 걸프전쟁은 중국을 시험하는 중대 계기가 됐지만 역시 기권했다. 유엔헌장 제7장(평화위협, 파괴, 침략행위에 대한 조처)에 따라 이라크에 대한 유엔회원국의 군사개입 승인을 골자로 한 안보리결의안 제678에 대한 표결에서다. 즉, 1990년 11월 29일 채택된 유엔안보리 결의문 제678호는 유엔의 모든 노력에도 불구하고 이라크가 계속 안보리에 도전하고 있다고 보았다. 이에 안보리는 유엔헌장 제7장(평화위협, 평화파괴, 침략행위에 대한 조처)에 의거. 이라크 당국에게 직전의 결의문 제660(1990)이행을 위한 마지막 기회라며 1991년 1월 15일까지 침략전 위치로 군을 철수하라 당부했다. 동시에 유엔회원국들로 하여금 목표일 이후 "모든 필요한 방식"으로 강제철수시킬 권한을 부여했다. 결과적으로 이라크가 기일을 지키지 않음에 따라 결의문 제678호는 걸프전에 대한 국제법적 승인 효과를 거두었다. 15개 이사국 중 12개국 지지, 2개국 반대(쿠바, 예멘), 그리고 중국 홀로 기권했었다. 당시 여러 전문가들은 중국이 거부권을 행사치 않고 기권한 데에는 1989년 천안문사태로 부과된 서방제재 완화 목적이 있었다고 분석했다.[169] 당시 주유엔중국 대사는 "중국은 물리력의 사용에 반대한다. 그러나 이라크가 쿠웨이트를 침공한 것에 대해는

---

[168] Yin He, *China's Changing Policy on UN Peacekeeping Organizations* (Stockholm: Institute for Security and Development Policy, 2007).

[169] Robert Benewick & Paul Wingrove, *China in the 1990s* (University of British Columbia Press, 1999), p.240.

비판적인 입장이다."라고 평했다.[170] 적어도 거부권을 행사하지 않은 것이다. 1989년 천안문 사태로 미국과 EU에 의해 국제적 고립을 당한 중국으로서는 타협이 필요했던 것이다. 이외에도 중국은 쿠르드, 유고슬라비아, 르완다, 아이티와 같이 직접적 이해의 장에서 벗어난 지역에 대한 유엔미션 승인표결에서 기권을 택함으로써 유엔의 활동을 막지 않았다.

나아가 1992-93년 중국은 유엔PKO 사상 가장 성공적 미션 중 하나로 치부되는 '유엔 캄보디아과도기구'(UNTAC)에 최초로 장교를 파견했다. 중국은 UNTAC의 성공이유를 해당국가로부터의 동의, 휴전관리, 그리고 평화유지요원의 공평성 등 유엔헌장 제6장(분쟁의 평화적 해결)에 부합하려 했기 때문이라 강조했다.

PKO표결에서 거부권 내지 최소한 기권을 택해오던 중국은 처음으로 1999년 동티모르 미션 표결에서 "찬성표"를 던졌다. 중국에게 1999년은 유엔PKO를 선택한 새 시대의 시작으로 기록된다. 이후 중국군의 유엔PKO미션 파견규모는 점증해 왔다. 중국의 유엔연구자 인헤(Yin He)에 따르면, 중국은 자국이 고수해오던 국제규범과 원칙을 과거에 비해 한층 더 유연하게 적용하고 있다.[171] 자국 요원들의 능력배양을 위해 훈련을 강화하고 이를 위한 군병력과 경찰력도 증대하고 있다. 유엔PKO기금에 대해 가장 능동적으로 지원하는 국가로, 그리고 요원 파견에 있어서도 가장 많이 파견하는 국가 중 하나로 변모하고 있다.

중국 국방부에 따르면 1990년부터 2008년 말까지, 18년간 인민해방군(PLA) 11,063명이 18개 유엔PKO 미션에 파견됐다.[172] 중국 정부는

170) Gary D. Rawnsley, "May You Live in Interesting Times: China, Japan and Peacekeeping," in Rachel E. Utley ed. *Major Powers and Peacekeeping: Perspectives, Priorities and Challenges of Military Intervention* (Ashgate, 2006).

171) Yin He, *China's Changing Policy on UN Peacekeeping Organizations* (Stockholm: Institute for Security and Development Policy, 2007). Benewick, Robert; Wingrove, Paul (1999). *China in the 1990s*(2 ed.). UBC Press. p.240.

이들이 엄격한 규율, 전문적 기술, 그리고 고양된 인간적 의무 등으로 인해 유엔과 현지주민 모두로부터 존중받고 있음을 강조한다.[173] 예를 들어, 중국 국방신문은 유엔 사무차장(Alain Le Roy)이 콩고내 중국 의료파견대에 대해 높이 평가했음을 전했다.[174] 2008년 말 기준 208명의 중국'경찰'도 라이베리아, 코소보, 아이티, 수단, 동티모르에 파견, 근무 중이다.[175] 2009년 10월 기준 중국은 총 2,148명의 제복요원(군, 경찰)을 10개 PKO미션에 파견했다.

〈표 3〉 중국의 유엔PKO 미션 참여 (2009.10.31기준)

10 미션	군	경찰	군옵저버	합계
서사하라			12	12
아이티		143		143
콩고	218		16	234
다르푸르	325	1		326
레바논	344			344
라이베리아	564	16	2	582
수단	444	11	12	467
티모르-레스테 (동티모르)		27	2	29
코트디부아르			7	7
중동			4	4
				2148

〈출처〉: 유엔 (http://www.un.org/en/peacekeeping/contributors/2009/oct09_3.pdf)

2. 동기(動機)와 제약점

중국이 1999년부터 전통적으로 고수해온 주권존중 및 비개입 원칙으로부터 유연성을 발휘하게 된 객관적 동기는 다음에서 찾을 수 있을 것이다: (i) 지속적인 경제적, 사회적, 정치적 발전에 따라 강화된

---

173) http://eng.mod.gov.cn/Peacekeeping/introduction.htm.

173) http://www.fmprc.gov.cn/eng/.

174) http://eng.mod.gov.cn/DefenseNews/2009-11/05/content_4101397.htm.

175) http://eng.mod.gov.cn/Peacekeeping/introduction.htm.

국력; (ii) 호의적 국제환경, 특히 9.11테러 이후 중국의 적극외교 고무; (iii) 축적된 유엔경험으로 인한 자신감 등이다.[176]

그런가 하면 내부적으로 유연성의 대가로 얻을 수 있는 실익에 대한 전략적 고려가 없을 수 없다: (i) 유엔을 통한 '평화적 부상'(peaceful rise) 이미지 도모; (ii) 국제평화와 안보를 통한 '국내발전' 도모; (iii) 훈련 및 경험을 통해 숙련되고 전문적인 군과 경찰 양성 등이다.

특별히 중국의 아프리카 유엔PKO 참여가 눈에 부쩍 뜨인다. 2006년 중국 외무부 아프리카국장은 '중국-아프리카 정상회의'의 제도화 및 유엔PKO가 중국의 아프리카 접근에 중요한 기제라 인정했다.[177] 마찬가지로, 駐수단공화국 중국 대사(Li Chengwen)는 "유엔PKO 참여는 중국이 직접적으로 해당지역 및 세계 평화증진을 구현하는 일"이라고 언급했다.[178]

그럼에도 불구하고 다른 한편 중국의 유엔PKO 적극화 제약요인 또한 존재한다. 첫째, 주권국가 존중, 내정불간섭, 비개입 등 전통적으로 중국이 강조해온 국제관계 원칙이다. 서방외교정책 비판을 위해서도 이는 늘 필요했던 원칙들이다. 중국은 처음으로 유엔PKO 미션에 찬성표를 던진 1999년 이후에도 시시때때로 미국이나 유럽국가와 정치적 이견이 있을 때, 이러한 원칙을 강력히 피력하고 있다. 둘째, 유사한 맥락에서 중국은 유엔안전보장이사회 상임이사국으로서 거부권 사용위협을 항시 가할 수 있다. 2005년 세계정상회의가 승인한 국제사회의 '보호책임'(R2P, Responsibility to Protect)개념에 대해 중국과 서방이 꼭 일치한다고 보기 어렵다.[179] 중국의 관점에서 R2P는 다음 네

---

[176] Yin He, *China's Changing Policy on UN Peacekeeping Organizations* (Stockholm: Institute for Security and Development Policy, 2007).

[177] http://www.fmprc.gov.cn/eng/.

[178] Speech By H.E. Ambassador Song Zhe, Head of the Mission of the People's Republic of China to the European Union at the Leuven Center for Global Governance Studies, UCL 2009/10/09. http://www.fmprc.gov.cn/eng/errorpath/t619388.htm.

가지 심대한 국제범죄에만 적용돼야 한다. 즉, "대량학살, 전쟁범죄, 인종청소, 반인권범죄"다. 중국은 R2P가 "다른 국가에 압력을 가하기 위한 외교적 수단"으로 사용해서는 안 된다는 입장을 자주 언급한다. 셋째, 일본이나 한국과 달리, 적어도 중국의 공식 군사문건은 세계적 혹은 국제적 평화를 중국군의 목표에 포함시키지 않는다.[180] 이런 배경 속에서 2003년 일본과 한국이 이라크 군사작전을 지지한 것과 달리, 중국은 이것이 유엔의 동의 없는 소위 '자발적 연합'에 의한 결정이었다며 비판했다.

3. 전망

개념적 제약요소에도 불구하고, 냉전종식이후 지난 4반세기 추이에 비추어 중국의 유엔PKO에 대한 태도가 점점 더 긍정적으로 변할 것으로 보인다. 또한 유엔의 PKO 이행에서 중국의 역할비중이 점점 더 커질 것으로 보인다. 즉, 유엔권위의 수호자 역할을 계속하면서 다자 공동정책을 옹호하고 유엔평화유지레짐을 지지할 것이다. 그러나 전투병 파병에는 신중을 기할 것이다. 다른 국가들이 이런 움직임을 어떻게 간주할지는 민감한 사항이기 때문이다.

유엔안보리 상임이사국으로서의 중국은 유엔헌장 제7장(평화위협, 파괴, 침략행위)을 적용한 유엔PKO 승인 결의안에 대해 지금까지처럼 원칙과 국익을 고려, 선택적으로 투표할 것으로 보인다. 또한 유엔밖 '자발적 국가연합'에 의한 일방적 군사작전에 대해서도 계속 반대할 것으로 보인다.

---

179) 보호의무(R2P)에 관한 Liu Zhenmin 대사의 총회 발언(2009.7.24) 참조. http://www.china-un.org/eng/chinaandun/securitycouncil/thematicissues/other_thematicissues/t575682.htm.
180) "국가주권 보호, 안보, 영토보존, 국가발전 그리고 무엇보다도 중국 인민의 이익 보호." 중국 국방부 웹사이트 참조(www.mod.gove.cn).

Ⅳ. 일본의 유엔PKO 정책변화

1. 유엔가입(1956)과 PKO에의 소극성

일본은 중국보다 15년 앞선 1956년, 유엔의 80번째 회원국이 됐다. 이후 역대 일본정부의 노력에도 불구하고 현재까지 유엔헌장 헌장 제53조, 제107조 제2차 세계대전 중 소위 "적국 조항"개정에 성공치 못하고 있다.[181]

유엔가입 후 일본은 유엔PKO에 참가치 않거나 소극적 참가에 머물렀다. 중국과는 다른 이유에서인데, 즉, 군국주의 이력 때문이다. 1947년 헌법, 특히 제9조(일명 '평화조항')는 군사력이나 군사적 위협을 정책도구로 사용하는 것을 막고 있다.[182] 비록 1954년 자위대(SDF)가 창설됐지만 해외파병이 금지됐다. 자위대의 성격은 물론 국방비도 정치적 제약을 받게 되었다.[183] 1958년, 유엔PKO의 아버지라 불리는 제2대 유엔사무총장(Dag Hammarskjold)이 유엔 레바논옵저버그룹(UNOGIL)의 PKO참여를 요청하였지만, 일본정부는 해외파병이 헌법조항에 명백히 저촉된다는 국내 반대 여론을 들어 이 요청을 거절했다.[184] 1960년, 일본은 아프리카 콩고 유엔PKO 참여 요청에 또다시 거절했다. 일본은 안보리 결의문 제161호가 내전방지 목적의 물리력 허용을 골자로 한 만큼, 자위대법과 상충된다고 여겼기 때문이다.

---

[181] 제53조: 안보리 승인없이 지역협정 혹은 지역기구가 강제조처를 할 수 없다. 단, 유엔헌장 서명국에 대해 제2차 세계대전중 적국이었던 국가들의 공격에 대해서는 예외다... 제107조: 이 유엔헌장은 헌장서명국에 대해 제2차 세계대전 중 적국이었던 국가들이 전쟁결과에 대한 책임으로 취하거나 인정한 행동을 무효화 혹은 훼손하지 않는다.

[182] 일본 헌법 (http://history.hanover.edu/texts/1947con.html).

[183] Japan Ministry of Defense, Defense of Japan 2008, p.111.

[184] L.W. Heinrich et. al., *United Nations Peacekeeping Operations: A Guide to Japanese Policies* (Tokyo: UN University Press, 1999), p.9.

그럼에도 불구하고, 1987년 11월 수상으로 당선된 다케시타 노보루(竹下登)는 온전한 참여를 결정했다. 1988년 '유엔 아프가니스탄-파키스탄 건전사무미션'(UNGOMAP)에 1명의 관료를 파견했으며, 1988년 '유엔 이란-이라크 휴전감시단'(UNIMOG)에도 소수인원을 파견했다. 일본국적 요원들이 1989년 나미비아, 1990년 니카라과 선거감시단에 참가, 도움을 주었다. 하지만, 이런 일본의 참여 확대는 일본의 평화유지원들이 자위대가 아닌 민간인이므로 가능했다.

2. 제1차 걸프전(1990-91) & 9.11테러(2001.9)의 교훈

1990-91년 제1차 걸프전은 일본에게 1956년 유엔가입 이래 유엔PKO 정책에 관한 한, 최대의 결정적 시험대가 됐다. 국제사회가 일본의 참전을 원했지만, 일본의회는 그렇게 결론을 내기 어려웠다. 대신 130억 달러라는 적지 않은 기금을 연합군에 공여했지만 기대만큼 크게 평가받지 못했다. 자연히 걸프전은 일본 내 논란을 불러일으켰다.

그 결과 1992년 6월, '유엔PKO와 여타 활동에의 협력 관련법'(국제평화협력법)이 채택됐다. 비로소 자위대군이 캄보디아의 유엔PKO에 참여할 수 있는 문이 열렸다. 단, 5개 원칙을 규정했다. 즉, (i) 일본의 유엔평화유지군(PKF)은 중립성을 해치는 무력충돌에 관여치 않음; (ii) 평화유지요원 도착 전 휴전되어 있어야만 함; (iii) 전쟁당사국(war parties)이 일본과 유엔의 개입에 대해 동의해야 함; (iv) 무기는 자기방어에만 사용; (v) 상황악화시 자위대 철수 등이다. 자위대가 처음으로 참여한 유엔PKO미션은 '유엔 캄보디아과도기구'(UNTAC)였다. 역사적 맥락 속에서 일본의 UNTAC에 대한 기여는 국내외에서 크게 주목을 받을 수밖에 없었다. 일본 방위청장은 1993년 10월, 마지막으로 일본 공병대가 귀국하자 "유엔과 여러 나라들이 여러분의 캄보디아 활동에 대해 깊이 감사하고 있다. 일본이 세계공동체에 공헌한 커다란 의미를 지닌다"고 평했다.[185] 다른 한편 일본의 캄보디아미션 참가에 대해 중국 등 아시아 일부 국가는 일본의 재무장 및 아시아내 군사 활동 재개를 암시한다며 우려를 표명했었다. 이점은 여전히 제2차 세계대전 중 연합국에 대해 적국이었던 일본의 역사와 관련 중요한 의미를 지닌다.

이후 자위대의 아프리카 '유엔 모잠비크미션'(ONUMOZ, 1993-1995) 파병은 일본 자위대가 아시아를 넘어 타 대륙의 유엔PKO에 참가한 첫 사례가 됐다. 이를 시발로 일본 자위대는 르완다, 동티모르 등 대륙에 구애받지 않고 유엔미션에 참가해 왔다.[186]

〈표 4〉 일본의 유엔PKO 미션 참여 (2009.10.31.기준)

	군	경찰	군옵저버	합
시리아	31			31
네팔			6	6
수단	2			2
				39

〈출처〉 유엔 (http://www.un.org/en/peacekeeping/contributors/2009/oct09_3.pdf)

일본의 유엔PKO정책에서 또 다른 전환점은 2001년 9월 11일 모슬렘 극단테러리스트들이 뉴욕과 워싱턴 D.C.를 공격한 사실이다. 이는 자위대가 미국주도 '자발적 연합'에 의한 평화활동을 지지하는 데에 탄력을 주었다. 즉, 이후로 일본의 평화활동에의 접근은 유엔PKO에 제약되지 않고 행동반경을 넓혀갔다. 2001년 12월 채택된 '자위대 반테러리즘법'은 평화작전 자위대는 자기 방어뿐 아니라 타국군과 난민 등의 민간인을 보호할 목적으로도 무기를 들 수 있도록 허용했다.[187]

---

[185] *The Japan Times, May 7, 1993*; R. Dore, *Japan, Internationalism and the UN* (London: Routledge, 1997), p.112.

[186] 자위대가 동티모르 유엔평화유지활동에 공헌하게 된 정책결정에 대해서는 Paulo Gorjao, "Japan's Foreign Policy and East Timor 1975-2002," *Asian Survey* 12-5 (September-October 2002), pp.754~771 참조.

2000년대 초 대테러와의 전쟁에서 일본은 미국 및 자발적 연합국에 대한 물자조달 및 군사활동 지원, 자위대의 수색 및 구조작전 참가 및 난민을 위한 인도적 구제 기여 등이 이어졌다. 일본 정부는 연합국의 아프가니스탄 전쟁을 돕기 위해서 해군함을 파견했다. 주니치로 고이즈미(小泉) 총리는 "일본은 세계에서 해야 할 역할이 있고, 우리는 그것을 수행해야만 한다"[188)라고 말했다. 이와 동시에, 일본은 2001년 12월 자위대의 평화유지군 핵심활동 참여를 금지해오던 '국제평화협력법'(1992)을 수정하여 허용했다. 즉, 자위대의 군사활동 제한을 풀었다.[189)

마침내 2003년 12월, 일본은 '이라크 인도주의 및 재건 지원법'(2003.7 비준)을 바탕으로 자위대 부대를 중동에 파견하기 시작했다.[190) 이 파견은 일본 역사의 또 다른 전환점으로 기록된다. 왜냐하면 비록 헌법적 제한 때문에 호주군의 보호를 받아야 했지만, 일본에게 이는 제2차 세계대전 이후 최초로 자위대 부대가 배치된 것이다. 이전까지는 유엔PKO 중심으로 소소한 인력만을 파견해 왔기 때문이다.

가장 최근에는, 2007년 1월 일본 방위청이 국방부로 개명됐으며 국제평화협력활동이 자위대의 주요임무로 명기됐다.[191) 아울러 국제평화협력을 위한 '일반법' 관련 논쟁이 큰 이슈가 되었다. 최근 보도자료에 따르면, 미시무라 관방장관이 이시바 국방장관, 고무라 외무장관과의 대화에서 자위대 병력을 일본 밖 평화유지미션에 파견할 수 있는 상설법의 제정을 고려하고 있다고 언급했다.

---

187) *The Japan Times*, December 30, 2001.

188) *Far Eastern Economic Review*, January 24, 2002.

189) Japan Ministry of Defense, *Defense of Japan 2008* (Annual White Paper), p.283.

190) 위의 글, p.271.

191) 위의 글, pp.268~291.

3. 동기(動機)와 제약점

일본이 1990년 이래로 국제적 평화협력에 관심을 가지게 된 객관적 배경은 (i) 경제적 성공(평화헌법 및 미국의 안보공약이 제2차 세계대전후 일본 경제성공의 원동력. 이는 유럽대륙에서 서독과 유사);[192] (ii) 탈냉전 국제질서(동맹국 미국과 나란히 다자공동정책, 유엔개도국과의 협력 등이 국익에 중요); (iii) 재정기여국으로서의 경험과 자신감: 주요 국제기구와 개도국에 대한 영향력있는 재정후원자로서의 축적된 경험과 글로벌 문제에 대한 자신감 등이 있을 것이다.

동시에, 다음의 전략적 고려가 있을 것이다: (i) 세계적으로 책임있는 권위체가 되기 위해 선의를 알림; (ii) 경제력 및 국제재정 기여에 걸 맞는 유엔안전보장이사회 상임이사국 지위확보; (iii) 글로벌 안보와 평화를 통한 경제성장과 안정성 유지; (iv) 자위대의 군사력 향상을 통한 방위강화 등이다.

그럼에도 일본의 국제평화협력 관심 및 참여 증대에 수반되는 장애요인도 없지 않다. 첫째, 평화헌법의 존재 자체, 그리고 이에 따른 국내외 정치적 반대와 우려들이다. 특히, 2001년 9.11사태 이후 일련의 법안 채택, 2007년 일본 방위청의 국방부 승격 등은 이웃 아시아 국가들에게 일본 재무장의 잠재적 요소로서 아시아 내 군국주의 재개가 아닌지 우려를 안겨줄 수 있다. 둘째, 유엔PKO에 관한 결정은 유엔안전보장이사회의 권한이자 의무다. 따라서 일본은 전후 제2의 PKO기금 공여국이며 1990년대 이후 국가차원에서 국제평화협력에 큰 관심을 보여 왔지만 중국을 포함한 안보리 상임이사국들에 비해 유엔의 PKO에 관한 영향력에 약하다.

---

192) http://www.mod.go.jp/e/d_policy/index.html.

4. 전망

일본의 국방부와 자위대는 점차 유엔PKO 등 국제안보 체계내 주요한 한 요소가 되고자 할 것이다. 미국에 이어 유엔PKO기금 제2위 공여국 지위는 계속될 것으로 보인다. 동시에 유엔PKO 미션에 파견되는 일본의 자위대군, 군옵저버, 민간경찰 등 제복요원의 수는 비록 중국만큼은 아니더라도 적어도 지금보다는 증대될 것으로 보인다. 이 점은 한국만큼도 어려울 수 있다. 여하한 경우라도, 일본 외교정책은 국내 정치와 함께 국제적 의견도 중요한 변수가 될 것이다.

이와 동시에, 일본은 국제평화와 안보를 담보하는 유엔안전보장이사회 상임회원국 자리를 추구하면서 안보리 개정을 요구할 것이다.[193]

V. 한국의 유엔PKO 정책

1. 유엔가입(1991)과 PKO참여 여정

한국은 냉전기 동서이념대립 및 남북한 체제경쟁 구조하 유엔가입 기회를 잃어 오다가 냉전질서종식의 기운 속, 마침내 1991년 9월, 북한과 함께 그러나 각각 유엔회원이 됐다.[194] 유엔가입 후 한국은 유엔PKO 미션에 대해 제복요원 파견, 유엔회원국으로서의 분담금 납부 등을 비교적 성실히 수행해 왔다.

한국 국방부는 국방목표를 다음과 같이 설정했다: (i) 대외군사적 위협과 침략으로부터 국가수호, (ii) 평화적 통일 원칙 고수, 그리고 (iii) 지역안정과 세계평화에의 기여다. 이중 세 번째 항목은 한국이

---

193) Policy of Democratic Party INDEX 2009.

194) UN Mission of Republic of Korea (http://overseas.mofa.go.kr/un-en/)

동북아의 안정과 평화를 위해 기여하겠다는 의지와 더불어 세계평화를 유지하기 위한 유엔PKO를 포함한 국제공동체의 노력에 적극 참여할 의지를 보여주고 있다.[195] 한국의 첫 유엔PKO 참가는 1993년 7월 소말리아(UNOSOM)에 건설공병 250명을 파견한 것이었다. 이들은 1994년 3월까지 재건을 지원하면서 무력분쟁과 가뭄으로 인한 고통을 경감시켜주었다. 1994-95년에는 42명의 의료병을 서사하라에, 그리고 198명의 공병을 앙골라에 보냈다. 공병이나 의료병을 주로 했던 한국군 파병은 1999년 처음으로 보병부대의 파병으로 이어졌다. 즉, 450명의 보병부대가 동티모르에 파병됐다. 2007년에는 359명의 또 다른 보병부대가 레바논 유엔PKO에 참가하기 시작했다.

한국은 병력뿐 아니라 정전감시나 선거모니터를 위한 군옵저버, 그리고 치안과 질서유지를 위한 민간경찰도 유엔PKO에 파견했다. 예컨대, 1994년 '유엔 인도·파키스탄 군옵저버그룹'(UNMOGIP)을 시작으로 한국은 그루지아, 라이베리아, 부룬디, 수단, 아프가니스탄, 네팔에 휴전감시, 정찰, 사찰, 중재 등의 활동을 위한 군옵저버를 파견했다.[196]

한국은 유엔체제 밖에서도 2001년 9.11테러 이후 아프가니스탄에서와 같이 미국주도 자발적 국가연합의 군사작전 지원을 위해 공병 및 의료병을 파견했다. 이 임무는 2007년 12월 완료되었다. 마찬가지로, 2004년 3,000명 병력을 이라크에 파견하였으며 이는 2008년 말 철수시점 650명 선으로 줄었다.

---

[195] ROK Ministry of Defense, *Defense White Paper 2008*, p.47~48.

[196] http://www.mnd.go.kr/

〈표 5〉 한국의 유엔PKO 미션 참여 (2009.10.31.기준)

	군	경찰	군옵저버	합
서사하라			2	2
아프가니스탄			1	1
다르푸르	2			2
레바논	367			367
라이베리아	2			2
네팔			4	4
수단		1	6	7
티모르-레스테		4		4
인도·파키스탄			9	9
코트디부아르			2	2
				400

〈출처〉 유엔(http://www.un.org/en/peacekeeping/contributors/2009/oct09_3.pdf)

2. 동기(動機)와 제약점

한국이 1993년 이래로 국제평화협력에 관심을 갖게 된 객관적 배경은 일본과 유사하다: (i) 경제발전: 비록 일본에는 뒤져 있지만, 1990년대 상대적으로 높은 경제성장 달성; (ii) 1980년대 후반부터 민주주의 성취에 따른 자신감; (iii) 냉전종식이후 국제질서: 초강대국 미국과의 군사동맹. 더불어 다자공동정책 및 유엔내 개도국과의 협력도 중요한 국익요소.

또한 다음과 같은 전략적 고려도 반영됐다고 하겠다: (i) 1945년 이후 받았던 국제사회의 원조에 대한 도덕적 의무감; (ii) 책임있는 중견국으로서의 의도와 능력을 세계에 설득; (iii) 글로벌 안보와 평화에 기여함으로써 국가 경제성장과 안정 도모; (iv) 장기적 한반도 안보강화 등이다.

한국은 국제적 원조를 바탕으로 경제기적을 일으킨 성공 스토리의 표본으로 일컬어진다. 1945년 일본의 식민지배로부터 벗어난 후 계속 원조수혜국이었으나 1995년 원조공여국으로 탈바꿈했다. 마침내 2009년 11월 25일, 한국은 OECD(경제협력개발기구)의 선진공여국 클럽인

DAC(개발지원위원회)의 정회원이 됐다. 이제 한국은 유엔PKO에 기여해야 한다는 의무감뿐 아니라 공적개발원조(ODA)에도 국가경제 규모에 걸맞게 기여를 해야만 할 필요가 생겼다.[197] 사실 국방부뿐 아니라 외교통상부도 유엔PKO 참여 제정법, 유엔 상비제도 협약, PKO센터 강화, PKO와 관련된 대외군사협력 증대 등을 진지하게 고려하고 있다.[198]

중국, 일본과 비교했을 때, 한국의 PKO정책은 이념 혹은 정치적 제약으로부터 상당히 자유롭다. 게다가 과거 수년간 한국은 아시아 및 세계에서 인기 있는 나라가 되었는데, 이는 주로 서양과 아시아 문화 사이 교두보 역할에서 기인한 것이다. 그러나 일반 국민들의 인식 속 한국군의 우선적 임무는 분단된 한반도에서 북한의 침략 억제여서 이는 한국의 보다 적극적 국제평화협력에 제약으로 남는다.

3. 전망

유엔PKO에 대한 한국의 입장은 큰 변화가 없는 한, 점점 더 긍정적으로 나타날 것으로 보인다. 유엔PKO수행을 위한 기금도 현재대로 10위 정도를 유지할 것이며 더 많은 군과 군옵저버, 민간경찰들이 유엔PKO미션에 투입될 것으로 기대된다.

VI. 한·중·일 비교: 유엔PKO 기여 방식

2008/2009 회계년도 유엔PKO기금측면에서 보면, 동북아 3국 중 일

---

[197] 2008년 GNI의 0.09 퍼센트에 해당하는 약8억 달러를 대외원조에 책정했다. 여전히 DAC회원국 평균인 GNI 0.3%에 못 미치고 있다. DAC은 국제적 목표치를 GNI의 0.7%로 잡고 있다.

[198] http://www.mnd.go.kr/

본의 기여가 가장 높다. 일본은 전세계적으로 미국 다음 두 번째 공
여국이다. 한편 중국은 유엔안전보장이사회 5개 상임이사국 중 가장
낮은 러시아(1.41%)보다 위, 즉, 네 번째 공여국이다. 한국은 제10위
유엔PKO공여국이다.

〈표 6〉 유엔평화유지 예산공여 상위 20국 (2008/2009)

순위	국가명	백분율
(1)	미국	25.96
(2)	일본	19.62
(3)	독일	8.58
(4)	영국	7.84
(5)	프랑스	7.44
(6)	인도	5.08
(7)	중국	3.15
(8)	캐나다	2.98
(9)	스페인	2.97
(10)	한국	2.17
(11)	네덜란드	1.87
(12)	호주	1.79
(13)	러시아	1.41
(14)	스위스	1.21
(15)	벨기에	1.10
(16)	스웨덴	1.07
(17)	오스트리아	0.89
(18)	노르웨이	0.78
(19)	덴마크	0.74
(20)	그리스	0.59

〈출처〉 유엔 (http://www.un.org/en/peacekeeping/documents/factsheet.pdf).

그러나 제복요원 파견에 있어서는 중국이 한중일 3국 중 단연 1위
이며, 세계에서는 15위이다. 유엔안전보장이사회 5개 상임회원국 중에
는 프랑스에 이어 2위다(표 7). 세계 최대군(219만명)을 자랑하는 중
국이 한국이나 일본에 비해 유리한 것은 당연한 일이다.(표 7, 표 8)

〈표 7〉 유엔평화유지군 파견 상위 20국 (2009.4.30.기준)

순위	국가	인원
(1)	파키스탄	10,635
(2)	방글라데시	9,220
(3)	인도	8,617
(4)	나이지리아	5,792
(5)	네팔	3,856
(6)	르완다	3,605
(7)	가나	3,332
(8)	요르단	3,113
(9)	이탈리아	2,904
(10)	우루과이	2,878
(11)	프랑스	2,543
(12)	이집트	2,413
(13)	에티오피아	2,398
(14)	세네갈	2,152
(15)	중국	2,150
(16)	남아프리카	2,015
(17)	인도네시아	1,623
(18)	모로코	1,560
(19)	베냉	1,348
(20)	브라질	1,342

〈출처〉 유엔 (http://www.un.org/en/peacekeeping/documents/factsheet.pdf).

〈표 8〉 한중일 국방비 & 병력

국가	2007 국방비 (100만 달러)[199]	2009 병력 (천명)
중국	46,174	2,185
일본	41,039	230
한국	26,588	687

〈출처〉 *Military Balance 2009*, p.449.

한국과 일본은 제복 군인을 파견하는 데에 있어서 각각 39위와 84위이다(표 9).

---

[199] 사회경제 관행 및 예산체계 상이성에 따라 각국의 국방비 지출을 단일 기준으로 이해하기는 어렵다.

〈표 9〉 한중일 유엔평화유지 제복요원 (2009.10.31 기준)

세계순위	군	경찰	군옵저버	합
(15) 중국	1,895	198	55	2,148
(39) 한국	371	4	25	400
(84) 일본	33	??	6	39

〈출처〉 유엔(http://www.un.org/en/peacekeeping/contributors/2009/oct09_1.pdf).

중국의 활발한 유엔PKO참여는 유엔제복요원들의 수요를 충족시키는데 기여한 것으로 보인다. 특히 아프리카에서 그렇다. 아프리카의 PKO의 경우 여타 대륙으로부터의 군대 충원이 쉽지 않고, 현지인의 긍정적 반응도 얻기 어렵다. 그럼에도 불구하고, 서방 일부에서는 중국의 유엔PKO 동기와 효율성을 우려한다. 특히 인권단체들은 중국이 수단 국민들의 인권상황을 잘 돌보지 못한 채 단지 무기를 팔고 석유 등 천연자원을 얻는 일에만 혈안이 되어 있다고 주장한다. 사실 중국제 무기는 콩고, 나미비아, 짐바브웨 등 여러 아프리카 국가로 수출되고 있다.[200] 동시에 선거감시, 인권교육, 민주주의가 임무의 중요 축을 이루는 소위 제2세대 유엔PKO의 특성을 고려할 때, 중국이 채택한 접근방식과 서방의 것이 꼭 조화롭다고 보기 어렵다.

중국과 비교할 때, 일본은 유엔PKO에의 직접 참여 외에도 정부의 대개도국 외교의 일환으로 '공적개발원조' 및 '평화구축' 지원에 큰 업적을 쌓고 있다. 또한 중국과 달리 유엔틀 밖, 미국주도 자발적연합의 평화작전에도 관여한다. 그럼에도 2009년 9월 반기문 사무총장과의 면담자리에서 아토야마(鳩山) 수상은 유엔PKO 요원측면에서 일본의 기여가 충분치 못했다며 일본이 좀 더 이를 위해 노력할 필요가 있다고 인정했다.

결론적으로 중국과 일본 모두 비록 각각의 동기와 제약점을 안고 있으나 유엔가입 이후, 특히 냉전종식이후 점진적으로 유엔PKO에 대

---

[200] Japan Ministry of Defense, *Defense of Japan 2008* (White Paper), pp.47.

한 관심과 참여가 제고되는 모습을 보이고 있다. 향후 이 추세에 영향을 주는 요인들은 이 두 나라 각각의 의지와 능력은 물론 나라 안팎의 여론이 될 것이다. 안팎에서 진지한 자세로 격려할 것인지, 아니면 비판론과 회의론이 대세가 될 것인지를 말한다. 이것이 바로 각국 지도자들의 대내정책 및 대외관계를 두고 '양면게임'을 하는 이유다.[201] 중국, 일본과 비교할 때 한국이 갖고 있는 상대적 이점은 (i) 비서구 국가이면서도 서구 문화를 잘 이해하는 나라하는 이미지; (ii) 주변국 대상으로 한 침략이나 식민정책이 부재한 점; (iii) 경제적, 정치적 성공사례로서 모델화[202] 등이다.

한편 비록 3개국 공히 유엔의 중요성을 인정하고 각각 유엔PKO에 참여하고 있지만 각각 자국의 안보에 관해서는 상대적으로 다른 인식과 개념들을 갖고 있다. 따라서 한중일간 유럽의 NATO형은 말할 것도 없고 EU형의 군사 혹은 민간 평화미션이 가능한 날은 좀처럼 쉽게 오기 어려울 것 같다. 현재로서는 3국간 유엔PKO에 관한 의견교환, 인적교류 등을 생각해 볼 수 있을 것이다.

---

[201] Putnam (1998), op.cit.

[202] Heung-Soon Park, "UN PKO: Korean Experiences and Lessons," Paper presented at a Conference held by Korean Academic Council on the UN System (2000).

제5장
한국군의 국제평화유지활동203)
배경, 성과, 도전

Ⅰ. 21세기 국제평화유지활동의 외연확장

한국의 국제평화유지활동 기여를 알아보기 위해서는 우선 글로벌 환경변화 속에서 평화유지활동의 의미 변화를 알아볼 필요가 있다. 전통적인 의미의 '평화유지활동'(peace-keeping operation, 이하 PKO)은 적대세력 분리나 정전협약 이행, 완충지대 설정 등에 국한된 데에 비해 냉전종식이후의 PKO는 외연을 확장해 보다 포괄적 의미로 이해되는 추세다. 이에 따라 현재 PKO의 개념은 전통적 단순 평화유지(peace-keeping)의 개념을 넘어 분쟁이후의 평화구축(peace-building), 강제력 동원이 수반되는 '평화강제'(peace enforcement), 그리고 분쟁전후의 '평화조성'(peace-making)차원으로 까지 확대되고 있다. 최근 국제사회 일각에서는 PKO대신 '평화지원'(peace-supporting) 혹은 그냥 '평화활동'(peace operation)이라는 용어가 더 적합하다는 주장이 나오는 것도 이런 연유에서이다.

여전히 PKO에 대한 폭넓은 국제적 합의는 이뤄지지 않은 상태에서 PKO의 외연이 점차 확장되고 있다고 보는 것이 좀 더 정확하다. 따라서 이 글에서는 유엔주도의 PKO외에도 유엔안전보장이사회 결의

---

203) 글로벌 리더십 편찬위원회가 발간한 『대한민국 글로벌 리더십』(교보문고, 2012)에 실린 저자의 글을 축약, 정리했음.

하에 특정국가 또는 지역기구가 주도하는 다국적군 평화활동도 포함하고 있음을 밝혀 둔다.

유엔은 PKO를 "분쟁으로 인해 피해를 입은 국가가 지속가능한 평화의 조건을 창출하도록 지원하는 하나의 방식"으로 설명한다. PKO는 냉전기 유엔이 개발한 평화 기제 중 하나로 현재 예산과 중요도에서 유엔의 '평화 및 안보' 기능 중 최대비중을 차지한다. 유엔 안에서 PKO에 관한 결정은 안전보장이사회(이하 '안보리')가 내리며 사무총장이 집행을 주관한다. 2012년 2월 현재 유엔이 수행중인 PKO미션은 16건(아프리카 7, 아시아·태평양 3, 중동 3, 유럽 2, 미주 1)이며, 115개 회원국에서 파견된 약 120,000명이 요원으로 참가하고 있다. 1990년 1만여 명에 불과했던 사실을 생각할 때 급속한 증가다.[204] 그런데 정작 유엔헌장에는 평화유지라는 단어가 없다. 다만 유엔 평화유지의 창시자라 불리는 스웨덴 출신 제2대 유엔사무총장 햄마슐트(Dag Hammarskjold, 1953-1961년 재임)는 PKO가 유엔헌장 제6장(중재 혹은 사실확인 등 분쟁의 평화적 해결을 위한 전통적 방안)과 제7장(금수 혹은 군사제재와 같은 보다 강제적 행위) 사이에 놓여 있다는 의미에서 '6과 1/2'이라는 별명을 붙인 바 있다.[205]

국제평화유지활동은 1948년 제1차 아랍-이스라엘 정전감시를 위해 36명의 군옵저버가 '유엔정전감독기구'(UNTSO: UN Truce Supervision Organization)의 이름으로 배치된 이래 다양한 환경과 성격의 분쟁에

---

[204] 예산의 경우 현 회계연도 (2011.7.1-2012.6.30) 기준 78.4억 달러로 미국 등 선진국 국방예산에 비춰 큰 액수는 아니다.

[205] 특히 제6장 제33조가 거론되어 왔다. The parties to any dispute, the continuance of which is likely to endanger the maintenance of international peace and security, shall, first of all, seek a solution by negotiation, enquiry, mediation, conciliation, arbitration, judical settlement, resort to regional agencies or arrangements, or other peaceful means of their own choice. The Security Council shall, when it deems necessary, call upon the parties to settle their dispute by such means.

그때그때 대처해왔다. 유연성으로 인한 이점도 있었지만 즉흥적 대응에 따른 제도적, 인적, 물적 미비점 등 어려움도 겪었다. PKO는 크게 냉전기와 냉전종식이후로 그 기능과 성격을 구분한다. 냉전기(1945-1988) PKO는 유엔이 미·소의 긴장지역 내 직접적 충돌을 피하려는 의도에서 정립한 비교적 단순한 평화기제였다. 이런 완충적 성격 때문에 분쟁지역 내 민간인들에 대한 신속하고 대대적인 인도적 지원 필요성도 그다지 높지 않았다. 냉전 중인 1960~70년대 콩고, 키프로스, 남레바논 등지에서 난민이 발생해 인도주의적 지원 수요가 있었지만 이런 경우는 예외적이었다. 냉전종식과 함께 1990대 들어서 원시적 인권 침해, 기아, 난민 등이 발생했지만 유엔안전보장이사회는 평화유지에 대한 개념 차원에서나 인적, 물적 지원차원에서 준비가 안 된 상태에서 PKO미션의 배치를 결의하곤 했다.[206)]

냉전종식이후 새로운 PKO의 개념 확장에 관한 이해를 돕기 위해 냉전기의 제1세대 PKO와 소위 제2세대 PKO의 차이를 대조해 보면 아래 표와 같다.

〈표 1〉 제1세대와 제2세대 유형의 PKO

	제1세대 (냉전기 추세)	제2세대 (냉전종식이후 추세)
분쟁배경	주권국가간 전쟁	주권국가내 내전
PKO임무	정전이행 감시	'평화유지,' '평화구축,' '평화조성'
PKO요원	소규모 군, 군옵저버	군, 경, 민
PKO원칙	분쟁국 동의	'평화강제' 적용도 불사
PKO주체	유엔	유엔, 지역기구, 자발적 연합
유엔PKO 담당	유엔 사무국	유엔 사무국내 전담부서 신설

제2세대 PKO의 특징은 과거와 달리 "주권국가 내 분쟁"에 개입하고

---

206) 냉전종식 직후 유엔평화활동 부문에서 나타난 새로운 도전과 이에 대한 응전 방안에 관해서는 Boutros Boutros-Ghali, *An Agenda for Peace* (UN 1992).

"임무범주를 확장"하는 한편, 유엔이 "지역기구"와 협력하는 등 기존 PKO의 개념확장을 요구하는 시대변화에 부응하고 있다는 점이다.[207]

II. 한국의 국제평화유지활동 배경과 상대적 이점

1. 배경

한국의 국제평화협력 참여 배경은 복합적이다. 첫째, 한국은 1953년 한국전쟁 종식이후 폐허 속에서 단시간 내 국제원조 수혜국에서 공여국으로 발전했다. 국제평화유지활동에 이바지함으로써 "빚을 되 갚는 도덕적 의무"를 수행하게 된 것이다. 둘째, 국익차원에서도 도움이 된다. 한국은 자원이 적고 무역의존도가 높은 국가로서 지속적 성장을 위해서는 "안정적 글로벌 안보환경과 공영"이 무엇보다 중요하다. 셋째, 한반도와 주변국에 국한된 한국인들의 인식의 지평을 넓히는 데에 기여할 수 있다. 한국은 지리적, 역사적으로 주변 4강에 둘러싸여 있는 데다 근대사에서는 한미동맹과 남북분단으로 이념 중심적 사고가 팽배했다. 불안정한 안보환경 속에서는 국제평화유지활동에 적극 참가하고 리더십을 행사하기 어려웠다. 그러나 1990년대 이후 밖으로는 국제질서 변화, 안으로는 정치적 민주화와 경제적 지위 향상으로 한국이 다자무대에서의 리더십을 발휘할 수 있는 역량을 갖추게 된 것이다. 넷째, 한국은 캐나다, 호주 등과 함께 21세기 대표적 중견국으로 간주되고 있다. "중견국 대외행위의 이점"은 단독 혹은 연합으로 다자무대와 다층적 네트워크 외교를 통해 21세기가 요구하는 다각적 국제규범 창출에 기여할 수 있다는 것이다. 대표적으로

---

207) 이하 PKO의 외연확장에 관한 논거는 정은숙, 「21세기 유엔평화유지활동: 코소보 사례를 중심으로」(세종정책연구 2003-1)의 pp.10~15의 내용을 참조.

2010년 서울 G20 정상회의는 국제경제 부문 거버넌스에서, 2011년 부산 세계개발원조 총회는 국제 개발협력 거버넌스에서, 그리고 2012년 서울 핵안보 정상회의는 국제안보 부문 거버넌스에서 한국이 중견국의 가교 역할을 원만히 수행한 예이다. 아직 국제평화 부문에서는 이와 같은 획기적 성과는 없지만 한국은 냉전종식이후 꾸준히 인적, 물적 기여를 해왔다. 특히 2000년대 후반부터 국제평화협력은 ODA(공적개발원조) 확충과 함께 한국이 세계평화 증진에 기여하고 국제이슈를 주도하는 주요 요소 중 하나로 간주되고 있다.

2. 상대적 이점

한국과 같은 중견국이 국제평화유지활동에 보다 적극적으로 동참한다면 국제평화유지활동의 효과도 훨씬 높아질 것이다. 이를 뒷받침하는 논거로는 첫째, 한국은 1991년 유엔 가입 이후 유엔 안팎의 다자외교에 비교적 적극적이며 충실하게 참가해 왔다. 최근 수년간은 제10위의 유엔PKO 재정분담국이기도 하다. 둘째, 서방과 비동맹, 선진국과 후진국, 동양과 서양간 여러 측면에서 가교역할을 할 수 있다. 경제적으로 한국은 선진국도 후진국도 아닌 중견국이어서 현지 후발국의 거부감을 피해갈 수 있다. 문화, 문명사적으로 한국은 아시아에 속하면서도 서구를 잘 이해할 수 있는 국가이다. 역사적으로도 유럽, 일본과 달리 식민지 지배나 침략의 경험이 없다. 셋째, 분쟁이후 저개발국 또는 저소득국의 평화구축(peace-building)시 개발의 모델이 될 수 있다. 한국은 1950년대 전후 빈곤국에서 일약 세계 12위(구매력기준 2012전망) 경제대국으로 성장했으며 군사독재를 탈피, 자유와 법치, 인권 존중을 근간으로 한 민주주의를 구가하는 성공사례로도 널리 인정받고 있다. 넷째, 한국군은 중국군, 러시아군에 비해서 교육, 전문성, 공정성 등에서 이미 좋은 평가를 받고 있고, 서구의 군에 비해 주민 친화력이 높은 것으로 알려져 있다.

III. 한국의 국제평화유지활동 실적과 현황[208]

한국군은 헌법 제5조 1항 및 제60조 2항을 근거로 유엔안보리결의안과 국회동의안에 따라 지구촌 분쟁지역에서 평화유지활동을 수행해 왔다.[209] 한국의 PKO는 1991년 1월 제1차 걸프전 참전, 그리고 같은 해 9월 유엔가입을 계기로 본격화됐다. 국방부 자료에 따르면 1991년 걸프전 이후 한국군 해외파병 연인원은 344,589명에 달하며, 2012년 2월 현재 파병인원은 1,444명이다(그림 1). 이중 2011년 1월, 양자간 국방협력 목적으로 출정한 아랍에미리트(UAE) 군사훈련협력단(UAE 아크부대, 147명)을 제외하면 1,297명이 국제평화유지활동에 참여하고 있다. 이중 728명은 유엔주도의 PKO에 참여하고 있고(표 5) 나머지 569명은 유엔의 승인을 받아 회원국이 주도하는 다국적군 평화활동 등 유엔 밖 PKO(이하 'Non-유엔PKO')에 참여하고 있다.

〈표 2〉 한국군의 국제평화유지활동 참여 규모 (명) (2012.2기준)

PKO주체	유엔주도	Non-유엔주도	합계
파병규모	728	569	1,297

---

208) 특별한 언급이 없는 경우 대한민국 국방부와 유엔의 웹사이트 참조 (www.mnd.go.kr, www.un.org).

209) 〈헌법 제5조 1항〉: 대한민국은 국제평화의 유지에 노력하고 침략적 전쟁을 부인한다.
〈헌법 제60조 2항〉: 국회는 선전포고, 국군의 외국에의 파견 또는 외국군대의 대한민국 영역 안에서의 주류 (駐留)에 대한 동의권을 가진다.

〈그림 1〉 한국군의 파병 현황 (14국 1297명)* (2012.2)

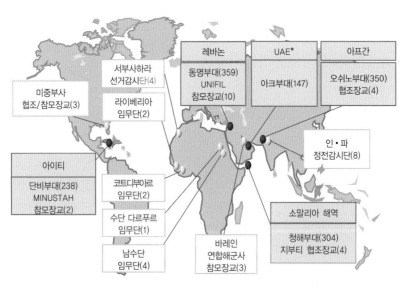

*: UAE 아크부대 제외 (한국-UAE 국방협력)
〈출처〉 www.mnd.go.kr

한국국의 참여실적을 '유엔PKO'와 유엔안전보장이사회의 승인하 수행된 다국적군 평화활동 등 'Non-유엔PKO'로 나누어 살펴보면 다음과 같다.

1. 한국군의 '유엔PKO' 참여

글로벌 거버넌스를 위한 최상위 기구는 제2차 세계대전의 참화를 뒤로 하고 연합국이 주도해 1945년 창립한 국제연합(United Nations), 즉, 유엔이다.

한국은 1948년 유엔감시 아래 초대 의회선거, 한국전쟁 시 유엔 최초의 군사작전, 전후 유엔의 지원 등 유엔과의 각별한 인연에도 불구하고 냉전의 영향으로 1991년 9월에서야 남북한 동시 가입을 할 수 있었다. 이후 현재까지 21년간 1996-97년 유엔안전보장이사회 비상임 이사국, 2001 유엔총회의장(한승수 前 외교통상부 장관), 2006년 유엔 사무총장(반기문 前 외교통상부 장관) 당선 등 짧은 기간 내에 유엔 안에서 입지를 확대해왔다. 유엔 내 지위 향상은 큰 맥락에서 보면 한국과 국제사회 관계강화의 결과인 동시에 향후 더 중요한 역할을 수행할 수 있는 또 다른 토대가 되고 있다. 한국이 2012년 10월 총회 에서 안보리 비상임 이사국에 당선될 경우, 2013-14년 또 다시 국제평 화 및 안보와 관련된 유엔의 정책결정에 참여 기회를 갖게 된다.

(1) 부대단위 파병

한국은 유엔을 통한 국제평화유지의 가치와 중요성을 인식하면서 우선 부대단위 파병으로 실질적 기여를 했다. 최초로 가입 2년만인 1993년, 유엔의 요청에 따라 아프리카 소말리아에 공병대대를 부대단 위(상록수부대)로 파견한 이래 지역재건, 의료지원 등 인도적 활동과 치안유지 및 평화정착 지원의 임무를 수행해 왔다.

(i) 소말리아 (공병대대 상록수부대, 1993-1995); (ii) 서사하라 (국군 의료지원단, 1994-2006, 11회 국회 연장동의); (iii) 앙골라 (190여명 야 전공병단, 1995-1996); (iv) 동티모르 (첫 전투보병부대 파견, 430명. 상 록수부대, 지역재건과 치안회복 임무, 1999-2003). 1999년 동티모르 비 상사태로 인도네시아 정부가 다국적군을 수용하고 유엔안보리가 이 를 승인함에 따라 호주군 주도 22개국 다국적군 구성. 상록수부대는 PKO참여국 중 가장 모범적 부대라는 평가를 받았다; (v) 레바논 (두 번째 전투보병부대 파견, 동명부대, '유엔레바논평화유지군' 서부여단 예하부대로 임무. 2007-2012 현재). 유엔안보리는 30년전인 1978년, 레 바논 내전 심화를 계기로 UNIFIL을 설치한바 있다. 그러나 2006년 7 월 이스라엘과 헤즈볼라간의 전투가 일어나면서 양측간 전면전이 재 개됐다. 이에 유엔안보리가 즉각 결의안 제1701호를 채택, 휴전 및

UNIFIL에 대한 회원국의 병력 기여를 촉구했다. 동명부대는 한국정부
가 파병한 다섯번째 유엔평화유지군이며 전투보병부대로는 동티모르
에 이은 두 번째 파견이다. 이후에도 레바논 파병은 계속돼 2012년
현재 제9진이 레바논과 이스라엘 국경지대에서 정전감시 임무를 수행
하고 있다; (vi) 아이티 (공병부대, 단비부대, 2010-2012). 한국은 2010
년 1월 아이티가 대규모 지진 피해를 입자 피해 복구와 재건을 지원
하기 위한 국제사회의 노력에 동참하기 위해 2월부터 단비부대를 파
견했다. 비록 직접적으로 유엔아이티PKO미션(UNSTAMIH, 2004-2017)에
참가한 것은 아니나 아이티주민 뿐 아니라 현지 재난에 처한 유엔
PKO를 지원하는 의미를 갖는다. 또한 자연재해를 입은 국가의 복구
및 재건을 위해 우리군을 파견한 첫 사례가 된다.

(2) 군옵저버 및 참모장교 파견
한국은 부대단위 파병 외에도 유엔의 요청에 따라 옵저버와 참모
장교 요원도 파견해 왔다. 1994년 10월, 유엔 그루지아옵저버미션
(UNOMIG)에 파견을 시작으로 인도·파키스탄, 레바논, 라이베리아,
아프가니스탄, 수단, 네팔, 서부사하라, 아이티, 코트디부아르 등에서
유엔PKO를 지원해 왔다. 옵저버 요원들이 현지 PKO미션 통제 하 정
전협정 위반여부를 감시하고 순찰, 조사, 보고, 중재 등의 임무를 수
행하는 데 반해, 참모요원들은 사령부 참모부에 소속되어 기능별 참
모업무를 수행한다.

〈표 3〉 한국의 유엔PKO 종료 실적 (2010.8 기준)

국가(지역)	임무	규모	파견기간
소말리아 (UNOSOM II)	재건 및 건설, 각종 대민지원 활동	장교 30명, 부사관 32명, 공병 190명	93.7-95.2
서부사하라 (MINURSO)	의료지원	장교 27명(군의관 8명 및 간호장교 6명 포함), 부사관 및 의무병 22명	94.9-06.5.

그루지아 (UNOMIG)	그루지아·압하지아간 휴전협정 이행감시	군옵저버 7명 (부단장 1명 포함)	94.10-09.6
앙골라 (UNIVEM III)	인도적 재건지원, 정전감시	장교 22명, 부사관 16명, 공병 160명	95.10-97.2
동티모르 (UNTAET)	동티모르 독립정부 수립지원, 선거감시	장교 66명, 준사관 1명, 하사관 189명, 보병 163명	99.10-03.10
사이프러스 (UNFICYP)	유엔특사 보좌	사령관 1명	02.1-03.12
브룬디 (ONUB)	정전감시	군옵저버 2명	04.9-06.12

〈자료〉 www.mnd.go.kr

〈표 4〉 한국의 유엔PKO참여 현황 (2010.8 기준. 645명. 세계31위)

국 가(지역)		임 무	규 모	파견기간
인도·파키스탄 (UNMOGIP)		카시미르지역 정전 감시	군옵저버 10명	94.11-현재
라이베리아 (UNMIL)		정전감시	군옵저버 1명 참모장교 1명	03.11-현재
아프가니스탄 (UNAMA)		재건지원	군옵저버 1명	03.11-현재
수단 (UNMIS)		정전감시	군옵저버 6명 참모장교 1명	05.12-현재
네팔 (UNMIN)		치안유지	군옵저버 4명	07.3-현재
레바논 (UNIFIL)	동명 부대	평화정착 및 재건지원	군 359명	07.7-현재
	사령부		참모장교 5명 서부여단 참모 5명	07.7-현재
수단다르푸르 (UNAMID)		평화협정 이행 지원	군옵저버 2명	09.6-현재
동티모르 (UNMIT)		치안유지	경찰 4명	06.12-현재
코트디부아르 (UNOCI)		정전감시	군옵저버 2명	09.7월-현재
서부사하라 (MINURSO)		평화협정 이행 지원	군옵저버 2명	09.7월-현재
아이티 (MINUSTAH)		치안유지 및 아이티 지진 피해 복구 및 재건 지원	군 240명 참모장교 2명	10.2월-현재 09.10월-현재

〈자료〉 www.mnd.go.kr

〈표 5〉 주요국의 유엔PKO 군·경 파견(2012.2월 기준)

순위	국명	병력
16	중국	1842
32	한국	728
43	일본	347
49	독일	258
52	러시아	209
54	캐나다	179
59	미국	111

〈자료〉 www.un.org

유엔PKO의 경우, 평화유지군 대부분이 남아시아 국가들을 중심으로 한 제3세계 군으로 충당된다(표 6 참조). 제3세계 군의 입장에서는 유엔이 제공하는 외화소득을 확보할 수 있는 측면이 있고, 선진국의 입장에서는 과거 침략전쟁 유산으로 인한 현지 친화력에 대한 부담감, 그리고 고도의 기술을 지닌 자국군의 유엔지휘 배치에 대한 기피 성향 등을 반영하는 것으로 보인다.

〈표 6〉 유엔PKO 군·경 파병순위 (2012.2기준)

순위	국명	파견 군경
1	방글라데시	9990
2	파키스탄	9502
3	인디아	7956
4	에티오피아	5916
5	나이지리아	5433
6	이집트	4066
7	요르단	3736
8	르완다	3557
9	네팔	3502
10	가나	2675

2. PKO분담금

유엔회원국들은 경제상황에 따라 유엔총회가 정한 분담금을 기여하며, 일부 국가들은 그 이상으로 기여하기도 한다. 한국은 최근 수 년간 기여도 10위를 유지해 왔다. 2011-12 회계연도 한국은 유엔PKO 예산의 2.3%(약 2억 달러)를 기여하게 된다.

〈표 7〉 유엔PKO 재정기여 순위 (2012.2 기준)

순위	국명	백분율(%)
1	미국	27.1
2	일본	12.5
3	영국	8.1
4	독일	8.0
5	프랑스	7.5
6	이탈리아	5.0
7	중국	3.9
8	캐나다	3.2
9	스페인	3.1
10	한국	2.3
11	러시아	2.0
12	호주	1.9
13	네덜란드	1.9

〈자료〉 www.un.org

3. 한국군의 'Non-유엔PKO' 참여

(1) 유엔안보리결의안에 따른 다국적군의 평화활동

한국은 유엔안보리가 유엔헌장 제7장(평화강제)에 따라 지역기구 혹은 다국적연합에 위임한 다수의 Non-유엔PKO에도 적극적으로 참여 해왔다. 유엔PKO와 달리 다국적군 활동은 적대행위의 개연성이 높은 지역에서 평화강제(peace enforcement)를 통한 평화회복에 뜻을 같이 하는 국가들이 공동으로 수행하며 비용도 참여국들이 부담한다. 1990 년 이후 전세계적으로 총 12개의 다국적군이 운용됐으며 현재는 아프 가니스탄에서 활동중이다.

한국의 Non-유엔PKO 참여는 1991년 제1차 걸프전이 시발점이었다.[210]

---

210) www.mnd.go.kr

(i) 대이라크전(1991): 1990년 8월 이라크의 쿠웨이트 침공에 대한 유엔안보리의 대이라크 제재결의하 다국적군의 응징노력에 참여하기 위해 1991년 1월과 2월 각각 대령을 단장으로 한 154명의 국군의료지원단(사우디아라비아 주재) 및 160명의 공군수송단(UAE 주재)을 파병했다. 파병단은 동년 4월 귀국했다; (ii) 아프가니스탄 작전(2001-2007): 2001년 9.11테러 이후 유엔안보리 결의 제1368호와 제1373호에 따라 미국과 NATO가 주도하는 탈레반 정부에 대한 군사작전에 해·공군 수송지원단(2001년 12월: 171명, 76명), 국군의료지원단인 동의부대(2002년 2월: 60명), 건설공병지원단인 다산부대(2003년 2월: 150명)를 각각 파견했다. 2007년 12월 파견 완료 때까지 연인원 23만명이 진료 및 재건 임무를 수행했다; (iii) 이라크 작전(2003-2008): 2003년 3월 미국의 이라크 공격 개시와 함께 한국정부도 유엔안보리 결의문 제1373(2001), 1483(2003), 1511(2003), 1546(2004)에 따라 국군부대를 파병했다. 2003년 4월 서희부대(건설공병지원단: 575명)와 제마부대(의료지원단: 100명)를 편성, 파견했으며 유엔안보리 결의안 제1546호에 따라 2004년 9월 이라크 아르빌 지역에 자이툰 부대(평화·재건지원: 2,796명)를 파견, 2008년 12월 임무완료시까지 4년 3개월 동안 재건지원과 민사작전을 수행토록 했다. 자이툰 부대는 한국군 창군 이후 최초의 해외파병 민사지원 부대였다. 또한 정부는 2004년 10월 자이툰 부대에 대한 공중재보급과 교대병력수송, 다국적군 공수지원 등의 임무를 위해 공군 다이만부대(제58항공수송단: 143명)를 파견해 2008년 12월까지 성공적으로 임무를 수행토록 했다; (iv) 아프카니스탄 지방재건팀 보호(2010-2012현재): 2010년 6월 아프가니스탄의 한국지방재건팀(PRT: Provincial Reconstruction Team)보호를 목적으로 350명 규모의 오쉬노("친구")부대를 파견했다. 유엔안보리가 2009년 결의문 제1890을 통해 회원국들에게 '아프가니스탄 국제안보지원군'(ISAF)에 대한 인력, 장비 및 기타 재원의 지원을 요청한 데 따른 것이다. 2010년 2월 25일 국회 본회의 의결을 거쳐 확정됐다. 한국PRT(130명)는 2010년 7월

부터 활동을 시작했는데, 민간전문가 주도하의 보건, 의료, 교육, 행정제도, 농촌개발 등 다양 재건사업을 추진하고 있다.

(2) 유엔안보리 결의안에 따른 해적퇴치 군사활동

한국은 해적퇴치를 위한 군사활동에 참가하고 있다. 2000년대 중반 이후 '아프리카의 뿔'이라 불리는 아덴만 주변에서 소말리아 해적들이 국제해사기구(IMO), 세계식량계획(WFP) 등의 활동에 위협이 돼 왔다.[211] 이에 따라 2008년 유엔안보리는 네 차례에 걸쳐 국제해양법과는 별도로 소말리아 해역에 회원국들의 군사적 퇴치역량 증대를 허용해 미국, 중국, 일본, 러시아, 인도 등이 해군력을 배치해 왔다. 특히 일본은 평화헌법을 둘러싼 국내정치적 논쟁 끝에 결국 군사작전이 아닌 해양범죄 퇴치라는 점을 강조하면서 2009년 3월 반해적법을 통과시키고 해상자위대 구축함을 파견했다. 또 이 해역에는 미국이 주도하는 다국적 연합해군사령부가 있고, EU차원에서는 EU NAVFOR가 5-10척의 군함을 배치하고 있다.

한국도 동원호 등 우리국적 선박 3척이 해적들에게 납치되자 국민의 안전과 선박의 안전항해를 보장할 필요가 생겼다. 이에 2009년 3월, 청해부대를 창설하여 파병했으며, 6개월 주기로 교대하고 있다. 파병규모는 해군대령을 함장으로 한 4,500톤급 구축함 1척(LYNX 헬기 1대, 고속단정 3정 탑재)과 요원 298명(승조원, 항공요원, 검문검색팀 등)이다. 청해부대의 파병은 글로벌 해상안전과 테러대응을 위한 국제사회의 노력에 동참하고, 우리 선박의 보호를 임무로 하는 첫 사례가 됐다. 비록 국가간의 전쟁이나 내전 이후의 평화유지를 목적으로 한 것은 아니지만, 소말리아라는 아프리카의 한 '실패국가'로 인한 해적의 활동을 근절해 국제평화에 기여하고자 한다는 점에서는 PKO와

---

211) 정은숙, "소말리아 해적 문제에 대한 국제사회의 대응,"「세종논평」No.213 (2011.1.31); 정은숙, "우리해군 청해부대와 소말리아 해적,"「해군」(2007. 7-8월호), pp.24~24 참조.

유사하다. 특히 2011년 1월 21일에는 청해부대 제6진인 최영함이 '아덴만 여명작전'을 성공적으로 수행했고, 그 결과 한국으로서는 최초의 경험, 즉, 체포된 소말리아 해적 5명을 처벌했다. 2010년 4월, 해적재판 관련 유엔안보리 결의안(제1918호)이 채택된 이후 진행된 예멘, 네덜란드, 미국에서의 재판 및 처벌 사례와 함께 한국이 해적재판의 또 다른 사례를 만든 국가가 된 것이다. 이는 21세기의 세계화 심화로 보다 효과적인 평화와 안보의 글로벌 거버넌스가 필요하다는 점을 여실히 보여준다.

IV. 한국의 국제평화유지활동 평가

한국은 세계 여러 나라들과의 협력을 통해 국제평화와 공영에 이바지하고자 한다. OECD(경제협력개발기구)의 DAC(개발원조위원회)가입(2010), 서울 G20정상회의 개최(2011) 부산 세계개발원조 총회 개최(2011), 핵안보 정상회의 개최(2012) 등은 그러한 노력의 일환이라 하겠다. 국제평화유지활동 부문 참여 역시 국제평화와 공영을 위한 기여로써 한국의 능동적 역할을 기대하는 국제사회의 요구에 부응하고, 장기적으로 무형의 외교안보 자산을 쌓는 일이지만, 대내외적 한계도 없지 않다. 최근 몇 년 한국의 국제평화유지활동을 성과와 한계 측면에서 평가해 보고자 한다. 좀 더 객관적 평가를 위해서는 더 많은 시일이 필요하다는 전제하에서다.

1. 성과 측면

첫째, 2009년 이후 청해부대(소말리아 연안), 단비부대(아이티), 오쉬노부대(아프가니스탄) 파병은 각각 해적테러 퇴치, 자연재앙복구, 한국지방재건팀(PRT)보호 등 한국군의 다차원적 국제평화활동 참여를 의미하며, 한국의 국제평화유지활동이 좀 더 복합적, 입체적 모습을 갖추게 됐음을 말한다. 모두 유엔결의안에 부응한 새로운 파병으로, 기존의 전후 재건지원 및 치안 질서유지를 위한 임무수행에서 진일보한 것이다.

한편 제2세대 PKO는 군뿐 아니라 경찰과 민간 전문인의 참여를 요구하고 있다. 이에 한국은 기존의 군 위주 파병에서 벗어나 2006년부터 소수의 경찰과 민간인을 참여시키기 시작했다. 2007년 12월 아프가니스탄 동의·다산 부대 철수후, '지방재건팀'(PRT)의 일환으로 24명 규모의 민관군 합동 '의료·직업훈련팀'(KMVTT)이 운영된 바 있다. 특히 2010년부터 수백명 규모의 PRT가 재건지원활동을 전개하고 있다.[212]

둘째, 오쉬노부대(아프가니스탄)와 청해부대(소말리아 연안)의 창설 및 파병은 유엔회원국이자 중견국으로서 국제 평화의무를 수행하고 해외 한국인과 한국선박의 보호를 목적으로 하는 "Non-유엔PKO" 활동으로, 유엔 결의 준수 및 한미동맹 강화에도 기여했다. 또한 2009년 4개 "유엔PKO" 미션에 새롭게 군옵저버 혹은 참모장교를 파견함으로써 한국의 유엔PKO에 대한 인적 기여도를 높였다. 다르푸르 AU-UN혼성평화유지임무단(UNAMID), 서부사하라 유엔선거단(MINURSO), 코트디부아르작전(UNOCI), 그리고 아이티안정화미션(MINUSTAH)을 말한다.

셋째, 한국파견 요원들이 국제평화유지의 리더십을 발휘한 사례들도 나타났다. 2002년 황진하(예비역) 장군이 유엔 사이프러스평화유지군(UNFICYP) 사령관으로 임명돼 한국군 최초로 16개국으로 구성된 유엔평화유지군을 지휘함으로써 한국군의 자긍심을 높인 바 있다. 2007년에는 최영진 전 유엔주재 한국대사가 한국인 최초로 유엔PKO 미션의 '유엔사무총장특별대리인'으로 임명되기도 하였다. 2008년 '인도·파키스탄 정전감시단' 단장으로 김문화(예비역)장군이 임명됐으며,

---

212) 전제국, "한국군의 해외파병과 한반도안보: 국제평화활동 (PO)의 국익증진 효과,"「국가전략」제50호 (2011 여름), p.44.

2010년에는 해군 이범림 준장이 소말리아 아덴만 연합해군사령부 예하 CTF-151 다국적군 지휘관을 맡았다.

넷째, 해외한국군은 군사작전 외에도 현지에서 군사외교 및 소프트 파워로서 모범적인 민사작전을 수행하고 있다. '세종학당'(한글), '태권도 교실,' '컴퓨터 교실,' '새마을운동,' '현지인 한국방문 연수' 등의 프로그램을 통해 글로벌 한류를 확산시키고, 한국과 한국군에 대한 친밀감을 높이고 있다. 대표적 예로 레바논 주둔 동명부대를 들 수 있다. 2007년 7월 이래 레바논 남부 티르지역에서 활동을 펼쳐온 동명부대의 기본임무는 1일 8회(주 · 야간)의 감시정찰 및 레바논군의 작전능력 향상이다. 하지만 동명부대는 다양한 민사작전을 통해 주민의 삶의 질을 향상시키는 등 군사외교관의 역할도 수행하고 있다.[213] 2012년 1월 20일에는 동명부대 전 장병이 유엔 메달을 수상했다. 유엔 메달은 유엔으로부터 부여받은 임무를 성공적으로 수행한 유엔 요원에게 부여되며 유엔평화유지군으로 최소 90일 이상 성공적으로 임무를 완수한 경우 수여된다. UNIFIL 카를로 라마나(이탈리아) 서부 여단장 주관으로 거행된 행사에서 라마나 준장은 "한국부대는 레바논의 평화와 발전을 위한 가장 모범적인 PKO로 우리에게 깊은 감명을 주고 있다"고 치하했다.[214]

다섯째, 소말리아 연안 해적퇴치와 해적재판이다. 2011년 1월 21일, 해군 청해부대가 '아덴 만 여명작전' 성공으로 소말리아 해적으로부터 삼호 주얼리호와 선원을 구출하는 데에 성공했다. 이후 소말리아 해적 5명에 대한 재판을 열게 되면서 국제무대에서 해적재판 사례를 만든 소수 국가 중 하나가 됐다.

여섯째, 국제포럼의 제공이다. 2008년 6월 23-24일 한국에서 처음으로 글로벌 차원의 PKO관련 국제회의(Seoul Conference on UN Peacekeeping

---

213) www.mnd.go.kr.
214) 「국방일보」, 2012.1.16.

Operations)가 개최됐다. 외통부가 영국 및 캐나다 외교부와 공동으로 개최한 본 회의에는 최영진 코트디부아르 '유엔사무총장특별대리인,' 물레(Mulet) 유엔평화유지국(DPKO) 사무차장보, 가나 국방장관 등 40여개 PKO 주요 참여국 대표가 참석했다. PKO 동향, 국별 사례, 민·군 통합접근 등을 주제로 의견을 교환할 수 있는 자리가 됐다.[215]

마지막으로 국내 법적, 제도적 정비다. 2010년보다 효율적인 적기 적소 파견을 위해 처음으로 '국제연합 평화유지활동 참여에 관한 법률'(2010.1.25)이 제정됐다.[216] 이는 국제적으로 PKO에 대한 요구가 증대되고 한국에도 보다 신속하고 효율적인 파병을 위한 방안이 필요하다는 인식 아래 외교통상부, 국방부, 국회 등에서 심도 있게 논의되어 온 결과다. 법안의 골자는 정부가 국회동의를 전제로 "유엔PKO"에 대해 총1천명 규모내 유엔과 파견지 선정, 파견부대의 규모, 파견기간 등에 대해 잠정합의함으로써 보다 신속한 파견을 가능토록 한 것이다. 정부는 그간 평균 6-7개월 걸리던 파견 소요기간을 적어도 3-4개월로 단축할 수 있을 것으로 보고 있다. 유엔이 1994년 이래, 유엔안보리의 PKO미션 결정 시점부터 30-90일내 파병완료를 목표로 해

---

215) http://mofat.go.kr, 보도자료 (2008.6.20). 한국정부는 ARF 차원에서는 이미 2001년 5월 7일-11일 서울에서 캐나다, 필리핀 정부와 공동으로 'UNPKO시민·군 협력에 관한 ARF(ASEAN지역포럼) 신뢰구축 세미나(ARF CBMs Seminar of Civil-Military Cooperation in UNPKO)'를 개최한 바 있다. 세미나는 한국을 포함한 다수 ARF 국가들이 동티모르 평화유지군 등 다수의 PKO에 참여하고 있음을 감안해 ARF 회원국들의 효과적인 PKO참여를 위한 훈련과정의 일환으로 계획됐다. 북한을 제외한 22개 ARF회원국(국별 각2명)이 참석해 의견을 교환했으며, 최영진 외통부 외교정책 실장과 동티모르 평화유지군 참모장으로 근무한 권행근 준장이 한국의 PKO활동 경험을 소개함으로써 UNPKO 및 ARF차원의 신뢰구축 활동에 있어 한국의 역할을 제고하는 데 도움이 됐다. http://mofat.go.kr, 보도자료 (2001.4.30).

216) 「국제연합 평화유지활동 참여에 관한 법률」(2010.1.25). 정부는 2005년 국방부 훈령으로 '국군의 해외파병 업무 규정'을 제정했으며, 이명박 정부 2년째인 2009년 12월, 최초로 '유엔평화유지활동 참여에 관한 법'이 국회 본회의에서 채택, 2010년 1월 제정돼 4월부터 시행됐다.

온 만큼, 어느 정도 이에 부응하게 된 것이다.[217] 법률 시행을 위해 정부는 대통령령 제22192호로서 '국제연합 평화유지활동 참여에 관한 법률 시행령'(2010.6.10)을 제정했다. 시행령은 상비부대의 설치 · 운영, 외통부, 국방부, 행정안전부, 합동참모부, 경찰청 등 유관 부서간의 정책협의회의 및 실무위원회의 기능, 구성, 운영 등을 다루고 있다.

마침내 2010년 7월 1일에는 해외파견 전담부대인 '국제평화유지단' (온누리부대)이 창설돼 상시파견 체제가 구축됐다. 국제평화유지단은 1000여명의 장병으로 구성됐으며 임무부여 시 1개월 이내 파견돼 유엔PKO 또는 다국적군 평화활동 임무를 수행할 것을 목표로 한다. 이를 위해 이들 장병들은 평소 파병임무 수행에 필요한 기본적인 전술과제를 익히게 되며 파병 임무가 부여될 경우 파병 지역의 언어와 관습 등을 추가 교육받고 최우선적으로 파병돼 임무를 수행하게 된다.[218] 한편 2004년 창립이래 합동참모대학이 운영해 오던 'PKO센터'가 2010년부터 국방대학교 직할기관이 됐다. 2009년 국방장관의 'PKO센터 발전방안' 승인에 따른 것이다. PKO센터는 조직 확대(2개처 15명 → 3개처 29명)등 국가급 PKO센터로서의 역할구현을 위한 장기발전 로드맵을 추진 중에 있다. 센터는 PKO교육혁신, 분쟁지역 전문가 육성, 대내외적 교류협력 활동 강화, 창의적인 PKO홍보활동 등을 세부목표로 설정하고 있다.[219]

---

[217] 정은숙, "한국의 '유엔PKO 참여법'과 평화유지활동," 「정세와 정책」 2010-02 참조.

[218] 이 외에도 특전사 예하 4개 대대로 구성된 '예비 지정부대' 1000여명, 공병 · 수송 · 의무 등 각 군별 기능부대로 구성된 '별도 지정부대' 1000여명이 온누리부대와 함께 총 3000명 규모의 해외파병 상비부대를 구성한다. 전자는 온누리부대 파병시 교대 및 추가파병에 대비하기 위한 부대로 분기별 1주간 파병임무와 관련된 집체교육을 받고, 후자는 온누리부대 이외 다양한 파병소요에 대비하기 위한 부대로 평상시 기본임무를 수행하다 반기별 1주간 파병 기본교육을 받는다. (http://blog.yahoo.com/_75LLNYUVSDX6 NTZUVQSQGMJNDA/articles/133476).

[219] http://www.kndu.ac.kr/pko.

2. 한계와 도전

한국의 국제평화유지활동은 다음의 한계 및 도전요소도 안고 있다.

(1) 대내적 한계와 도전

1991년 유엔가입 이후 1993년 처음으로 시작된 한국의 PKO는 국내 정치논쟁, 북한의 위협, 경제력 등 국내적 한계로 인해 전폭적 성과를 얻기가 쉽지 않다.

첫째, 파병이 소극적 성격을 갖게 된다. 국방정책 실무경험을 가진 한 전문가는 한국군의 파병이 국제사회의 요청시점으로부터 대략 "6-7개월 후" "비전투병 위주"로 "최소규모"의 부대를 편성해 비교적 "위험도가 낮은 평화재건지원 임무"를 수행하는 방향으로 추진됐다고 지적한다. 이에 따라 성과도 민사작전분야에 치중되고, 실질적 전투경험을 비롯한 포괄적 안보증진 효과는 미흡한 점이 있었다고 평가하고 있다.[220]

무엇보다 냉전종식이후 많은 경우, 유엔PKO와 다국적군 PKO가 연속성을 지닌 평화활동임에도 불구하고 여론은 이 둘을 분리하여 보려는 경향이 있다. 전자는 정당한 반면 후자는 유엔결의에 따른 것임에도 불구하고 그렇지 않다는 인식이 팽배한 것이다. 특히 이라크, 아프가니스탄과 같은 미국 주도 다국적군에 파병할 경우, 강력한 반대와 저항에 부딪쳤다. 2009-2010년 아프가니스탄 재파병 당시에는 반미논쟁도 있었다. 그러나 베트남전을 제외하고 한국군이 파병한 모든 다국적군 PKO는 유엔안보리의 결의가 있었다.[221] 신속한 파병을 가능케 한 2010년 "국제연합 평화유지활동 참여에 관한 법률"도 정부와

---

[220] 전제국 (2011), 특히 p.34.

[221] 위의 글, p.45. 이라크전 참가는 제1511호(2003.10.16)와 제1546호(2004.6.8)에 따랐다.

의회의 토론을 거치는 과정에서 결국은 유엔 주도의 파병에만 적용하고 다국적군 주도의 활동은 대상에서 제외했다.

그런가하면 남북대치의 한반도 현실에서 대북억제력 약화를 우려해 한국군의 평화유지활동을 적극 지지하지 않는 경향도 있다. 실제 2009년 이후 핵과 미사일 실험, 천안함 격침, 연평도 공격 등 북한의 도발행위는 한국의 적극적인 평화유지활동에 찬물을 끼얹는 일이 될 수밖에 없었다.

둘째, 국가 경제상황도 중요한 변수가 된다. 예컨대 2008년 세계경제위기 여파 속에서 파병비용에 대해 설득하기가 어려웠다. 유엔PKO의 경우 유엔으로부터 경비보전을 받지만 이에 따른 국고부담이 있고 다국적군 파병비용은 국가별로 부담하기 때문이다.

셋째, 한국의 국제평화활동 파견요원들은 여전히 군에 치중돼 있다. 경찰과 민간전문가에 대한 수요가 냉전종식이후 이른바 '제2세대 PKO'에서 증대되고 있는 만큼, 이에 대한 배려가 필요하다. 현재 유엔PKO는 외교부가, Non-유엔PKO는 국방부가 각각 주관하고 있는데, 국가차원의 통합적 PKO청사진과 민관군 훈련센터가 필요한 것으로 보인다.

(2) 대외적 한계와 도전

한국의 국제평화유지활동은 국내정치논쟁, 북한의 위협, 경제력 등 국내적 한계보다 글로벌 차원에서 오는 한계가 사실상 더 크다. 21세기 인류에게 국제평화유지활동은 아래와 같은 이유로 인해 도전으로 남을 수밖에 없다.[222]

첫째, 언제 분쟁으로 번질지 모를 불안정이 지구 곳곳에 활화산처럼 존재한다. 둘째, PKO는 주체가 유엔이든 Non-유엔이든 참가국의

---

[222] 정은숙, "제2세대 유엔 PKO: 특징 · 현황 · 정치," 「세종정책연구」 제4권 제1호 (통권 제7호), pp.213~250 참조.

물적, 인적, 기술적 지원이 필수적이지만, 이는 늘 제한적일 수밖에 없다. 유엔 등 PKO의 주체가 직면해야 할 과제다. 셋째, 특정 PKO가 단기적으로 안보리로부터 받은 과제를 효과적으로 수행했다고 해서 장기적인 성공을 낳았다고 단언하기도 어렵다. PKO가 진행된 국가들 중에는 아이티의 경우처럼 유엔PKO의 임무 완수 몇 년후 다시금 분쟁에 휘말리는 사례가 적지 않기 때문이다. 넷째, 앞에서 보았듯 제3세계군이 유엔PKO를 주도하는 데에 반해, 선진국군은 다국적군 평화활동에 치중하고 있는 것도 어느 면에서는 문제다. 유엔PKO의 효율성을 높이려면 선진국군의 참여가 필요하고, 다국적군 PKO의 정당성을 제고하자면 개도국군의 참여가 필요하지만 양자간 접점을 찾기가 쉽지 않다. 이점에서 한국, 호주, 캐나다 등 중견국의 역할이중요하다. 이들은 필요시 '평화강제'에 따른 군의 실전경험과 교훈, 자국 안보의 국제적 기반강화, 국제안보 증진과 해외국민 안보를 꾀하면서, 다른 한편으로는 전통적 평화유지 및 평화구축에 있어서도 현지인의 친화감을 유도하기 쉽기 때문이다.

V. 향후 과제

1993년 이후 근 20년 한국정부는 다양한 성격의 해외파병을 통해 국제평화와 공영을 위해 노력해 왔다. 그러나 다른 한편으로는 남북 대치라는 한반도의 안보현실, 정치쟁점화, 민간요원과 경찰의 미미한 참여 등 한계를 보이기도 했다. 향후 한국의 국제평화유지활동은 냉전종식이후 제2세대 유엔PKO의 수요에 부응하기 위해 다음의 과제를 중심으로 합의를 모색해 가야 할 것이다.

첫째, 국내적으로는 한국의 대북억제력 강화에 지장이 없어야 한다는 요구가 없지 않지만, 국제평화유지활동은 오히려 군의 실전경험

축적으로 국방태세를 강화하고 한반도 유사시 국제사회의 지원을 이끌어내는 근거가 될 수 있다는 점을 주지해야 한다.

둘째, 신속하고 효율적인 군사작전을 위해 국내법과 제도 차원에서 범정부적 노력이 지속돼야 한다.[223] 이미 '국제연합 평화유지활동법'이 채택됐지만 여전히 "유엔"에 치중해 있다. 적어도 유엔안보리가 승인한 Non-유엔주도(지역기구, 자발적 국가연합) PKO에 관한 법제화도 고려할 필요가 있다. 또한 한국 PKO는 거의 전적으로 "군"에 의존하고 있는데, 제2세대 PKO의 특성을 고려해 군뿐 아니라 민간요원과 경찰도 PKO요원으로 통합 · 확충할 수 있어야 한다. 즉, 유엔PKO와 Non-유엔PKO, 민 · 관 · 군을 아우르는 국가급 PKO사령탑과 청사진을 마련할 필요가 있다. 대국민 홍보의 중요성도 간과해서는 안 될 것이다.

셋째, 한국의 국제평화유지활동은 국제평화와 안보뿐 아니라, 장기적으로는 세계적 경제, 문화 등 각종 다자무대에서 책임있는 중견국의 리더십으로 연결돼야 한다. 인권문제를 안은 중국이나 침략의 역사를 가진 일본에 비해 한국은 좋은 이미지를 갖고 있다. 이를 발휘해 군의 민사작전에 보다 전격적으로 소프트파워의 개념을 담아야 한다. 또한 아난 전임 사무총장의 조언대로 분쟁이후 사회에 있어 안전, 개발, 인권은 상호연관성을 갖는 만큼, 보다 총체적으로 국제평화유지활동을 보는 안목이 필요하다. 그러나 한미동맹외교나 자원외교 등을 지나치게 앞세우는 경우 국내외에서 정치적 논란이 야기될 수 있다. 가시적이고 단기적인 국익추구의 모습보다는 비가시적이며, 장기적인 비전 속에서 틀을 마련하는 것이 바람직하다.

향후 국제사회는 지속적으로 분쟁에 관한 거버넌스와 규범의 재창출 과정을 걸을 수밖에 없다. 한국은 그동안 캐나다와 호주가 이 분야에서 보여준 것처럼 "도덕성을 지닌 중견국"으로서의 국제적 역할

---

[223] 정은숙, "한국의 유엔PKO참여법과 평화유지활동," 「정세와 정책」 (2010.2) 참조.

을 수행할 수 있어야 한다. 중견국 특유의 네트워크 외교, 소프트파
워 외교를 살려 동아시아와 글로벌 차원에서 선·후진국간, 그리고
동·서양간 가교역할을 수행하는 가운데 새로운 국제평화유지활동 규
범 창출에 기여해야 한다. 예컨대 정부는 대국민 소통을 전제로 한
'국제평화유지활동 정상회의'(가칭) 구상, 한·중·일간 PKO를 주제로
한 의견교환과 상호방문 주도, ARF(아세안지역포럼)에서의 규범창출
주도, NATO, OSCE, AU등 여타 대륙 지역기구들의 PKO미션 참가 교
훈 획득 등을 통해 지구촌 분쟁의 예방, 관리, 해결에 있어 한국의
가교 역할을 제고시킬 수 있을 것이다. 21세기 세계화 심화로 보다
효과적인 평화와 안보의 글로벌 거버넌스가 절실한 시점이다.

제3부 참고문헌

▶ 단행본 · 논문

김승채. 2007. "유엔과 한국." 김영호 외. 『유엔과 평화』. 밝음기획.

박흥순. 2006. "반기문 유엔사무총장 선출 의미와 한국외교의 과제." 「정세와 정책」 11.

전제국. 2011. "한국군의 해외파병과 한반도안보: 국제평화활동(PO)의 국익증진 효과." 「국가전략」 50.

정은숙. 2003. 「21세기 유엔 평화유지활동: 코소보 사례를 중심으로」. 세종연구소.

_____. 2003. "유엔과 이라크 전후복구." 「정세와 정책」.

_____. 2003. "유엔안보리의 향방." 「정세와 정책」 5.

_____. 2005. "유엔안보리 개혁과 한일관계." 「정세와 정책」 5.

_____. 2007. "우리해군 청해부대와 소말리아 해적." 「해군」.

_____. 2008. "제2세대 유엔PKO: 특징, 현황, 정치." 『세종정책연구』 제4권 1호.

_____. 2010. "한국의 '유엔PKO 참여법'과 평화유지활동." 「정세와 정책」.

_____. 2011. "소말리아 해적 문제에 대한 국제사회의 대응." 「세종논평」 213.

_____. 2012. "한국군의 국제평화유지활동." 『대한민국 글로벌 리더십』. 교보문고.

Abiew, Francis Kofi. 1999. *The Evolution of the Doctrine and Practice of Humanitarian Intervention.* Dordrecht, Nethertlands: Kluwer Law International.

American Journal of International Law. 1999. "Editorial Comments (NATO's Kosovo Intervention: Kosovo and the Law of Humanitarian Intervention)." *American Journal of International Law* 93-4.

Annan, Kofi A. 1999. "Two Concepts of Sovereignty." *The Economist.* September.

Azhirnov, O., ed. 2001. *Mir posle Kosovo.* Moskva: INION RAN.

Bacevich, Andrew J. & Eliot A. Cohen, eds. 2001. *War Over Kosovo: Politics and Strategy in a Global Age.* NY: Columbia University Press.

Baldwin, David A., ed. 1993. *Neorealism and Neoliberalism.* NY: Columbia University Press.

Ban, Ki-moon. 2009. A keynote address on the topic of Sixty Years of UN peacekeeping during his visit to Ireland in July.

_____. 2009. Report of the Security-General on the Work of the Organization, General Assembly 64th Session.

Barnett, Michael & Thomas G. Weiss., eds. 2008. *Humanitarianism in Question: Politics, Power, Ethnics.* Cornell University Press.

Barry, Theodore. 1998. *Asian Values and Human Rights: A Confucian Communitarian Perspective.* Harvard University Press.

Bellamy, Alex J. 2004. "Ethics and Intervention: The 'Humanitarian Exception' and the Problem of Abuse in the Case of Iraq." *Journal of Peace Research* 41-2.

_____. et al. 2004. *Understanding Peacekeeping*, Polity Press.

Bello, Walden. 2006. "Humanitarian Intervention: Evolution of Dangerous Doctrine." *Focus on the Global South.* 19 January.

Biermann, Wolfgang & Martin Vadset, eds. 1999. *UN Peacekeeping in Trouble: Lessons Learned from the Former Yugoslavia.* Brookfield: Ashgate.

Borchert, Heiko & Mary N. Hampton. 2002. "The Lessons of Kosovo: Boon of Bust for Transatlantic Security?" *Orbis.* Spring.

Byman, Daniel & Taylor Seybolt. 2003. "Humanitarian Intervention and Communal Civil Wars: Problems and Alternative Approaches." *Security Studies* 13-1. Autumn.

Boutros-Ghali, Boutros. 1992. *An Agenda for Peace.* United Nations.

Carothers, Thomas, ed. 2006. *Promoting the Rule of Law Abroad: In Search of Knowledge.* Washington D.C.: Carnegie Endowment for International Peace.

Chandler, David. 2001. "The people-centered approach to peace operations: the new UN agenda." *Intenational Peacekeeping* 8-1. Spring.

Chawla, Shalini. 2001. "Trends in the UN Peacekeeping." *Strategic Analysis* 24-10. January.

Chollet, Drek Cholle & Robert Orr. 2001. "Carpe Diem: Reclaiming Success at the United Nations." *Washington Quarterly* 24-4. Autumn.

Chomsky, Noam. 2006. "A Just War? Hardly." *Khaleej Times.* 9 May.

Chopra, Jarat. 2000. "The UN's Kingdom of East Timor." *Survival* 42-3. Autumn.

Chung, Eunsook. 2007. "Humanitarian Intervention: Can it be Perfect?" *The Journal of Peace Studies* 8-2.

Coady, C.A.J. 2000. *The Ethic of Armed Humanitarian Intervention*. Peacework 45. August.

Collier, Paul & Anke Hoeffler. 2004. *The Challenges of Reducing the Global Incidence of Civil War*. Center for the Study of African Economies, Oxford University.

Connaughton, Richard. 1992. *Military Intervention in the 1990s: A New Logic of War*. London: Routledge.

Crawford, Beverly. 2000. "The Bosnian road to NATO enlargement." *Contemporary Security Policy* 21-2. August.

Cross, Sharyl. 2002. "Russia and NATO Toward the Twenty-First Century: Conflicts and Peacekeeping in Bosnia-Herzegovina and Kosovo." *The Journal of Slavic Military Studies* 15-2. June.

Daalder Ivo H. 2002. "The US, Europe, and the Balkan." *Problems of Post-Communism* 49-1. Jan/Feb.

_____ & Michael E. O'Hanlen. 1999. "Unlearing the Lessons of Kosovo." *Foreign Policy*. Fall.

_____ & Michael E. O'Hanlon. 2000. "The United States in the Balkans: There to Stay." *The Washington Quarterly*. Autumn.

Daniel, Donald & Bradd Hayes, eds. 1995. *Beyond Traditional Peacekeeping*. New York: St. Martin's Press.

Dassu, Marta & Nicholas Whyte. 2001-02. "America's Balkan Disengagement?" *Survival* 43-4. Winter.

Delcourt, Barbara. 2000. "Use of international law in the Yugoslavia: two laws two yardsticks." *Mezhdunarodni Problemi* 53-3.

DeLisle, Jacques. 2001. "Legality, Morality, and the Good Samaritan." *Orbis* 45-1. Fall.

Desch, Michael C. 2001. "Liberals, Neocons, and Realcons." *Orbis* 45-1. Fall.

Djilas, Aleksa. 1993. "A Profile of Slovodan Milosevic." Foreign Affairs 72-3. Summer. Korhonen, Outi. 2001. "International Governance in Post-Conflict Situations." *Leiden Journal of International Law* 14-2.

Dore, R. 1997. *Japan, Internationalism and the UN*. Routledge.

Doyle, Michael, W. 2005. *Making War and Building Peace: United Nations Peace Operations in 1990s*. Princeton University Press.

_____. 2007. "The John W. Holmes Lecture: Building Peace." *Global Governance* 13.

_____ & Nicholas Sambanis. 2006. *Making War & Building Peace*. Princeton University Press.

_____ et al, eds. 1997. *Keeping Peace: Multidimensional UN Operations in Cambodia and El Salvador*. New York, NY: Cambridge University Press.

Durch William J, ed. 1993. *The Evolution of UN Peacekeeping: Case Studies and Comparative Analysis*. New York: St. Martin's Press.

_____. 1996. *UN Peacekeeping, Amerian Policy, and the Uncivil Wars of the 1990s*. NY: St. Martin's Press.

_____. 1999. "US-Russian Cooperation in Peace Operation: Lessons an Prospects." S. Oznobishchev & J. H. Brusstar, eds.

_____. 2003. "Picking Up the Peace: The UN's Evolving Post-Conflict Roles." *The Washington Quarterly* 26-4. Autumn.

Edward M. 2006. "US Peace Operations: The Transition Continues." Utley, ed.

Efird, Brian. 2000. "Negotiating Peace in Kosovo." *International Interaction* 26-2.

Engler, Yves & Nik Barry-Shaw. 2006. "Responsibility to Protect?" *ZNet*. September 19.

Facon, Isabelle. 2006. "Integration or Retrenchment? Russian Approaches to Peacekeeping." Utley, ed.

Fetherston, A.B. 1995. *Towards a Theory of United Nations Peacekeepers*. St. Martin's.

Foot, R. 1995. *The Practice of Power*. Oxford University Press.

Forsythe, David P. 2001. *Human Rights in International Relations*. Cambridge University Press.

Galway, Lori. 2002. "Milosevic trial spotlights the ICTY." *Focus Kosovo*. February.

Garrett, Stephen A. 1999. *Doing Good and Doing Well: An Examination of Humanitarian Intervention*. Westport, CT: Praeger.

Gholz, Eugene. et al. 1997. "Come Home, America: The Strategy of Restraint in the Face of Temptation." *International Security* 21.

Gorjao, Paulo. 2002. "Japan's Foreign Policy and East Timor 1975-2002." *Asian*

Survey 12-5.

Gottlieb, Stuart. 2007. "Will Iraq Be the Next Rwanda?" *Washington Post*. April.

Griffin, Michele & Bruce Jones. 2000. "Building peace through transitional authority: new directions, major challenges." *International Peacekeeping* 7-4. Winter.

Haig, Alexander M. Jr. 2001. "Humanitarian Intervention: Introduction." *Orbis* 45:1. Fall.

Hampton, Mary N. 2005. "Germnay." Sorenson & Wood, eds.

Harbottle, Michael. 1970. *The Impartial Soldier*. Oxford University.

He, Yin. 2007. *China's Changing Policy on UN Peacekeeping Organizations*. Stockholm: Institute for Security and Development Policy.

Hedges, Chris. 1999. "Kosovo's Next Masters." *Foreign Affairs*. May/June.

Heinrich, L.W. et.al. 1999. *United Nations Peacekeeping Operations: A Guide to Japanese Policies*. Tokyo: UN University Press.

Howard, Roger. 2007. "Where Anti-Arab Prejudice and Oil Make the Difference." *Guardian*. May 29.

Hozgref, J. L. & Robert O. Keohane, eds. 2003. *Humanitarian Intervention: Ethical, Legal and Political Dilemmas*. Cambridge University Press.

International Commission on Intervention and State Sovereignty. 2001. *The Responsibility to Protect*. International Development Research Center.

International Insutitute for Strategic Studies. 2009. *Military Balance*.

Ivanov, Igor. 2001. *Novaya rossiiskaya diplomatiya*. Moskva: Olams.

Jakobson, Peter. 1996. "National Interest, Humanitarianism, or CNN: What Triggers UN Peace Enforcement after the Cold War?" *Journal of Peace Research* 33. May.

Janzekovic, John. 2006. *The Use of Force in Humanitarian Intervention: Morality and Practicalities*. Aldershot, England: Ashgate.

Japan Democratic Party. 2009. *Policy INDEX 2009*.

Japan Ministry of Defense. 2008. *Defense of Japan 2008*. Annual White Paper.

Japan Ministry of Foreign Affairs. 2009. *Diplomatic Bluebook 2009*.

Jett, Dennis C. 1999. *Why Peacekeeping Fails*. Palgrave.

Kapur, S. Paul. 2002. "The Operational Identity of Humanitarian Military Intervention." *Security Studies* 12:1. Autumn.

Kerr, Rache. 2000. "International judicial intervention: the International Criminal

Tribunal for the Former Yugoslavia." *International Relations* 15-2. August.

Kim, Sung-han. 2003. "The End of Humanitarian Intervention?" *Orbis* 47:4. Fall.

Koops, Joachim Alexander, et al., eds. 2015. *The Oxford handbook of United Nations peacekeeping operations.* Oxford Handbooks.

Korhonen, Outi. 2001. "International Governance in Post-Conflict Situations." *Leiden Journal of International Law* 14-2.

Kritsiotis, Dino. 2000. "The Kosovo crisis and NATO's appication of armed forces against the Federal Republic of Yugoslavia." *International and Comparative Law Quarterly* 49-2. April.

Kurth, James. 2001. "Lessons from the Past Decade." *Orbis* 45:4. Autumn.

_____. 2006. "Humanitarian Intervention After Iraq: Legal Ideals vs. Military Realities." *Orbis* 50:1. Winter.

Lane, Christopher. 1995. "Minding Our Own Business: The Case for American Non-Participation in International Peacekeeping Operations." Daniel & Hayes, eds.

Lantis, J. S. 2002. *Strategic Dilemmas and the Evolution of German Foreign Policy since Unification.* Westport: Praeger.

Levitin, Oleg. 2000. "Inside Moscow's Kosovo Huddle." *Survival* 42-1. Spring.

Lobel, Jules & Michael Ratner. 1999. "Bypassing the Security Council: Ambiguous Authorizations to us Force, Cease-fires and the Iraqi Inspection Regime." *American Journal of International Law* 93-1. January.

_____. 2000. "Humanitarian Military Intervention." *Foreign Policy in Focus* 5:1. January.

Lorenz, Joseph P., ed. 1999. *Peace, Power and the United Nations: A Security System for the Twenty-first Century.* Westview Press.

Luck, Edward C. 1995. "The Case for Engagement: American Interests in UN Peace Operations." Daniel & Hayes, eds.

Lukin, Alexander. 1999. "NATO and Russia after the Kosovo Crisis." *Mezhdunarodni Problemi* 51.

Lyon, Charli. 2001. "Operation Allied Force: A lesson on strategy, risk, and tactical execution." *Comparative Strategy* 20-1. January/March.

Malone, David M. & Karin Wermester. 2000. "Bosnia and bust? The changing nature of UN peacekeeping." *International Peacekeeping* 7-4. Winter.

Malone, David M. & Foong Khong, eds. 2003. *Unilateralism and U.S. Foreign Policy: International Perspective*. Lynne Rienne.

Mamdani, Mahmood. 2007. "The Politics of Naming: Genocide, Civil War, Insurgency." *London Review Books*, 9 March.

Manchvnasky, Alexander. 2001. "An Explosion Did not Happen." *Political History and Culture of Russia* 17-3.

Matheson, Michael. 2001. "United Nations Governance of Post-Conflict Societies." *American Journal of International Law* 95-1. January.

Mobekk, Eirin. 2016. *UN Peace Operations: Lessons from Haiti, 1994-2016*. Routledge.

Nossal, Kim Richard. 2005. "Ear Candy: Canadian Policy Toward Humanitarian Intervention and Atrocity Crimes in Darfur." *International Journal*. Autumn.

O'Hanlon, Michael & P.W. Singer. 2004. "Humanitarian Transformation: Expanding Global Intervention Capacity." *Survival* 46:1. Spring.

O'Prey, Kevin P. 1996. "Keeping Peace in the Borderlands of Russia." William J. Durch, ed.

Orr, Robert M. 1990. *The Emergence of Japan's Foreign Aid Power*. Columbia University Press.

Osman, Mohamed Awad. 2018. *The United Nations and peace enforcement: wars, terrorism and democracy*. Routledge.

Oudraat, Chantal de Jonge. 2000. "Humanitarian Intervention: The Lessons Learned." *Current History* 641.

Oznobishchev, S. & J. H. Brusstar, eds. 1999. *US-Russia Partnership: Meeting the New Millenium*. National Defense University.

Paolini, Albert J., Christian Reus-Smit, and Anthony P. Jarvis, eds. 2016. *Between Sovereignty and Global Governance?: The United Nations and World Politics*. Springer.

Parenkh, Bhikhu. 1997. "The Dilemmas of Humanitarian Interests." *International Political Studies Review* 11-1.

Park, Heung-Soon. 2000. "UN PKO: Korean Experiences and Lessons." Paper presented at a Conference held by Korean Academic Council on the UN System.

Piiparinen, Touko 2007. "The Lessons of Darfur for the Future of Humanitarian Intervention." *Global Government* 13-3.

Powles, Anna, Negar Partow, and Mr Nick Nelson, eds. 2015. *United Nations Peacekeeping Challenge: The Importance of the Integrated Approach.* Ashgate Publishing, Ltd.

Prifti, Peter R. 1999. *Confrontation in Kosovo.* NY: Columbia University Press.

Prunier, Gerad. 1995. *The Rwanda Crisis: History of Genocide.* NewYork, NY: Columbia University.

Putnam, Robert D. 1988. "Diplomacy and Domestic Politics: The Logic of Two-Level Games." *International Organization* 42.

Rao, Rahul. 2000. "The UN and NATO in the new world order: legal issue. *International Studies* 37-3. July-September.

Rawnsley, Gary D. 2006. "May You Live in Interesting Times: China, Japan and Peacekeeping." in Rachel E. Utley, ed. *Major Powers and Peacekeeping: Perspectives, Priorities and Challenges of Military Intervention.* Ashgate.

Ribbelink, Oliver, ed. 2008. *Beyond the UN Charter: Peace, Security and the Role of Justice.* Hague.

Rich, Paul R. 1999. "Warlords, State Fragmentation and the Dilemma of Humanitarian Intervention." *Small Wars and Insurgences* 10-1.

Rieff, David. 2002. "Humanitarianism in Crisis." *Foreign Affairs* 81-6.

Riemer, Neal, ed. 1999. *Protection against Genocide: Mission Impossible?* Westpot, CT: Prager.

Rikhye, Indar Jit, and Kjell Skjelsbaek, eds. 2016. *The United Nations and Peacekeeping: Results, Limitations and Prospects-The Lessons of 40 Years of Experience.* Springer.

Roberts, Adams & Benedict Kingsbury. 1993. *United Nations, Divided World: The UN's Role in International Relations.* Oxford: Clarendon Press.

Roth, Ken. 2004. "War in Iraq: Not a Humanitarian Intervention," *Human Rights Watch.* January.

Rupik, Jacque. 2001. "Yugoslavia after Milosevic." *Survival* 43-2. Summer.

Rupp, Richard Rupp. 2000. "NATO 1949 and NATO 2000: from Collective Defense toward Collective Security." *Journal of Strategic Studies* 23-9. September.

Sambanis, Nicholas & Michael W. Doyle. 2007. "No Easy Choices: Estimating the

Effects of United Nations Peacekeeping." *International Security Quarterly* 51.

Sanderson, John M. 1999. "The Incalculable Dynamics of Using Forces." Chap. 12 in Wolfgang Biermann & Martin Vadset, eds. *UN Peacekeeping in Trouble: Lessons Learned from the Former Yugoslavia*. Brookfield: Ashgate.

Sarkesian, Sam C. 2001. "The Price Piad by the Military." *Orbis*. Fall.

Sarooshi, Danesh. 1999. *The United Nations and the Development of Collective Security: the Delegation by the UN Security Council of its Chapter VII Powers*. Oxford: Clarendon Press.

Schabel, Albrecht & Ramesh Thakur. 2000. *Kosovo and the Challenge of Humanitarian Intervention: Selective Indignation, Collective Action, and International Citizenship*. Tokyo: United Nations University Press.

Sell, Louis. 1999. "Slobodan Milosevic: A Political Biography." *Problems of Communism*. Nov/Dec.

_____. 2001. "Kosovo Getting Out with Peace and Honor Intact." *Problems of Post-Communism* 48-2. March/April.

_____. 2002. "Kosovo: The Key to Balkan Stability." *Problems of Post-Communism*. Jan/Feb.

Semb, Anne Julie. 2000. "The New Practice of UN-Authorized Interventions: A Slippery Slope of Forcible Interference?" *Journal of Peace Research* 37-4.

Seybolt, Taylor B. 2007. *Humanitarian Military Intervention: The Conditions for Success and Failure*. Oxford University Press.

Shinoda, Hideaki. 2000. "The politics of legitimacy in international relations: a critical examination of NATO's intervention in Kosovo." *Alternatives* 25-4.

Silber, Laura. 1996. "The Hero of Dayton: Slobodan Milosevic and the Politics of War and Peace." *World History Journal* 13. Spring.

Sitkowiecki, Andrzej. 2006. *UN Peacekeeping: Myth and Reality*. Westport: Praeger Security International.

Smith, Hugh. 2005. "Australia." Sorenson & Wood, eds.

Sorenson, David S. 2005. "The United States." Sorenson & Wood, eds.

_____ & Pia Christina Wood, eds. 2005. *The Politics of Peacekeeping in the Post-Cold War Era*. New York: Frank Cass.

Stahn, Carsten. 2001. "Constitution without a State? Kosovo Under the United

Nations Constitutional Framework for Self-Government." *Leiden Journal of International Law* 14-3.

Stein, T. 2000. "Germany's Constitution and Participation in International Peacekeeping Operation." *Asia-Pacific Review* 7-2.

Steinbruner, John D. 2000. "Containing Civil Violence." *Principles of Global Security*. Brookings Institution.

Steiner, Michael. 2002. "Standards before status." *Focus Kosovo*. April.

Storm, Stephanie & Lydia Polgreen. 2007. "Darfur Advocacy Group Undergoes a Shake-Up." *New York Times*. June 2.

Strohmeyer, Hansjorg. 2001. "Collapse and Reconstruction of a judicial system: The United Nations Missions in Kosovo and East Timor." *American Journal of International Law* 94-1. January.

Thakur, Ramesh. 2003. "UN Peace Operations and U.S. Unilaterlaism and Multilateralsim." David M. Malone & Foong Khong, eds.

Tirman, John. 2003. "The New Humanitarianism: How Military Intervention Became the Norm." *Boston Review*. December/January.

Turner, Barry, ed. 1999. *The Stateman's Yearbook 2000*. New York: St. Martin's Press.

United Nations. 2000. *Report of the Panel on United Nations Peace Operations* (UN Document A/55/305-S/2000/809), United Nations.

United Nations. 2007. *Report of the Secretary-General on the Work of the Organization* (UN document, A/62/1), United Nations.

United States Government Accountability Office. 2006. *Peacekeeping: Cost Comparison of Actual UN and Hypothetical U.S. Operations in Haiti: Report to the Subcommittee on Oversight and Investigations, Committee on International Relations, House of Representatives* (GAO-06-331).

UNMIK. 2001. *UNMIK at Two: The War Ahead, Partnership, Responsibility and Trust*.

UNMIK. 2002. *What is UNMIK?*.

Urquhart, Brian A. 1971. *Life in Peace and War*. Norton.

Utley, Rachel E. 2006. "A Means to Wider Ends? France, Germany and Peacekeeping." Utley, ed.

_____., ed. 2006. *Major Powers and Peacekeeping: Perspectives,*

　　　　Priorities and the Challenges of Military Intervention. Ashgate.

Viotti, Paul R. & Mark v. Kauppi. 1987. *International Relations Theory.* Macmillan Publishing Co.

Waart, Paul. 2000. "NATO and Yugoslavia: taking international law into its own hands." *Mezhudnarodni Problemi* 52-3.

Walter, Barbara F. & Jack Snyder, eds. 1999. *Civil Wars, Insecurity and Intervention.* NY: Columbia Univeristy Press.

Weiss, Thomas G. 2001. "Researching Humanitarian Intervention: Some Lessons." *Journal of Peace Research* 38-4.

　　　　　　　　　. 2007. *Humanitarian Intervention: Ideas in Action.* Cambridge, Mass: Polity Press.

Wheeler, Nicholas, J. 2001. "Humanitarian Intervention after Kosovo: Emergent Norm, Moral Duty or the Coming Anarchy?" *International Affairs* 77-1.

Yamashita, Hikaru. 2004. *Humanitarian Intervention Space and International Politics: The Creation of Safe Area.* Ashgate.

Yannis, Alexandros. 2001. "Kosovo Under International Administration." 43-2. Summer.

Zaemsky, V. 2004. "Mechanim of UN Peacekeeping." *International Affairs* 50-5.

Zimmermann, Warren. 1998. "The Demons of Kosovo." *The National Interest.* Summer.

▶ 웹사이트

http://au.int/

http://blog.yahoo.com/_75LLNYUVSDX6NTZUVQSQGMJNDA/articles/133476

http://en.wikipedia.org/wiki/China_and_the_United_Nations.

http://en.wikipedia.org/wiki/UNIFIL.

http://eng.mod.gov.cn

http://mofa.go.jp.

http://mofat.go.kr

http://web.worldbank.org

http://www.auswaertiges-amt.de/diplo/en/Startseite.html.

http://www.china-un.org

https//www.cia.gov/index.html

http://www.fmprc.gov.cn
http://www.fmprc.gov.cn/eng
http://www.globalsecurity.org/military/library/news/2007/07/mil-070705-voa03.htm.
http://www.gov.yu
http://www.kndu.ac.kr/pko
http://www.kosovalive.com/en/index_en.htm
http://www.kosovo.com/kip.html
http://www.mnd.go.kr
http://www.mod.go.jp
http://www.mofa.go.jp
http://www.mofat.go.kr/index.jsp.
http://www.nato.int/kfor/links/un_links.htm
http://www.nato.org
http://www.news.bbc.co.uk
http://www.osce.org/
http://www.serbia.sr.gov.yu/facts/
http://www.state.
http://www.un.int/korea/pko.htm
http://www.un.org/
http://www.un.org/aboutun/charter.
http://www.un.org/Depts/dpko/dpko/intro/region.htm.
http://www.un.org/Depts/dpko/intro/enforce.htm.
http://www.un.org/largerfreedom/summary.html.
http://www.un.org/News/ossg/fact
http://www.un.org/News/ossg/kos28jun.htm
http://www.un.org/peace/peacebuilding
http://www.un.org/peace/peacebuilding/questions.htm.
http://www.unmikonline.org
www.un.org/Dept/dpko.

▶ 언론
국방일보
외교부 보도자료

Far Eastern Economic Review
Interfax.
Japan Times
Nezavisimaya gazeta.

▶ 문건

A Fragile Peace: Threats to Justice in Kosovo, October 1999 (Lawyers Committee for Human Rights).

KFOR Report 2002.

Reports of the Secretary-General on the United Nations Interim Adminstration Mission in Kosovo. 2000 & 2002.

Statement by the chairman on the conclusion of the meeting of the G8 foreign ministers held at the Petersburg Centre on 6 May 1999.

Statement on Kosovo, Issued by the Heads of State and Government, the North Atlantic Council in Washington, D.C., April 23-24, 1999.

UN Document GA/Res49/59 84th Plenary Meeting 9 December 1994.

제4부

유엔과 인권의 국제화

제1장
유엔인권위원회와 러시아의 체첸군사작전1)

Ⅰ. 서론

　문화권 혹은 문명간 논쟁에도 불구하고 21세기 지구상 거의 모든 국가가 적어도 원칙 차원에서 '인간으로서의 존엄성을 지닌 삶을 영위하는 데에 있어 필수적인 기본권리'로서 인권을 이해, 수용하고 있다.2) '인권' 개념은 그 철학적 근원을 보편성에 착안했던 고대 그리스의 스토아학이나 로마법의 자연법 사상까지 거슬러 간다.3) 인간의 권리보다는 의무가 강조되었던 중세기를 거쳐 17~18세기 계몽주의와 자유주의 사조 속에서 인권개념은 로크, 몽테스키외, 볼테르, 루소 등

1) 세종연구소 중장기정책연구. 「21세기 인권의 국제화와 유엔: 러시아의 체첸군사작전 사례연구」(세종연구소, 2002)를 근간으로 했음. 본 연구를 위해 연구환경을 조성해준 Stanford 대학교 Hoover 연구소와 제네바 소재 유엔인권위원회 자료실 Mrs. Wick에게 고마움을 전한다.
2) 인권개념 논란과 관련하여 아시아의 우월성은 Joanne R. Bauer & Daniel A. Bell, (eds.), *The East Asia Challenge for Human Rights* (NY: Cambridge University Press, 1999); 캐나다가 미국보다 나은 인권개념을 소지하고 있다는 주장은 Rhoda Howard, *Human Rights and the Search for Community* (Boulder, CO: Westview, 1995)
3) 오늘날의 국제관계가 서구화되어 왔음에 비추어 서양정치사에서 인권개념을 찾아보았다. Theodor H. Von Laue, *The World Revolution of Westernization: The Twentieth Century in Global Perspective* (NY: Oxford University Press, 1987) 참조. 인권개념에 대한 철학적 논의는 James W. Nickel, *Making Sense of Human Right: Philosophical Reflections on the Universal Declaration of Human Rights* (Berkeley: University of California Press, 1987)

근대 자연법 이론가들에 의해 자유와 평등사상으로 출현하여 1688년 영국, 1776년 미국, 그리고 1789년 프랑스에서 각각 자유주의 혁명의 불을 일으켰다. 절대왕정에 항거하기 위한 윤리적 복음으로 번져 나갔던 인권개념은 점차 정치, 시민권 외에도 경제, 사회, 문화적 권리, 나아가 제2차 세계대전 후에는 아시아·아프리카 신생독립국의 출현과 함께 지구 차원에서의 권력 및 재화의 재분배, 평화, 건강, 환경, 재앙에 대한 인도주의적 구호요청의 권리 등 집단적 성격으로까지 발전하였다.[4]

어떠한 인권개념이 더 정당한 것인지, 더 우선시되어야 하는지는 시대, 장소, 위험 정도 등에 따라 다를 것이므로 일반화하기는 어렵다. 다만 분명한 것은 19세기 중 간헐적으로 타국 국민의 처참한 생활상이 주변국의 인도주의적 관심을 끌긴 하였으나 적어도 1945년 제2차 세계대전의 종식 전까지 인권은 보편성 논쟁과 무관히 기본적으로 '국내문제'로 남아 있었다는 점이다. 종전후 유엔창설과 함께 20세기 후반 인류는 인권에 대한 국제적 그리고 보편적 기준설정 및 이행이라는 새로운 국면에 접어들게 되었다.[5] 무엇보다 유엔창립시 참가국은 헌장을 통해 개별국가 차원에서나 유엔 차원에서나 공히 "인종, 성별, 언어, 종교 구별 없이 모든 인간의 권리와 기본적 자유를 존중, 준수할 것"임을 선언하였으며[6] 다시 1948년 '세계인권선언'을 통

---

[4] "human rights" *Encyclopedia Britanica Online* (검색일 2001.10.23)

[5] Herman Burgers, "The road to San Francisco: The Revival of the Human Rights Idea in the Twentieth Century," *Human Rights Quarterly*, Vol.14, No.4 (November 1992), pp.447~477.

[6] 제1조 유엔의 목적 중 제3항: "to achieve international cooperation in solving international problems of an economic, social, cultural or humanitarian character, and *in promoting and encouraging respects for human rights* and for fundamental freedoms for all without distinction as to race, sex, language, or regions; 국제적 경제, 사회협력을 다진 제55조 중 "(the UN shall promote … *universal respect for and observance of, human rights* and fundamental freedoms for all without distinction as to race, sex, language, or religion. 제56

해 "모든 국가와 민족이 성취할 공통의 지침"으로서 인간의 권리를 제시하였다. 1976년에는 1966년 유엔총회가 승인한 '경제, 사회, 문화적 권리에 관한 국제협약'과 '시민, 정치권에 관한 국제협약'이 각각 실효에 들어갔다.[7] 이들 핵심적 협약을 포함하여 인종, 아동, 노예, 강제노동, 전쟁피해, 난민, 결사, 고용, 결혼 등 여러 측면에서 2002년 현재까지 모두 60여 종의 소위 인권협약(Human Rights Instruments)이 유엔을 모태로 설정되어 왔다.

이처럼 유엔창설과 함께 인류사상 최초로 보편적으로 수용되기 시작한 인권은 21세기 과학 및 정보기술의 발달과 경제의 국제화 추세 속에서 한층 더 국제화의 조짐을 보이고 있다. 무엇보다 냉전종식이후 새로운 국제환경에 부응키 위한 유엔 각 기관의 임무 조정과정에서 평화유지 및 국제재판 기능이 인권 보호 및 증진을 위한 보장 장치로 자리매김하고 있다. 1993년 유엔 주최 세계인권대회에서 채택한 '비엔나 선언'은 유엔이 '인권'의 문제를 '발전'이나 '민주주의'와 마찬가지로 우선순위를 두어야 한다고 다짐하고 있다. 이러한 냉전종식이후 추세에 대해 셈(Anne Julie Semb)과 같이 주권국가 국내문제에 대한 전통적인 '비개입 원칙'이 희석되는 것을 우려하는 이들이 있는 반면,[8] 갈리(Boutros Boutros-Ghali)와 같이 인권의 국제화를 긍정적으로

조는 회원국이 개별적으로 그리고 합동으로 제55조에 명기된 목적의 이행을 약속하고 있다.

[7] 헌장을 위시하여 인권관련 유엔의 각종 주요 문건은 유엔이 출간한 *The United Nations and Human Rights, 1945-1995* (The United Nations, 1995)에 수록되어 있다. 인권측면에서 유엔역할에 대한 논평은 David P. Forsythe, "The United Nations and Human Rights at Fifty: An Incremental but Incomplete Revolution", *Global Governance*, vol. 1, no.3 (Sep. 1995), pp.297~318; Tom J. Farer & F. Gaer, "The UN and Human Rights: At the End of the Beginning", in Adam Roberts & Benedict Kingsbury, eds., *United Nations, Divided World: The UN's Roles in International Relations* (Oxford: Clarendon Press, 1993), pp. 240~296 참조.

[8] 주권국가 내 국내정치에 대한 전통적 '비개입 원칙'이 냉전종식이후 유엔에

바라보는 이들이 있다. 전임 유엔사무총장 갈리는 유엔창설 50주년을 기하여 인류사에 있어 그 어느 때보다도 인류의 모든 에너지를 인권과 자유라는 가장 고귀한 목적 달성에 쏟아 부어야 하는 시점에 이르렀다고 갈파한다.[9)]

인권의 국제화 현상은 국제정치학 패러다임에도 영향을 미친다. 특정국가 내 잔혹행위가 국제사회의 문책을 받게 됨에 따라 인권에 대한 보다 철저한 보편 기준의 설정 및 이행을 기대하여 온 자유주의 론자들의 입지가 상대적으로 강화된 것이 사실이다. 그러나 현실주의자들은 인권 차원에서 단호한 국제적 행동을 촉구하는 자유주의자들을 비현실적이라고 본다. 이들은 21세기에도 과거와 마찬가지로 국제관계는 여전히 자기중심적인 주권국가간의 불안정한 투쟁에 불과하다는 견해를 제시하고 있다. 각 국가의 인권외교라고 하는 것이 잘 살펴보면 결국 자국의 국익을 위주로 한 정치적 요인에 입각하고 있다는 것이다. 이들은 인권외교의 주관성, 불공정성 등을 예시하고 있다. 예컨대 인권의 수호자로 자처하는 미국 등 서방도 자국 국민의 안전과 번영을 위해서는 종종 타국민의 인권 희생을 묵과하고 있다는 것이다.[10)]

본고는 러시아연방(이하 '러시아')의 체첸공화국(이하 '체첸')분리주의 반군에 대한 제2차 진압과정(1999~2002년 현재)과 이에서 비롯된 인권의 문제에 대해 전지구적 국제기구인 유엔이 과연 어떻게 반응하고 있는가 살펴봄으로써 21세기 초입, 인권 국제화의 현주소를 확

서 인권상황은 물론 민주성 및 국가능력 여하에 따라 희석되고 있음을 지적한 글. Anne Julie Semb, "The New Practice of UN-Authorized Interventions: A Slippery Slope Forcible Interference?" *Journal of Peace Research*, Vol.37, No.4 (2000), pp.460~488.

[9)] Introduction by Boutros Boutros-Ghali, T*he United Nations and Human Rights, 1945-1995* (The United Nations, 1995), pp.3~125.

[10)] 자유주의와 현실주의 논쟁은 Michael W. Doyle, *Ways of War and Peace* (NY: Norton, 1997), 특히 pp.41~46, 205~213 참조.

인코자 한다. 본 사례연구는 유엔, 특히 유엔 내 인권의 국제적 기준 설정 및 이행의 산실인 유엔인권위원회(Human Rights Commission)의 보편인권개념 적용에 대한 의지 및 효율성; 서방과 러시아간 체첸인 권문제를 중심으로 한 정치적 갈등과 협력의 실재; 중국, 북한 등 여타 국가에서 나타날 수 있는 인권문제에 대한 국제사회의 입장 등을 가늠해 볼 수 있는 계기가 될 것이다.

러시아는 이미 옐친 전(前)대통령 집권시 체첸과의 제1차전(1994~1996)을 통해 국내외적으로 인권침해와 관련하여 국가 이미지를 손상한 바 있다. 제2차전은 제1차전 종식이후 1997년 5월 평화조약 발효와 함께 준평화 상태에 들어갔던 체첸반군이 다시 1999년 러시아 내에서 일련의 테러를 시도함에 따라 연방이 곧 진압에 들어감으로써 발발하였다. 러시아군은 2000년 2월 초, 수도 그로즈니(Grozny) 함락 이후 대부분 체첸영토를 장악하였다고 선언하고 있지만 반군이 산으로 들어가 게릴라전을 벌임으로써 2002년에도 실질적 전쟁은 계속되고 있다. 주요 러시아 언론의 침묵에도 불구하고 각종 러시아 내외의 인권단체들은 러시아의 제2차 체첸진압 과정에서 발생하고 있는 국제 인도주의법 및 인권 침해 현상을 폭로하고 있다. 소위 '적대활동을 하지 않은 민간인'의 희생, 피난, 체포, 고문, 실종, 학살을 폭로하면서 이의 중지 및 책임자 처벌을 요구하고 있다.

제2차 체첸전은 푸틴(Vladimir Putin) 현 대통령의 정치행보와도 밀접한 관계를 갖고 있다. 1999년 가을, 당시 젊은 신임 총리 푸틴은 러시아 내 어떠한 테러도 방치할 수 없다며 철저한 응징의 의지로 군사작전을 주도하였던 것이다. 체첸 진압정책은 당시의 선거정국 속에서 KGB 첩보요원 및 연방보안대장을 역임한 푸틴 총리의 대국민 인기를 진작시켜 소위 '푸틴 현상'을 낳는 데에 결정적 기여를 하였다. 여세 속에서 1999년 말, 옐친대통령 사임으로 대통령 대행직을 수행하던 푸틴은 어렵지 않게 2000년 3월, 새 러시아 제2대 대통령으로 당선될 수 있었다.

이하에서는 우선 러시아의 체첸군사작전의 동기 및 진행상황을 살펴본 후 인권침해로 여겨지는 부분을 따로 추려 보았다. 다음, 이에 대한 유엔인권위원회의 입장을 정리하였다. 특히 2001년 제57화 이사회 회의에서 채택된 '러시아연방의 체첸공화국 상황'에 관한 결의문 (2001년 제24호, 2001. 4. 20)에 초점을 두었다. 마지막으로 본 사례연구 결과를 통해 21세기 인권의 국제화에 대한 이론적, 실천적 시사점을 찾아보았다.

II. 러시아의 제2차 체첸군사작전: 국내법과 국제인권조약

1999년 8월 체첸분리주의자(하탑, 바사예프 등)가 이끄는 수니 무슬림 단체 와하비의 인근 다게스탄 공화국 침공 및 9월 모스크바 소재 두 아파트에서 300명 이상의 희생자를 냈던 폭발사건을 계기로 러시아연방 정부는 곧 제2차 체첸군사작전에 착수했다. 공식보도에 따르면 2001년 말까지 3,400명 가량의 러시아군이 전사하였다고 한다.[11]

러시아의 체첸군사작전은 역사적 배경을 전제로 한다. 체첸은 러시아연방 내 89개 행정체 중 하나로서 코카서스 북쪽 산악지대에 자리한다. 15,000 평방미터의 면적, 인구 약 80만의 작은 민족공화국으로서 석유와 가스의 보고였으나, 1990년대 두 차례에 걸친 러시아의 군사작전으로 인해 89개 연방 행정체 중 경제적으로 가장 취약한 상태에 놓여 있다. 이슬람교도인 체첸인들의 탈러시아 분리주의는 1800년대 말 제정러시아에 의해 정복당한 이후 계속 되어 왔다. 1917년 레닌의 10월혁명으로 '자치지역' 지위를 획득하였으며, 1934년부터 1944년까지 10년간 이슬람교도인 이웃 잉구쉬와 함께 '체첸-잉구세티아' 공

---

11) 러시아 인권단체들은 10,500명으로 추정한다. *Kommersant*, 2001.11.12.

화국의 지위를 유지하였었다. 그러나 제2차 대전 중인 1944년 체첸인과 잉구쉬는 나치독일과의 협력설에 따라 스탈린에 의해 중앙아시아로 유배되었고 이들의 공화국은 소멸되었다. 스탈린 사후, 1957년 복권과 함께 공화국이 부활되었으나, 1991년 소연방 자체의 붕괴를 전후하여 체첸인의 뿌리 깊은 분리주의 운동은 다시 노골화되기 시작하였다. 즉, 1991년 8월 소련 퇴역공군장군 두다예프(Dzhokar Dudayev)가 공화국 공산당 정부에 대해 쿠데타를 일으켜 10월 대통령 선거에서 당선, 11월 아직 소연방이 존립한 상태임에도 불구하고 일방적으로 독립을 선언한 것이다. 마침내 1991년 12월 소연방의 공식 붕괴와 함께 체첸의 독립투쟁은 옐친의 러시아연방을 대상으로 삼게 되었다. 옐친 러시아 행정부는 두다예프의 체첸정부를 쉽게 복속시킬 것으로 기대, 1994년 12월 제1차 군사작전에 들어갔다.[12]

　　1994~1996년에 진행되었던 제1차 군사작전은 60,000~100,000명가량의 인명피해를 내고 1996년 8월 옐친 대통령의 특사인 당시 안보회의 서기 레베드(Alexander Lebed)장군과 체첸 측 참모총장인 마스하도프(Aslan Maskhadov)간 '하사비루트 합의'로 중단되었다. 합의문은 '2001년까지 체첸의 지위 유보,' '국제적 기준에 준하는 인도주의적 조처', '체첸 내 불법 군사단체 해체' 등 3개 사항을 요지로 한다. 합의에 따라 1996년 말 러시아군은 체첸에서 철수하였으며 1997년 1월 체첸공화국은 임기 5년의 대통령 선거에서 소련군 대령 출신인 마스하도프를 선출하였다. 하사비루트 합의에 기초한 평화조약이 1997년 5월 옐친 연방대통령과 마스하도프 체첸대통령 간의 서명을 통해 발효되었다.

　　그러나 연방의 군 및 경찰이 철수한 체첸공화국은 연일 테러와 인질극 등 치안부재상태가 계속되었다. 1996년 말 연방군 철수 이후

---

12) 상세한 배경설명은 Robert W. Ortung et al., (eds.), *The Republics and Regions of the Russia Federation: A Guide to Politics, Policies, and Leaders* (Armonk, NY: M.E. Sharp, 2000); *The Territories of the Russia Federation* (European Publication, 1999); *Chechnya: Tragediya Rossii* (Moscow: Etnopolis, 1995) 참조.

1999년 9월 재진군하기까지 약 3년간 1,100건 이상의 납치, 고문, 처형 사건들이 발생하였다고 한다.[13] 더구나 아랍지역 이슬람 국제테러 단체들로부터 체첸은 물론 이웃 다게스탄까지 포함한 '이슬람국가' 건설을 목적으로 한 인적, 물적 지원이 역력해졌다. 따라서 제2차 군사작전의 빌미가 된 체첸분리주의자들의 1999년 8월의 다게스탄 공화국 침공, 그리고 9월의 모스크바 폭탄사건은 이러한 연장선상에서 이해되어야 할 것이다. 바로 이 점에서 푸틴 대통령은 자신이 총리시절 감행한 제2차 군사작전의 당위성을 역설하여 왔다. 2001년 12월 서방 기자와의 인터뷰에서 그는 1996년 연방군 철수 이후 체첸은 실질적 자율권을 행사할 수 있었음에도 불구하고 준테러 상태로 전락하고 말았었다고 강조한다.[14] 실제로 제1차 군사작전에 비한다면 제2차 군사작전은 인권단체들의 비난에도 불구하고 러시아 국내외에서 상당한 지지 혹은 이해를 구할 수 있었던 것이 사실이다. 영국 한 신문의 체첸 종군기자는 자신이 제1차 군사작전시에는 체첸반군의 편에 섰지만 제2차 군사작전시에는 러시아연방을 이해하는 입장으로 변하였음을 실토하고 있다.[15] 평화협정 이후 체첸반군의 교란행위가 정당성을 잃어감에 따라 연방의 진압정책이 설득력을 가질 수 있었음을 말한다.[16]

연방정부는 과거 짜르체제에서와 마찬가지로 체첸의 분리가 지리적으로 러시아 내외 이슬람권의 발흥 및 국경지역 불안정을 초래할

---

13) 1차전 종식이후 2차전 발발까지의 기간 중 체첸반군들에 의한 잔혹성은 Anatol Lieven, "Through a Distorted Lens: Chechnya and the Western Media", *Current History* (Octover 2000), pp. 322-325 참조.

14) *Financial Times*, 2001. 12. 17.

15) *The Times*의 기자였다 Anatol Lieven.

16) 사후론이지만 러시아 두마 외교위원회 위원장 루킨(Vladimir Lukin)은 1996년의 합의와 급속한 연방군의 철수가 체첸의 무정부상태를 가져왔다며 옐친 행정부의 정책 실수였다고 회고하고 있다. 연방군경이 남아있었어야 했다는 것이다. V. Lukin, "Chechnya, Corruption, Kosovo, NATO" *International Affairs*, Vol.45, No.6 (1999), pp.107~110.

것으로 믿고 있다. 체첸이 원유와 천연가스의 보고라는 점도 물론 중요한 전략적 계산에서 간과할 수 없다. 러시아정부는 제2차 체첸군사작전을 '테러리즘 응징법'(1998) 및 '국방법'(1996) 등 러시아 국내법에 입각한 '반테러작전'으로 규정하고 있다. 즉 "국민의 안전확보, 테러분자 거세, 테러영향 최소화를 목적으로 한 특별활동"이라는 것이다.[17] 러시아 내 테러리즘이 빈번해짐에 따라 1998년도에 채택된 '테러리즘 응징법'에 따르면 반테러 작전단의 지휘부는 국방부, 내무부, 경찰 등 테러리즘 응징의 책임이 있는 연방 및 지방 차원 각 부서의 군사력 동원권을 소지한다. 이를 근거로 체첸작전의 경우, 국방부 군, 내무부의 군 및 폭력진압경찰, 법무부 폭력진압군, 연방보안군 등이 동원되었다. 당초 반테러작전 총지휘권이 국방부에 있었으나 본격적 전투양상이 수그러지면서 2001년 초 내무부로 이관되었다.

러시아의 '테러리즘 응징법'은 반테러작전에 참여하는 관리로 하여금 신분증 불시조사, 신분 불확실자에 대한 무기한 감금, 기타 가택, 이동수단, 신체 등에 대한 자유 수사를 허용하고 있다. 또한 특정인 및 특정 교통수단의 이동에 대한 제한 혹은 금지가 허용되며 개인의 통신시설을 점용할 수 있다. 나아가 국가의 "반테러 기구는 테러분자의 생명, 건강, 재산, 기타 법이 보호하는 여타 권리 침해에 대해 책임을 지지 않는다." 이러한 법적 테두리 내에서 착수된 러시아의 제2차 체첸작전은 명목상 준법 테두리 내에 있으면서도 어렵지 않게 자의성을 수반할 수 있었다. 수많은 체첸 민간인들이 변호사를 접촉할 기회나 공식적 절차 없이 연행되었으며 임시 수용소에 감금되었다.

이 러시아의 국내법은 권리제한에 관하여 매우 엄격한 조건을 제시하고 있는 유엔이 정한 '시민, 정치권에 관한 국제협약'(구소련 1973년 비준) 및 '인권에 관한 유럽협약'(러시아 1998년 비준)에 위배된다는 것이 국제인권단체의 견해이다. 예컨대 적어도 이들 국제 및 지역

---

17) 러시아연방 '테러리즘 응징에 관한 법' 제3조.

단위의 인권협약에는 권리 제한 조건 중 '신분 불확실'을 포함시키지 않고 있다. 푸틴 대통령은 2001년 11월 유럽 및 독립국가연합(CIS) 헌법재판소장 회의에 참석하여 "인권과 자유를 존중하면서 동시에 조직적 테러리즘을 근절하는 것은 매우 어려운 과제"라면서 "체첸인들이 인권을 명분삼아 국내외 여론을 호도하는 법을 배웠다"고 토로하였다.[18] 실제로 체첸전을 통해 21세기 정보전의 양상을 엿볼 수 있는데 chenchenpress.com 등 친체첸반군 측 인터넷의 선전효과를 과소평가해서는 안 될 것으로 보인다.[19]

III. 체첸전에서 나타난 인권침해 현상

체첸전에서 나타난 인권침해 현상이 반드시 러시아 연방군 및 경찰에 의한 것이라고만 단정하는 것은 공평치 못하다. 러시아군 및 경찰의 인권침해 현상은 대부분의 경우 반군의 테러에 대한 응징과정에서 파생되는 패턴을 보이고 있다.[20] 반군 측에서 먼저, 때로는 더 잔혹한 대민간 테러를 감행하고 있는 점을 간과해서는 안 될 것이다. 기본적으로 체첸 측(적어도 통제불가능한 무장 체첸군)은 소연방 붕괴 이후 여러 차례 러시아 내 인질극 및 테러를 감행함으로써 어떠한 명분에도 불구하고 상습적으로 민간인의 인권을 침해하고 있다는

---

18) Interfax, 2001.11.1.

19) 정보전 차원에서 체첸전을 분석한 글은 Graeme P. Herd, "The Counter -Terrorist operation in Chechnya: Information Warfare Aspects", *The Journal of Slavic military Studies*, Vol.13, No.4 (December 2000), pp.57~83.

20) 홍보측면에서 보면 체첸 측이 러시아 군경의 인권침해만을 다루고 있으며 러시아의 경우 반군의 테러행위에 초점을 맞추고 있다. 인권단체들의 경우 대부분 체첸반군 측을 옹호하는 편향성을 보이고 있는데 이는 헤이그, 헬름 등 서방의 반러주의자들에게 정치적으로 이용당하고 있다는 주장도 있다.(Liven, 앞의 글 참조.)

비난을 면키 어렵다. 먼저 제1차 체첸전 기간 중 체첸 이외 지역에서 발생한 인질극으로서 러시아 부덴노브스크(Budennovsk)에서의 병원 인질극(1995. 6) 그리고 이웃 다게스탄 공화국 내 한 마을(Kizlyar)을 장악한 후 인간방패 전략을 동원하여 78명의 러시아 군, 경, 민간인을 희생시켰던 인질극(1996. 1)을 상기하지 않을 수 없다. 두 경우 모두 연방측으로 하여금 인질들의 희생을 감수한 대대적 진압을 낳게 하였다. 당시 체첸공화국의 대통령 두다예프는 각각 이 두 테러의 지도자였던 바사예프(Shamil Basaev)와 라두예프(Salman Raduev)에 대해 책임을 묻지 않음으로써 사전 혹은 사후 승인을 하였을 것이라는 의심을 받았었다.[21] 2000년 3월 제2차 군사작전 중 체포된 라두예프는 공판 중(2001. 11) 키즐야르 테러가 전적으로 두다예프의 지시에 의한 것이라고 폭로하였다.[22] 물론 연방으로 하여금 제2차 군사작전을 유발시켰던 요인 중 하나였던 1999년 모스크바 아파트 폭발의 경우 약 300명의 희생을 불사한 비인도적 테러였음은 주지의 사실이다.[23]

체첸반군은 전투 중에도 주로 마을에 잠입하는 '민간인 방패 전략'을 사용함으로써 결과적으로 심대한 직간접적 인권침해 현상을 빚고 있다. 예컨대 1999년 11월 제2차 체첸전 중 체첸의 작은 마을(Alkhan-Yurt)에서 도피 직전 70명 이상의 러시아군을 살해하였다(1999. 11). 이에 따라 러시아군은 무차별적 폭격을 감행, 8명의 민간 희생자와 마을의 초토화를 초래하였다.[24] 따라서 민간인 희생과 관련하여 러시

---

[21] 암묵적 사전 승인을 강조하는 예로는 Svante E. Cornell, "International reactions in massive human rights violations: The case of Chechnya," *Europe-Asia Studies*, Vol.51, No.1 (January 1999)

[22] *Vremya Novosti*, 2001. 11. 14. 두다예프는 1996년 4월 제1차 군사작전 중 러시아의 미사일 공습에 의해 사망하였다.

[23] 2001년 9월, 사건발생 2년 만에 범인 5명에 대한 재판이 비공개로 진행되었다. *Lenta.ru* (2001.9.7)

[24] Human Rights Watch, *No Happiness Remains: Civilian Killings, Lillage, and Rape in Alkhan-Yurt, Chechnya* (Human Rights Watch, April 2000)

아군이 반군과 민간인 구별 없이 공격하는 것도 문제이지만 체첸반군측도 일정 정도 책임이 있다. 더욱이 친러분자로 의심되는 민간인에 대한 반군의 자의적 처형, 무분별한 지뢰사용 등을 생각한다면 인권단체들은 연방측뿐 아니라 체첸반군의 인권침해 정도도 문제시하여야 할 것이다. 그렇지 않을 경우 '이중잣대'라는 측면에서 공정성을 의심받게 될 것이다. 2002년 현재에도 무장반군은 친연방 성향 관리를 납치, 살해하고 수십 명의 민간인 인질을 확보하고 있다. 한 석방자에 따르면 1999년 반군이 러시아 사진기자를 납치, 처형하는 것을 보았다고 한다.[25] 또한 인질의 손가락을 절단하여 가족에게 보내며 금품을 요구하기도 한다고 한다.[26]

이처럼 체첸반군 측의 허물에도 불구하고 러시아 국내외에서 상당수 관측자들은 체첸 측보다는 국가권력체인 러시아군경에 의한 반인륜적 인권침해가 더 심대하다며 러시아정부에 대해 이의 시정 및 문책을 촉구하고 있다. 이들이 고발하는 러시아군의 인권침해 행위는 크게 두 부류로 나뉘어질 수 있다. 우선 거시적 차원에서 민간지역에 대한 무차별적 폭격이 자아내는 결과이며 다음은 개인 차원에서 벌어지고 있는 자의적 체포, 불법처형, 고문, 집단학살, 실종 등 직접적 인권침해이다.

1. 거시 차원: 민간지역에 대한 무차별적 공습 결과

러시아군은 이미 제1차전에서부터 공습전략을 활용하였다. 즉, 1994년 12월 첫 군사작전시 러시아군은 체첸의 수도 그로즈니에 대한 재래식 포위 전략을 기도했었으나 이것이 실패로 돌아가자 먼저 폭격을 가한 후 후속적으로 함락시키는 방법을 택하였다. 결과적으로 무

---

[25] *Amnesty International Report* 2001.

[26] David Filipov, "Kidnappers Thrive on Chaos in Chechnya," *Boston Globe*, 2000. 4.7.

고한 시민들이 희생되거나 도피하여야 했다.[27] 제2차전에서도 공습전
략은 변함이 없었다.

러시아군의 '민간지역에 대한 무차별적 공습'은 유엔총회 결의 제
2444(1969), 제네바협약(1949)과 이의 프로토콜(1977), OSCE(유럽안보협
력기구)의 '정치군사측면 안보행위 규범'(Code of Conduct on Politico-
Military Aspects of Security)(1994) 등이 정한 전쟁 중 준수하여야 할
국제적 인도주의 법에 위배된다는 것이 인권단체들의 주장이다. 수많
은 체첸 민간인들이 러시아군의 무차별적 공격에 의해 희생되었음은
물론 재산이 파괴되었으며 난민으로서 고통을 받고 있다. 이웃 잉구
세티아와 다게스탄, 그리고 체첸 내 난민촌에서는 교육이중단되었으
며 질병에 걸려 사망하는 경우도 흔하다. 식량, 식수, 의료품, 가스,
전기 역시 부족한 상태이다. 2002년 현재 약 300,000명의 체첸인이 국
내난민(internally displaced people)으로 불리어지고 있다.

2. 미시 차원: 직접적 인권침해

체첸 내 민간인들에 대한 러시아 군경의 직접적 인권침해 사례가
연일 국내외 인권단체들에 의해 보도되고 있다. 이들은 2000년 초 그
로즈니 함락 이후 체첸전이 각종 인권침해를 내재한 소위 전통적인
'치졸한 전쟁(dirty war)'으로 변모하고 있다고 고발한다.[28] 미처 피난
을 떠나지 못한 민간인들에 대한 러시아군의 자의적 체포, 체포 이후

---

[27] 영토통합이라는 러시아의 전략적 목적에 비추어 공습이 빚은 역효과는 John
R. Pilloni, "Burry Corpse in the Stress: Russia's Doctrinal Flaws in the 1995 Fight
for Grozny," *The Journal of Slavic Studies*, Vol.13, No.2 (June 2000), pp.39~66;
시가전으로 인한 연방측의 불리한 점을 정리한 글로는 Olga Oliker, *Russia's
Chechen Wars 1994-2000: Lessons from Urban Combat* (Santa Monica: RAND,
2001)

[28] Human Rights Watch, *The dirty War in Chechnya: Forced Disappearance,
Tortures and summary Executions* (Human Rights Watch, March 2001)

실종, 불법처형, 고문, 집단 학살 등을 말한다. 예컨대, 1999년 12월 알칸유트에 입성한 러시아군은 반군 검거를 목적으로 2주간 마을을 샅샅이 뒤지면서 약탈과 강간은 물론 14명의 체첸 민간인을 처형하였다.29) 러시아군은 이에 그치지 않고 그로즈니 입성 후 스타로프로미슬로브스키(Staropromyslovski) 지역에서 50명 이상(1999.12~2000.1), 알디(Aldi) 지역에서 60명 이상(2000.2.5 하루)의 민간인을 처형하였다.30)

특히 인권단체들이 우려하는 것은 당국이 책임을 지지 않는 가운데 민간인들이 연방군, 경찰, 혹은 보안대에 의해 연행된 이후 실종되고 있다는 점이다. 2000년 2월 한칼라(Khankala)에 소재한 연방군사기지 주변에서 51구의 시체가 발견됨에 따라 연행된 이들이 대부분 고문을 당한 후 집단 처형되고 있다는 의심을 키우고 있다. 국제인권단체인 Human Rights Watch는 실종자 가족들과의 면담을 근거로, 1999년 9월 제2차 군사작전 개진 이후 2001년 3월 '연행된 이후 실종된' 113건 이상의 사례를 명시하고 있다. 실종의 문제는 러시아군의 기강해이 및 부패현상과도 맞물려 있어 더욱 심각하다. 예컨대 러시아 군인들이 실종자의 가족에게 시체매장 장소 지도를 그려 주거나 혹은 시체를 찾아가는 대가로 금전을 요구하고 있다는 것이다.31) 한편 2000년 초 연방군에 의한 'Radio Liberty' 기자(Andrei Babitski) 납치 및 구타사건을 통해 감지되듯 연방측은 보도 통제마저 기하였다. 실제로 연방정부는 제1차전에 비해 제2차전에서 보다 효과적 언론을 기하였다는 것이 일반적 평가이다.32)

인권단체들은 러시아군의 체첸 민간에 대한 직접적 인권침해는 '제

---

29) Human Rights Watch, *No Happiness Remain: Civilian Killings, Pillage, and Rape in Alkhan-Yurt, Chechnya* (Human Rights Watch, April 2000).

30) Human Rights Watch, *February 5: A Day of Slaughter in Novye Aldi* (Human Rights Watch, June 2000).

31) *Novye Izvestia*, 2002.1.10.

32) Herd, 앞의 글.

네바 협약 프로토콜 Ⅱ'와 '인권에 관한 유럽협약'에 위배된다고 주장
한다. 특히 '연행 후 실종'의 문제는 남미 여러 국가를 위시하여 세계
도처 권위주의 사회의 고질적 병으로서 이미 1980년 유엔인권위원회
가 '강제실종에 관한 실무팀'을 창설한 바 있으며 1992년 유엔총회는
'강제실종으로부터의 보호에 관한 선언'을 채택하였었다.

Ⅳ. 유엔인권위원회의 입장과 러시아측 반응

1. 유엔인권위원회의 성립과 기능

서론에서 언급하였듯 인류사에 있어 본격적으로 인권에 대한 국제
적 차원의 규범 혹은 법적 논의가 개진된 것은 제2차 세계대전의 종
식 및 유엔의 출현에서부터이다. 대전 중의 잔혹성과 심대한 인권침
해에 대한 인식이 그러한 필요성을 낳은 것이다.

스위스 제네바에 소재한 '유엔인권위원회'(Human Rights Commission)
는 1946년 6월 '유엔경제사회이사회'의 결의에 따라 1946년 경제사회
이사회의 하위기구로써 창립되었다. 유엔인권위원회는 1948년 유엔총
회에서 채택한 '세계인권선언,' 1966년 채택되어 1976년 실효에 들어간
2종의 국제인권협약(경제, 사회, 문화 권리&시민, 정치 권리)의 초안
작성에 결정적 기여를 한 이래 현재까지, 유엔기관 중 인권부문에서
의 기준설정 및 이행에 관한 한 가장 전문적이고 실무적인 기능을
수행하고 있다.[33]

유엔인권위원회는 '유엔경제사회이사회'가 지역배분을 준거로 선출

---

33) http://www.unhchr.ch/html/menu2/2/chr.htm (검색일: 2001.11.13); Howard Tolley,
Jr. *The UN Commission on Human Rights* (Boulder: Westview Press, 1987);
The United Nations and Human Rights, 1945-1995 (The United Nations, 1995).

한 53개국으로 구성되며 매년 3-4월 중 6주간 제네바에서 연례회의를 개최한다. 연례회의에서는 '인권 증진·보호 소위원회(Sub-Commission on the Promotion and Protection of Human Rights), 다수의 실무팀, 현안별 전문가 등의 보고를 토대로 보통 백 건 이상의 '결의,' '결정,' '의장성명' 등을 산출한다. 긴급의제가 발생하는 경우 회원국 다수의 동의에 따라 특별회의를 개최하기도 한다. 이는 1990년 5월 유엔경제사회이사회의 결의에 의한 것으로서 현재까지 다섯 차례 개최되었다.[34]

기본적으로 유엔인권위원회는 크게 특정 국가 혹은 영토 내 인권침해 상황을 다루는 '국가별 임무' 그리고 전세계적 차원에서 주요 인권침해 현상을 다루는 '주제별 임무'로 나누어 조사, 감시, 발표한다. 가장 최근인 2001년 제57차 회의에서 보고된 조상대상 국가로는 아프가니스탄, 보스니아-헤르제고비나, 유고연방, 부룬디, 캄보디아, 콩고민주공화국, 적도기니, 아이티, 이란, 이라크, 미얀마, 팔레스타인 피점령지, 소말리아, 수단 등 14개 국가이다. 조사대상 주제로는 '강제감금', '아동관련 매매, 매춘, 음란물', '발전 권리', '강제실종', '교육 권리', '위법 강제처형', '식량권리', '인권운동가', '주거', '원주민', '법관 및 변호인의 독립성', '사고 및 표현의 자유', '종교 및 신앙의 자유', '국내피난민', '자결권 저지를 위한 용병의 활용', '이주', '극빈', '인종차별', '구조조정과 외채', '고문', '독극물의 불법이동과 덤핑', '여성'이 있다.

인권위원회의 보조기제인 '인권증진보호 소위원회'는 '세계인권선언'에 비추어 인권침해 문제를 연구하여 위원회에 권고하는 중요한 역할을 수행한다. 소위원회는 지리적 평등성 및 개인의 전문성을 기준으로 인권위원회가 선출한 임기 4년의 26명 전문가로 구성된다(2001년: 아프리카 7인, 아시아 5인, 남미 4인, 서유럽 및 기타 6인). 소위원회는

---

[34] 구유고슬라비아 영토 인권상황(1992.8.13-14; 11.30-12.1); 르완다 인권상황(1994.5.24-25); 동티모르 인권상황(1999.9.23-27); 이스라엘에 의한 팔레스타인 인권의 심대한 침해(2000.10.17-19)

매년 제네바에서 3주간 연례회의를 개최한다. 2002년 기준 소위원회는 커뮤니케이션팀(인권침해에 대한 고발 및 해당국가들의 답변 관리), 현대판 노예팀, 원주민팀, 소수인종팀 등 4개 전문영역으로 분리, 운영되고 있는데 이들 전문팀은 소위원회의 연례회의 이전에 3회 소집된다.

이행이 전제되지 않은 인권 기준설정은 무의미하다. 유엔의 인권기준을 수용한 국가들이 이를 의무적으로 이행할 때에 비로소 개인의 삶에 변화를 안겨다 줄 수 있기 때문이다. 유엔인권위원회는 정기적으로 유엔사무국 산하기구인 '유엔인권고등판무관'(제네바 소재)에게 인권기준의 이행문제와 관련된 행정적 지원을 요청한다.[35] 즉, 인권 보호 및 증진 측면에서 해당국가의 능력 강화를 목적으로 한 각종 자문 및 기술협력을 의미하는데 전문가의 조언, 인권세미나, 국가 혹은 지역 차원에서의 교육 및 워크숍, 장학금 수여 등이 포함된다.

2. 유엔인권위원회의 결의: '러시아연방 체첸공화국 상황'

적어도 냉전종식이후 1990년대 유엔인권위원회의 특별 주목을 받던 구유고슬라비아, 르완다, 동티모르, 점령팔레스타인 등과 비교한다면, 러시아의 체첸군사작전에 대한 동위원회의 관심은 높지 않다.

체첸에서의 인권침해 문제가 유엔 내 여러 조직 그리고 러시아 내외 다수 인권단체들에 의해 계속 거론되어 왔음에도 불구하고 유엔

---

[35] 유엔인권고등판무관은 1993년 비엔나 세계인권대회의 건의에 의해 제58차 유엔총회 결의로 신설된 기구이다. 유엔사무차장에 해당되며 사무총장이 임명하고 총회가 승인한다. 4년 임기이며 1회 연임이 가능하다. 휘하에 사무를 담당하는 '유엔인권센터'를 두며 총회, 경제사회이사회, 유엔인권위원회의 권한과 결정 내에서 공평하고 객관적으로 인권 보호 증진의 임무를 수행한다. Jose Ayala-Lasso(에콰도르, 1994~1997)가 초대, Mary Robinson (아일랜드, 1997~현재)가 제2대 판무관이다. The United Nations, *The Hight Commissioner for Human Rights: Making Human Rights a Reality* (The United Nations, 1996) 참조.

에서 안전보장이사회는 물론 인권위원회 내에서조차 중대하게 다루
어지기 어려운 구조적 장애를 지적하지 않을 수 없다. 무엇보다 러시
아 스스로가 세계평화와 안보를 제1차적 목적으로 한 유엔안보리의
상임이사국이며 유엔인권위원회 창립 이후 현재까지 계속하여 회원
국의 자격을 소지하고 있다는 점이다. 유엔인권위원회 내에서 러시아
대표는 '러시아 영토 통합성', '헌정질서 회복', '국민의 권리와 자유보
장' 등을 강조하며 주권국가 러시아의 국내문제에 대한 비개입 원칙
을 완강하게 피력하고 있다. "러시아군은 국제테러리즘의 산실을 제
거하기 위해 작전을 펼쳤으며 더욱이 국제법 내에서 민간희생을 최
소화하기 위한 방안을 강구하였다"라고 주장한다.[36]

　이처럼 러시아의 반발에도 불구하고 유엔인권위원회는 몇 차례 체
첸전의 문제를 다룬 바 있다. 제1차 군사작전 중인 1995년과 1996년
연례회의시 온건한 '의장성명'의 형식을 빌어 러시아군의 과도한 무기
사용으로 인한 인권침해, 민간인 희생, 고통, 재산침해 등을 다루었다
(1995.4.17.; 1996.4.24).[37] 제2차 군사작전 중인 2000년과 2001년 연례
회의에서는 마침내 인권침해에 대한 '결의문'을 통과시키는 데에 성공
하였다. 우선 2000년 초, 유엔인권고등판무관 로빈슨(Mary Robinson)
여사가 유엔인권위원회의 진정을 논거로 현지방문을 신청하였다. 러
시아정부는 즉각 반박하면서 얼마간 방문을 허용치 않다가 3월 중 방
문을 허용하였다. 로빈슨은 체첸은 물론 이웃 잉구세티아 및 다게스
탄 내 난민촌 그리고 모스크바를 방문한 후(2000.3.31~4.4) 러시아군에
의한 집단처형, 고문, 강간 등의 증거를 인정하였다.[38]

36) 로빈슨 여사의 제56차 유엔인권위원회 회의(2000.4.5)에서의 보고문. http://
　　www.hri.ca/fortherecord2000/documentation.../Sit-hr-Chechnya.ht (검색일 2001.8.1)
37) http://www.unhchr.ch/html/menu2/7e/chechnya/chescst95.htm (검색일 2001.8.28)
　　http://www.unhcr.ch/reworld/un/chr/chr96/country/1996_13a.htm (검색일 2001.8.28)
38) 로빈슨 여사의 제56차 유엔인권위원회 회의(2000.4.5)에서의 보고문. http://
　　www.hri.ca/fortherecord2000/documentation.../sit-hr-chechnya.ht (검색일 2001.8.1).

드디어 2000년 제56차 연례회의에서 유엔인권위원회는 체첸에서의 잔혹성을 이유로 러시아의 인권침해에 관한 결의문을 채택하였다 (2000.4.25). 원래는 러시아가 신축적인 자세를 보이는 경우 회원국 합의를 통해 '의장성명'으로 발표하려 했으나 러시아의 반대로 인해 투표에 들어갔고 결국 다수결원칙에 따라 '결의문'으로 귀착된 것이다. 본 결의문은 유엔사상 최초로 안보리상임이사국의 인권문제에 대한 유엔인권위원회의 결의문이라는 점에서 큰 의의를 지니고 있다. 찬성 19, 반대 9(중국, 쿠바, 인도 등)였다. 결의문을 통해 인권위원회는 "불균형적, 무차별 군사력 사용"에 대한 우려 및 인권침해에 대한 러시아정부의 '국가조사위원회' 구성 및 책임자 처벌, 그리고 유엔인권조사단의 현지방문 허용을 종용하였다.

이듬해인 2001년 제57차 유엔인권위원회 연례회의에서 로빈슨 여사는 제56차 회의에서 채택된 결의문과 관련하여 러시아정부의 이행이 만족스럽지 못하다는 결과보고를 하였고 유엔인권위원회는 러시아 외무부의 반박성명에도 불구하고[39] 또다시 체첸에서의 인권침해에 관한 결의문을 통과시켰다(2001.4.20)[40]. 찬성 22, 반대 12(중국, 쿠바, 인도 등), 기권 19였다. 동 결의문을 요약하면 다음과 같다.

---

[39] 로빈슨 여사의 제57차 유엔인권위원회 보고에 대한 러시아 외무부의 반박성명. http://www.great-britain.mid.ru./GreatBritain/pr_rel/pres28.htm (검색일 2001.8.28)

[40] http://tchetchenieparis.free.fr/text.fr/text/UN-CHR-res-20-4-01.htm (검색일 2001. 8.1)

결의근거

· 유엔헌장(특히 55조, 56조): 시민권에 관한 국제협약; 경제, 사회, 문화권에 관한 국제협약; '고문 및 잔혹, 비인도적 혹은 모독적 처우 및 징벌 반대협약', '제네바협약(1949.8.12), 특히 제3조 및 첨부 프로토콜Ⅱ(1977.6.8); 기타 국제적 인도주의 법.

· 비엔나 선언 및 행동강령(인권에 관한 유엔 국제회의 1993.6), 특히 제1조 4항.

· 러시아의 참가: '시민권에 관한 국제협약,' '경제, 사회, 문화권에 관한 국제협약; '고문 및 잔혹, 비인도적 혹은 모독적 처우 및 징벌 반대협약', 기타 '유럽인권협약' 등 지역 인권기구, 제네바협약 및 프로토콜Ⅱ.

· 보고서: 체첸인권문제에 관한 러시아대통령 특사(Vladimir Kalamanov), 북코카서스 인권침해 조사를 위한 러시아국가위원장(Krasheninnikov), Council of Europe 인권위원장.

결의내용

· 양측 모두 전투중단하고 러시아연방의 주권과 영토통합성을 존중하는 평화적 해결을 모색할 것. 러시아측(러시아군, 기타 국가기관의 무차별적 무력사용금지, 강제실종, 불법처형, 집단학살, 고문, 기타 모독적 처벌 금지. 민간인 보호를 위해 최대 노력할 것)/ 체첸반군측(테러리즘, 인질극, 고문, 무차별적 지뢰사용 중지할 것, 인질 석방할 것).

· 러시아의 체첸공화국 재건프로그램 환영함. 재산피해자에게는 보상할 것/ 대통령 특사와 Council of Europe 전문가간 실종자 확인. 감금자 석방, 현지난민에 대한 신분증 발급 등 인권을 위한 협력을 인정함.

· 국제적 기준에 부합하는 체첸인권 유린에 대한 조사위원회 설립할 것. 책임자를 정의의 심판에 회부할 것을 재삼 강조함. 지연되고 있어 유감임/ 강제실종 대안 마련할 것/ 유엔인권위원회 주제별 임무(고문, 불법집단처형, 국내난민)를 위한 현지방문을 허용치 않아 유감임/ 분쟁의 정치적 해결에 기여할 수 있도록 OSCE Assistant Group의 체첸복귀를 즉각 허용할 것.

· 국내난민 보호, 생필품, 주거, 공공서비스 제공할 것/ 국제 인도주의법에 부응하여 유엔의 각 기구, 국제적십자사 등 국제, 유럽, 혹은 국내 각급의 인권단체들이 체첸 및 인접 난민촌에서 자유롭게 구호활동을 펼칠 수 있도록 허용할 것.

· 임시 수용소의 상황을 우려함. 수용자에 대한 고문 및 비인도적 처우를 우려함.

· 군을 포함한 지방과 연방 정부관리들을 대상으로 인권의 기본원칙 및 국제적 인도주의 법에 대한 교육을 실시할 것.

· 유엔인권고등판무관이 제58차 회의에서 본 결의문의 이행에 관해 보고할 것. 그리고 유엔총회에도 상황을 보고할 것을 요청함.

3. 유엔인권위원회 결의(2000, 2001)에 대한 러시아측 반응

러시아는 2000년과 2001년에 걸친 유엔인권위원회의 체첸관련 결의에 대해 유감을 표시하여 왔다. 유엔안보이사회 상임이사국으로서는 처음으로 겪는 당혹감이 그대로 드러난다. 우선 2000년 제56차 결의에 대해 유엔인권위원회의 러시아측 대표는 이 결의문이 "반러시아적 행위로서 위원회와 러시아간 협력에 부정적 영향을 미칠 것"이라고 논박하였다. 러시아 외무부도 이 결의가 서방언론의 영향을 받은 "정치적 결과이므로 이에 반대할 뿐 아니라 구속되지도 않을 것"이라는 반박성명을 내었다.[41] 러시아 내 주요 일간지들은 이 문제를 심각하게 다루었다. 이중 한 평론은 여러 측면에서 개탄하고 있는데 첫째, 미국의 이중성이다. 결의 한 달전만 해도 러시아측에게 빈 라덴(Osama bin Laden)이 체첸반군과 연계되어 있다고 해놓고 결의에 찬성했다는 것이다. 둘째, 국제적십자가 이미 체첸 난민구호 활동을 펼치고 있는데 결의문 내 이를 종용한 일은 우스운 일이며, 셋째, 결의안은 서방의 여론만을 중시한 결과이며 체첸군사작전을 지지하는 대다수 러시아 국민의 의지를 무시한 처사라는 것이다. 넷째, EU, 미국, 체코공화국, 폴란드, 발트 3개국 등 결의안에 지지한 국가들 내에도 인권침해의 문제가 적지 않다고 지적한다. 결국 냉전종식이후 보스니아-헤르제고비나, 유고연방, 동티모르 등에서 본 것처럼 국제무대에서 인권은 동과 서, 남과 북의 정치적 갈등을 반영하고 있을 뿐이라는 것이다.[42]

제57차 연례회의에서 러시아의 제56차 결의문에 대한 이행 정도가 만족스럽지 못하다는 로빈슨 여사의 보고에 대해서 러시아 외무부는 즉각 반박 성명을 내놓았다. 그 내용은 다음과 같다.[43]

---

[41] *Kommersant*, 2000.4.27.

[42] Dmitri kozyrev, *Nezavisimaya gazeta*, 2000.4.28.

· 특정국가 내 인권상황이 국제사회의 관심의 대상이 될 수는 있음. 인권상황은 대화와 협력을 통해서만 증진될 수 있음. 압력행사는 주지하는 바와 같이 반대결과를 낳으며 대부분 순수한 동기에서 비롯된 것이 아님.

· 로빈슨 여사의 보고는 러시아가 체첸공화국의 정치, 사회, 경제 재건을 위해 기울인 긍정적 노력을 충분히 반영치 못하고 있음. 체첸공화국도 점차 체첸상황 정상화를 위한 구체적 방안 실행에 적극적으로 임하고 있음.

· 러시아는 전례 없이 개방적이며 체첸에 관한 대화의 준비가 되어 있음. 유엔, OSCE, Council of Europe과 활발한 접촉을 지속하여 오고 있음.

· 체첸문제의 복잡성과 어려움이 있지만 러시아 지도부는 이에 대한 구체적 결정을 내리고 있음. 예컨대 러시아 행정부 주도하 체첸의 사회, 경제 재건을 위한 실무팀을 구성하였음(유엔난민고등판무관 사무국, 세계식량기구, 유엔아동기금 등 국제인권기구 및 덴마크 난민위원회 등 비정부 단체 포함).

· 러시아는 체첸 내 인권보장 및 인권침해에 대한 조사에도 주력하고 있음. '체첸 인권, 시민권, 자유보장을 위한 연방대통령 특사' 및 '체첸 법률위반 조사 및 인권준수를 위한 국가위원회'가 체첸 인권침해 조사에서 중요한 역할 수행하고 있음.

· 검찰청의 체첸 인권침해 사건 조사의 효율성을 높이기 위해 러시아 검찰청장 사무국 및 '체첸 인권, 시민권, 자유 보장을 위한 연방대통령 특사' 사무국 대표가 포함되는 합동조사반을 설치할 예정임.

· 이 모든 점을 보아 러시아가 체첸의 정상적 생활 복원을 위해 필요한 모든 조처를 취하고 있음을 알 수 있음.

러시아가 한편으로는 유엔인권위원회 결의를 수용하였다고 자처하면서도 여전히 소수민족 문제가 국내문제라는 인식을 떨치지 못하고 있음을 말해준다. 푸틴 대통령은 2001년 말 러시아 국내 라디오방송을 통해 "체첸문제는 역사적으로 복잡한 러시아 내 고유의 문제로서 유엔을 포함한 어떠한 외부로부터의 중재에 반대한다"는 입장을 피력하고 있다.[44] 소수민족 문제가 내정이라는 입장에서 러시아는 1990년

---

43) http://www.great-britain.mid.ru/GreatBritain/pr_rel/pres28.htm.
44) *RIA Novosti*. 2001.11.16.

대 각종 국제무대에서 기회있을 때마다 신강 위구르, 티베트 등 소수
민족의 문제를 안고 있는 중국과 함께 소수민족의 인권문제에 관한
공조를 표출하여 왔다. 중국과 러시아는 중·러 정상회담, 그리고
1996년 중국과 러시아, 중앙아시아 3개국(카자흐스탄, 키르기스스탄,
타지키스탄)간 국경안정 및 협력을 위해 출범한 '상해 5개국 회의'
(2001년 우즈베키스탄 포함 '상해협력기구' 발전)를 통해 매번 "내정불
간섭"을 역설하여 왔다. 유엔인권위원회에서도 중국은 2000년과 2001
년 두 번 다, 러시아의 체첸상황에 대한 결의에 반대를 표시하였다.

　유엔인권위원회에서 체첸인권의 문제가 유엔 내 안보리상임이사국
및 인권위원회 회원국인 러시아의 위상에도 불구하고, '의장성명'(1995,
1996), 나아가 '결의문'(2000, 2001)의 형식으로 채택될 수 있었던 데에
는 러시아 내외 인권단체들의 현지조사 및 유엔인권위원회 주변에서
의 끈질긴 로비활동[45], 유럽지역기구들의 정치적 의지, 그리고 무엇
보다도 로빈슨을 비롯한 제네바에 위치한 유엔산하 인권문제담당자
들의 노력이 크게 기여한 때문으로 보인다.

V. 21세기 인권의 국제화에 대한 시사점

　본 연구를 통해 21세기 인권의 국제화와 유엔에 대해 다음과 같이
각각 자유주의 및 현실주의 관련 시사점을 발견할 수 있었다. 서로
상충되는 패러다임에 대해 공히 입증이 가능한 격동기임을 알 수 있
었다.[46]

---

[45] Amnesty international이 제56차 유엔인권위원회 회의를 앞두고 위원회 앞으
로 보낸 건의문 참조. http://www.web.amnesty.org/ai.nsf/print/EU460142000
?OpenDocument (검색일 2001. 8. 28) (http://www.amnesty.org).

[46] James N. Rosenau, *Turbulence in World Politics: A Theory of Change and Continuity* (Princeton: Princeton University Press, 1990).

1. 자유주의적 논고 입증

첫째, 냉전종식이후 국제적으로 산적한 문제를 해결하기에 역부족인 유엔에 대해 제도적 위기가 거론되고 있는 것이 사실이다. 그럼에도 불구하고 지난 몇 해 유엔인권고문판무관 로빈슨 등 유엔 인권담당자들의 전문성과 영향력이 상당히 증진되어 왔음을 알 수 있다. 이들 제네바 유엔실무팀과 전문가들은 자칫 유엔인권위원회가 정치화 혹은 통속화되어 기존의 틀 내에서 형식적인 의제만을 다루기 쉬운 분위기 속에서 부단히 인권침해에 대한 제1차 설명을 제공하고 있다.

둘째, 냉전종식이후 적어도 유럽에서 지역단위의 국제기구가 유엔 인권위원회와의 공조 속에 개별국가의 인권침해에 관해 매우 중요한 역할을 수행하고 있다. 우선 2000년과 2001년 러시아가 안보리 상임이사국으로서는 처음으로 인권침해국이라는 지탄을 받게 된 결의문이 모두 EU에 의해 발안된 것이다. 다음, 유럽평의회(Council of Europe)는 국제기구 중 가장 심도 있게 러시아정부와 체첸 인권침해에 대한 대화를 갖는 데에 성공하였다. 예컨대 2000년도 동 기구의 '고문방지위원회' 및 '의회'(PACE) 대표들이 모스크바와 북코카서스 지방을 방문, 연방과 체첸 양측에 의한 인권침해 중지를 종용하였다. 유럽평의회는 지렛대 활용도 주저하지 않았다. 2000년 초 사무총장이 최초로 '인권에 관한 유럽협약' 제52조를 거론하면서 러시아정부에게 이의 이행을 위한 자료를 요청하는가 하면 동기구의 의회는 러시아 대표의 투표권을 중지시켰다. 마지막으로 유럽안보협력기구(OSCE)의 경우, 러시아정부의 반대로 인해 당초 동 기구가 목표로 한 지원그룹(Assistant Group)의 체첸재배치가 지연되었지만 동 기구의 민족문제사무관, 언론자유사무관, 인권사무관 등을 통해 인권침해 비난, 인권교육, 세미나 등을 개최하였다.

셋째, 제네바 유엔인권위원회 주변에서 국제 및 러시아 국내 비정

부 인권단체들의 사실보고 및 로비가 매우 활발하고 체계적으로 전
개되고 있다.[47] 이들은 유엔인권위원회 연례회의에서의 구두참여는
물론 이를 전후하여 주요국 대표들을 대상으로 한 폭로활동을 펼친
다. 또한 미국 등 서방 주요국의 정상 및 의회, 그리고 IMF(국제통화
기금), 세계은행 등 국제금융기관 등을 대상으로 한 공개서신을 통해
러시아의 체첸인권 침해 사실을 폭로하면서 대러 경제제재 및 외교
적 압력을 탄원하여 왔다. 사이버 공간에서의 활약도 괄목할 만하다.
이들 중 특히 Helsinki Watch, Amnesty International 등 권위있는 국제
인권단체의 현지보고 및 청문회 활동은 21세기 인권의 국제화에 지대
한 영향을 미칠 것이다.[48] 러시아 국내 인권단체 중에는 '병사의 어
머니회', '메모리얼', '글라스노스트' 등의 활약이 두드러졌다.

---

[47] 인권분야 비정부기구의 역할은 다음을 참조. William Korey, *NGO's & the Universal Declaration of Human Rights: "A Curious Grapevine"* (NY: St. Martin's Press, 1998); Jackie Smith et al., "Globalizing Human Rights: The Work of Transnational Human Rights NGO's in the 1990s", *Human Rights Quarterly*, Vol. 20, No.2(May 1998), pp.379~412; Margaret E. Kech & Kathryn Sikkink, *Activity beyond Borders: Advocacy networks in International Politics* (Itaca: Cornell University Press, 1988). 특별히 유엔의 인권활동과 관련된 비정부기구의 역할에 대해서는 Jane Connoers, *The Conscience of the World: The Influence of Non-Governmental Organizations in the UN System*(Washington: Brookings, 1996). 러시아 국내인권단체에 관한 정보는 M. Holt Ruffin et al., *The Post-Soviet Handbook: A Guide to Grassroots Organizations and Internet Sources* (Seattle: University of Wahington, 1999). 러시아 국내단체에 의한 체첸인권 고발: Voyna v Chechnye(Glasnost Foundation, 1996): *By All Available Means: The Russian Federal Ministry of Internal Affairs Operation in the Village of Samashki April 7-8, 1995* (Memorial Human Rights Center, 1996) 참고

[48] 관련 청문회의 예: *War Crimes in Chechnya and the Response of the West* (*Testimony before the Senate Committee on Foreign Relations, Peter Boukaret, Human Rights Watch Emergencies Researcher*) (Human Right Watch, 2000); *Crisis in Chechnya* (*Hearings before the Commission on Security and Cooperation in Europe, January 19 & 27 1995* (Washington DC: US Government Printing House, 1995) 참조.

넷째, '유럽인권협약'에 의거한 '유럽인권재판소' 설립 등 강성법 단계에 들어선 유럽평의회를 제외한다면, 제2차 세계대전 이후 성립된 인권과 인도주의법에 대한 국제적 규범이 대부분 협약 혹은 유엔결의문 등 '연성법' 수준에 머물러 있는 것이 사실이다. 이들 연성법이 법적 구속력의 부재에도 불구하고 21세기 각국의 정책결정과정에서 영향을 행사하고 있다. 러시아정부 역시 2000년도 '푸틴 대통령의 체첸인권특사'(이하 '체첸인권특사') 칼라마노프(Vladimir Kalamanov)의 임무 수행 관련 협조를 의뢰한다는 명목으로 국제단체로는 유일하게 유럽평의회의 전문가 3인의 체첸배치를 허용하였으며, 공평성 문제가 제기되고 있기는 하지만 '체첸인권 준수 및 위반에 대한 국가위원회'도 창립하였다. 2001년 들어 러시아정부는 마침내 OSCE 지원그룹 재배치 허용(6월), 대체첸평화협상 제안(9월) 등을 실시하였다. 6월에는 러시아 두마 청문회마저도 개최되었다. 동 청문회에서 '체첸인권특사'는 체첸 내 총 930건의 실종접수 중 공식적으로 확인된 546명을 추적하고 있다고 보고하였다. 이 자리에서 '체첸군사재판관'도 러시아군에 의한 인권침해 사례 138건을 접수하였으며, 이중 27건은 처형과 관련된 것이고 나머지는 약탈, 도둑 등에 속한다고 밝혔다.[49] 2002년 들어서도 유럽평의회와 OSCE 조사단들이 북코카서스 전역을 순방하며 인권 및 인도주의 현황을 조사하고 있다. 연방은 또한 '체첸의 체첸화'를 위해 새롭게 정부관리를 임명하는 등 질서회복 조처에 나서고 있다. 연방이 새로 임명한 체첸행정 수반인 카디로프(Akhamed Kadyrov)는 제1차전시 체첸측으로 전쟁에 참가한 자이다. 요컨대, 러시아는 주권과 영토통합성을 강조한 반박성명을 내면서도 국제적으로 설정된 인권기준을 전면 배격하지는 못하고 있는 것이다.

---

49) AFP, 2001.6.4.

2. 현실주의적 논거입증

첫째, 인권의 국제화 현상을 부인할 수는 없으나 유엔인권위원회의 결의문에 명기되어 있듯 여전히 '주권' 및 '국내문제 비개입' 전통이 존중되고 있다. 유럽지역기구, 그리고 대부분의 권위 있는 인권단체들도 기본적으로는 러시아의 주권 및 영토통합성을 인정하고 있다. 연방의 인권침해뿐 아니라 체첸반군에 의한 고문, 인질, 지뢰사용 등도 비난의 대상이 되고 있는 것이다. 더구나 2001년 미국의 9.11테러 사태 이후 체첸반군이 국제적 이슬람 극단 테러단체와 무관치 않음이 드러나면서[50] 미국 등 서방에게 있어 체첸에서의 인권옹호가 곧 코카서스 산악지대 신생 회교국 탄생에 대한 지지로까지 연결되기는 어렵게 되었다.[51]

둘째, 연방과 체첸측간 인적, 물적 소모전이 쉽게 종식될 것 같지 않다. 2000년 1년간 체첸전쟁 비용이 3,300억 루블(약 9억 4,000만 달러)이었다고 한다. 체첸군사작전은 이로 인해 인기가 고조되었던 푸틴 대통령에게 점점 정치적, 경제적, 그리고 외교적 부담이 될 수 있다. 전통적으로 이슬람교도인 이들 체첸인들은 1830년대부터 오늘에 이르기까지 러시아로부터의 독립을 추구하여 왔다. 크림전쟁, 구소련 붕괴 등 어려움에 처해 중앙의 통제가 약해지면 독립운동이 가열되었고 이를 계기로 중앙은 고삐를 더욱 세게 쥐어 왔다. 예컨대, 크림전쟁 직후 러시아 제국의 체첸 독립운동 소탕작전, 제2차 대전 중 체

---

[50] 체첸반군과 이슬람 국제테러단체와의 연계성에 관한 심층적 연구로는 Yossef Bodansky, *Chechnya: The Mujahedin Factor* (www.org/m_online/bodansky/chechnya.htm 검색일: 2001.11.16) 참조.

[51] '9/11 사태 이후 체첸문제를 새롭게 볼 필요가 있다'고 피력한 슈뢰더 독일 총리의 말이 널리 인용되고 있다. "Open Letter to the President of EU", *World Report* 2001 (Human Rights Watch, 2001): 블레어 영국총리는 1999년 모스크바 폭탄테러와 2001년 9월 미국 무역센터 테러를 동일시하였다. *Telegraph*, 2001.12.23.

첸의 독일협력설에 따른 공화국 해체 및 중앙아시아 유배 정책, 그리고 구소련 붕괴후 혼란기 다시 발흥하는 체체반군의 테러에 대한 푸틴 정부의 군사작전 등을 통해 그러한 패턴을 볼 수 있다. 2000년 8월 체첸 내 연방두마 의원 선거, 2001년 2월 친러 체첸정부 수립이 있었지만 반군 측에 의해 정당성을 인정받지 못하고 있다. 반군 측은 '유혈충돌 금지, 무기반납, 평화적 통합'을 기조로 한 푸틴 대통령의 평화제안이 진정한 평화의도가 아니라 일종의 최후통첩이라며 순수하게 받아들이지 않고 있다. 따라서 2001년 11월, 1999년 제2차 체첸 작전 착수 이후 처음으로 연방측(푸틴 대통령의 체첸인권특사)과 분리주의측(체첸 대통령 마스하도프의 특사)간 회담이 개최되었으나 결렬되었다.[52] 연방 측이 질서 회복을 위해 2001년 가을 새로 임명한 '체첸치안국장' 페쉬코프(Saig Peshkov)가 제1차전시 연방측으로 참가한 경력을 가진 반면[53] '북코카서스 군단장'에 따르면 2001년 말 현재 하탑, 바사예프, 마스하도프 등 반군대장 휘하에 죽음을 불사한 체첸 무장 반군 700~1,000명가량이 잔존하고 있다고 한다.[54] 일찍이 19세기 중반 러시아의 대문호 톨스토이는 체첸과 러시아간 테렉(Terek) 강변에서 벌어지는 지속적 갈등을 배경으로 소설 '코삭'(The Cossacs)을 집필한 바 있는데, 체첸이 완전한 독립을 원하는 한 체첸반군의 잔혹한 도전과 러시아의 철저한 응징이 주기적으로 반복될 가능성이 높다.[55]

셋째, 주요 국가들이 '인권'이나 '정의'보다는 국가적 이익을 우선시하고 있음을 간과할 수 없다. 주요 국가들의 정치적 지지 부족으로

52) *AFP*, 2001.11.20.

53) *Kommersant*, 2001.11.13.

54) *Itar-Tass*, 2001.11.12.

55) 체첸문제가 러시아나 서방에게 공히 딜레마임을 부각시킨 글로는 Pavel Felgenhauer, *The Moscow Times*, 2001.1.10; Stephen Blank, "Russia's Ulster: The Chechen War and Its Consequences", *Demokraizatsiya* (2001). pp.5~25; Rajan Menon & Grahan E. Fuller, "Russia's Ruinous Chechen War", *Foreign Affairs* (March/April 2000), pp.32~44.

인해 대러 경제제재 등 의미 있는 방안이 강구되지 못하였다.56) 유엔 인권위원회에서 체첸인권문제 결의안을 주도했던 EU의 정상들조차 러시아의 새 대통령 푸틴에게 호의를 보이면서 결의안의 이행에 큰 관심을 보이지 않았던 것이다. 더욱이 9.11사태 이후 독일총리, 영국 총리 등이 체첸문제를 거론하면서 러시아의 입장을 이해하는 발언을 한 것은 주목할 일이다. 미국의 경우 옐친 정부의 안정을 우선시 해 온 클린턴 민주당 행정부는 체첸전에 대해 간헐적으로 우려를 표명 하면서도, 이를 경제지원의 지렛대로 활용하라는 공화당 주도 의회의 건의를 받아들이지 않았었다. 2001년 공화당 정부가 집권하였으나 9.11테러사태로 인해 적어도 단기적으로 러시아 푸틴 행정부의 테러 근절 정책에 공감하는 추세가 될 것이다. 이슬람권 중에는 지리적으 로 체첸과 인접해 있는 터키와 이란이 체첸반군을 지지할 것으로 기 대했지만 심정적 혹은 묵시적 차원이라면 몰라도 별다른 공식적 반 응을 보이지 않아 왔다. 터키의 경우 쿠르드족 분리주의 문제를 안고 있기 때문이며 이란은 냉전종식이후 적대적 국제환경 속에서 코카서 스와 중앙아시아에서 미국 견제, 러시아제 무기 구매 및 원자력 협정 등 러시아와 주요 전략적 이해를 같이 하고 있기 때문이다. 구소련의 영향력 하에 있었던 독립국가연합(CIS) 및 중동부 유럽 국가들이 러 시아의 군사작전을 팽창주의적 야심으로 평가하면서 크게 우려, 비난 하고 있지만 이들의 국제적 영향력은 그리 크다고 볼 수 없다.

넷째, 러시아가 유엔인권위원회와 유럽기구들의 공조 속에 어느 정 도 부응한 것은 사실이다. 러시아정부가 자처하듯 자체 조사위원회의 구성 및 유럽평의회 전문가 및 제1차 체첸전 중재효과를 크게 인정받 았던 OSCE 지원그룹 배치 허용 등이 그것들이다. 그러나 대다수 인 권단체들은 러시아정부의 조사위원회가 체첸 테러리스트의 인권침해

---

56) Svante E. Cornell, "International Reactions in massive human rights violations: The case of Chechnya," *Europe-Asia Studies*, Vol.1, No.1 (Jan. 1999), pp.8~100.

에는 철저한 반면 연방 측의 침해행위 조사에 대해서는 소극적이라
는 점,[57] 그리고 신변안전을 이유로 국제인권단체의 활동을 크게 제
한, 제약하고 있다고 비난한다.[58] 요컨대, 누구나 합의할 수 있는 공
평하고 철저한 인권의 국제화는 불가능해 보인다.

다섯째, 흔히 논의되는 'CNN 효과', 즉 언론의 폭로효과는 체첸의
경우, 적어도 현재까지 러시아정부의 직간접 통제 및 주요 러시아 언
론의 친정부 편향성으로 인해 그리 높지 않은 것으로 평가된다. 많은
이들이 이는 인권의 국제화는 물론 러시아에서의 민주주의 발전에
부정적인 영향을 미칠 것으로 보고 있다.[59]

VI. 결론

1945년 유엔헌장 및 1948년 '세계인권선언' 채택 이후 인정하든 인
정치 않든 지구상 거의 모든 국가가 국제인권 레짐에 참여하고 있다
고 해도 과언이 아니다. 21세기 들어서 극단적인 경우 특정국가의 국
내 인권침해가 유엔안전보장이사회에 의해 국제평화에 대한 위협으
로 인정되어 경제, 군사적 제재, 나아가 전(前) 유고연방 대통령 밀로
셰비치가 처한 것처럼 강제적 협력을 수반한 국제재판으로 발전할지
도 모른다.

이처럼 21세기 인권의 국제화 조짐을 목도하면서도 여전히 국제정

---

57) 2001년 들어 구소련 붕괴 이후 체첸반군에 의해 러시아 내 각지에서 행하여
　진 테러행위에 대한 일련의 공판이 진행되고 있지만 진압과정에서 벌어진
　연방 측의 인권침해 행위에 대한 조사 및 처벌에 관한 소식은 상대적으로
　빈약하다.

58) Prague Watchdog 등.

59) 민주주의와 관련 우려를 보이는 글. Michael McFaul, "Pull Russia West", *Hoover
　Digest*, No.4 (2001); William E. Odom, "Realism about Russia", *The National
　Interest*, No.65 (2001) 참조.

치에서 '인권'을 우선시하는 자유주의와 '주권'을 우선시하는 현실주의 간 논쟁은 지속되고 있다. 본고는 러시아의 제2차 체첸군사작전에서 비롯된 인권침해와 이에 대한 유엔인권위원회의 대응을 구체적 지표로 하여 이 논쟁에 참가하여 보았다. 결과적으로 자유주의 논거와 현실주의 논거를 공히 발견할 수 있었다.

　유엔의 제도적 위기설에도 불구하고 냉전종식이후 인권의 국제화 과정에서 유엔산하 인권기구의 활약상을 볼 수 있었다. 유엔에서 러시아가 차지하는 결코 낮지 않은 위상과 러시아 대표부 및 외무부 해명 및 반박 노력에도 불구하고 유엔인권위원회는 2000년과 2001년 연속적으로 결의문을 통해 러시아에 대해 인권침해에 대한 시정을 요구하였다. 이로써 러시아는 안보리 상임이사국 중 유일하게 유엔인권위원회의 제도를 받는 불명예를 안게 되었다. 이 과정에서 유엔인권위원회 안팎에서의 EU, Council of Europe, OSCE 등 유럽의 지역기구와 Amnesty International, Human Rights Watch 등 비정부 인권단체들의 활약도 드러났다. 특히 상당 기간 대륙 내 경제통합 및 안보협력, 보편 인권 기준 설정 등을 모색해 온 유럽의 특수한 경험이 21세기 범세계적으로 유엔이 주도하는 인권의 국제화 측면에서 동아시아 등 여타 지역과 비교할 수 없을 정도로 괄목할 공헌을 하고 있음을 발견하였다. Council of Europe 및 OSCE 회원국인 러시아는 유엔인권위원회의 결의에 대해 논박을 하면서도 정작 조사위원회 구성, 국제단체의 현지 체재 허용, 평화안 제안 등 하나 둘 씩 동 결의를 수용해 가지 않을 수 없게 되었다. 러시아가 구소련 붕괴 이후 유럽과 문명을 같이하기 위한 진통을 겪고 있는 듯하였다.

　반면 이 모든 인권의 국제화 현상에도 불구하고 국제 사회에서 여전히 러시아의 주권이 중시되며 체첸반군의 소위 '테러행위'가 계속 문제로 지적되고 있다. 이러한 견해는 유엔인권위원회의 결의안에서도 예외는 아니었다. 또한 주요 국가들이 자국의 국익추구 차원에서 러시아를 소외시키지 않으려는 경향도 발견할 수 있었다. 이러한 경향은 2001년 9.11테러 이후 서방의 반테러 의지 속에서 더욱 선명히 드러나고 있다. 체첸, 탈레반, 알카에다간의 밀접한 관계가 연일 공개되고 있음에 비추어 미국 등 서방은 적어도 상당기간 체첸반군을 "자유를 위한 전사(freedom fighter)"로 받아들이기 어려울 것이다.[60] 나아가 인권증진을 위한 국제협약, 조약 등 연성법의 구속력에 대해서도 회의를 갖지 않을 수 없다. 기준의 철저한 이행 여부는 계속 논란이 될 수 있기 때문이다. 즉, 러시아가 이미 체첸인권 침해 규명조사위원회를 발동하였다고 하지만 유엔인권위원회는 이것이 "국제적 조건"에 부합되지 않는다고 본다. 마찬가지로 러시아는 OSCE 등 국제기구의 조사단 현지 활동을 허용하였다고 하지만 유엔인권위원회는 신변보호를 명분으로 자유로운 조사에 제약을 가하고 있다고 본다.

결과적으로 본 연구를 통해 21세기 인권의 국제화는 부인할 수 없는 현실인 동시에 아직도 철저성, 공정성 등에는 미진한 부분이 없지 않음을 알게 되었다. 유엔인권위원회 결의의 구속력과 함께 그 한계를 인정치 않을 수 없었다.

2001년 제57차 유엔인권위원회의 결의에 대한 러시아의 이행 정도, 이를 근거로 한 2002년 제58차 유엔인권위원회의에서의 결과보고 및 판정을 예의주시하면서 다시 한 번 유엔인권위원회 결의의 구속력과 한계점을 짚어 볼 일이다. 더불어 이를 통해 자유주의의 '인권'과 현실주의의 '주권'간 갈등이 어떻게 발전되어 가는가 숙고해 볼 것이다. 인권이 훌륭한 가치이긴 하지만 이의 적용은 현실적 맥락에서 이루어지기 때문에 지난한 정책결정 과정을 거쳐야만 한다. 현재로서는 현실주의 세계에 몸담고 있으면서 인권의 미래에 대해 조심스럽게

---

60) 푸틴 대통령은 알카에다를 포함한 500명가량의 아랍 용병이 체첸에서 전사하였으며 2001년 말 현재 500~700명이 체첸에 남아 있다고 추정한다. *RIA Novosti*, 2001.11.20.

낙관하는 신자유주의 입장이 타당한 듯하다. 적어도 21세기는 1억 5천~7천만명이 자기 정부에 의한 정치적 살인, 혹은 집단 가혹행위에 시달렸던 20세기보다는 나을 것이며 이 과정에서 유엔이 적지 않은 공헌을 할 것이라 기대하여 본다.[61]

---

[61] R. J. Rummel, *Death by Government* (Somerset, NJ: Transaction Publication, 1996).

별 첨

〈별첨 1〉 유엔 인권 이정표[62]

　　1945. 6. 26 (샌프란시스코)

　　　　유엔헌장 및 국제사법재판소 요강 서명

　　1946. 6. 21 (경제사회이사회)

　　　　유엔인권위원회, 유엔여성지위위원회 창립

　　1948. 12. 9 (총회)

　　　　학살범죄 방지 및 처벌 협약 (1952년 발효)

　　1948. 12. 10 (총회)

　　　　세계인권선언

　　1949. 8. 12 (전쟁피해자 보호 국제협약 성립을 위한 외교대회)

　　　　제네바협약 (부상 전투병 및 포로 처우, 전시 민간인 보호) (1950년
　　　　발효)

　　1952. 12. 20 (총회)

　　　　여성 정치권 협약 (1954년 발효)

　　1956. 8. 1 (경제사회이사회)

　　　　매 3년 회원국의 인권보고 의무 결의

　　1959. 11. 20 (총회)

　　　　아동권리선언

　　1965. 12. 21 (총회)

　　　　국제인종차별 철폐 협약 (1969년 발효)

　　　　인종차별 철폐위원회 창립

　　1966. 12. 16 (총회)

　　　　경제, 사회, 문화 권리에 관한 국제협약 (1976년 발효)

　　　　시민, 정치권리에 관한 국제협약 (1976년 발효)

　　1967. 6. 6 (경제사회이사회)

　　　　결의문 1235: 유엔인권위원회에 인권 및 기본자유 심대한 침해에 대
　　　　한 정보조사권 부여.

---

[62] *UN Briefing Papers: Human Rights Today* (United Nations, 1998), p.56~58.

1967. 11. 7 (총회)

　여성차별 철폐 선언

1968. 5 13 (국제인권대회)

　테헤란 선언

1968. 11. 26 (총회)

　반인륜전쟁범죄에 대한 법적제한 비적용 협약 (1970년 발효)

1969. 12. 11 (총회)

　사회발전선언

1973. 11. 30 (총회)

　인종분리 범죄 처벌에 관한 국제협약

1975. 12. 9 (총회)

　고문, 기타 혹독, 잔인, 모독적 처벌로부터의 보호 선언

1976. 3. 23 (총회)

　국제권리장전 (1966 총회가 채택한 2종의 권리에 대한 국제협약) 발효

1979. 12. 18 (총회)

　각종 형태의 여성차별 철폐 협약 (1981년 실효)

　여성차별 철폐 위원회 창립

1981. 11. 25 (총회)

　종교, 신념에 의한 차별 철폐선언

1984. 12. 10 (총회)

　고문, 기타 혹독, 잔인, 모독적 처벌에 관한 협약 (1987년 발효)

1958. 5. 28 (경제사회이사회)

　경제, 사회, 문화권리 위원회 (관련 국제협약 감시) 창립

1986. 12. 4 (총회)

　발전권 선언

1989. 12. 9 (총회)

　감금, 투옥으로부터의 보호원칙 선언

1989. 5. 24 (경제사회이사회)

　아동권리협약 (1990년 발효)

　아동권리위원회 창립

1990. 12. 18 (총회)

유동노동자와 가족의 권리 보호를 위한 국제협약
1992. 12. 18 (총회)
민족, 인종, 종교 및 언어 소수자의 권리 선언
1993. 5. 25 (안전보장이사회)
결의문 827: 1991년 이후 구유고 영토에서 자행된 국제인도주의법에 대한 심대한 위반 책임자 처벌을 위한 국제형사재판소 창립 (네덜란드 헤이그)
1993. 6. 25 (세계인권대회)
비엔나 선언 및 행동강령
1993. 4. 5
Jose Ayala (에콰도르) 초대 유엔인권고등판무관 취임
1994. 11. 8 (안전보장이사회)
결의문 995: 1994년 르완다에서 자행된 국제인도주의법에 대한 심대한 위반 책임자 처벌을 위한 국제범죄재판소 창립 (탄자니아 아루샤)
1994. 12. 23 (총회)
유엔인권교육 10년 선포 (1995~2004)
1997. 9. 12
Mary Robinson (아일랜드) 제2대 유엔인권고등판무관 취임
1998. 7. 17 (외교대회)
국제형사재판소에 관한 로마강령
국제형사재판소 창립 (네덜란드 헤이그)
2001. 8. 31 (인종차별 철폐 대회)
더반 선언 및 행동강령

〈별첨 2〉 유엔인권위원회 회원국[63]

2001

이사국명	종료년도
1. Algeria	2003
2. Argentina	2002
3. Belgium	2003
4. Brazil	2002
5. Burundi	2002
6. Cameroon	2003
7. Canada	2003
8. China	2002
9. Colombia	2001
10. Costa Rica	2003
11. Cuba	2003
12. Czech Republic	2002
13. Democratic Republic of the Congo	2003
14. Ecuador	2002
15. France	2001
16. Germany	2002
17. Guatemala	2003
18. India	2003
19. Indonesia	2002
20. Italy	2002
21. Japan	2002
22. Kenya	2003
23. Latvia	2001
24. Liberia	2001
25. Libyan Arab Jamahiriya	2003
26. Madagascar	2001
27. Malaysia	2003
28. Mauritius	2001
29. Mexico	2001
30. Niger	2001
31. Nigeria	2002
32. Norway	2001

---

63) http://www.unhchr.ch/html/menu2/2/chrmem.ht (검색일: 2001.11.26).

33. Pakistan	2001
34. Peru	2003
35. Poland	2003
36. Portugal	2002
37. Qatar	2001
38. Republic of Korea	2001
39. Romania	2001
40. Russian Federation	2003
41. Saudi Arabia	2003
42. Senegal	2003
43. South Africa	2003
44. Spain	2002
45. Swaziland	2002
46. Syria	2003
47. Thailand	2003
48. United Kingdom	2003
49. Uruguay	2003
50. United States of America	2001
51. Venezuela	2003
52. Viet Nam	2003
53. Zambia	2002

〈별첨 3〉 유엔인권위원회 국가별 임무 및 주제별 임무 현황[64]

(a) 국가별 임무

Country mandates						
Title/ Mandate	Mandate established		Mandate extended or renewed		Name.and.countr y.of origin of the current Special Rapporteur/ Representative/ Independent Expert	On this post since
	in	by resolution	in	by resolution		
Special Rapporteu r of the Commissi on on Human Rights on the situation of human rights in Afghanista n	1984	ECOSOC 1984/37	2001	CHR 2001/13 (for 1 year)	Mr. Kamal Hossain (Bangladesh)	1998 Special Representativ e of the Commission on Human Rights on the situation of human rights in Bosnia and Herzegovina and the Federal Republic of Yugoslavia* * 1992-2001: Special Rapporteur
2001	CHR 2001/12 (for 1 year)	.	.	Mr. José Cutileiro (Portugal)	2001	Special Rapporteur of the Commission on Human Rights on the situation of human rights

---

64) http://www.unhchr.ch/html/menu2/7/a/cm.ht; http://www.unhchr.ch/html/menu2 /7/b/tm.htm (검색일: 2001.11.28).

						in Burundi
1995	CHR 1995/90 (for 1 year)	2001	CHR. 2001/21 (for 1 year)	Ms. Marie-Thérèse Aïssata Kéita-Bocoum (Côte d' Ivoire)	1999	Special Representative of the Secretary-General on the situation of human rights in Cambodia
1993	CHR 1993/6 (Duration of the mandate not specified)	1995	CHR 1995/55 (Duration of the mandate not specified)	Mr. Peter Leuprecht (Austria)	2000	Special Rapporteur of the Commission on Human Rights on the situation of human rights in the Democratic Republic of the Congo (ex-Zaire)
1994	CHR 1994/87 (for 1 year)	2001	CHR 2001/19 (for 1 year)	To be designated. [Mr. Roberto Garretón (Chile), who was on this post since 1994, resigned on 17 October 2001]	Special Representative of the Commission on Human Rights on the situation of human rights in Equatorial Guinea* ___ * 1993-1999: Special Rapporteur	1999
CHR 1999/19 (for 1 year)	2001	CHR 2001/22 (for 1 year)	Mr. Gustavo Gallón(Colombia)	1999	Independent Expert appointed by the Secretary-General on the situation of human rights in Haiti	1995
CHR 1995/70	.	Continuing mandate	To be designated.	.	Special Representative of	1984

(Duration of the mandate not specified)			[Mr. Adama Dieng (Senegal), who was on this post since 1995, resigned on 15 March 2001]		the Commission on Human Rights on the situation of human rights in the Islamic Republic of Iran	
CHR 1984/54	2001	CHR 2001/17 (for 1 year)	Mr. Maurice Copithorne (Canada)	1995	Special Rapporteur of the Commission on Human Rights on the situation of human rights in Iraq	1991
CHR 1991/74	2001	CHR 2001/14 (for 1 year)	Mr. Andreas Mavrommatis (Cyprus)	1999	Special Rapporteur of the Commission on Human Rights on the situation of human rights in Myanmar	1992
CHR 1992/58	2001	CHR 2001/15 (for 1 year)	Mr. Paulo Sergio Pinheiro (Brazil)	2000	Special Rapporteur of the Commission on Human Rights on the situation of human rights in the Palestinian territories occupied since 1967	1993
CHR 1993/2 A	.	Mandate runs until the end of the Israeli occupation of the Palestinian territories occupied since 1967	Mr. John Dugard (South Africa)	2001	Independent Expert appointed by the Secretary-General on the situation of human rights in Somalia	1993
CHR 1993/86	2001	CHR 2001/81 (for 1 year)	Mr. Ghanim Alnajjar (Kuwait)	2001	Special Rapporteur of the Commission on Human Rights on the situation of human rights in the Sudan	1993
CHR 1993/60	2001	CHR 2001/18 (for 1 year)	Mr. Gerhard Baum (Germany)	2000		

(b) 주제별 임무

Thematic mandates					
Title/Mandate	Mandate established		Mandate extended or renewed		Name.and.country.of origin of the current Special Rapporteur/ Representative/ Independent Expert	On this post since
	in	by resolution	in	by resolution		
Working Group on Arbitrary Detention	1991	1991/42 (for 3 years)	2000	2000/36 (for 3 years)	- Mr. Kapil Sibal (India), Chairperson- - Mr. Louis Joinet (France), Vice-Chairperson - Mr. Tamás Ban (Hungary) - Ms. Soledad Villagra de Biedermann (Paraguay) - Ms. Leïla Zerrougui (Algeria)	1991 1991200 12000 2001
Special Rapporteur of the Commission on Human Rights on the sale of children, child prostitution and child pornography	1990	1990/68 (for 1 year)	1990	2001/75 (for 3 years)	Mr. Juan Miguel Petit (Uruguay)	2001
Independent expert of the Commission on Human Rights on the right to development	1998	CHR1998/72 (for 3 years)	2001	CHR 2001/9 (for 3 years)	Mr. Arjun Sengupta (India)	1998
Working Group on Enforced or Involuntary Disappearances	1980	CHR 20 (XXXVI) (for 1 year)	2001	CHR 2001/46 (for 3 years)	- Mr. Ivan Tosevski (The former Yugoslav Republic of Macedonia), Chairperson-Rapporteur - Mr. Diego Garcia-Sayan (Peru) - Mr. Manfred Nowak (Austria) - Mr. Joel Adebayo Adekanye (Nigeria) - Mr. Tan Sri Dato Anwar Zainal Abidin (Malaysia)	1980 1988 1993 20002001
Independent expert of the Commission on Human Rights to examine the existing	2001	CHR2001/46 (duration not specified)			Mr. Manfred Nowak (Austria)	2001

international criminal and human rights framework for the protection of persons from enforced or involuntary disappearance						
Special Rapporteur of the Commission on Human Rights on the right to education	1998	1998/33 (for 3 years)	2001	CHR 2001/29 (for 3 years)	Ms. Katarina Tomasevski (Croatia)	1998
Special Rapporteur of the Commission on Human Rights on extrajudicial, summary or arbitrary executions	1982	ECOSOC 1982/35	2001	CHR 2001/45 (for 3 years)	Ms. Asma Jahangir (Pakistan)	1998
Special Rapporteur of the Commission on Human Rights on the right to food	2000	2000/10 (for 3 years)	.	.	Mr. Jean Ziegler (Switzerland)	2000
Special Representative of the Secretary-General on the situation of human rights defenders	2000	2000/61(for 3 years)	.	.	Ms. Hina Jilani (Pakistan)	2000
Special Rapporteur of the Commission on Human Rights on adequate housing as a component of the right to an adequate standard of living	2000	2000/9 (for 3 years)	.	.	Mr. Miloon Kothari (India)	2000
Special Rapporteur of the Commission on Human Rights on the situation of human rights and fundamental freedoms of indigenous people	2001	CHR 2001/57 (for 3 years)	.	.	Mr. Rodolfo Stavenhagen (Mexico)	2001
Special Rapporteur of the Commission on Human Rights on the independence of judges and lawyers	1994	CHR 1994/41 (for 3 years)	2000	CHR 2000/42 (for 3 years)	Mr. Param Cumaraswamy (Malaysia)	1994

Special Rapporteur of the Commission on Human Rights on the promotion and protection of the right to freedom of opinion and expression	1993	CHR 1993/45 (for 3 years)	1999	CHR 1999/36 (for 3 years)	Mr. Abid Hussain (India)	1993
Special Rapporteur of the Commission on Human Rights on freedom of religion or belief	1986	1986/20	2001	2001/42 (for 3 years)	Mr. Abdelfattah Amor (Tunisia)	1993
Representative of the Secretary-General on internally displaced persons	1992	CHR 1992/73 (for 1 year)	2001	CHR 2001/54 (for 3 years)	Mr. Francis Deng (Sudan)	1992
Special Rapporteur of the Commission on Human Rights on use of mercenaries as a means of impeding the exercise of the right of peoples to self-determination	1987	CHR 1987/16	2001	CHR 2001/3 (for 3 years)	Mr. Enrique Bernales Ballesteros (Peru)	1987
Special Rapporteur of the Commission on Human Rights on the human rights of migrants	1999	1999/44 (for 3 years)	.	.	Ms. Gabriela Rodríguez Pizarro (Costa Rica)	1999
Independent expert of the Commission on Human Rights to examine the question of a draft optional protocol to the International Covenant on Economic, Social and Cultural Rights	2001	CHR 2001/30 (duration not specified)	.	.	Mr. Hatem Kotrane (Tunisia)	2001
Independent expert of the Commission on Human Rights on human rights and extreme poverty	1998	CHR 1998/25 (for 2 years)	2000	CHR 2000/12 (for 2 years)	Ms. Anne-Marie Lizin (Belgium)	1998
Special Rapporteur of the Commission on	1993	CHR 1993/20 (for 3 years)	1999	ECOSOC 1999/12	Mr. Maurice Glèglè-Ahanhanzo	1993

Human Rights on contemporary forms of racism, racial discrimination, xenophobia and related intolerance				(for 3 years)	(Benin)	
Independent expert of the Commission on Human Rights on structural adjustment policies and foreign debt* * 1998-2000: Independent Expert on structural adjustment policies	2000	2000/82 and decision 2000/109	.	.	To be designated. [Mr. Fantu Cheru (USA/Ethiopia), who was on this post since 2000, resigned on 23 September 2001]	.
Special Rapporteur of the Commission on Human Rights on the question of torture	1985	1985/33	2001	2001/62 (for 3 years)	To be designated. [Sir Nigel RODLEY (United Kingdom), who was on this post since 1993, resigned on 15 October 2001]	.
Special Rapporteur of the Commission on Human Rights on the adverse effects of the illicit movement and dumping of toxic and dangerous products and wastes on the enjoyment of human rights	1995	1995/81	2001	2001/35 (for 3 years)	Ms. Fatma Zohra Ouhachi-Vesely (Algeria)	1995
Special Rapporteur of the Commission on Human Rights on violence against women, its causes and consequences	1994	1994/45	2000	2000/45 (for 3 years)	Ms. Radhika Coomaraswamy (Sri Lanka)	1994

〈별첨 4〉 유엔인권위원회 결의문
「러시아연방 체첸공화국 상황」(2001년 제24호. 2001.4.20)

Commission on Human Rights resolution 2001/24
Situation in the Republic of Chechnya of the Russian Federation
20 April 2001

The Commission on Human Rights,

Guided by the purposes and principles of the Charter of the United Nations, in particular its articles 55 and 56, and the provisions of the Universal Declaration of Human Rights,

Guided also by the provisions of the International Covenant on Civil and Political Rights, the International Covenant on Economic, Social and Cultural Rights and the Convention against Torture and Other Cruel, Inhuman or Degrading Treatment or Punishment, the Geneva Conventions, of 12 August 1949, in particular common article 3 thereof, and Additional Protocol II thereto, of 8 June 1977, as well as other instruments of international humanitarian law,

Recalling the provisions of the Vienna Declaration and Programme of Action, adopted in June 1993 by the World Conference on Human Rights, in particular part I, paragraph 4, thereof,

Recalling also that the Russian Federation is a party to the International Covenant on Civil and Political Rights, the International Covenant on Economic, Social and Cultural Rights, the Convention against Torture and Other Cruel, Inhuman or Degrading Treatment or Punishment and other regional human rights instruments, such as the European Convention on Human Rights,

Recalling further that the Russian Federation is a party to the Geneva Conventions, of 12 August 1949, and Additional Protocol II thereto,

Reaffirming its resolution 2000/58 of 25 April 2000, as well as earlier statements on the subject by the Chairperson of the Commission, of 27

February 1995 and 24 April 1996,

Deeply concerned at continued reports of widespread violence against civilians and on alleged violations of human rights and humanitarian law, in particular forced disappearances, extrajudicial, summary or arbitrary executions, torture, arbitrary detentions, ad hoc detention locations and continued abuses and harassment at checkpoints by Russian State agents in the Republic of Chechnya of the Russian Federation,

Gravely concerned at the continued violence in the Republic of Chechnya of the Russian Federation, and in particular at reports indicating disproportionate and indiscriminate use of Russian military force, which has led to a serious humanitarian situation,

Gravely concerned also at reports of attacks against civilians, terrorist acts and serious breaches of international humanitarian law, crimes and abuses committed by Chechen fighters,

Deploring the large number of victims and displaced persons and the suffering inflicted on the civilian population by all parties, including the serious and systematic destruction of installations and infrastructure, contrary to international humanitarian law, and expressing concern about the spillover effects of the conflict to other republics of the Russian Federation and neighbouring countries,

Concerned about the still unsatisfactory security situation in the Republic of Chechnya of the Russian Federation, which, inter alia, seriously hampers humanitarian relief efforts in the Republic and in the neighbouring republics of the Russian Federation by international, regional and national humanitarian organizations,

Welcoming the announced reduction of the United Army Group in the Republic of Chechnya of the Russian Federation and the number of checkpoints, and also welcoming the re-establishment of a judicial system with a supreme court, and regional and city courts in the Republic of Chechnya, the increased involvement of ethnic Chechens in the police forces as well as the mixed composition at checkpoints,

Welcoming also the cooperation and dialogue between the Russian Federation and the various bodies of the Council of Europe, including visits by the Council of Europe Commissioner for Human Rights and the Council of Europe Parliamentary Assembly Rapporteurs,

Noting the readiness expressed by the Organization of the Islamic Conference to pursue contacts with the Government of the Russian Federation with a view to facilitating a peaceful solution of the crisis in the Republic of Chechnya of the Russian Federation,

Noting also the activities of the State Duma of the Russian Federation Commission on the normalization of the social and economic situation and the protection of human rights in the Chechen Republic,

Noting further the establishment of the National Public Commission on Investigation of Violations and Respect for Human Rights in the Northern Caucasus (the Krasheninnikov Commission),

Welcoming the extension of the memorandum of understanding between the Russian authorities and the Council of Europe on the provision of consultative experts to the Office of the Special Representative of the Russian Federation for Human and Civil Rights and Freedoms in the Chechen Republic, Mr. Vladimir Kalamanov, and the fact that they can and are required to cooperate towards the implementation of all the tasks of the Office, including monitoring of inquiries by competent Russian authorities on human rights violations, as well as supporting the restoration of the rule of law in the Republic of Chechnya of the Russian Federation,

Welcoming also the cooperation between the Russian authorities and international and regional humanitarian organizations on access to detention centres in the Republic of Chechnya of the Russian Federation,

Having considered the reports of the Special Representative of the Russian Federation for Human and Civil Rights and Freedoms in the Chechen Republic, Mr. Vladimir Kalamanov, the report of the National Public Commission on Investigation of Violations and Respect for Human Rights in the Northern Caucasus (the Krasheninnikov Commission) and the report of the

Commissioner for Human Rights of the Council of Europe on his visit to the Russian Federation and the Republic of Chechnya from 25 February to 4 March 2001,

1. Welcomes the report of the High Commissioner for Human Rights on the situation in the Republic of Chechnya of the Russian Federation (E/CN.4/2001/36);

2. Calls upon all parties to the conflict to take immediate steps to halt the ongoing fighting and the indiscriminate use of force and to seek as a matter of urgency a political solution with the aim of achieving a peaceful outcome to the crisis which fully respects the sovereignty and territorial integrity of the Russian Federation;

3. Strongly condemns the continued use of disproportionate and indiscriminate force by Russian military forces, federal servicemen and State agents, including attacks against civilians and other breaches of international law as well as serious violations of human rights, such as forced disappearances, extrajudicial, summary and arbitrary executions, torture and other inhuman and degrading treatment, and calls upon the Government of the Russian Federation to comply with its international human rights and humanitarian law obligations in its operations against Chechen fighters and to take all measures to protect the civilian population;

4. Also strongly condemns all terrorist activities and attacks as well as breaches of international humanitarian law perpetrated by Chechen fighters such as hostage-taking, torture and the indiscriminate use of landmines, booby-traps and other explosive devices aimed at causing widespread civilian casualties, and calls for the immediate release of all hostages;

5. Welcomes the adoption of a comprehensive programme for the economic and social reconstruction of the Republic of Chechnya of the Russian Federation and urges the Government of the Russian Federation to implement it without delay and to compensate affected persons for the

destruction and loss of property;

6. Notes the actions carried out by the Office of Mr. Kalamanov, in collaboration with experts from the Council of Europe, to promote human rights in the Republic of Chechnya of the Russian Federation through its processing of received complaints, which has resulted, inter alia, in the tracing of some missing persons, the release of some detained persons and an accelerated issuance of identity documents to internally displaced persons;

7. Reiterates its call upon the Russian Federation to establish, according to recognized international standards, a national broad-based and independent commission of inquiry to investigate promptly alleged violations of human rights and breaches of international humanitarian law committed in the Republic of Chechnya of the Russian Federation in order to establish the truth and identify those responsible, with a view to bringing them to justice and preventing impunity;

8. Expresses serious concern over the slow pace of investigating alleged serious violations of human rights and international humanitarian law committed by federal forces, federal servicemen and the personnel of law enforcement agencies against civilians and notes with concern that very few such cases have reached the judicial system;

9. Calls upon the Russian Federation to ensure that both civilian and military prosecutor's offices undertake systematic, credible and exhaustive criminal investigations and prosecutions of all violations of international humanitarian law and human rights, in particular of those members of federal forces, federal servicemen and the personnel of law enforcement agencies against civilians allegedly implicated in war crimes and human rights violations and to pursue with rigour the cases which have been referred to them;

10. Also calls upon the Russian Federation to ensure that all necessary measures are taken to investigate and solve all cases of forced disappearance as recorded and reported, inter alia, by the Office of Mr. Kalamanov, and

to ensure where necessary that criminal prosecutions are undertaken;

11. Welcomes the commitment of the Government of the Russian Federation to cooperate with the special mechanisms of the Commission, and the invitations extended to the Special Rapporteur on violence against women and the Special Representative of the Secretary-General on Children and Armed Conflict and requests them to carry out their missions promptly;

12. Reiterates its requests that the relevant special rapporteurs and the special mechanisms of the Commission undertake missions to the Republic of Chechnya of the Russian Federation without delay and expresses serious concern that the thematic special rapporteurs or representatives on the question of torture, on extrajudicial, summary or arbitrary executions and on internally displaced persons, who have requested to undertake visits have not yet received an answer and urges the Government of the Russian Federation to give favourable consideration to their requests as a matter of priority;

13. Calls upon the Government of the Russian Federation to ensure an immediate return of the Organization for Security and Co-operation in Europe Assistance Group to the Republic of Chechnya and to create the necessary conditions for the fulfilment of its mandate, and underlines that a political solution is essential and that the assistance of the Organization for Security and Co-operation in Europe would contribute to achieving that goal;

14. Urges the Russian Federation to take all necessary measures to ensure the protection of the internally displaced persons and to provide them with the basic necessities for daily subsistence, as well as to provide housing and restore public services as a matter of urgency;

15. Urges also the Government of the Russian Federation to ensure international, regional and national humanitarian organizations, notably those of the United Nations and their implementing partners as well as the International Committee of the Red Cross, free, unimpeded and secure

access to the Republic of Chechnya and neighbouring republics of the Russian Federation, in accordance with international humanitarian law, and to facilitate their activities, including the delivery of humanitarian aid, inter alia by simplifying regulations, and their access to a radio communication network for the United Nations;

16. Urges further the Government of the Russian Federation to ensure international and national human rights organizations free, unimpeded and secure access to the Republic of Chechnya of the Russian Federation;

17. Expresses its concern over the situation in detention centres and continued reports on ad hoc detention locations, "filtration camps", as well as the treatment of non-registered detainees and acts of torture and other cruel, inhuman or degrading treatment of these detainees;

18. Welcomes the cooperation by the Government of the Russian Federation, giving free and effective access in the Republic of Chechnya to international and regional organizations, in particular the International Committee of the Red Cross, to places of detention, and urges the Government to extend such access to all places of detention in order to ensure that all detainees are treated in conformity with international humanitarian law;

19. Calls upon the Government of the Russian Federation to disseminate and ensure that all organs of the State, including the military, at all levels, have knowledge of the basic principles of human rights and international humanitarian law, and to conduct a policy in accordance with international humanitarian law and human rights;

20. Requests the High Commissioner for Human Rights to report on the implementation of the present resolution at its fifty-eighth session and to keep the General Assembly informed of further developments as appropriate.

70th meeting, 20 April 2001
[Adopted by a roll-call vote of 22 votes to 12, with 19 abstentions.]

제2장
밀로셰비치, 유엔특별형사재판소
피고가 되기까지[65]

　밀로셰비치(Slobodan Milosevic)는 1990년대 세르비아 민족주의를 기치로 발칸 반도의 전운(戰雲) 속에서 세르비아 및 유고연방공화국(이하 유고연방)의 대통령을 역임했다. 2000년 가을 유고연방 대선에서 야당 후보인 코스투니차 후보에게 근소하게 패배하면서 권좌에서 물러났다. 2001년 4월 세르비아 경찰과 사설 경호원간 총격전까지 동원된 가운데 자택에서 체포되었으며, 같은 해 6월 네덜란드 헤이그 소재 유엔의 '구유고슬라비아국제형사재판소'(ICTY, International Criminal Tribunal for the Former Yugoslavia)로 강제인도되어 감금생활에 들어갔다.

　ICTY는 유엔이 크로아티아와 보스니아-헤르제고비나 등 구유고에서 발생한 대량학살에 대응키 위해 1993년 5월 창립한 특별재판소다. 뉘른베르크와 동경재판 이후 첫 국제전범재판소다. 유엔안전보장이사회가 국제여론에 부응하여 유엔헌장 제7장에 의거, 구유고내 수천명의 희생에 책임있는 인물들을 기소하고 재판하기 위함이다. 1991-2001년간 구유고 전역에서 자행된 범죄행위에 대해 주권국가 최고위급 인사들을 포함 160여명이 기소됐다.

　밀로셰비치에 대한 본 특별재판소의 첫 공판이 2002년 2월 열리게

---

[65] 저자의 기고문 "유엔국제범죄재판소 피고가 된 밀로셰비치"를 보완 · 정리한 글임. 송기도 외, 『미국밖에서 새로운 질서를 찾는 지도자들』(인물과 사상사, 2002), pp.275~303.

된다. 당초 국제범죄재판소의 기소 사유는 1998-1999년 코소보알바니아인들에 대한 반인륜적 진압이다. 이는 코소보알바니아인 900명 희생, 80만명 축출, 그리고 유고군이 범한 강간 등을 말한다. 헤이그로 이송된 이후 추가로 1992-1995년의 보스니아와 크로아티아에서 범한 범죄들이 기소사유에 포함되었다. 헤이그에서 감금 상태에 있는 밀로셰비치는 유엔 '구유고슬라비아국제형사재판소'의 권위를 인정하지 않은 채 오히려 나토(NATO) 공습이 초래한 소위 전쟁범죄를 주장하고 있다. 어떻게 결론이 내려지든 밀로셰비치에 대한 유엔재판소의 판결은 반인륜적 범죄 지휘자 개인에 대한 국제적 응징이라는 점에서 21세기 국제 질서에 시사하는 바가 크다.

밀로셰비치는 1941년 8월 29일 세르비아공화국 내 인구 약 2만명의 산업도시, 포자레바치(Pozarevac)에서 태어났다. 1964년 베오그라드 대학교 법학부를 졸업하였으며 부인 마르코비치(Mirjana Markovic) 사이에 남매를 두고 있다. 정치에 입문하기 전 밀로셰비치는 '유고사회주의연방공화국(냉전기 공산유고슬라비아)' 국영 기업 및 금융업체의 주요 요직을 거쳤다. 예컨대, 세르비아 내 거대 기업 중 하나인 베오그라드 소재 국영가스회사(Technogas)의 회장, 그리고 유고 내 최대 은행인 베오방카(Beobanka)의 은행장 등을 역임했다.

1984년 정치입문 후 밀로셰비치는 베오그라드시(市)와 세르비아공화국 내 주요 정치임명직 및 선출직을 차지하면서 승승장구한다. 1990년, 탈사회주의적 최초의 민주선거에서 세르비아 대통령으로 당선되었으며 1992년 재선되었다. 마침내 1997년 7월에는 유고연방 상·하원의 비밀투표에 의해 유고연방의 대통령으로 당선되었다. 2000년 가을, 그가 권좌에서 물러나기 직전까지만 해도 유고연방 정부홍보물은 밀로셰비치가 지난 수년 "유고슬라비아 국민의 가장 중요한 이익을 표출·수호하는 수단이 되어왔음"을 강조했다.[66]

---

66) www.gov.yu/institutions/president.html(2000.9.28)

세르비아와 몬테네그로

유고연방은 냉전시 '유고사회주의연방공화국'을 구성하던 6개 공화국 중 역사적으로나 인종적으로나 친밀도가 높은 '세르비아' 공화국과 '몬테네그로' 공화국이 1992년 4월 새롭게 연방을 구성, 국민의 의지와 헌법을 기초로 출범시킨 연방 국가이다. 유고연방은 유고사회주의연방공화국이 붕괴된 이후 변혁기에 탄생한 국가인 만큼 여러 측면에서 많은 이들에게 생소하다.

유고연방의 인구는 서울과 비슷한 천만명 정도이며 영토의 크기는 남한과 비슷하다.[67] 그중 세르비아가 연방의 중심이다. 우선 세르비아의 수도가 유고연방의 수도인 베오그라드이며 세르비아의 영토는 몬테네그로의 약 7배, 인구는 약 16배에 해당되기 때문이다. 반면 몬테네그로는 1998년 친서방 성향의 대통령을 선출한 이후 유고연방으로부터 이탈할 기미마저 보이고 있다.

유고연방은 '구(舊)유고사회주의연방공화국'의 법적 승계국임을 자부하면서 헌법에 법치주의, 자유시장 경제, 집회의 자유, 사회정의, 인권, 평등, 복지 등을 수호하는 의회 민주주의 국가임을 명시하고 있다.[68] 그러나 유감스럽게도 국가 출범 이후 유고연방은 밀로셰비치의 독재정치, 극단적 세르비아 민족주의, 코소보알바니아인 억압, 보스니아 내 인종청소 등 국제적으로 심대한 우려를 불러일으켜 왔다.

유고연방 헌법에 따르면 4년 단임인 연방대통령이 국가 원수이며, 상·하원 합동회의에서 선출된다. 그러나 밀로셰비치는 2000년 여름, 자신의 연임을 목적으로 중임제 및 직선제로 헌법을 개정하였다. 국민투표에서 과반수의 지지를 얻지 못할 경우, 최다 득표자간 결선투

---

[67] 유고연방에 대한 사실 차원의 자료는 Barry Turner(ed.), *The Statesman's Yearbook: The Politics, cultures and Economies of the Word* (New York: St. Martin's Press, 1999), pp.1949~1962를 참조할 것.

[68] http://www.gov.yu/

표를 치뤄야 한다. 연방의회는 양원제로써 하원은 모두 138명이며, 상원은 세르비아와 몬테네그로에서 각각 대표 20명씩, 40명으로 구성된다.

연방구성체인 세르비아와 몬테네그로의 정치개황은 다음과 같다:

(i) 세르비아는 영내에 알바니아인 다수가 거주하는 코소보와 헝가리아인 상당수가 거주하는 보보디나, 두 개의 소수민족 주를 두고 있다. 1990년 9월 세르비아 의회가 채택한 신헌법은 세르비아를 '사회주의' 공화국 대신 '민주주의' 공화국으로 개명하였으며 다당제 선거의 기초를 마련하였다. 반면 세르비아가 '영토 내 완전주권'을 소지하고 있다면서, 1974년에 '유고사회주의연방공화국' 헌법이 두 개의 소수민족 주에게 부여했던 자치권을 박탈했다. 의회는 250명으로 구성된 단원제이며, 대통령은 5년 중임제로 국민투표로 선출된다. 1992년 재선에 성공한 밀로셰비치가 1997년 유고연방 대통령직으로 자리를 옮기자 밀루티노비치(Milan Milutinovic)가 세르비아 대통령에 취임하였다.

〈표 1〉 세르비아 내 두 개 소수민족 주(州) 인구 분포(1991년 기준)

주 명(州 名)	총 거주민	세르비아인	알바니아인	헝가리인
코소보	200만	20만	160만	
보보디나	201만	110만		34만

출처: Barry Turner(ed.), *The Statesman's Yearbook 2000* (New York: St.Martin's Press, 1999).

(ii) 몬테네그로는 1992년 국민투표에 따라 세르비아와 함께 유고연방에 남아 있기로 결정하였으며, 유고연방정부로부터 상당한 자율권을 소지하고 있다. 의회는 85인으로 구성된 단원제이다. 1998년 총선에서 친서방 성향 듀카노비치(Djukanovic)의 '개선된 삶을 위한 연합'이 연방 대통령 밀로셰비치의 후원을 얻고 있던 연방 수상 불라토비치(Bulatovic)의 '사회주의인민당'을 제압하였다.

밀로셰비치의 가정과 교우관계[69]

사회적 격변과 부모의 자살, 그리고 학창 시절

밀로셰비치는 1941년생이다. 그의 조부는 몬테네그로 장교였으며, 부친은 몬테네그로 수도원 졸업 후, 세르비아의 베오그라드로 이주하여 '그리스정교 신학아카데미'에서 러시아어 교수로 재직하였다. 부친은 제2차 세계대전이 발발하자 가족을 포자레바치에 남겨 두고, 혼자 고향인 몬테네그로에서 교육에 종사하다가 1962년 권총자살하였다. 공산정권 수립후 신학도인 그로서는 체제적응이 쉽지 않았던 것으로 보인다. 부친의 자살시 21세였던 밀로셰비치는 러시아 수학여행 중이어서 장례식에 참석하지 못했다. 밀로셰비치의 모친은 남편과 달리 적극적인 공산당 활동가로서 남편이 떠난 포자레바치에서 혼자 두 아들을 키웠다. 그러나 그녀 역시 남편 자살 10년 후 자살한다. 결국 밀로셰비치는 제2차 세계대전 중 태어나 공산정권이 정착되는 사회변혁기에 신학도인 부친과 헤어져 모친 슬하에서 성장하였으며 끝내는 모친마저 자살하게 되는 불행을 겪게 된다.

포자레바치의 학창 시절, 밀로셰비치의 성적은 양호한 편이었다. 그는 단정한 흰 셔츠에 타이를 매고 늘 교실 첫줄에 앉았다고 한다. 교사들로부터는 호평을 얻었으나 친구들은 많지 않았다. 밀로셰비치는 베오그라드 대학교 법학부에 진학하여 1964년 비교적 우수한 성적으로 졸업하였다. 그의 대학 친구들은 그가 매우 진지하였으며 정치에 열정을 가지고 있었다고 기억한다.

부인, 마르코비치

밀로셰비치의 배후에는 그의 동료이자 후원자인 부인 마르코비치가 있다. 마르코비치는 박사학위 소지자로서 베오그라드 대학교 교수

---

[69] Louise Sell, "Slobodan Milosevic: A Political Biography," *Problems of Communism* (November · December 1999), pp.12~27을 참조할 것.

이며 러시아 사회과학아카데미 회원이다.[70] 법학도였던 밀로셰비치와 사회학 전공의 그녀는 베오그라드 대학교 동창생이며, 1964년 밀로셰비치가 대학을 졸업하던 해 결혼하였다. 학창 시절 만남 이후 현재까지 두 사람은 가정적으로나 정치적으로 결속력을 과시해왔다.

마르코비치는 1942년 전시 공산 게릴라 은신처에서 태어났다. 부친은 세르비아 공산당 총서기를 역임하고, 공산유고에서 국가적 영웅으로 인정받았다. 모친 역시 빨치산 운동을 조직하는 데에 일익을 담당하였으나 불행히도 독일 게슈타포에 체포되었을 때 동지들에게 불리한 진술을 했다는 이유로 유고 공산주의자들에 의해 처형되었다. 마르코비치가 두 살 되던 해였으므로 그녀는 어머니를 기억하지 못한다. 마르코비치가 성장 후 정통 마르크시스트 사상을 고집하여 온 데에는 모친의 비운이 큰 역할을 한 것으로 분석된다.

마르코비치는 공산당 상급관리 학교와 베오그라드 대학교에서 마르크시즘을 전수하였으며 공산정권이 붕괴된 세르비아에서 유고 공산당의 후신이라 할 두 개의 정당(사회당 · 유고좌파동맹)에 지대한 영향을 미친 것으로 알려져 있다. 1999년 봄, 나토의 코소보 공습 직전 베오그라드 대학교 연설에서 그녀는 미국을 히틀러의 제3제국과 동일시하면서 "그간 관용을 견지한 세르비아는 20세기 말 최대의 폭력국 미국에 대항할 준비를 해야 한다"고 역설하였다.[71] 서방 분석가들은 그녀가 남편 밀로셰비치와 달리 시종일관 공산주의 수사학을 버리지 않았음에도 불구하고, 경우에 따라서는 밀로셰비치보다 훨씬 더 현실적일 수 있는 인물로 평가하고 있다. 대부분 그녀가 남편의 정치생활에 끼친 영향을 매우 부정적으로 보고 있다.

교우, 스탐볼리치

베오그라드 대학교 재학 중 밀로셰비치는 가정적으로 공산주의 배

---

70) www.gov.yu/institutions/president.html
71) Louise Sell, 앞의 글, p.21.

경이 뛰어나고 후에 자신보다 먼저 세르비아 대통령이 될 스탐볼리치와 밀접한 교우관계를 쌓았다. 스탐볼리치는 밀로셰비치보다 다섯 살 연상으로 이미 상당한 능력을 인정받고 있는 청년이었다.

스탐볼리치는 일생 동안 밀로셰비치의 진로에 큰 도움을 주었다. 예컨대, 대학교 졸업 후 베오그라시 정보청장이던 밀로셰비치를 국영 가스회사 사장인 스탐볼리치가 부사장으로 추대하였으며, 1970년에는 사장 자리를 물려주었다. 다시 세르비아 상공회의소 소장이 된 스탐볼리치는 1983년 밀로셰비치가 세르비아 내 최대 금융업체인 '베오방카' 은행장이 될 수 있도록 배려하였다. 이때 밀로셰비치는 은행업무상 미국 뉴욕을 방문하게 된다.

이 두 사람의 경력은 이후 정치 부문으로 옮겨간다. 즉, 1984년 세르비아 공산당 총서기가 된 스탐볼리치는 밀로셰비치를 당내 주요 요직인 베오그라드시 총서기로 임명하였다. 이는 당시 베오그라드가 공산유고 내 반체제 민주인사의 아성(牙城)으로써 당이 이곳을 "반공·반동분자, 부르주아 자유주의자, 민족주의자, 기타의 적(敵)"들로 가득 찬 곳이라고 규정한 점으로 미루어 스탐볼리치가 밀로셰비치를 변함없이 신임하고 있었음을 말한다. 마침내 1986년 세르비아 대통령이 된 스탐볼리치는 자신의 후임 세르비아 총서기로 밀로셰비치를 후원, 인준하게 된다.

그러나 이듬해 1987년 밀로셰비치는 스탐볼리치를 궁지에 몰아 붙여 실각케 한 후, 자신을 티토 이후 공산유고에서 가장 강력하고 주목받는 인물로 부각시키는 데에 성공하였다.[72] 정당성 여부를 떠나 비극적 인간관계의 한 단면을 엿볼 수 있는데, 스탐볼리치 퇴임 5개월 후 그의 딸 장례식에서 스탐볼리치의 부인은 밀로셰비치와의 악수를 거절하였다고 한다.

---

[72] Laura Silber, "The Hero of Dayton: Slobodan Milosevic and the Politics of War and Peace", *World Policy Journal*, Vol.13 (Spring 1996), pp.65~66.

권력과 밀로셰비치

밀로셰비치가 본격적으로 유고 정치에 입문한 것은 경제계를 떠나 1984년 베오그라드시 총서기가 되면서부터 일 것이다. 밀로셰비치는 연이어 1986년 세르비아 총서기, 1989년 세르비아 대통령 취임, 1990년 세르비아 대통령 당선, 1992년 재선, 1997년 유고연방 대통령 당선이라는 절차를 거치면서 유고연방 체제 전환기 13-14년간 최고 권력자로 군림하였다. 그가 권력을 장악·유지하는 데에 활용한 기제를 다음 몇 가지 측면에서 살펴보자.

세르비아 민족주의 정서 자극

밀로셰비치는 공산주의자로서 이중적 평가를 받고 있다. 하나는 비타협적 공산주의자로 베오그라드시 총서기를 역임하면서 이념에 입각하여 반체제 인사와 민족주의자들을 공격한다. 또 다른 하나는 기회주의자이다. 그런데 현재 후자의 평가가 더 지배적이다. 즉, 권력의 장악 및 유지를 위해서라면 공산주의와 민족주의를 오가는데 하등의 어려움을 느끼지 않던 '이념적 절충주의자'라고 말한다.[73]

1980년 티토 사후, 공산유고는 개혁의 실패와 지도력 부재로 심각한 정치·경제적 위기에 당면하였다. 그러나 1986년 세르비아 총서기로 선임된 밀로셰비치는 공산당에 활기를 되찾는 방편으로 개혁에 관한 뚜렷한 비전을 내놓는 대신 "민족주의 카드"를 제시하였다. 밀로셰비치는 민족주의를 구가하면서 세르비아 내 지식인, 언론, 정교, 농민, 공산주의자, 반공주의자들로부터 폭넓은 지지를 얻었다. 대중에게는 자신을 유고사회주의연방공화국 내 "억압받는" 세르비아인들의 보

---

[73] 이러한 견해는 Obrad Kesic, "Serbia: The Politics of Despair," *Current History*, Vol.92, No.577 (November 1993), p.377. 유사한 견해는 Laura Silber, "The Hero of Dayton: Slobodan Milosevic and the Politics of War and Peace," *World Policy Journal*, Vol.13 (Spring 1996), pp.63~69.

호자로 비치게 하였다. 연방 정부가 세르비아에게 불이익을 주면서까지 다른 공화국이나 세르비아 내 자치주에게 유리한 정책을 펼친다는 세르비아 주민들의 불만을 정치적으로 잘 활용한 셈이다.

세르비아 민족주의와 인민주의 정서를 구가하는 과정에서 밀로셰비치의 마음속에는 늘 코소보가 있었다. 코소보는 세르비아 내 자치주로서 종족, 언어, 문명을 달리하는 소수 세르비아인과 다수 알바니아인이 적대적 관계 속에서 수세기 동안 공생해왔다. 〈표 1〉에서 보듯 코소보 인구 약 200만명 중 160만명이 알바니아인이며, 세르비아인은 약 20만명에 불과하다. 알바니아인이 다수이긴 하지만 세르비아인들에게 있어 코소보는 중세기 '세르비아 왕국'의 영화를 상징하는 지역이라는 점에서 시비가 그치지 않았다. 1389년 6월 코소보 전쟁에서 오스만 터키에 패한 세르비아는 1912년 제1차 발칸전쟁 이후 되찾을 때까지 코소보를 터키에 양도하였다. 제1차 세계대전 후 코소보는 새로 창건된 유고슬라비아의 일부가 되었으나, 제2차 세계대전중 이탈리아 무솔리니에 의해 점령되었다. 1945년 티토의 공산군이 승리하고 '유고사회주의연방공화국'이 건국된 후 코소보는 세르비아공화국 내 자치지역이 되었다.

코소보가 알바니아인 자치지역의 위치를 굳혀가는 과정에서 1960년대 후반부터 1980년대 중반까지 약 20-30만명의 코소보세르비아인들이 코소보를 떠나야 했다. 이중 다수는 알바니아 극단주의자들의 강제에 의한 것이다. 대부분의 세르비아인들은 공산당이 세르비아인의 비자발적 이주를 방치함은 물론, 1974년 유고 헌법이 세르비아 내 두 개 소수민족 주(코소보와 보보디나)에 대해 자치권을 내준 사실에 분개하고 있었다. 이들 두 개의 자치주는 연방차원의 국가 및 당 조직에 각각의 대표를 보낼 수 있게 되었으며 세르비아 헌법개정에 대한 거부권마저 소지하게 되었다. '유고사회주의연방공화국' 내 여타 5개 공화국(슬로바니아, 크로아티아, 보스니아, 몬테네그로, 마케도니아)이

그들 영토 내 완전주권을 가지고 있는 것과 대조적으로 세르비아만이 공산유고 헌법하에서 부당한 대접을 받는 유일한 공화국이라는 불만이 있었던 것이다.[74]

1974년 헌법이 부여한 자치권의 확장은 1980년 공산유고 건국자 티토 사후 코소보 거주 알바니아인들로 하여금 보다 큰 자치권을 주장하는 계기가 되었다. 1981년 코소보의 주도(州都)인 프리스티나에서 코소보알바니아 학생시위대는 코소보가 세르비아로부터 완전 독립할 것, 그리고 궁극적으로는 '유고사회주의연방공화국'을 이탈할 수도 있다는 전제하에 공화국 지위를 요구하였다. 코소보알바니아인들은 7세기 슬라브족이 발칸 반도에 도착하기 전에 이미 알바니아인들이 거주하고 있었음을 강조했다. 이들은 코소보에 정착한 역사로나 다수결의 원칙으로나 코소보알바니아인 독립은 문제될 것이 없다고 보았다.[75] 예컨대 1980년대 코소보, 세르비아, 유고슬라비아 공산당국은 코소보 내 인종관계가 위험한 상태임을 공식적으로 인정하지 않을 수 없었다. 그러나 이에 관한 자유로운 공개논쟁은 허용하지 않았다.

그러한 상황 속에서 1987년 4월, 세르비아 당 총서기 밀로셰비치는 코소보주를 방문하여 강력한 세르비아 민족주의 감정을 자극하였던 것이다. 밀로셰비치는 단도직입적으로 코소보 자치를 허용하지 않겠다는 약속을 했다. 그는 "코소보 없이 유고슬라비아는 존재치 않는다. 유고슬라비아와 세르비아는 코소보를 포기하지 않는다"고 장담하였다.[76] 전형적 공산당 관료인 밀로셰비치의 이 코소보 방문은 그 개인에게나 유고슬라비아 정치사에 두 가지 의미에서 커다란 이정표를

---

[74] Aleksa Djilas, "A Profile of Slovodan Milosevic," *Foreign Affairs*, Vol.72, No.3 (Summer 1993), p.82.

[75] Warren Zimmermann, "The Demons of Kosovo," *The National Interest* (Summer 1998), pp.3~11.

[76] Louis Sell, "Slobodan Milosevic: A Political Biography," *Problems of Communism* (November · December 1999), pp.12~13.

남겼다. 첫째, 민족보다는 이념을 강조하던 공산체제하 지도자가 거친 형태의 세르비아 민족주의 정서를 공공연히 표출한 것이다. 둘째, 공산당 지도자가 인민의 마음을 사기 위해 직접 공공연설에 임한 것이다. 공산주의자, 비공산주의자, 심지어 반공주의자들까지 상당수의 세르비아인들이 그의 주변에 모이기 시작했다. 단순히 코소보 내 소수 민족을 보호하는 것이 아니라 코소보알바니아인들을 억압하여 이등시민으로 만들 것이라는 분위기마저 일었다. 그리고 밀로셰비치가 곧 세르비아 민족의 지도자로 인정되었다. 어느 정도는 조작된 부분도 없지 않지만 대부분 자발적으로 그를 숭배하게 되었다. 사양하는 공산정권의 주구로 보였던 그가 이제 세르비아 민족주의의 대변자가 된 것이다. 이처럼 1980년대 말 당 관료인 밀로셰비치가 극단적인 민족·애국주의자로 변모될 수 있었던 데에는 대중매체, 특히 국영 텔레비전의 역할이 컸던 것으로 보인다.[77]

마침내 1989년 3월, 밀로셰비치는 세르비아 의회를 통해 코소보의 정치적 자치권을 폐지하였다. 코소보 내 알바니아 지도자를 축출하고 이 자리를 세르비아인 혹은 순응적 알바니아인들로 대치하는 한편 유럽 내 가장 훌륭한 알바니아어 선집을 보관하고 있던 프리스티나 대학 도서관도 폐쇄했다. 1989년 5월 세르비아 대통령이 된 밀로셰비치는 다음달 다시 코소보를 방문하여 6세기 전 오스만 제국 통치를 불러온 세르비아 패전 기념식장에서 세르비아인들이 유고슬라비아 회복을 위해 전투에 나섰다는 중대발언을 한다.[78] 밀로셰비치 정권의 주요한 목적 중 하나는 세르비아가 정치적으로 코소보를 확실하게 장악하는 일이었는데, 이는 1990년 가을, 코소보주 공산당 지도자 축출, 그리고 코소보주 권력 축소를 명기한 세르비아 신헌법 채택을 통해 사실상 달성되었다.

---

77) Laura Silber (1996), p.63.
78) 위의 글, p.66.

민주주의 제도 편법화

밀로셰비치는 공산정권 붕괴 이후 새로 채택된 의회 민주주의 제도를 폐기하지 않은 채 교묘히 자신의 권력연장으로 정당화했다. 세르비아 신헌법상 대통령 중임이 불가능하다는 것을 알고 있는 밀로셰비치는 1997년 임기 만료를 앞두고 유고연방의 대통령직으로 옮겨 앉았다. 연방헌법에 따라 연방 상·하원 비밀투표에 의해 선출된 그는 유고연방 대통령직에 무한한 권한마저 부여하였다.

여기에 그치지 않았다. 유고연방 대통령의 임기가 4년 단임이므로 밀로셰비치는 다시 자신의 연임을 위해 2000년 7월, 중임제로 유고연방 헌법을 개정하였다. 선출 방법도 종전의 의회 비밀투표 방식으로부터 국민투표 과반수 득표 방식으로 변경했다.[79] 물론 처음에 밝혔듯 2000년 9월 대선 및 그 이후의 사태 전개에서 보듯 전환기 유고연방에서 수월하기만 하였던 밀로셰비치의 민주주의 제도 편법화 관행은 한계에 부딪치고 만다. 즉, 변경된 헌법에 따라 실시한 유고연방 대통령 선거에서 반대후보 코스투니차가 득표율 1위(46.4%)를 확보하였던 것이다. 다만 과반수 득표 미달로 득표 순위 제2위(38.6%)인 밀로셰비치와 결선투표를 치러야 했다. 그러나 반대파와 서방은 밀로셰비치 정권의 투표결과 부정을 이유로 결선투표 제안을 수용하지 않았다.

정치적 반대파 제압

밀로셰비치가 정치적 반대파로부터 도전을 방지, 혹은 약화시키는 방법은 다양했다. 첫째는 잔인한 방법이다. 1991년 반대파 시위대 해산을 위해 유고군을 동원하여 초기에 잔인하게 진압했으며 비밀경찰의 활동도 심심치 않게 거론되고 있다.[80]

---

79) *The Korea Herald*, 2000.9.25.

80) Helena Smith, "Europe's last tyrant faces his end," *New Statesman* (24 January

둘째, 정치적 선전이다. 반인륜적 범죄라는 이유로 서방의 제재가 강화되자 밀로셰비치는 이를 정치적으로 활용, '세계가 세르비아를 포위하고 있고 세르비아는 이에 저항하여야 한다'는 메시지를 전파하면서 국영방송을 주요 수단으로 삼았다.

셋째, 정치적 공작이다. 서방언론들은 밀로셰비치가 토사구팽(兎死狗烹)식으로 교묘하게 반대파들을 조정하고 있음을 폭로하고 있다. 1991년 '대세르비아' 구상시 극단적 민족주의자인 세셸(Seselj)로 하여금 국영텔레비전에 출연하게 하여 '세르비아 급진당'을 구축하도록 부추겼다. 그러나 1993년 밀로셰비치가 보스니아 전쟁이 결코 자신에게 유리하지 않다고 판단한 후에는 그를 투옥하는 등 '급진당'을 버렸다는 것이다.[81] 더구나 '급진당' 당원의 상당수가 비밀경찰들로서 이후 대거 탈당하였다고 한다. 한편 국민적 지지도가 높은 강경 민족주의자 드라스코비치의 경우, 밀로셰비치는 평화협정 지지를 위해 그를 회유하여 데이튼 협상을 성사시킨 후, 역시 유기했다는 것이다. 서방 언론에 따르면 밀로셰비치가 드라스코비치의 세르비아재건운동(SPO) 당원들에게 자금을 대준 다음, 이를 폭로하였다고 한다.[82] 그러나 다시 1998-1999년 코소보 무력충돌이 격화되자, 드라스코비치를 부총리로 임명하여 밀로셰비치의 코소보정책을 강화, 옹호하는 데에 이바지하도록 하였다.[83]

넷째, 권력을 장악·유지하는 기술로써 밀로셰비치는 대리인을 통한 조작을 잘 구사하였다. 대표적인 예가 1987년 그의 친구 스탐볼리치를 세르비아 대통령직에서 제거할 때였다.[84] 직접적인 공격 없이

2000), pp.18~19.

[81] Laura Silber (1996), pp.67~68.

[82] 위의 글, p.68.

[83] Eric D. Gordy, "Why Milosevic Still?," *Current History*, Vol.99, No.635 (March 2000), p.101.

[84] Aleksa Djilas (1993), p.90.

그는 스탐볼리치의 부하들을 비밀리에 구슬려 자신의 가장 친한 정
치동조자이자 개인적으로는 친구였던 스탐볼리치에 대한 언론공격에
착수하였다. 즉, 그 해 9월, 세르비아 전 국민이 텔레비전 생중계 방
송으로 '세르비아 공산당 중앙위원회 제8차 대회'를 지켜보았다. 여러
주요 공산주의자들이 스탐볼리치의 측근인 베오그라드 총서기 파블
로비치를 비난하였다. 이를 통해 실은 스탐볼리치의 정책이 티토의
유산을 보호하기에 불충분하며 코소보 등에서 세르비아 민족이익을
보호하지 못한다고 공격한 셈이다. 20여시간의 토론 끝에 파블로비치
는 사임하였으며, 다수 세르비아 공산주의 지도자들의 반대에 직면한
스탐볼리치는 1987년 12월 자신의 퇴임투표를 종용하였고, 마침내
1989년 5월 세르비아 의회는 밀로셰비치를 대통령으로 선출하였다.
측근들은 이처럼 밀로셰비치가 직접적인 대결을 피하는 특성을 이후
그의 모든 정치 활동에서 흔히 볼 수 있었던 것으로 기억하고 있다.

전쟁과 밀로셰비치

1990-1991년 유고공산정권의 붕괴는 인종에 근간한 기존 공화국들
로 하여금 각각 독립을 선포하도록 하였다. 그러나 이 과정이 생각처
럼 간단한 것만은 아니었다. 여러 민족집단이 영토적으로 혼재되어
있고, 국경에 관한 전반적 합의가 없었기 때문에 평화적 해결 가능성
은 희박하였다.

밀로셰비치의 확대된 세르비아 민족주의는 자연 구유고지역 내 또
다른 민족주의의 저항에 부딪치지 않을 수 없었다. 투디만의 크로아
트 민족주의, 그리고 모슬렘 급진주의와 합류한 보스니아 대통령 이
제베고비치의 민족주의가 그렇다. 이 모두가 공산유고의 해체에 기여
했음은 물론, 이후 1990년대 이념이 종식된 유고지역 내 한때 동일
국민이던 여러 민족간 인종청소라는 오명을 남긴 전쟁을 야기하게
되었다.

〈표 2〉 유고사회주의연방공화국(1945-1991) 세르비아인 분포

공화국 명	총 인구	세르비아인
세르비아	980만	640만
크로아티아	480만	58만
보스니아*	440만	140만
슬로베니아	200만	극소
마케도니아**	200만	4만
몬테네그로***	62만	6만

  *: 3대 민족: 모슬렘(190만), 세르비아인(140만), 크로아트인(76만).
 **: 알바니아인(44만), 투르크인(8만).
***: 모슬렘(9만), 알바니아인(4만).
- 1991년 시점의 인구 조사를 근간으로 하였으나, 마케도니아와 슬로베니아의 경우
  각각 1994년과 1995년의 조사를 활용하였다.

〈출처〉 Barry Turner(ed.), *The Statesman's Yearbook 2000*(New York: St.Martin's Press,
  1999)에서 재구성.

  밀로셰비치는 구유고슬라비아 지역전쟁 속에서 세르비아 내 최고
권력자 자리를 유지·강화하기 위한 노력을 게을리 하지 않았다. 그
는 지속적으로 세르비아 민족주의 정서를 정치적으로 활용하였다. 보
스니아와 크로아티아 내 세르비아인의 고통, 국제 사회의 대(對)세르
비아 제재, 그리고 세르비아 내 코소보주에 거주하는 코소보알바니아
인들의 분리주의 운동 등을 부각시켰다. 밀로셰비치 정권은 직접 크
로아티아와 보스니아 내전에 참가하기 위해 자원동원을 할 필요가
있었고, 직접개입을 포기한 이후에는 이들 국가에 거주하는 세르비아
인들에게 군사적 지원을 한다는 이유로 국제적 제재를 받아야 했다.

크로아티아 · 보스니아 전쟁

  1991년 구공산유고 지역 내 최초로 크로아티아에서 그리고 1992년
보스니아에서 각각 내전이 발발하였다. 세르비아인이 비중 있는 소수
민족으로 남아 있는 이 두 공화국 내 민족분규에 임해 세르비아 민
족주의자들은 '대세르비아' 건설안을 내놓기 시작하였다.

전략적으로 보면 이는 크로아티아와 보스니아 내 세르비아인 거주 영토와 세르비아를 연계하는 방편이 될 수도 있는 것이다. 실제로 오래 전부터 세르비아인들은 보스니아 내 특정 지역을 인구측면, 경제, 역사 등에 비추어 자국 영토라고 주장해 왔다.[85] 이 두 내전에 임해 밀로셰비치의 세르비아는 구체제 유고슬라비아 인민군의 병력과 장비 활용이라는 이점을 활용, 지원하였다.

보스니아 내 인공청소와 난민에 대한 보도가 연일 계속되었지만 냉전종식이후 새롭게 발생된 민족문제에 당황한 미국과 유럽 국가들은 내전에 개입하는 것을 꺼리고 있었다.[86] 드디어 1994년 4월 NATO가 어렵게 첫 공습을 감행했지만 사태는 호전되지 않았다. 그러다가 1995년 여름, 보스니아세르비아인들의 보다 전격적인 작전을 저지하기 위해 미국과 NATO가 적극적인 군사·외교적 개입에 착수했다. 크로아티아 정부군이 1995년 8월 초 크로아티아 내 세르비아 지역인 크라나를 함락시킨 후 보스니아모슬렘군과 합류하여 세르비아군에 대한 공세를 시작한 것이 그 계기가 되었다.[87]

세르비아 난민들이 세르비아에 몰리고 국제 사회의 세르비아에 대한 제재 강도가 높아지면서 밀로셰비치는 미국의 외교적 주도권을 거부할 수 없는 상황이 되었다. 1995년 11월 역사적인 데이튼 협상은 이러한 상황에서 이루어질 수 있었다. 보스니아, 크로아티아, 유고연방이 보스니아 내 적대감을 종식시키기 위한 미국주도의 합의에 가(假)조인하고 다음달 파리에서 서명하였다.

한편 밀로셰비치가 이처럼 전격적으로 평화협상에 임한 심리적 동기 중에는 고위급 세르비아인들간의 알력도 한 몫을 한 것으로 보인다. 무엇보다 구유고전역에서 세르비아인의 지도자로 자부심을 갖고

---

85) Louis Sell (1999), p.25.

86) 1990년대 미국의 대세르비아 정책은 Roy Gutman, "The Collapse of Serbia?," *World Policy Journal*, Vol.16, Issue 1 (Spring 1999), pp.12~18 참조.

87) Louis Sell (1999), p.18.

있던 세르비아 대통령 밀로셰비치로서는 보스니아세르비아인 지도자
인 카라지치(Radovan Karadzic)가 점점 강력한 인물로 부각되는 것을
바라지 않았을 것이라는 추측이 있다. 실제로 보스니아세르비아인 대
표 중 한 사람은 밀로셰비치가 세르비아인들이 사라예보 주변에 확
보한 대부분의 영토를 내주는 데에 서명하는 것을 보고 기절하였다
는 보도가 있다.[88]

코소보 전쟁

세르비아 영내 코소보주도 구유고지역은 물론 발칸 전역에 심대한
안보문제를 야기하였다. 밀로셰비치가 1987년 세르비아 실권을 장악
한 이후 10여년 코소보는 사실상 이중적 정치·사회구조를 창출, 유
지하여 왔다. 코소보 주민의 90%정도를 구성하는 알바니아인들은 정
부주요 조직은 물론, 각급 학교, 병원 등 세르비아인들과 부딪쳐야
하는 생업 현장을 떠나, 그들 자신만의 공동체를 창립하였다. 알바니
아인들은 학령기 아동 재입학 등 일부 비정치적 현안에 대해서는 타
협적인 자세를 보이기도 하였으나, 이 경우에는 세르비아인들이 이를
수용하지 않아 통합이 어려웠다. 결국, 알바니아인들은 재취업이나
재통합에 대한 기대를 포기한 채 선거는 물론 코소보 내에서 어떠한
형태로든 세르비아의 권위를 인정하지 않기로 하였다. 의회 선거마저
불참한 결과, 크로아트인과 보스니아모슬렘의 박해자로 유엔특별재판
소에 기소되어 있는 세르비아 인종주의자 아르칸(Arkan)조차 의석을
차지하는 아이러니가 연출되었다.[89]

그러나 적어도 보스니아에서 전쟁이 진행되는 1990년대 전반, 양측
은 코소보 내 군사적 대결을 피하였다. 밀로셰비치로서는 코소보에

---

88) 상동.
89) Warren Zimmermann, "The Demons of Kosovo," *The National Interest*, No.52
   (Summer 1998), p.6.

제2전선을 만들어 에너지를 분화시킬 필요가 없었으며, 알바니아인측 지도자인 루고바로서는 세르비아가 유고연방의 화력을 소지하고 있는 상황에서 서방이 보스니아에서 진행되는 전쟁에만 관심을 쏟고 보스니아의 1/5 크기밖에 되지 않는 코소보 전쟁에 관심을 두지 않을 것을 염려하였던 것이다. 즉, 보스니아 전쟁이 1990년대 초, 코소보 분쟁을 지연시키는 데에 한 몫을 한 것이다. 따라서 1995년 말 보스니아 종전과 함께 코소보에 전운이 감돌기 시작한 것은 놀랄 일이 아니다.

밀로셰비치의 강경한 세르비아 민족주의는 불가피하게 코소보알바니아인 사회에서 존경을 받았던 루고바의 비폭력 접근방식마저 도전을 받게 하였다. 1998년 초, 세르비아 정부와 코소보알바니아인 사이에 최초의 무력충돌이 발생한 이후 한 해 동안 소위 '코소보해방군(KLA)'이라 자처하는 알바니아인 저항세력이 정비·강화되었다. 코소보해방군은 경찰서에 폭탄을 던지고 세르비아 경찰과 고급관리, 그리고 알바니아인 협조자를 살해하였다. 자극과 보복이 악순환되는 무력충돌 과정에서 여성과 어린이를 포함한 민간인 희생자가 속출되었다. 외국에 나가 있던 자들, 그리고 코소보 내 젊은이들이 대거 해방군에 편입되면서 알바니아해방군의 수가 급증하였다. 국경 산악지대를 통해 무기도 유입되었다. 급진적으로 발전된 코소보해방군의 무력행사는 밀로셰비치로 하여금 '폭도진압'이란 명목으로 치명적 무기를 사용케 하였다.

코소보알바니아인들이 지리적으로 인접한 두 주권 국가, 알바니아와 마케도니아로 피난을 떠나는 사태가 발생하였다. 알바니아 정부는 비록 군사력이 약해 코소보알바니아인들에게 무기를 대량 지원하기는 어렵지만 동족의 고통을 바라보면서 무심할 수는 없는 상태였다. 새롭게 민주주의 국가로 독립한 마케도니아의 경우, 국민의 20%이상이 알바니아인인 만큼 코소보 전쟁과 난민이 국내 안정을 해칠 가능성을 염려하지 않을 수 없었다. 한편 그리스는 늘 북쪽 영토에 대한 마케도니아로부터의 위협을 불안하게 생각해 오던 차에 코소보 분쟁의 여파에 촉각을 세우지 않을 수 없었다. 마찬가지로 마케도니아인들이 실은 불가리아인이라는 주장을 펴온 불가리아와 발칸 내 최대 모슬렘 국가이자 상당수 알바니아 소수민족을 안고 있는 터키 역시 코소보 사태에 첨예한 관심을 보였다. 그러나 코소보 통치권을 쥐고 있는 세르비아는 외국의 관여를 철저히 배제하였다. 1998년 4월 '코소보 문제해결을 위한 외세중재안'이 국민투표에 부쳐져 97%가 반대했다.[90] 따라서 밀로셰비치는 다음달 루고바와의 첫 회담에서 미국의 서구개입안을 국민의 이름으로 거부할 수 있었다.

1999년 초 발칸 전역에 대한 코소보 사태의 '전이(spill-over)'가능성을 우려한 소위 '접촉국가'라 불리는 6개 주요국(프랑스, 독일, 러시아, 이탈리아, 미국, 영국)이 평화적 해결을 모색하려 했으나, 결국은 실패하고 냉전시 서구의 군사기구였던 NATO가 군사적으로 비회원국 국내문제에 개입하는 선례가 빚어지고 말았다. 밀로셰비치는 코소보에 관한 랑부에(Rambouillet)협약[91]이 요구하는 바, 세르비아군 철수는 곧 코소보를 포기하는 것과 마찬가지이고 이는 그의 정치생명에 치명적이라 여겨 받아들이지 않았다. NATO공습과 세르비아의 코소보알바니아인에 대한 보복이 연속되던 1999년 4월과 5월, 약 백만명의 코소보알바니아인들이 피난을 떠나야 했다.[92]

그러나 1999년 5월, 밀로셰비치는 헤이그 국제특별재판소(ICTY)에 의해 코소보알바니아계 민간인에 대한 공격을 이유로 전범 기소되었다. 기소와 함께 국제구속영장도 발효되어 모든 국가가 그를 체포할 의무도 갖게 되었다.[93] 마침내 6월 9일, 78일에 걸친 NATO공습 후에

---

90) 위의 글, p.8.

91) 랑부에 협약 전문은 http://www.monde-diplomatiquefr/dossiers/kosovo/rambouillet.html (2002.1.18) 참조.

92) Louis Sell (1999), p.13.

야 밀로셰비치는 국제 평화안에 합의하였다. 밀로셰비치로서는 적어도 공식적으로 코소보가 유고연방에 잔존하며 NATO가 아닌 유엔이 전후 민간행정을 관리한다는 점에서 수용하였을 것이다. 그러나 현실적으로 세르비아가 패했다는 것을 밀로셰비치가 모를 리 없다. 즉, 주권의 약화, 경제적 손실 등을 부인할 수 없으며 자신은 국제적 전범이 되었다. 특히 크로아티아와 보스니아의 경험에서 보았듯, 밀로셰비치는 코소보에서도 상대가 예측보다 강력하게 대응할 때, 비로소 현지 세르비아인들에게 닥칠 역(逆)인종청소 등 곤경을 감수하면서 협상에 임하는 행동 패턴을 보였던 것이다. 밀로셰비치가 NATO공습 종결을 위해 코소보 평화안에 합의한 직후, 국민에게 발표한 연설문은 그의 심리를 잘 보여준다.

밀로셰비치의 대국민 연설문(1999년 6월 10일)[94]

친애하는 국민 여러분, 침략은 끝났습니다. 평화가 폭력을 이겨냈습니다. 친애하는 국민 여러분, 행복과 평화를 기원합니다.

지금 우리는 국민의 자유와 존엄을 위한 투쟁 중, 조국 수호를 위해 목숨을 바친 영웅들을 기억해야 합니다. 그들 개개인의 이름이 공개될 것입니다만, 나는 지금 1999년 3월 24일부터 현재까지 11주간의 전쟁에서 462명의 유고군과 114명의 세르비아공화국 경찰이 희생되었음을 알려드립니다. 우리가 이에 보답하기는 어렵지만 그들을 위해 우리가 할 수 있는 것과 의무를 해내야 합니다. 그들의 가족을 보살피고 그들이 목숨을 바쳐 지킨 자유, 존엄, 국가의 독립을 보호할 만반의 태세를 갖추어야 합니다. 영아, 환자, 군인 가리지 않고 모든 국민이 이 전쟁에 참가하였습니다. 교량, 공장, 광장, 도시, 직장, 국가, 국민을 지킨 이들의 영웅적 행동을 아무도 잊지 않을 것입니다. 국민들 모두가 영웅이었다는 점이 이 전쟁에서 얻은 가장 간단한 결론일 것입니다. 우리 국민들은 존엄하고 고귀하며 책임 있는 태도로 영웅적 생각과 행동을 할 자격이 있습니다.

---

93) 위의 글, p.24.

　금년 초, 전국적으로 여러 규합이 있었습니다. 일치된 메시지는 "코소보를 포기할 수 없다"였습니다. 우리는 코소보를 포기하지 않았습니다. G8 선진국과 UN이 우리나라의 주권과 영토 전일성을 보장합니다. 이는 합의문 초안에 포함되어 있습니다. 베오그라드 합의문은 침략 이전 시점에 공개적 현안이었던 코소보의 독립가능성을 봉쇄한 것입니다. 우리의 영토 전일성은 위협받을 수 없습니다. 우리는 모든 문제를 세계적 권위체인 UN에 상정하였으며 평화안이 UN헌장에 입각하여 UN주관 하에 집행되도록 함으로써 국가 수호에 성공하였습니다. 모든 시민의 안전확보라는 과제를 안고 코소보에 진주한 국제군은 UN감독 하에 있을 것이며 동시에 우리나라의 주권과 영토적 전일성에 기반을 둘 것입니다. 이는 사전 토의를 통해 창출된 원칙에 근거한 정치 과정도 마찬가지입니다. 즉, 이 정치과정에서 자율성 이외의 것은 언급될 수 없습니다. UN은 침략 80일 전부터 이미 아무런 기능을 하지 않았기 때문에 사실상 우리는 UN을 통해 국가를 수호하였을 뿐 아니라, UN을 세계무대에 내놓은 것입니다. 이는 자유를 사랑하는 전 세계의 노력에 대한 기여입니다. 다극세계 구축 경향에 대한 기여입니다. 일개 강대국이 지시하는 대로 움직이는 세계의 창출을 수용하지 않음을 말합니다. 역사에 대한 기여는 대단한 것으로써 20세기는 보다 크고 강한 적에 대항한 우리 국민의 영웅적 태도로 종막을 고한다고 믿습니다.

　우리의 군은 무적이며 세계 최고의 군입니다. 여기서 말하는 군은 정규군, 경찰, 기타 모든 국가방위군을 포함합니다. 이들은 국민이 군이고 군이 국민이었기 때문에 전 세계에 국민이 어떻게 보호되어야 하며 어떻게 강건하게 서고 뭉치는가를 보여 주었습니다. 이전 어느 시대에도 이 전쟁에서처럼 사람들이 합심한 적이 없습니다. 나라를 버리고 안전한 곳에 피신하면서 전쟁 끝나기를 기다린 겁쟁이가 없었습니다.

　이 순간, 우리는 침략의 종말과 평화의 시작점에서 새로운 많은 과제를 안겨주는 산적한 문제에 봉착해 있습니다. 복지입니다. 사상자 가족에 대한 부양입니다. 전쟁에서 피해를 본 모든 노동자, 농민, 시민들에 대한 지원입니다. 가장 절실한 자부터 시작하여 모두 지원받아야 합니다. 국가 재건의 과제가 있습니다. 즉각 교량, 도로, 공장을 재구축하겠습니다. 우리 국민의 준비성과 활력을 나타내주는 대단위 개발에 착수하겠습니다. 내가 여기서 국민이라 함은 유고 내 모든 국민과 모든 민족을 의미합니다. 우리는 다민족 공동체 수호에 성공했습니다. 구유고슬라비아 내 유일한 다민족 공동체입니다. 나는 이 역시 국가 방위에 있어 위대한 업적으로 간주합니다.

　코소보에 진주하는 국제군은 어느 나라에서 오던, 평화에 기여할 것입니다. 군은 언제나 질서를 수행합니다. 질서는 시민보호와 평화보존을 말합니다. 우리가 당면한 과제는 대규모 동원을 요구할 것입니다. 나는 이 어려운 시기에 보였던 단결된 모습이 재건기에도 보존되어야 한다고 생각합니다. 재건 및 새로운 개발을 성공적으로 수행하자면 우리는 단결과 대규모의 동원이 필요하기 때문입니다. 유고연방 국민 모두에게 행운과 행복이 함께 하기를 기원합니다.

밀로셰비치에 대한 평가

　대부분의 서방 논평가들이 말하듯 밀로셰비치는 정치적 생존말고는 아무런 신념이나 가치를 갖지 않은 인물일까. 그의 공산주의나 민족주의가 단지 권력추구를 위한 기회주의에서 비롯된 것일까. 진정 세르비아인들은 밀로셰비치의 민족주의가 가져다 준 것은 재앙뿐이라고 생각할까.

　세르비아인의 입장에서 보면 적어도 세르비아 내 실권장악을 도모하던 1988-1989년, 밀로셰비치는 카리스마를 가진 민족의 지도자였다고 평가할 수 있다. 그러나 1990년대의 밀로셰비치는 결과적으로 크로아티아와 보스니아에서 세르비아인을 희생시켰으며 코소보에서 세르비아인들을 역인종청소의 대상으로 남게 한 인물로서 1999년 코소보 전쟁이후에는 세르비아인들로부터 고립되어 갔다. 정부통제 언론이 '코소보 평화안이 세르비아의 승리'라고 보도하였음에도 불구하고, 대부분 세르비아인들은 밀로셰비치가 코소보에 대한 통제를 잃었다고 보았다. 더구나 유고지역 내전으로 인해 국민들의 복지에도 성공을

---

94) 밀로셰비치가 NATO공습 종결을 위해 코소보 평화안에 합의한 직후, 국민에게 발표한 연설문. (www.serbia-infor.com/news/1999-06/10/12493.html) (2000.6.10)

거두지 못했다. 밀로셰비치는 산적한 경제문제, 정치적 반대파에 대한 억압, 사유화 과정과 서방의 경제제재를 치부의 기회로 활용한 측근 등에 대해 책임을 져야 했다. 세르비아 정교교회와 지식인들도 밀로셰비치로 하여금 하야할 것을 권하게 되었다. 유고연방 구성체인 몬테네그로 지도부로부터도 반대에 직면하게 되었다.[95]

물론 코소보 전쟁이후 밀로셰비치가 처한 역경에도 불구하고 많은 이들은 그가 과거 수차례 정치위기 국면에도 불구하고, 세르비아와 유고연방의 최고통치자로 생존해 왔음을 강조하면서 또다시 살아남기 위한 작전을 세울 것으로 보았다.[96] 이들은 특히 밀로셰비치의 운인지 기술인지 언론과 경찰이 늘 그의 편에 서 왔다는 점을 상기시키면서 그가 정치적 생존을 위해 이번에는 몬테네그로나 보보디나에서 전쟁을 일으킬지도 모른다는 말조차 아끼지 않았다. 실제로 그는 21세기에도 최고 권력의 자리를 유지하기 위해 2000년 여름, 9월 치를 재선을 앞두고 헌법수정을 감행하였으며, 대선 결과조작 의혹도 아랑곳하지 않고 정권에 대한 집착의지를 보였다.

그러나 이번에는 역사가 그의 편에 서지 않았다. 민중시위대, 서방의 야당후보(코스투니차) 지지 등으로 인해 물러서야 했던 것이다. 카리스마도, 경제적 성과도, 법적 정당성도 잃은 지도자가 단지 민족주의적 적대감만을 자극하면서 권좌를 유지할 수는 없기 때문이다. 유고연방 최고 권좌를 내어 놓았음은 물론 세르비아 경찰에 의해 체포, 구금되었으며 더 나아가 네덜란드 헤이그에 있는 유엔의 특별재판소 구치소로까지 인도되는 신세가 되었다. 훗날 세르비아 역사 속

---

95) 세르비아와 발칸 지역의 안정에 미치는 몬테네그로의 중요성에 대해서는 Elizabeth Roberts, "Trouble Ahead," *The World Today* (December 1999), pp.11~13; Elizabeth Roberts, "Next Balkan Flashpoint?," *The World Today* (April 1999), pp.6~7 참조.

96) James Pettifer, "The Price of Appeasement," *The World Today* (January 2000), pp.10~12.

에서 밀로셰비치가 국제사회의 갖은 훼방에도 불구하고 1990년대 혼란기에 세르비아 민족의 통합을 위해 애쓴 인물이었다고 평가될 수 있을까 의문이 든다.

제3장
인도주의적 군사개입, 시행착오의 여정[97]

I. 서론

냉전종식이후 글로벌 차원에서 군사적이든 아니든 '인도주의' 이름 하 특정 국가 내부문제에 대한 외부로부터의 개입이 잦아지고 있다. 사실 걸프전 이후 미군의 모든 군사개입, 즉 소말리아, 아이티, 보스니아, 코소보, 그리고 일정 부분 이라크 개입도 모두 인도주의적 동기에 따른 임무로 해석된다. 마찬가지로 비슷한 시기에 유엔이 벌여온 소말리아, 보스니아, 동티모르, 시에라리온 등지의 PKO(평화유지활동)도 인도주의적 개입이라 불린다. 그런가하면 캄보디아, 모잠비크, 아이티, 발칸반도 등지에서는 내전에 대한 개입형태가 단순히 평화유지뿐 아니라 선거감시, 비무장화, 국가재건 등의 영역도 포함하는 보다 포괄적인 새로운 방식을 취했다.

국제관계 이론가들은 이 새로운 현상을 어떻게 설명할지 고민하지만, 정책입안자들은 최상의 성과를 얻기 위해 개입의 시기 및 방법을 강구하고, 이에 대한 국내외적 폭넓은 합의를 구해야만 한다. 분명 인도주의적 난국을 종식시키기 위해서는 개입자의 정치적 의지와 능력이 매우 중요하다. 그러나 편협한 전략적 이해 및 개입에 따르는

97) 영문저널 게재논문을 번역하고 정리하였음. Eunsook Chung, "Humanitarian Intervention: Can it be Perfect?," *The Journal of Peace Studies*, 8-2 (2007), pp.291~320. 정은숙, 『글로벌 거버넌스와 국제안보: 이슈와 행위자』(서울: 한울, 2012), pp.165~186.

대가 고려 등 국제적 합의를 모색하기가 쉽지 않다. 글로벌 차원에서 누가, 어떤 사건에, 어떻게 개입할 것인가 계속 논쟁거리가 된다. 유엔, 혹은 미국, 혹은 지역기구, 혹은 인접국가(들)이 적당한지에 대한 기준은 아직도 모호하다. 즉, 21세기 인간들은 본질적으로 불완전한 글로벌 거버넌스에 몸을 담고 있는 것이다. 따라서 특정 주권국가내 발생한 인도주의적 위기에 직면하여 "정당하고도 효과적인 방식"으로 이를 즉각 중단시키지 못한다 하여 실망할 필요는 없다. 오히려 1990년대 이후 외부로부터의 개입을 통해 평화와 질서가 회복된 사례가 적지 않기 때문이다. 예컨대, 캄보디아, 모잠비크, 나미비아, 과테말라, 알바니아, 동티모르의 경우는 다분히 개입을 통해, 그렇지 않은 경우에 비해 더 좋은 결과를 낳은 사례로 간주된다.[98] 이외에도 부분적 성공사례들이 많다.

그럼에도 불구하고 1990년대 이래 국제사회가 다수의 아프리카 내전에 효과적으로 대응치 못한 것 또한 사실이다. 요컨대, 개개 개입 사례에 있어 비판할 여지가 있고, 이로써 개입에 대한 새로운 비전의 출발점이 되어야 한다.

II. '인도주의적 개입'의 공통분모

21세기 '인도주의적 개입'은 무엇을 의미하는 것일까? 인도주의적 개입의 정의는 복잡하고 혼란스러운 측면이 있다. 먼저 '인도주의'와

---

98) Michael O'Hanlon & P.W. Singer, "Humanitarian Transformation: Expanding Global Intervention Capacity," *Survival*, 46-1 (Spring 2004), p.78. 내전 후 유엔 평화건설과정의 긍정적 효과에 관해서는 다음을 참조: Nicholas Sambanis & Michael W. Doyle, "No Easy Choices: Estimating the Effects of United Nations Peacekeeping (Response to King and Zeng)," *International Studies Quarterly*, 51 (2007), pp.217~226.

'개입'을 분리해서 생각해 볼 필요가 있다. 첫째, '인도주의'는 기본적으로 개입의 "동기"를 말한다. 즉, 집단학살, 조직적 고문 등 국제적으로 인정되는 주요 인권요소에 대한 잔인하며 지속적인 침해가 발생되는 경우이다. 외부개입을 통해 지배자 혹은 권력집단이 초래하는 이 같은 인도주의적 재앙에 처한 인권침해 희생자들을 보호하려는 것이다. 이처럼 인도주의라는 말은 박애주의적이며 도덕적, 윤리적, 종교적인 함축성을 내포한다. 둘째, '개입'은 일반적으로 해당 국가의 동의에 반하여 취해지는 "행위"를 말한다.[99] '인도주의적 목표'와 '군사적 방식'은 사실 모순이지만, 일반적으로 개입의 방법으로 군사력 사용이 전제된다. 다만 1999년 9월 코피 아난 유엔 사무총장은 개입을 무력사용으로 이해해서는 안 된다고 역설한 바 있다.[100]

인도주의적 개입의 정의 규명을 하자면 늘 이견과 논쟁이 초래된다. 하지만 누구나 합의할 수 있는 최소한의 공통분모가 있다. 그것은 바로 "모든 주권국가는 구성원의 기본권과 이익을 존중해야 할 의무가 있다"는 점이다.

III. 인도주의적 개입에 관한 국제규범

역사적으로 인도주의적 개입에 대한 사상은 오래전부터 존재하였지만 1990년대 이후 규범논쟁은 매우 새로운 현상이다. 제2차 세계대전

---

[99] 인도적 개입의 정의에 대한 상세한 논의는 다음을 참조. C.A.J. Coady, "The Ethic of Armed Humanitarian Intervention," *Peacework*, 45 (August 2002); Jacques de Lisle, "Legality, Morality, and the Good Samaritan," *Orbis* 45:1 (Fall2001), pp.536~537; Sam C. Sarkesian, "The Price Paid by the Military," *Orbis*, 45:1 (Fall2001), pp.561~563.

[100] Kofi A. Annan, "Two Concepts of Sovereignty," *The Economist*, September 18, 1999.

종전 이후 국제법적 질서의 두 요소로 간주되는 국가주권과 인권이 마치 교차로에 서있는 듯하다. 이하에서는 '개인주권'(individual sovereignty) 과 '보호책임'(responsibility to protect, 흔히 R2P)이라는 새롭게 등장한 두 개의 개념을 오늘날 인도주의적 개입을 정당화시킬 수 있는 대표적 국제적 규범으로 보고, 간략히 소개하고자 한다. 이들은 각각 1999년 코피 아난 유엔사무총장, 그리고 2000년 캐나다 정부의 '개입 및 국가주권에 관한 국제위원회'(International Commission on Intervention and State Sovereignty)가 제안한 것이다.

1. 코피 아난 유엔사무총장의 '개인주권' 개념 (1999)

1999년 9월, 코피 아난 당시 유엔사무총장은 유엔총회에서, 통상적인 '국가주권'과 구별되는 새롭고도 거대한 개념으로서 '개인주권'을 발표했다. 그에 따르면 개인주권은 유엔 헌장 및 여타 국제조약들이 담고 있는 개인의 근본적 자유를 의미한다. 이 분석틀에서 개인주권과 국민주권은 반대의 개념이 아니다. 즉, 개인주권은 개인의 권리에 대한 의식이 확산되면서 강화되어 왔고, 국가주권은 국민을 위한 봉사기제로 재정의 된다.

아난의 이 창의적 인식은 각각 1999년 봄과 여름에 발생했던 코소보와 동티모르의 비극으로 인해 가능했다. 아난 유엔 사무총장은 모든 회원국에게 긴급개입을 호소했다. "죽음과 고통이 많은 이들을 괴롭히고 있을 때, 그리고 해당 국가 스스로 중단이 불가능하거나 원치 않을 때, 국제 사회의 시의적절한 개입이 필요하다"고 역설했다. 아난은 NATO가 유엔안전보장이사회의 승인없이 코소보 개입을 감행한 것이나, 반대로 티모르에서 유엔안보리가 수백명의 무고한 죽음발생 후에야 인도네시아의 공식초대를 근거로 개입을 승인한 사실에 대해 공히 유감을 표했다. 아난은 나아가 유엔헌장의 목적은 인류를 지키

기 위한 것이지 이들을 해치는 자들을 지키기 위한 것이 아님을 강
조했다. 또한 그는 유엔헌장 어디에도 초국경적 권한을 배제하지는
않았다고 주장했다.[101] 그는 국제사회가 인권침해 저지에 대한 대대
적이고 체계적인 원칙을 수립해야 하며, 적합한 조치, 적합한 시점,
적절한 행위자 등에 대한 결정방식에 대해 신속하게 합의할 필요가
있다고 보았다. 또한 유엔안전보장이사회가 인본주의적 개입뿐 아니
라 종전 이후의 평화구축 및 재건에 대해서도 헌신하여야 한다고 강
조했다. 요컨대, 아난은 유엔 회원국 모두가 인도주의적 개입을 환영
하기를 바랐다.

2. 캐나다 정부의 '보호책임' (R2P) 개념 (2000)

이듬해인 2000년 9월, 캐나다 정부는 아난의 '개인주권' 개념과 비슷한
맥락에서 '개입과 국가주권에 관한 국제위원회'(International Commission
on Intervention and State Sovereignty)를 창설했다. 위원회의 최종 보고
서인 「보호책임」(responsibility to protect)이 2001년 12월 유엔 및 2005
년 유엔 정상회의에서 발표되면서 세계의 주목을 받게 되었다.[102] 캐
나다 정부는 세계 지도자들이 소위 '보호의 책임'이라는 새로운 독트

---

101) 개입 미션은 때때로 유엔의 근본적 목적과 반대되는 때가 있고 실제로 유
    엔 헌장 제2장 7조에 명백히 반대된다: "현 헌장의 어떤 것도 유엔이 어떤
    국가의 국내 관할권 내의 문제에 대한 개입권을 담고 있지 않다." 그러나
    많은 법학자들은 유엔 헌장이 이미 인도적 개입을 암시하는 많은 세부 조
    항들을 포함하고 있다고 주장한다. 특히 제6장(분쟁의 평화적 조치)과 제7
    장(평화위협, 평화 파괴 및 침략행위에 대한 조치)이 그러하기 때문에 새롭
    게 개입의 권리를 설정할 필요가 없다는 것이다. 적어도 그들에 의하면 인
    도적 개입은 오히려 이미 존재하고 있는 권리의 단순한 적용일 뿐이다.
    (Wikipedia, "Humanitarian Intervention")
102) 「개입과 국가주권에 관한 국제위원회」(공동의장: Gareth Evans & Mohamed
    Sahnoun), *The Responsibility to Protect* (International Development Research
    Center, 2001).

린을 지지할 것을 호소했다. 즉, 인권학대가 일어나는 곳에 대한 국
제사회의 개입의무를 역설한 것이다. 실제로 아이티 대통령 아리스타
이드(Aristide)는 캐나다의 개입으로 2004년 2월 무력폭동 속 사임했
다.[103] 그 후 유엔안정화미션의 감시하 임시정부가 실시한 선거를 통
해 2006년 5월 민주적 방식으로 새 대통령이 선출됐다. 이와 마찬가
지로 최근 수단 다르푸르내 인도주의적 재앙에 관하여 마틴(Paul
Martin) 총리 하 캐나다 정부는 캐나다가 어떻게 하든지 수단 국민들
의 고통을 경감시켜줘야만 한다고 주장하였다.[104]

IV. 시행착오의 여정

1. 소말리아 군사개입 오류: 1992-95

유엔과 미국은 공히 1992-1995년 아프리카 소말리아 내분에 개입했
다. 소말리아가 1991년 정권전복 이후 파벌갈등과 기근, 무정부상태의
소용돌이에 휩싸였기 때문이다. 유엔은 특히 기근이 심한 남부를 중
심으로 군벌의 방해를 받으면서 2년간 인도주의적 활동을 벌였다.
1993년 수도 모가디슈에서는 군벌지도자를 생포하려던 미군 헬리콥터
(Black Hawk)가 오히려 격추됐고 군벌세력은 미군의 시체를 끌고 다
녔다. 이것이 언론에 생중계되면서 미국은 물론 전세계의 이목을 집

---

[103] Yves Engler & Nik Barry-Shaw, "Responsibility to Protect?" *ZNet*, September 19, 2006.

[104] 자세한 내용은 다음을 참조: Kim Richard Nossal, "Ear Candy: Canadian Policy Toward Humanitarian Intervention and Atrocity Crimes in Darfur," *International Journal* (Autumn 2005), pp.1017~1032. 그러나 Nossal은 캐나다 정부의 다르 푸르 정책은 보수적이며 현상유지적이었으며, 르완다 대량학살기간에는 위험회피적 접근을 보였다고 다소 역설적인 결론을 내린다.

중시키고 말았다. 여론에 밀린 클린턴 행정부는 미군 대대를 철수시킬 수밖에 없었고, 유엔도 곧 무정부상태의 소말리아를 떠나게 되었다. 미국의 전직 중령(Sam C. Sarkesian)은 다음의 논거로써 미국의 소말리아 군사개입을 중대오류였다고 평가했다. 첫째, 소말리아는 미국에게 있어 전략적, 경제적, 정치적, 어떠한 기준으로도 중요하지 않았고; 둘째, 클린턴 행정부가 당시 개입 지지자들의 압력을 거부하지 못했으며; 셋째, 미국의 군사력이 잘 정비되어있지 않았다는 것이다; 넷째, CNN 효과마저 컸었다.[105]

2. 르완다 학살사건 방관: 1994

1994년 봄 르완다 대량학살은 국제사회가 대량학살을 방관했을 때 얼마나 끔찍한 결과가 나올 수 있는지 보여준다. 르완다 투찌(Tutsi)족이 인근국가로 도피하여 결성한 르완다 애국전선(RPF)이 1990년부터 내전을 일으켰다. 이 전쟁은 정치, 경제적 격변과 함께 인종갈등을 악화시켜 마침내 1994년 4월 후투(Hutu)족이 투찌족 80만명을 대량학살하기에 이르렀다. 3개월 후인 1994년 7월, 투찌 반군이 후투 정권을 정복함으로써 학살을 멈출 수가 있었다.

이를 두고 관측자들은 서방 국가들이 상대적으로 중요성이 적은 나라들에서 일어나는 대량학살을 무시하는 경향이 있다고 지적하였다. 바로 전년도인 1993년 소말리아에서의 군사개입 실패의 영향으로, 유엔 안보리와 미국이 위험 회피라는 보수적 선택을 했던 것으로 보인다. 뒤늦게나마 1994년 11월 8일, 유엔안보리는 '르완다국제형사재판소'를 창설하였다. 1994년 1월 1일부터 12월 31일까지 르완다 영토 내에서 벌어진 대량학살범죄 및 기타 르완다 영토에서 발생하였거나

---

105) Sam C. Sarkesian, "The Price Paid by the Military," *Orbis*, 45:1 (Fall 2001), pp.561~562.

혹은 인근 국가내 르완다 국민들에 의해 저질러진 국제법 침해사건들을 재판하기 위한 것이다.

미국 정책입안자들 사이에서는 죄책감이 계속되었고, 그 여파 속에 2007년 봄, 고틀리프(Stuart Gottlieb) 등 많은 이들이 옳든 그르든 "더 이상의 르완다는 안 된다"는 원칙하에, 이라크 철군안을 반대했다.[106]

3. 유엔안보리 비승인하 NATO의 코소보 공습: 1999

1998년 구(舊)세르비아 자치주 코소보 지역내 소규모 알바니아 민족반란이 곧바로 세르비아 당국의 진압작전으로 이어졌다. 세르비아 내 알바니아인들에 대한 세르비아군의 대량학살이 목전에 있었다. 밀로셰비치 통치하 세르비아 정부는 국제사회 합의안을 거절했고, 최후통첩을 내린 NATO(북대서양조약기구)는 세르비아 공격에 나섰다. 이 새로운 현상은 세계의 주목을 받았고 정치적으로 또 국제법적으로 또 다른 논란을 야기하였다.

이 결정의 배경에는 5년 전(1994) 국제사회가 르완다 대량학살을 묵시했다는 비판이 큰 역할을 했을 수 있다. 유럽의 주요한 안보동맹체이자 미국 주도인 NATO가 1999년 3월, 유엔안보리의 승인없이 코소보에 군사적으로 개입한 것이다. 유엔의 위임없이 지역기구가 군사력을 사용하는 것은 합법적인 것인가? 이에 대해 많은 학술서적이 봇물처럼 터져 나왔다.[107] 권위있는 학술지 *The American Journal of International Law*는 1999년 10월호에서 NATO의 코소보 개입에 대한

---

106) Stuart Gottlieb, "Will Iraq Be the Next Rwanda?" *Washington Post*, April 15, 2007. *The American Journal of International Law*, 93:4 (October 1999), pp. 824~860.

107) Nicholas J. Wheeler, "Humanitarian Intervention after Kosovo: Emergent Norm, Moral Duty or the Coming Anarchy?" *International Affairs*, 77:1 (2001), pp. 113~128.

논평에 방대한 지면을 할애했다.[108]

먼저, 법학자들 사이 NATO의 코소보 개입 합법성 여하에 대해 의견이 나뉜다. 분명 국제법 규범인 1646년 베스트팔렌 조약은 국가주권을 외부 개입으로부터 보호하는 초석이 되어왔다. 게다가 제2차 세계대전 종식후 유엔헌장은 안보리의 승인이 없거나 혹은 제51조하 안보리 조처이전의 자위권이 아닌 경우 군사적 위협 혹은 그 사용을 금지해 왔다. 따라서 '실증적 율법주의'(positive legalism) 전통에서는 안보리의 위임 없는 군사력 사용을 부정적으로 여긴다.[109]

반면 여전히 많은 이들이 '정의전쟁론'(just war theory)을 따른다. 이 전통을 따르는 자들은 인도주의 혹은 절차 애로점 등 여러 논거를 근거로 코소보 개입을 지지하거나 공감한다. 이들은 현지인들의 공포감이 확산되는 데도 유엔안보리가 개입에 대한 승인을 거부하거나 미루었다고 본다. 안보리와 달리 NATO는 이미 준비되어 있었으며 기꺼이 희생자들, 즉 코소보의 알바니아인들을 보호하기 위한 행동을 감행했다고 강조한다. 나아가 이들 중에는 코소보 개입이 기존 국제법적 메커니즘 밖에서 특정의 국가 혹은 다수의 국가들이 군사적 행동을 취할 수 있는 새로운 시대를 열었다며 긍정적인 표식이라고까지 받아들인다. 그들의 관점에서 유엔안보리는 인도적 개입을 합법화하는 유일한 메커니즘으로서는 매우 불완전하다. 거부권이 주어진 다섯 국가(미국, 영국, 프랑스, 러시아, 중국)로 이루어진 안보리 상임이사국제도는 제2차 세계대전의 유물이며, 이 다섯 국가가 "매우 편협한 이유"로 학살위기에 직면한 사람들을 구하는 데에 장애가 되고 있다고 강조한다.[110] 특히 러시아와 중국은 코소보 개입에 관해 가장

---

108) The American Journal of International Law, 93:4 (October 1999), pp.824~860.

109) Walden Bello, "Humanitarian Intervention: Evolution of Dangerous Doctrine," Focus on the Global South, January 19, 2006.

110) Ken Roth, "War in Iraq: Not a Humanitarian Intervention," Human Right Watch, January 2004 (http://www.unhcr.org/refworld/pdfid/402ba99f4.pdf).

큰 비판의 대상이 되어왔다. 이 두 나라가 안보리의 직무 유기에 기여했다는 것이다. 즉, 국제법이 계속 준수되지 않고 있는 상황인데도 군사적 방법을 취할 의지를 갖고 있지 않았다.[111]

둘째, 코소보 개입의 "수단" 또한 논란의 주제가 되었다. 특히 인도적 위기를 직면했던 르완다 사태에서 과거 서방의 소위 이기적인 방관을 비판했던 인권운동가들이 이번에는 NATO의 인도주의적 개입이 폭탄 투하로 나타난 것을 문제 삼았다.[112]

셋째, NATO 개입의 "결과"에 대해서도 논란이 일었다. 1999년 6월 세르비아군과 경찰의 코소보 철수를 가져왔다는 점에서는 분명 성공적이었다. 게다가, 철수와 거의 동시에 유엔안보리 결의안 제1244호가 채택되었고, NATO주도 연합군(KFOR)이 코소보에 주둔, 안정과 평화를 기했으며, 자치제 촉진을 목적으로 코소보임시정부(UNMIK)가 창설되었다. 2001년 세르비아 신정부는 밀로셰비치를 헤이그 국제형사재판소에 양도하였고, 비록 그는 재판이 끝나기 전인 2006년 3월 헤이그에서 사망했지만 구유고에서 벌어진 반인권적 범죄는 판결을 받게 된다. 다만, 코소보의 최종 법적지위에 대한 문제는 '미래'에 결정하기로 미뤄져 오다가 2004년 코소보 폭력시위를 계기로 국제사회가 협상을 벌이기 시작했다.

4. 뒤늦었던 동티모르 개입: 1999

1999년 8월 30일 유엔관할 국민투표에서, 티모르-레스테 국민의 압도적인 다수가 인도네시아로부터의 독립에 찬성하였다. 그러나 국민투표 직후, 인도네시아 군부의 지원을 받는 반(反)독립 세력의 티모르 군대

---

111) Nicholas J. Wheeler, "Humanitarian Intervention after Kosovo: Emergent Norm, Moral Duty or the Coming Anarchy?" *International Affairs*, 77:1 (2001), p.119.
112) Sarkesian (2001), p.562

가 복수극을 벌여, 약 1,400명의 티모르인을 학살하고 3만여명을 西티
모르의 난민으로 만들어 버렸다. 또한 민간시설 대부분이 파괴되었다.

결국 1999년 9월 20일, 호주 군대가 이끄는 유엔 승인 다국적 평화
유지군이 동티모르에 진입함으로써 폭력 사태가 종지부를 찍게 되었
다. 1999년 9월 유엔사무총장 아난이 지적하였듯 유엔안보리의 동티
모르 개입승인은 몇 달 전의 코소보 개입 비승인과 대조적으로 성공
적이었다. 그러나 아난은 인도네시아의 초청을 받고나서야 인가가 났
다는 점을 아쉬워했다: "우리 모두는 이 상황이 신속히 안정화되기를
바란다. 그러나 수백의 - 아마도 수천의 - 무고한 이들이 이미 목숨을
잃어버렸다."[113] 2002년 5월 20일, 티모르-레스테는 독립국으로써 국제
적인 인정을 받게 되었다.

5. 미국주도 연합군의 이라크 작전: 2003

1990년 8월 이라크는 쿠웨이트를 점령했지만, 곧 미국주도 유엔승
인 연합군과의 걸프전(1991년 1월-2월)에서 패배했다. 이후 유엔안보
리는 이라크 내 모든 대량살상무기 및 장거리 미사일 제거를 위해
유엔 실사단을 보내기로 결정했다. 이라크가 이 유엔안보리 결의안에
불응한 점, 또 다른 한편으로는 9.11테러의 영향하 새롭게 미국의 "선
제전(戰)" 권한을 인정한 「국가안보전략」(2002.9) 등은 궁극적으로 2003
년 3월 미국 주도 이라크 작전 및 사담 후세인 정권의 축출을 가져온
한 배경이 된다. 유엔안보리의 직접 승인도, 지역다자안보기구의 지
원도 없이 치렀던 이라크 전쟁은 어려운 문제들을 야기했다. 예를 들
어, 시사저널 Nation은 전쟁발발 4개월 후인 2003년 7월 14일호에 세
계적 안보전문가들의 견해를 실었다.[114] 이라크전이 인도주의적 배경

---

113) Annan (1999).

114) The Nation, "Humanitarian Intervention: A Forum," *The Nation* (July14,2003).

에서 정당화될 수 있나, 미국이나 다른 나라가 언제 어디를 개입할지 결정할 권리가 있는가 등에 관한 것이다.

첫째, 합법성에 관해 부시 행정부는 "함축적" 유엔승인(과거 유엔안보리 결의안), 그리고 선제적 자위의 이유를 들어 이라크전을 정당화했지만, 벨라미(Alex J. Bellamy)와 같은 국제관계학자들은 이라크전에 대한 토론이 필요하다고 보았다.[115]

둘째, 이라크전이 전통적 의미의 인도주의적 개입인가에 대해서도 명확한 답을 내리기는 어렵다. 로스(Ken Roth)는 적어도 2002년 10월 미국 상하원 양당 대다수가 이라크작전을 승인하는 시점에는 지속적이거나 임박한 대량학살은 없었다고 주장한다.[116] 따라서 로스는 이라크전은 인도주의적 개입이 아니라고 결론짓는다. 어쨌든 부시 행정부는 이라크전의 가장 중요한 이유는 이라크인들을 사담 후세인의 독재로부터 자유롭게 하려는 데에 있다고 발표해 왔다. 특히 대량살상무기에 관한 진지한 프로그램도, 사담 후세인과 국제테러와의 명확한 관계도 없었다는 전후 보고가 나옴으로써 한층 더 인도주의적 원인이 이 전쟁의 가장 주요한 동인이 되어야만 하는 것이다.

셋째, 일반적으로 인도주의적 개입은 완만한 성격을 갖는 데에 반해 이라크전은 수많은 폭탄과 지상군 15만명이 연루된 엄청난 규모의 작전이었다. 2003년 3월부터 4년간 최소 7만 5천명의 민간인이 사망했다.[117] 촘스키(Noam Chomsky)같은 이들은 이라크전은 정의전쟁은 커녕 단순히 미국에 의한 "침략"이라고 평했다.[118]

---

115) Alex J. Bellamy, "Ethics and Intervention: The 'Humanitarian Exception' and the Problem of Abuse in the Case of Iraq," *Journal of Peace Research*, 41:2 (2004), pp.131~147.

116) Ken Roth, "War in Iraq: Not a Humanitarian Intervention," *Human Rights Watch*, January 2004.

117) Stuart Gottlieb, "Will Iraq Be the Next Rwanda?" *Washington Post*, April 15, 2007.

118) Noam Chomsky, "A Just War? Hardly," *Khaleej Times*, May 9, 2006.

요컨대, 자연법에 근거한 전통적인 '정의전쟁론'은 이라크전을 인도주의 차원에서 정당화할 여지를 열어둔다. 하지만 동시에 남용으로 가는 문을 열게 되는 위험도 도사리고 있다.[119] 어쨌든 유엔안보리 위임하 현재(2007) 연합군은 불확실한 이라크의 정치, 경제 환경 속에서 2006년 5월 자유선거로 선출된 이라크 정부를 지원하며 안전을 제공하고 있다.

6. 수단내 다르푸르 분쟁에서 비효율적인 '아프리카연합'(AU)
   : 2004-현재

수단에서 분쟁은 모슬렘인 북부 수단인들이 비모슬렘이며 비아랍인인 남부 수단인들에 대해 경제, 정치, 사회적으로 우위를 차지한 데에서 비롯된다. 2005년 1월 서명한 '남북 포괄평화협정'(North-South Comprehensive Peace Agreement)은 남측 반군 자치를 6년간 보장하고 이후 독립을 위한 국민투표를 실시키로 결정했다.

한편 2003년, 수단 서쪽 지역 다르푸르에서 발생한 또 다른 분쟁으로 약 200만명의 난민과 20만-40만명의 사망자가 속출했다.[120] AU(아프리카연합) 평화유지미션이 2004년 150명에서 출발, 2005년 중반까지 약 7천명으로 증원됐다. 2007년 현재 국제사회는 AU평화유지군이 다르푸르 안정화를 위해 노력하는 모습을 지켜보고 있다. 많은 이들은 비록 미국과 EU로부터 훈련과 원조를 받는 한이 있더라도, 정치적으로나 문화적인 이유로 AU 등 아프리카 지역기구들만이 효과적인 개입을 할 수 있다고 보고 있다.[121] 그럼에도 불구하고, 비평가들은 AU의 평화유지는 자금, 인력, 전문성 부족으로 비효율적이고, 오히려 유

---

119) 더 자세한 내용은, Alex J. Bellamy (2004) 참조.

120) The Central Intelligence Agency, *World Fact Book* (2007).

121) Sarkesian (2001), p.568

엔이나 NATO가 이를 대체하거나 최소한 AU평화유지군 증원을 위해
서라도 개입해야 한다고 주장한다. 2006년 6월, 미의회가 AU에 약 1
억7천3백만 달러를 원조키로 했고 2007년 유엔은 AU와의 혼성 평화
유지군 배치를 결정하였다.[122) 그러나 다르푸르내 국제원조단체들은
수단 정부의 허락없이 유엔군이 강제적으로 개입하는 경우, 폭력이
더 가속화되고, 수백만명에 대한 긴요한 인도주의적 지원마저도 위태
롭게 될 것이라 지적하고 있다.[123)

요컨대, 국제사회는 1990년대 이후 여러 유형의 인도주의적 개입
혹은 비개입의 여정을 걸어왔다. 매번 논란이 수반된다. 결국, 21세기
국제사회는 인도주의적 개입에 보다 호의적인 국제적 규범의 개발이
라는 심대한 도전에 직면해 있다.

V. 냉소주의 도전

위와 같이 냉전종식이후 국제사회가 인도주의 개입의 여정을 밟아
오는 사이 '인도주의적 동기'에 대한 냉소주의가 차츰 증대되어 왔다.
이 점은 인도주의적 개입에 호의적인 국제규범을 만들어가는 데에
장애가 되고 있다. 냉소주의자들은 대체적으로 서방 좌파 및 저개발
국 사람들에서 쉽게 찾을 수 있다. 문제는 아이로니컬하게도 서방의
현실주의 보수파 그룹에서도 찾을 수 있다는 점이다.

인도적 개입을 변호하는 사람들은 도덕적 절박성으로 이를 정당화
한다. 그들에게 개입이란 인권이 매우 심하게 유린되었을 때만 합법
적이다. 그 논리는 1948년 12월 10일 유엔총회에서 채택된 '세계인권

---

122) Wikipedia, "African Union."
123) Roger Howard, "Where Anti-Arab Prejudice and Oil Make the Difference," *Guardian*, May 29, 2007.

선언'(Universal Declaration of Human Rights)에 근거하고 있다. 이 선언
문 30개 조항 중 제1조는 다음과 같다:

> 모든 인간은 자유롭기 위해 태어났으며, 존엄과 권리에 있어 평등하다. 그들은
> 이성과 양심을 천부적으로 부여받았기 때문에 서로 형제애로써 대해야만 한다.

그러나 행위의 동인들은 항상 복잡하고 다양하기 때문에 개입자들
의 인도주의적 동기를 여타의 동기(정치, 경제, 지정학 등)와 분명히
구별해 내기는 어렵다.

1. "선별의 문제"

종종 급진주의자들은 서방국가들에 있어 개입원칙 중 하나인 선별성
(selectivity)을 부정적으로 본다.[124] 하워드(Roger Howard)는 2007년 5월
29일 *Guardian*지에 콩고민주공화국에서 콩고인 300만-400만명이 살해
되었고, 수단 다르푸르에서 약 20만명이 살해되었지만, 전자가 후자만
큼 국제적 관심을 받지 못한 것에 대해 의구심을 표출하였다.[125] 인
종 및 석유생산 여부가 관련된 것 아니냐는 의구심이다. 하워드의 추
론이 맞는다고 가정해도 여전히 문제는 남는다. 즉, 국제사회가 인권
침해 발생 지역이나 국가에 관계없이 인도주의적 개입을 하는 것이
가능하며 또 바람직한 일인가? 도를 넘어섰다는 비판이 있지 않을까?

---

[124] Jules Lobel & Michael Ratner, "Humanitarian Military Intervention," *Foreign Policy in Focus*, 5:1 (January 2000), pp.1~3.

[125] Roger Howard, "Where Anti-Arab Prejudice and Oil Make the Difference," *Guardian*, May 29, 2007. 미국에 대한 유사한 비난은 Mahmood Mamdani (Professor of Anthropology, Columbia University), "The Politics of Naming: Genocide, Civil War, Insurgency," *London Review Books*, March 9, 2007.

2. "비대칭의 문제"

산업화된 국가들과 가난한 개발도상국 혹은 저개발국간에 존재하는 비대칭성 그 사실 자체가 서방의 인도주의적 개입 동인에 대한 의구심을 강화시키는 요소가 되고 있다. 실제로 남쪽 국가를 대상으로 북쪽국가들이 주도하는 것이 일반적이다. 게다가 인도주의적 개입에 대한 신뢰가 없는 이들은 심지어 세계인권선언도 크게는 기독교, 구체적으로는 서구 계몽주의 이후 철학자들에 의해 영향을 받았다고 본다.[126] 이들에게 있어 인도주의적 개입은 19세기 제국주의와 닮은 점이 있다: 즉, 서구식 자유민주주의의 확산을 위해 다른 문화나 대안적 정치체제를 무시하게 된다는 것이다. 궁극적으로 인도주의적 개입은 'CNN효과'로 인해 수행된다고 본다. 언론이 잊어버린 분쟁들은 무시된다는 말이다. 그러므로 남쪽에 사는 사람들에게는 인도주의적 개입이란 "강대국의 언어"로 보이기 쉽다.[127] 인도주적 개입이 약소국이나 중진국의 언어이면서도 효과적일 수 있는 가능성이 있을까?

3. "군사력사용의 문제"

인도주의적 개입의 수단으로 군사력을 사용하는 것은 인도주의적 개입의 의도를 의심하게 하는 또 다른 요인이다. 앞에서 보았듯 극히 일부를 제외하면 대다수 학자들은 "대상국의 동의에 반하여 군사력을 사용하는 것"을 인도주의적 개입의 정의에 포함시키고 있다. 그러나 인도주의적 개입을 불신하는 사람들은 무장개입이 일반적으로 군은 물론, 무고한 민간 희생자들에게 고통 및 죽음을 안겨준다고 강조한다. 또한 약자의 편에서 강자와 대적함으로써 공평성과 중립성의 가치

---

126) Wikipedia, "Humanitarian Intervention."

127) John Tirman, "The New Humanitarianism: How Military Intervention Became the Norm," *Boston Review* (Dec.2003/Jan.2004).

를 부정하는 것이라 주장한다.[128] 벨로(Waldon Bello)는 서방을 향해 "인도주의적 개입" 개념 자체를 버리라고 충고한다.[129] 그런가 하면 워싱턴 소재 사회과학연구위원회 글로벌 안보센터장인 터만(John Tirman)은 인도주의적 개입을 논할 때 "빈곤과 영양실조로 죽어가는 소리없는 학살"은 별로 중시되지 않는다고 말한다.[130] 그는 서방의 인도주의적 개입 방식이 주로 군사력 사용이었음을 일깨워 주고 있다.

4. "거부권 행사의 문제"

유엔안보리 상임이사국 5개국에만 주어지는 거부권 행사가 그들 스스로의 정치적 이익 때문에 당장 직면한 학살로부터 사람들을 구하는 것을 막고 있다는 비판을 받고 있다. 종종 러시아와 중국이 한편에 있고 미국, 영국, 프랑스가 또 한편에서 정치적 이익을 달리 하고 있다고 간주된다. 만일 5개국이 계속 동일 목소리를 내지 못한다면 강제력은 말할 것도 없고, 안보리 고유의 억지력이 곧 저하될 것이다.

인도적 개입에 대한 냉소주의자들에게는 오직 5개국에게만 배타적인 권리와 의무를 허락하고 있는 현행 거부권 체계 그 자체가 문제이다. 즉, 이들 5개국의 정책결정에 있어 인도주의적 이해가 아니라 각각의 국익이 주요 동인인 한, 문제라고 보는 것이다. 이 점에서는 인도주의 개입을 의심하는 러시아와 중국이 비교적으로 냉소주의자들에게 더 다가갈 수 있다고 하겠다. 그렇지만 이 두 국가 역시 기본적으로는 미국과 서방의 글로벌 영향력을 견제하려는 목적을 가진 것으로 비추어지기 때문에 늘 그런 것만도 아니다.

---

128) Sarkesian (2001), p.562. Sarkesian은 장래 미국의 군사적 개입은 보다 분명한 목적, 전략적 통찰력, 우선순위계산 등에 따라야 한다고 주장한다.
129) Bello (2006).
130) Tirman (2003/04).

VI. 요약 및 결론

확실히 1990년대 인도주의 위기가 목도된 이래 인도적 개입에 관한 이론이 새로운 관심을 받고 있다. 많은 학자들이 이미 지난 10여년간 발생했던 인도적 재앙으로부터 얻은 "학습"을 제시한 바 있다. 예컨대 웨이스(Thomas Weiss)는 공히 학술적 혹은 정책적 연구종사자들에게 8개의 교훈을 제시했다: 아이디어의 중요성 인지, 우선적인 원칙과 부차적 원칙 구분, 정치적 정답 회피, '국제사회' 회피, 비정부기구들의 역할 구분, 모범사례 시나리오 거부, 조금이라도 움직이기, 오늘의 헤드라인으로부터 추측해 보기 등이다.[131] 커스(James Kurth)는 인도적 재앙 해결책의 4가지 모델을 제시하면서, 자제모델(abstention model)을 가장 안전한 정책으로 추천한다. 케퍼(S. Paul Kapur)는 현지인과 개입세력 모두의 피해를 최소화하기 위해서는 대상국의 정치지형 재편성을 의도치 않으면서, 직접적 재앙해결만을 목표로 한 온건한 개입을 제안한다.[132] 바이먼과 세이볼트(Daniel Byman & Taylor Seybolt)는 단기적 어려움과 장기적 실패는 예외가 아닌 법칙이라 말함으로써 국제사회를 위로하고 있다.[133] 드리슬(Jacques deLisle)과 김성한은 "외로운 초강대국" 미국이 '선한 사마리아인" 개입모델을 택할 것을 제시한다. 이것만이 개입의 정당화, 절제, 의무 등을 포함하는 유일한 해결책이라고 본다.[134] 사케지안(Sam C. Sarkesian)은 미국 군이 명확

---

131) Thomas G. Weiss, "Researching Humanitarian Intervention: Some Lessons," *Journal of Peace Research*, 38:4 (2001), pp.419~428.

132) S. Paul Kapur, "The Operational Identity of Humanitarian Military Intervention," *Security Studies*, 12:1 (Autumn2002), pp.97~131.

133) Daniel Byman & Taylor Seybolt, "Humanitarian Intervention and Communal Civil Wars: Problems and Alternative Approaches," *Security Studies*, 13:1 (Autumn 2003), pp.33~78.

134) Jacques deLisle, "Legality, Morality, and the Good Samaritan," *Orbis*, 45:1 (Fall 2001), pp.535~556; Sung-han Kim, "The End of Humanitarian Intervention?" *Orbis*, 47:4 (Fall 2003), pp.721~736.

한 방향성을 지니고 인도주의 위기에 적합한 교육을 받아야 한다고
주장한다.135)

본 논문은 인도주의적 개입에 대한 정의가 매우 다양하다는 점에
서부터 시작하여, 냉전종식이후 인도주의적 개입에 관해 출현한 두
개의 국제규범을 분석하였다. 이어 1990년대 이후 현실 세계에서 발
생한 6건의 (비)개입사례를 검토하였다. 이로써 개입과 관련하여 국제
사회가 냉전종식이후 걸어온 시행착오의 여정을 상징적으로 보여 주
었다. 인도주의적 재앙의 성격도 발생지도 제각각이다. 다만 이들이
갖고 있는 이정표적 요소들이 우리로 하여금 향후 인도주의적 개입
에 대한 통찰력을 갖는 데에 유익하리라 보았다. 무엇을 해야만 하고
무엇을 해서는 안 되는지 6건의 사례를 검토한 결과, 다음과 같은 잠
정 결론을 얻었다: (i) 특정 인도주의적 개입사례에서 얻은 교훈은 다
른 사례에서 적용되지 않을 수 있다; (ii) 인도적 문제에 있어서 모든
것(의도, 방법, 그리고 단기적, 장기적 결과)을 보장하는 만병통치약
은 없다는 것이다. 이에 더하여, 인도적 개입에 호의적인 국제규범의
등장에 대한 냉소주의의 도전은 오늘날 강하게 지속되고 있다.

결론적으로, 인도적 개입이 인류에 관한 문제인 한, 완벽할 수 없
으며, 이와 관련된 모든 주체들을 만족시킬 수도 없다. 그러므로 인
도적 개입은 모든 방면에 있어서 균형적이며 적절한 방식이어야 한
다. 자연법에 기초한 '정의전쟁' 사상과 법적 실증주의자들의 주장은
개별 사례에 맞추어 균형을 이루어야만 한다. 후자를 경시하는 것은
개입 오용에의 문을 여는 것이며, 반대로 전자, 즉, 전쟁과 평화 이슈
에 관한 도덕적 추론의 전체 스펙트럼을 경시하는 것은 21세기 인도
적 분쟁에 대한 적절한 대응을 어렵게 할 것이다.136)

---

135) Sam C. Sarkesian, "The Price Paid by the Military," *Orbis*, 45:1 (Fall 2001), pp. 557~568.

136) Alex J. Bellamy, "Ethics and Intervention: The 'Humanitarian Exception' and the Problem of Abuse in the Case of Iraq," *Journal of Peace Research*, 41:2(2004).

제4부 참고문헌

▶ 단행본 · 논문

정은숙. 2002. 「21세기 인권의 국제화와 유엔: 러시아의 체첸 군사작전 사례연
　　구」. 세종연구소.

_____. 2002. "유엔국제범죄재판소 피고가 된 밀로셰비치." 송기도 외. 『미국
　　밖에서 새로운 질서를 찾는 지도자들』. 인물과 사상사.

Bauer, Joanne R. & Daniel A. Bell, eds. 1999. *The East Asia Challenge for Human
　　Rights*. NY: Cambridge University Press.

Blank, Stephen. 2001. "Russia's Ulster: The Chechen War and Its Consequences."
　　Demokraizatsiya.

Bodansky, Yossef. Chechnya: The Mujahedin Factor.

Boutros-Ghali, Boutros. 1995. *The United Nations and Human Rights, 1945-1995*.
　　The United Nations

Burgers, Herman. 1992. "The road to San Francisco: The Revival of the Human
　　Rights Idea in the Twentieth Century." *Human Rights Quarterly* 14-4.
　　November.

Chung, Eunsook. 2007. "Humanitarian Intervention: Can it be Perfect?" *The Journal
　　of Peace Studies* 8-2.

Connoers, Jane. 1996. *The Conscience of the World: The Influence of Non-
　　Governmental Organizations in the UN System*. Washington: Brookings.

Cornell, Svante E. 1999. "International Reactions in massive human rights
　　violations: The case of Chechnya." *Europe-Asia Studies* 1-1. January.

Crisis in Chechnya. 1995. *Hearings before the Commission on Security and
　　Cooperation in Europe, January 19 & 27 1995*. Washington DC: US
　　Government Printing House

Djilas, Aleksa. 1993. A Profile of Slovodan Milosevic. *Foreign Affairs* 72-3.
　　Summer.

Doyle, Michael W. 1997. *Ways of War and Peace*. NY: Norton.

Filipov, David. 2000. "Kidnappers Thrive on Chaos in Chechnya." *Boston Globe*.

Forsythe, David P. 1995, "The United Nations and Human Rights at Fifty: An Incremental but Incomplete Revolution." *Global Governance* 1-3. September.

Gordy, Eric D. 2000. Why Milosevic Still?. *Current History* 99-635. March.

Gutman, Roy. 1999. The Collapse of Serbia?. *World Policy Journal* 16-1. Spring.

Herd, Graeme P. 2000, "The Counter-Terrorist operation in Chechnya: Information Warfare Aspects." *The Journal of Slavic military Studies* 13-4. December.

Howard, Rhoda. 1995. *Human Rights and the Search for Community*. Boulder. CO: Westview.

Human Rights Watch. 2000. *February 5: A Day of Slaughter in Novye Aldi*. Human Rights Watch. June.

_____. 2000. *No Happiness Remain: Civilian Killings, Pillage, and Rape in Alkhan-Yurt, Chechnya*. Human Rights Watch. April.

_____. 2001. *The dirty War in Chechnya: Forced Disappearance, Tortures and summary Executions*. Human Rights Watch. March.

Kech, Margaret E. & Kathryn Sikkink. 1988. *Activity beyond Borders: Advocacy networks in International Politics*. Itaca: Cornell University Press.

Kesic, Obrad. 1993. Serbia: The Politics of Despair. *Current History* 92-577. November.

Korey, William. 1998. *NGO's & the Universal Declaration of Human Rights: "A Curious Grapevine."* NY: St. Martin's Press.

Laue, Theodor H. Von. 1987. *The World Revolution of Westernization: The Twentieth Century in Global Perspective*. NY: Oxford University Press.

Lieven, Anatol. 2000. "Through a Distorted Lens: Chechnya and the Western Media." *Current History*. October.

Lukin, V. 1999. "Chechnya, Corruption, Kosovo, NATO." *International Affairs* 45-6,

McFaul, Michael. 2001. "Pull Russia West." *Hoover Digest* 4.

Menon, Rajan & Grahan E. Fuller. 2000. "Russia's Ruinous Chechen War." *Foreign Affairs*. March-Fall.

Nicke, Lames W. 1987. *Making Sense of Human Right: Philosophical Reflections on the Universal Declaration of Human Rights*. Berkeley: University of California Press.

Odom, William E. 2001. "Realism about Russia." *The National Interest* 65.

Oliker, Olga. 2001. *Russia's Chechen Wars 1994-2000: Lessons from Urban Combat*.

Santa Monica: RAND.

Ortung, Robert W. et al., eds. 2000. *The Republics and Regions of the Russia Federation: A Guide to Politics, Policies, and Leaders*. Armonk, NY: M.E. Sharp.

Pettifer, James. 2000. The Price of Appeasement. *The World Today*. January.

Pilloni, John R. 2000. "Burry Corpse in the Stress: Russia's Doctrinal Flaws in the 1995 Fight for Grozny." *The Journal of Slavic Studies* 13-2. June.

Roberts, Adam & Benedict Kingsbury, eds. 1993. *United Nations, Divided World: The UN's Roles in International Relations*. Oxford: Clarendon Press.

Roberts, Elizabeth. 1999. Trouble Ahead. *The World Today*. December.

_____. 1999. Next Balkan Flashpoint?. *The World Today*. April.

Rosenau, James N. 1990. *Turbulence in World Politics: A Theory of Change and Continuity*. Princeton: Princeton University Press.

Ruffin, M. Holt, et al. 1999. *The Post-Soviet Handbook: A Guide to Grassroots Organizations and Internet Sources*. Seattle: University of Washington.

Rummel, R. J. 1996. *Death by Government*. Somerset, NJ: Transaction Publication.

Sell, Louis. 1999. Slobodan Milosevic: A Political Biography. *Problems of Communism*. November-December.

Semb, Anne Julie. 2000. "The New Practice of UN-Authorized Interventions: A Slippery Slope Forcible Interference?" *Journal of Peace Research* 37-4.

Silber, Laura. 1996. The Hero of Dayton: Slobodan Milosevic and the Politics of War and Peace. *World Policy Journal* 13.

Smith, Jackie, et al. 1998. "Globalizing Human Rights: The Work of Transnational Human Rights NGO's in the 1990s." *Human Rights Quarterly* 20-2. May.

Smith, Helena. 2000. Europe's last tyrant faces his end. *New Statesman* 24.

Subedi, Surya P., and QC OBE. 2017. *The Effectiveness of the UN Human Rights System: Reform and the Judicialisation of Human Rights*. Routledge.

The United Nations. 1996. *The Hight Commissioner for Human Rights: Making Human Rights a Reality*.

Tolley, Howard Jr. 1987. *The UN Commission on Human Rights*. Boulder: Westview Press.

Turner, Barry, ed. 1999. *The Statesman's Yearbook: The Politics, cultures and Economies of the Word*. New York: St. Martin's Press.

Village of Samashki April 7-8, 1995. 1996. Memorial Human Rights Center.

War Crimes in Chechnya and the Response of the West(*Testimony before the Senate Committee on Foreign Relations by Peter Boukaret*, Human Rights Watch Emergencies Researcher). 2000. Human Right Watch.

Zimmermann, Warren. 1998. The Demons of Kosovo. *The National Interest* 52. Summer.

▶ 웹사이트

http://www.gov.yu/

http://www.unhchr.ch

http://tchetchenieparis.free.fr.

http://www.amnesty.org

http://www.great-britain.mid.ru.

http://www.monde-diplomatiquefr/dossiers/kosovo/rambouillet.html

www.org/m_online/bodansky/chechnya.htm

www.serbia-infor.com/news/1999-06/10/12493.html

▶ 언론

AFP

Financial Times

Interfax

Itar-Tass

Kommersant

Korea Herald

Lenta.ru

Moscow Times

Nezavisimaya gazeta

Novye Izvestia

RIA Novosti

Telegraph

제5부

글로벌 비전통 안보위협과
유엔의 과제

제1장
글로벌 비전통 안보위협[1]
유엔과 한국의 기여 요소

Ⅰ. 문제의 제기

이즈음의 세계는 세계화 및 디지털화 여파 속에서 국가간의 군사
및 정치적 갈등에서 비롯된 '전통적 안보위협'외에도 특정 주권국가의
생존과 발전, 나아가 인류전체의 안녕에 대한 소위 '비전통적'(non-
traditional) 안보위협'에 크게 노출되어 있다. 비전통적 위협은 테러리
즘, 마약밀매, 전염병, 해적, 불법이민, 난민, 환경안보, 경제 및 금융
안보, 사이버안보 등 다양한 형태로 나타난다.

21세기 인류는 이들 비전통적 안보위협이 세계 평화와 안정에 초래
할 수 있는 대참사 가능성을 주시해야 한다. 미국에서 발생한 2001년
9.11테러리스트의 공격은 약 3,000명의 희생을 낳았는데, 이는 1940년
대 일본의 진주만 공격으로 희생된 수보다 더 컸다. 2004년 12월 인
도양 쓰나미는 약 30만명의 생명을 앗아갔으며, 매년 300만명 가량이
AIDS(후천면역 결핍증)로 사망한다. 그런가 하면 빈곤이나 소위 실패
국가는 또 다른 형태의 비전통적 안보위협으로 연계되기 쉽다.

---

[1] 한러대화(KRD) (서울, 2010.11.10.). 저자의 발표문을 발췌, 정리하였음.

II. 비전통적 안보위협 요소 공통점

이들 새로운 형태의 위험은 공통된 특징을 갖고 있다. 첫째, 고도로 초국가적이며, 그렇기 때문에 인류 전체의 이익과 직결되어 있다. 이 점에서 특정국가의 국경을 중심으로 지리적으로 한정되어온 재래식 안보개념과는 근본적으로 다르다. 둘째, 비전통 위협은 군사행동에 국한된 것이 아니기 때문에 이들을 억제함에 있어 무력만으로는 충분치 않다. 셋째, 위협정도가 늘 시야에 들어오는 것이 아니어서 예측이 불가능하고 이것이 곧 대참사의 주된 원인이 되고 있다. 비전통적 위협의 심각성을 인식하는 시점에는 이미 피해가 가해진 다음이기 쉽다. 자연재해도 그렇지만 금융위기나 전염병 역시 가변적이고 복합적인 과정에서 연유되기 때문에 감지나 대응조처가 쉽지 않다. 넷째, 비전통적인 위협과 전통적인 위협은 종종 연계되어 있다. 상당수 비전통적 위협은 직접적으로 전통적 위협과 관련된 문제에서 연유된다. 예컨대, 전쟁 여파로 난민문제와 환경파괴가 야기될 수 있는 것이다. 반대로 비전통적 위협이 소위 전통적 안보위협으로 분류될 수 있는 갈등의 촉매제가 될 수 있다. 예컨대, 테러단체에 의한 대량살상무기 확보 시도가 특정 국가로의 대량살상무기 확산을 가져올 수 있는 것이다. 다섯째, 비전통적 안보위협은 비단 냉전종식이후 지난 20여년만의 일은 아니다. 예컨대, 마약밀매, 해적, 전염성이 매우 높은 병 등은 새로운 현상들이 아닌 것이다. 테러리즘도 국제연맹이 이의 방지 및 처벌에 관한 협약을 도모하기 시작한 1934년 이후 국제적 의제가 되어 왔다.[2] 자연재앙 역시 인류의 역사와 같이 공존해 온 것이다. 다만 특정의 비전통 위협이 글로벌 질서에 대한 직접적 도전으로 변모한 데 대해서는, 각각의 복합적인 역사적 배경이 있을 것이

---

[2] Lyal S. Sunga, *The Emerging System of International Criminal Law: Developments in Codification and Implementation* (Brill Publishers, 1997), pp.191~203.

다. 예컨대, 빈곤과 저개발은 오늘날과 같은 글로벌 시대, 쉽게 절망을 낳고 이는 곧 쉽게 테러리즘의 온상이 될 수 있는 것이다. 그런가 하면 인류의 무한정한 발전의지는 환경안보를 위태롭게 하고 있다. 실제로 20세기 후반 들면서 자연재해가 이전에 비해 자주, 더 심하게 인류에게 피해를 주고 있음은 객관적으로 입증된 사실이다.

III. 비전통 안보에 대한 국제적 대응과 유엔

냉전종식이후 국가관계 확대 속도에 비해, 비전통 안보위협에 대한 국제적 혹은 각국 위기 대처 능력은 현저히 취약하다. 따라서 특정국가 혹은 특정지역에서 발생한 위기가 도미노와 마찬가지로 번져나갈 가능성이 매우 높다. 이에 대해서는 안보개념에 대한 총체적 발상의 전환이 필요하다. 첫째, 오늘날 인류가 당면한 비전통적 안보위협은 군사력이나 정치적 영향력만으로는 평화와 안보를 담보하기 어렵다는 점을 보여주고 있다. 둘째, 다양한 형태의 비전통 안보위협에 비추어볼 때, 단일 국가의 행위로는 소기의 성과를 보기가 어렵다는 점이다. 즉, 국제협력이 필수적이다. 국제사회는 조기 경보체계와 위기관리 주체 확립을 위한 다자간 대화와 협력을 강화해 나가야만 한다.

바로 이 점에서 국제사회가 유엔에 거는 기대가 크다. 실제로 유엔이 국제적으로 가장 방대하고 분주하게 움직이는 주체내지는 프레임 설정자임을 누구도 부정하기 어렵다. 대표적 사례를 들자면 2005년 유엔의 '반테러리즘 테스크포스'가 전세계적으로 반테러리즘 활동의 조율 및 일관성 강화를 위해 설립되었다. 현재 이 전담반에는 반테러리즘과 관련된 30개 유엔기구가 참여하고 있으며, 회원국에게 필요한 정책지원 및 지식전수, 기술지원 등을 하고 있다.[3] 그런가하면 2006

---

3) http://www.un.org/terrorism/cttaskforce.shtml

년 유엔은 진후 평화구축 및 재건 목적의 재원 규합 및 사회통합 전략에 관한 조언을 임무로 '평화구축위원회(Peacebuilding Commission)'를 신설했다.[4] 물론 각 대륙 및 지역 차원에서도 냉전종식이후 비전통 안보위협에 대한 협력을 목적으로 다양한 노력이 전개되고 있다.

요컨대, 21세기 인류는 전통적 국가안보 모델로는 이해나 대응이 어려운 다양한 안보위협에 직면해 있고, 이에 따라 실천적으로나 이론적으로나 유엔 등 국제기구의 역할을 강조하는 제도주의에 입각한 소위 '글로벌 거버넌스'가 설득력을 더하고 있다.[5] "유엔"이 주도하는 비전통 안보에 관한 국제협력틀은 다대하나, 여기서는 그중 "국제테러리즘"과 "비정부 행위자로의 대량상살무기 확산 위협"에 관한 것을 그 사례로서 조망해 보았다.

1. 국제테러리즘 위협

오늘날 글로벌 차원에서 효력을 지닌 반테러리즘(counter-terrorism) 관련 국제협약은 13개로서 모두 유엔이 주도했다.[6] 이들은 '외교관계에 관한 비엔나 협약'(1961), '영사관계에 대한 비엔나 협약'(1963), '항공기내 공격행동에 관한 협약'(1963), '항공기 불법찬탈 억제 협약법'(1970), '민항 안전에 반하는 불법행위 억제 협약'(1971), '핵물질 물

---

[4] http://www.un.org/peace/peacebuilding/mem-orgcomembers.shtml

[5] 다음을 참조: James Rosenau, "Toward an Ontology for Global Governance," in Martin Hewson and Timothy J. Sinclair (eds.), *Approaches to Global Governance Theory* (1999); Diane Stone, "Global Public Policy, Transnational Policy Communities and their Networks," *Journal of Policy Sciences* (2008); Margaret P. Karns and Karen A. Mingst, *International Organizations: The Politics and Processes of Global Governance* (2004); Thomas G. Weiss and Ramesh Thakur, *The UN and Global Governance: An Idea and Its Prospects* (2010).

[6] UN, *International instruments to counter terrorism.*

리적 보호 협약'(1979), '국제공항에서의 불법폭력 억제 협약'(1988), '안 전항해에 반하는 불법 행위 억제 협약'(1988), '대륙붕상 고정 플랫폼 안전에 반하는 불법행위 억제 협약'(1988), '플라스틱 폭발제 협약' (1991), '테러리스트 폭발억제 국제협약'(1997), '테러리즘 금융억제 국 제협약'(1999), 그리고 '핵테러리즘 행위억제 국제협약'(2005)이다.

마지막으로 채택된 2005 유엔 '핵테러리즘 행위억제 협약'(International Convention for the Suppression of Acts of Nuclear Terrorism)은 2007년 발효됐으며 115개국이 서명했다.[7] 본 협약은 핵테러리즘을 범죄행위 로 규정하고 이에 대한 방지, 수사, 처벌을 위해 경찰 및 법무 차원 에서의 협력을 도모하려는 모든 국가에게 개방된 다자조약이다. 위기 상황시 피해국에 대한 해결책 지원 및 위기후 IAEA(국제원자력기구) 를 통한 핵물질의 안전성 확보를 담보한다. 물론 국가차원의 핵무기 위협 혹은 사용 등에 관한 법적 문제는 본 협약에서 다루지 않는다.[8]

현재 논의중에 있는 14번째 협약의 명칭은 '국제테러리즘에 관한 포괄 협약'(Comprehensive Convention on International Terrorism)이다. 모든 형태의 국제테러리즘을 범죄로 취급하고 테러리스트들에 대한 자금, 무기, 은신처 등 일체의 지원을 차단하기위해 제안된 것이다. 1996년 12월 유엔총회 결의로 신설된 특별 임시위원회에서 이를 협의 중이나, '테러리즘'에 관한 회원국간 의견차로 아직 소기의 성과를 거 두지 못하고 있다.[9] 한편, 2001년 9.11테러의 여파 속에 유엔안전보장 이사회는 헌장 제7장(평화위협, 평화파괴, 침략행위에 대한 조처)에 의거 법적 구속력을 지닌 결의문 제1373호를 채택하였다. 이로써 회 원국간 정보교환을 독려하면서 국가들의 준수상황을 모니터하기 위한

---

[7] 협약의 현지위에 대해서는 http://treaties.un.org/Pages/ViewDetailsIII.aspx?&src= IND&mtdsg_no=XVIII-15&chapter=18&Temp=mtdsg3&lang=en

[8] 전문은 http://treaties.un.org/doc/db/Terrorism/english-18-15.pdf.

[9] 대표적으로 정규군에 의한 테러리즘 혹은 자칭 해방운동단체에 의한 테러 리즘 등에 관한 논쟁을 말한다.

유엔안보리 '반테러리즘 위원회'(CTC)가 설립됐다. 2006년 9월에는 유엔 총회가 직접 '글로벌 반테러리즘 전략'(Global Counter-Terrorism Strategy) 을 채택했다. 지역차원에서도 이미 '테러리즘 억제 유럽협약'(1977), '테러리즘방지 유럽평의회 협약'(2006), 'CIS 테러리즘과의 전쟁 협력 CIS 협약'(1999), '국제테러리즘과의 전쟁 이슬람회의기구 협약'(1999) 등이 있다.10)

2. 비정부 단체로의 대량살상무기의 확산

대량살상무기(핵, 생물, 화학 무기)와 그 전달체(폭격기, 잠수함, 미사일)의 확산은 냉전종식이후 국제테러리즘과 함께 국제안보의 중요한 이슈로 등장하고 있다.11) 북한과 같이 특정국가들에 의한 불법취득 위험은 전통적 안보위협 요소를 내포하고 있지만, 테러리스트들의 획득가능성은 전형적인 비전통 안보 위협이 되고 있다. 일체의 확산 위협을 억제하기 위해 핵무기와 그 전달체, 생물무기, 화학무기 등에 대한 기존 국제 통제레짐을 강화시켜야 할 당위성이 커진 것이다.

2001년 9.11테러로 인해 테러분자들의 WMD(대량살상무기)획득 가능성에 대한 공포가 더 깊어지자 유엔안보리는 2004년 4월 만장일치로

---

10) http://en.wikipedia.org/wiki/International_conventions_on_terrorism#Internation al_conventions_related_to_terrorism_and_counter-terrorism_cases

11) 다음을 참조: Olav Njølstad, *Nuclear Proliferation and International Order: Challenges to the Non-Proliferation Treaty* (2010); Sverre Lodgaard, *Nuclear Disarmament and Non-Proliferation: Towards a Nuclear-Weapon-Free World?* (2010); Daniel Joyner, *Non-proliferation Export Controls: Origins, Challenges, and Proposals for Strengthening* (2006); Olivia Bosch and Peter van Ham, *Global Non-Proliferation and Counter-Terrorism: The Impact of UNSCR 1540* (2007); Thomas Berndorfer, *Nuclear Commerce: Its Control Regime and the Non-Proliferation Treaty* (2009); Susanna Schrafstetter and Stephen Twigge, *Avoiding Armageddon: Europe, the United States, and the Struggle for Nuclear Non-Proliferation, 1945-1970* (2004).

결의문 제1540호를 채택, "비정부 행위자"에 초점을 둔 WMD비확산을 결의했다.[12] 회원국으로 하여금 유엔헌장 제7장(평화위협, 평화파괴, 침략행위에 대한 조처)에 의거, WMD와 운반체의 확산 방지를 위한 법과 규제책을 개발, 시행토록 한 것이다. 본 결의문은 WMD확산 잠재자를 '비정부 행위자'로 본 점에서, 그리고 '회원국 모두'에게 일괄적인 구속력을 소지한 점에서 비확산레짐 역사에 중요한 이정표가 됐다. 나아가 안보리는 최초 2년 임기의 소위 '1540위원회'를 구성, 회원국의 본 결의문 이행 점검을 과제로 부과했으며 이후 안보리는 후속 결의문들을 통해 위원회 임기를 계속 연장, 2021년까지로 확정했다.

IV. 비전통적 안보위협에 대한 한국의 역할과 비전

2010년 한국은 건국 62주년을 맞이하였다. 일제강점기(1910-1945)에서 벗어났으나 남북분단, 그리고 이어진 한국전쟁(1950-53)의 폐허에 직면했던 한국은 국제원조를 토대로 경제적 기적을 만든 성공사례로 불리고 있다. 제2차 세계대전 이후 독립한 국가들 중 자유민주주의와 시장경제 발전을 가장 단시간내 이룩한 모델국가인 한국이 국제사회의 안전, 개발, 평화에 이바지함으로써 보답을 하여야 한다는 목소리는 이미 1990년대 중반부터 자연스럽게 한국사회와 국제사회에서 공히 요구되어 온 바이다. 따라서 한국정부는 경제, 문화, 환경 등 다양한 부문에서 세계 여러나라들과의 협력을 통해 세계평화 및 공영에 이바지하는 데에 관심을 두지 않을 수 없게 됐다.[13]

이하에서는 한국의 공적개발원조(ODA) 및 국제 평화유지활동(PKO)에의 기여, 유엔의 기후변화 대책에서의 선진국과 개도국간 교량역

---

12) https://www.un.org/press/en/2004/sc8076.doc.htm
13) 한국 국방부, *Defense White Paper* 2008, p.44.

할, 그리고 글로벌 핵안보에 대한 기여의지 등 4개 부문을 중심으로
글로벌 비전통적 안보위협에 대한 한국의 역할과 비전을 생각해 보
고자 한다.

1. 글로벌 빈곤퇴치와 개발

한국은 1945년 해방 이후 경제재건에 이르기까지 미국 등 다수 선
진국으로부터 원조를 받았다. 1954-1960년간 한국경제의 연평균 성장
률은 4.9%, 연평균 투자율은 11.8%였으며 투자재원은 무상원조가 대
부분이었다. 무상원조는 1959년 말부터 유상원조로 대체되기 시작하
였다. 1960년 1월 '외자도입촉진법'이 제정되면서 경제개발 5개년 계
획의 수립과 함께 경제 활성화가 시작되었다. 1995년 세계은행 차관
졸업국이 되면서 사실상 수원대상국 명단에서 벗어났다.[14] 나아가 원
조국으로 변모하여 1995년 1.1억 달러로 시작된 한국의 공적개발원조
(ODA)는 2008년 8.03억 달러로 증대됐다. 1990년대 말 외환위기 당시
일시적 감소를 보였지만 2000년도부터 지속적으로 확대되어 2002년
아프가니스탄 및 이라크 재건지원 사업 등을 계기로 규모가 대폭 확
대되었다.

한국은 경제규모 증대에 맞추어 1996년 12월 대부분 대의제 및 자유
시장 원칙을 수용하는 선진국들의 모임인 '경제협력개발기구'(OECD)
정회원이 됐다. OECD는 경제성장, 개발도상국 원조, 무역확대 등을
다루는 기구다. 마침내 2010년 1월에는 24번째로 OECD '개발원조위원
회'(DAC) 정회원이 되었다. 그간은 30개 OECD 회원국 중 선진 22개
국 및 EU집행위원회가 DAC회원으로 활동하여 왔지만 이제 한국도
이들과 함께 명실상부한 선진국형 국제개발협력체제 구축 활동에 참
여하게 되었음을 말한다. 한국은 국민총소득(GNI)대비 공적개발원조

---

14) http://www.koica.go.kr/

규모를 현행 0.09%에서 2015년 0.25%까지 증대시킬 계획을 갖고 있다. 또한 원조의 비구속성 제고 등 원조방식도 DAC의 기준에 맞게 선진화할 계획이다.[15] 2009년 12월 국회에서 채택된 '국제개발협력기본법'은 유엔의 '새천년개발목표'(MDGs)를 고려하여 중장기적 관점에서 ODA의 법적, 제도적 기반이 되고 있다. 2011년에는 한국에서 제4차 원조효과 고위급 회의(High Level Forum on Aid Effectiveness)가 개최될 예정이다.[16] 본 회의는 선진국과 개도국의 정부 및 민간지도자들이 글로벌 원조의 효과성을 평가하는 자리로서 한국이 국제적 현안에 중요한 역할을 수행하는 중요한 사례가 될 것이다.

한국은 또한 글로벌 금융위기 해결책을 모색하기 위한 G20 정상회의에도 적극적으로 참여하여 왔다. 2009년 9월 피츠버그 정상회의에서는 만장일치로 한국을 다음 정상회의(2010년 11월) 의장국으로 선임했다. 한국은 의장국 역할을 통해 '개발문제'가 글로벌 경제정책의 주요 현안으로 부각되고, 그 자신의 경험과 전문성을 바탕으로 선진국과 개도국간 교량이 되고자 한다.[17]

2. 국제평화유지활동(PKO)

냉전종식이후 세계질서 재편과정에서 국경, 인종, 종교, 자원문제 등을 둘러싼 각종 분쟁이 급증함에 따라 국제 평화유지활동도 활발하게 추진되고 있다. 평화유지활동은 무력충돌을 경험한 특정 국가로 하여금 평화상태를 회복, 유지하는 것을 도와주는 방법으로, 일반적으로 유엔안전보장이사회의 결의에 따라 유엔이 직접 실행하거나 유

---

[15] DAC 회원국은 현재 GNI의 평균 0.3%를 해외원조에 할당하고 있다. 국제적 목표인 0.7%에 이를 수 있도록 노력하고 있으며 매년 위원회에 이를 보고한다.

[16] http://www.koica.go.kr/

[17] Kang-ho Park, "Korea's Role in Global Development," *Brookings Northeast Asia Commentary* No.36 (October 10, 2010) 참조.

엔안보리가 EU, AU, NATO 등과 같은 국제기구 또는 다국적군에 위임하여 실시한다.[18]

냉전질서하에서는 분쟁지역 정전감시가 주된 임무였으나, 최근에는 인도적 지원, 선거지원, 국가 재건활동 지원 등으로 임무가 확대되는 추세이고 참여대상도 군인뿐만 아니라 경찰, 공무원, 민간인 등으로 확대되고 있다. 2010년 160국에서 약 124,000명의 요원이 유엔 PKO국(DPKO)이 주관하는 4개 대륙, 16개 평화활동에 참여하면서 수억 명의 일상생활에 직접적 영향을 미치고 있다. 1999년과 비교, 요원수가 9배로 증대되었으며, 1년(2009.7-2010.6) 책정예산은 79억 달러이다.[19]

한국은 기여외교의 일부로서 해외 군사활동, 특히 평화유지활동의 가치와 중요성에 대한 인식을 제고하고 있다. 첫째, 유엔이 주관하는 평화유지미션에 군을 파견하고 있다. 한국은 유엔의 요청에 따라 1993년, 최초로 소말리아에 공병대대를 부대단위로 파견한 이래 국제 평화유지활동에 적극 참여하여 지역 재건, 의료 지원 등 인도적 활동

---

18) 다음을 참조. Roland Paris and Timothy D. Sisk, *The Dilemmas of Statebuilding: Confronting the Contradictions of Postwar Peace Operations* (Security and Governance) (2009); Robert M. Perito, *Guide for Participants in Peace, Stability, and Relief Operations* (2007); William J. Durch, *Twenty-first-century Peace Operations* (2006); Dane F. Smith, *U.S. Peacefare: Organizing American Peace-Building Operations* (2010); Malcolm Hugh Patterson, *Privatising Peace: A Corporate Adjunct to United Nations Peacekeeping and Humanitarian Operations* (2009); Paul F. Diehl and Daniel Druckman, *Evaluating Peace Operations* (2010); Center on International Cooperation, *Annual Review of Global Peace Operations 2010: A Project of the Center on International Cooperation* (2010); Michael W. Doyle and Nicholas Sambanis, *Making War and Building Peace: United Nations Peace Operations* (2006); Donald C. F. Daniel, Patricia Taft, and Sharon Wiharta, *Peace Operations: Trends, Progress, and Prospects* (2008).

19) 이중 88,000명은 군 및 군옵저버, 13,000명은 경찰요원, 5,800명은 국제 민간요원, 14,000명은 현지 민간요원, 그리고 나머지 2400명은 유엔 자원봉사자들이다. http://www.un.org/en/peacekeeping/documents/factsheet.pdf

과 치안 유지 및 평화정착 지원임무를 수행하고 있다. 1994년-2006년 서부 사하라에 의료지원단 파견, 1995년-1996년, 앙골라에 190명 야전 공병단 파견, 1999년-2003년 동티모르에 지역재건 및 치한회복을 위한 대대규모 보병부대 파견 등이 포함된다. 2007년 7월부터는 레바논 남부 티르지역에 동명부대를 파견하여 레바논-이스라엘 국경지대의 정전감시 임무를 수행하고 있다.

한국은 이상에서처럼 군부대 파견은 물론 유엔평화유지 미션에 옵저버 및 참모장교 요원도 파견하였다. 1994년 10월 유엔 그루지아옵저버미션(UNOMIG)에 파견된 것을 시작으로 현재는 인도·파키스탄, 레바논, 라이베리아, 아프가니스탄, 수단, 네팔, 서부사하라, 아이티, 코트디부아르 등에서 평화유지활동을 지원하고 있다.

〈표 1〉 한국의 유엔 평화유지활동 요원 파견 현황 (2009년 10월 31일)

	군	경찰	군옵저버	합
서부사하라			2	2
아프가니스탄			1	1
다르푸르	2			2
레바논	367			367
라이베리아	2			2
네팔			4	4
수단		1	6	7
티모르-레스테		4		4
인도·파키스탄			9	9
코트디보아			2	2
				400

〈출처〉 유엔 (http://www.un.org/en/peacekeeping/contributors/2009/oct09_3.pdf)

또한 한국군은 유엔안보리결의를 존중하는 다국적 연합군의 일원이 되어 의료, 건설, 정전감시, 현지안정화 등에 기여해 왔다. 2001년

9.11테러 이후 유엔안보리결의안 제1368호와 제1373호에 따라 2001년 12월과 2002년 2월 아프가니스탄에 해·공군 수송지원단 및 의료지원단인 동의부대를 파병했다. 2003년 2월에는 건설공병지원단인 다산부대도 추가 파병했다. 아프가니스탄에서의 진료, 재건임무는 2007년 말 종료됐다. 아프가니스탄 정세가 기대만큼 안정화되지 못하자 2010년 6월 한국지방재건팀(PRT) 보호를 목적으로 오쉬노 부대를 파견하였다. 2004년 7월에는 한국 자이툰 부대가 유엔안보리결의안 제1546호에 따라 이라크 아르빌 지역에 파견돼 2008년 12월까지 4년여, 재건 및 민사작전을 수행했다.

그런가하면 2009년 3월 실패국가 소말리아 해역에 해군 청해부대를 파견, 국제해상안전과 해적테러 대응을 위한 국제사회의 노력에 동참하는 한편, 우리 선박 보호 임무를 수행하고 있다. 2010년 1월 대규모 지진 피해를 입은 아이티에 재건지원을 목적으로 2월부터 단비부대를 파견했다.

한국은 부대단위 다국적군 파병활동을 지원 또는 보완하기 위해 참모 및 협조장교를 주요 지역에 파견하여 운영하고 있다. 청해부대 활동과 관련하여 바레인 연합해군사와 지부티 CJTF-HOA(Combined Joint Task Force – Horn of Africa)에, 그리고 아프간 재건지원단 활동과 관련하여서는 아프가니스탄 바그람기지와 미국 중부사령부에 각각 참모 및 연락장교를 파견하고 있다.[20]

둘째, 유엔 평화유지활동 분담금이다. 유엔회원국들은 경제상황에 맞추어 유엔총회가 정한 분담금을 기여하고 있으며 일부 국가들은 그 이상으로 기여하기도 한다. 2010년 상위 10대 국가는 미국(27.17%), 일본(12.53%), 영국(8.16%), 독일(8.02%), 프랑스(7.56%), 이탈리아(5.00%), 중국(3.94%), 캐나다(3.21%), 스페인(3.18%), 그리고 한국(2.26%)의 순이다.[21]

---

[20] http://www.mnd.go.kr.

셋째, 2009년 12월, 한국에서는 처음으로 '유엔평화유지활동 참여에 관한 법'이 국회본회의에서 채택되었다. 국제적으로 평화유지활동에 대한 요구가 증대되고 한국내에서도 자발적으로 국제적 요구에 따라 보다 신속하고 효율적인 파병을 위한 전략방안이 외통부, 국방부, 국회 등에서 심도있게 논의되어 온 결과이다. 정부가 국회의 동의를 전제로 총1천명 규모내에서 유엔과 파견지 선정, 파견부대의 규모, 파견기간 등에 대해 잠정적으로 합의할 수 있도록 함으로써 보다 신속한 파견이 가능하게 되었다. 유엔은 1994년 이래 PKO미션 결정시점부터 30-90일내 파병완료를 목표로 하여 왔다. 정부는 '유엔평화유지활동 참여법'을 통해 그간 평균 6-7개월 걸리던 파견소요기간을 적어도 3-4개월로 단축할 수 있을 것으로 보고 있다.[22]

이와 같이 1990년대 이후 한국의 국제평화유지활동에 대한 관심과 지원의 배경에는 1945년 일제 강점기를 벗어난 이후 국제사회로부터의 지원에 대한 보답, 책임있는 중견국가가 되려는 의지, 글로벌 안보와 평화 속에 지속적인 경제성장 및 안정화가 가능하다는 판단, 그리고 보다 장기적으로는 한반도 안보에 대한 국제적 지원확보라는 고려가 있을 것이다. 북한의 대남 군사위협이 증대됨에 따라 한국사회내 대북억제력 강화에 지장이 오지 않아야 한다는 요구도 없지 않지만, 국제평화유지활동에 대한 한국의 지원과 관심은 증대할 것으로 보인다.

3. 기후변화와 '녹색성장'(Green Growth)

오늘날 '기후변화'라는 말은 더 이상 과학적 호기심에 머물러 있지 않다. 우리시대 최우선의 환경현안이자 단일요인으로는 가장 심대한

---

[21] http://www.un.org/en/peacekeeping/documents/factsheet.pdf
[22] 정은숙, "한국의 유엔PKO참여법과 평화유지활동," 「정세와 정책」 (2010.2)

도전이 바로 기후변화다.[23] 기후변화가 초래하는 비전통 안보위협은 경제활동, 인간의 보건과 안전, 식량생산, 안보 등을 포함하고 있다. 예컨대 기후패턴의 변화는 강우량 예측을 어렵게 함으로써 식량생산을 위협하며, 해수면의 증대는 연안 담수지의 오염 및 대규모 홍수를 가져올 수 있다. 또 대기 온난화는 이전 열대지역에 국한되었던 질병을 이외의 지역으로 확산시키기도 한다. 요컨대 기후변화로 인해 지구상 인류가 예측하기 어려운 환경생태 시스템이 구축되고 있는 것이다.[24]

석유, 석탄 발화시 방출되는 이산화탄소와 같은 온실가스가 지구 온난화의 주범이 되고 있는 것이다. 유엔기후변화기본협약(UNFCCC: United Nations Framework Convention on Climate Change)은 이에 착안하여 1992년 6월 브라질 리오 데 자네이로에서 도출된 국제환경조약이다. 1994년 3월 발효되어 2009년 기준, 192개국이 참가하고 있다. 참가국들은 1995년 이후 매년 기후변화 정책에 대한 회의를 개최하고 있지만, 그 자체로서는 개별국가에 대한 의무량이나 강제력을 갖지는 않는다.[25] 대신 유엔기후변화기본협약은 참가국들로 하여금 의정서(protocol)를 채택, 방출량의 제한을 가할 수 있게 하였다. 1997년 교토에서 타결된 '교토 프로토콜'이 바로 그것으로서 선진국들에 대해 법적 구속력을 지닌 온실가스 방출 제한을 부과키로 한 것이다. 2005년에 발효되었으며 37개 선진국들에 대해 2008-2012년간 1990년 대비 평균 5.2% 감축목표를 설정토록 하였다. 선진국들이 150여년이상 산업활동을 추진한 결과, 기후변화에 있어 좀 더 책임이 크다는 입장에서 그들에게 '공통적이지만 다른 책임'(common but differentiated responsibilities) 원칙을 적용하여 좀 더 큰 짐을 지운 것이다. 방출량 모니터 및 거래

---

23) http://www.unep.org/climatechange/Introduction/tabid/233/Default.aspx

24) http://www.unep.org/PDF/UNEPOrganizationProfile.pdf

25) Article 2. The United Nations Framework Convention on Climate Change. http://unfccc.int/essential_background/convention/background/items/1353.php.

량 기록을 담당하는 유엔기후변화 사무국은 독일 본(Bonn)에 소재한다.

2010년 현재 인류가 직면한 시급한 숙제는 교토의정서 실행기간이 만료되는 2012년 전에, 2013년부터 적용될 선진국과 개도국의 배출목표량과 기한에 관한 새로운 의정서의 타결이다.[26] 2009년 12월 코펜하겐에서 개최된 유엔기후변화기본협약 총회는 기후가 2도 이상 오르지 않아야 한다는 데에는 모두 공감하면서도 정작 참가국간 이견으로 인해, 이 숙제를 2010년 12월 멕시코 칸쿤(Cancun)에서 개최될 차기 회의로 미뤘다.[27] 코펜하겐에서 100여국 정상 및 2만여 각계 지도자가 post-교토의정서를 대비하려 했지만, 합의점 모색에는 실패한 것이다.

한국이 국가적 어젠다로 추진하고 있는 비전중 하나가 '저탄소 녹색성장'이다. 온실가스와 환경오염을 줄이는 지속가능한 성장을 말한다. 2009년 2월 대통령직속으로 녹색성장위원회가 출범하여 2020년까지는 세계 제7대, 2050년까지는 세계 제5대 녹색강국으로의 진입을 목표로 하고 있다.[28] 위원회는 녹색성장의 3대 전략으로 (i) 기후변화 적응 및 에너지 자립; (ii) 신 성장 동력 창출; (iii) 삶의 질 개선과 국가위상 강화를 채택하고 이에 따른 10대 세부 정책방향을 수립하였다. 이로써 1인당 및 단위에너지당 이산화탄소 배출량의 안정화는 물론, 국제적 기후변화 논의에 좀 더 적극적으로 대응하고자 하는 것이다. 이미 2009년 코펜하겐 유엔 기후변화회의에서 한국은 자발적인 중기감축 목표(2030년 배출 전망치 대비 30% 감축)를 제시, 개도국의 참여를 이끌어내는 데 기여하였으며 2010년 6월, 각국의 녹색성장 계획을 지원하기 위한 '글로벌 녹색성장연구소'(GGGI)를 출범시켰다.[29]

---

[26] http://unfccc.int/kyoto_protocol/items/2830.php

[27] BBC News, "Copenhagen deal: Key points" (2009.12.19)

[28] 녹색성장위원회 (http://www.greengrowth.go.kr/www/green/Is/is.cms) 참조.

[29] http://www.president.go.kr/kr/president/speech
http://article.joins.com/article/article.asp?ctg=13&Total_ID=3930175

4. 반(反)핵테러리즘과 핵물질의 안전관리

냉전종식이후 핵테러리즘 위험이 급격히 주요한 비전통 안보위협 중 하나로 자리매김하고 있다. 핵테러리즘은 핵무기 혹은 방사능 무기의 사용 혹은 위협을 동원한 테러리즘을 말하며 방사능 물질을 소재한 시설에 대한 공격도 포함된다. 미국은 그간 구소련동구권 농축우라늄과 플루토늄이 소위 '문제국가' 혹은 테러단체의 수중에 놓이게 될 것을 가장 큰 글로벌 안보위협 중 하나로 치부하고, 해당국들과의 양자협력을 통해 이 문제를 해결하여 왔다.[30] 최근에는 많은 관측자들이 파키스탄내 테러리스트들에 의한 국가 핵무기 접근 가능성을 크게 우려하고 있다. 그러나 핵테러리즘 방지는 어떤 국가 하나로서 해결될 성질의 것이 아니다.

이러한 위협인식 속에서 2010년 4월 12-13일, 대통령 후보시 "핵무기 없는 세상"을 비전으로 제시했던 미국 오바마 대통령은 핵테러리즘 방지를 위한 국제협력 강화를 목적으로 워싱턴 D.C 에서 사상 최초의 '핵안보'(Nuclear Security) 정상회의를 개최했다. 47개국 정상과 EU, UN, IAEA 대표가 참석하였다. 오바마 대통령은 이 문제를 글로벌 안보차원에서 가장 직접적이고 극단적인 위협으로 간주하고 있다. 핵안보 정상회의는 핵테러리즘 위협에 대한 공동의 이해, 핵물질 안전을 위한 효과적 조치, 그리고 핵밀수 및 핵테러리즘 근절방안 등 핵물질의 안보에 초점을 두었다. 편의상 핵비확산, 핵군축, 평화적 핵에너지 이용 등 '핵비확산조약'(NPT)고유의 의제는 크게 다루지 않았다. 참석자들은 자국 핵물질의 안전관리를 약속하는 동시 핵안보 및 핵테러리즘에 관한 주요 국제조약의 필요성에 합의했다. 이 기간 중 힐러리 클린턴 미국 국무장관과 라브로프 러시아 외무장관은 17,000개

---

30) Philipp C. Bleek, "Project Vinca: Lessons for Securing Civil Nuclear Material Stockpiles," *The Nonproliferation Review* (Fall-Winter 2003), p. 1.

의 핵무기 생산에 쓰일 수 있는 양의 무기급 플루토늄(34 메트릭 톤) 폐기 합의서에 서명했다. 이로써 미러는 플루토늄 폐기의 문을 여는 동시, 핵안전 관리 의지에 관한 모범적 선례를 만들었다. 미국은 또한 우크라이나, 멕시코, 칠레 등과도 농축우라늄과 플루토늄 안보에 관한 양자 합의에 각각 성공했다.[31]

2010년 회의에서 한국은 2012년 50여개국 정상들이 모여 '핵테러리즘의 위협 없는 안전한 세계' 구현을 논의할 제2차 핵안보 정상회의의 개최국으로 확정됐다. 한국이 NPT 등 비확산 규범을 성실히 준수하면서 민수용 원자력 이용을 활발히 추진해나가고 있는 모범국가인 점이 긍정적으로 작용하였다고 하겠다. 무엇보다 오바마 대통령이 고안한 핵안보 정상회의가 일회성에 그치지 않고 연속성을 갖는 회의 기제로 발전된 것은 글로벌 평화를 위해서 바람직한 일이다.

---

31) Hilary Rodham Clinton, the US Secretary of State, "Nuclear Security Summit Advances Our Goal of a World Free From Nuclear Danger" (April 15, 2010); 정은숙, "제1차 핵안보 정상회의: 배경, 성과, 시사점" 「정세와 정책」(2010-5)

제2장
세계화와 글로벌 테러리즘[32)]
현상과 유엔중심 대응

Ⅰ. 세계화 속 글로벌 테러리즘: 현상과 정의

테러리즘의 역사는 인류사와 같이 한다고 하지만, 미-소 양극체제 종식 및 세계화 심화 속에서 테러리스트 네트워크 또한 세계화, 디지털화되고 있다. 어느 한 국가나 지역이 감당하기는 어려운 위험이 되어 버린 것이다. 2001년 9월 11일, 알카에다의 뉴욕 테러공격으로 무고한 시민 3,000여명이 목숨을 잃었고, 2011년 1월 24일, 러시아 국제공항(Domodedovo)에서의 자살폭탄 테러로 35명이 희생되었다. 테러리스트들은 흔히 폭탄 혹은 독극물을 사용하여 최대한 공공의 관심과 공포를 유도하기 때문에, 9.11테러 이후에는 부쩍 이들의 대량살상무기(WMD: Weapons of Mass Destruction) 물질 및 기술 획득 가능성도 우려의 대상이다.[33)]

---

32) 정은숙,『글로벌 거버넌스와 국제안보: 이슈와 행위자』(한울, 2012), pp.189 ~202를 축약했음.
33) IAEA에 따르면 1993년-2007년간 모두 1340건의 핵 및 방사능 불법거래 혹은 비의도적 핵안보 위반행위가 발생하였다. 핵물질과 테러리즘 연계가능성에 대해서는 Peter Brooks, *A Devil's Triangle: Terrorism, Weapons of Mass Destruction, and Rogue States* (New York: Rowman & Littlefield, 2005) 참조.

〈표 1〉 21세기 주요 테러발생 일지[34]

발생일	발생국	희생규모	테러단체
2000.3.21	인도	35(시크교도)	캐슈미르 모슬렘 민병단체
2000.10.12	예멘	17(미해병)	알카에다
2001.6.1	이스라엘	140여명	하마스 공표
2001.9.11	미국	3000여명	알카에다 (오사마 빈 라덴)
2002.6.18	이스라엘	19(고교생)	하마스 자살폭탄 (버스)
2002.10.12	인도네시아	202	제마 이슬라미야 공표
2003.5.12	사우디아라비아	10여	알카에다 의심
2003.10.23-26	러시아	129여명	체첸반군 (극장 인질극)
2004.3.11	스페인	191	알카에다 (열차 폭발)
2005.7.7	영국	50여명	자살폭탄 (지하철 & 버스)
2005.7.23	이집트	60여명	자살폭탄
2005.9.30	수단(다르푸르)	29	무장민병
2008.11.26-29	인도	164	래쉬카-이-타이바 (파키스탄)
2010.1.14	러시아	35	자살폭탄 (국제공항)

테러리즘에 대한 대응은 여러 방식으로 나타날 수 있다. 형사법 절차, 추방, 경찰력 및 보안 강화 혹은 선제적 군사작전이나 인도주의 활동까지도 포함한다. 그런가하면 반테러 작전은 다양한 도전에 직면하고 있다. 기술적 및 재정적 측면은 물론 '테러리즘'에 대한 정의와 개념에 대한 논쟁, 나아가 테러리즘 대처과정에서 존중되어야 하지만 때때로 비효율성을 낳을 수밖에 없는 "인권," "인도주의," "민주주의," "난민보호" 등에 대한 시민사회 및 여론의 요구 등 다대한 도전이다.[35] 이런 측면에서 보면 분명 민주주의 사회는 조직적인 글로벌 테

---

34) Cindy C. Combs, *Terrorism in the Twenty-First Century* (New York: Longman, 2011), xix-xxii 표. (필자의 정리 및 보완).

35) Jocelyn Jones Evans, *One Nation under Siege: Congress, Terrorism, and Democracy* (University Press of Kentucky, 2010). 민주국가내 반테러 입법과 관련 어려움에 관해서는 Benjamin Wittes (ed.), *Legislating the War on Terror: An Agenda*

러리즘에 대해 취약성을 안고 있다고 하겠다.

무엇보다 '테러리즘'의 정의는 국제사회에서 논란의 대상이다. 민족 해방, 종교대립 등에 연루된 테러활동 때문이다. 따라서 국제사회는 테러를 정의하기 보다는 '행위'에 초점을 둔 정의를 취한다. 예컨대, 1994년 유엔총회는 테러리즘을 "일반인, 특정그룹 혹은 특정인물에 대해 정치적 목적을 갖고, 의도적으로 공포를 조성하는 범죄적 행위"로 규정하였다. 이러한 행위는 "정치, 철학, 이념, 인종, 종교, 기타 어떠한 이유로도 정당화될 수 없다"고 선포한 것이다. 이후 유엔총회는 이들 행위에 대해 계속하여 규탄해 왔다.36) 2011년 9.11테러 이후 국제사회는 테러리즘에 대한 좀 더 정교한 정의를 내리고자 노력을 거듭해 왔고 마침내 2005년, 아난 제7대 유엔사무총장은 테러리즘 자체에 대한 정의가 시급하다며 다음과 같이 제의하였다. "특정 국가 혹은 국제기구로 하여금 특정의 행동을 하거나 못하게 하려는 목적 하에 무고한 민간을 대상으로 한 위협, 혹은 고의적 피해, 부상, 살해"이다.37) 그러나 아직도 또 다른 시각에서는 "누군가에게는 테러리스트이지만 또 다른 누군가에게는 자유투사"라는 상대주의적 관점 속에서 테러리즘에 대한 정의는 논쟁거리가 되고 있다.

---

for Reform (Washington D.C.: Brookings Institution, 2009); Elspeth Guild, "EU Counter-Terrorism Action: A Fault Like Between Law and Politics?" CEPS Liberty and Security in Europe (April 2010) 참조.

36) United Nations Declaration on Measures to eliminate International Terrorism annex to UN General Assembly resolution (December 9, 1994, UN Doc. A/Res/ 60/49).

37) Report of the Secretary General's High-Level Panel on Threats, Challenges and Change (2004) 참조 (http://www.un.org/secureworld/).

II. 글로벌 분쟁과 테러와의 상관관계

냉전질서 종식과 함께 과거 적대적 국가간 혹은 동맹간 이념에 입
각한 무력충돌 가능성이 현저히 줄어든 반면 세계질서 재편과정에서
국경, 인종, 종교, 자원문제 등을 둘러싼 각종 분쟁이 급증하였다. 이
에 따라 국제사회의 평화유지활동(PKO) 및 평화구축 수요가 급증하
고 있다. PKO는 무력충돌을 경험한 특정 국가로 하여금 평화상태를
회복, 유지하는 것을 도와주는 방법이다. 냉전기 평화유지(제1세대
PKO)는 주로 국가간 분쟁지역 정전감시가 주된 임무였고, 미-소 대립
하 소극적일 수밖에 없었다. 반면 냉전종식이후 평화유지(제2세대
PKO)는 내전분출로 인해 인도적 지원, 선거지원, 국가 재건활동 지원
등으로 임무가 확대되는 추세이고 참여대상도 군인뿐만 아니라 경찰,
공무원, 민간인 등으로 확대되고 있다. 또한 유엔의 직접 주도가 적
합지 않거나 불가능한 경우, 지역기구 혹은 '자발적 국가연합'에 위임
하는가 하면, 많은 경우 OSCE, AU, NATO, EU 등 지역기구들과의 파
트너십 관계 속에서 이루어지고 있다.[38] 물론 냉전종식이후 출범한
모든 PKO가 그러한 것은 아니다. 그러나 이 사실들은 공히 1990년대
이후 PKO와 국제사회의 평화구축 개입에 대한 새로운 도전 및 새로
운 대응 양식을 말하여 준다. 반기문 사무총장은 유엔이 보다 안전한
세계를 구현하려면 유엔 체계 내외에서 보다 많은 회원국 및 여타
동반기구들과의 '글로벌 파트너십'을 필요로 한다고 역설하고 있다.[39]

---

[38] 다수의 전문가들이 실제로 이를 긍정적으로 평가하고 있다. 예컨대 Piirarinen
은 현재 다르푸내 AU회원국 병력활용을 현지친화력 차원에서 바람직하다
고 주장한다. Touko Piiparinen, "The Lessons of Darfur for the Future of
Humanitarian Intervention," *Global Governance* 13-3 (2007), pp.365~390.

[39] Report of the Security-General on the Work of the Organization, General
Assembly 64th Session (UN, 2009). PKO에 대한 도전요소에 대해서는 다음을
참조: Eunsook Chung, "Humanitarian Intervention: Can it be Perfect?" *The
Journal of Peace Studies* 8-2 (2007), pp.291~320; Alexi J. Bently et. al.,

현재 수단, 콩고, 다르푸르 등 빈곤대륙 아프리카 여러 나라의 내전
과 분규, 중동의 분규 잠재력, 그리고 아프가니스탄과 이라크의 재건
과제는 21세기 국제 평화에 큰 도전요소가 되고 있다.

내전과 분규는 '실패국가'를 낳고 이는 다시 국제 테러리스트 단체
들의 은신처 혹은 소말리아의 경우처럼 아덴 만 부근 해적을 양산함
으로써 글로벌 시대 초국가적 위협의 씨앗이 되고 있는 것이다. 특정
'실패국가'내 고용기회 부재, 취약한 경찰력, 여기에 무기, 마약, 인신
의 불법매매 등 초국가범죄가 결부되면, 현지에서 테러단체들은 지속
적으로 단원을 충원할 수 있다.[40] 이는 아프리카 등지의 '식량안보'와
경제발전, 고용기회 증진이 장기적 글로벌 테러리즘 거버넌스와 무관
치 않음을 말한다.[41] G8국가들은 이미 유럽내 모슬렘 이주자들의 경
제적, 사회적 통합, 사하라이남 아프리카의 경제발전과 고용기회 증
진이 장기적 측면에서 테러단체들의 입지 약화에 기여할 것이라는
인식하에, 국내 사회정책 및 대아프리카 지원을 추진하여 왔다.[42]
2011년 들어 크게 불거진 중동 소요사태는 국제사회로 하여금 활화산
과 같은 중동지역 정세불안은 물론 테러리즘의 글로벌화에 대한 두
려움을 안겨주고 있다.

Understanding Peacekeeping (Polity Press, 2004), pp.187~250; Dennis C. Jett,
Why Peacekeeping Fails (Palgrave, 1999); Anrzei Sitkowiecki, *UN Peacekeeping:
Myth and Reality* (Prager, 2006).

[40] 글로벌 불법복사 조직범죄의 예: Gregory F. Treverton et al., *Film Piracy,
Organized Crime, and Terrorism* (RAND, 2009) 참조.

[41] 경제측면에서 전쟁의 종식과 이후 평화공고화를 다룬 연구는 Mats Berdal &
Achim Wennmann, *Ending Wars, Consolidating Peace: Economic Perspective*
(London: The International Institute for Strategic Studies, 2010) 참조. 예컨대,
소말리아가 1990년대 내전이후 '실패국가'가 되면서 연안 해적테러리즘이
국제안보 이슈로 부각되고 있다: Jonathan Stevenson, "Jihad and Piracy in
Somalia," *Survival*, 52-1 (Feb-Mar 2010), pp.27~38; Martin N. Murphy, *Contemporary
Piracy and Maritime Terrorism: The Threat to International Security* (London:
Routledge, 2010).

[42] 미국 국가정보위원회 (NIC), *Global Trends 2025* (2008).

III. 유엔위시 국제적 반테러리즘 공조 현황

1. 유엔 (2001-현재)

(1) 반테러리즘 목적의 기구 혹은 조직 창설

유엔은 글로벌 거버넌스의 센터 역할을 하고 있다. 2000년대 들어 평화 및 반테러즘과 관련된 업무의 효율성을 높이기 위해 다음의 기제들을 신설하였다.

첫째, 2001년 9.11테러 발발 2주 후, 유엔안전보장이사회는 결의문 제1373호를 채택하고 이의 이행을 감독, 지원할 목적으로 유엔 '글로벌 반테러위원회'(Global Counter-Terrorism Committee)를 출범시켰다.

〈안보리 결의문 제1373호, 2001〉
법·제도측면에서 회원국 반테러 능력제고 촉구[43]

- 테러리즘 자금조달에 대한 범죄처리
- 테러관련 인물의 계좌동결
- 테러단체에 대한 각종의 자금지원 불허
- 테러리스트에 대한 은신처, 물자 등의 공급 차단
- 테러 실행 혹은 계획 단체에 대한 외국과의 정보 공유
- 테러관련 인물의 수사, 탐사, 체포, 추방, 처벌 과정에서 외국과의 협력
- 국내법하 테러에 대한 적극적, 소극적 지원의 범죄화 및 위반자의 처벌
- 테러관련 국제 반테러리즘 협약들에의 가입

15명으로 구성된 위원회는 설립 이후 회원국의 영토안팎 테러방지

---

[43] 전문은 SC7181. http://www.un.org/News/Press/docs/2001/sc7158.doc.htm. 미국 RAND연구소는 설문조사 결과, 9.11테러 이후 (2002-3) 미국의 연방 및 지방정부의 반테러 태세를 긍정적으로 평가하였다. Loise M. Davis et al., *Combating Terrorism: How Prepared Are State and Local Response Organizations?* (RAND, 2006).

능력 제고에 이바지하여 왔다. 2004년, 위원회 산하에 '반테러리즘 행정실(CTED)'을 창립, 활동의 전문성과 효율성을 기하고 있으며, 2005년에는 추가적으로 아래 안보리 결의문 제1624(2005)호의 이행도 위원회의 미션에 포함시켰다.

〈안보리 결의문 제1624호, 2005〉
회원국내 계획단계에서의 테러차단

- 법률 및 은신처 불허

위원회는 회원국 요청에 따른 방문, 법적, 재정적, 기술적 지원, 국가보고서(country report) 작성, 모범사례 공지, 유관 국제, 지역, 소지역 기구들과의 각종 회의를 통한 조율 등의 기능을 수행하고 있다. 2011년 1월, 주유엔 인도대사가 신임 위원장에 취임하였다.

둘째, 유엔안전보장이사회는 2004년 '1540위원회'를 창설하였다. 안보리가 만장일치로 헌장 제7장하, 결의문 제1540호를 채택함으로써 탄생한 것이다.[44] 회원국들로 하여금 '비정부 단체'들의 WMD(대량살상무기) 획득, 생산, 소유, 이전, 사용에 대한 일체의 지원을 금하며, 매 2년마다 안보리에 이행보고서를 제출토록 한다. 당초 2년 시한으로 출범하였지만, 이후 안보리 결의에 따라 몇 차례 연장되어왔다. 위원회는 안보리의 요청에 따라 종합적 검토를 위한 첫 단계로서 2009년 (9.30-10.2) 뉴욕 유엔본부에서 대규모 회의를 개최한 바 있다.

셋째, 유엔은 2005년 '반테러리즘 실천 태스크포스'를 출범시켰다. 제7대 사무총장인 아난이 '유엔체계'내 반테러 노력의 조율 및 일관성 강화를 목적으로 창립한 것이다. 현재 31개 유엔조직이 각각의 전문

---

[44] 안보리 결의문 제1540호의 영향에 대한 분석은 Olivia Bosch & Peter Van Ham (eds.), *Global Non-Proliferation and Counter-Terrorism* (Washington, D.C.: Brookings Institution Press, 2007) 참조.

성을 기초로 참가하고 있다.[45] 개발, 분쟁방지 및 반테러, 법치 및 인권 등 포괄적인 범주이다. 본 태스크 포스의 기본목표는 유엔체계로 하여금 회원국의 수요에 부응하여 정책지원을 하고, 2006년 이후는 유엔총회가 채택한 '글로벌 반테러전략'의 공지 및 홍보, 그리고 필요시 신속한 기술지원이다.

넷째, 유엔은 2006년 유엔 '평화구축위원회'(Peacebuilding Commission)를 출범시켰다. 좀 더 넓은 의미에서 테러리즘 예방 및 '평화'와 관련하여 국제사회의 능력을 제고시키기 위한 것이다. 분쟁의 재발을 막기 위해서는 단순한 PKO로는 어렵다는 판단에서 아난 당시 유엔총장이 제안한 것이다. 실제로 지난 10년간(2001-2011) 발발한 글로벌 분쟁 총 39건 중 31건은 분쟁이 1년이상 멈춘 듯 하다가 다시 나타난 사례들이다.[46] 평화구축위원회는 분쟁 이후 국가들의 평화노력 지원을 위한 '다자자문기구'의 역할을 수행하고 있다. 국제기부자, 국제금융기구, 개별국가(수혜경험국, 기부국, 평화유지군 파병국) 등 평화구축에 직접 관련된 행위자들로 구성되며, 분쟁 이후의 평화구축 및 재건을 위한 통합전략을 모색하고, 나아가 사전에 평화에 대한 위협요인을 탐색한다. 산하에 '평화구축 지원실'과 '평화구축 기금'(회원국, 국제기구, 개인들의 자발적 기부금)이 있다.

위원회는 현재 평화구축을 위해 15개국내 모두 100여건의 평화 프로젝트를 지원하고 있다. 지원의 기준은 다음 4개이고 이중 하나 혹은 그 이상에 부합하여야 한다: (i) 평화과정에 대한 위협도래시 즉각 대응; (ii) 수혜국의 평화적 문제해결 능력 고양; (iii) 평화배당(peace dividends)을 위한 경제활성화; (iv) 주요 행정서비스 재건 등이다. 2010년 위원회의 출범 이후 첫 4년간의 업무평가가 있었다. 이와 관련하여 반기문 사무총장은 평화구축위원회의 중요성을 강조하면서 향후 좀 더

45) http://www.un.org/terrorism/cttaskforce.shtml.

46) J. Joseph Hewitt et al., Peace and Conflict 2010 (Boulder: Paradigm 2010), p.3.

구체적으로 평화구축에 이바지할 수 있는 방안이 모색되어야 한다고
역설하였다.[47]

(2) 반테러리즘 협약 혹은 문건의 채택

유엔은 국제공동체가 언젠가 '보편적 반테러리즘 협약'을 채택할 날
이 올 것이라는 기대하 9.11테러 이후 테러리즘과 관련된 문건 및 협
약 채택 등 이를 위한 노정을 걸어 왔다.

첫째, 2003년 유엔 마약 · 범죄국(UNODC)은 '반테러 협약과 프로토콜
에 이르는 입법가이드(Legislative Guide to the Universal Anti-Terrorism
Conventions and Protocols)를 출간하였다.[48]

둘째, 보편적이진 않지만 몇몇 반테러 협약이 체결되었다. 예컨대,
유엔은 2005년 핵테러리즘 예방을 목표로 한 '국제 핵테러리즘 억제
협약'(International Convention for the Suppression of Acts of Nuclear
Terrorism)탄생에 기여하였다. 본 협약은 제25조(2)에 따라 2년 후인
2007년 7월 7일, 그 효력이 발생됐다. 핵테러리즘을 범죄행위로 규정
하고 이에 대한 방지, 수사, 처벌을 위해 경찰 및 법무 차원에서의
협력을 도모하려는 모든 국가에게 개방된 다자조약이다. 위기상황시
피해국에 대한 해결방안을 지원하며, 위기 이후 '국제원자력기구'(IAEA)
를 통해 핵물질의 안전성을 확보한다. 115개국이 서명하고 76개국이
비준하였다.[49]

본 협약을 포함하여 현재까지 유엔틀 내에는 반테러리즘과 관련하
여 모두 13개의 협약 및 의정서가 있다.[50] 이들 대부분은 테러리즘의
정의에서 오는 정치적 이견을 피하기 위해, 테러 자체에 대한 정의를

내리는 대신, "행위"에 대한 규탄 및 그에 대한 국제사회의 대안을 제시하고 있다.

〈표 2〉유엔틀 내 13개 테러관련 협약[51]

협약명	보관소	체결 (일자/장소)
외교관 등, 국제적 보호인물에 대한 범죄의 방지 및 처벌에 관한 협약	유엔사무국	1973.12.14
인질납치에 대한 국제협약	유엔사무국	1979.12.17
테러리스트 폭발억제에 관한 국제협약	유엔사무국	1997.12.15
테러리즘 금융억제에 관한 국제협약	유엔사무국	1999.12.9
핵테러리즘 행위억제에 관한 국제협약	유엔사무국	2005.4.13
비행중의 공격 및 기타 행위에 관한 국제협약	ICAO	1963.9.14. 동경
항공기 불법납치에 관한 국제협약	러시아, 영국, 미국	1970.12.16. 헤이그
민간항공안전에 대한 불법행위에 관한 국제협약	러시아, 영국, 미국	1971.9.23. 몬트리올
핵물질의 물리적 보호에 관한 국제협약	IAEA	1980.3.3. 비엔나
국제공항에서의 불법 폭력억제프로토콜에 관한 국제협약	미국, 영국, 프랑스 ICAO	1988.2.24. 몬트리올
항해에 대한 불법행동억제에 관한 국제협약	IMO	1988.3.10. 로마
대륙붕 고정 플래트폼 안전에 대한 불법행위	IMO	1988.3.10. 로마
플라스틱 폭발제에 대한 탐색목적의 표시	ICAO	1991.3.1. 몬트리올

현재 논의 중에 있는 제14번째 협약의 명칭은 '국제테러리즘에 관한 포괄 협약'(Comprehensive Convention on International Terrorism)이

---

[51] United Nations Treaty Collection,
http://treaties.un.org/Pages/DB.aspx?path=DB/studies/page2_en.xml&menu=MTDSG.

다. 모든 형태의 국제테러리즘을 범죄로 취급하고 테러리스트들에 대한 자금, 무기, 은신처 등 일체의 지원을 차단하기 위해 1996년 12월 유엔총회가 그 필요성에 대해 결의한 것이다. 그러나 앞에서 논의하였듯 테러리즘에 관한 회원국간의 의견차가 계속됨으로 인해 현재까지도 특별 임시위원회 내에서 협의하고 있을 뿐, 소기의 성과를 거두지 못하고 있다.[52]

셋째, 2006년 9월, 유엔총회는 '글로벌 반테러전략'(GCTS: Global Counter-Terrorism Strategy)을 채택하였다. 전년도(2005) 개최된 세계정상회의(World Summit)의 산물로서, 아난 제7대 사무총장의 보고서 「테러리즘에 대한 대항 연대: GCTS 권고안」(2006.5)을 토대로 하였다.[53] '결의문'과 '부속 행동계획'으로 구성된 본 문건(A/RES/60/288)은 개별국가, 지역, 그리고 국제사회에 이르기까지 각 행위자가 반테러를 목적으로 공동의 전략접근을 취할 수 있도록 하는 인류사상 첫 전략문건이라 해도 과언이 아니다. 전략의 4대 축은 다음과 같다.[54]

- 테러리즘 확산의 조건 제거
- 테러리즘 방지 및 대처
- 테러리즘 방지 및 대처를 위한 국가의 능력제고 및 '유엔체계'의 역할 강화
- 반테러활동 토대로서 인권 및 법치 존중

유엔총회는 매2년마다 전략의 이행을 검토하고 있으며, 2010년 9월 8일의 경우, 검토후 만장일치로 모든 종류의 테러규탄, 회원국들의 GCTS이행, 회원국과 유엔 반테러 실무조직들과의 협력, 시민사회의 참여 등을 강조하는 결의문을 채택하였다.[55]

---

[52] 대표적으로 정규군에 의한 테러리즘 혹은 자칭 해방운동단체에 의한 테러리즘에 관한 논쟁을 말한다.

[53] *Uniting against Terrorism: Recommendations for a Global Counter-Terrorism Strategy.*

[54] 전문과 부속서는 http://www.un.org/terrorism/strategy-counter-terrorism.shtml.

2. G8의 반테러 공조

테러리즘 이슈는 1975년 출범 당시 경제협의체로 출범한 '선진국 그룹' G7에게 있어 이미 오래된 의제중 하나이다. 특히 2001년 9.11테러 이후 G8의 회원국들은 G8차원은 물론 국제적 차원에서의 반테러 공조를 선도하고 있다. 다만, 1997년 러시아가 가입하여 G8이 되었기는 하나, 보다 긴밀한 반테러리즘 공조는 기존 G7회원국 관계에서 더욱 활발한 것으로 보인다.

첫째, G8은 유엔의 글로벌 반테러 결의를 다각적으로 지원하고 있다. 위에서 설명된 2001년 채택된 안보리 결의문 제1375호와 13개 반테러 협약의 이행을 위해, 필요한 경우 국내법을 수정하여 왔다. 뿐만 아니라 이들이 선진국인만큼, 유엔 '반테러 위원회'와 함께 제3의 국가들에 대한 기술 및 법적 지원을 선도해 왔다. 나아가 '국제테러리즘에 관한 포괄 협약'의 체결을 위한 유엔의 노력을 이끌어 가고 있다.

둘째, G8차원의 반테러 공조는 회원국 정상, 법무, 내무, 외무, 재무 장관, 전문가 그룹(Roma Group, Lyong Group)들 간의 협력을 토대로 한다. G8 공조사례는 테러리스트 및 테러 네트워크의 자금 차단(G7 합동 테러리스트 명단 공개); 인터넷을 포함한 커뮤니케이션 차단 노력(사생활 보호위한 일련의 원칙 개발); 테러수사 공조체제; 아프가니스탄 테러리스트 네트워크 차단('국제안정화군'의 역할); 테러단체와 초국가범죄(마약 밀매, 불법이민, 여권사기, 무기밀매, 돈세탁)와의 잠재적 연관성 대처; 화학무기, 생물무기, 방사능, 핵테러 위협 및 대처 능력 평가(정보교환) 등이다.

---

55) http://www.un.org/News/Press/docs//2010/ga10977.doc.htm (GA/10977). Eric Rosand는 유엔의 전략 이행을 긍정적으로 평가하고 있다. Eric Rosand, "From Adoption to Action: The UN's Role in Implementing its Global Counter-Terrorism Strategy," *Policy Brief* (April 2009).

3. 지역차원의 반테러 공조

21세기 세계화와 함께 지역화 또한 강화되는 추세이다. 지역차원에서의 반테러 공조는 냉전기인 1970년대부터 이미 가시화되었으며, 냉전종식이후, 특히 9.11테러의 여파 속에서 그 중요성을 더하고 있다. 2011년 기준 유엔에 신고된 지역기구 차원의 반테러 협약은 모두 9건이다(표 3). 대부분의 반테러 지역협약은 유엔차원의 국제협약에 비추어 구체성이나 법적 구속력이 약하지만, 테러의 기술, 자금, 무기차단 등의 측면에서 국제협력의 새로운 방향을 열어 주고 있다.

2000년대 체결된 두 개의 반테러 지역협약은 유럽평의회(2005)와 ASEAN(2007)에 의한 것이다. 전자는 이미 1977년 EU(당시는 EC)의 반테러 협약 등 서유럽 국가간 반테러리즘 공조의 움직임이 있었던 만큼, 보완적 의미를 갖고 있다. 후자는 비로소 2007년에 동남아 국가들도 ASEAN차원에서 최초로 반테러 협약을 갖게 되었다는 점에서 의의가 크다.[56) 극단적 성향의 모슬렘과 급진 정치단체들의 테러 위협이 높은 동남아 국가들이 본 협약에 합의할 수 있었던 데에는, 기존 국제협약들과 마찬가지로 테러리즘이 아닌, 테러의 '범죄행위'를 정의함으로써 가능하였다.

---

56) 동남아 국가 중 싱가포르, 인도네시아, 말레이시아, 필리핀은 테러리스트 재활정책 경험이 있다. 나아가 본 조약의 성립은 또 다른 한편으로는 동남아 국가들이 테러리스트 처벌에 있어, 국제 인권법을 따를 것이라는 점도 시사한다.

〈표 3〉 테러리즘에 관한 지역기구 차원의 협약

협약명	지역기구	시점
인간을 대상으로 한 범죄형태의 테러 방지 및 처벌에 관한 OAS 협약	OAS	1971.2.2. 워싱턴 D.C.
테러억제에 관한 유럽 협약	EU	1977.1.27. 스트라스부르그
SAAR의 테러억제협약	SAAR*	1987.11.4. 카트만두
아랍 테러억제 협약	League of Arab States	1998.4.22. 카이로
CIS 협력 조약	CIS	1999.6.4. 민스크
OIS 반국제테러 협약	Organization of Islam States	1999.7.1. 와가두구
OAU 반테러 협약	Organization of African Unity	1999.7.14. 알제리
유럽평의회 테러방지 협약	Council of Europe	2005.5.16. 바르샤바
ASEAN 반테러 협약	ASEAN	2007.1.13. 세부

* 남아시아지역협력연합 (South Asian Association for Regional Cooperation)

4. 핵테러리즘과 오바마 대통령의 '제1차 핵안보 정상회의' (2010)

2010년 4월 12-13일, 워싱턴에서는 사상 최초의 핵안보 정상회의 (Nuclear Security Summit)가 개최되었다. 47개국 정상들이 "핵무기없는 세상"을 핵정책 비전으로 주창해온 오바마 대통령이 구상한 본 회의에 참석, 핵물질의 안전관리 및 핵테러리즘 예방의 중요성에 관해 인식을 같이 하였다. '핵안보'(Nuclear Security)란 핵 및 방사능 물질 혹은 그 시설과 관련된 도난, 파괴, 부당한 접근, 불법이전 등을 방지, 탐색하거나 이에 대응하는 것을 말한다.[57] 제1차 핵안보 정상회의는

---

[57] Pietro Egidi (ed.), *Detection of Nuclear Weapons and Materials* (New York: Nova Science Publishers, 2010) 참조.

인류사에서 핵안보와 관련하여 매우 획기적인 이정표가 되었음을 부인할 수 없다. 무엇보다도 핵테러리즘을 효과적으로 예방할 수 있는 수단과 방법을 가진 정상들의 첫 회동이라는 점이 그렇다. 이를 가능케 했던 것은 취임 원년(2009년) 4월 프라하 연설에서 "핵무기없는 세상"을 제안했던 미국의 오바마 대통령에 의해 가능하였다.

핵안보 정상회의의 성과는 크게 세 가지 측면으로 볼 수 있다. 첫째, 9.11이후 좀 더 현실화되고 있는 핵테러 가능성에 대한 국제사회의 관심촉구, 우크라이나, 캐나다, 칠레, 멕시코, 러시아 등 참가국의 핵물질 안전관리 및 폐기 약속(2014년내 무기급 핵연료 수십만톤),[58] 그리고 2012년 서울 제2차회의를 확정함으로써 회의의 연속성을 확보했다는 점이다. 핵안보 정상회의가 안고 있는 장기적 과제로는 핵물질의 폐기 외에 '생산'의 문제, 현재처럼 자발적 성격의 공약 외에 '법적 구속력' 확보, 핵물질뿐 아니라 방사능 물질의 포함 등이 있다.

IV. 한국의 글로벌 반테러리즘 공조 현황

한국은 그간 국제 평화유지활동(PKO)에는 기여하는 바가 있으나, 2001년 9.11이후 국제 테러리즘 위협 증대에도 불구하고, 반테러법의 무산, '국제 핵태러리즘 억제협약' 비준미비 등 비교적 소극적인 상태이다. 2012년 약 50개국 정상이 참가하는 서울 핵안보 정상회의를 앞두고 이에 대한 대책이 마련되어야 할 것이다.

---

58) 우크라이나는 107kg의 고농축우라늄 (약 7개 핵탄두분)과 56kg의 폐연료를 2년내 러시아로 이전하겠다고 약속하였다. 이외에 캐나다, 칠레, 멕시코 등이 핵물질의 안전관리 및 폐기를 약속하였으며, 미국과 러시아는 68톤의 무기용 플루토늄 (약 17000개의 핵무기 제조분) 제거에 합의하였다. 더불어 미국은 자국 핵시설 안전강화 및 글로벌 위협감축구상(GTRI)예산 확충을, 러시아는 자국내 마지막 무기급 플루토늄 원자로의 폐쇄를 각각 약속하였다.

한국의 글로벌 반테러 공조는 2001년 9.11테러 이후 주요국가, 특히 G8 등과 비교할 때 소극적이다. 그 배경에는 시민사회내 (i) 적어도 글로벌 차원에서 종교나 인종에 기인한 테러위협으로부터 지리적, 문화적으로 거리가 있다는 인식; (ii) 테러방지법 등의 도입에 따른 사생활 침해 가능성 우려 (iii) 기존 국가보안법의 부정적 측면에 대한 거부감 등이 있다. 이 점은 9.11이후 아프가니스탄과 이라크 파병, 북한의 군사 및 테러 위협 등에 비추어 볼 때, 불균형적이라 하겠다.

그럼에도 불구하고 2012년 서울 핵안보 정상회의를 통해 핵테러리즘 공조에는 일익을 담당하게 되었다. 미국 오바마 대통령은 2010년 워싱턴에서 개최된 제1차 핵안보 정상회의 중 한국의 2012 핵안보 정상회의 개최는 역내는 물론 글로벌 차원에서 한국의 리더십을 반영하는 것이라 하였다.[59] 2012년 예측의제는 (i) 테러리스트 단체의 손에 핵물질이 이전되지 않도록 하기 위한 제도 및 파트너십 강화; (ii) IAEA의 임무수행에 필요한 재원 및 권한 강화; (iii) 핵물질의 안전 및 밀거래 방지를 위한 구체적인 활동 등이다. 북한 핵문제에 대한 논의는 핵테러리즘 예방 및 핵물질 관리와의 연관성을 찾아 논의될 수 있을 것이다.

---

[59] Obama's Speech at the Nuclear Security Summit
(http://www.cfr.org/proliferation/obamas-speech-nuclear-security-summit-april-2010/p21889)

제3장
국제테러리즘의 패러다임 전환과 유엔안보리의 대응[60]

'비대칭 안보위협'과 국제테러리즘

전통적 안보위협과 달리 오늘날 안보위협은 적대세력이 여러 모습과 방식으로 접근하고 있다. 테러리즘, 폭동, 정보전, 파괴위협전, 우편물을 통한 생물무기 공격 혹은 인터넷상의 사이버 공격, 강대국을 대상으로 한 비정부 행위자들의 전투방식 등이 모두 포함된다. 즉, 오늘날의 적들은 주권국가간 합법적 군사력에 의해 수행되는 전통적 전쟁에서만 마주치는 존재가 아니다. 안보학계에서도 이 새로운 형태의 전쟁을 기술하려 노력하는 과정에서 여러 용어들이 고안 혹은 부활됐다. "저강도 전쟁," "전쟁이 아닌 군사작전," "제4세대 전쟁"(말, 권총, 공습 이후), "비정규전" 등이 그것들이다.

"비대칭 위협"이나 "비대칭전"이란 용어도 이런 맥락 속에서 냉전종식 직후 각국가내 학계, 관계에서 부쩍 인구에 회자되었다. 특히 2001년 9.11테러는 그 전기가 됐다. 양극체제가 종식된 지 10년 후 (i) 서방 앞에 나타난 새로운 적(敵)은 규칙도, 국경도 없음을 보여주었다. 군사력도, 첨단기술도, 화력도 없지만 단시간내 미국본토에서 2,977명의 무고한 시민("소프트 타깃")의 목숨을 앗아갔다. 50년 냉전사에 없던 일이다. 또한 (ii) 군이 더 이상 적의 공격으로부터 자국 정부와

---

60) "비대칭 안보위협: 국제테러리즘의 패러다임 전환," 「정세분석」 (세종연구소, 2016.12)

국민을 보호할 수 없음을 보여주었다. 이를 계기로 서방내 군개혁 문제와 함께 이미 한창이었던 비대칭전 개념(전략, 전술, 안보, 위협)에 대한 관심과 쟁점이 급증했다.

그러나 시간이 가면서 '비대칭 위협'이나 '비대칭전'이 사제폭탄, 슈퍼컴퓨터 바이러스, 핵확산, 생물무기, 화학무기 공격까지 너무 많은 것을 담고 있어 오히려 모호한 개념이라는 지적이 나오기 시작했다. 또한 '손자병법'에서 강조하듯, 무릇 모든 전쟁은 비대칭적이라는 사실도 용어의 적합성 논란을 부추겼다. 그래서 이미 2000년대 중반부터 서방 군부쪽에서는 이 용어의 사용을 자제해 왔다. 그러나 정부관리나 국가지도자들 사이에서는 여전히 널리 통용되고 있다.

여기서는 짧은 지면상 비대칭 위협 모두를 다룰 수는 없고 그중에서도 최근 몇 년 비대칭 위협 중 가장 주목을 받고 있는 '국제테러리즘'에 초점을 두려 한다. 특히 2014년부터 그 잔인성과 글로벌 확산위력으로 인류를 공포에 몰아넣은 '이슬람국가'(IS 혹은 '이라크-레반트 이슬람국가'라는 의미의 ISIL로도 불림)의 등장과 이로 인한 유럽내 테러리즘의 심각성을 짚음으로써, 우리도 사전에 폭력적 극단주의 국제 테러리즘에 대한 경각심을 갖는데 일조하고자 한다. 참고로 미국 「국가군사전략」(2015)은 미국과 주요국과의 전쟁가능성은 크지 않은 반면, 이념과 기술을 겸비한 폭력적 극단세력으로부터의 위협은 상시 존재한다 평가하고 있다.

IS의 외국인 지하디스트 충원현상

2014년 5월, 브뤼셀 유태박물관 총격테러를 시작으로 2016년 말 현재까지 유럽내에는 IS와 관련된 테러로 300여명이 희생되는 등, 5억의 EU시민이 공포에 싸여있다. 올랑드 대통령은 2015년 11월 파리 시내 테러를 시리아에서 기획되어 벨기에에서 조직화됐으며 프랑스 국민의 지원으로 IS가 감행한 "전쟁행위"로 규정했다. 테러 8일 뒤 사살된

주범은 모로코계 벨기에 국적을 가진 청년이며, 7인의 자폭테러범과 테러 4개월 후 브뤼셀내 은신처에서 검거된 1인은 프랑스 국적이었다. 이들은 모두 시리아로 잠입 IS에 합류한 뒤 다시 벨기에 이슬람촌인 몰렌베이크에서 테러를 준비해 왔음이 드러났다. IS의 "외국인 전사충원" 현상을 일컬어 전문가들은 가히 "국제 테러리즘의 패러다임 전환"이라 칭한다. 2014년 이후 2년 유럽내에는 외로운 늑대유형의 극단이슬람 신봉테러도 있지만, 2015년 파리, 2016년 브뤼셀 테러에서 보듯, 유럽 국적의 청년들이 2014년 내전 중인 시리아에 입국, 1년여에 걸쳐 IS테러에 가담한 후 귀국, 유럽의 테러리스트가 되어왔음이 속속 드러나고 있다.

국가임을 자처하는 IS

IS이전, '국가'임을 자처하는 이슬람 과격단체는 없었다. 그러나 IS는 '이라크와 시리아내 이슬람국가'임을 자처하고 있다. IS는 수니파 이슬람 극단주의 테러단체로서 그 전신은 2003년 알-자카위가 만든 '이라크-알카에다'이다. 2006년 그가 미특수부대에 의해 살해된 후 조직이 위축됐었다. 그러나 곧 알말리키 이라크 총리의 친시아파 종파정책에 대한 저항세력으로 재부상, 2014년 모술을 장악하고 바그다드 진격을 도모하면서 악명을 떨치기 시작했다. 이름도 이라크-알카에다에서 '국가'임을 자부하는 '이슬람국가'(IS)로 개명하고, 이라크에서 더 나아가 내전으로 피폐해진 시리아 동북부 라카에 진을 쳤다. 이곳에서 '칼리프가 다스리는 이상향'(Caliphate)의 건립을 선포하면서 전세계 극단주의자들을 IS전사로 불러 모았다. 스스로 SNS를 통해 잔학성을 퍼뜨리는 데에도 불구하고 유럽의 청년들은 IS에 오히려 더 빠져드는 이상한 현상이 발생했다. 2015년 말 기준, 약 30,000명의 외국인 전사가 IS에 합류키 위해 시리아에 입국했다. 이중 약 5,000명이 서유럽 국적이며, 이들 중 75%는 프랑스, 영국, 독일, 벨기에 등 4개국에 몰

려있다. 이들이 본국으로 돌아와 테러공격을 할지 모른다는 우려는 마침내 IS가 맹위를 떨치기 시작한 2014년 이후 현실로 변해갔다.

2014년 이후 서유럽내 극단이슬람 테러의 심각성

21세기 글로벌 지구촌에서 상대적으로 가장 평화롭고, 자유와 복지를 향유하는 것으로 알려진 서유럽 국가들이 자국국적 IS요원에 의해 테러를 당하는 사실은 분명 인류에게 충격으로 다가오고 있다. 2015년 11월 파리시내 테러는 제2차 세계대전종식 이후 프랑스내 최대 테러였고, 2016년 3월 브뤼셀 공항과 전철역 테러는 벨기에 사상 최대 테러였다. 이하는 2014년 이후 유럽내 IS와 직간접 관련이 있는 "소프트 타깃" 대상의 주요 테러사례들이다. 프랑스와 벨기에가 가장 큰 테러피해국이며, 2016년부터는 서유럽내 난민 수용에 가장 적극적이었던 독일도 테러피해국 대열에 섰다.

(1) 프랑스, 벨기에(2014-2016)

△브뤼셀 IS테러(2014.5): 2014년 5월 브뤼셀에서 발생한 '유태박물관' 테러는 유럽출신 IS요원이 시리아에서 훈련을 받고 귀국후 테러를 자행한 '첫 사례'로 기록된다. 테러범의 총기발사로 3명이 현장에서 그리고 1명이 추후 목숨을 잃었다; △파리 *Charlie Hebdo* 알카에다 테러(2015.1): 알제리계 프랑스 국적의 두 형제가 파리 풍자주간지 *Charlie Hebdo* 출판사에서 총기를 난사, 13명이 죽고 11명이 다쳤다. 이 주간지가 모하메드를 모욕했다는 것이 테러의 동기였다. 예멘소재 알카에다 소속 테러단체가 자신들의 소행이라 밝혔고, IS는 SNS를 통해 이 테러를 지지한다는 논평을 냈다.

△파리시내 6건 동시다발 IS테러(2015.11): 사전조율된 자살폭탄, 총기난사, 인질극 등 6건의 테러가 동시다발로 발생, 130여명이 희생되고 350여명이 부상당했다. IS는 자신들의 소행이며 프랑스가 "시리아

내 IS에 대해 폭격을 가했기 때문"이라 밝혔다; △브뤼셀 사전조율된 3건의 IS테러(2016.3): 브뤼셀 공항 2건 및 시내 지하철 1건 등 3건의 조율된 폭탄테러다. 모두 32명이 희생되고 300명이상이 다쳤다. 파리 시내 테러에서처럼 IS가 자신들의 소행임을 밝혔으며 SNS를 통해 유사사례가 런던, 워싱턴, 로마로 이어질 것이라 위협했다.

△니스 테러(2016.7): 프랑스대혁명 기념 공휴일 밤, 프랑스가 또다시 테러대상이 됐다. 이번에는 남부 니스에서 대형트럭이 축제를 즐기는 군중을 덮쳐 86명이 사망하고 300명이 다쳤다. 테러범은 프랑스에 거주하는 튀니지아인이었다. 테러당일, IS와 관련된 두 단체가 자신들의 소행이라 주장했다.

(2) 독일(2016.7)

독일에서는 프랑스, 벨기에처럼 대형 테러는 아니지만, 최근 2년여 대량난민 유입과 함께 IS와 연관성을 갖는 테러들이 발생하고 있다. 2016년 7월 한 달, 연속테러로 독일사회는 큰 충격에 빠져 있다: △뷔어츠부르그역 열차테러로 4인이 중상을 입었다. 범인은 독일국적은 아니나 아프가니스탄 난민을 위장한 파키스탄 청년이었다. 그의 집에서 손으로 그린 IS 깃발이 발견됐으며, IS는 자신들이 배후임을 주장했다; △뮌헨 대형 쇼핑몰에서 이란계 독일청년의 총격으로 민간인 9명이 희생되고 20명이 다쳤다; △안스바흐에서는 2014년 독일에 입국했으나 2015년 난민지위를 거부당했던 시리아 청년이 독일최초로 IS에 충성을 다짐한 후, 야외 음악축제장에서 자폭테러를 자행했다. IS도 즉각 자신들의 소행임을 인정했다. 15명이 부상당했다.

(3) 덴마크(2015.2)

요르단-팔레스타인계 덴마크 청년이 마호메트를 모욕한다며 스웨덴 화가 빌크를 목표로 국제회의장에서 들어갔으나 실수로 다른 1명을 저격 살해했고, 같은 날 유태사원에서 유태인 1명을 더 죽였다. 테러범의 숙소에서 IS에 충성을 다짐하는 수첩 등이 발견됐다.

유엔안보리 대응과 전망

IS의 맹위 속에서 유엔안전보장이사회는 2014년 9월, 결의문 제2178을 채택, 테러리즘이 "국제평화와 안보에 대한 가장 위중한 위협 중 하나"라며 "동기, 장소, 주체와 무관히, 어떤 테러행위도 범죄이며 정당화될 수 없음"을 재확인하고 반테러 목적의 종합적 노력과 다각적 조처를 제시했다. 특히 국제테러리즘의 패러다임 전환 차원에서 "IS의 외국인 전사 충원"을 크게 우려하면서 테러리즘 확산 방지, 인터폴이나 기존 유엔 및 국제기구간 협력강화, 회원국내 청년, 가족, 여성, 종교 및 문화지도자, 기타 시민사회 유관단체 등에 대한 관심과 관여를 촉구했다.

다행히 적어도 시리아, 이라크 공간내에서는 IS의 위력이 2015년 5월 이후 조금씩 줄어들기 시작했다. 2014년부터 군사, 사이버, 여권통제 등 유엔과 미국, EU차원에서의 IS격퇴작전이 전개됐기 때문이다. 한때 이라크와 시리아내 1,000만명을 통제했던 IS는 2016년 말 현재 점령지 1/3을 잃었다. 이동경로가 단절됐고, 지도자들 다수가 살해됐으며, 자금원이 축소됐다. 전사 25,000명이 사살됐다.

그럼에도 불구하고 국제사회가 IS테러에 대해 방심할 수 없는 이유는 (i) IS 지하디스트들의 필사적 테러활동 가능성이 오히려 높아진 점이다. 종전처럼 시리아와 이라크내 '국가'임을 앞세우는 대신, 전세계 어디서건 게릴라 전법에 입각한 기습공격 및 자살테러를 감행할 수 있기 때문이다. 이미 리비아, 이집트, 아프가니스탄 등지에서 작전을 준비한다는 첩보가 나오고 있다. 더하여 2016년 10월 이라크 정부군이 모술에서 IS를 퇴출시켰지만, 12월 민간인들을 인질로 양측의 전투가 재점화됐다; (ii) 2016년 말, IS가 잦아진 시리아에서는 IS출현이전처럼 다시 아사드 정부군과 반군간 치열한 전투가 전개되고 있다. 어떤 형태건 다시 힘의 공백이 나오면 IS가 틈을 탈 수 있다. 현재 교전중인 알레포에서 아사드 정부군이 반군을 진압한 것으로 보도되고 있다. 러시아가 2015년 9월 시리아 군사개입을 시작한 이래 계속 아사드 정부군과 함께 반군에게 협공을 펼쳐왔던 것이 그 주요인 중 하나다. 국제사회는 아사드 정부와 러시아의 민간인(반군포함) 살해를 규탄하고 있다. 미국 트럼프 신행정부의 시리아 정책이 어떻게 전개될지가 중요한 변수가 될 것이다. 트럼프 당선자는 유세기간 'IS'를 제1의 안보위협이라 강조해왔으며, 미러관계 증진도 공약으로 내세웠기 때문이다.

　한편, 유럽차원에서 보면 IS테러 및 난민위기는 주요국의 2017년 선거정국에서 중요쟁점이 될 것이다. △테러가 계속된다면 "사람, 재화, 용역"의 자유로운 이동을 보장키 위해 1995년 발효에 들어갔던 '쉥겐조약'(Schengen Agreement)의 운명이 불확실해질 가능성이 크다. 이미 2015년 파리테러와 2016년 브뤼셀테러 수사결과, 테러범들(유럽국적의 청년들)이 오랜기간 해당정부 치안부서의 요주의 대상인물이었음에도 불구하고 위조여권, 시리아 난민위기, 그리고 쉥겐조약의 이점을 활용하여 어려움없이 국경을 넘나들었던 사실이 확인되었기 때문이다; △EU난민정책이 각 회원국내 더욱 신랄한 정치쟁점으로 부각될 것이다. 난민위기는 2014년 9월 이후 유럽내 단일현안으로서는 가장 큰 문제로 대두되어 왔다(2014년 20만명, 2015년 110만명). 2016년 7월, 독일에서 난민신청이 기각된 '시리아 청년'이 IS테러를 자행한 사건은 독일과 EU전체에 새로운 충격으로 다가오고 있다. 융커 EU집행위원장은 테러에 대한 가장 강력한 대응이 자유주의 신장이라 하지만, 반모슬렘, 반난민 감정의 확산과 극우정당들의 부상이 예견된다. 그간 '난민들의 어머니'로 불렸던 메르켈 총리마저도 총선을 앞두고 2016년 12월 6일, "다시는 대규모 난민을 조건없이 수용하는 일이 없을 것"이라고 했음은 유럽 난민위기의 심각성을 말해 준다; △계속 극단주의 테러가 발생한다면, 2015-16년 프랑스의 선례처럼, 해당국 정상들이 영장없는 수색 등이 가능토록 국가비상사태를 선포할 가능성이 크다. 올랑드 대통령은 2016년 7월 니스테러 직후 비상사태 연장을 선포했다. 프랑스 전체가 이슬람테러리즘의 위협에 직면해 있으며, 테러분자들이 인권을 경시하고 있다고 강조했다.

종합적으로 유럽과 유엔 등 국제사회의 과제가 힘겨워 보인다. 자국내 IS전사 충원기지의 발본색원, 보다 장기적으로는 유럽 모슬렘청년들의 사회통합 강구, 그리고 하루 속히 시리아와 이라크내 지속가능한 평화가 정착되어 IS가 재등장할 수 없도록 원천봉쇄하는 데에 이바지해야 한다.

우리에게 주는 시사점

끝으로 우리에게 주는 경각심과 시사점이다. 무엇보다 해외여행시 해당국가나 지역이 폭력적 극단주의 테러위협에 놓여있는 것은 아닌지 주의가 요청된다. 이에 못지않게 중요한 점은 세계화와 디지털화 속에서 한국 청소년의 이슬람무장테러단체 가담 및 역으로 테러분자의 국내 유입가능성을 배제할 수 없다는 점이다. 2015년 1월, 18세 한국청년이 SNS를 통해 IS와 소통한 후 시리아로 가 IS에 가담했으며, 여타 한국인 10명도 IS를 공개 지지했음이 드러났다. 2015년 2월에는 시리아 교전 중 사망한 인도네시아인 IS전사의 소지품에서 한글로 된 명함이 발견됐고, 조사결과 그가 대구 산업단지에서 2년간 근무한 경험이 있었음을 알게 됐다. 2015년 11월에는 시리아 무장테러단체 '알누스라'를 SNS를 통해 공개지지해온 인도네시아인이 2007년 위조여권으로 한국에 입국했음이 드러나 검거됐다. 나아가 국가정보원이 2016년 6월 발표한 자료에 따르면 IS가 국내 미국 공군시설 및 우리 국민을 테러 대상으로 지목하고 시설좌표와 신상정보를 메신저로 공개했다고 한다. 2014년 이후 유럽내 극단이슬람테러 유형과 대응방식을 주의깊게 살펴, 사전예방이 가능한 모든 조처들을 미리 마련, 적용해 나가야 할 것이다. 이 과정이 반이슬람 정서로 연결되지 않도록 노력 하는 일은 필수적이다.

우리나라도 마침내 2016년 3월 2일, 테러방지법('국민보호와 공공안 전을 위한 테러방지법')이 국회를 통과했다. 2001년 9.11테러 여파 속 그 해 11월 입법예고 되었으나, 인권 및 사생활 침해 등의 우려로 국 회내 지연을 거듭하다가 14년 4개월 만에 확정된 것이다. 대테러센터 를 '국무총리 산하'에 두고, '국정원'이 테러위험인물에 대한 정보를 수 집하는 구조다. '테러위험인물'은 "테러단체의 조직원이거나 테러단체 선전, 테러자금 모금 · 기부, 기타 테러예비 · 음모 · 선전 · 선동을 하였 거나 하였다고 의심할 상당한 이유가 있는 자"로 정의하고 있다. 효 과적 테러방지를 위해서는 국내법적 장치마련 외에도 유엔, EU, ASEAN 등 지역 및 국제차원의 다양한 테러대응 노력에 적극 동참할 필요가 있다. 테러단체와의 전쟁에서 안전과 함께 여하히 사생활을 보호해 나갈 것인가도 국제사회가 같이 노력해갈 과제이기 때문이다.

제4장
이슬람국가(IS)의 파리시내 테러[61]
내전, 테러, 난민 복합성

세계화 심화 속에서 테러 네트워크들 역시 세계화, 디지털화되는 초유의 양상을 보이고 있다. 테러리즘이 어느 한 나라나 한 지역이 감당하기 어려운 본격적 글로벌 안보위협으로 다가오고 있는 것이다.

2015년 11월 13일 밤, 자칭 '이슬람국가'(IS. Islam State)가 유럽의 심장 프랑스 파리시내를 강타했다. 대형 축구장과 공연장, 레스토랑 등을 목표로 사전 조율된 6건의 동시다발 테러였다. 평화로운 주말을 보내던 무고한 민간인 129명이 숨지고 350여명이 부상했다. 테러 발생 이틀 후 터키 안탈랴에서 개최된 제10차 G20정상회의는 IS테러 규탄과 결의의 장이 되었다. 오바마 대통령은 "왜곡된 이념을 토대로 무고한 사람들을 죽이는 것은 단지 프랑스나 터키에 대한 공격이 아닌 문명세계에 대한 공격"이라 규정하면서 "IS테러리즘 소탕노력을 배가할 것"이라 했다.

IS는 이라크와 시리아내 수니파 과격 모슬렘들로 구성된 과격 테러 단체다. 2003년 이래 이라크에 터전을 둔 IS가 본격적으로 시리아에 둥지를 틀게 된 것은 정부 대 반군간 내전장기화(2011-현재)로 무정부적 상태에 들어간 2014년이었다. IS는 시리아 정부군과 반군 모두에 대해 잔인한 공격을 감행했다. 나아가 민간인 인질 참수 등 IS의 반인륜적 테러로 인해 2015년 여름부터 시리아인들이 목숨을 걸고 유럽

---

[61] 세종논평 (2015.11.20)

으로 탈출, 난민위기는 현재 EU회원국에게 전례없는 중대 안보위협이 됐다. 즉, IS문제는 2014년부터 "IS테러"와 이로 인한 "난민유출"이 얽혀진 복합적 문제가 되고 있다. 실제 2011년 '아랍의 봄' 이후 현재까지 약 4년간 시리아에서는 약 25만명이 목숨을 잃었고, 1,700만 국민 중 1,100만이 고향을 떠나 국내외에서 유랑인이 되었다. 그래서 올해 제10차 G20 정상회의 주최국 터키는 업무만찬 의제로 '테러와 난민위기'를 잡고 있었던 터였다.

이번 IS의 파리시내 테러는 이외에도 다음 측면에서 기존 국제테러리즘과 비교, 그 특성이 두드러진다. 첫째, 유럽국적을 갖고, 유럽에서 자란 모슬렘 청년들이 IS요원이 되어 자국 대도시에서 버젓이 무고한 시민 다수를 향해 테러를 자행할 수 있었다는 점에서 충격이다. 3명의 자살폭탄자는 모두 프랑스 국적이었다. 더불어 이번 파리테러 용의자 중에는 시리아 난민으로 한 달전(2015년 10월), 그리스를 통해 프랑스에 들어온 사람들도 포함됐다고 한다. 2001년 9.11이후 G7 및 EU차원에서의 반테러 협력강화에도 불구하고 유럽의 국경이 IS에 뚫려 있음을 실감하지 않을 수 없게 된 것이다.

둘째, 그간 "국가"임을 자처하는 이슬람 과격단체는 없었다. 그러나 IS는 '이라크와 시리아내 이슬람국가'임을 자처하고 있다. 2015년 3월 기준 이라크와 시리아내 약 1천만 주민이 IS의 영향력 하에 놓여 있는 것으로 추정된다. IS는 석유수출 등 자금줄도 있고 소셜메디아의 귀재여서 외국으로부터의 요원충원도 계속 가능했다. IS는 리비아, 나이지리아, 아프가니스탄 내 일부지역도 장악했으며, 북아프리카와 동남아 등 여타 세계지역에서도 영향력을 확대해 가고 있는 것으로 보도되고 있다. 이 문제점을 인식하고 2014년 9월 유엔안보리는 결의문 제2178호를 채택, 한편으로는 테러리즘 차단 및 각국 법제강화, 다른 한편으로는 개도국 사회안정화를 방편으로 한 협력방안을 제시한 바 있다.

셋째, IS는 미국을 테러대상으로 했던 알카에다와 비교, 여러 나라에서 빈번히 불가예측적 테러를 감행하고 있다. 2015년만해도 파리테러 전 10월 10일 앙카라 폭탄테러, 10월 31일 224명을 태운 이집트발 러시아 여객기 폭탄 테러, 11월 12일 베이루트 자살폭탄 테러 등 한 달 사이 중동과 유럽내에서 연속 테러를 감행했다. IS는 파리테러 이후 소셜메디어를 통해 런던, 워싱턴, 뉴욕, 로마로 유사테러가 이어질 것이라는 위협공략을 펼치고 있다. 테러리즘에 취약한 자유사회에 막연한 공포를 안겨주는 효과를 노린 것이다. 이번 주 또다른 테러협박 정보에 따라 독일은 메르켈 총리가 참석키로 한 축구경기를 취소했고, 워싱턴과 로스앤젤레스 발 에어 프랑스 항공기가 각각 항로를 변경했다.

테러발생 일주일간 드러난 대응 조처 중에는 프랑스의 시리아내 IS 본거지인 락카에 대한 대대적 공습 및 서방 정보기관들의 사이버 작전 강화가 포함된다. 그럼에도 불구하고 테러 다음 날(11.14) 비엔나에서 개최된 '시리아 평화회의'에서 러시아와 서방은 IS격퇴 및 유엔주도하 시리아 정치과정 필요성에는 공감하면서도 여전히 아사드 대통령의 거취문제에 대해서는 이견을 보였다. 러시아가 계속 아사드 대통령에 대한 지지의 끈을 놓지 못하고 있는 것이다.

또 하나 드러난 여파는 서방내 시리아 난민 수용에 대한 반대여론이 강해졌다는 점이다. 프랑스 극우 '국민전선'은 이번 파리 테러내 난민위장자가 포함된 사실이 드러나면서 대안으로 중동내 인도주의 센터 건립 등 임시거처지를 만들어야 한다는 주장을 펴고 있다. 미국내 공화당 의원과 28개 주지사들도 즉각 오바마 대통령의 2016년 시리아 난민 1만명 수용계획에 대해 반대의사를 표명했다.

테러리즘은 21세기 가장 심대한 비전통 안보위협 중 하나이며 전세계가 함께 풀어나가야 할 중대한 글로벌 안보과제다. 자유사회 혹은 특정국가 사회혼란을 틈타 민간인들 속에 숨어 국경을 넘나들며 보일 듯, 보이지 않는 테러단체의 실체를 찾아내어 응징하고 나아가 자금과 무기, 요원의 이동을 사전차단해야 하는 등 어려운 과제를 수반한다. 테러분자들의 사제폭탄은 물론 생화학무기와 핵물질 획득 가능성도 우려되고 있다.

유엔의 권고에도 불구하고 현재 한국은 대테러 활동 법적 근거가 없다. 2001년 11월 테러방지법이 국회에서 발의됐지만 인권침해 우려 속에 무산됐고 2008년 발의가 있었지만 역시 계류 중이다. 그간은 우리가 종교나 인종에 기인한 테러위협으로부터 어느 정도 거리가 있다는 인식이 강했던 것 같다. 그러나 최근 국정원 보고에 따르면 이미 한국내 IS에 관심을 가진 자나 이슬람권 노동자들 중 테러단체에 연루된 이들이 상당수 있다. 또한 시리아 난민 135명이 '준난민 지위'로 임시체류하고 있다고 한다.

다만 인권과 인도주의 존중, 시민권, 난민보호 등의 개념과 정책은 반테러 작전에서 늘 난제가 되어온 것이 사실이다. 이점은 유엔의 '글로벌 반테러 전략'(2006), G7의 테러공조 과정에서의 '사생활 보호를 위한 일련의 원칙개발' 등을 참조할 필요가 있을 것이다.

제5부 참고문헌

▶ 단행본/논문

정은숙. 2010. "제1차 핵안보 정상회의: 배경, 성과, 시사점." 「정세와 정책」 5.

_____. 2010. "한국의 유엔 PKO참여법과 평화유지활동." 「정세와 정책」 2.

_____. 2012. 『글로벌 거버넌스와 국제안보: 이슈와 행위자』. 한울.

_____. 2015. "이슬람국가(IS)의 파리시내 테러: 내전, 테러, 난민 복합성." 「세종논평」 11.20.

_____. 2016. "비대칭 안보위협: 국제테러리즘의 패러다임 전환." 「정세분석」. 세종연구소.

Aydinly, Ersel. 2010. *Emerging Transnational (In)security Governance: A statist-transnationalist approach*. London: Routledge.

Bently, Alexi J. et.al. 2004. *Understanding Peacekeeping*. Polity Press.

Berdal, Mats & Achim Wennmann. 2010. *Ending Wars, Consolidating Peace: Economic Perspective*. London: The International Institute for Strategic Studies.

Blumenau, Bernhard. 2014. *The United Nations and Terrorism: Germany, Multilateralism, and Antiterrorism Efforts in the 1970s*. Palgrave Macmillan.

Bosch, Olivia & Peter Van Ham, eds. 2007. *Global Non-Proliferation and Counter-Terrorism*. Washington, D.C.: Brookings Institution Press.

Brooks, Peter. 2005. *A Devil's Triangle: Terrorism, Weapons of Mass Destruction, and Rogue States*. New York: Rowman & Littlefield.

Chung, Eunsook. 2007. "Humanitarian Intervention: Can it be Perfect?" *The Journal of Peace Studies* 8-2.

Combs, Cindy C. 2011. *Terrorism in the Twenty-First Century*. New York: Longman.

Davis, Loise M. et al. 2006. *Combating Terrorism: How Prepared Are State and Local Response Organizations?* RAND.

Economic Intelligence Unit. 2010. *Democracy Index 2010: Democracy in Retreat*. Economic Intelligence Unit.

Evans, Jocelyn Jones. 2010. *One Nation Under Siege: Congress, Terrorism, and Democracy*. University Press of Kentucky.

Guild, Elspeth. 2010. "EU Counter-Terrorism Action: A Fault Like Between Law and Politics?" *CEPS Liberty and Security in Europe*. April.

Hewitt, J. Joseph et al. 2010. *Peace and Conflict 2010*. Boulder: Paradigm.

Inkster, Nigel. 2010. "Terrorism in Europe." in Bastian Giegerich, ed. *Europe and Global Security*. The International Institute for Strategic Studies.

Jett, Dennis C. 1999. *Why Peacekeeping Fails*. Palgrave.

Murphy Martin N. 2010. *Contemporary Piracy and Maritime Terrorism: The Threat to International Security*. London: Routledge.

National Intelligence Council. 2008. *Global Trends 2025*. National Intelligence Council.

Obama, Barak. 2010. Speech at the Nuclear Security Summit.

Piiparinen, Touko. 2007. "The Lessons of Darfur for the Future of Humanitarian Intervention." *Global Governance* 13-3.

Rosand, Eric. 2009. "From Adoption to Action: The UN's Role in Implementing its Global Counter-Terrorism Strategy." *Policy Brief*. April.

Sitkowiecki, Anrzei. 2006. *UN Peacekeeping: Mith and Reality*. Prager.

Stevenson, Jonathan. 2010. "Jihad and Piracy in Somalia." *Survival* 52-1. Feb.-Mar.

Treverton, Gregory F. et al. 2009. *Film Piracy, Organized Crime, and Terrorism*. RAND.

United Nations. 2005. *Uniting against Terrorism: Recommendations for a Global Counter-Terrorism Strategy*.

_____., ed. 2009. *International Instruments to Counter Terrorism*.

Wittes, Benjamin, ed. 2009. *Legislating the War on Terror: An Agenda for Reform*. Washington D.C.: Brookings Institution.

▶ 웹사이트

http://economicsandpeace.org/

http://treaties.un.org/doc/db/Terrorism/english-18-15.pdf.

http://treaties.un.org/doc/db/Terrorism/english-18-15.pdf.

http://treaties.un.org/Pages/DB.aspx?path=DB/studies/page2_en.xml&menu=MTDSG

http://www.cfr.org/proliferation/obamas-speech-nuclear-security-summit-april-2010/p21889

http://www.g20.org/about_what_is_g20.aspx.

http://www.mnd.go.kr

http://www.un.org/apps/news/story.asp?NewsID=37340&Cr=peacebuilding&Cr1=

http://www.un.org/en/peacekeeping/operations/current.shtml

http://www.un.org/News/Press/docs//2010/ga10977.doc.htm(GA/10977)

http://www.un.org/News/Press/docs/2001/sc7158.doc.htm.

http://www.un.org/peace/peacebuilding/

http://www.un.org/terrorism/cttaskforce.shtml

http://www.un.org/terrorism/strategy-counter-terrorism.shtml

http://www.undc.org/pdf/crime/terrorism/explanatory_english2.pdf.

http://www.visionofhumanity.org/gpi-data/#/2010/scor

▶ 문건

Report of the Secretary-General on the Work of the Organization, General Assembly 64th Session (UN, 2009)

Report of the Secretary General's High-Level Panel on Threats, Challenges and Change (2004) (http://www.un.org/secureworld/)

United Nations Declaration on Measures to Eliminate International Terrorism annex to UN General Assembly resolution (December 9, 1994, UN Doc. A/Res/60/49)

제6부

유엔헌장 제7장과 안보리의 제재

제1장
유엔 타깃제재, 북한·중국·러시아, 국제정치이론[1]

Ⅰ. 서론

북한은 1985년 비핵국가로 '핵비확산조약'(NPT, Treaty on the Non-Proliferation of Nuclear Weapons)에 가입했다.[2] 그러나 1993년 NPT 사찰기구인 국제원자력기구(IAEA) 의무사찰규정의 이행을 거부하며 탈퇴를 선언했고 2003년 또 한 차례 탈퇴를 선언했다. NPT에 가입했던 회원국이 탈퇴를 선언한 유일한 사례인 만큼 국제비확산 레짐에 미치는 영향은 치명적이다. 북한이 첫 핵실험을 감행한 2006년부터 유엔안전보장이사회는 북한에게 핵·미사일 활동중단 및 NPT 복귀를 요구하면서 이를 위한 북한제재에 들어가 오늘에 이른다.

유엔(United Nations)은 북한, 한국을 포함 2017년 현재 전세계 193개 회원국을 지닌 세계 최대 국제기구이며 1945년 출범 이후 국제평화와 안보에 관한 가장 정통성 있는 기제로 간주된다. 특히 '유엔안전보장이사회'(안보리)는 국제평화와 안보 유지에 대한 기본적 책무를 지고 있다. 유엔헌장 제25조에 따르면 모든 유엔회원국은 안보리의 결정을 수용해야 한다.[3] 안보리는 '평화에 대한 위협' 혹은 '침략행위'

---

[1] 세종연구소의 심층연구과제(2017)를 축약, 정리했음.『유엔안보리의 대북제재레짐: 중국·러시아의 역할과 입장』(세종연구소, 2018)
[2] NPT는 1968년 합의, 1970년 발효되었으며 2017년 기준 190개국이 가입한 세계 최대규모의 군비통제레짐이다. 비핵국가로 가입한 북한은 유일하게 탈퇴선언을 했고 인도, 이스라엘, 파키스탄, 남수단은 가입한 바 없다. 상세한 것은 http://www.un.org/disarmament/wmd/nuclear/npt/참조 (검색일: 2017.5.2)

의 존재유무를 결정하며, "헌장 제6장"(분쟁의 평화적 해결)에 의거, 분쟁당사국들로 하여금 평화적 방법에 의한 분쟁해결을 요청하고 조정의 방식 혹은 해결의 조건을 제시한다. 그렇지만 이로써 해결이 어려울 경우, 국제적 평화와 안전의 유지 혹은 복원을 위해 부득이 "헌장 제7장"(평화에 대한 위협, 평화파괴 및 침략행위에 관한 조치)에 의거, "비군사적 제재(41조)"를 가하거나 나아가 "무력사용(42조)"을 승인할 수 있다.[4] 특정 국가나 단체를 대상으로 한 강제적 제재(mandatory sanction)는 안보리가 소기의 목적을 달성하기 위해 무력대신 사용하는 압력행사 방식이다. 유엔은 그 특유의 보편성으로 인해 이러한 조처를 결정하고 모니터하는 데에 비교적 적합하다고 여겨져 왔다. 2017년 기준, 모두 13개 제재레짐이 안보리 산하 운영되고 있다.[5] 이 중 북한만이 유일하게 "비확산" 제재를 받고 있다. 2006년 북한이 유엔사상 비확산 제재를 받는 첫 사례가 되었고 같은 해 이란이 그 뒤를 이었었다. 그러나 이란은 2015년 이란과 P5+1(5개 안보리상임이사국+EU)간 체결된 '포괄공동행동계획'(JCPOA)으로 유엔제재레짐을 벗어날 수 있었다.

---

3) http://www.un.org/en/charter-united-nations/. 유엔헌장에 따르면 유엔은 안보리, 총회, 사무국, 국제사법재판소, 경제사회이사회, 신탁통치이사회 등 6개 주요 조직을 갖고 있다. 그러나 1994년 신탁통치이사회가 폐쇄됨에 따라 현재는 5개 조직이 남아있다.

4) ▲제41조: 안보리는 그 결정을 집행하기 위해 병력사용을 수반하지 않는 어떤 조치를 취해야 할 것인지를 결정할 수 있으며, 또한 유엔회원국에 대해 그러한 조치를 적용토록 요청할 수 있다. 이 조치는 경제관계 및 철도, 항해, 항공, 우편, 전신, 무선통신 및 다른 교통통신수단의 전부 또는 일부의 중단과 외교관계의 단절을 포함할 수 있다. ▲제42조: 안보리는 제41조에 규정된 조치가 불충분할 것으로 인정되거나 불충분한 것으로 판명되었다고 인정하는 경우에는, 국제평화와 안전의 유지 또는 회복에 필요한 공군, 해군 또는 육군에 의한 조치를 취할 수 있다. 그러한 조치는 유엔회원국의 공군, 해군 또는 육군에 의한 시위, 봉쇄 및 다른 작전을 포함할 수 있다.

5) 북한, 중앙아프리카, 콩고민주공화국, 기니-비사우, 소말리아/에리트리아, 남수단, 수단, 이라크, 리비아, 예멘, "테러리즘"(ISIL/알카에다) 등.

2006년 제1차 핵실험을 감행한 북한은 이후 2, 3, 4, 5차를 거쳐 2017년 9월 제6차 핵실험을 감행했다. 나아가 2017년 7월, 두 차례에 걸쳐 미국 본토를 목표로 한 대륙간탄도미사일(ICBM)급 화성-14 미사일 실험에 이르렀다. 21세기 들어와 전세계에서 유일하게 핵실험을 감행해온 북한당국은 또 유일하게 핵무기 공격위협을 마다하지 않고 있다. 특히 2016년과 2017년은 평양에서 그리고 유엔본부가 있는 뉴욕에서 도전과 응전이라는 숨 가쁜 일정이 이어졌다. 그간 유엔안보리는 가장 최근 제6차 핵실험에 따라 채택된 2375호를 포함하여 모두 9차례에 걸쳐 유엔헌장 제7장에 입각한 대북제재결의문을 채택했다. 매번 반복적으로 '사상 초유 수위'의 제재라는 기대가 있었지만, 적어도 현재까지 북한당국자의 핵과 미사일에 관한 의지를 꺾지는 못했다. 따라서 11년간의 제재성과 평가에 대해 국내외 전문가나 정책입안가들 사이에서는 북한 비핵화를 목표로 본다면 분명 그간의 노력이 실패라는 데에 대해 넓은 합의가 있다. 그러나 본고는 아직 최종적 평가는 이르다고 본다. 적어도 유엔제재는 그간 북한지도부의 행동에 대한 가시적 제약을 가해왔고, 더욱이 단독으로 혹은 다른 요소들과의 시너지 효과 속에서 어느 시점 궁극적으로 북한 비핵화의 중요한 기제가 될 여지가 있기 때문이다.

가장 최근인 2017년 9월 채택된 결의문 제2375(2017) 채택 후 중국이 2018년 1월까지 북한 관련 기업 폐쇄령을 내리면서 북·중 교역 거점인 랴오닝성 단둥에 위기감이 팽배해졌다. 북·중 교역의 80%가량을 담당하는 단둥의 산업구조상 500여개 무역회사 대부분이 북한과 직간접적으로 연관돼 있다. 단둥에서 북한 노동자를 고용해 해외 명품의류를 생산하는 복장업체와 수산물가공, 전자제품조립공장 200여 곳도 중국정부의 20,000명에 이르는 북한 노동자 비자만기 연장불허 여파로 인력수급 및 제품생산에 차질을 빚게 됐다.[6] 그런가 하면 북한과

---

6) 「연합뉴스」, 2017.10.8.

접경한 연변주 훈춘시에서도 그 영향이 나타나고 있다.[7] 약 3,000명의 북한 근로자를 고용한 중국 가공업체들이 수산물 가공식품 등을 생산해 미국 대형마트에 공급하고 있는데, 최근 북한 근로자들이 이들 중국 가공업체에서 벌어들인 임금의 일부가 북한 핵 · 미사일 개발로 흘러들어갔을 가능성이 제기되고 있는 것이다. 중국에서는 북한 노동자를 고용하는 것이 합법이지만, 미국의 기업들은 트럼프 미국 대통령이 2017년 8월 5일 서명한 해당 법안에 따라 북한 노동자를 고용하거나 이들이 만든 생산품을 수입할 수 없다. 이로 인해 미국 수입업체와 유통업체들은 북한 근로자를 고용한 업체와 거래를 끊으려고 하고 있다. 북한은 현재 중국과 러시아, 걸프 지역 국가 등 전 세계 50여개국에 해외 노동자 50,000-60,000명을 파견한 것으로 알려졌다. 이들이 벌어들인 임금 중 2억-5억 달러는 북한의 핵 · 미사일 프로그램에 흘러 들어간 것으로 추정된다.[8] 또한 북한이 2017년 9월 하순부터 당과 정부, 군의 고급 간부 이외의 자동차에 대해 주유소에서 급유를 중단했다고 일본 아사히신문이 북한 소식통을 인용해 2017년 10월 4일 보도했다.[9] 휘발유 가격이 연초에 비해 약 3배 상승한 상태이다. 이 같은 상황은 유엔안보리가 대북결의를 통해 원유 및 정제유 등의 대북 공급을 제한한데 따른 효과로 보인다. 늘 반복되어온 반짝효과의 패턴일 수도 있지만 안보리 결의문 제2375(2017)호가 그간의 안보리 제재조처들을 모두 포함하고 있고 더하여 새로운 조처들도 담고 있는 만큼, 제재 효과성으로 연결될 전기를 만들 가능성도 없지 않다.

제재만능론 혹은 제재무용론에 기반한 우리사회내 북핵해결 논쟁은 사실상 성급한 결론으로 이어지고, 나아가 정치논쟁으로 비화되기 일쑤였다. 그러나 안보리 산하 운용중인 현재의 유엔제재레짐의 성격을 볼 때 둘 다 북핵문제 해결에 이롭지 못한 것으로 보인다. 글로벌

---

7) 「조선일보」, 2017.10.5.

8) 「조선일보」, 2017.10.5.

9) 「조선일보」, 2017.10.4.

레짐이란 주권국가들의 협력이 필수적인 만큼 생각만큼 완벽하지도 않고, 그렇다고 전혀 무능한 것만도 아니다. 다만 차제에 거듭되어온 새로운 대북제재결의문의 실효성(efficacy)과 안보리 정책결정에 대한 신뢰성(credibility)에 대해 진지하게 묻지 않을 수 없음은 인정해야 할 것이다. 본 연구는 연구자가 그간의 유엔의 대북제재 진화과정을 지켜 본 결과, 안보리 대북제재의 "효과성"과 관련해서는 중국과 러시아의 역할과 입장이 중대변수였으며, 앞으로도 그러리라는 문제의식에서 출발했다. 이 두 나라는 (i) 유엔안보리 상임이사국이자 (ii) 북한의 전통적 우방이며 (iii) 접경국이기도 하다. 즉, 중국과 러시아는 한편으로는 유엔제재와 관련된 중요한 글로벌 정책결정자로서, 그리고 다른 한편으로는 193개 유엔회원국 중 그 어느 국가보다도 안보리 대북제재결의를 엄격히 준수해야 하는 막중한 의무를 지닌 인접국이다. 즉, 제재설계자로서나 이행자로서나 가장 결정적으로 유엔 대북제재 레짐의 효과성에 영향을 미칠 수 있는 두 나라인 것이다. 이 두 나라의 역할과 입장을 다층적으로 분석해 보고자 한다.

기대되는 연구성과는 크게 두 측면이다. 첫째, 지난 11년이 두 나라의 유엔 대북제재에 대한 기여측면과 한계측면을 잠정평가함으로써 우리정부가 국제무대는 물론 동북아와 주변4강 관계에서 좀 더 효과적으로 국가의 외교안보를 지향해 가는 데에 일조가 될 수 있기를 기대하는 것이다. 그간 국내 학계나 정책집단내에는 북핵문제와 관련하여 중국과 러시아의 역할을 중시하면서도 유엔거버넌스에 초점을 두고 이들의 역할을 분석하는 데에는 큰 관심을 두지 않아온 것이 사실이다. 둘째, 국제관계를 연구하는 학자와 학생들에게도 글로벌 거버넌스의 전환기적 성격을 적나라하게 조망할 수 있는 유익한 참고자료가 될 수 있지 않을까 기대하고 있는 것이다.

본고가 다루는 내용은 (i) 국제레짐 측면에서 본 북한의 핵·미사일 실태, (ii) 유엔안보리 대북제재의 단계별 제재조처 확대강화 내역, (iii) 중국과 러시아의 상임이사국 및 유엔회원국으로서의 역할분석,

(iv) 중국과 러시아가 연관된 북한 비준수 의혹 사례들, (v) 현실주의, 구성주의, 제도주의 등 국제정치이론에 입각한 중국과 러시아의 제재 소극성 설명시도, 그리고 (iv) 유엔 대북제재레짐에 대한 잠정평가 및 정책시사점이다.

연구방법은 주로 유엔 등의 공식문건, 언론사의 유관기사 및 보도문, 2차자료 등 문헌분석에 의존했다. 유엔중심으로 중국과 러시아를 분석하는 만큼, 중러 내부문건 보다는 안보리 문건 내지 안보리 대북제재위원회(일명 "1718위원회")의 보조기구인 전문가패널 보고서 등이 중시되었다. 더불어 '국제협력'에 대한 국제정치 이론의 시각들도 함께 고찰해 보았다. 지난 11년간 북한의 비준수 사건들에 대한 집합데이터(aggregate data)가 부재한 만큼, 회원국들의 대북제재 이행에 대한 평가는 불가피하게 "드러나고 공개된" 사례, 즉 임의적 방법에 의존했다. 향후 좀 더 체계적(heuristic) 접근이 요구된다 하겠다. 탈고시점은 2017년 10월 31일임을 밝힌다.

II. 국제레짐 측면에서 본 북한의 대량살상무기(WMD)·미사일 실태

북한은 다자군비통제 참여실적이 매우 저조하다. NPT, 포괄실험금지조약(CTBT), 핵물질물리적보호협약(CPPNM), CPPNM수정협약(2005), 화학무기협약(CWC), 생물무기협약(BWC), 핵테러리즘억제행동국제협약(ICSANT) 등은 현재 전세계적으로 주요한 다자군비통제 협정 혹은 조약들이다.[10] 이중 NPT(1985)와 BWC(1987)에 가입한 정도인데, NPT는 탈퇴선언 후 스스로 핵보유국임을 자처하고 있고, 생물무기 능력에 대한 국제사회의 의혹은 계속된다. 또한 북한은 주요 수출통제레짐,

---

10) https://www.armscontrol.org/factsheets/northkoreaprofile (검색일: 2017.8.5)

비확산구상, 안전협정 등과 관련된 국제기제에도 일절 관여하지 않고 있다. 오스트리아그룹, 미사일기술통제레짐(MTCR), 핵공급그룹(NSG), 와세나르(Wassenaar)협정, IAEA추가프로토콜, 핵테러리즘방지글로벌구상(GICNT), 탄도미사일 확산방지행동 헤이그규약, 대량살상무기 확산방지구상(PSI), 유엔안보리결의 1540 & 1673 등을 말한다.

남북한 양자차원에서 1991년 12월 합의하고 1992년 2월 19일 정식 발효된 「한반도비핵화 공동선언」이 있지만 북한의 핵활동으로 인해 사실상 유명무실해졌고, 2013년 1월 25일, 북한 조국평화통일위원회는 공동선언의 무효화를 선언했다.[11] 이하는 북한의 대량살상무기(WMD) 및 운반수단에 관한 실태를 살펴볼 것이다.

1. 핵무기 프로그램

북한은 냉전기인 1960년-1970년대 소련의 지원으로 플루토늄 재처리 기술에 접근할 수 있었다.[12] 1985년 12월 소련의 설득하 비핵국가로서 NPT에 가입했지만, 1992년 IAEA가 북한 민수 핵프로그램에서 플루토늄이 무기목적으로 추출, 전환됐음을 발견하면서 논란이 일자, 1993년 3월 NPT탈퇴를 선언했다. 제1차 핵위기가 발생한 것이다. NPT 초안국인 미국, 영국, 러시아는 4월 2일자 대북서신을 통해 재고를 요청했지만 소용이 없었다.[13] 가까스로 1994년 북한-미국 양자합의에 따라 북한핵문제가 해결되는 듯했지만 상호불신 속에서 합의이행 중단에 이르렀고, 2002년 제2차 핵위기가 발발했다. 2003년 북한의 NPT

---

11) 「연합뉴스」, 2013.3.8. 이후 한국내 한미 핵협정하 금지된 재처리 문제를 재고하지 않을 수 없다는 여론이 설득력을 더하고 있다. 한국, 일본, 대만의 핵잠재력에 대한 검토는 Mark Fitzpatrick, *Asia's Latent Nuclear Power: Japan, South Korea and Taiwan* (IISS, 2016) 참조.

12) 상세한 것은 Vladimir Orlov, "Nuclear Programs in North Korea and Iran: Assessing Russia's Position," *PONARS Policy Memo* 178 (November 2000) 참조.

13) 유엔안보리 S/25515 (1993.4.2)

탈퇴 재선언에 따라 동년 8월, 중국, 미국, 러시아, 일본, 남북한이 소위 다자틀에서 북핵문제를 해결하고자 6자회담을 출범시켰다. 그러나 또 다른 상호불신 속에서 북한은 2009년 4월, 6자회담 합의에 구속받지 않을 것이라 선언했다.

북한은 6자회담 참가국들의 9/19성명(2005) 채택에도 불구하고 2006년 10월 9일 핵출력 약 1킬로톤으로 추정되는 사상 첫 실험을 했다. 2009년은 2-6 킬로톤, 2013년 15킬로톤, 2016년은 두차례에 걸쳐, 1월 15-20 킬로톤, 9월 20-25 킬로톤, 그리고 2017년 9월 3일 제6차 핵실험의 핵출력은 120-250 킬로톤으로 연속 기록을 경신해 왔다.[14] 제3차 핵실후 북한 조선중앙통신은 핵탄두가 미사일에 장착될 수 있을 정도로 "소형화"되었다고 주장했으며, 제4차 실험후에는 "수소폭탄"실험이라 했다.[15]

2017년 현재 미국 전문가들은 북한이 10-16개 정도의 핵탄두 제조가 가능한 핵연료를 소지했다고 추정한다. 6-8개는 이미 알려진 플루토늄에서, 그리고 다소 불확실하나 우라늄농축기술을 사용하는 경우 추가적으로 4-8개가 가능하다는 데서 나온 유추이다. 3년 후인 2020년에는 20-100개 정도 제조가 가능할 것이라 추정한다.[16] 영변 5메가와트 플루토늄 원자로를 전면 재가동하는 경우 매년 무기급 플루토늄

---

14) 미국 Arms Control Association의 추정치. https://www.armscontrol.org/factsheets/ northkoreaprofile (검색일: 2017.8.5).
　　'포괄핵실험금지조약기구'(CTBTO)는 처음 120킬로톤으로 추정했지만 후에 최대 250킬로톤으로 수정했다. Frank V. Pabian, Joseph S. Bermudez Jr. & Jack Liu, "North Korea's Punggye-ri Nuclear Test Site: Satellite Imagery Shows Post-Test Effects and New Activity in Alternate Tunnel Portal Areas," *38 North Informed Analysis of North Korea* (2017.9.12). http://www.38north.org/2017/09 /punggye091217/
15) 한국 및 서방 전문가들은 수소폭탄실험이라는 데에 의혹을 제기하면서 아마도 연료효율성을 높이기 위한 증폭핵분열 실험이었을 것이라 평했다.
16) 미국 Arms Control Association의 추정치. https://www.armscontrol.org/factsheets/ northkoreaprofile.

6kg 생산이 가능하다. 또한 고농축우라늄(HEU)의 경우, 북한은 2010년 11월 미국 전직관리 및 전문가의 북한 방문시 이들에게 대규모 농축시설을 보여준 바 있는데, 당시 약 2000개의 가스원심분리기를 갖고 있었다.[17] 여기서 매년 저농축우라늄 2톤 생산이 가능할 것으로 보이는데, 이는 1-2개 핵무기 제조에 필요한 40kg의 고농축우라늄 생산이 가능함을 말한다.[18]

북한은 2012년 수정헌법을 통해 자국을 핵보유국이라 명기했다. 그러면서 4년 후 2016년 1월 6일, 제4차 핵실험직후 조선중앙TV 중대발표를 통해 자국 주권이 위협에 놓이지 않는 한 핵선제공격을 하지 않을 것이라 선언했다.[19] 그럼에도 불구하고 북한이 계속 자국 핵활동을 분명히 밝히지 않고 수시로 핵위협을 하고 있어 이런 핵독트린에 구속받을지는 분명치 않다.

2. 운반수단

북한은 핵무기 경량화 및 소형화를 통해 탄도미사일에의 탑재를 추구하고 있다. 이에 따라 핵무기 실험과 병행하여 사거리 확장에 주력해 2017년은 ICBM급 미사일 발사에 이르게 되었다.[20]

▲2017년 8월 기준, 작동 혹은 개발 중인 대륙간 및 중거리 미사일 (ICBM & IRBM)

△무수단 BM25(화성-10): 중거리 탄도미사일이다(사거리 2,500-4,000

---

17) Isabella Uria, "Hecker Q&A on estimates of North Korea's nuclear arsenal" *CISAC News* (2015.4.24).

18) https://www.armscontrol.org/factsheets/northkoreaprofile (검색일: 2017.8.5).

19) 북한 조선중앙TV, 2016.1.6.

20) https://www.armscontrol.org/factsheets/northkoreaprofile; 「유엔전문가패널보고서」 (2017.2.27); 기타 뉴스자료 등 참조.

km추정). 2016년 6월 21을 포함 6회 실험했다. △화성-12: 2017년 5월 14일, 또 다른 새로운 탄도미사일 화성-12을 발사했다. 추정 최대 사거리 4500km인 중거리, 1단 미사일로 평가된다. 이후 두 차례 더 평양시 순안 비행장 일대에서 화성-12형 미사일을 발사, 일본 상공을 지나 북태평양 해상에 떨어졌다. 8월 29일 사거리는 약 2,700km, 그리고 6차 핵실험 이후 12일 만인 9월 15일 사거리는 약 3,700km이었다. △KN-08(화성-13): 사거리 5,500-11,500km로 추정되는 개발중인 ICBM이다. 최초 공개는 2012년 4월이었지만 아직 실험되지 않아 정확한 사거리는 불확실하다. △KN-14(화성-13, KN-08 Mod2): 이 역시 개발중인 ICBM이다. 아직 실험하지 않아 불확실하지만 사거리는 8,000-10,000km로 추정된다. 최초로 2015년 10월 공개됐고 KN-08의 변형으로 추정된다. △화성-14: 최초로 2017년 7월 4일 실험된 ICBM이다. 고공궤도 실험이었으며 표준궤도시 사거리는 6,700km가 된다. 제2차 실험은 지구 자전을 감안하지 않은 경우 사거리가 10,400km이었다. △대포동-2: 북한의 최장거리 미사일이다. 최초 비행실험은 2006년 7월 5일 발사 40초만에 실패했다. 2009년 4월, 두 번째 실험도 실패했다. ICBM으로 개발되면 미국 본토에 이를 수 있다고 추정된다.

▲우주발사체 (Space-Launched Vehicles)

△은하-3: 대포동 미사일을 기저로 한 3단계 액체연료 체계로 추정된다. 2012년 2월 북·미간 장거리미사일 실험중단에 대한 식량제공 합의가 있었으나 양측간 SLV포함 여부에 대한 이견으로 Leap Day Deal이 수포로 돌아갔다. 2012년 4월 은하-3 발사는 즉시 폭발로 실패했고, 동년 12월 12일 북한은 은하로켓을 이용하여 위성을 성공적으로 궤도에 올렸다고 주장했다. 북한은 2016년 2월, 제2의 위성을 궤도에 올렸다.

▲단거리·중단거리 미사일

북한은 사거리 2,000km이하의 단거리 및 중단거리 미사일 다종을 보유하고 있다: △KN-01(토스카): 작동가능한 단거리미사일(120-170km); △화성-5: 작동가능한 단거리미사일(약 300km); △화성-6: 작동가능한 단거리 탄도미사일(약 500km); △화성-7: 작동가능한 단거리 미사일 (700-1,000km); △KN-15(북극성 2): 신종 중거리 탄도미사일. 2단계 고체연료체계. 사거리 1,200-2,000km. 2017년 2월 11일 발사; △노동-1: 작동가능한 중거리 탄도미사일(1,200-1,500km); △KN-18: 재진입체를 가진 스커드미사일의 일종. 2017년 5월 28일 실험 성공(약 450km).

▲잠수함·잠수함발사탄도미사일(SLBM)

△KN-11: 북한은 북극성-1 혹은 폴라리스-1로 알려진 SLBM, 즉, KN-11을 개발중이다. 2014년 12월, 처음 실험했으며 영상물은 2015년 5월 신포 실험후 처음 공개했다. 전문가들은 영상분석후 북한의 주장과 달리 잠수함이 아닌 함재정(barge)에서 발사했을 가능성이 있다고 보았다.

그러나 북한은 이듬해인 2016년 4차례나 개발속도에 박차를 가하듯 사출실험을 해 왔다. 3월 16일 지상사출 실험후 4월 23일 해상에서 30km를 비행하는 데에 성공했다. 그 외형은 2015년 5월 발사된 미사일과 유사하나, 배출가스 모양을 보면 종전의 액체연료 대신 고체연료로 발전됐음을 알 수 있다. 7월 9일 북한이 발사한 SLBM은 신포급 (2천t급) 잠수함에서 발사되어 공중에서 점화하는 데는 성공했으나 10여km 고도에서 공중폭발한 것으로 추정됐다.[21] 2016년 8월 24일, 또 한 차례 실험에서는 동북방 500km를 날아 일본측 방공식별구역을 약 80km 침범한 해상에 낙하했다. 한국군은 SLBM이 300km이상 비행한 만큼, 성공한 것이라 보고 있고, 더구나 고각궤도가 아닌 정상 각도

---

21) 「연합뉴스」, 2016.7.9.

로 발사됐다면 사거리가 1,000km 이상이 될 수 있을 것이라 추정한다. 연료량을 늘린다면 SLBM의 최대 사거리로 여겨지는 2,500km도 가능할 것이라 본다. 고체연료를 사용했으며 1단과 2단의 분리도 성공적으로 이뤄진 것으로 추정된다. 전문가들은 KN-11이 2020년까지 작동가능할 것으로 본다.[22]

미국 전문가들은 2014년 10월 이후 신포 남부조선소 활동에 근거하여, 실험용 '신포급 잠수함'이 SLBM 실험에 이용되고 있다고 평가한다.

III. 유엔안보리의 단계별 제재 확대 · 강화

1. 대북제재레짐의 출범과 진화

유엔안보리는 1990년 초 쿠웨이트를 침공한 이라크에 대해 "포괄 경제제재"를 결정하고 이행한 바 있다. 그러나 제재로 인해 민간인 및 제3국이 영향을 받는 데 반해 오히려 지도자는 이를 악용하고 선동하는 등 문제점을 발견하고 이후는 포괄 경제제재가 아닌 소위 좀 더 스마트한 "타깃제재" 방식을 도입하고 있다. 특정개인과 단체, 특정 물품에 대한 제한 혹은 금수를 결정하는 방식이다.[23]

유엔안보리가 2017년 현재 운용하는 13개 제재레짐 중 대북제재레짐은 유일한 "비확산" 제재레짐이다. 안보리 사상 최초의 비확산 제재 결정은 2006년 북한의 1차 핵실험에 따른 것이었다. 같은 해 이란도 두 번째로 비확산 제재대상이 되었지만 2015년 미국, 중국, 러시아, EU3와의 핵타결 이후 유엔제재를 벗어났다.[24]

---

22) VOA Korea, 2016.8.24.
23) Michael Brozka, "From Dumb to Smart?," *Global Governance* 9 (2003), pp. 519~535; Thomas J. Biersteker et al, eds., Targeted Sanctions: Effectiveness of United Nations Action (Cambridge University Press, 2016) 참조.

지난 11년간 안보리는 북한의 핵, 미사일 실험에 대해 유엔헌장 제
7장(평화위협, 평화파괴, 침략행위에 대한 조치) 41조(비군사적 조치)
에 따라 제재결의문들을 채택해 왔다. 모두 안보리 15개 이사국의
"만장일치"였다. 사실상 이 모든 결의문은 초안채택에 대해 '거부권'을
갖는 5개 안보리 상임이사국(미국, 중국, 러시아, 영국, 프랑스)간의
합의문이라 해도 무방할 것이다. 때때로 상임이사국의 거부권은 회원
국의 이행의무를 수반하는 결의문 대신 그렇지 않은 '의장성명'을 채
택하게 되는 중요한 요인이 되기도 한다.

〈표 1〉 유엔안보리 대북제재결의문, 2006-2017

제재결의문	채택일	배경	본문 분량
(1) S/RES/1718(2006)	2006.10.14	제1차 핵실험(10.9)	4.5쪽
(2) S/RES/1874(2009)	2009.6.12	제2차 핵실험(5.29)	5쪽
(3) S/RES/2087(2013)	2013.1.22	장거리로켓발사(12.12.12)	3쪽
(4) S/RES/2094(2013)	2013.3.7	제3차 핵실험(2.12)	6쪽
(5) S/RES/2270(2016)	2016.3.2	제4차 핵실험(1.6)	9쪽
(6) S/RES/2321(2016)	2016.11.30	제5차 핵실험(9.9)	9쪽
(7) S/RES/2356(2017)	2017.6.2	중·단 탄도미사일(전/현년)	1쪽
(8) S/RES/2371(2017)	2017.8.5	탄도미사일(7.4 & 28)	6.5쪽
(9) S/RES/2375(2017)	2017.9.11	제6차 핵실험(9.2)	7.5쪽

안보리 결의문 1718(2006)을 기준으로 혹은 시작으로 한 상기 결의
문들은 모두 그때그때 안보리가 결정한 대북제재조처를 담고 있다.
안보리가 결정한 기존의 제재수단은 심화되고 기제는 점점 다양해져
왔다. 현존 13개 유엔 제재레짐 중 대북제재레짐은 가장 많은 제재유형
을 동원한 레짐이다. 약 14종의 제재유형이 적용되고 있다.[25] 1874(2009)

---

24) Echert는 유엔 비확산제재는 그 특성상 기존 국제레짐이 있는 만큼 "타깃제재"
가 유효할 것이라 판단하고 있다. Sue E. Eckert, "United Nations nonproliferation
sanctions," *International Journal* (Winter 2009-10) 참조.

부터는 화물의 조사, 압수, 처분에 대한 조처가 도입되어 이 역시 심화의 길을 걸어왔다.

〈표 2〉 유엔안보리의 단계별 제재조처 확대 · 강화 내역[26]

결의문	핵심내역
1718(2006)	안보리 산하 '대북제재위원회'출범; 북핵관련자 자산동결/여행금지; 핵, 탄도미사일 실험금지 위한 수출입 제한 (특정무기, 사치품)
1874(2009)	소형무기, 경무기 및 관련 물질 제외한 모든 무기 및 물질로 금수 확대; 북한의 금지 프로그램/활동 위한 금융서비스 혹은 금융자산 이전 금지; 소형무기 혹은 경무기의 판매, 공급, 이전 및 조사, 압류, 처리에 관한 회원국 보고서 제출; 제재위원회 지원위한 7명 '전문가패널' 출범
2087(2013)	무기개발 혹은 연구관련 의심물질의 압류 · 파괴에 대한 회원국 권한 확대; 북핵프로그램 연루자 제재강화; 압수품 파괴방법 선명화; 캐치올 규정 선명화; 4명 & 6단체 제재추가; 단체나 개인에 대한 제재기준 확대하여 '제재회피' 혹은 '결의문 위반' 포함
2094(2013)	선별적 금융제재 부과; 핵, 탄도미사일, 기타 WMD관련 금지리스트 확장; 비포괄적 사치품 리스트 제공; 3명, 2단체 제재추가; 개인과 단체 제재기준 다시 확장; '전문가패널' 7명에서 8명으로 확대
2270(2016)	무기금수 및 비확산 조처 확대 (소형무기, 경무기포함, 금지프로그램 관련 모든 품목 캐치올 규정, 이중사용 핵/미사일 품목, 북한 및 제3국 군사력 작전능력 지원포함); 화물조사 및 해상추적 강화 (북한 입출화물 조사의무 포함); 대북 선박 및 항공기 임대 금지; 북한 선박 혹은 국기 사용 금지; 금수품, 금지활동, 제재인물 및 단체 관련된 어떤 항공입국 혹은 입항 금지; 금융조처 확대 (금지 프로그램/활동 관련 북한정부와 노동당 자산동결 포함); 자산동결내 선박포함; 북한은행의 신규지점 금지; 금지 프로그램/활동 관련 혹은 제재회피 관련시 회원국 영토내 기존 북한은행 지점 폐쇄; 부문제재 (석탄, 광물, 연료 금지) 강화 및 회원국의 구매 혹은 이전 금지; 금지 사치품목 리스트 추가; 경찰, 민병대, 군사훈련 위한 북한 강사, 고문 기타 관리 초청 금지; 확산우려 민감활동 특수분야에서 북한인을 위한 특수

---

25) *Security Council sanctions-related decisions by measure: currently active regime* (1990-2017). http://www.un.org/en/sc/repertoire/data/sanctions_regimes_graphs.pdf(검색일: 2017.8.6).

	훈련 혹은 교육 금지; 회원국내 불법활동 가담 북한외교관과 외국인 추방; 16명, 12단체 제재추가; '북한원양해운관리회사' (OMM) 선박 자산동결 대상.
2321(2016)	무기금수 확대 (제재위원회가 새로운 재래식 무기 및 이중사용 리스트 확정키로 함); 화물조사 확대(개인 수하물과 휴대품 포함 북한 입출화물, 철로와 육로 포함); 해상운송 관련 금지규정 강화 (선원서비스 포함 모든 대북 대여, 임대 혹은 제공); 북한 내 회원국 선박등록 혹은 북한 국기사용; 선반등급, 면허 혹은 관련 서비스의 소유, 대여, 운영; 북한국적 선박에 대한 보험. 추가적으로 북한 소유, 통제 혹은 운용 선박에 대한 보험이나 재보험 금지 (위원회의 사례별 사전 승인시 예외); 선박제재 절차 도입 (합당한 근거 기초, 현재 혹은 과거의 활동); 새 헬리콥터와 선박의 대북 공급, 판매, 혹은 이전 금지 (위원회의 사례별 사전 승인시 예외); '부문제재'에 대한 철저한 조사·확대 (북한의 연간 석탄수출 상한선 & 실시간 보고 및 모니터제 도입); 구리, 니켈, 은, 아연을 금지광물에 포함; 북한국적 민간항공기 안전비행 필요이상의 연료제공 금지요청 (called on); 금지 사치품 리스트 추가; 확산 네트워크 관련조처 강화 (자국내 북한외교단 및 영사 규모축소, 외교사절단과 영사 각각 은행계좌 하나로 제한); 금지 프로그램/활동 관련 북한 정부관리, 군부인사의 입국 및 경유제한; 회원국 영토내 외교 혹은 영사활동 이외목적의 부동산 사용 금지; 금융조처 강화 (90일내 북한내 기존 대표사무실, 자회사 혹은 계좌 폐쇄요구; 북한과의 교역위한 공적, 사적 금융지원 금지; 북한 은행 혹은 금융단체 위해 혹은 지시에 따라 활동한다고 의심되는 개인 추방(위원회의 사례별 사전 승인시 예외); 특수교육·훈련 제약 선명화(첨단 물리, 화공학, 기계공학, 전기공학, 산업공학에 국한되지 않음); 과학기술협력 중단 (예외: 제재위원회 승인과 부문공지); 북한으로부터의 조형물 공급, 판매, 이전 금지 (사례별 위원회의 사전승인에 의한 예외); 11명, 10단체 추가제재
2356(2017)	복수의 "중단거리급" 탄도미사일 발사에 대한 첫 제재; 14명 4개 단체 추가 (제재대상 총 53명 46단체)
2371(2017)	석탄, 철, 철광석, 납, 납광석(lead ore) 수출 "전면금지"; "수산물" 처음으로 수출금지; 노동자 국외송출 현수준 동결; 9명 4단체 추가; 선박제재 (제재위원회가 안보리 결의를 위반한 북한의 선박을 지정, 회원국은 입항금지 이행); 금융제재 (북한회사와 신규 합작투자 금지, 기존 합작투자는 추가 신규투자 금지)
2375(2017)	처음으로 대북 "유류"공급 제한 (정유 연간 200만 배럴, 원유 400만 배럴. 제재위원회 승인시 예외); 핵상탄화수소 전면 유입 금지; 처음으로 "섬유" 수출금지: 기존 조처 강화 (회원국은 공

	해상 금수품목 적재 선박에 대해 기국 동의하 검색. 비동의시, 적절한 항구로 이동 검색. 기국이 거부시 해당 선박 자산동결 지정; 공해 상 선박에서 다른 선박으로의 물품이전 금지) (제재 위원회의 사전 허가없이 회원국의 북한 노동자에 대한 신규 노동허가증 발급금지 및 계약연장 금지); 금융제재 강화 (북한과의 합작사업체를 설립, 유지, 운영 전면 금지, 기존 합작 사업체 "120일 이내" 폐쇄); 3명 3단체 제재대상 추가

유엔 대북제재레짐에서 가장 최근 채택된 2375(2017) 이후, 소위 "타깃제재" 방식으로 남은 것은 "대북 원유공급의 전면적 중단," "김정은 제재대상 지정," "회원국내 북한노동자 추방" 정도가 아닌가 싶다. 즉, 1990년대 초 이라크에 대해 유엔에 부과했던 "포괄 경제제재"가 아닌 타깃제재로는 극소 기제를 제외한 거의 모든 제재유형이 소진된 것을 말한다.[27] 이에 국내외 일각에서는 이제부터 제재수위를 낮추며 대화와 협상구상을 준비하자는 의견, 유엔헌장 41조에 제시된 "외교단절"로 진입하자는 의견, 이제부터라도 "중국, 러시아의 엄격한 이행준수"를 촉구하자는 의견 등이 제시되고 있다.[28] 본고는 적어도

---

[26] 유엔안보리 웹사이이트가 제공하는 각 결의문을 정리한 것이다.
https://www.un.org/sc/suborg/en/sanctions/1718.

[27] 유엔 타깃제재의 배경과 개혁에 대해서는 Francesco Giumelli, "Understanding United Nations targeted sanctions: an empirical analysis," *International Affairs* 91-6 (2015), pp.1351~1368 참조.

[28] Mikael Weissmann & Linus Hagstrom은 무기금수, "궁정경제" (Court Economy), 그리고 노동자송출 등 정권으로의 직접적 외화유입 통로만으로 제재수위를 낮추면서 대북접촉을 시도하라 한다. 다만, 중국의 이행이 필수적임을 강조한다. Mikael Weissmann and Linus Hagstrom, "Sanctions Reconsidered: the Path Forward with North Korea," *The Washington Quarterly* 39-3 (Fall 2016), pp.61~76. 유사한 입장에서 Stephen Haggard도 제재완화가 효과유인책일 수 있다고 주장한다. Stephen Haggard, "Negotiating a Korean Settlement: The Role of Sanctions," *Korea Observer* 47-4 (Winter 2016), pp.929~961. 그런가 하면 금수 등 경제부문 제재에 국한하지 말고 유엔헌장 41조내 포함된 외교적 제재를 사용하자는 건의도 나온다. M. Maas, "Beyond economic sanctions: Rethinking the North Korean sanctions regime," *North Korean Review* 7-2

현 시점 중러에 대해 국제사회가 좀 더 엄격한 안보리 제재결의 이행준수를 촉구하고 중러가 이를 받아들인다면 북한이 좀 더 이른 시점, 핵문제 해결을 위한 대화의 장으로 나오는데 도움이 될 것이라는 입장이다. 이로써 유엔의 대북제재가 유엔이 주도하는 글로벌 거버넌스의 주요한 모범사례 중 하나가 되기를 기대하는 것이다. 중국, 러시아의 소극적인 제재이행 환경 속에서는 여간해서 북한이 대화에 나올 것 같지 않다. 1990년대와 2000년대 북미대화, 6자회담 등의 경험은 이에 대한 교훈이 되어야 할 것이다.

한편 특정 개인과 단체에 대한 여행금지 및 자산동결은 타깃제재의 대표적 사례다. 제재대상 선정과 해제는 제재위원회의 상시 업무이며 2087(2013)부터는 매 결의문 자체에도 명단을 추가해 왔다. 아래 두 개의 표는 2017년 6월 기준, 99건(단체 46, 개인 53)의 내역이다.[29] 10월 22일 기준으로는 116건으로 늘었다. 앞으로도 큰 변화가 없는 한 계속 증대될 것이다.

〈표 3〉 유엔안보리 제재대상 "개인" (53)

	성명	직책, 소속	국적	제재공시일	특기사항
1	윤__	남천강무역사 감독 관장	북한	2009.7.16	우라늄농축관련 필수품 수입 관장
2	리__	원자력산업부 장관 (2014-)	상동	상동	북핵프로그램 지휘부서인 원자력총국 前 국장; 원자력총국의 영변핵연구센터와 남천강무역사 관리 등 주요 핵사업

(2011), pp.45~46. 또 다른 견해는 2017년 들어 트럼프 행정부가 시도하듯 더욱 강력하게 대중, 대러 준수를 압박해야 한다는 견해다. Joshua Stanton, Sung-Yoon Lee, Bruce Klinger, "Getting Tough on North Korea: How to Hit Pyongyang Where It Hurts," *Foreign Affairs* 9-3 (May/June 2017), pp.65~75.

[29] 2017년 7월 5일 기준, 제재대상 개인과 단체 각각에 대한 이름, 국적, 소속, 주소, 생년월일, 여권번호, 선정일자, 여타 관련정보 등은 https://scsanctions. un.org/fop/fop?xml=htdocs/resources/xml/en/consolidated.xml&xslt=htdocs/resources/xsl/en/dprk.xsl (검색일: 2017.7.30).

3	황__	원자력총국 국장	상동	상동	북핵프로그램 관여
4	이__	영변 핵연구센터 前 감독	상동	상동	무기급플루토늄 생산관련 3개 핵심시설감독 (연료생산, 핵원자로, 재처리시설)
5	한__	룡각산 총무역사 감독	상동	상동	북한 탄도미사일 프로그램 관여
6	백__	조선우주공간기술위원회 위성통제센터장	상동	2013.1.22	
7	장__	소해우주발사장 총감독	상동	상동	2012.4.13 & 12.12 발사
8	라__	단천상업은행(TCB) 관리	상동	상동	TCB(2009.4 제재공고) 금융거래
9	김__	상동	상동	상동	상동
10	연__	조선광업개발회사 (KOMID) 대표	상동	2013.3.7	KOMID(2009.4 제재공고) 무기거래
11	고__	KOMID 부대표	상동	상동	상동
12	문__	TCB 관리	상동	상동	TCB 금융거래
13	최__	제2자연과학원 원장	상동	2016.3.2	북한 장거리미사일프로그램 단장
14	최__	TCB 대표	상동	상동	TCB 대리인 (베트남)
15	현__	국가우주개발국 과학개발부장	상동	상동	
16	장__	TBC 대리인 (시리아)	상동	상동	
17	장__	KOMID 대리인	상동	상동	KOMID 대리인 역임 (이란)
18	전__	TBC 대리인 (시리아)	상동	상동	
19	강__	-	상동	상동	남천강 대표로서 핵구매활동 역임
20	강__	KOMID 대리인 (시리아)	상동	상동	
21	김__	TCB 대리인	상동	상동	TCB 대리인 (베트남)
22	김__	KOMID 대외국장	상동	상동	TCB 대리인 (베트남) 역임
23	김__	TCB 행장	상동	상동	2002년 이래 TCB근무
24	김__	KOMID 대리인	상동	상동	KOMID 대리인 역임 (이란)
25	고__	TCB 대리인	상동	상동	
26	리__	군수산업부 장관	상동	상동	
27	류__	KOMID 대리인 (시리아)	상동	상동	

28	유___	국가우주개발국 국장	상동	상동	
29	박___	前 주이집트 대사	상동	2016.11.30	KOMID지원
30	감___	-	상동	상동	KOMID관리 (수단)
31	손___	-	상동	상동	상동
32	김___	-	상동	상동	원자력산업부 지원
33	리___	국가보위부 관리	상동	상동	KOMID지원 (시리아 주재)
34	조___	상동	상동	상동	상동
35	김___	대동신용은행 (DCB)	상동	상동	국외 DCB거래 (핵/미사일관련 수십-수백만 달러)
36	김___	前 주버마 대사	상동	상동	KOMID지원
37	장___	제2자연과학원 원장	상동	상동	
38	조___	제2경제위원회 위원장	상동	상동	
39	손___	원자력총국 대외국장	상동	상동	
40	조___	정찰총국 제5국 국장	상동	2017.6.2	해외 첩보수집 혐의
41	조___	조직지도부 부부장	상동	상동	조선노동당과 군 주요직 임명 지휘부서
42	최___	조선노동당 선전선동부 부부장	상동	상동	북한 언론통제 기능
43	조___	조선노동당 조직지도부 부부장	상동	상동	조선노동당과 군 주요직 임명 지휘부서
44	김___	조선금산무역회사 대표	상동	상동	
45	김___	조선노동당 선전선동부 부부장	상동	상동	조선노동당과 군 주요직 임명 지휘부서
46	김___	TCB 대리인 (베트남)	상동	상동	
47	민___	조선노동당 조직지도부 부원	상동	상동	조선노동당과 군 주요직 임명 지휘부서
48	백___	-	상동	상동	제2경제위원회 前 위원장, 국방위원회 前 위원, 군수산업부 前 부국장
49	박___	제2경제위원회 부위원장	상동	상동	KOMID활동 지휘
50	박___	-	상동	상동	군수산업부 前 서기, 현재 핵, 미사일 프로그램 자문
51	리___	조선노동당	상동	상동	북한 언론통제 기능

		선전선동부 부부장			
52	리__	조선용봉총회사 관리	상동	상동	북한 방위산업 획득 및 북한 군관련 판매 지원 기능; 북한 화학무기 프로그램 지원 의심
53	리__	국무위원회 부위원장	상동	상동	

〈표 4〉 유엔안보리 제재대상 "단체" (46)

	성명	직책, 소속	국적	제재공시일	특기사항
1	윤__	남천강무역사 감독	북한	2009.7.16	우라늄농축관련 필수품 수입 관장
2	리__	원자력산업부 장관(2014-)	상동	상동	북핵프로그램 지휘부서인 원자력총국 前 국장; 원자력총국의 영변핵연구센터와 남천강무역사 관리 등 주요 핵사업
3	황__	원자력총국 국장	상동	상동	북핵프로그램 관여
4	이__	영변 핵연구센터 前 감독	상동	상동	무기급플루토늄 생산관련 3개 핵심시설감독 (연료생산, 핵원자로, 재처리시설)
5	한__	룡각산 총무역사 감독	상동	상동	북한 탄도미사일 프로그램 관여
6	백__	조선우주공간기술 위원회 위성통제 센터장	상동	2013.1.22	
7	장__	소해우주발사장 총감독	상동	상동	2012.4.13 & 12.12 발사
8	라__	단천상업은행 (TCB) 관리	상동	상동	TCB(2009.4 제재공고) 금융거래
9	김__	상동	상동	상동	상동
10	연__	조선광업개발회사 (KOMID) 대표	상동	2013.3.7	KOMID(2009.4 제재공고) 무기거래
11	고__	KOMID 부대표	상동	상동	상동
12	문__	TCB 관리	상동	상동	TCB 금융거래
13	최__	제2자연과학원 원장	상동	2016.3.2	북한 장거리미사일프로그램 단장
14	최__	TCB 대표	상동	상동	TCB 대리인 (베트남)
15	현__	국가우주개발국 과학개발부장	상동	상동	
16	장__	TBC 대리인 (시리아)	상동	상동	

17	장＿	KOMID 대리인	상동	상동	KOMID 대리인 역임 (이란)
18	전＿	TBC 대리인 (시리아)	상동	상동	
19	강＿	-	상동	상동	남천강 대표로서 핵구매활동 역임
20	강＿	KOMID 대리인 (시리아)	상동	상동	
21	김＿	TCB 대리인	상동	상동	TCB 대리인 (베트남)
22	김＿	KOMID 대외국장	상동	상동	TCB 대리인 (베트남) 역임
23	김＿	TCB 행장	상동	상동	2002년 이래 TCB근무
24	김＿	KOMID 대리인	상동	상동	KOMID 대리인 역임 (이란)
25	고＿	TCB 대리인	상동	상동	
26	리＿	군수산업부 장관	상동	상동	
27	류＿	KOMID 대리인 (시리아)	상동	상동	
28	유＿	국가우주개발국 국장	상동	상동	
29	박＿	前 주이집트 대사	상동	2016.11.30	KOMID지원
30	감＿	-	상동	상동	KOMID관리 (수단)
31	손＿	-	상동	상동	상동
32	김＿	-	상동	상동	원자력산업부 지원
33	리＿	국가보위부 관리	상동	상동	KOMID지원 (시리아 주재)
34	조＿	상동	상동	상동	상동
35	김＿	대동신용은행 (DCB)	상동	상동	국외 DCB거래 (핵/미사일관련 수십-수백만 달러)
36	김＿	前 주버마 대사	상동	상동	KOMID지원
37	장＿	제2자연과학원 원장	상동	상동	
38	조＿	제2경제위원회 위원장	상동	상동	
39	손＿	원자력총국 대외국장	상동	상동	
40	조＿	정찰총국 제5국 국장	상동	2017.6.2	해외 첩보수집 혐의
41	조＿	조직지도부 부부장	상동	상동	조선노동당과 군 주요직 임명 지휘부서
42	최＿	조선노동당 선전선동부 부부장	상동	상동	북한 언론통제 기능
43	조＿	조선노동당 조직지도부 부부장	상동	상동	조선노동당과 군 주요직 임명 지휘부서

44	김__	조선금산무역회사 대표	상동	상동	
45	김__	조선노동당 선전선동부 부부장	상동	상동	조선노동당과 군 주요직 임명 지휘부서
46	김__	TCB 대리인 (베트남)	상동	상동	
47	민__	조선노동당 조직지도부 부원	상동	상동	조선노동당과 군 주요직 임명 지휘부서
48	백__	-	상동	상동	제2경제위원회 前 위원장, 국방위원회 前 위원, 군수산업부 前 부국장
49	박__	제2경제위원회 부위원장	상동	상동	KOMID활동 지휘
50	박__	-	상동	상동	군수산업부 前 서기, 현재 핵, 미사일 프로그램 자문
51	리__	조선노동당 선전선동부 부부장	상동	상동	북한 언론통제 기능
52	리__	조선용봉총회사 관리	상동	상동	북한 방위산업 획득 및 북한 군관련 판매 지원 기능; 북한 화학무기 프로그램 지원 의심
53	리__	국무위원회 부위원장	상동	상동	

상기 제재대상 개인과 단체 리스트를 살펴보면 최소한 다음의 확장 패턴을 알 수 있다. 첫째, 지난 11년 제재대상 기준 폭이 넓어졌다. 제1차 실험결과 최초로 채택된 1718(2006)호는 '북한 금지프로그램' 관여 혹은 지원하는 개인이나 단체에 대한 자산동결 그리고 그들 및 그들을 위해 혹은 그 지시에 따라 활동하는 개인 혹은 단체에 대해 가족을 포함 여행금지 대상으로 지정할 수 있다고 규정했다. 7년 후인 2013년 채택된 2087(2013)호는 북한의 '제재회피' 혹은 '1718(2006)호와 1874(2009)호 위배'에 협조하는 개인이나 단체로 확장되었다.

둘째, 제재위원회는 최초로 2009년 13개 대상(개인 5, 단체 8)을, 그리고 2012년 추가로 3개 단체를 지정하는 데 그쳤었다. 2013년 채택된 2개 제재결의문은 아예 추가 제제대상을 지정했다. 즉, 2087호가

10건(개인 4, 단체 6), 2094호가 5건(개인 3, 단체 2)을 각각 추가했다. 2014년 7월 28일, 제재위원회가 별도로 1개 단체를 추가 지정했다. 2016년 4차 및 5차 핵실험을 거치며 채택된 2270(2016)호가 새롭게 16명, 12단체를, 이어 2321(2016)는 10명, 11개 단체를 더 지명했다. 2017년 6월 5일 기준, 모두 99건(개인 53명, 단체 46)이 유엔안보리 제재 대상 리스트에 포함됐다.[30] 그러나 넉 달 후 2017년 10년 12일 기준으로는 116건으로 더 확장됐다(개인 63, 단체 53). 앞으로도 큰 변화가 없는 한, 계속 추가될 가능성이 크다.

셋째, 2017년 6월 기준, 99개 제재리스트는 제1차 및 2차 핵실험을 감행했던 김정일집권기 13건(5명, 8개 단체), 장거리 로켓발사와 제3차에서 제6차 핵실험을 감행한 김정은 집권 이후 83건(39명, 45개 단체)으로 나눠진다. 내용에 있어서도 김정은 집권기 추가제재 리스트에는 조선노동당 등 권력기관, 인민로켓군, 그리고 외교관들이 망라되었음을 알 수 있다.

넷째, 제재대상 단체들의 내역을 보면 조선광업개발무역회사(KOMID), 단천상업은행(TCB) 등 굵직한 단체가 모회사이며, 제재회피를 위해 자회사 및 가명 등이 활용되고 있음을 알 수 있다. 제재대상 개인들도 상당수가 이들과의 연관성 속에서 나오고 있다. 한편 시리아, 베트남, 이집트, 버마, 수단, 이란, 홍콩, 미국령 버진아일랜드, 키리바시, 시에라리온, 캄보디아 등이 제재대상 개인이나 단체가 활동하고 있는 국가로 나온다. 북한의 제재회피 활동이 이들 국가들과의 관계에서만 파생되는 것이 아님은 물론이다. 제재대상관련 중국이나 러시아내 활동이 크게 반영되지 않은 점이 오히려 눈에 뜨인다고 할 것이다.

---

[30] 2017년 7월 5일 기준, 제재대상 개인과 단체 각각에 대한 이름, 국적, 소속, 주소, 생년월일, 여권번호, 선정일자, 여타 관련정보 등은 https://scsanctions. un.org/fop/fop?xml=htdocs/resources/xml/en/consolidated.xml&xslt=htdocs/resources/xsl/en/dprk.xsl 참조.

2. '전문가패널'의 계속되는 우려

유엔전문가패널은 가장 최근인 2017년 2월 공개된 연례보고서를 통해 대북제재레짐이 여전히 결의문내 제재 디자인의 취약성, 북한의 제재회피술 정교화, 회원국들의 이행 의지 미흡성 등 취약성을 벗지 못하고 있다고 평가한다. 안보리 결의문 2270(2016)에 대한 비준수 사례를 조사한 후 내린 판단이다.[31] 지난 11년 대북제재레짐 강화, 즉, 회원국들의 의무강화 조처에도 불구하고 이행이 불충분하고 비일관적임이 드러났다는 요지이다. 이런 환경 속에서 북한은 금지광물의 계속수출, 두 금수품인 무기와 광물 교역연계, 제3국 대리인 활용, 획득·판매·금융활동이 연계된 초국경 네트워크, 국제금융체계에 대한 지속적 접근, 벌크캐쉬와 금의 이동 등 제재회피술을 확대·정교화하고 있다. 제재효과를 증진하기 위해서는 강화된 유엔제재에 대한 모든 회원국들의 집행의지가 필수적이라고 강조한다. 요컨대, 유엔 대북제재레짐의 효과성을 높이기 위해서는 제재만능이냐 무용이냐를 두고 논쟁할 것이 아니라 극복해야 할 많은 도전과 과제들이 산적해 있음을 인정하는 일이중요하다. 안보리 이사국을 포함하여 유엔회원국들이 부단히 함께 노력해 가야 하는 것이다.

구체적으로는 결의문 2270(2016)내 제재대상 광물에 대한 회원국간 다른 해석, 회원국들이 제재대상이 된 북한 '원양해운관리회사'(OMM) 선박의 접근을 불허했지만 북한이 곧바로 선박 정체성 세탁 등 회피전술로써 대응하는 문제 등 이행과정에서 맞닥뜨릴 심대한 도전이 있는 것이다. 2270(2016)호 이후 채택된 3개 결의문들, 즉 2321(2016), 2371(2017), 2375(2017)가 결의문 2270호내 취약점, 그리고 회원국의 무관심이나 불이행 혹은 북한 비준수 방조현상을 극복할 수 있을지 지켜보아야 한다.

---

[31] *Report of Experts established pursuant to resolution 1874(2009)*. UN Security Council (S/2017/150), 2017.2.27. (부록포함 총326쪽).

Ⅳ. 중국·러시아의 역할분석: "상임이사국" & "유엔회원국"

1. '유엔제재 결정·관리자'로서의 중국과 러시아의 역할

유엔규범 차원에서 중국과 러시아는 두 가지의 역할을 수행한다. 첫째는 5개 안보리 상임이사국에 속하는 두 나라로서 유엔 대북제재 결정 및 관리자의 역할이며, 둘째는 193개 유엔회원국에 속하는 나라로서 안보리가 결정한 제재조처를 이행해야하는 제재이행자의 역할이다. 먼저 전자, 즉, 상임이사국으로서의 역할을 살펴보고자 한다.

(1) 안보리 투표방식과 거부권

유엔헌장 제25조는 회원국은 유엔의 신속하고 효과적인 조치를 위해 "국제평화와 안전유지의 일차적 책임"을 안보리에 부여하며, 안보리의 결정을 수락하고 이행할 것에 동의한다고 규정한다.[32] 안보리 15개 이사국은 제2차 세계대전 연합국인 5개 상임이사국(미국, 영국, 프랑스, 러시아, 중국)과 2년 임기로 지역배분을 고려하여 선출되는 10개 비상임이사국으로 구성된다.(23조) "비상임"이사국은 거부권이 없으며 매년 5개국씩 유엔총회에서 2/3 찬성으로 선출한다.[33]

안보리 결의문은 투표로 결정한다. 유엔헌장 제27조와 안보리의 '잠정 절차규칙' 40조에 기초한 것이다. 각 이사국은 1인의 대표를 갖

---

[32] 안보리는 유엔의 목적과 원칙에 따라 의무를 이행하며 이를 위한 특정권한은 제6장(분쟁의 평화적 해결), 7장(평화에 대한 위협, 평화의 파괴 및 침략행위에 관한 조치), 8장(지역적 약정), 12장(국제신탁통치제도)에서 규정한다. 안보리는 그 임무수행에 필요한 경우 보조기관을 설치할 수 있다(제29조).

[33] 지역배분을 고려한 총회결의 제1991(1963)에 따라 '아프리카·아시아'에서 5개국, '동유럽' 1개국, '남미·카리브' 2개국, '서유럽·기타' 2개국으로 정한다. 2017년 현재 비상임이사국은 볼리비아(임기만료 2018), 이집트(2018), 에티오피아(2018), 이탈리아(2017), 일본(2017), 카자흐스탄(2018), 세네갈(2017), 스웨덴(2018), 우크라이나(2017), 우루과이(2017)이다.

는다. 5개 상임이사국은 절차상의 문제가 아닌 주요 의사결정에 있어
거부권을 행사할 수 있다. 2016년 안보리가 택한 77건의 결의문 중
'절차문제'에 대한 투표가 단 1회였음에 비추어 안보리 회의 대부분은
상임이사국이 거부권을 행사하거나 행사위협이 실효성을 지닌 실질
적 문제를 다룬다고 하겠다.[34] "절차사항에 관한 결정"은 9개 이사국
의 찬성을 요하나 그 외 모든 사항에 관한 결정은 "5개 상임이사국의
동의투표를 포함한" 9개 이사국의 찬성투표로써 한다(헌장 27조). 다
시 말해 9개 이사국의 지지를 얻지 못하거나 5개 상임이사국 중 한
나라라도 반대를 표하는 경우 초안은 통과될 수 없다.[35]

요컨대, 안보리 투표방식은 그 자체로 안보리내 중국과 러시아의
위상을 말한다. 어떤 나라가 초안을 발의하던 대북제재초안은 안보리
투표에서의 통과를 위해 중국, 러시아의 동의가 필요한 것이다. 그
과정에서 결의문 제재 수위가 완화되거나 조건부 제재방식, 나아가
결의문 대신 의장성명으로 낙착될 수 있다.[36]

(2) 유엔 대북제재위원회 구성과 과정

유엔안보리 산하 대북제재위원회(일명 "1718위원회") 역시 15개 안

---

[34] http://www.un.org/en/sc/repertoire/data/highlights_2016.pdf.

[35] 유엔도서실은 거부권 목록을 비치하고 있다. 여러 부문에서 5개 상임이사국
간 강대국 라이벌 관계는 Sebastian von Einsiedel, David M. Malone, Bruno
Stagno Ugarte, *The UN Security Council in an Age of Great Power Rivalry*,
United Nations University Working Paper Series No.4 (February 2015); Margaret
P. Karns et al., *International Organizations: The Politics and Processes of
Global Governance* (London: Lynne Rienner, 2015) chapter 4 참조.

[36] 북한 제3차 핵실험으로 채택된 2094(2013)에 대해 Habib는 제재디자인상 회
원국 이행을 강제하기 어렵다고 보았다. 특히 결의문 초안협상과정에서의
중국의 역할에서 그 이유를 찾았다. Benjamin Habib, "The enforcement
problem in Resolution 2094 and the United Nations Security Council sanctions
regime: sanctioning North Korea," *Australian Journal of International Affairs*
70-1(2016), pp.50~68.

보리 이사국으로 구성된다. 즉, 중국과 러시아가 제재위원회 일원으로 타깃 제재대상(개인, 단체, 상품)선정과 해제, 회원국 보고서 접수 등 일련의 대북제재레짐 핵심 행정기제에 참여한다. 위원장은 "비상임국"이 맡기로 했지만 정책결정방식이 "합의제"이므로 중국이나 러시아가 반대하면 제재이행과 관련된 특정의 결정을 취하기가 쉽지 않다.

또한 8인(2013년 이전 7인)의 전문가패널 참가자들은 전문성을 기준으로 발탁됐지만 5개 상임이사국의 전문가와 여타 관련국(한국, 일본)의 전문가를 포함한다. 아마도 이것이 패널보고서들이 비록 북한의 입장에서조차 객관적으로 씌어진 것으로 간주되는 이유일 것이다. 경우에 따라서는 보고서내 어휘선정과 비준수사례 폭로 등에 있어 조심스럽다는 인상을 지우기 어렵지만, 2009년 패널출범 이후 북한의 핵과 미사일 실험이 대담해지면서 이런 문제점들이 개선되고 있는 것으로 보인다. 즉, 시간이 가면서 최근의 패널 보고서들은 의심되는 중국이나 러시아 기업과 개인에 대한 사실을 비교적 적나라하게 제시하고 있다.

2. '유엔 대북제재 이행자'로서의 중국과 러시아의 역할

(1) 국가이행보고서

중국, 러시아는 상임이사국으로서 유엔 대북제재 설계자이자 이행의 관리에도 관여하는 국가이지만, 193개 유엔회원국의 하나로서 여타 회원국들과 마찬가지로 안보리가 결정한 대북제재를 이행해야 한다. 193개국을 놓고 볼 때 중국과 러시아는 비교적 국가이행보고서 제출을 잘 준수하는 국가에 속한다. 그러나 우선 아래 표에서 본 바대로 미국, 일본, 한국은 독자적 대북사치품 목록을 첨부하고 있지만 중국과 러시아는 그렇지 않은 점이 눈에 뜨인다.

〈표 5〉 주요국의 유엔 대북제재 이행보고서 제출 현황, 2017.9.25. 기준[37]

중국	1718(2006)	S/AC.49/2006/21	2006.11.15
	1874(2009)	S/AC.49/2009/23	2009.8.3
	2094(2013)	S/AC.49/2013/25	2013.10.29
	2270(2016)	S/AC.49/2016/34	2016.6.20
	2321(2016)	S/AC.49/2017/33	2017.3.15
러시아	1718(2006)	S/AC.49/2006/13	2006.11.13
		S/AC.49/2006/13/Add.1	2007.6.1
	1874(2009)	S/AC.49/2009/6	2009.7.24
		S/AC.49/2010/4	2010.4.9
	2094(2013)	S/AC.49/2013/9	2013.6.7
		S/AC.49/2013/9/Add.1	2013.12.5
	2270(2016)	S/AC.49/2016/19	2016.5.27
		S/AC.49/2016/19/Add.1/Rev.1	2017.2.7
	2321(2016)	S/AC.49/2017/7	2017.2.22
한국	1718(2006)	S/AC.49/2006/8	2006.11.13
		S/AC.49/2006/8/Add.1	2007.1.15
		S/AC.49/2009/2	2009.6.11
	1874(2009)	S/AC.49/2009/13 *	2009.7.27
		S/AC.49/2009/13/Add.1	2009.9.2
	2094(2013)	S/AC.49/2013/8 *	2013.6.5
	2270(2016)	S/AC.49/2016/14	2016.6.1
	2321(2016)	S/AC.49/2017/4	2017.2.13
일본	1718(2006)	S/AC.49/2006/10 *	2006.11.13
	1874(2009)	S/AC.49/2009/7	2009.7.27
	2094(2013)	S/AC.49/2013/7	2013.6.5
	2270(2016)	S/AC.49/2016/5	2016.5.31
	2321(2016)	S/AC.49/2017/9	2017.2.24
미국	1718(2006)	S/AC.49/2006/11 *	2006.11.13
	1874(2009)	S/AC.49/2009/21	2009.7.30
	2094(2013)	S/AC.49/2013/24	2013.10.22
	2270(2016)	S/AC.49/2016/8	2016.5.31
	2321(2016)	S/AC.49/2017/11	2017.2.26

*: 특별사치품 목록 첨부

---

[37] https://www.un.org/sc/suborg/en/sanctions/1718/implementation-reports (검색일: 2017.9.29)

또한 미국, 일본, 한국과 비교하여 중국과 러시아의 보고서는 비교적 단순하며 매번 특정패턴을 유지한다. 중국은 기존 국내법과 규제체계를 예시하며, 외무부가 "독자법과 규정을 제정하는 홍콩과 마카오를 제외한" 모든 정부부처와 산하기관에 결의문을 회람시켰다는 식의 공식적 성격을 취한다. 나아가 2006년 보고서는 "중국정부는 제재의 일방적 해석 혹은 확장이행을 인정하지 않는다"고 했다. 또한 "중국은 여전히 6자회담을 관련문제 해결의 현실적 경로이며 무력에의 호소는 강력히 반대한다"고 했다. 2009년 보고서도 "제재이행이 북한 국가발전, 정상적 대외접촉 혹은 정상적인 인민의 생활에 영향을 주어서는 안된다"고 강조했다. 중국정부 대표들로부터 익숙하게 들었던 것처럼 보고서는 "모든 국가들은 침착해야 하며, 한반도와 동북아의 평화와 안정에 초점을 맞추어야 한다"고 강조했다. 이후의 보고서들도 이러한 틀에서 벗어나지 않는다. 나아가 2016년 보고서는 모든 관련국들이 비핵화협상을 도모하며 정전협정을 평화조약으로 바꾸는 일에 주력해야 한다고 강조한다. 심지어 사드배치에 반대한다는 입장도 국가이행보고서에 포함시켰다.

러시아도 대체로 중국과 유사한 형식의 보고서다. 대통령령의 이행에 관한 조처를 각 부서에 공포했음을 알리고, 새 유엔결의문과 기존 결의문, 기존 공시된 유관 대통령령, 그리고 유엔 대북제재위원회가 비치한 제재대상 명단 등을 부기하는 형식이다.

(2) 북한 비준수 사례와 중국, 러시아내 행위자

중국과 러시아 중앙정부는 실제로 결의문 통과 때마다 하급부서에 전격적인 이행지시를 하달한다. 중국내외 보도매체들은 매번 새로운 유엔제재결의문 채택직후 얼마간 이 여파를 알리기에 부산해 왔다. 예컨대, 2270(2016) 채택과 함께 중국은 대북송금을 전면 차단하고, 접경지역인 요녕성 단둥항에서는 북한산 광물수입도 금지된 것으로 전해졌다.[38] 그럼에도 불구하고 시간이 가면서 북한의 제재회피술이 정교화되고 중국과 러시아의 엄격한 이행에 구멍이 나 있음도 반복하여 보도되곤 한다. 공식적인 자리에서 중국과 러시아 정부관리들이 자국의 엄격한 대북제재 이행을 천명해 왔음에도 불구하고 이 두 인접국의 개인과 단체가 종종 북한 비준수 사례에 직간접 결부되어 온 점은 시간이 가면서 제재전문가나 유엔관리들의 관심영역으로 크게 부각되어 왔다.

V. 중국 · 러시아 관련 비준수 의혹 사례

이하는 가장 최근 발표된 '전문가패널'의 보고서(2017.2.27)내 북한 비준수 사례 중, 중국, 러시아의 개인과 단체가 직간접 관여되거나 중국, 러시아 영토내 북한인에 의해 이루어진 사례를 찾아 정리한 것이다. 조사기간은 2016.2.6.-2017.2.1이다. 패널보고서는 8인의 전문가간 합의, 그리고 제재위원회 제출후 검토를 거쳐 안보리가 공개한 것이다. 이 모든 과정에서 중국과 러시아는 상임이사국이기 때문에 자국의 기업과 개인에 대한 근거없는 의혹사실이 실리는 것을 반대했을 것이다. 즉, 적어도 이 보고서에서 중국과 러시아 개인과 단체의 연관성이 드러난 것이라면 사실에 기초했다고 믿을 수 있다. 패널보고서내 지적된 중국, 러시아의 기업과 개인이 관여된 사실을 모두 여기에 옮길 필요는 없다. 워낙 방대하여 그럴 수도 없다. 아래는 많은 사례 중 예시이저만 북한의 제재회피술, 그리고 이에 대한 중러의 개인과 단체가 제공하는, 혹은 중러 영토내 이루어지는 여러 형태의 조력에 대해 중국이나 러시아의 지도부조차 인정하지 않으면 안되는 실제 상황 인식에 충분한 토대가 될 것으로 보인다. 본 연구의 목적

---

38) 「조선일보」, 2016.3.3.

과 과제분량에 비추어 사례의 선별 및 축약을 통한 예시 방식이 타당하다고 여겨진다.

중러의 의도적 방조라 볼 수도 있겠지만, 비의도적 통제취약성, 결의문 제재조처 해석의 불명확성, 연속적으로 제재조처가 확대·강화되는 데 따른 혼선 등에서 기인하는 점도 있을 것이다. 그러나 적어도 글로벌 비확산 레짐의 보존이라는 제재의 궁극적 목표가 중국과 러시아의 개인 혹은 단체의 대북조력에 의해 그 효과성이 약화되고 있다는 점에서 매우 심각하고 치명적인 문제로 부각되어야 할 것이다.

1. 금수회피

▲조선금산무역사: 다양한 온라인 홍보물을 보면 금산이 '모스크바'와 '단둥'에서 결의문 2270(2016)내 금지된 바나디움광석 포함 철광물과 광물광석 거래를 하고 있다. 판매처 주소는 "모스크바 북한대사관"이다. 러시아는 패널에게 금산은 공식등록사가 아니며 2016년 3월이후 바나디움 거래가 없었다고 알렸다. 패널은 북한대사관이 러시아정부에 공식통보없이 바나디움 판매 비밀활동을 위한 전진기지활동을 함으로써 외교관 지위를 남용했다고 간주한다.

▲희귀철: 패널은 2016년 북한의 리튬(lithium)메탈 온라인 판매시도를 조사했다. 농축 L-6 아이소토프와 생산품 혹은 이를 가진 장치는 안보리에 의해 핵관련 금지품목 리스트에 올라있다. 북한의 판매시도는 어느 정도 분량조달 가능성을 말한다. 판매회사는 EU가 청송연합사의 가명이라 지명한 GPM이다. '최'란 인물이 GPM의 판매인으로 홍보되었고 주소와 전화번호는 '북경' 소재다. 같은 이름이 2012년 9월 24일 기준, 공식 북경 "북한대사관 3등 서기관" 명단에 있다. 패널은 북한이 청송 국외지사 요원에게 외교관 지위를 주는 패턴을 발견하고,

지속적으로 외교관의 또 다른 불법활동 연결가능성을 조사하고 있다.

▲광명성 외국기원 부품: 2016년 7월 북한의 로켓파편을 조사한 결과, 여러 외국상품이 공급되었음을 알게 됐다. 볼베어링(Ball Bearing)에 쓰여진 시릭문자는 2012 은하-3과 동일했다. 패널은 일련번호와 카메라 EMI필터 제조사를 보고, 판매경로를 찾기 위해 "중국기업"(Beijing East Exhibition High-Tech Technology Co. Ltd.)을 접촉했지만, 대답이 없었다. 압력전송기도 은하-3과 같은 모델로 영국에서 생산됐으며 2006, 2009년은 타이완을 통해 구매했지만 이후 북한은 중개상을 바꾸었다. 패널의 질의에 대해 "북경 소재 판매회사"(Beijing Xinjianteng Century Technical Technology)는 구매자명을 밝히지 못하고 대신 압력전송기가 온라인 시장에서 팔린다고 응대했다. 은하-3 생산을 위해 북한이 계속 첨단외국기원 부품을 공급받고 있음을 말한다. 심지어 동일 부품에 대해서도 구매채널이 다양화되고 있다. 패널은 회원국들에 대해 이제 북한 핵 혹은 탄도미사일 프로그램에 기여할 수 있는 물품에 대해 법적 구속력을 가진 "캐치올"(catch-all)규정을 엄격히 이행하여야 한다고 강조한다(2270호 27항).

▲퍼레이드와 미사일 발사에서 관찰된 군수송 수단: 패널은 2016년 4월 2일, 북한매체가 보여준 방공체계 운반목적의 3축 군수송차 출원지를 조사했다.[39] 행진에 참가한 지대공미사일체계와 레이더 수송차는 '태백산-96'으로 불리며 일련의 "러시아제조" 트럭들과 매우 닮았다. 패널은 2007년 이후 러시아 트럭회사가 북한내 공장을 운영해 왔고, 태백산-96이라는 중형트럭이 평양자동차공장에서 그 회사에 의해 생산되고 특허도 받았음을 확인했다.

---

[39] 유도미사일체계는 2015년 10월 군사행진에서 시위한 전략지대공미사일체계(KN-06)와 동일한 것이었다.

러시아는 패널질의에 대해 그 트럭사가 북한 부선(Pusen)사와 합자회사를 건립했고 2006년 11월부터 2010년 12월까지 북한내 트럭생산공장에 관여했으며, 기간 중 156대의 트럭에 쓸 부품을 북한에 전달했다고 한다. 러시아는 계약상 부선사가 군사목적으로 모델을 사용하는 것을 승인치 않았으며, 합자회사 계약시점 두 건의 안보리 결의문인 1718호와 1874호가 북한에 트럭선적을 금하지는 않았다고 답변했다. 그러나 패널은 부선사라는 회사가 부재하며 아마도 운송수단부품사인 '조선부송사'를 발음상 그렇게 받아들인 것으로 간주했다. 그런데 조선부송사는 2016년 3월, 한 회원국에 의해 군사병참 및 대량살상무기 구매 관련으로 단독제재 대상이 되었으며, 또 다른 회원국은 부송의 가명인 'Elite Surveying Instruments'가 시리아 회사 'Megatrade'(시리아과학연구센터)에 보내는 이중사용 상품 불법선적에 관여했다고 보고한 바 있다. 트럭 브로셔에 따르면, '조선룡완무역사'가 이 트럭을 판매하며 수선과 기술서비스를 한다. 그런데 패널은 룡완이 제재대상인 룡봉총사의 가명임을 확인했다.

패널은 2270(2016)호가 어떤 품목이던 직접 북한 무력증강개발에 기여하는 것으로 금수범위를 확장한 사실과, 군사목적으로 사용될 수 있는 어떤 상업적 트럭 혹은 부품 수출을 방지해야 한다고 강조한다. 더하여 6개 이상 축을 가진 트럭하단 이전에도 적용됨을 상기시키고 있다.

▲무인기: 2014년 백령도 북한 무인기 잔해 조사를 통해 패널은 적어도 기체 하나는 외국에서 만들었고 중개상들이 구매에 관여했다고 확신한다. "북경소재 회사"(Microfly Engineering & Technology)가 제조한 7개 UV10 무인기 중 하나이며 또 다른 "북경소재 회사"(RedChina Geosystem Co. Ltd)가 구매한 것이다. 후자에 따르면 자오드웬이란 자가 주종시안에게 팔려고 구했다고 한다. 그러나 자오는 다른 답을 했

다. '주'가 직접 7기의 UV10을 회사로부터 구입했고, 자신은 무관하다
는 것이다. 패널은 중국에서 어떻게 북한에 갔나 문의했으나 아직 답
이 없다. 이 사례는 북한이 군사목적의 상품을 구매하기 위해 계속
중국 중개상과의 현금거래에 의존하고 있음을 말한다. 회원국은 2270
(2016)에 따라 무기와 관련물자에 관해 법적으로 구속력있는 "캐치올"
규정을 엄격히 준수해야 한다.

▲사치품: 패널은 뉴질랜드 'Pacific Aerospace Ltd.'가 제조한 P-750
XSTOL항공기와 이탈리아산 항공기가 2016년 9월 원산 에어쇼에 출현
한 것에 대해 조사했다. 뉴질랜드와 EU가 사치품 금수관련 1718(2016)
8(a) (iii)을 위반한 것이다. 패널은 두 항공기가 간접적으로 북한에 유
입됐음을 알게 됐다. 뉴질랜드 회사가 2015년 10월 "중국회사"('Beijing
Freesky Aviation Co. Ltd)에 판매한 것이 12월 북한으로 이전됐다. 문
제는 뉴질랜드와 이탈리아가 "항공기"가 자국이 준수하는 대북금수
사치품 리스트에 속한다고 인정한 반면, 중국은 "회원국들의 사치품
정의가 다르다고 주장하며 항공기는 결의문에서 금지된 사치품에 속
하지 않는다"고 강조한 데 있다. 생산국에서는 사치품으로 인정되지
만, 사치품 기준이 다른 제3국으로의 이전을 거쳐 북한에서 최종 사
용되는 패턴을 알게 됐다.

2. 여타 금수문제

▲특수교육과 훈련: 2270(2016) 17항과 2321(2016) 10항은 금지프로
그램에 기여할 수 있는 "특수교육 혹은 훈련" 금지를 도입했다. 패널
은 적어도 "중국" 4개 대학교, "러시아" 2개 대학교가 북한과의 양자합
의하에 그러한 교육을 하고 있다고 판단했다. 이에 대해 러시아 '극
동연방대학교'는 모든 북한 학생이 러시아어나 문학 등 인문학에 등

록했다고 답했으며, '태평양국립대학교'도 2270호에 위배되는 연구가 없음을 강조했다. 그러나 중국대학교들로부터는 답을 듣지 못했다. 패널은 북미, 중동, 유럽 등 다른 나라 대학교와의 합의가 있는지 조사중이다.

▲항공유: 2270(2016)호 31항은 특정 항공관련 연료의 대북 공급 혹은 판매를 금지했다. 패널은 관련 12개 회원국에 북한의 구매방식에 대한 기초설문지를 보내 8개국으로부터 응답을 들었다. 이중 "러시아"가 2270(2016)에 따라 2016년 3월 이후 "제재대상 연료유형(항공유)"을 북한에 공급하지 않았다고 답했다. "답을 하지 않은 중국"의 경우, 에너지시장 데이터베이스로부터 구한 중국 관세자료에 따르면 중국의 대북 연료(항공유)수출액이 2016년 7.1-10.2 기간 중 단지 90,211달러에 머물러 2270호 31항의 위반이 아닌 것으로 나타났다. 대북 항공유를 판매한 나머지 국가들은 일시적으로 이를 중단했음을 알렸다. 그러나 패널은 북한 공군활동이 감소되지 않았으며, 오히려 원산에서 2016년 9월 24-25일 최초의 에어쇼가 거행된 사실에 주목하고 있다. 군과 고려항공 항공기가 주도해 갔다. 이 조사는 계속된다.

3. 러시아 국제군사기술포럼

"주북 러시아대사관" 소셜미디어에 따르면 2016년 9월 북한군 중장이 이끄는 군사대표단이 러시아 국방부 초대로 국제군사기술포럼 'Army 2016'에 참가했다(Facebook page). 패널은 러시아측에 서면을 보내 북한 대표단이 외국기업 혹은 외국과 군사관련 협력계약 내지 기술정보(카탈로그)획득을 위한 포럼이용 가능성에 대해 우려를 피력했다(2270호 8항과 9항에서 금지). 그러나 러시아는 이들의 참가가 대북제재레짐에 해당되지 않는다고 답변했다.

4. 무기금수와 국외불법활동 네트워크 운영방식

▲이집트의 지선호 탄약 제지

2016년 8월 11일, 이집트가 북한선장 지휘하 해주 출발(2016.7.23) 수에즈 운하로 향하던 지선호를 제지했다.[40] 그 결과 철광석(2300톤) 밑 79개 나무상자에 감춰져 있던 약 3만개의 분해된 북한제 PG-7 로 켓 프로펠 최루탄과 관련 부품(132톤)을 발견했다. 유엔 대북사찰레짐 사상 최대규모였다. 제2270호 29항의 예외가 아니면 철광석의 이전도 금지된다.[41] 선하증권에 따르면 "지하수 펌프부품"이었으며, 선적은 2016년 3월 31일 '남경'에서 했다. 보낸 자는 "남경 소재 중국회사" (Dalian Haoda Petroleum Chemical Co.)이며, 주소는 한 호텔이다. 큰 못을 박은 범포조각으로 목적지와 수탁자를 감추었다. 이집트 경찰이 목적지와 최종사용자를 수사하고, 관련 민간회사를 폐쇄시켰다. 이전 무기제지 때와 달리 부품의 플라스틱 튜브에 북한제 표식이 없다. 그 만큼 정교해진 것이다. 패널은 이집트군이 유엔안보리 결의문 준수를 위해 2016년 11월 7일-8일 무기일부를 폭발방식으로 파괴하는 것을 모니터했다.

지선은 편의상 캄보디아 기를 달았으며 북한인 선장 및 북한 해양 당국의 자격증을 가진 22명 선원이 승선했다. 패널은 이미 안보리 의 혹을 받아 오던 판민티안 등 중국인들과 그들의 회사가 이 선박운영 의 책임자로 재등장했다고 판단했다. 캄보디아는 2016년 8월 28일, 지 선 등록을 취하했다. 지선 사례는 북한이 은폐편의를 위한 국기 남용, 그리고 제3국 국적자들이 관리하는 선박들을 여러 금지품목 이송에

---

[40] 안보리 비상임이사국인 이집트의 2016년 로켓추진 수류탄(RPG) 구매시도에 따라 트럼프 행정부는 2017년 7월 이집트에 대한 3억 달러(약 3,439억원) 가 까운 군사원조 프로그램을 중단했다. *Washington Post*, 2017.10.1.

[41] 이 방식은 2013년 청천강호 때와 같이 해상 및 항구 기초조사를 저지하려는 위장기법이다.

사용하고 있음을 보여준다. 패널은 2321(2016)호 23항, 즉, 북한선원 서비스 구매불허를 상기시키고 있다. 또한 패널은 안보리로 하여금 북한선장 지휘 혹은 북한선원이 운용하는 선박등록을 불허하라고 권한다.

▲에리트레아로의 군통신물자 운반

패널은 2016년 7월 한 회원국이 행한 결의문 위반 의심 항공의 운송 저지 보고에 대한 조사를 했다. 송장에 따르면 "중국"에서 시작되어 아프리카 에리트레아의 한 회사(Eritech Computer Assembly & Communications Technology PLC)로 보내지는 것이었다. 북한이 화물의 제조와 병참에 관여한 만큼, 패널은 1874(2009) 9항의 무기금수 위배로 결론지었다.

패널은 위탁물 45박스를 검열하고 내용이 고주파 소프트웨어 라디오, 비밀스피커 마이크로폰, GPS안테나, 고주파 자극안테나 등 군라디오통신 상품 및 관련 부품이라 결정했다. 일부 박스와 상품들에는 "Glocom"이란 상표가 있고, 다른 상품에는 '북한산'이라 되어 있었다. 대부분은 Global Communications Co.(Glocom)의 웹사이트에 광고된 바 있다. 송장에 표시된 화주는 "중국회사"(Beijing Chengxing Trading Co. Ltd.)이다. 중국기업등록부에 따르면 이 회사는 주로 전자, 광물, 기계 부문을 다룬다. 'Mr.배'가 2016년 2월 26일까지 법적대표였으며 여전히 대부분의 주식을 갖고 있다. 배씨는 여러 온라인 상업데이터베이스상 또 다른 2개의 베이징 소재 기업 사장으로 올라있다. 그중 하나가 'Guancaiweixing Trading Co., Ltd.'인데 이는 2012년 8월 에리트레아 가는 길 제지당한 의심선박 'Kota Karim'의 위탁사로 제재위원회에 보고된 바 있다. 컨테이너 화물 송장은 대부분 이중사용 물품이라 적혀있었다. 결국 북한이 계속 "중국회사"의 도움을 받아 에리트레아로 군수품을 수출하고 있음을 확인시켜 준 것이다.

일부 상품의 생산자로 적혀있는 Glocom은 말레이시아 소재 회사로 군과 준군사기관들을 위한 라디오컴뮤니케이션 장비를 홍보한다. 웹사이트에 따르면 2006년 이후 2년마다 'Defense Service Asia'무기 박람회에 참가하고, 10개국 이상 주재하며 좋은 국제평판을 지녔다고 한다. 그러나 Glocom은 공식적으로 등록되어 있지 않고, 물리적 주소도 없다. 다만 두 다른 말레이시아 소재 회사(International Gloden Services Sdn Bhd는 접촉처이며, International Global Systems Sdn Bhd는 웹사이트를 등록)가 이를 위해 일하고 있다. 그런데 패널이 획득한 정보에 따르면 Glocom은 싱가포르 회사 'Pan Systems Singapore'가 말레이시아에 1명의 북한인을 파견, 관리하고 있는 회사였다.

이 모든 네트워크 중심에 'Pan Systems Pyongyang'(PSP)이 있다. 부품을 사서 완성품을 팔며, 은행계좌, 위장회사와 대리인 등 네트워크가 대부분 "중국"과 말레이시아에 소재하고 있다. 부품 공급자들은 대부분 홍콩 등 "중국"에 소재하며 흔히 구하기 쉬운 전자제품을 판매한다. 부품들은 북경 혹은 단둥으로 보내지며 획득담당자는 "북경주소"를 사용했다. 북한은 저렴하게 부품을 사서 조합하여 비싼 전술적 군사 라디오통신 상품을 팔았다. 싱가포르는 북한의 국외불법활동 네트워크 능력을 제한하는데 일익이 되고자 자국 '국가이행보고서'(2270)에 북한 국적자 비자면제 취소결정을 알리고, 2016년 10월부터 실행에 들어갔다. PSP가 국외근거지를 말레이시아에 둔만큼, 패널은 말레이시아 당국에 지사장(Mr. 김)의 추방을 시도했는지(2094호 10항), 'International Global Services'와 'International Global System'의 자산 혹은 재원을 동결했는지(2094호 11항) 문의했지만 아직 답변이 없다.

중요한 것은 패널정보에 따르면, PSP 불법활동이 기존 안보리 제재대상 단체들의 네트워크를 무대로 이루어진다. 결과적으로 패널은 제재위원회로 하여금 PSP를 '무기와 관련물자 판매'에 따른 제재대상으로 리스트에 올릴 것을 권고했다.[42] 이 사례는 (i) 점점 정교화되는

---

42) 이름: PS평양(가명: 원방무역사), 주소: 818호, 보통강호텔, 평양 안산동 〈사장〉 량수녀 〈피고용인〉 변원근, 배원철, 리신송, 김성수, 김장혁, 김병철

북한의 제재회피술을 말한다. 이전에 알려지지 않은 중요한 패턴을 담고 있다. 요컨대, 북한은 제3국에 회사를 차리고, 상당한 국제적 인정을 받으며 지역 무기박람회 참가하고 고급 무기와 물품을 여러 나라에서 팔았다. 수익높은 특정시장 마케팅에 접근하는 등, 과거 소련시대 무기 판매와 보수에 초점을 둔 것으로부터 상당한 변화를 말한다. (ii) 더하여, 이러한 재정산출 활동은 역내 여러 나라들에서의 부품구매, 자회사 건립 등 불법활동을 관리할 목적으로, 정찰총국과 관련된 네트워크에 의해 조율된다. (iii) 제지된 화물경로를 보면, 여러 지역 글로벌 화물 위탁자들과 운송방식을 동원하는 방식으로 화물의 기원을 흐리게 하고자 했음을 알 수 있다.

5. 제재대상 단체와 개인의 활동

제재대상단체들은 자회사들을 통해 상업 온라인 거래를 확대하면서 스스로는 공식 기업등록부에서 빠져나가고 있다. 또한 개인들은 여러 주소지, 여러 회사를 계속 운영하고 있는데, 이들의 회사들은 각각 특정유형의 무역을 수행하고 있다. 제재대상단체들은 안보리결의문 금지대상인 광물거래를 하며 다수 북한 국가기관과 연계되기도 한다. 외국내 북한대사관과 무역사무소가 종종 이용되며 외교적 신분과 대사관 부지가 금지품목의 판매에 이용된다.

패널보고서에 나타난 제재대상기업들에 의한 활동의 예들은 남천강무역사(중국사무실), 조선광업개발회사(KOMID)(중국사무실), 조선대성총무역사(중국사무실), 조선 United Development Bank(러시아사무실), 조선흥진무역공사(중국사무실), 조선련하기계합작공사(중국사무실) 등이다. 광물판매, 군수품 거래 등과 관련된다. 제재대상기업과 관련된 개인들의 여행도 계속됐다. 아래표는 패널이 조사한 2016년 북한 KOMID

〈전화〉 850-218-111(ext. 8636).

관리의 국외여행이다. 중동 및 아프리카가 주요 방문국이며 이 곳에 가기 위해 거의 대부분 중국을 거쳤다. 항공권 구입도 중국에서 많이 이루어졌다.

〈표 5〉 조선광업개발회사(KOMID)관리의 여행[43]

이름	체류 국가	방문 국가	통과 국가	항공표 구입국
조__	시리아		중국/레바논/싱가포르/아랍 에미리트	
강__	시리아	이집트	중국/레바논/싱가포르/아랍 에미리트	
김__	이집트	시리아	중국/아랍 에미리트	시리아
리__	북한/KOMID	이란/우간다	중국/말레이시아/아랍 에미리트	중국/남비아
리__	시리아	이집트/오만	레바논	이집트
류__	시리아	우간다	중국/레바논/아랍 에미리트	중국/아랍 에미리트
강__	북한/KOMID	이란/우간다/베트남	중국/말레이시아/아랍 에미리트	중국/말레이시아
장__	이란	아랍 에미리트	중국/아랍 에미리트	중국/이란/아랍 에미리트
김__	이란	미얀마/아랍 에미리트	중국/싱가포르/아랍 에미리트	중국/이란
황__	이집트		중국/아랍 에미리트	이집트

6. 특정 경제부문을 대상으로 한 제재

▲광물부문 수출

패널은 북한의 광물수출 모니터를 위해 회원국이 '유엔 상품교역통계 데이터베이스'에 보고한 관세 데이터를 활용했다(2270호 29, 2321호 26 & 28).

패널은 안보리가 2270(2016)에서 광물 카테고리와 하부카테고리를 구체화하지 않고 회원국의 해석에 맡기는 "치명적 실수"를 했다고 지

---

[43] 「유엔전문가패널보고서」 (2017), p.68.

적한다. EU, 중국, 러시아의 표준코드를 검토한 결과 어떤 것은 결의문 해석보다 좁고, 어떤 것은 World Customs Organization것보다도 넓었다. 또한 어떤 금속과 광물이 과연 '희귀광물'(rare earth minerals)인지에 대해서도 여러 의견이 있었다. 이렇듯 결의문들내 광물 코드 비일관성은 북한으로 하여금 악용하여 수출할 수 있는 여지를 준다. 패널은 제재광물 가공품과 함께 이들의 비응축 형태(준가공, 합금, 분말, 미가공, 분쇄형태)도 금지되어야 한다고 보고 있다. 따라서 패널은 실제 금지품 일치성 확보를 위해 제재위원회가 2270(2016), 2321(2016)에 상응하는 Harmonized System Codes를 포함한 이행지원공지를 배포하라고 권고한다. 북한은 대상기간 중 계속 석탄, 철, 철광을 수출을 통해 재원을 확보했다.

〈표 6〉 북한의 철 & 강철제품 수입국, 2016.4-9월 (단위: US천 달러)[44]

	4월	5월	6월	7월	8월	9월	합계
바베이도스					104		104
중국	3683	3713	4497	4636	3536	2084	22149
엘살바도르				125	94	72	291
독일*		139	138	273		138	688
인도	186	26	38			21	271
인도네시아	15	65	38				118
파키스탄	19	87	155				261
필리핀	1098	763	617	1102	57	711	4348
슬로바키아		77					77
기타**							43
합계							28350

* 독일은 패널에게 철실리콘이 북한산이며 중국을 통해 수입했다고 보고했다. 패널은 2270(2016) 29항("북한은 철을 자국 영토로부터 직접, 혹은 간접 공급, 판매 혹은 이전 할 수 없음")을 상기토록 했다.
** 소량의 철과 강철 수입국 합계

패널은 위의 국가들에 철의 선적 사찰횟수, 민생예외였는지, 그렇다

---

44) ITC Trade Map, UN Commodity Trade Statistics Database, http://comrade.un.org. 「유엔전문가패널보고서」 (2017) p.86.

면 수입사가 어떤 절차를 밟았고, 북한의 수익금이 금지활동 혹은 금지 프로그램과 무관하며 전적으로 민생에 부합됨을 확인키 위해 당국은 어떤 검증조처를 했는지 질의서를 보냈다. ITC(국제무역통계)자료에 의하면 북한은 2016년 "단지 중국"에만 판매(4-11월간 철광석은 60,124,401달러, 석탄은 761,079,233달러이며)했고 대부분 수입회사는 동북부 길림, 요녕, 산둥성에 있었다. 아래 표는 광물제재 전인 2015년 동기간 거래액과 비교한 표이다.

〈표 7〉 북한의 對중국 '석탄' 수출 (HS Code: 2701) (단위: US 달러)[45]

연도	4월	5월	6월	7월	8월	9월	10월	11월	12월
2015	117,202,530	104,336,183	107,114,890	101,040,810	88,193,311	82,288,972	59,783,135	66,001,609	725,961,440
2016	72,271,400	74,749,688	88,181,071	89,467,790	112,458,258	83,107,015	101,467,754	139,376,257	761,079,233

〈표 8〉 북한의 對중국 '철' 수출 (HS Code: 2601) (단위: US 달러)[46]

연도	4월	5월	6월	7월	8월	9월	10월	11월	12월
2015	3,814,787	6,888,618	4,335,533	6,204,680	6,813,684	8,213,835	7,120,048	4,266,165	47,657,350
2016	4,554,115	10,076,723	11,758,651	10,389,470	8,546,083	6,668,698	2,249,885	5,880,776	60,124,401

석탄, 철, 철광석의 경우 2016년 3월 결의문 제2270(2016) 채택 이후 즉, 2016. 4-11월 전체수출액이 2015년 같은 기간에 비해 높은 것을 알 수 있다. 따라서 패널은 결의문이 석탄과 철광석 수출에 어떠한 영향도 주지 않았다고 판단한다.

7. 예외규정

예외규정의 이행은 중국, 러시아의 비준수 사례라 하기는 어렵다. 그러나 중국, 러시아가 예외규정을 엄격하게 모니터하고 준수하는 일

---

45) 「유엔전문가패널보고서」 (2017), p.87.
46) 상동.

은 유엔 대북제재레짐에 있어 매우 중요한 일이라는 점에서 이 항목
에서 살펴보았다.

　　패널은 회원국의 석탄관련 "예외적 이행"(2270호 29의 a와 b. 그리
고 2321호 26의 a, b)을 모니터했다. 2270호 29의 (a)(나진·선봉 출항)
에 따라 "러시아"가 11회, "중국" 25회, 스위스 1회 제재위원회에 즉각
통지했다. 패널은 이 조항이 뒤에 채택된 2321(2016)호 26항 (a)(나선
trans-shipment)로 대치되며 부록 V에서 석탄수입 통지서식을 첨부했다
고 주지했다. "민생예외"(2270, 29항 b)에 대해서는 회원국들간 해석이
분분한데, 패널은 이것이 비일관적 제재이행의 이유로 본다. 패널은
오직 1개국(중국)이 자국 기업들에게 2270(2016) 29항 (b)이행을 지도
했다고 밝혔다. 중국이다. 2016년 4월 5일 공지11호를 통해 석탄, 철,
철광석 수입 금지의 두 예외사항을 밝히면서 예외승인을 원하는 회
사는 서면보장을 하도록 했다. 즉, "수입이 민생이 아니거나 핵, 탄도
미사일 프로그램과 관련이 있다는 확실한 정보가 있다면, 관세당국은
이런 수입은 승인치 않는다"는 취지이다. 애매한 점이 없지 않다. 패
널은 예외신청 회수, 필요한 내용들이 요구됐는지 등에 관한 정보를
요청했지만, 중국은 취지만을 재확인했다.

VI. 중국·러시아의 제재수동성에 대한 설명모델

　　중국, 러시아는 안보리 상임이사국으로서, 그리고 유엔회원국으로
서 유엔 대북제재레짐의 중요한 역할자이다. 그런데 위에서 보듯 중
국과 러시아는 다른 상임이사국들에 비해 상대적으로 제재결정이나
이행에 있어 소극적 혹은 신중한 입장을 보여 왔다. 이에 대한 설명
모델들을 다음과 같이 생각해 볼 수 있을 것이다.

1. 현실주의 국제정치 모델

현실주의 모델의 기본적 가정은 국제체계가 기본적으로 무정부상태이며 제로섬 게임의 장이기 때문에 국가가 가장 중요한 행위자이다. 국가의 안전을 확보하기 위해 모든 주권국가들은 부단히 경제 및 군사를 강화시켜 나가야 한다. Robert Gilpin의 헤게모니론, Robert Jervis의 방어적 현실주의, John Mearsheimer의 공격적 현실주의, Kenneth Waltz의 구조적 현실주의가 모두 이에 바탕을 둔 것이다.[47] 국제체계 내 모든 국가들은 합리적 행위자이며 국제협력을 통해 자국에게 올 "절대적 득" 보다는 상대가 협력을 통해 얻을 득과의 상관관계, 즉, "상대적 득"에 더 큰 관심을 두기 때문에 국제협력이 어렵다는 것이다.[48] 무정부상태에서는 절대적 득보다는 상대적 득이 더 중요한 것이다.[49] 특히 안보적 고려가 중요하다.

5개 안보리 상임이사국은 냉전종식이후 국제평화와 안보를 위해 냉전기에 비해 더 말할 나위없는 협력을 과시해 왔다. 2006년 비확산 목적의 대북제재레짐 출범은 그 한 예로 거론되곤 한다. 그러나 현실주의 국제정치에서 피할 수 없는 "상대적 득" vs. "절대적 득" 딜레마가 완전 불식되지 못하고 있다.[50] 북한이 사실상 동아시아에서의

---

[47] Robert Gilpin, *War and Change in World Politics* (Cambridge University Press, 1981); 각각 Robert Jervis, "Cooperation Under the Security Dilemma," *World Politics* 30-2(1978), pp.167~214; John J. Mearsheimer, *The Tragedy of Great Power Politics* (New York: W.W. Norton, 2001); Kenneth N. Waltz, *Theory of International Politics* (New York: McGraw Hill, 1979) 참조.

[48] Duncan Snidal은 양자관계에서는 '상대적 득'이중요한 협력의 장애 요인이지만 다자의 경우는 조금 다르다는 입장을 내놓았다. Duncan Snidal, "Relative gains and the pattern of international cooperation," in David A. Baldwin ed. Neorealism and Neoliberalism (Columbia University Press, 1993).

[49] Kenneth N. Waltz, *Man, the State, and War: A Theoretical Analysis* (Columbia University Press, 1959), p.198.

[50] Eunsook Chung, "Long-Stalled Six-Party Talks on North Korea's Nuclear

미·중경쟁을 악용하여 정권의 생존을 도모하고 있다는 지적 역시 어제 오늘의 일이 아니다.[51]

안보리 상임이사국간 전략적 계산과 거부권 위협이 유엔제재의 한계로 인구에 회자된 것은 이미 오래전부터다.[52] 안보리 개혁이 성공하지 않는 한, 강대국 정치로서의 안보리 결정과정은 계속될 것이다. 부단한 유엔제재레짐의 존재 및 운용에도 불구하고 같은 기간, 한반도와 동북아에서 벌어지는 헤게모니 경쟁은 뉴욕의 안보리 정치에도 이어진다는 느낌을 지우기 어려운 이유이다. 즉, 북핵문제가 아니더라도 무역관세, 사이버안보 등 트럼프 행정부하 미중, 미러관계 전망이 그리 밝지 않은 터이다. 특히 지난 10년여 중국경제가 커지면서 미국내에서는 국제무대에서의 중국의 야망 증대, 아태지역 미국의 국익 공약, 미래 중국의 경제, 정치체계, 미중 세력균형 전이 등에 대한 토론이 외교현안의 중심에 있었다. 하딩(Harry Harding)은 미국내 미중 건설적인 '전략파트너십 구축'이나 '신형 대국관계구축'에 대한 흥미가 줄어들고 있다며 미중관계가 기본적으로 경쟁적이며, 나아가서

Program: Positions of Countries Involved," *The Korean Journal of Defense Analysis* 25-1 (March 2013) 참조.

[51] Min-hyung Kim, "Why provoke? the Sino-US competition in East Asia and North Korea's strategic choice," *The Journal of Strategic Studies*, 39-7 (2016), pp. 979~998 참조.

[52] Alex Vines, "The effectiveness of UN and EU sanctions: lessons for the twenty-first century," *International Affairs* 88-4 (2012), pp.867~877참조; 1990년대 이후 코소보사태, 시리아 사태 등과 관련된 중국, 러시아의 거부권 행사 위협에 관한 분석으로는 Richard Gowan, "Bursting the UN Bubble: How to Counter Russia in the Security Council," *Policy Brief* (European Council on Foreign Policy, June 2015); Rosemary Foot, "Doing somethings in the Xi Jinping era: the United Nations as China's venue of choice," *International Affairs* 90-5 (2014), pp.1085-1100; Yf Reykers and Niels Smeets, "Losing control: a principal-agent analysis of Russia in the United Nations Security Council's decision-making towards the Libya crisis," *East European Politics* 31-4(2015), pp.369~387.

는 공개적 적수관계로 변할 것이라 우려한다.[53]

현실주의 패러다임에서 보면 중국의 유엔 대북제재 소극성은 비록 자국이 안보리 상임이사국으로서 비확산 레짐을 보존해야 하는 의무를 지니고 있지만, 제재가 낳을지 모를 북한 붕괴와 이로 인한 대미 완충지대 상실을 우려하는 전략적 고려로 인한 것이다. 궁극적으로 국제협력보다는 상대적 득에 입각한 국익을 중시함을 말한다. 매번 결의문 채택직후 얼마간 중앙정부의 엄격한 이행명령에 따른 여파와 북중관계 간극 가능성이 연일 보도되곤 했지만, 곧 비준수 사례들이 나타나는 패턴이 반복되어온 이유다.

더불어 안보차원에서의 북한의 완충지대 역할 외에도 중국이 북한 무역의 90%를 담당하는 만큼 중국은 경제적으로 동북3성 개발 및 북중 밀무역에서 얻는 상대적 득에 대한 고려를 하지 않을 수 없다. 중국만이 큰 손해를 보기 어렵다는 인식이 있을 수 있다. 이 역시 현실주의 국제정치의 일면에 포함된다고 하겠다. 2017년 10월 제19차 당대회로 한층 더 국내권력을 굳힌 시진핑 주석의 대북제재 이행의지가 유엔 대북제재 효과성과 관련하여 중요한 변수다. 북한식당 철거령 등이 또 하나의 보여주기식 수순일지, 아니면 더는 핵을 가진 북한을 포용하기 어렵다는 대북강경론으로의 전환인지 미지수다. 어떤 경우이던, 즉, 전략, 정치, 경제적 차원 모두 중국이 미국, 일본, EU와 같은 수준으로 유엔결의를 준수할 것이라는 기대는 어려운 것이 냉혹한 현실이다. 그렇다면 중국은 적어도 비확산레짐과 관련하여서는 자국이 원하는 21세기 글로벌 거버넌스의 리더십을 갖기 어렵다. 더구나 꼭 북핵문제가 아니라도 이미 많은 학자들은 중국이 유엔을 통한 리더십 위상을 목표로 하지만, 글로벌 가치나 신념이 내재된 국제적 의제 발굴 대신 "지역이해"에만 집착한다고 지적해 온 바이다.[54]

---

53) Harry Harding, "Has U.S. China Policy Failed?" *The Washington Quarterly* 38-3 (Fall 2015), p.119.

러시아의 경우는 냉전질서하 초강대국 지위에서 하락한 오늘의 정치적, 경제적 위상, 여기에 2008년 그루지아 개입, 2014년 크림반도 합병 및 우크라이나 반군 지원, 서방의 대러제재, 2015년 시리아 군사작전 개전 등 미국과의 관계에서 불편한 현안들이 심리적으로 미국을 적대시하는 북한에 대한 유엔제재에 적극 동참하기 어려운 요건이 된다. 이외에도 스노든(Snowden) 사건, 미국내 대러 인권법인 마그네츠키 법안 등은 한층 더 현실주의 국제정치에 매몰되는 요건이 된다. 한반도에서의 정치적 지렛대 확보를 위해서는 북러관계 악화방지가 필요하고, 나아가 이로써 경제적으로도 푸틴 대통령의 '신동방정책' 기치 속에 한국, 일본, 중국의 러시아 극동 및 북한내 투자확보를 유도코자 하는 것이다.55) 러시아 전문가들은 2270(2016)채택으로 북한내 다수 북·러 합작프로젝트가 치명적 손상을 입게 됐다는 우려를 표명하고 있다. 이들 중에는 오히려 유엔 대북제재 디자인이 미중관계 밀착화를 반영한다며 경계심을 보이는 경우마저 있다.56) 그럼에도 러시아는 대미, 대서방 관계가 악화된 최근 몇 년 부쩍 대중밀착관계를 유지하려 애쓰지 않을 수 없는 형편이다. 2014년 크림반도 합병

---

54) Luke J. L. Eastin, "Legitimacy Deficit: Chinese Leadership at the United Nations," *Journal of Chinese Political Science* 18(2013), pp.389~402. 유사한 입장으로 Fullilove도 중국의 유엔리더십 한계를 지적한다. Michael Fullilove, "China and the United Nations: The Stakeholder Spectrum," *The Washington Quarterly* 34-3 (Summer 2011), pp.63~85.

55) Deborah Welch Larson & Alexei Shevchenko, "Russia says no: Power, status, and emotions in foreign policy," *Communist and Post-Communist Studies* 47 (2014), pp.269-279; Yousra Neberai, "My Enemy's Enemy: Analyzing Russia and North Korea's Year of Friendship," *Harvard International Review* (Summer 2015), pp.10~11 참조.

56) 예: George Toloraya, "UNSCR 2270: A Conundrum for Russia," *38 North: Informed Analysis of North Korea* (2017.3.5). 러시아내 유엔제재에 있어 러시아의 소극성을 이해하기 어렵다는 입장도 있다. Artyom Lukin, "Russia shows little concern over North Korean nukes," *East Asia Forum* (2013.3.3).

이후 미국과 EU의 대러 경제제재는 러시아로 하여금 강대국 관계에서 중국과의 전략적 동반자관계 강화에 한층 더 힘을 쏟게 하고 있다. 중러는 비대칭적 경제력에도 불구하고 상호적응과 양보를 통해 가급적 양자간의 긴장은 줄이려 하고 있다.[57] 유엔외교에서는 대북제재에 대한 소극적 입장을 공통분모로 한다.

따라서 양측은 북핵문제에서 중·러 대(對) 미국이라는 구도를 놓지 않고 있는 것이다. 2017년 7월 4일 모스크바에서 발표한 「한반도 문제에 관한 중러 외무장관 공동성명」은 두 나라가 관련국들에 대해 대북 제재가 아닌 대화와 외교적 방식을 촉구한다는 입장을 표현한 것이다. 소위 중국이 강조해온 쌍중단, 쌍궤병행 방식을 러시아가 수용한 것이다. 전자는 북한의 핵미사일 도발, 한미 연합군사훈련 중단을 뜻하며 후자는 한반도 비핵화 프로세스와 평화체제 구축을 병행 추진 하는 것이다. 이후 발생한 북한의 ICBM급 미사일 발사, 제6차 핵실험으로 이 두 나라의 입장이 얼마나 바뀔 수 있을지 장담하기 어렵다.

종종 안보리 회의장에서 미국, 중국, 러시아 대사들간 격론이 벌어질 때 한층 더 현실주의 국제정치를 실감할 수 있다. 가장 가깝게는 2017년 7월 5일, 즉 ICBM급 화성-14호 발사와 관련해 다음날 안보리 긴급회의에서 중국, 러시아 대표는 공히 미국 대표와 대조되는 인식과 입장을 드러냈다.[58] 니키 헤일리 유엔주재 미국 대사가 먼저 "미국은 스스로와 우방을 방어하기 위해 우리 능력들을 최대한 사용할 준비가 돼 있다"고 강조했다. 그는 특히 "국제안보위협을 심각하게 받아들이지 않는 나라에 대한 우리의 교역 자세는 달라질 것"이라며

---

57) Samuel Charap, John Drennan and Pierre Noel, "Russia and China: A New Model of Great-Power Relations," *Survival* 59-1(Februaru-March 2017), pp. 25~47.

58) Watch Live: Leaders of UN Security Council Emergency Meeting over North Korea 7/5/17 United Nations.

"우리는 북한만 주시하는 게 아니라, 이 불법정권과 사업하기를 선택한 다른 국가들도 지켜보고 있다"고 중국을 향해 거북한 입장을 드러냈다. "북한의 교역 가운데 90%가 중국과의 교역이므로 유엔제재의 짐은 대부분 중국에 달려 있다"고 지적했다.

반면 류제이 유엔주재 중국대사와 블라디미르 사프론코프 유엔주재 러시아 차석대사는 대북 군사수단은 옵션이 아니라며 오히려 사드의 한국 배치가 안전을 해칠 것이니 이를 중단하라 촉구했다.[59] 대북 추가제재안에 대해서도 헤일리 대사가 2016년 북한의 4차, 5차 핵실험후 채택된 고강도 대북제재인 2270호와 2321호보다 한층 강한 추가제재 결의안을 내놓겠다고 밝힌 데 대해, 류제이 중국대사는 소위 자신들이 주장하는 쌍중단을 강조했고, 사프론코프 러시아 차석대사도 "제재로 문제 해결을 못 한다는 것을 인정해야 한다"며 중국의 편에 섰다. 중국과 러시아대사는 2017년 7월 4일 모스크바 중・러 정상회담 직후 양국 외무장관들이 채택한 「한반도문제에 관한 중러 외무장관 공동성명」의 내용대로 중국의 '쌍중단, 쌍궤병행' 구상에 기반한 북핵문제 해결안을 강조했다. 또한 러시아대사도 중국대사와 마찬가지로 사드배치에 대한 반대입장도 내놓았다. "지역외 세력의 동북아 군사주둔과 북한의 핵미사일 프로그램 대처를 명분으로 한 군비강화에 반대한다." "동북아지역 사드 시스템 배치는 중러를 포함한 역내 국가들의 전략적 안보이해에 심각한 피해를 주며 한반도 비핵화 목표화 목표달성이나 역내 평화와 안정확보에 기여하지 않음을 확인한다"고 했다. 미국과 NATO의 유럽미사일 방어 견제에 사활을 걸어온 러시아로서는 사드가 중국만큼 중요이해가 걸린 문제는 아니지만 미

---

[59] Stephen Haggard는 사드는 북한의 핵과 미사일 능력에 달린 만큼, 중국이 이 문제에 대해 무엇인가 하려한다면 같이 논의할 수 있다고 보지만 중국이 그런 태도가 아니라면 한미가 결정할 일이라고 본다. Stephen Haggard, "Hard Target: Sanctions, Inducements, and the Case of North Korea," EAF Seminar (East Asia Foundation, Seoul, August 22, 2016).

국의 아·태군사동맹 강화라는 차원에서 사드의 한국배치가 반가운 존재는 아니다. 또한 러시아는 중국에 대한 위협인식을 불식하지 않고 있음에도 불구하고 우크라이나 사태로 현재 냉전종식이후 미국, 서방과의 관계가 최저점에 달한 상황도 전략적 고려 대상이다. 더불어 2012년 이후 부쩍 김정은과의 경제협력 프로젝트를 꿈꿔온 만큼, 서방의 자국에 대한 제재와 유엔의 대북제재가 겹쳐 이를 통한 경제적 국익 및 정치적 지렛대 획득이 어렵게 됐다고 판단하는 것이다. 즉, 유엔제재에 적극적일 경우 중국만큼은 아니지만 마주쳐야 할 상대적 득의 손실을 우려하고 있는 것이다.

중국대사의 발언에 대해 헤일리 미국대사는 "북한과 친구가 되기를 원한다면 새로운 제재결의에서 거부권을 행사하면 된다"고 경고했다. 그는 "새로운 대북제재결의가 이뤄지지 않는다면 우리는 우리의 길을 갈 것"이라며 미국의 독자제재를 예고했다. 결국 2017년 7월 5일 안보리는 이미 다섯 번의 핵실험을 한 바 있는 북한이 마침내 ICBM급 미사일마저 발사했지만 다음날 개최된 안보리 회의는 아무런 합의없이 끝나고 말았다. 나아가 앞에서 밝혔듯 러시아 국방부는 논평을 통해 북한이 발사한 탄도미사일에 대해 ICBM급이 아닌 "중거리 탄도미사일의 전술기술 특성에 부합한다"고 주장했고, 사프론코프 유엔 주재 러시아 차석대사도 안보리 회의에서 "북한이 발사한 미사일이 ICBM이 아닌 중거리 탄도미사일"이라고 재확인했다.[60] 이런 배경 속에서 북한이 7월 말 또 한 차례 화성-14호를 발사하자 비로소 새 대북제재결의문 2371호가 33일만에 어렵게 "만장일치"로 탄생한 것이다. 어쩌면 이때 진통이 컸기 때문에 북한이 9월 초 제6차 핵실험을 한 후는 비교적 짧은 8일만에 2375호가 탄생될 수 있었던 것이다.

이처럼 지난 11년 매번 새로 채택되는 안보리 결의문은 만장일치

---

[60] Watch Live: Leaders of UN Security Council Emergency Meeting over North Korea 7/5/17 United Nations.

하 제재조처의 확대강화를 내포하지만 미국, 중국, 러시아간 이렇게 어렵고 힘든 타협을 수반해 왔다. 꼭 동상이몽(同床異夢)이라 할 수는 없으나 국가단위가 존재하는 한, 강대국 관계에서 '절대적 득'을 목표로 한 글로벌 거버넌스가 쉽지 않음을 말한다. 유엔제재 결정과 관련해서는 강대국간 상호거부권까지 부과돼 있는 것이다. 이러한 배경 속에서 미국과 EU의 추가적 독자제재 방식을 바라보아야 할 것이다. 미국과 EU는 유엔창설 이전에도 이후에도 외교정책의 일환으로 독자제재를 시행해 왔다. Michael Brozka의 연구에 따르면, 일반적으로 중국과 러시아의 반대에도 불구하고 진행된 그간의 미국과 EU의 추가적 독자제재는 유엔제재의 목표와 관련하여 긍정적 효과를 가져다준 것으로 나타났다.[61]

2. 구성주의 국제관계 모델

중국과 러시아의 대북제재 소극성에 관한 두 번째 설명모델은 국제관계의 중요한 측면이 인간의 본성이나 여타 국제정치 특수성이 아닌 역사적, 사회적으로 구성되어간다는 주장을 펼치는 구성주의 국가관계이론에 근저한다. "사회적으로 형성된 국제관계"를 강조한 Nicholas Onuf, Friedrich Kratochvil, Alexander Wendt 등은 구성주의 국제이론의 토대를 구축했다. 이들은 신현실주의와 신자유주의 제도주의자를 모

---

[61] Michael Brozka, "International sanctions before and beyond UN sanctions," *International Affairs* 90-1(2015), pp.1339~1349 참조. 유엔제재와 EU독자제재 관계에 대해서는 다음을 참조: Andrea Charron, *UN sanctions and conflict: responding to peace and security threats* (Routledge, 2011); Francesco Giumelli, *Coercing, constraining and signalling: Explaining UN and EU sanctions after the Cold War* (Colchester: ECPR Press, 2011); Mikael Erikson, *Targeting peace: understanding UN and EU targeted sanctions* (Farnham: Ashgate, 2011); Clara Portela, *European Union sanctions and foreign policy: when and why do they work?* (Routledge, 2010).

두 물질적 형태에만 초점을 둔 이론이라며 배격한다.[62]

중국과 러시아가 여타 나라들에 비해 역사, 지리, 정치, 경제적으로 북한체제와 긴밀한 관계를 유지해 왔다는 점에 착안하는 것이다. 분명 중국, 러시아의 대북제재에 대한 소극성을 말해주는 또 다른 설명모델이 될 수 있다. 중국과 러시아가 북한과 오랜 동안 쌓아온 세월과 가치공유의 경험, 문화적 이해, 지리적 인접성 등을 바라보는 것이다. 요컨대, 역사, 지리, 정치, 경제 등 오랜 세기 역사의 부침 속에서 어쩔 수 없이 함께 해 온 부분들이 현재 중국, 러시아의 대북정책에 알게 모르게 영향을 미치는 것이다. 접경지역이 있고, 사람들이 이동해 왔으며 20세기 후반부 국제질서에서는 내부적 갈등에도 불구하고 사회주의 형제국으로서 서로의 국가제도와 세계관을 공감해온 측면이 있다. 이들 소위 북방3국간에는 유리한 조건하 경제와 군사부문 지원과 협력이 꾸준히 이루어졌었다.

냉전종식후에도 그러한 유대감의 유산을 버리기가 어렵다. 중국은 1961년 체결된 '조중우호협력상호원조조약'을 그대로 유지하고 있고, 러시아는 동년 체결한 '조소우호협력상호원조조약'을 1995년 폐기선언하고 이듬해(1996년) 폐기했지만 러시아인들에게 북한은 잃어버린 소련제국의 영예를 되살려주는 애증의 요소를 안고 있는 극동이웃의 나라이다. 중러는 강도는 다르겠지만 한국전쟁의 경험도 공유하고 있다. 중국과 러시아가 냉전종식후 미국 일극주의를 배격하며 다극세계질서를 주창해 오는 데 대해 북한도 공감해 주고 있다. 3국간 세계관의 공유부분이 넓다.

안보리 상임이사국 중국과 러시아에 있어 냉전종식후 북한은 분명 국제레짐을 어지럽히는 짐이지만, 지리적으로 접경무역을 통해 관계

---

62) Nicholas Onuf, *World of Our Making* (University of South Carolina Press, 1989); Friedrich Kratochvil, *Rules, Norms and Decisions* (Cambridge University Press, 1989); Alexander Wendt, *Social Theory of International Relations* (Cambridge University Press, 1999).

를 유지하고 있고 삶의 방식이 상호 익숙한 나라다. 비록 북한 스스로 세계로부터의 고립의 길을 택했지만, 중국, 러시아와는 물리적인 길로나 정치, 사회적으로나 국제무대로 나가는 통로이다. 긴 세월, 북한의 석탄, 철, 철광을 수입해 왔고, 투자와 금융거래를 해 왔다. 중국과 러시아는 원유를 북한에 제공해 왔고, 북한노동자들이 대거 입국해 있다. 북한인들과 더불어 살아온 많은 중국인, 러시아인들이 있다. 북한의 선박과 항공기는 중국과 러시아의 경유지를 거쳐 먼 외국을 다녀야 한다. 이 모든 요소들이 구성주의 모델을 이루고 있다. 유엔이 제재를 가한다 해도, 중러 중앙정부가 법적, 제도적으로 공시를 한다해도, 민간차원에서 의도적, 비의도적으로 북한의 제재회피술에 직간접 기여할 여지가 큰 것이다. 공식제재 이면에 접경지대 비공식무역, 밀무역이 성행할 수 있는데, 이제 이마저도 철저히 단속하고 처벌해 가야 한다. 21세기 글로벌 거버넌스를 위해서는 중국과 러시아가 "비확산"이라는 안보리 상임이사국의 책무수행을 위해서 스스로 구성주의가 안겨주는 도전을 극복해 나가야만 하는 것이다.

3. 자유주의·제도주의 국제기구 모델

상기 두 모델이 중국, 러시아의 소극성을 설명해 주는 모델이라면 자유주의·제도주의 모델은 어렵지만 중국과 러시아가 유엔 및 글로벌 거버넌스내 리더십을 발휘하기 위해 "지향해 가야할" 모델이다. 사실 중러 지도자와 정부는 레토릭상 늘 자신들이 이 모델을 지지한다고 강조해 왔다. 즉, 유엔제재결의문을 성실히 준수해 왔다는 것이다. 그럼에도 불구하고 자유주의·제도주의 모델은 실질적으로 유엔안보리 제재기제의 효과성 증진을 위해 중국과 러시아가 제재소극성을 떨치고 보다 적극적으로 제재이행에 동참하기를 기대한다.

Robert Keohane, Robert Powell 등 자유주의 제도론자들의 기본적 가

정은 현실주의에서와 달리 모든 국가들은 국제협력을 통해 다른 나라가 얻을 상대적 득보다는 자국에 돌아올 "절대적 득"에 더 큰 관심을 갖는다는 것이다. 그렇다면 중국과 러시아도 적극적으로 "비확산"이라는 절대적 득을 목표로 엄격한 제재를 이행할 수 있을 것이다. 그러나 불이행에 대한 처벌이 없는 글로벌 거버넌스에서 이는 낙관적인 기대이다. 이에 대해 Robert Powell은 국가들은 기본적으로 이기적이지만, 비협조의 결과로 미래 자국이 치르게 될지 모를 대가가 지금의 비협조로 얻어지는 득보다 월등히 클 것을 우려하여 협력하게 된다고 가정한다.[63] 즉, 이들은 유엔, NATO, EU 등 국제적 제도나 기구가 국가간 협력을 견인할 수 있다고 가정한다. 국가들은 위계질서가 강요되지 않는 국제정치체계내 합리적 행위자들이다.[64] 레짐이론, 신자유주의 이론과도 일맥상통하는 부분이 있다.

이 틀에서는 글로벌 평화안보 거버넌스 그리고 유엔개혁의 큰 흐름에서 대북제재레짐을 보게 된다. 유엔개혁 차원에서 보면 1990년대 중반 이후 포괄 경제제재 대신 취해온 "타깃제재"가 상징성에서는 의미가 있지만 효과성 측면에서는 포괄 경제제재만 못하다는 견해가 적지 않다. 그럼에도 소위 타깃제재는 시행착오의 과정 속에서 계속 개선되어 왔다.[65] 대북제재레짐의 경우도 여전히 미비점이 드러나지만 마찬가지로 진화되어 왔다.

---

[63] Robert Powell, "Absolte and Relative Gains in International Relations Theory," in n David A. Baldwin ed. *Neorealism and Neoliberalism: The Contemporary Debate* (Columbia University Press, 1993).

[64] Robert Keohane, "Institutional Theory and the Realist Challenge after the Cold War" in David A. Baldwin ed. *Neorealism and Neoliberalism: The Contemporary Debate* (Columbia University Press, 1993); Robert Keohane, *After Hegemony: Cooperation and Discord in the World Politics* (Princeton University Press, 1984) 참조.

[65] Kimberly Ann Elliot, "Assessing UN sanctions after the Cold War," *International Journal* (Winter 2009-10), pp.85~97.

이 모델에서는 현실주의에서처럼 중국이나 러시아가 패권도전 세력으로 여겨지지 않으며, 또한 구성주의에서처럼 역사, 사회적으로 중국이나 러시아가 북한과 우호적 관계를 유지해 온 사실이 특별히 장애가 되지 않는다. 좀 더 철저히 이행되도록 해야 하는 도전과 과제만이 있는 것이다. 유엔 전문가패널이 지적하듯 아직 제재결의문내 금수 광물자원 코드가 부재하고, 형태에 대한 기준도 결여되어 북한의 회피술에 기여할 가능성이 크다. 또한 광물금수 예외설정의 경우, 예컨대 2270이나 2321에서 "전적으로 민생부문에 기여하여야 하며 제재회피에 기여하는 어떠한 경우도 아니어야 한다"고 하나 이 부분 역시 국가마다 민생목적에 대한 해석이 다르며, 제재회피에 기여하지 않도록 어떠한 검증을 하는지가 불명확하다. 또한 사치품의 경우도 회원국마다 기준의 차이가 있어 좀 더 관용적인 중국이 있는 반면, 그렇지 않은 회원국들도 있다. 그렇게 되면 중국 개인이나 단체들을 통해 북한으로의 유입이 어렵지 않다. 이러한 시행착오 속에서 안보리는 매번 북한이 핵과 미사일 도발을 할 때마다 이전 결의문들의 미비점을 메꾸어가고 있다.

다만, 현재의 미비점 상당부분이 불가피하게 안보리 상임이사국인 중국과 러시아의 제재소극성과 직결된 문제기이도 했다. 따라서 매번 중국의 양보와 타협을 거쳐 새로운 결의문이 탄생되곤 했다. 이 점은 우리가 제도론적 측면에서 긍정적으로 발전해 간다고도 할 수 있지만, 아직은 현실주의 측면에서 외교적 수순일 뿐이라고도 평가절하할 수 있는 부분이기도 하다. 중국과 러시아가 자유주의·제도주의의 입장에서 미국, 영국, 프랑스와 나란히 글로벌 책임강국으로서 비확산 레짐관리에 기여해야 할 것이다. Brantly Womack은 세계화, 상호의존의 국제환경 속, 비록 미국이 군사적, 기술적으로 글로벌 리더십을 가진 국가라지만 혼자서는 어렵고, 중국 역시 국가경제의 창출 및 유지를 위해 적대적 대미관계를 해서는 곤란하므로 짧은 안목의 '상대적 득'이 아닌 긴 안목의 절대적 득을 찾아야 한다고 주장한다. "지속가능한 적수관계" 속에서 최대한의 "절대적 득"을 찾아야 한다고 권한다.[66]

과연 처벌없는 레짐의 유지가 가능한 것인지. 언급했듯 Powell은 국가들이 이기적이지만, 비협조의 결과로 미래 자국이 치르게 될지 모를 대가가 지금의 비협조로 얻어지는 득보다 월등히 클 수 있기 때문에 협력하게 된다고 가정한다.[67] 그렇다면 지금 이기적인 국가가 중국과 러시아라고 할 때 이들이 미래에 치를 대가를 크게 만드는 것이 자유주의 제도론자들의 또 다른 과제로 남는다.

상기 3개 모델 중 어느 모델이 가장 설득력이 클지 지켜 볼 일이다. 평가는 궁극적인 "그날"이 오기 전에는 늘 "잠정평가"로 남을 수밖에 없다.

VII. 유엔 대북제재레짐 잠정평가 및 정책시사점

이상으로 국제레짐 측면에서 본 북한의 대량살상무기(WMD) · 미사일 실태, 유엔안보리의 단계별 제재 확대 · 강화, 중국과 러시아의 상임이사국 및 유엔회원국으로서의 역할 분석, 비준수 사례 등을 살피고, 중러의 제재소극성에 대한 설명모델들을 상정해 보았다.

지난 11년 유엔 대북제재레짐의 성과는 긍정적 측면과 부정적 측면이 공존한다. 지도자 행위를 제약하는 요소가 된 바는 분명 긍정적이나, 이 기간 중 오히려 북한정권의 핵과 미사일 모험을 키운 것은

---

66) Brantly Womack, "Asymmetric parity: US-China relations in a multinodal world," *International Affairs* 92-6(2016), pp.1403~1480 참조.

67) Robert Powell, "Absolte and Relative Gains in International Relations Theory," in n David A. Baldwin ed. *Neorealism and Neoliberalism: The Contemporary Debate* (Columbia University Press, 1993).

부정적이다. 이 시점 "제재무용론"은 위험하다. 유엔 대북제재는 어느 시점 홀로 혹은 다른 요소들과 함께 궁극적으로 북핵문제 해결에 기여할 여지가 있기 때문이다. 이미 2017년 9월 11월 채택된 안보리 결의문 2375(2017)의 제재조처가 여러나라 특히 중국내 대규모 북중 합작 프로젝트 및 관련은행들에 큰 파급효과를 내고 있고, 북한내 유가변동, 유엔회원국 일부의 외교단절 등을 야기하고 있다는 소식이 나오고 있다. 제재만능론도 경계해야 한다. 안보리의 새로운 제재조처가 채택되면 그만큼 북한의 제재회피술도 정교화되어 서로 숨박꼭질을 계속하기 때문이다. 결정적으로 유엔회원국의 제재이행에 대한 "정치적 의지"와 "제재역량"의 제고가 요구됨을 말한다.

가장 최근인 2017년 2월 공개된 보고서에서 유엔전문가패널은 북한 주민중 약 1800만명이 영양이나 청결문제 등을 안고 있지만 이의 주원인은 북한지도부의 경제자원 왜곡배분에 기인한 것이며, 유엔제재 때문으로 보기는 어렵다고 평가했다. 그것은 다행이다. 그러나 이외에 소위 "타깃제재"가 안고 있는 고유의 도전요소들이 적지 않음도 지적했다. 포괄제재에 비해 제재대상국의 제재회피술이 정교화되기 쉽다는 점이다. 제재대상 개인과 단체의 신분세탁, 화물내용 허위기재, 벌크캐쉬와 금의 활용, 제3국 국적의 대리인 고용, 제3국의 항공기와 선박의 이용, 다수국가의 개인과 단체가 동원된 국제 네트워크 구축 등이다. 여기에 모호한 결의문 규정, 국제적 의무를 국내법화해야 하는 과정, 유엔회원국들의 국가이행보고서 제출저조, 비준수 사례 보고에 대한 소극성, 접경국들의 의도적, 비의도적 비협조 등은 모두 제재대상국의 제재회피술에 기여하고 있다. 이 문제들은 유엔의 대북제재레짐을 포함, 안보리가 현재 운용하는 13개 제재레짐 모두에 있어 공통된 도전요소들이다.[68]

---

[68] 유엔회원국의 이행이 무엇보다 중요한데, 이에 대해 낙관적이지 않은 입장은 Clara Portela, "National Implementation of United Nations sanctions," *International*

특히 그중 대북제재레짐의 경우에는 제5장에서 2016년 사례를 중심으로 살펴보았지만, 그 외에도 2010년 이후 매년 전문가패널이 조사, 보고해온 북한 비준수 사례들을 종합해 보면 중국과 러시아의 중앙정부는 물론 지방, 그리고 개인과 단체의 제재이행 "의지"와 이에 따른 "국가통제력" 개선이 절대적으로 요구된다 하겠다. 그렇지 않은 경우 가장 최근 채택한 결의문 2375(2017)보다 더 강한 새로운 제재안이 안보리를 통과한다 해도 국제 비확산레짐의 주소는 불투명해질 것이다.

지난 4반세기 중국과 러시아가 북한 핵실험을 규탄하고 제재를 결정하고 이행코자 한 점은 높이 평가한다. 그러나 많은 국내외 전문가들은 유엔안보리 대북제재결의문 초안협상, 그리고 지도자의 인식과 행위, 북한 비준수 사례에 연관된 두 나라 개인과 단체들, 두 나라 영토내 북한외교관 연계 등 중러의 유엔제재 이행의지와 능력에 대해 부단히 의문을 제기해 왔다. 이에 대해서는 제6장에서 시도해 보았듯 현실주의 설명모델, 구성주의 설명모델, 제도주의 설명모델 들이 각각 홀로 혹은 같이 그 배경을 분석해 줄 수 있을 것이나 이들 모델들은 규범의 세계는 아니다. 안보리 결정의 이행이 유엔회원국의 의무이긴 하나, 이를 어겼을 때 강제할 벌칙을 주는 거버넌스는 사실 결여돼 있다.[69] 극단적인 경우 회원국 각각의 정책이 이를 메꿔가야 하는 현실적 한계에 봉착하게 된다. 이에 미국은 2017년 6월 이후 유엔제재의 보완을 위해 본격적으로 북한의 불법활동을 지원하는 중국, 러시아의 개인과 단체에 대한 추가 독자제재에 들어갔고 2017년 9월 12일 미 하원외교위 청문회에선 초상은행, 농업은행 등 북한과 거래

Journal (Winter 2009-10), pp.13~30; 제재가 안보리의 중요한 기제이지만 산적한 과제들이 있다는 논지는 Jane Boulden & Andrea Charron, "Evaluating UN sanctions," *International Journal* (Winter 2009-10), pp.1~11 참조.

[69] 이점은 정은숙, "유엔안보리 결의문 2371호: 이행의 과제," 세종논평 (2017.8. 11); 정은숙, "트럼프 행정부의 대북경제 제재: 중국, 러시아의 기업과 개인," 세종논평 (2017.8.28) 참조.

하는 중국 대형은행 들에 대한 제재요구가 활발했다.[70] EU외무장관
들도 2017년 10월 16일 북한의 의무준수를 압박하기 위한 EU차원의
추가 대북 독자제재 조처이행에 합의했다.[71] 미국은 아무리 상임이사
국이고 강대국관계이지만 중국과 러시아의 유엔제재결정 이행에 관
해 철저한 모니터링을 하려 한다. 적어도 북한의 제4차 핵실험을 감
행한 2016년 1월 이후 미국의 대중, 대러 정책에서는 유엔 대북제재
관련 중국, 러시아가 스스로 합의한 국제적 약속의 이행여부가 중요
한 변수로 자리잡게 되었다.

　만일 중국과 러시아가 계속 비핵화라는 "절대적 득"보다 "상대적
득"에 착안해 대북제재에 소극성을 보인다면 지난 11년 경험한 것처
럼 북한의 행동변화는 어렵게 되고, 글로벌 비확산레짐은 혼란에 빠
진다. 처음은 동북아에서, 중동에서 그리고 전세계에서 비확산 레짐
은 혼란에 빠지게 되는 것이다. 여타 유엔회원국의 이행준수 및 유엔
제재가 직면한 기술적 도전 극복을 위해서도 안보리 상임이사국인
중국과 러시아의 엄격한 이행이 중요해졌다. Robert Powell과 같은 자
유주의 제도론자들이 주장하듯 현실주의 국제정치론이 가정하는 무

---

70) 미하원 외교위원회, Hearing on "Sanctions, Diplomacy, and Information: Pressuring
　　North Korea" (2017.9.12). Statement of Susan Thornton, Acting Assistant
　　Secretary, Bureau of East Asian and Pacific Affairs, US Department of State;
　　Testimony of Assistant Treasury Secretary Marshall S. Billingslea. https://foreign
　　affairs.house.gov/hearing/hearing-sanctions-diplomacy-information-pressuring-no
　　rth-korea/ (검색일: 2017.10.20). 북핵문제 해결을 위한 미국의 대중압박 요
　　법을 주장한 글로는 Joshua Stanton, Sung-Yoon Lee, Bruce Klinger, 앞의 글
　　(2017) 참조.
71) 새로운 조처는 북한내 "모든 영역" 투자금지, 정제류와 원유 판매 전면금지,
　　대북송금 한도 1인당 15000유로에서 5000유로로 축소, 영토내 북한인 거주
　　연장 불허, 3명 6개 단체 자산동결 및 여행금지 추가(EU독자제재 총 41명 10
　　개 단체, 유엔제재 총 63명 53단체) 등이다. 외무장관들은 전체 유엔회원국
　　의 결의문 이행을 촉구했다. http://www.consilium.europa.eu/en/press/press
　　-releases/2017/10/16/north-korea-sanctions/(검색일: 2017.10.20).

정부상태에서도 협력은 가능하다는 주장이 현실화되기를 기대한다. 무정부상태가 공동정부 부재이고, 그래서 오늘 상대적 득을 취해도 된다는 생각은 단견이다. 반복되는 상호관계 속에서 각 행위자는 오늘의 비협조에서 얻는 즉각적이고 상대적인 득보다 더 큰 대가를 미래에 지불할 수 있기 때문이다. Powell은 그 대가를 계산한다면 심지어 이기적 국가들도 협력할 것이라고 보았다.[72] 이것이 상대적으로 대북 제재소극성을 갖는 중국과 러시아마저도 꾸준히 자신들의 유엔 대북제재 동참 및 결의준수를 증명해 보이고자 하는 이유일 것이다.

그러나 Daniel Drezner는 제아무리 스마트한 제재라 해도 제재자들이 서로 상대방의 제재목표를 의심하거나, 다르게 갖고 있거나 혹은 전략적인 모호성을 유지하는 한, "타깃제재"가 이전의 "포괄무역제재" 방식에 비해 더 나은 제재효과를 가져올 것이라 장담할 수 없다고 지적한다.[73] 그만큼 회원국의 연대적 이행이중요한 것이다. 당분간은 유엔의 대북제재가 실패했다고 평가하지 말고, 미국, 중국, 러시아가 글로벌 비확산이라는 "절대적 득"에 착안하여 좀 더 철저히 이행해 갈 시점이라 여겨진다. 구성주의 시각에서도 현실주의 시각에서도 대북제재 이행에 있어 미국이나 여타 나라에 비해 중국과 러시아는 더 많은 도전에 직면해 있고, 이를 위해 매우 중대한 결단과 노력이 요구되는 시점이다. 이 점은 다른 나라들도 인정해 주어야 한다.

중국과 러시아가 현실주의와 구성주의 국제정치에서 오는 한계를 극복하고 미국, 영국, 프랑스, 한국, 일본 등과 함께 유엔 대북제재레짐의 목표에 공감하고 적극적으로 동참해야 좀 더 이른 시점에 북핵 문제를 외교적으로 해결할 수 있을 것이다. 다시 말해 북한이 진정 비핵화를 위한 대화와 협상을 선택하게 하기 위해서는 중국과 러시

---

72) Robert Powell (1993), 앞의 글.

73) Daniel Drezner, "How Smart Are Smart Sanctions?" *International Studies Review* 5 (2003), pp.107~110.

아의 유엔 대북제재 결의안 이행의지와 이행능력 제고가 불가피한 것으로 보인다. 미국은 미국의 추가제재 방식으로 이를 얻고자 하고 있다.[74]

---

[74] 이 점은 Margaret Doxey, "Reflections on the sanctions decade and beyond," *International Journal* (Spring 2009), pp.539~549 참조.

제2장
유엔의 대북 비확산 제재[75]
2013년 잠정평가

I. 서론

유엔안전보장이사회(이하 '안보리')는 2006년 북한의 제1차 핵실험에 대한 대응으로 비확산 제재를 부과하기 시작하여 오늘에 이른다. 안타깝게도 그간 수차례 채택된 안보리 대북제재결의문의 실효성(efficacy)에 대해 진지하게 묻지 않을 수 없게 되었다. 북한 핵위기와 관련된 문제가 좀처럼 풀릴 것 같지 않다.

김정일의 셋째 아들 김정은은 그 아버지 김정일보다 더 모험적이다. 북한은 그가 집권한 2012년부터 한층 더 한국, 미국, 일본에 대해 핵과 미사일 공격위협을 가하며 그 능력을 육 · 해 · 공에서 실험으로 과시하고 있다. 2012년 4월 북한은 헌법을 수정하여 '핵무기 보유국'임을 천명했다. 중국을 비롯한 국제사회의 경고에도 불구하고 북한은 2012년 두 번(4월 & 12월) 탄도미사일 기술을 사용한 로켓을 발사했으며 2013년 2월 기존 안보리의 대북제재결의문들을 위반하며 제3차 핵실험을 감행했다.

오늘날 인류는 무엇보다도 유엔이 글로벌 거버넌스의 센터 역할을 수행해 줄 것을 기대한다. 유엔은 북한, 한국을 포함 192개국을 회원

---

75) 세종연구소 중장기정책연구(2013). 영문을 번역하고 정리하였음. Eunsook Chung, *The UN Non-Proliferation Sanctions on North Korea: Assessment and Suggestions* (Seongnam, South Korea: The Sejong Institute, 2013).

국으로 하는 세계 최대 국제기구이며 1945년 출범 이후 국제평화와 안보에 관한 한 가장 정당성이 높은 기제로 간주되어 왔다. 특히 총회, 사무국 등 유엔 주요조직 중 하나인 '유엔안전보장이사회'는 국제평화와 안보의 유지에 대한 기본적 책무를 지고 있다. 유엔헌장 제25조에 따르면 모든 회원국은 안보리의 결정을 수행하고 수용해야 한다.[76] 이 점은 유엔의 다른 주요 조직들이 갖지 못하는 헌장이 보장하는 안보리 고유의 높은 위상을 말해 준다.

1990년대 이후 유엔은 "글로벌 비확산거버넌스" 부문에서 중요한 이정표를 만들고, 또 이행해 온 것이 사실이다. 유엔의 대북 비확산 제재도 그 일환이다. 그럼에도 여전히 유엔 대북제재레짐의 한계를 말하지 않을 수 없는 것이 현실이다. 그 한계는 크게 두 부분으로 나뉘진다. 북한과 동맹관계인 중국을 위시한 다수 유엔회원국의 의지 혹은 능력결여, 그리고 비록 1990년대 이후 점차 진화하고 있지만 유엔차원에서의 제재이행을 위한 행정력과 기술력 미비다. 결과적으로 2013년 현재까지의 대북제재에 관한 유엔의 역할에 대해서는 긍정적, 그리고 부정적 평가가 공존한다고 하겠다. 이후 변수는 역시 유엔회원국의 정치적 의지, 특히 안보리 5개 상임이사국의 정치적 의지, 그리고 2013년 새로 채택된 2건의 새로운 대북 제재결의문(2087호 & 2094호)의 효력 발휘 여하가 될 것이다. 이 두 결의문은 이전 제재과정에 나타난 여러 문제점들을 교훈으로 유엔의 능력강화를 도모코자 하는 안보리의 확고한 의지를 반영한 것으로 비춰지고 있다.

'비확산'은 냉전종식이후 유엔을 중심으로 한 글로벌 거버넌스에서 가장 주목받는 의제 중 하나로 자리매김하여 왔다. '글로벌 거버넌스'는 일반적으로 정부 부재하의 거버넌스로 간단하게 정의되곤 한다.

---

[76] 유엔헌장에 따르면 유엔은 안보리, 총회, 사무국, 국제사법재판소, 경제사회이사회, 신탁통치이사회 등 6개 주요 조직을 갖고 있다. 그러나 1994년 신탁통치이사회가 직무완료로 폐쇄됨에 따라 현재는 이를 제외한 5개 주요조직이 남아있다.

와이스와 타커(Thomas G. Weiss & Ramesh Thakur)에게 글로벌 거버넌스는 "문제해결을 위한 기존의 집단적 장치(arrangement)"다.[77] 본고는 '글로벌 거버넌스'와 '비확산'이라는 개념을 연계하여 북핵문제를 좀 더 글로벌한 "비확산 거버넌스" 시각에서 조명하고 유엔 정책결정의 실효성과 미비점을 평가해 보고자 한다. 기존 대북제재 결의가 도출한 업적과 한계를 함께 분석함으로써 21세기 글로벌 비확산 거버넌스 최상위 정책결정자로서의 유엔의 위상을 논의해보고자 하는 것이다. 본고가 학계와 정책결정자들이 비확산 영역에서 현재의 글로벌 거버넌스 실태를 이해하고, 미래에 보다 정당하고 보다 큰 능력을 갖춘 거버넌스를 도모하는 데에 일조하고자 한다.

본고는 우선 연구배경으로서 오늘날 북한의 핵활동이 국제규범상의 두 측면, 즉, '핵무기비확산조약'(이하 NPT, Treaty on the Non-Proliferation of Nuclear Weapons)에 미치는 영향과 냉전종식이후 유엔제재 개혁에 미치는 영향을 분석하고자 한다. 다음, 안보리 결의문 1718호, 1874호, 2087호, 2094호 등 2013년 현재까지 채택된 안보리 대북제재 결의문들에 나타난 강제조처들을 분석하고, 2006년 이후 지난 7년 드러난 북한의 제재회피술과 위반 및 비준수 사례를 살펴볼 것이다. 마지막으로 문제점과 개선안을 제시코자 한다.

대부분의 1차 자료는 유엔, 특히 Repertoire of Practice of the Security Council, 회원국이 안보리 대북제재위원회에 제출한 '국가이행보고서,' '전문가패널'이 안보리에 제출한 보고서 등에 근간한다.[78] 안보리의 웹사이트, 특히 대북제재위원회(공식명: Committee pursuant to resolution 1718(2006))는 좋은 정보를 제공한다. 2010년과 2012년, 각각 70쪽 정도 분량의 '전문가패널'(공식명: Panel of Experts pursuant to resolution

---

77) Thomas G. Weiss & Ramesh Thakur, *Global Governance and the UN: An Unfinished Journey* (Bloomington: Indiana University Press, 2011), p.6.

78) Repertoire 온라인: http://www.un.org/en/ec/repertoire/studies/overview.shml.

1874(2009)) 최종보고서가 공개됐는데, 미진한 부분이 없는 것은 아니나, 나름대로 북한 및 다수 유엔회원국의 비준수 사례를 감지하는 데에 큰 도움이 됐다. 별도 언급이 없는 경우 본고내 비준수 사례 대부분은 이들 두 편의 최종보고서를 기반으로 했다. 2011년판 최종보고서가 2013년 현재까지도 비공개인 점은 의문이나, 다행히 2012년 판에서 2011년 평가가 간접적이고 간헐적 방식으로나마 일부 드러났다.

본고를 집필하는 데에 어려움이 있었다. 2006년 이후 북한의 비준수에 대한 축적자료가 부재한 만큼, 회원국들의 유엔제재 이행에 대한 전반적 상황 평가가 임의적 방법에 의존하였다. 좀 더 체계적(heuristic) 접근이 요구된다.

II. 두 글로벌 차원의 배경: NPT위기 & 유엔개혁

1. 북한의 NPT탈퇴 선언에 대한 유엔안보리의 소극적 대응

비확산은 냉전종식이후 국제안보 주요 의제 중 하나가 되었고, 유엔안보리도 이를 주시했었다. 1992년 안보리는 의장성명을 통해 최초로 대량살상무기(WMD) 확산이 국제평화와 안보에 대한 위협임을 선언했다. 1995년에는 처음으로 안보리 5개 상임이사국(NPT체제내 공식 5개 핵무기국이기도 함)이 NPT체제내 비핵국가에 대한 핵무기 불용을 통한 안전보장 결의를 공동으로 서약했다. 알카에다에 의한 2001년 9.11테러 발생 이후 유엔내 비확산 의제는 국가뿐 아니라 "비국가" 단체도 대상으로 포함하게 됐다. 즉, 유엔안보리 결의문 제1540(2004)이 보여주듯 유엔회원국들은 비국가 행위자들의 '대량살상무기'(이하 WMD)획득시도를 지원해서는 안되며, 이를 위해 국내법을 채택하여 강제력을 행사해야 한다.[79] 그리고 2006년, 비확산 위배에 따른 유엔

의 제재가 최초로 두 나라를 대상으로 시작됐다. 동북아의 "북한"과
중동의 "이란"이다. 유엔안보리는 북한이 지금까지 세 차례, 핵실험을
할 때마다 "만장일치"로 유엔헌장 제7장(Actions with regard to Threats
to Peace, Breaches of Peace and Act of Aggression)을 원용한 제재 결
의문을 채택해왔다. 2013년 현재까지 채택된 제1718(2006)호, 1874(2009)
호, 2087(2013)호, 2094(2013)호를 말한다.

　그렇다면 여기서 문제는 '과연 유엔안보리가 명시적 혹은 묵시적으
로 1985년 NPT에 가입했던 북한의 NPT탈퇴를 허용했는가' 이다. 왜냐
하면 안보리는 2006년 10월, 북한의 제1차 핵실험을 할 때까지 북한의
일방적 NPT탈퇴선(1993, 2003)에 대해 이 문제를 시정코자 어떠한 제재
이니셔티브도 내놓지 않았기 때문이다. 북한은 NPT 189개 회원국 중
"유일하게" 탈퇴를 선언한 국가다. 1993년과 2003년 두 번 탈퇴를 선
언한 바 있고, 2003년 이후 실제로 IAEA 안전협정(Safeguard Agreement)
의 구속력에서 벗어났다. 이 점에서 북한은 여전히 NPT회원국으로서
의무 준수여부를 놓고 논란을 벌여온 이란보다 더 심각하게 글로벌
비확산 위기 촉매자이다. 이란은 단 한 번도 NPT탈퇴 의사를 비친
적이 없다.[80]

　북한이 유엔안보리에 제시한 탈퇴의 변(辯)은 그들이 일관성있게
주장해온 "미국의 자국 안보 위협"때문이라는 것이었다. 그렇다면 이
것이 정당하게 받아들여졌는가? 그렇지 않다면 유엔안보리는 국제평
화와 안보를 위해하는 잠재적 요소로 판단하여, 유엔회원국을 대신해
이에 대해 불인조치를 견인했어야 했다. 예컨대, 탈퇴하면 북한이 원
하는 핵억지력과 정반대로 오히려 핵공격에 취약해 진다고 경고했어

---

[79] 2004년 '1540호 위원회'가 안보리 보조기제의 하나로 출범했다. 2011년 4월,
　 안보리는 회원국들의 1540호 이행이 장기과제인 만큼, 그 임기를 2021년까
　 지로 연장했다.

[80] "Nuclear weapons: Who has what?" http://edition.cnn.com/interactive/2013/03/
　 world/nuclear-weapon-states/index.html?hpt=hp_c2#northkorea (검색일: 2013.4.5)

야 했다. 이것이 1995년 5개 상임이사국이 공동발기한 결의문의 요지
였던 것이다. 그러나 안보리는 경고도, 심지어 제재조차 하지 않았던
것이다.

NPT 제10조(1항)

회원국은 국가주권을 행사함에 있어 이 조약 주제와 관련된 특별한 사건이
국가의 최고이익을 위태롭게 한다고 판단하면 조약을 탈퇴할 권리를 소지한
다. 해당국은 탈퇴 3개월 전, 모든 회원국들과 유엔안전보장이사회에 그러한
탈퇴를 공지해야 한다. 그러한 공지에는 해당국이 자국의 최고이익을 위태롭
게 한다고 여기는 특별한 사건에 대한 설명이 포함돼야 한다.[81]

설사 NPT 10조(1)에 규정된 것이라 해도, 회원국의 탈퇴선언이 선
의에 따른 것인지 아닌지 판단할 기제가 NPT레짐내 부재한 만큼, 유
엔안보리가 1993년과 2003년 북한의 탈퇴선언에 대해 좀 더 책임있는
대응을 했어야 했다는 아쉬움이 남는다. 안타깝게도 안보리는 북한의
첫 탈퇴 선언이 있은 지 두 달 만인 1993년 5월 11일, 미온적 결의문
825(1993)를 채택하는 데에 머물렀다. 경고나 제재의사 없이 탈퇴선언
을 재고해 보라는 요청이었다. 나아가 2003년 두 번째 탈퇴선언에 대
해 안보리는 결의문조차 채택하지 않았다. 이 때 안보리는 북한이 미
사일과 핵실험 재개의사를 밝힌 사실을 감안하여 NPT탈퇴선언을 "국
제평화에 대한 위협"으로 결정할 수도 있었다. 무엇보다 안보리가 자
체적으로 혹은 북한의 '국제원자력기구'(이하 'IAEA') 안전협정 비준수
를 확인한 IAEA이사회 보고서에 근거하여 그렇게 결정할 수 있었던
것이다.[82] 그 경우 비록 중국, 러시아 등 상임이사국의 거부권으로

---

81) http://www.iaea.org/Publications/Documents/Infcircs/Others/infcirc140.pdf

82) 이러한 견해를 피력한 글로는 Frederic L. Kirgis, "North Korea's Withdrawal
from the NPT," *American Society of International Law Insight* (January 2003);

무력화됐겠지만, 적어도 그 때 유엔헌장 제7장에 입각하여 북한에 대한 비군사적(41조) 혹은 군사적(42조) 강제력 전개를 논의해 볼 수는 있었다.[83]

첫 탈퇴 선언 후 채택된 1994 '북미합의문'(US-North Korea Agreement Framework)과 두 번째 탈퇴 선언 후 2003 출범한 '6자회담'(남북한, 미국, 중국, 일본, 러시아)은 차례로 북한 비핵화에 실패했다. 북한은 오히려 더 강력한 핵능력을 추구해 왔다.

뒤늦게 북한이 2006년 10월, 6자회담틀의 운용에도 불구하고 첫 핵실험을 감행하자, 안보리는 처음으로 특정 상품, 단체, 개인에 대한 제재결의문 제1718(2006)호를 채택했다. 동시에 13년 전의 결의문 제825(1993)와 마찬가지로 여전히 NPT로 돌아오라 호소했다. 그러나 북한은 2008년 12월 6자회담 탈퇴를 선언함으로써 출범 5년만에 이 다자틀 마저 중단되고 말았다.[84] 그런 가운데 2009년 5월, 북한은 제2차 핵실험을 감행했고 안보리는 제재를 좀 더 강화하겠다는 취지의 결의문 제1874(2009)로 답했다. 그러나 그해 11월 북한은 사용후 핵연료봉 8,000개의 재처리를 완료했다고 주장했고 미국의 한 연구기관은 북한이 현재(2013년) 기준, 핵탄두 약 10개 제조에 충분한 플루토늄을 분리했다고 추정한 바 있다.[85] 뿐만 아니다. 2010년 11월 12일, 북한은 미국 헤커(Siegfried S. Hecker)박사를 포함한 스탠포드대학교 국제안보협력센터(CISAC) 연구진에게 새 원심분리기 약 2,000개를 갖춘 우

George Bunn and John B. Rhinelander, "NPT Withdrawal: Time for the Security Council to Step in," *Arms Control Today*, 35-4 (May 2005), pp.17~21 참조.

[83] 위의 글 참조.

[84] Eunsook Chung, "Long-Stalled Six-Party Talks on North Korea's Nuclear Program: Positions of Countries Involved," *The Korean Journal of Defense Analysis*, 25-1 (March 2013), pp.1~15 참조.

[85] "Nuclear Weapons: Who has what at a Glance," Arms Control Association, http://www.armscontrol.org/factsheets/Nuclearweaponswhohaswhat (검색일: 2012. 11.5)

라늄 농축시설을 보여 주었다.[86] 북한은 이들 원심분리기가 건설중인 경수로에서 사용될 저농축 우라늄을 생산하고 있다고 주장했다.

더 나아가 북한은 2013년 2월 제3차 핵실험을 했고, 안보리는 3월 더 강력한 제재결의문 제2094(2013)로 답했다. 이 제제결의는 북한이 2012년 두 차례 탄도미사일 기술을 이용한 장거리 로켓발사에 대해 안보리가 택한 제재결의 제2087(2013.1)과 함께 북한의 비확산 규범 준수를 종용코자 한 것이다. 동시에 두 결의문은 제재가 북한내 무고한 단체 혹은 개인에게 해를 입혀서는 안된다는 조심성을 표출하면서, "인도주의 및 북한의 발전 부문"은 제재의 "예외"가 되어야 한다고 첨언했다.

2013년 제3차 핵실험을 목도하면서 지난 20년 북한관련 확산 위험에 대한 안보리의 소극적 대응이 최근 국제사회 및 국내에서 논쟁적 이슈가 되고 있다. 특히 유엔안보리 5개 상임이사국의 거부권이 안보리 소극성의 배경이라는 견해도 표출된다. 결의문 통과를 위해서는 15개 이사국 중 9개국의 찬성이 필요하다. 그러나 상임이사국 중 한 나라라도 거부권을 행사하면 결의문 채택은 불가능하다. 그래서 거부권은 "강대국 합의제"로 불러지기도 한다.[87]

2. 1990년대 이후 유엔의 제재개혁: '타깃제재'

유엔헌장 제7장 39조에 따르면 유엔안보리는 '평화위협, 평화침해, 혹은 침략행위'에 대해 "비군사적" 혹은 "군사적" 강제조처를 행사할 수 있다.

강제제재의 목적은 제재대상 국가나 단체로 하여금 안보리가 정한

---

[86] Siegfried S. Hecker, "Extraordinary Visits: Lessons learned from Engaging with North Korea," Nonproliferation Review 18-2 (July 2011), pp.445~55.

[87] 상세한 것은 Sabine Hassler, *Reforming the UN Security Council Membership: the Illusion of representativeness* (Routledge, 2013) 참조.

목적에 부응토록 하는 데에 있다. 유엔 첫 45년간은 단 두 건의 제재가 있었다. '인종차별'에 대한 제재로서 남로디지아와 남아프리카를 대상으로 했던 것이다. 그러다가 1990년대 냉전질서가 종식되고 내전 양상이 증대되면서 유엔제재의 빈도 역시 증대되었다. '테러리즘' 혹은 '대량살상무기 추구'도 제재근거에 포함되기 시작했다. 2013년 현재 안보리 산하 모두 13개의 제재레짐이 운용되고 있다. 이중 "비확산" 제재는 단지 두 나라, 이란과 북한을 대상으로 한 것인데, 2006년 북한이 사상 첫 사례이고 같은 해 이란이 두 번째 사례가 됐다.

1990년대 초, 안보리는 이라크, 유고슬라비아, 아이티에 대해 '포괄 경제제재'를 부과했다. 그러나 포괄 경제제재는 이라크 사례가 극명히 보여주듯 국민들은 고통을 받지만, 정작 지도자에게는 별다른 영향을 주지 않는다는 비난을 받게 됐다.[88] 오히려 대상국 지도자는 인도주의 위기를 유엔제재 비난의 구실로 삼는 역설적 상황이 발생했다.

그래서 1990년대 말, 유엔안보리는 제재에 대한 개혁을 시작했고 새롭게 "타깃제재" 혹은 "스마트 제재"라는 용어가 등장했다.[89] 새 방

---

[88] 유엔안보리 결의 986(1995)하 출범한 'Oil-for-Food Program'의 명시적 의도는 이라크로 하여금 군비증강은 어렵지만 최소한 국민들을 위해 식량, 의료품, 기타 인도주의적 필수품을 구매할 수 있도록 국제시장에서 원유를 판매토록 하는 것이다. 그러나 2003년 이 프로그램 종식후, 기금관련 부패가 있었음이 드러났다. Kenneth Katzman, *Iraq: Oil-for-Food Program, International Sanctions, and Illicit Trade* (Reports for Congress, 2003.4.16) 참조.

[89] *International Journal* (2009-10 겨울) 특별호 참고: Jane Boulden & Andrea Charron, "Evaluating UN sanctions: New ground, new dilemmas, and unintended consequences," pp.1~11; Clara Portela, "National Implementation of United Nations Sanctions," pp.13~30; Sue E. Eckert, "United Nations nonproliferation sactions," pp.69~83; Kimberly Ann Ellliot, "Assessing UN sanctions after the Cold War: new and evolving standards of measurement," pp.85~97. 포괄적 데이터 수집과 평가는 Kimberly Ann Elliot, Jeffrey J. Schott, and Gary Clyde Hufbauer, *Economic Sanctions Reconsidered: History and Current Policy* (Washington D.C.: Institute for International Economics, 2007) 참조.

식의 제재는 국민들의 고통을 줄이는 한편, 폭력, 인권탄압, 테러지원 혹은 대량살상무기 확산을 꾀하는 지도자들이 치를 대가를 높이는 데에 주력하는 것이다. 특히, "여행금지"와 "자산동결"은 대표적인 새 제재기법이 되었다. 더하여 타깃제재가 포괄 경제제재보다 스마트하다고 하는 이유는 "주기적 검토"가 수반되기 때문이다.[90]

유엔의 제재 개혁과정에서 2000년 3월, 제재에 관한 첫 조사보고서인 UNITA(앙골라 내전의 한 분파)사례에 관한 「Fowler 보고서」(주유엔 캐나다 상주대표 Robert Fowler 주도)가 공개됐는데, 큰 각광을 받았다. 보고서는 불법 다이아몬드 교역과 제3세계 분쟁관계를 부각시켜 아프리카는 물론 유럽 정부와 기업들이 어떻게 유엔제재를 위반했는지를 구체적으로 적시했다.[91] 본보고서는 유엔이 강제력 결여에도 불구하고 관련 국가, 기업, 개인의 이름을 공개함으로써 수치감을 안겨주는 방식을 고안했다. 그런가 하면, 스위스, 독일, 스웨덴 정부의 후원으로 외교관, 정부관리, NGO, 전문가 등이 대거 참가한 일련의 국제적 토론과정이 이어졌다: 타깃 금융제재에 관한 '인터라켄 프로세스'(1998-2001), 무기금수 및 여행항공 제재에 관한 '본-베를린 프로세스'(1999-2001), 타깃제재 이행에 관한 '스톡홀름 프로세스'(2001-2002)가 그것들이다.

물론 타깃제재 또한 한계가 없는 것은 아니다. 무엇보다 일반 유엔 회원국들의 관심을 모으기가 어렵고, 그렇기 때문에 대상국 지도자들의 제재회피 여지가 크다. 이점에서 엘리엇(Kimberly Ann Elliott)등은 타깃제재가 안보리가 승인치 않음을 알리는 정도의 "상징적" 조처라고 까지 한다.[92] 나아가 브로즈카(Michael Brozka)는 "무고한 제3자들

---

90) Michael Brozka, "From Dumb to Smart?: Recent Reforms of UN Sanctions," *Global Governance* 9 (2003), p.522.

91) *Final Report of the UN Panel of Exports on Violations of Security Council Sanctions against Unita*, S/2000/2003 (March 10, 2000). 또한 Arthur V. Levy, *Diamond and Conflict: Problems and Solutions* (Nova Publishers, 2003) 참조.

에게 피해를 미치지 않을 만큼 스마트한 제재로 원하는 정책목표를 달성할 수 있기 위해서는 제재개혁의 갈 길이 멀다"고 갈파한다.[93] 한계가 있다는 것이다.

III. 대북제재레짐의 강제조처

2006년부터 2013년 3월 현재까지 유엔안보리는 북핵 및 제재와 관련하여 7개 '결의문'과 2개 '의장성명'을 채택했다. 이중 4개 결의문은 헌장 제7장(41조: 비군사적 조처)을 원용한 제재결의이다. 안보리 결의문은 5개 상임이사국간 합의문이라 해도 과언은 아니다. 상임이사국 거부권은 종종 회원국의 의무를 수반하는 결의문 대신 "의장성명"이 채택되는 요인이 된다.

〈표 1〉 대북제재와 관련된 유엔안보리 결의문

S/RES/2094(2013)	2013년 3월 7일
S/RES/2087(2013)	2013년 1월 22일
S/RES/2050(2012)	2012년 6월 12일
S/RES/1985(2011)	2011년 6월 10일
S/RES/1928(2010)	2010년 6월 7일
S/RES/1874(2009)	2009년 6월 12일
S/RES/1718(2006)	2006년 10월 14일

〈표 2〉 대북제재와 관련된 유엔안보리 의장성명

S/PRST/2012/13	2012년 4월 16일
S/PRST/2009/7	2009년 4월 13일

---

92) Kimberly Ann Elliott, 앞의 글, p.95.

93) Michael Brozka, "From Dumb to Smart?" (Review Essay), *Global Governance* 9 (2003), p.533.

1. 강제규범과 실천촉구

유엔안보리는 규범차원에서 북한에 대해 NPT와 IAEA 안전협정으로의 복귀를 요구한다(demands). 동시에 북한이 엄격하게 NPT 비핵국가로서의 의무, 그리고 IAEA 안전협정 규정과 조건에 부응하는 행동을 해야 한다고 결정한다(decides). 북한의 이행을 이해 안보리는 아래 제재조처를 강구했다.[94]

첫째, 북한에게 '핵과 기타 대량살상무기관련 및 탄도미사일 관련 프로그램' 그리고 이것과 유관한 장비, 물질, 기술, 금융 기타 자원의 취득을 금한다. 2006년 10월 유엔안보리 산하 새로 출범한 '대북제재위원회'가 관련 금수품 명단을 만들었으며, 이후 결의문 제2087(2013)과 제2094(2013)에서 그 명단이 업데이트됐다.

둘째, 북한에게 소형 및 경무기를 제외한 모든 '무기'의 수출입은 금한다. 소형 및 경무기를 북한에 수출하는 국가는 5일전 이를 제재위원회에 공지해야 한다.

셋째, '사치품'도 금수품에 포함된다. 북한 지도자와 엘리트 그룹을 타깃으로 한 것이다. 처음 각 회원국의 책임 하에 두었지만 혼란이 따르자 결의문 제2094(2013)에서 비로소 사치품 최저기준 명단을 명기했다.

넷째, '제재대상 개인과 단체'에 대한 것이다. 유엔회원국은 이들의 '금융자산 동결' 의무를 준수해야 한다. 대량살상무기와 탄도미사일 관련으로 제재대상이 된 북한의 개인과 단체가 소유 혹은 직간접 통제하는 금융자산을 대상으로 한 조처다. 또한 제재대상 개인의 유엔

---

[94] 안보리의 "결정"(decisions)은 유엔헌장 25조에 따라 회원국에 대해 법적 구속력을 갖는다. 안보리의 "요구"(demands)도 최근 유엔 실무측면에서는 구속되는 것으로 간주되고 있다. Masahiko Asada, "A Solution in Sanctions: Curbing Nuclear Proliferation in North Korea," *Harvard International Review* (Winter 2011) 참조.

회원국 영토 입국 혹은 경유를 막아야 한다. 2013년 3월 기준, 제재대상은 총 31건(단체 19 & 개인 12명)이다. 이들은 대북제재위원회에 의해 선정되었거나 2013년 채택된 결의문 제2087과 2094에 의해 북한의 대량살상무기 및 탄도미사일 관련 프로그램에 관련된 개인 혹은 단체 명단에 추가됐다.

이들 강제조처는 무고하고 취약한 국민들에게 의도치 않게 미칠 영향을 최소화하려는 의도에서 고안된 것이다. 이상의 강제조처들은 크게 둘로 나누어 질수 있다. '무역관련 조처'와 '특정 제재대상에 대한 금융제재 및 여행금지'이다. 제2094(2013)에서 추가적으로 '벌크캐쉬'(bulk cash)및 '은행업무'가 대북제재레짐의 조처로 추가됐다.

2. 화물사찰레짐의 진화

화물사찰은 북한의 제2차 핵실험에 따라 채택된 유엔안보리 결의 제1874(2009)에서 비교적 구체적으로 도입되었으며 이후 대북제재레짐의 중요한 요소가 되었다. 비록 아직까지 요구(called upon)하는 정도이지만 일단 회원국 사찰을 통해 해당 화물이 금수품으로 확인되면 압류와 처분은 의무사항이다. 사찰은 회원국 영토에서뿐 아니라 선박기국이 동의하는 경우 해상에서도 이루어진다. 동의하지 않는 경우, 선박기국은 사찰에 편리한 항구로 선박을 안내할 의무가 있다. 또한 사찰국은 이들 사건에 대한 구체적 보고서를 제재위원회에 제출해야 한다.

2013년 채택된 두 개의 안보리 결의문은 회원국들이 화물처리 및 항공기 사찰시 당면할 수 있는 여러 어려움을 덜어주려 했다: 우선 1월 22일 채택된 제2087호는 비준수 화물 처리방식으로 "파괴, 무력화, 저장 혹은 위탁국과 수탁국을 제외한 제3국에서의 파괴를 위한 이전, 기타의 방법"이 있음을 구체적으로 제시했다. 다음, 북한의 제3차 핵실험에 따라 3월 7일 채택된 2094호는 회원국들에게, "북한의 모든 항공기에 대해 금수품 적재를 의심할 만한 근거가 있는 경우, 영토내 이륙, 착륙, 혹은 경유에 대한 허락을 금지"하도록 했다. 또한 "회원국 영토내 혹은 회원국 경유 모든 북한 입출 화물에 대해 의심의 근거가 있는 경우 사찰"할 수 있다.

실제로 안보리 결의 제1874(2009) 채택 이후, 비록 완전하다 할 수 없으나 회원국의 제지와 사찰로 북한의 비준수 사례들이 속속 드러났다. 나아가 비록 중국 등 여러 나라들이 정치적 혹은 기술적 이유로 제지와 사찰을 꺼리고 있지만, 북한에 대한 유엔의 사찰레짐 도입은 유엔이 운용중인 여타 제재레짐에도 적용가능성을 안겨주고 있다. 2013년 강화된 대북사찰레짐은 충실히만 이행된다면 제재성공에 기여할 여지가 있는 만큼, 국제사회는 그 추이에 관심을 두어야 할 것이다.

3. '대북제재위원회'(1718위원회) & '전문가패널'

유엔 대북제재위원회(일명 '1718위원회')는 2006년 북한의 첫 핵실험에 대한 유엔의 첫 제재결의문 제1718(2006)에 따라 2006년 10월 14일, 안보리의 보조기제로 출범했다. 안보리 15개 이사국으로 구성되며 결정은 "합의제"에 따른다. 현재 의장은 룩셈부르크 루카스(Sylvie Lucas)이며 임기는 2013년 12월 31일 종료된다. 유엔사무국이 위원회에 대해 사무지원을 한다. 위원회 활동은 안보리에 대한 보고서 제출, 회원국의 의무이행을 위한 '이행지원게시'(IAN, Implementation Assistance Notices)작성과 배포, 제재대상 개인과 단체 등록 등이다.[95]

---

[95] 유엔안보리 역사에서 최초의 제재위원회는 1968년 로데지아에 대한 제재를 모니터하기 위해 출범했다. 2013년 현재 모두 13개 제재위원회가 안보리 산하에 있다: 소말리아(1992), 알카에다(1999), 이라크(2003), 라이베리아(2003), 콩고(2004), 코트디부아(2004), 수단(2005), 레바논(2005), 북한(2006), 이란(2006), 리비아(2011), 아프가니스탄(2011), 기니아-비소(2012)이다. 앞서 밝혔듯 이 중 북한과 이란 제재만이 비확산 의제에 따른 제재이다.

　　전문가패널(Panel of Experts)은 2009년 북한의 제2차 핵실험 이후 채택된 결의문 제1874에 따라 "제재위원회에 대한 지원"을 목적으로 출범했다. 이전 3년간 제재위원회에 제출된 비준수 보고 부재 등 제재위원회 활동이 수동적이었다는 자성에서 비롯된 것이다. 임기 1년으로 출범했다. 패널의 임무는 대북제재 이행과 관련하여 국가, 유관 유엔기구, 여타 유관 행위자로부터의 정보를 수집, 분석하는 것이 포함된다. 특히 "비준수" 사례에 관심을 둔다. 임기는 매년 결의문을 통해 연장되어 왔으며 가장 최근 채택된 결의문 제2094(2013)는 그 임기를 2014년 12월까지로 규정했다. 패널규모도 당초 7명이었지만 8명으로 늘릴 예정이다. 이들은 전문성을 가진 사람들이며(핵문제, 대량살상무기 확산, 금융, 핵관련 물품 및 미사일 기술 수출동제, 지역문제, 관세 등) 이들의 국적은 5개 상임이사국, 그리고 북한 비확산 문제가 자국 안보와 직결된 한국과 일본이다. 패널은 유엔사무총장이 제재위원회와 협의하여 임명한다.

　　대북제재 전문가패널은 대북제재가 유엔의 비확산 제재로 첫 번째이듯 비확산에 대한 전문가의 전문성 활용에서도 첫 번째다. 비록 점진적, 제한적이긴 하나 출범 이후 현재까지 지난 5년간 제재위원회로 하여금 제재의 효과성을 증진시키는 데에 그 고유의 역할을 수행했다고 하겠다. 전문가패널은 2010년 5월, 첫 명문화된 보고서를 안보리에 제출했으며, 이후 둘째, 셋째 보고서를 연차적으로 2011년과 2012년 안보리에 제출했다.

Ⅳ. 비준수 사례[96]

1. 대량살상무기와 미사일 확산 위험

2012년 5월 기준, 전문가패널은 북한이 안보리 결의 제1718(2006) 채택 이후에도 계속 금수품을 "획득" 및 "수출"해 왔다고 본다.

(1) 파키스탄, 중국 등으로부터의 획득 및 획득시도

2013년 2월 13일, 북한의 3차 핵실험은 다시 한 번 평양의 안보리 결의문 제1718(2006)과 1874(2009)에 대한 비준수를 말한다. 전문가패널은 북한의 획득활동과 관련, 입수정보를 통해 비밀 공급네트워크가 북한의 우라늄 농축에 중요한 역할을 했다고 밝혔다.[97] 닉쉬(Larry Niksch)도 2011년 북한이 "파키스탄 압둘 Q. 칸"과의 접촉을 통해 파키스탄 가뤼(Gharui)미사일 장착용으로 개발된 우라늄기저 탄두 등 탄두 디자인 개발기회를 충분히 가졌을 것이라 본다. 가뤼미사일과 북한 노동미사일은 쌍둥이 미사일로 통한다.[98] 이외에도 패널은 북한이 6-8개 핵폭탄 제조에 충분한 30-50kg의 플루토늄을 보유한 것으로 평가했다.

대량살상무기 운반체의 경우, 패널은 KN-08로 불리는 북한의 신형 지상기동미사일을 포함한 상당수 탄도미사일에 주목했다. 2012년 4월 김일성 탄생 100주년 기념 군사행진에서 선보인 KN-8은 기존 북한의 미사일들보다 월등히 크다, 이전 발사대들보다 훨씬 정교한 신형 8축

---

96) 앞에서 밝혔듯, 별도로 명기하지 않는 경우 대부분의 비준수 사례 정보는 두건의 전문가패널 보고서(2010년, 2012년판)에 따른다.

97) Niko Milonopoulos, Siegfried S. Hecker and Robert Carlin, "North Korea from 30000 feet," *Bulletin of the Atomic Sciences*, January 6, 2012. S/2012/422, p.14.

98) Larry Niksch, "When North Korea mounts nuclear warheads on its missiles,"*The Journal of East Asian Affairs*, 25-2 (fall/winter 2011).

발사대에 실렸었다. 패널의 견해는 북한이 그러한 발사대 생산능력을
갖추지 않았다고 보았으며, 미사일 수송에 사용된 16바퀴 트럭은 "중
국"이 수출한 것임을 확인했다. 이에 중국은 제재위원회 브리핑에서
수송차가 군사용이 아니고 목재 수송용이었다고 답변했다.[99] 또 다른
비준수 사례는 2011년 북한이 두 대의 '컴퓨터숫자제어'(CNC)선반을
"역내 국가"로부터 수입한 것이다.[100] 그런가하면 "우크라이나" 당국은
자국으로부터 탄도미사일 기술 획득을 기도한 2명의 북한 첩보요원을
체포했다.[101]

(2) 이란, 시리아, 미얀마로의 확산

동시에 전문가패널은 북한이 안보리결의를 위반하며 계속 이란, 시
리아, 미얀마 등을 대상으로 확산활동을 벌이고 있음을 발견했다.

첫째, 2006년부터 북한의 "미사일 부품과 기술"이 이란으로 이전된
다는 주장이 계속 등장했다. 패널은 2012년 북한 노동미사일 신형 탄두
디자인이 이란 샤합-3(Shahab-3) 3원형 탄두와 흡사함을 발견했다. 또한
북한 은하로켓도 2010년 이란이 선보였던 우주발사체와 유사했다.

둘째, 내전 중인 시리아 또한 북한의 "탄도미사일" 관련부품(납파이
프로 위장된 10톤 분량 445개 흑연실린더)을 수입하려 했으나 한 회
원국이 2012년 7월 압류했다. 패널의 전문가가 당시 그 나라를 방문
하여 압류품을 조사했고 그 결과가 2013년 공개될 예정이다.[102] 패널

---

99) "UN says North Korea shipped arms to Syria in May," *The Asahi Shimbun*, November 15, 2012.

100) 북한인 소유의 한 무역회사가 중개했다. 회원국 법정에서 해당회사는 벌금형을 받았고, 소유주는 6개월 감금형을 받았다. 또한 수출통제국은 2011년 미사일관련 응용이 가능한 5축 '컴퓨터숫자제어'(CNC) 장치 획득시도를 막아냈다. 당국은 해당회사의 수출면허증 폐지조처를 내렸다.

101) "UN says North Korea shipped arms to Syria in May," *The Asahi Shimbun*, November 15, 2012.

102) 위의 글.

은 이미 2007년 10월, "한 회원국"이 압수한 화물을 검사한 후부터 북한과 시리아간 미사일 연계가 있다고 주목해 왔던 바이다. "또 다른 회원국"에 따르면 압류품은 이중사용물품으로서 잠재적으로 탄도미사일 개발에 사용될 수 있는 것이었는데, 북한에서 선적된 후, 중국(대련항), 말레이시아(Kelang항) 등 여러 항구를 거쳐 시리아 라타키아(Lattakia)를 향하는 길이었다. 위탁자는 평양 '조선총무역사'이고 수탁자는 Handasieh General Organization Engineering Industries라는 이름의 시리아 자연과학연구센터의 대리장회사였다. 한 회원국은 전문가패널에 사실상의 위탁자는 2009년 7월 16일 대북제재위원회에 의해 명단에 오른 '조선단군사'라 알렸다. 실제로 전문가패널은 압류품이 한글로 '단군'이라 포장돼 있는 것을 보았다. 선적은 또한 북한 식료품과 여타 물품을 함께 운송중이었는데, 이는 북한 기술자들이 시리아 지원을 위해 파견된 것을 말해 준다.

북한은 또한 시리아에 "핵프로그램"도 지원한 것으로 의심받고 있다. 2007년 이스라엘 공습으로 파괴된 시리아 데어앨주(Dair Alzour) 소재 원자로의 디자인과 건설을 말한다.[103] 2011년 5월 24일 IAEA는 보고서를 통해 해당 건물이 핵원자로였을 가능성이 매우 높으며, 시리아는 그 존재를 밝혔어야 했다고 결론지었다.[104]

셋째, 북한이 미얀마의 핵활동에 관여한 것으로 주목받는 가운데, 전문가패널은 양국이 2008년 체결한 군사협력 양해각서(MOU)가 안보리결의문 제1718(2006)의 위반일 수 있다고 우려한다. 미얀마 대표단의 북한 탄도미사일 공장 방문, 북한 남천강무역사의 미얀마내 의심

---

[103] 2008년 6월 이후 시리아는 이 부지관련 미해결 문제를 놓고 IAEA와 협력하지 않고 있다. 2012년 12월 IAEA는 유엔총회 보고서에서 북한, 이란, 시리아의 핵프로그램에 대한 우려를 밝혔다. 사무총장 유키야 아마노의 *Statement to UN General Assembly*, 2012.11.5. 참조, http://www.iaea.org/newscenter/statements/2012/amsp2012n018.html IAEA.

[104] S/2012/422, p.25~27.

스런 활동, 2009년 6월 말레이시아를 거쳐 미얀마에 자기력계 등을 불법수출코자 한 사실 등은 모두 대량살상무기와 미사일 관련 제재에 대한 북한의 비준수 사례에 포함된다. 패널은 미얀마로의 불법수출과 관련, 일본당국이 3인의 북한인을 체포했다고 밝혔다. 여타 미사일 회전체계 수출 시도와 관련하여 법적 소송이 진행중에 있는데, 이는 2008년-2009년 중, 일본내 조선인이 베이징 소재 한 회사지사의 요청으로 수행한 것이다. 당 회사는 New West International Trading Ltd.로서 홍콩 소재 북한회사이며 평양지사는 일본의 제재대상이다. 전문가패널은 "중국"에 이에 대한 확인을 요청했다. 수탁자가 미얀마 산업부내 산업기획청으로 돼있지만 일본은 실제로 방위산업청임을 확인했다. 또한 2011년 5월, 중미 벨리즈(Belize)를 선박기국으로 둔 MV Light가 북한상품을 싣고 미얀마로 향하다가 남중국해에서 미국 해군함의 추적을 받고 회항한 사례도 있다.[105]

민감성 때문에 회원국들은 "대량살상무기 및 탄도미사일"에 관한 한, 유엔안보리 결의문 제1874(2009)로 시작된 "제지와 사찰"에 대해 제재위원회에 보고하는 것을 꺼리는 편이다.

2. 재래식 무기 & 사치품의 불법교역

반면 북한의 금수품 수출 및 사치품 수입과 관련된 비준수 사례들은 안보리 결의 제1874(2009) 이후 꾸준히 "제지와 사찰"에 대한 회원국 보고서를 통해 노정되어 왔다. 안보리결의문 제1874호 채택이전 대표적 제지사례 중에는 2006년과 2007년 반군 '타밀일람 해방호랑이'

---

105) 2009년 6월 강남-1호처럼 MV Light 선장은 벨리즈의 허락도 불구하고 사찰을 거부했다. 그는 "목적지가 방글라데시이며 일반 상용 화학품인 황산나트륨을 선적했다고 둘러댔다. 그는 또한 중국내 최종적으로 경유한 항구를 거짓으로 말하는 등, 전문가패널은 이 선박이 안보리 결의문 1718(2006)과 1874(2009) 비준수 활동에 관여한 것으로 보고 있다.

(Liberation Tigers of Tamil Eelam)에게 보내려던 북한의 재래식 무기를 스리랑카 해군이 해상 저지한 사건이 포함된다. 재래식 무기를 실은 세척의 선박을 저지했다.

(1) 이란, 시리아, 콩고, 미얀마로의 무기 및 관련물자 수출

회원국들의 보고서를 검토해보면, 북한은 앞에서 살핀 바, 이란, 시리아, 미얀마 등 이미 대량살상무기 및 미사일 확산위험을 가진 국가들을 대상으로 또다시 유엔제재를 위배하며 재래식 무기와 관련물자들도 수출하고 있음을 알 수 있다. 이들과 함께 아프리카의 콩고공화국이 북한의 재래식 무기 고객임이 드러났다.

첫째, 적어도 2009년 드러난 두 건의 비준수사례는 "이란"이 북한 재래식 무기와 탄약의 고객이었음을 말해 준다. ▲2009년 7월 아랍에미리트(UAE) 당국이 ANL Austraila선박에 실린 북한 군수품을 압류했다. 남포에서 선적되어 이란 반더 압바즈(Bandar Abbas)로 향한 것이다. 이 제지로 북한이 여러 나라, 다양한 기업을 끌어들여 제재회피를 기도하고 있음이 드러났다. 당 선박은 호주에 적을 둔 ANL Container Line Ply Ltd가 소유주이며 대서양 섬나라 바하마 선박등록부에 있다. 화물은 이탈리아 해운회사인 OTIM SPA 평양지사가 원유시추기 부품으로 허위기재하여 선적 의뢰했다. 남포에서 관세청 승인후 북한선박에 실렸으며 이후 목적지 이란으로 향하는 중, 여러 차례 선박교체가 있었다. ▲이로부터 5개월후 2009년 12월, 태국이 제지한 항공화물의 목적지 역시 이란이었다. '일류신-76'이 35톤의 재래식 무기와 탄환을 싣고 있었는데(240mm로켓, 로켓프로펠 grenades-7 여러 대, 휴대용방공체계(MANPADS), 지대공미사일 등) 거래액으로는 약 1,800만 달러 규모였다. 평양 순안국제공항을 떠나 연료보급을 위해 방콕 돈므앙 국제공항에 착륙했던 것이다. 항공료 청구자는 북한 국적사인 고려항공이었다. 전문가패널은 이 사건과 관련하여 모두 8개국과 소통해야

한다.

둘째, 전문가패널은 2012년 5월 보고서를 통해 몇몇 회원국들의 비준수 보고서를 참고하여 북한이 "시리아"에 무기관련 상품 보내고 있다고 발표했다. ▲2009년 10월 한 회원국이 파나마 기국인 MSC Rachele 화물선을 사찰한 결과, 군사적 목적의 화학보호복이 담긴 4개 컨테이너를 발견했다. 선주는 스위스 회사인 Mediterranean Shipping Company 였다. 문제의 화물은 2009년 9월 11일 남포를 출발, 중국 대련에서 MSC Rachele로 옮겨 실린 것이다. 수탁자는 시리아 환경연구센터로 돼있지만, 이 단체는 출하를 거부했다. ▲2011년 9월, 또 다른 회원국은 2년전인 2009년 11월 자국이 북한물품 4개 컨테이너를 압류했다고 보고했다(화학보호복 13,000점, 특정 화학물질 탐지용 가스내압표시기 엠플 23,600점, 기타). 이에 따라 2012년 1월 패널의 현지조사중, 보호복이 2009년 압류된 것과 동일함을 확인했고, 경로 또한 마찬가지로 남포에서 출발하여 중국 대련을 거쳤으며, 여러 항구를 거쳐 시리아 라타키아를 향했던 것으로 밝혀졌다. 2012년 4월 시리아 정부는 자국을 위한 것이라 인정했다. 단, 압수품이 "농업과 실험실 사용"을 위한 것이라 했다. ▲2012년 4월, 프랑스는 대북제재위원회에 북한을 출발하여 시리아로 가는 선박을 사찰, 포탄제조용 원판과 구리봉, 로켓제조에 쓰이는 알루미늄 합금관 등을 압류했다고 보고했다. 구리 등을 실었다고 신고한 화물선 MV San Francisco Bridge선상에서 압류한 것이다. 프랑스는 이는 안보리 결의 제1718(2006) 및 제1874(2009)의 위반이라 판단했다.

셋째, 북한 소유이며, 북한을 기국으로 하는 '강남1호'가 안보리 결의 제1874(2009)호 채택 직후, 미얀마를 향했지만 북한으로 회항해야 했다. 싱가포르 등 동남아 국가, 심지어 "미얀마"도 입항을 거부했기 때문이다.

넷째, 아프리카 대륙의 "콩고공화국"이 북한 군장비의 오래된 고객임이 드러났다. 2009년 10월, 남아프리카가 자국 더반 항에서 콩고의 푸엥트 누아르로 향하던 선박을 사찰했다. 후에 콩고는 이 화물이 북한과 맺은 '군수송차 및 여타 군장비 개혁'을 목적으로 한 계약의 일환임을 확인해 주었다. 전문가패널은 2011년 12월 콩고 수도 브라자빌을 방문하여 군장비 일부를 시찰했으며, 북한 단체 및 개인의 특정 역할이 기술된 문건을 입수했다. 패널은 남아프리카의 압수 전에도 북한이 콩고에 최소 3회 이상 무기관련 물자를 공급해 왔다고 보았다. 2회는 해운편이었고 1회는 항공편이었다.

요컨대 북한은 안보리결의문 제1718(2006)은 물론 제1874(2009) 채택 이후에도 이란, 시리아, 미얀마, 콩고를 대상으로 무기수출에 주력했다. 그런가하면 북한과 "쿠바"간 새로운 형식의 무기거래 방식이 최근 2013년 7월 15일 드러났다. 청천강호가 쿠바를 떠나 북한을 향하는 길에 파나마 군함이 저지하고 사찰했다. 파나마 당국은 설탕자루들 밑에서 무기를 발견했는데 다음날 쿠바정부는 이들이 북한에 수리를 요청한 240톤의 소련시대 미사일 장비, 미그 전투부품, 기타 무기였다고 밝혔다. 전문가패널이 파나마에 가서 청천강호를 조사할 예정이다.

2009년 이후 수탁자가 "알려지지 않거나 드러나지 않는" 경우가 많이 나타났다. 유엔제재의 효력으로 보인다. 예컨대 ▲2010년 1월, 우크라이나에서는 북한소유 및 북한이 기국인 청천강호에 적재된 소총, 탄약, 마약, 여타 불법 상품들을 압류됐다. ▲2011년 5월, 북한을 출발하여 싱가포르를 거쳐 동아프리카 항구에 정박중이던 선박이 인도양 국제해군에 의해 제지됐다. 배에서 무기관련 상품 컨테이너들을 발견, 압류했다(로켓 15톤＆1500만 달러에 해당하는 폭발제). 더불어 북한의 비준수 활동이 사전 방지된 경우도 있다. 2012년 패널보고서는 한 회원국이 북한으로 이전될 것을 의심해서 2009년 32기의 퇴역 전투기 판매를 중지했다.

2010년 전문가패널은 유엔 상품교역통계데이터베이스(COMTRADE, Commodity Trade Statistics Database)자료를 통해 북한이 지난 30여년 무기 및 관련 상품을 수출해 왔음을 확인했다. 유엔의 2006년 대북제재 이전 북한으로부터 무기를 수입해온 국가들의 보고서를 토대로 한 것이다.

〈표 3〉 지역별 북한제 무기 수입, 1980-2009 (단위: 미 달러)

	1980-89	1990-99	2000-09
아프리카	0	7,332,005	6,366,989
아메리카	13,441	166,332	3,666,042
아시아	53,893	3,701,993	12,810,331
유럽	0	1,172,603	17,244
오세아니아	3,3036	0	6,141

출처: S/2010/571의 〈표 2〉 요약. 원자료는 2010년 5월 1일 유엔 상품교역 통계에서 가져옴 (http://comtrade.un.org)

(2) 북한의 사치품 수입에 관한 회원국 보고:
    이탈리아, 오스트리아, 호주, 일본

▲"이탈리아"는 2009년 7월 27일자 국가이행보고서를 통해 EU의 대북금수 사치품 명단에 속해있는 녹음과 영상재생용 첨단 전자, 전기제품의 북한으로의 선적을 금했다고 알렸다. 북한 청송사가 이를 위반했는데 연락처를 확보하지 못했다고 했다.[106] ▲이탈리아는 2대의 아지무트 요트가 오스트리아로 팔려가는 것도 막았다. 북한 구매자에게 갈 것이라는 의혹이 있었기 때문이다. 이탈리아 당국은 오스트리아 정부로부터 이 거래가 의심스럽다는 정보를 받아, 2009년 5월 28일 요트 두 대를 압류했으며 지급된 선불은 동결시켰다. 허위로 중국의 한 국제운송사(대련)를 최종소비자라 했다. 오스트리아 사업가 1인과 공범이 이후 오스트리아 법정에서 형사기소 됐다. 그는 또한 권영록

---

[106] 안보리는 2012년 5월 청송연합사(Green Pine Associated Corp.)를 제재대상 명단에 올렸다. 자주 가명을 사용하는데, 그중에 '청송'(Chongsong)도 있다.

이라는 북한인의 지시로 북한을 위해 8대의 메르세데스 자동차를 구매했었다. 권씨는 장기간 오스트리아에 거주했었으며 북한 '39실' 소속이다. 그는 '39실' 소속 조선대성은행의 비엔나 소재 자회사 Golden Star Bank(금별은행)와도 관련된 자다. 금별은행은 이후 폐쇄됐다.

▲전문가패널은 오스트리아 관세청이 2007년 12월 비엔나 국제공항에서 스타인웨이 컨서트 피아노 3대(총액 약 162,500유로)를 압수했다는 보고를 받았다. 주비엔나 북한대사관이 북한에 보내기 위해 구매한 것으로 드러났다.

▲2012년 패널보고서에 따르면 일본이 2011년 7월 6일, 2012년 1월 26일과 5월 2일, 각각 보고서를 제출, 2008-2010년 기간 중 모두 5회 사치품의 대북금수 위반이 있었음을 밝혔다. 이중 1회를 제외한 나머지 4회는 중국 소재 중개자를 통한 것이었다. 사치품에는 메르세데스 벤츠 중고차 수십대, 담배 1,000갑, 노트북컴퓨터 수백대, 화장품, 피아노 등이 포함됐다. 중고차 최종소비자는 '상명'이며, 노트북컴퓨터 최종소비자는 '평양정보센터'이다. 이 센터는 2003년, 항공으로 일본에서 중국을 거쳐 북한에 불법공수된 핵응용 인버터의 최종소비자이기도 하다. 2008년 32대의 피아노와 중고 벤츠가 '조선릉라도총무역사'의 요구로, 그리고 화장품이 '신풍무역사'의 요구로 각각 북한에 유입됐다.

일본은 대부분의 중개자가 중국에 있음을 강조한다. 특히 Global Unity Shipping이 선박 및 교역을 주도했다. 대부분 선불이며 돈의 출처를 감추기 위해 중개자를 통해 현금 혹은 온라인 계좌 이체했다. 중국 관세당국은 전문가패널에게 지적된 상품 대부분이 사치품으로 간주되지 않는다고 말했다. NK News에 따르면 김정은은 2013년 5월 동해안 현지조사 10일간 95피트 호화요트(Princess 95MY)를 사용했다. 제조사는 루이뷔통과 60여개 사치품 회사를 소유한 LVMH 그룹에 소속된 영국소재 Princess Yachts이다. NK News는 대련의 Global Unity

Shipping 같이 직접 북한과 거래하는 중국회사들이 북한에 이송했다고 본다.[107]

마침내 안보리 결의문 제2094(2013)가 부속으로 사치품 목록을 예시한 바, 이는 여타 2013년 채택된 조처들과 함께 북한과 회원국들로 하여금 공히 유엔제재를 준수토록 압박을 가하고 있다.

3. 북한의 돈세탁 위험성

전문가패널은 점차 무역을 통한 북한의 돈세탁 기술을 우려하고 있다. 첫째, 북한은 위장회사를 사용하여 금융거래를 한다. 위에서 밝힌 태국의 북한무기 적재 항공기 사찰의 경우, 우크라이나, 홍콩, 뉴질랜드에 세워진 위장회사가 이란을 목적지로 한 항공료의 지불 금융거래를 수행했다.[108]

둘째, 북한내 일부 은행들은 무역관련 돈세탁 목적으로 외국내 원격계좌를 갖고 있다.[109] 예컨대, 평양소재 '조선광선은행'은 베이징 Bank of China, 단둥 건설은행, 하바로브스크 극동상업은행에 각각 계좌를 두고, 여러 차례 북한 '조선광물개발무역사'(KOMID)와 미얀마 사이 수백만 달러의 거래를 수행했다.[110] '압록강은행'은 프랑크푸르트 콤메르트방크, 하바로브스크 극동상업은행에 계좌를 두고, 역시 KOMID를 위한 불법 거래에 관여했다. 또한 이 은행은 KOMID와 이란 '샤히드헤마트 산업그룹' 사이 탄도미사일 거래 관련 금융거래에도 관여했다.[111]

---

107) http://www.nknews.org/2013/06/exclusive-fit-for-a-princess-kim-jong-uns-7m-yacht/ (검색일: 2013.6.20)

108) S/2010/571, p.39.

109) *The 2010 Bankers' Almanac* quoted in S/2010/571, p.39.

110) US Treasury Department Designation Statement contained in Document TH 260. August 11. 2009.

111) US Treasury Department Designation Statement contained TG 330, October 23, 2009.

셋째, 북한은 제재위원회의 제재대상 리스트에 포함된 단체들을 새 단체로 교체한다. 예컨대, '단천상업은행'이 지명되자 다른 북한은행들이 그 일을 시작했다. 그럼에도 불구하고 회원국들은 불법무역에 비해 불법금융거래에 대해서는 거의 보고하지 않고 있는 실정이다. 아마도 이는 아직 결의문내 요구사항이 아니고, 또한 돈세탁 및 테러리즘 금융위험에 대한 별도의 글로벌 기준 설정기구 FATF(Financial Action Task Force)의 권고와 폭넓은 이행, 특히 FATF의 북한과의 금융거래에 내재하는 돈세탁 경고 및 강건한 불법 돈거래 금지효과 때문일 것이다.

V. 유엔 대북제재레짐내 "중국요인"의 중요성

이상의 분석을 통해 보면, 유엔 대북제재레짐의 한계 상당부분이 중국과 관련된 문제점에서 오는 것을 알 수 있다. 중국은 북한의 유일한 동맹세력이며, 유엔안보리 5개 상임이사국 중 하나다. 중국의 북한정책이 바뀌지 않는 한, 유엔의 대북제재 효과를 기대만큼 이루어지기 어려워 보인다.

1. 유엔안보리 상임이사국으로서 중국의 역할

안보리내, 5개 상임이사국은 결의문 초안에 대한 거부권을 갖는다. 그렇기 때문에 제재 수위에 관해 그들간의 합의가 필요하다. 그간 중국은 대북 비제재 혹은 제재완화에 주력해 왔다.

첫째, 1993년 5월 유엔안보리는 제재에 관해 명시적, 묵시적 경고 없이 북한에게 NPT복귀를 요청하는 결의문 제825(1993)를 채택했다. 소극적 호소임에도 불구하고 중국은 기권했다. 이 문제가 기본적으로 북한과 IAEA 그리고 북한과 미국 "양자적 문제"라며 기권한 것이다. 초안은 투표에 들어가, 13 : 0, 기권 2(중국, 파키스탄)로 채택. 프랑스와 영국 대표는 중국과 반대로 이 문제는 "다자적 문제"이며 양자적 차원이 아니라고 강조했다.[112]

둘째, 2006년 북한 핵실험 감행 이후 유엔안보리가 만장일치로 북한 핵실험에 대한 제재를 강행해 오고 있지만, 여전히 주로 중국의 역할로 인해 그 결정적 영향력이 위축되어 왔다. 북한의 첫 핵실험에 대해 만장일치로 채택한 첫 제재결의문 제1718(2006)은 "제재대상 개인과 기업에 대한 자산동결이 식량, 임대 혹은 저당 등에 대한 지불 등 기초비용에 필요하다고 판단되는 금융 혹은 기타 자산에 적용되어서는 안 된다"는 단서를 붙였다. "여행금지" 역시 "인도주의적 필요"에 따라 예외가 될 수 있다. 예외조항들이 들어설수록 제재회피에 이용될 수 있는 여지가 있는 것이다. 나아가 안보리 결의문 제1718(2006)호 채택후 중국대표는 중국은 여전히 6자회담이 문제해결의 현실적 방법이라 믿는다며 자국은 북한 입출 화물사찰을 인정하지 않을 것이라 했다. 그는 유관국들이 이와 관련하여 "책임있는 행동"을 하는 등 긴장악화를 초래할 도발적 조처를 자제해야 한다고 촉구했다. 한편 이 자리에 참석한 북한대사 박길연은 결의문을 전적으로 비난했다. 유엔안보리가 미국의 대북 핵위협을 간과하면서 이런 강압적 조처를 택한 것은 폭력배 같은("gangster-like") 짓이라 비난했다.[113]

북한의 두 번째 핵실험 결과 2009년 6월 12일, 미국, 프랑스, 한국, 일본이 발기한 두 번째 제재결의문 제1874(2009)호 역시 만장일치로 채택되었고, 이전 결의문에 비해 "사찰강화"가 요구되었지만, 중요한 조건이 부과됐다: "만일 관련국이 그것이 금수품을 실었다고 믿는 합

---

[112] *Repertoire of the Practice of the Security Council 1993-95*, p.611.

[113] 상세한 것은 http://www.un.org/News/Press/docs/2006/sc8853.doc.htm 참조 (검색일: 2013.1.10)

리적 논거를 제공할 수 있다면"이다. 이 조건은 북한 선박에 대한 급유 서비스금지에도 해당됐다. 또한 신규 기금 및 금융지원 혹은 특별대출 불승인 결정도 "인도주의 및 발전 목적"은 예외이다. 이런 조건들은 북한 일반국민을 최대한 보호하기 위한 장치로 간주되나, 다른 한편 북한이 제재를 회피하는 데에 악용될 수 있는 여지가 크다는 지적이 나올 수 있다. 투표 후 상임이사국내 이견도 감지됐다.[114] 중국대표는 "북한의 정당한 주권과 영토전일성, 그리고 발전에 대한 이해가 존중받아야 한다"고 강조했다. "중국은 안보리의 균형적 대응을 지지한다...회원국들은 합당한 논거와 충분한 증거 조건하에서 신중하게 행동해야만 하며 갈등을 격화시키는 어떤 언행도 자제해야 한다....중국은 여전히 안보리 행동이 제재에 관한 것만이 아님을 믿는다." 반면, 미국대표는 "결의문의 조처가 혁신적이며, 강건하고 전례가 없다. 북한의 확산 능력을 훼손시킬 수 있는 새로운 기제다"라고 큰 기대를 밝혀 대조적 입장을 보였다.

2013년 채택된 두 안보리 결의문이 이전 두 제재결의들(1718, 1874호)에 비해 보다 엄중한 제재조처를 담고 있는 것은 사실이나, 여전히 북한에게 제재회피의 기회를 제공하는 측면에 있다. 예컨대, 제2087(2013)은 어떤 용품도 대북 이전을 금한다고 하면서도 "만일 거래와 관련된 국가가 제재대상 개인 혹은 단체가 관련됐다는 믿을 만한 합당한 근거를 제공하는 정보를 가진 경우"이다. 2094(2013)는 회원국들이 자국 영토내 북한은행의 새 지사 혹은 사무실 개설 금지, 그리고 금융서비스 제공을 방지하기 위해 북한은행과 자국 은행들간 합자회사를 금한다고 정했다. 그러나 첨기된 조건은 "만일 이들 활동이 북한의 금지활동에 기여한다고 믿는 합당한 근거를 제공하는 정보가 있다면"이다. 회원국 영토내 혹은 경유하는 화물 사찰 및 북한 항공기의 이륙, 착륙, 경유 승인거부를 결정할 때도 유사한 "만일"이 부과

---

114) 위의 자료.

된다. 나아가 2013년 현재까지 만장일치로 채택된 총 4건의 안보리 제재결의는 모두 이미 4년 전 북한의 탈퇴선언으로 실패로 판명된 것이나 다름없는 중국주도 "북핵6자회담"에 대한 기대를 계속 표출하고 있다.

넷째, '대북제재위원회'와 이를 지원하는 '전문가패널'의 구성 및 역할에서 중국의 위상이다. 대북제재위원회는 15개 안보리 이사국으로 구성된다. 즉, 중국이 제재위원회 일원으로 제재대상 선정(개인, 단체, 상품)에 관여한다. '합의제'이므로 중국이 반대하면 추가로 제재대상을 선정하는 일이 쉽지 않은 것이다.

또한 7인의 '전문가패널' 참가자들도 5개 상임이사국을 포함한다. 아마도 이것이 패널보고서들이 비록 북한의 입장에서조차 객관적으로 집필된 것임을 받아들여야 하는 이유일 것이다. 그러나 다른 한편 어휘선정과 비준수사례 폭로 등에 있어 너무 조심스럽다는 인상을 지우기 어렵다. 참가자간 이견이 있을 경우 패널은 다른 의견들을 나란히 적시한다. 나아가 패널보고서는 보통 제출 후 오랜 기간이 흐른 후 공개한다. 패널의 첫 보고서(2010)는 6개월 후였다. 객관성뿐 아니라 투명성과 보다 신속한 출판이 유엔 대북제재레짐의 효과성 도모에 필요할 것이다.[115] 일본 일간지가 일본정부를 출처로 인용하여, "회의중 중국대표는 중국의 북한 제재회피 관여에 관한 발언에는 날카롭게 반응하지만, 어떤 명확한 해명을 한 적이 없다"고 보도했다.[116] 예컨대, 2011년 5월 완성된 한 보고서의 경우 처음에는 이란과

---

[115] 2010년판 패널보고서에 서명한 7인의 전문가는 영국 David J. Birch (조정관), 일본 마사히코 아사다, 미국 Victor Comras, 프랑스 Erik Marzolf, 한국 송영완, 중국 시아동 세이다. 2009년 9월부터 약 8개월간의 활동에 대한 보고이다. 2년 후인 2012년 5월 제재위원회에 제출한 패널보고서는 4명의 새 전문가들이 서명했다(조정관으로 John Everard와 카추히사 후르카와, William J. Newcomb, 문덕호). 기존 멤버 중 Erik Marzolf, Alexander Vilnin, Xiaodong Xue은 그대로다. 보고대상기간은 2011년 5월부터 12개월이다.

[116] "North Korea resorted to ingenious ways to skirt UN resolutions," *The Asahi*

북한이 "중국"을 통해 탄도미사일과 관련된 기술을 교환했다고 했다. 그러나 중국대표가 이에 반대했고, 주체가 중국에서 "이웃국가"로 바뀌었다. 또한 중국은 2011년과 2012년판 패널보고서의 배포 승인을 거부하다가 후에 2012년판에 대해서 허용했다.[117] 2013년 현재까지 2011년 보고서는 공개되지 않고 있다.

2. 유엔회원국으로서 중국의 국가이행보고서

유엔안보리 요청에 따라 회원국들은 국가이행보고서를 제출한다. 그러나 주요국이 제출한 국기이행보고서는 형식과 내용에서 획일적이지 않다.[118] 미국, 일본, 한국과 비교하여 중국은 비교적 단순한 성격의 보고서를 제재위원회에 제출한다. 2006년과 2009년 중국은 두 번 다 2쪽 반 분량의 간단한 보고서를 제출했다. 내용은 기존 국내법과 규제 체계를 예시하며, 외무부가 "독자적 법과 규정을 제정하는 홍콩과 마카오를 제외한 모든 정부부처와 산하기관에 결의문을 회람시켰음"을 알린다. 나아가 2006년 보고서는 "중국정부는 제재의 일방적 해석 혹은 확장을 인정하지 않는다"고도 했다. 또한 "중국은 여전히 6자회담이 관련문제 해결의 현실적 경로이며 무력에의 호소는 강력히 반대한다"고 강조했다. 2009년 보고서도 "제재이행이 북한 국가발전, 정상적 대외접촉 혹은 정상적인 인민의 생활에 영향을 주어서는 안된다"고 강조한다. 일상에서 북핵문제관련 중국정부로부터 익숙하게 들었던 것처럼 보고서 역시 "모든 국가들은 침착해야 하며, 한반도와 동북아의 평화와 안정에 초점을 맞추어야 한다"고 강조한다. 보고서에 첨부하는 "사치품" 명단도 없다. 이는 일면 이해할 만하다.

Simbun, 2012.6.22.

117) 위의 기사.

118) 1718(2006)과 1874(2009)에 따라 제출한 회원국보고서 참조. http://www.un.org /sc/committees/1718/mstatesreports.shtml

결의문 제1718(2006) 채택 이후, 사치품 명단을 개별국가의 독자적 결정에 위임했기 때문이다. 미국, 일본, 한국은 제1718(2006)에 따라 사치품 명단을 첨부한 9개국에 속한다.

3. 중국의 군수송차량 수출

일본 일간지에 따르면 중국회사가 2011년 8월 북한에 탄도미사일 수송 및 발사가 가능한 대형 군수송차량을 수출했다.[119] 수출회사는 Wuhan Sanjian Import and Export Co.이다. 그러나 2012년판 패널보고서는 여전히 조사중이라며 중국의 관여를 거론치 않았고, 2011년판은 아직 공개되지 않았다.

4. 북한 비준수의 중개역인 중국회사와 중국항구

유엔안보리 대북제재위원회에 보고되는 대부분의 비준수사례는 중국 영토내 항구, 회사 혹은 은행들이 그 중개역할을 수행하고 있음을 보여준다. 2010년 패널보고서가 강조하듯, 북한의 수출입 통로는 몇 안 된다. 해상무역은 가장 큰 남포항을 포함 모두 8개 국내항과 역내 환적 허브항인 중국의 대련항을 통한다. 항공운송은 더 제한적이다. 2009년 기준, 유일하게 평양 순안국제공항만 운용되며 대외 정기항로는 중국(북경, 선양), 러시아(블라디보스토크)만 있다. 이외에 때때로 여타 목적지로 화물을 항공운송 하는 정도다.[120] 그럼에도 불구하고, 중국과 러시아가 제재위원회에 북한의 비준수를 보고한 적은 없다.

---

119) See "North Korea resorted to ingenious ways to skirt UN resolutions," *The Asahi Simbun*, 2012.6.22; "China repeatedly violated economic sanctions against North Korea," *The Asahi Simbun*, 2012.6.22 *The Asahi Simbun*, June 22.

120) S/2010/571, p.31.

오히려 태국, 남아프리카, UAE, 일본, 한국, 오스트리아, 파나마, 프랑스 등 여타 회원국들이 안보리 결의 이행을 위해 북한 화물을 사찰하고 비준수 사례를 제재위원회에 보고해 왔다. 일본은 특히 이 점에서 중국에 대해 큰 우려를 표해 왔다.

앞에서 언급한 아직 공개되지 않은 문제의 2011년판 패널보고서를 입수한 일본측 한 정보에 따르면, 무기와 사치품 관련 비준수로 의심받는 38건 거래 중 21건이 중국 관련이다. 이 21건 중 두 건은 대량살상무기 혹은 탄도미사일 관련 물질 거래이며 6건은 무기거래, 나머지 13건은 북한의 사치품 수입이었다. 11건이 중국 대련을 거쳐 운송됐다. 실제로 대련은 대부분의 북한 불법무역 허브이기도 하다. 대련소재 북한회사 지사들은 대련을 거치는 온갖 거래의 공식적 주체이다. 대련 내 중국과 북한회사들은 중국 당국의 모니터링이 느슨한 점을 활용, 화물을 바꿔치거나 목적지를 위장한다. 예컨대, 대련소재 중국무역사가 2009년 7월 이탈리아 정부가 압수한 요트 두 대의 중개상이었다. 의혹에도 불구하고 중국은 전문가패널의 당 무역회사에 대한 조사를 허용치 않는다. 남아프리카가 2009년 압수한 탱크부품은 북한을 떠나 대련을 거쳐 콩고공화국으로 간 것이었다. 2009년 한 회원국이 압수한 군용 보호복 컨테이너도 대련에서 환적된 것이다. 2007년 발견된 시리아로 보내는 미사일 부품 역시 대련에서의 환적을 거쳤다. 이런 사실들을 종합해 보면, 중국이 한 번도 북한의 비준수 사례를 보고하지 않은 것은 주목할 일이다. 중국의 비협조적 자세는 전략적 고려 혹은 비의도적 관세 혹은 방산부문에 대한 중앙정부의 통제 결여에서 오는 것이리라 여겨진다. 어떤 경우라도 일단 철저한 조사와 발표가 나오면 중국은 자국이 유엔제재를 가장 빈번히 위배하는 나라로 지목받고 당황할 것이다.

5. 북·중 경제관계 증대

2006년 유엔의 대북제재가 시작된 이후 북한 대외무역과 투자부문에서 중국이 차지하는 비율이 급격히 증대됐다. 2011년 중국은 북한의 총 무역액 80억 달러 중 70.1%(56억 달러)를 차지했는데, 이는 전년도 대비 62.4% 증가한 것이다.[121]

북한은 중국의 동북개발프로그램의 혜택을 보고자하는 한편, 중국에 의지하여 자국의 석탄, 철광석 등 광물을 추출코자 한다. 전문가패널은 유엔회원국들은 자국 거주자 혹은 자국인의 투자가 북한 핵과 여타 대량살상무기 혹은 탄도미사일 관련 프로그램에 기여해서는 안 된다고 강조한다. 그러나 중국은 북한과 2010년 12월 단둥 인근 황금평·위화도 자유무역지대 건설에 합의했다. 또한 양국은 북한의 두만강 개발에 협력하고 있다. 중국과 러시아는 나진 항만확장계획을 선언하고 육로와 철도의 항만 연결을 준비 중이다.[122] 하거드 & 놀란 (Stephen Haggard & Marcus Noland)은 2009년 6월 유엔제재강화 이후 북한이 "제재조처에 관심이 없는"(uninterested in such measures) 중국 같은 파트너에 경도되어 왔다고 강조한다.[123]

---

[121] Korea International Trade Association, "China-North Korea Trade 2011," http://www.kita.net (검색일: 2013.2.10)

[122] 2012년 10월부터는 새 화물열차가 나진-하산 구간을 지날 예정이며 처음 연간 수송량을 10만 컨테이너로 잡고 있다. 이 철도프로젝트는 10여년 전 시작됐지만 한반도 긴장으로 연기돼 왔던 것이다. 또 다른 프로젝트 역시 지연돼왔는데, 북러가 2011년 9월 양해각서를 체결한 한반도 가스관 연결 사업이다. 북한핵 야심이중요한 장애 중 하나였다. 북핵문제에 대한 한반도 주변국들의 입장차는 Eunsook Chung, "Long-Stalled Six-Party Talks on North Korea's Nuclear Program: Positions of Countries Involved," *The Korea Journal of Defense Analysis*, 25-1 (March 2013), pp.1~15 참조.

[123] Stephen Haggard and Marcus Noland, "Sanctioning North Korea: The Political Economy of Denuclearization and Proliferation," *Asian Survey*, 50-3 (2010), pp. 539~568. See also Jinhwan Oh and Jiyong Ryu, "The Effectiveness of Economic Sanctions on North Korea: China's Vital Role," *Korean Journal of Defense*

〈표 4〉 북한의 동북아, 유럽, 태국과의 무역량 추정치 (단위: 백만 달러)

(A) 북한의 수출										
	2000	2001	2002	2003	2004	2005	2006	2007	2008	2009
전 지역	1,319	1,171	1,291	1,266	1,561	1,568	1,909	2,535	2,801	-
한국	151	176	272	289	258	340	520	765	932	934
중국	37	167	271	395	582	497	468	582	754	501
미국	0	0	0	0	0	0	0	0	0	0
일본	257	226	236	174	164	132	78	0	0	0
러시아	8	15	10	3	5	7	20	34	14	21
유럽연합	140	86	76	75	145	66	196	87	153	79
태국	20	24	44	51	90	132	168	36	29	14
(B) 북한의 수입										
	2000	2001	2002	2003	2004	2005	2006	2007	2008	2009
전 지역	1,859	3,086	1,973	2,051	2,616	3,388	2,908	3,437	4,127	-
한국	273	227	370	435	715	830	1,032	1,032	888	745
중국	451	573	467	628	1,085	1,232	1,392	1,392	2,033	1,210
미국	3	0.7	25	8	6	0	2	2	52	1
일본	207	1,065	133	91	63	44	9	9	8	3
유럽연합	183	235	290	266	202	157	79	79	145	109
태국	184	106	172	204	206	227	192	192	48	30
(C) 북한의 무역수지										
	2000	2001	2002	2003	2004	2005	2006	2007	2008	2009
무역수지	-540	-1,915	-682	-785	-1,055	-1,820	-999	-901	-1,326	-

출처: S/2010/571의 〈표 1〉 요약. 1차 데이터는 대한민국 통일부, GTA, 미국 상무부에서 가져옴.

요컨대, 유엔안보리의 대북 비확산제재 결의문 초안 구상과 이행에 있어 중국의 역할이 가장 큰 도전요소 중 하나임을 알 수 있다. 그럼에도 중국은 북핵위기 관련 자국의 역할을 건설적으로 평가해 왔었다.

다만 2013년 들어 새 지도자 시진핑 주석 하 중국은 북한정책과 관련하여 딜레마에 직면했다. 세 번째 실험을 감행하는 등, 레드라인을 넘어선 북한을 계속 옹호하는 일은 자국의 "평화적 부상" 이미지에 해가 된다. 더구나 북한 핵야심은 동북아 국가관계 불안정화를 야기

Analysis, 23-1 (March 2011), pp.117~131.

하며 중국에게도 안보위협이 될 수 있다. 결코 중국의 국익이 아닌 것이다. 이 점에서 2013년 새로 채택된 두 개의 유엔안보리 제재결의문은 그 자체로서 북한으로 하여금 NPT 및 IAEA 안전협정으로의 복귀를 압박하는 "중국의 전례없이 강한 의지"를 반영했다고 볼 수 있다. 또한 이 두 결의문은 아직 시간을 두고 보아야 하나 안보리가 기존 두 결의문, 즉, 제1718(2006)호와 1874(2009)호가 "기술적 취약성"에 따라 북한에게 일종의 제재회피 능력개발을 허용해온 만큼 이를 극복코자 시도했다. 무엇보다 2013년 5월 중국의 Bank of China가 북한 최대 외환거래은행의 계좌를 봉쇄한 것은 주목할 일이다.

VI. 기술적인 도전

1. 북한 제재회피술의 진화

제2차 핵실험 결과 통과된 유엔안보리 결의문 제1874(2009) 채택 이후 북한의 제재회피술 역시 좀 더 정교화되고 있다. 첫째, 결의문 제1874(2009) 이후, 북한은 점차 타국이 소유하거나 타국에 등록된 선박 혹은 항공에 의존하여 금지화물을 불법 운송하고 있다. 또한 최대한 관련국 수를 늘리는 방식을 취한다.[124] 예컨대, 2009년 태국 당국이 조사했던 불법무역의 경우, 항공기 소유주는 UAE의 회사이며, 그루지아에 4L-AWA로 등록돼 있었다. 이를 뉴질랜드에 등록된 위장회사(SP Trading Ltd.)가 대여하여 홍콩에 등록된 회사(Union Top Management Ltd.)에 사용권을 준 것이다. 전문가패널은 모두 10여개국이 관련된

---

[124] 1874(2009)채택 이전 북한은 무기수출을 위해 종종 북한기 선박을 사용했다. 예컨대, 북한국적 비봉호가 2009년 1월 무기와 탄약을 콩고공화국에 운반했다.

것으로 보인다고 하니, 수출통제, 화물조사, 제제활동에 있어 국제공조가 얼마나 중요한지를 말해 준다.

둘째, 북한은 자국 특정 단체가 대북제재위원회에 의해 제재대상 리스트에 오르면, 가명을 쓰거나 다른 회사로 대체한다. 예컨대, 인민군 총정찰국 산하 청송연합사(가명: 백산연합사)가 유엔제재대상인 '조선광업무역개발회사'(KOMID, 가명: 창광신용사; 창광무역사)를 대신하여 북한무기와 관련물자 수출의 절반을 담당한다.

셋째, 북한은 무기와 관련물자 불법교역 은폐를 위해 북한내에서 포장박스를 밀봉하고 내용물을 허위 신고한다. 북한 관세청 승인하 다른 나라 항구에 도착하면 여기서 불법과 무관한 일반물품과 함께 포장된다. 또한 원위탁자와 최종수탁자 정보도 불분명해 진다. 예컨대, 콩고 푸앵트누아르를 향해 가던 중 남아프리카 당국에 의해 더반 항에서 압수된 화물의 출발지는 북한이고 선적지는 중국 대련으로 돼있다. 대련에서 2009년 10월 20일, 프랑스 회사(CMA GCM) 소유로 유엔기를 단 선박(CGM Musca)에 실렸는데, 대량의 쌀자루가 컨테이너에 함께 있었다. 화주는 나중 북한 '기계수출입사'로 밝혀졌다. 대련을 떠난 화물은 말레이시아 클랑항에 부려져서 라이베리아 국기를 단 또 다른 선박(Westerhever)으로 옮겨졌다. 이 선박은 CMA GCM사의 자회사(Delams Shippping)가 대여했다. 송장에는 컨테이너 내용물을 "불도저 부품"으로 했다. 일반적으로 운송사와 교통허브들이 배달기간 및 비용문제로 인해 화물검열을 꺼리는 점을 이용한 것이다.

넷째, 북한은 민감성 무기 수출의 경우 항공편을 사용한다. 2009년 태국 당국이 북한의 35톤 규모 무기와 탄약이 이란으로 가는 것을 막은 사례가 이를 말한다. 2013년까지 대북제재 효과를 떨어뜨리는 요인 중 하나는 경유국 공항에서의 항공화물 검열이 쉽지 않고, 직행 항공기 역시 검열절차에 끌어드리기 어렵다는 점이었다. 이의 교훈으로 북한의 3차 핵실험으로 채택된 안보리 결의문 제2094(2013)는 회원국들로 하여금 금수품 운반이라는 합리적 근거가 있는 경우 북한항공기의 자국내 착륙, 이륙, 경유 승인을 불허토록 했다.

다섯째, 북한의 화물은 외국에 도착해서 조립될 무기부품을 포함한다. 예컨대, 2010년 2월 전문가패널의 조사에 따르면 남아프리카가 2009년 10월 압수한 컨테이너의 경우, 콩고에 보낼 T-54/T-55 탱크부품과 여타 장비를 포함하고 있었다.

북한의 제재회피술의 정교화는 그 자체로 분명 대북제재의 효과를 말한다. 앞으로는 2013년 한층 더 강화된 제재로 북한은 제재네트워크를 피해가는 데 좀 더 큰 장애에 직면할 것이다. 그렇다 해도 제재의 성공을 위해서는 회원국의 "정치적 의지"와 "유엔능력 제고"가 필수조건이다.

2. 유엔회원국의 '국가이행보고서' 미비점

유엔회원국이 제재위원회에 제출하는 보고서는 크게 두 종류다. 첫째, 유엔안보리 결의문 제1718(2006)과 1874(2009) 둘 다 회원국들로 하여금 각각 30일과, 45일내 관련 결의문 이행보고서를 제출토록 요청했다. 그러나 결과가 그리 좋지 않다. 전문가패널에 의하면 2010년 5월 기준, 모두 83개국이 이행보고서를 제출했고 나머지 109개국이 제출치 않았다. 109개 미제출국 중 102개국이 글로벌 남, 즉, 아프리카, 아시아, 남미 소재 국가들이다. 북한과의 불법거래가 드러난 시리아, 미얀마, 콩고 등도 미제출국에 속한다. 쿠바는 예외적으로 제출했다. 미제출의 요인은 단순 관심부족부터 국제정치적 고려 등 여러 가지일 것이다. 유엔안보리는 2009년 전문가패널의 출범과 동시에 회원국들의 국가이행보고서 준비를 지원하고 있는 만큼 회원국들의 대북제재에 대한 관심이 증대되기를 기대하고 있다. 가장 최근 채택된 제2094(2013)는 모든 회원국이 90일내 국가이행보고서를 제출하도록 했다. 그 결과가 주목된다.

둘째, 유엔안보리 결의문 제1874(2009)는 회원국들로 하여금 화물의 사찰 혹은 압수 및 처리에 대해 즉각 대북제재위원회에 보고토록 했다. 그러나 전문가패널은 처음부터 비사찰 혹은 비보고 혹은 보고지연 등으로 제재 효과성 확보가 쉽지 않다고 토로한다.[125] 압수에 따른 법적문제, 비용과 위험성, 상업적 혹은 정치적 고려 등이 회원국의 북한 화물사찰 관련 장애요소다. 이에 유엔안보리 결의 제2094(2013)는 금수품목 적재라는 합당한 의혹이 있는 경우 회원국은 "자국 내 혹은 자국 경유 북한 화물을 사찰"토록 했다." 북한에 의해 혹은 북한인 혹은 북한 단체가 중개한 화물도 마찬가지다. 또한 압류화물의 처리에 관한 우려를 줄이고자 결의문 제2874(2013)는 "처리방식에는 파괴, 불능화, 저장 혹은 처리를 위해 화물 출발지 국가와 도착예정 국가를 제외한 제3국으로의 이전, 그 밖의 여러 방식"이 있다고 구체적 방법을 예시했다.

3. 2013년 이전까지 "금수 사치품" 기준결여

대북 사치품 금수는 첫 제재결의문 제1718(2006) 채택 이후 한동안 회원국들간 품목선정 기준에 대한 조율이 되지 않은 채, 개별 회원국의 책임으로 남겨 두었었다. 2012년 5월 기준, 단 4개국만이(미국, 일본, 한국, 러시아) 국가이행보고서에 사치품 명단을 첨부했으며, 다른 5개국(호주, 캐나다, 뉴질랜드, 싱가포르, 스위스)이 이후에 합류했다. 더하여, EU는 공동체 차원에서 27개 회원국이 준수해야할 명단을 공개했다. 확실한 것은 회원국들이 국내 법집행 기구들에게 제재대상 사치품 명단을 제공치 않으면 사치품에 대한 유엔의 제재부과는 불가능하다.

---

125) 전문가패널은 사찰 이후 3개월 이내 보고서를 제출해야 제재 효과성이 제고될 수 있다고 본다.

뒤늦게 2011년 12월 제재위원회가 '사치품에 관한 이행안내'를 했지만 충분치 않았고 2013년에서야 유엔안보리가 아예 결의문(제2094)에 보석 및 요트, 사치차량, 경주차 등 운송수단을 포함한 사치품 명단을 부록으로 달았다. 결의문은 이 명단은 금수 사치품의 예이며 이에 국한되지 않는다고 명시했다. 이 효과는 이제부터 지켜보아야 한다.

Ⅶ. 결론: "보다 신뢰받는 글로벌 비확산 레짐"의 필요성

전반적으로 유엔의 대북제재 효능에 대한 평가는 긍정적일수도, 부정적일수도 있다. 한편으로 지난 7년 대북제재레짐은 21세기 글로벌 거버넌스에 대해 어느 정도 중요한 파급효과를 가져 온 것이 사실이다.

무엇보다 1992년 이후 유엔안보리는 대량살상무기 확산을 우려해 왔다. 냉전종식이후 질서 속에서 국제 평화와 안보에 대한 심대한 위협요소를 안고 있기 때문이다. 2006년 북한의 첫 핵실험에 대해 마침내 안보리는 유엔헌장 제7장하 "최초로" 특정국가, 북한, 그리고 이어서 이란에 대해 비확산 제재를 부과키로 합의했다. 무고한 시민들에게 폐를 주지 않는 스마트한 제재를 목표로 한 타깃제재의 틀내에서 '사찰레짐' 적용 및 안보리 산하 '대북제재위원회'와 '전문가패널' 신설 등이 종합적으로 작용하여 북한지도자의 제재위배에 따르는 비용을 높여온 것이 사실이다. 21세기 특유의 제재방식이라 할 제재대상에 대한 ·"네이밍 & 쉐이밍"(naming & shaming)방식과 사찰방식 또한 대북제재레짐내 진화되어 왔다. 제재회피를 위한 북한의 부단한 노력이 유엔회원국의 제지와 사찰로 다년간 노정되고 있다. 매번 제재결의문 채택시마다 북한이 보이는 거센 반응은 제재가 북한정권에 미치는 위험과 피해를 잘 의식하고 있음을 말한다. 북한은 매번 안보리 투표 몇 시간 전, 대미 선제핵공격을 시사하곤 한다. 가장 최근인 2013년 3

월에도 북한은 다시 강화된 새 제재결의가 통과되자 즉각 한국과의 휴전협정을 폐기할 것이라 위협했다. 비록 북한의 제1차 핵실험으로 2006년 출범한 유엔의 북한제재 레짐이 여전히 여러 정치 및 기술적 도전에 취약하지만, 분명 2006년 이후 글로벌 거버넌스에 작지만 긍정적 변화를 안겨주었다.

　반면, 제재평가에 있어 효과(effect)와 효과성(effectiveness)을 구분할 필요가 있다. 언급했듯 2006-2013년간, 유엔의 대북 비확산제재는 글로벌 거버넌스와 북한지도부에 영향을 주었다. 그러나 목적, 즉, 북한의 행동을 바꾸어 다시금 IAEA 안전협정에 따라 사찰을 받고 핵무기 프로그램을 포기, NPT 비핵국가로 돌아오도록 설득하는 일에 있어서 유엔제재의 효과성은 분명 한계에 부딪혔다.

　모든 유엔 제재레짐은 안보리 의사결정 단계에서의 "강대국(유엔안보리 5개 상임이사국) 합의" 달성, 그리고 유엔회원국의 이행준수를 위한 조율단계에서의 "기술적 도전"에 직면하게 된다. 이 두 요소가 제재의 효과성을 결정하는 양대 축이다. 제V장에서 보았듯 북한제재에서 가장 결정적 한계는 "중국"에서부터 나온다. 중국은 북한의 유일한 동맹국이며 거부권을 갖는 유엔안보리 상임이사국이다. 1993년 북한의 NPT탈퇴선언시부터 중국은 줄곧 안보리의 대응을 완화시키는데에 가장 중요한 역할을 수행했으며, 북한의 비준수와 관련하여 가장 비협조적 유엔 회원국이었다. 전문가패널 보고서들이 밝혀온 바, 대부분 북한의 비준수가 중국내 회사와 항구, 특히 대련의 회사와 항구가 중개자 역할을 하는 가운데 발생했다. 1993년 5월 유엔에서 중국대표는 북한의 NPT탈퇴선언은 다자문제가 아닌 북한과 IAEA, 북한과 미국의 양자 문제라 했다. 중국은 북한의 NPT탈퇴재고를 촉구하는 안보리결의문 제825(1993)에 대해 유일하게 기권을 표한 상임이사국이다. 1993년 이후 북핵문제에 대한 유엔안보리의 수동적 대응은 글로벌 비확산 레짐을 위기에 빠뜨리는 데 기여한 부분이 있다. 심지어 2013년 채택된 보다 강화된 두 결의문에서 조차, 제재조처와 관련하여 수많은 "만일(If)…"단서를 볼 수 있다. 이 단서들은 북한에게 제재조처 회피방식을 제공할 수 있다는 염려가 없을 수 없다. 또한 중국 등 다수 유엔회원국들로 하여금 국익차원에서 "상대적 득"을 목적으로 제재를 이완하는 구실을 제공할 수 있다.

유엔안보리 상임이사국들은 안보리의 기본책무가 국제평화와 안보유지임에 유념하여 이에 위협이 된다고 판단되면 유엔을 대표해 즉각적이고 효과적인 행동을 보장해야 한다. 북한이 또 다른 미사일 발사 혹은 핵실험을 하는 경우, 안보리는 글로벌 비확산 보장 및 한반도 평화와 안보 유지를 위해 즉각적이고 적절한 조치를 취하여야 할 것이다. 러기(John G. Ruggie)에 따르면 글로벌 거버넌스의 양태는 "규칙의 국제화 필요성"과 "국가통제력 주장 및 보존 욕구"사이의 긴장으로 형성된다.126) 북한 대외경제거래 및 해외운송에서 차지하는 중국의 영향력에 비추어 유엔결의에 맞춘 중국의 강제적 조처이행, 특히 2013년 채택된 두 개의 결의문(제2087 & 2094)이행은 유엔안보리 결의문의 효능, 나아가 궁극적으로는 21세기 글로벌 비확산 거버넌스의 신뢰를 측정하는 리트머스 시험지가 될 것이다. 만일 중국이 계속 "상대적 득"에 초점을 둔 대북정책을 펼친다면, 북한의 행동변화는 어렵게 되고, 글로벌 비확산레짐은 혼란에 빠질 것이다.127) 처음은 동북아에서, 중동에서 그리고 전세계에서 비확산 레짐은 혼란에 빠지게 되는 것이다.

---

126) John G. Ruggie, "Forward," in Thomas G.Weiss & Ramesh Thakur, *Global Governance and the UN: An Unfinished Journey* (Bloomington: Indiana University Press, 2011).

127) "절대적 득(relative gain)"과 "절대적 득(absolute gain)"에 관해서는 Joseph Grieco, Robert Powell, and Duncan Snidal, "The Relative Gains Problem for International Cooperation," *American Political Science Review*, 87-3 (September 1993), pp.727~43 참조.

〈별첨〉

유엔안전보장이사회 대북제재대상 인물 · 단체 명단
(19 기관 & 12명, 2013.3.7 기준)

(a)19개 기관

---

1. KOREA MINING DEVELOPMENT TRADING CORPORATION (KOMID)

Primary arms dealer and main exporter of goods and equipment related to ballistic missiles and conventional weapons.

2. KOREA RYONBONG GENERAL CORPORATION

Defense conglomerate specializing in acquisition for DPRK defense industries and support to that country's military-related sales.

3. TANCHON COMMERCIAL BANK

Main North Korean financial entity for sales of conventional arms, ballistic missiles, and goods related to the assembly and manufacture of such weapons.

4. NAMCHONGANG TRADING CORPORATION

A North Korean trading company subordinate to the General Bureau of Atomic Energy (GBAE). It has been involved in the procurement of Japan-origin vacuum pumps that were identified at a DPRK nuclear facility, as well as nuclear-related procurement associated with a German individual. It has further been involved in the purchase of aluminum tubes and other equipment specifically suitable for a uranium enrichment program from the late 1990s. Its representative is a former diplomat who served as North Korea's representative for the IAEA inspection of the Yongbyon nuclear facilities in 2007. Namchongang's proliferation activities are of grave concern given the Pyongyang's past proliferation activities.

5. HONG KONG ELECTRONICS

Owned or controlled by, or acts or purports to act for or on behalf of

Tanchon Commercial Bank and KOMID. It has transferred millions of dollars of proliferation-related funds on behalf of Tanchon Commercial Bank and KOMID (both designated by the Committee in April 2009) since 2007. It has facilitated the movement of money from Iran to the DPRK on behalf of KOMID. Location: Sanaee St., Kish Island, Iran.

6. KOREA HYOKSIN TRADING CORPORATION

A North Korean company based in Pyongyang that is subordinate to Korea Ryonbong General Corporation (designated by the Committee in April 2009) and is involved in the development of WMD.

7. GENERAL BUREAU OF ATOMIC ENERGY (GBAE)

Responsible for North Korea's nuclear program, which includes the Yongbyon Nuclear Research Center and its 5 MW plutonium production research reactor, as well as its fuel fabrication and reprocessing facilities. It has held nuclear-related meetings and discussions with the IAEA.

8. KOREAN TANGUN TRADING CORPORATION

Subordinate to North Korea's Second Academy of Natural Sciences and is primarily responsible for the procurement of commodities and technologies to support defense research and development programs, including, but not limited to, WMD and delivery system programs and procurement, including materials that are controlled or prohibited under relevant multilateral control regimes.

9. AMROGGANG DEVELOPMENT BANKING CORPORATION

Established in 2006 and is a Tanchon Commercial Bank-related company managed by Tanchon officials. Tanchon plays a role in financing KOMID's sales of ballistic missiles and has also been involved in ballistic missile transactions from KOMID to Iran's Shahid Hemmat Industrial Group (SHIG). Tanchon Commercial Bank was designated by the 1718 Committee in April 2009 and is the main North Korea's financial entity for sales of conventional arms, ballistic missiles, and goods related to the assembly and manufacture of such weapons. KOMID was designated by the Committee in

April 2009 and is the primary arms dealer and main exporter of goods and equipment related to ballistic missiles and conventional weapons. The Security Council designated SHIG in resolution 1737 (2006) as an entity involved in Iran's ballistic missile programme.

10. GREEN PINE ASSOCIATED CORPORATION (Green Pine)

Has taken over many of the activities of the Korea Mining Development Trading Corporation (KOMID) which was designated by the Committee in April 2009. It is also responsible for approximately half of the arms and related materiel exported by North Korea. It specializes in the production of maritime military craft and armaments, such as submarines, military boats and missile systems, and has exported torpedoes and technical assistance to Iranian defense-related firms.

11. KOREA HEUNGJIN TRADING COMPANY

Is used by KOMID for trading purposes. It has been used to procure an advanced digital controller with applications in missile design. The 1718 Committee suspects it has been involved in supplying missile-related goods to Iran's Shabid Hemmat Industrial Group(SHIG), which is designated by the Security Council in resolution 1730(2006) as an entity involved in Iran's ballistic missile program.

12. KOREAN COMMITTEE FOR SPACE TECHNOLOGY

Orchestrated North Korea's launches on April 13 and December 12, 2012 via the satellite control center and Sohae launch area.

13. BANK OF EAST LAND

North Korea's financial entity facilitating weapons-related transactions for, and other support to, arms manufacturer and exporter Green Pine Associated Corporation(Green Pine). It has actively worked with Green Pine to transfer funds in a manner that circumvents sanctions. In 2007 and 2008, Bank of East Land facilitated transactions involving Green Pine and Iranian financial institutions, including Bank Melli and Bank Sepah. The Security Council designated Bank Sepah in resolution 1747(2007) for providing support to Iran's ballistic missile program. Green Pine was designated by the Committee in April 2012.

14. KOREA KUMRYONG TRADING CORPORATION

Used as an alias by the Korea Mining Development Trading Corporation (KOMID) to carry out procurement activities.

15. TOSONG TECHNOLOGY TRADING CORPORATION

Its parent company is the Korea Mining Development Corporation (KOMID).

16. KOREA RYONHA MACHINERY JOINT VENTURE CORPORATION

Its parent company is Korea Ryonbong General Corporation, a defense conglomerate specializing in acquisition for defense industries and support to military-related sales, which was designated by the Committee in April 2009.

17. LEADER (HONG KONG) INTERNATIONAL

Facilitates shipments on behalf of the Korea Mining Development Trading Corporation (KOMID). Location: Room 1610 Nan Fung Tower, 173 Des Voeux Road, Hong Kong.

18. SECOND ACADEMY OF NATURAL SCIENCES

A national-level organization responsible for research and development of North Korea's advanced weapons systems, including missiles and probably nuclear weapons. It uses a number of subordinate organizations to obtain technology, equipment, and information from overseas, including Tangun Trading Corporation, for use in North Korea's missile and probably nuclear weapons programs. Tangun Trading Corporation was designated by the Committee in July 2009.

19. KOREA COMPLEX EQUIPMENT IMPORT CORPORATION

Korea Ryonbong General Corporation, designated by the Committee in April 2009, is the parent company.

(b) 12명 개인

1. YUN HO-JIN

Director of Namchongang Trading Corporation; oversees the import of items needed for the uranium enrichment program.

2. RI JE-SON

Director of the General Bureau of Atomic Energy (GBAE), chief agency directing nuclear program; facilitates several nuclear endeavors including GBAE's management of Yongbyon Nuclear Research Center and Namchongang Trading Corporation.

3. HWANG SOK-HWA

Director in the General Bureau of Atomic Energy (GBAE); involved in North Korea's nuclear program; as Chief of the Scientific Guidance Bureau in the GBAE, served on the Science Committee inside the Joint Institute for Nuclear Research.

4. RI HONG-SOP

Former director, Yongbyon Nuclear Research Center, oversaw three core facilities that assist in the production of weapons-grade plutonium: the Fuel Fabrication Facility, the Nuclear Reactor, and the Reprocessing Plant.

5. HAN YU-RO

Director of Korea Ryongaksan General Trading Corporation; involved in North Korea's ballistic missile program.

6. PAEK CHANG-HO

Senior official and head of the satellite control center of Korean Committee for Space Technology.

7. CHANG MYONG-CHIN

Description: General Manager of the Sohae Satellite Launching Station and head of launch center at which the 13 April and 12 December 2012 launches took place.

8. RA KY'ONG-SU

A Tanchon Commercial Bank (TCB) official. He has facilitated transactions for TCB, which was designated by the Committee in April 2009 as the main North Korean financial entity responsible for sales of conventional arms, ballistic missiles, and goods related to the assembly and manufacture of such weapons.

9. KIM KWANG-IL

A Tanchon Commercial Bank (TCB) official. He has facilitated transactions for TCB and the Korea Mining Development Trading Corporation (KOMID) designated by the Committee in April 2009.

10. YO'N CHO'NG NAM

Chief Representative for the Korea Mining Development Trading Corporation (KOMID).

11. KO CH'O'L-CHAE

Deputy Chief Representative for the Korea Mining Development Trading Corporation (KOMID).

12. MUN CHO'NG-CH'O'L

A Tanchon Commercial Bank (TCB) official. He has facilitated transactions for TCB, the main North Korean entity for sales of conventional arms, ballistic missiles, and goods related to the assembly and manufacture of such weapons. TCB was designated by the Committee in April 2009. is the main DPRK financial entity for sales.

제3장
유엔의 대북제재와 수출통제[128]

유엔의 탄생과 안전보장이사회

유엔(United Nations)은 1945년 10월 24일, 제2차 세계대전의 참상을 뒤로하고 연합국들의 주축이 되어 더 이상의 전쟁을 방지하고 국제평화와 안전을 도모하고자 만든 범국제적 기구다. 출범시 51개였던 회원국수는 2017년 193개국으로 불었다. 인류사상 가장 방대한 국제기구이다. 다만 현실세계에서의 현안해결 효능성과 관련해서는 평가가 다양하다. 아쉬움이다. 당장 우리는 유엔의 대북제재 11년의 성과에 대해 검토하지 않을 수 없는 상황에 놓였다.

유엔의 주요 조직 중 안전보장이사회(이하 '안보리')가 국제적 평화와 안전에 관한 최우선적 책무와 권한을 갖는다. 유엔헌장상 안보리만이 그 결정의 이행을 유엔회원국에게 부과할 수 있다. 안보리는 15개 이사국으로 구성된다. 거부권을 지난 5개 상임이사국과 임기 2년의 10개 비상임이사국으로 구성된다. "상임"이사국은 제2차 세계대전 주요 연합국, 즉, 미국, 영국, 프랑스, 중국, 러시아다. 안보리 결정은 투표로 하며, 결의문 채택을 위해서는 이사국 3/5(9개국)의 찬성을 요한다. 단, 절차적인 문제가 아닌 "실질적"의제는 5개 상임이사국 중한 나라라도 거부권을 행사해서는 안 된다. 한반도 주변4강 중 3강 즉, 미국, 중국, 러시아의 국제적 문제에 대한 영향력을 단적으로 말해준다.

---

128) 「전략물자 FOCUS」, Vol.17 (2017 겨울)

유엔헌장 제7장과 "비군사적" 대북제재 결정

안보리는 유엔헌장 제7장(평화위협, 평화파괴 및 침략행위에 관한 조치)에 의거, 필요시 비(非)군사적 제재(41조), 혹은 무력사용(42조)을 승인할 수 있다. "비군사적 제재"는 경제관계 및 철도, 항해, 항공, 우편, 전신, 무선통신 및 다른 교통통신수단의 전부 또는 일부의 중단, 외교관계 단절 등을 포함한다. 유엔은 그 특유의 보편성으로 인해 그러한 조처를 결정하고 모니터하는 데에 적합하다고 간주되어 왔다. 냉전기 유엔의 제재는 인종차별 문제에 따른 아프리카 2개국(남로디지아, 남아프리카)에 대한 제재가 다였지만, 냉전종식이후 안보리의 제재결의는 비교적 잦아졌다. 누적수가 근 30건에 이른다. 제재요건도 2000년대 이후 "테러리즘," "(핵)비확산" 등이 새롭게 국제평화와 안전을 위협하는 요소로 첨가됐다. 2017년 현재는 모두 13개의 제재 레짐이 운용되고 있다. 북한, 중앙아프리카, 콩고민주공화국, 기니-비사우, 소말리아/에리트리아, 남수단, 수단, 이라크, 리비아, 예멘, 테러리즘(ISIL/알카에다) 등이 대상이다.

아시아에서도, 또 '비핵화' 카테고리로도 북한이 유엔의 제재를 받는 유일한 대상이다. 2006년 북한이 처음으로 제1차 핵실험을 감행했을 때, 안보리는 유엔사상 처음으로 비확산 카테고리의 제재에 착수했었다. NPT(핵비확산조약)는 2017년 기준 190개국이 가입한 세계 최대 규모의 군비통제 레짐이다. 북한의 탈퇴선언(1993, 2003)은 현재까지 NPT회원국이 탈퇴를 선언한 유일한 사례다. 안보리는 2006년 북한의 제1차 실험부터 이후 제2차, 3차, 4차, 5차, 6차 실험에 대해 각각 제재결의문을 채택하며 제재의 강도를 확대, 강화시켜 왔다.

모두 9차례에 걸쳐 헌장 7장 41조에 의거한 결의문을 채택했다. 재래식 무기 및 대량살상 무기 관련 물자, 상품, 기술, 이들과 관련된 기술훈련 및 자문, 사치품의 대북 이전 금지 등 수출통제를 의무화했다. 지난 11년 수출통제 품목도 확대되고 자산동결과 여행금지 대상인 개인과 단체도 늘어났다(2017년 9월 11일 기준 63명, 53개 단체).

유엔의 대북 수출통제레짐 확대·강화

안보리의 첫 대북제재결의문은 2006년 채택된 제1718호다. 결의문 제1718(2006) 제8항 (a), (b), (c)는 이후 유엔안보리의 대북 수출입통제 레짐의 근간이다: (a)는 대북 수출 금지품목 명단이다: (i) 탱크, 군수 송차, 전투기, 대포, 공격용 헬리콥터, 전투함, 미사일 등 재래식 무기; (ii) 핵, 탄도미사일, 여타 대량살상무기와 관련된 물질, 장비, 상품, 기술; (iii) 사치품이다; (b)는 수입금지된 북한제품으로 앞의 (i) & (ii)가 이에도 해당된다; (c)는 여타 이전 금지 명단이며 앞의 (i) & (ii)와 관련된 "기술훈련, 자문, 서비스 지원" 등이다.

여기서 출발한 대북 수출입통제레짐은 이후 다음과 같이 보강·진화되어 왔다: ▲2006년 11월 1일 안보리 산하 대북제재위원회가 화학, 생물 제품, 여타 대량살상무기 프로그램 관련 물질, 장비, 상품, 기술을 포함한 S/2006/853을 발표했다. ▲2010년 6월 30일, INFCIRC(IAEA의 'Information Circulars')/254/Rev.8/Part2, 2012년 11월 2일, INFCIRC/254/Rev.11/Part1, 2016년 11월 8일 INFCIRC/254/Rev.10/Part2와 INFCIRC/254/Rev.13/Part1의 품목을 각각 금수품에 포함 시켰다. ▲2014년 4월 8일, 탄도미사일 프로그램 관련 품목, 물질, 장비, 상품, 기술 리스트를 추가했다(S/2014/253). ▲2016년 4월 4일, 2270(2016)에 따라 대량살상무기 관련 품목, 물질, 장비, 상품, 기술 및 민감물질로 지정된 품목 리스트를 추가했다. ▲2016년 11월 30일 2321(2016) 4항에 따른 품목, 물질, 장비, 상품, 기술을 추가했다(결의문 2321의 첨부-3). ▲2016년 12월 15일, 제2321(2016) 7항에 따른 이중사용 품목 리스트를 포함했다(S/2016/1069). ▲2016년 12월 21일, 제재위원회의 2009년 7월 16일(S/2009/364), 2094(2013), 2270(2016), 2321(2016)에 따른 사치품 리스트를 모두 종합했다. 사치품 금수 리스트는 최소한의 리스트다. 각국은 이를 토대로 독자적 리스트를 작성, 이행한다. ▲2017년 8월 22일, 2371(2017)에 따라 추가 금수상품 리스트를 포함했다(S/2017/728). ▲2017년 9월 5일, 2371(2017) 5항에 의거, 재래식 무기 이중사용 품목 리스트를 포함했다(S/2017/760). ▲2017년 9월 29일, 2375(2017) 4항에 의거, 추가적으로 대량살상무기관련 이중사용 품목, 물질, 장비, 상품, 기술 리스트를 포함했다(S/2017/822). ▲2017년 10월 2일, 2375(2017) 5항에 따라 추가적으로 재래식 무기관련 품목, 물질, 장비, 상품, 기술 리스트를 포함시켰다.

유엔회원국의 제재이행 및 이행보고

유엔안전보장이사회 산하 2006년 출범한 대북제재위원회(일명 '1718 위원회')와 2009년 출범한 7인의 '전문가패널'(2013년 이후 8인)은 안보리의 대북결정 집행을 관리하고 안보리에 보고하는 레짐의 핵심기제이다. 전자는 안보리 이사국이 구성하며 결정은 합의제를 따른다. 후자는 안보리 5개 상임이사국과 관련국(한국, 일본)의 전문가들이 포함된다.

회원국들은 통상 두 종류의 보고서를 제재위원회에 제출한다. 하나는 '비준수 보고서'로서 비준수 사례 발견시 빠른 시일내 그 내용과 대응조처 등을 알려 제재위원회로 하여금 유사한 비준수 사례 방지를 위한 조치를 취하게 하는 것이다. 필요시 비공개로도 가능하다. 둘째는 결의문 채택 후 90일내 유엔회원국들이 그 결의문의 이행을 위해 자국이 취한 조처들을 알리는 '국가이행보고서'이다.

전자의 경우는 전문가패널이 집중조사하고 추적한다. 현지조사를 나가기도 하며 매년 비준수 사례들에 대한 최종보고서를 안보리에 제출한다. 여하한 경우에도 이는 분명 유엔의 대북제재레짐이 아니었다면 불가능한 일이었음을 인정하지 않을 수 없다. 시간이 가면서 보고서내 중국, 러시아의 개인과 단체가 북한 비준수에 직간접 연관돼 있는 사건들, 혹은 중국, 러시아에 거주하는 북한외교관과 북한인들의 비준수 활동, 중국항구와 공항을 거친 북한 비준수 활동 등의 사례가 늘어나 눈여겨 볼 부분이다. 중국은 북한 무역의 90%를 담당하고 있다. 중국의 철저한 유엔 대북제재 이행은 유엔제재의 효과성(effectiveness)과 신뢰성(credibility)의 초석이 됨을 말한다.

후자, 즉, '국가이행보고서'는 모든 국가들이 제때 제출해야 하지만 꼭 그렇지만은 않다. 예컨대, 북한 제4차 핵실험결과 2016년 3월 채택한 제2270(2016)은 2017년 2월 기준 116개국이 미제출 상태였다. 고의적 미제출도 있겠지만 무관심 등도 그 이유에 속할 것이다. 특히 아프리카의 많은 나라들이 미제출국에 속했고 심지어 안보리 이사국들도 미제출국에 포함되었었다. 중국이나 러시아는 국가이행보고서를 잘 제출하는 편에 속한다. 그러나 한국, 미국, 일본에 비한다면 내용이 비교적 간결하고 형식적인 편이다.

한국의 대북수출통제

한국은 NPT, 생물무기협약(BWC), 화학무기협약(CWC) 등 대량살상무기 관련 다자통제레짐의 회원국으로서 그 의무를 준수하고 있다. 또한 주요 재래식 무기 및 이중사용물자와 기술에 관한 대부분의 다자 수출통제레짐, 즉, 핵공급그룹(NSG), 미사일통제레짐(MTCR), 호주그룹, 쟁거(Zangger)위원회, 와세나르(Wassenar)협약 등에도 참가하여 전략물자의 수출통제를 성실히 수행코자 노력해 왔다. 이에 더하여 2006년 유엔의 대북제재레짐 출범 이후 정부는 추가적으로 대북제재 관련 필요 입법 및 행정조처를 취하고 관련 국가이행보고서를 안보리 대북제재위원회에 제출해 왔다(2006, 2009, 2013, 2016, 2017).

무엇보다 1990년 8월 제정된 '남북교류협력에 관한 법률'하 남북간 합작이나 접촉 혹은 유무형 품목의 대북이전은 정부의 승인을 요하고 있다. 따라서 정부는 의당 안보리의 대북제재 결의문하 금지된 품목의 대북 "직접"이전을 금한다. 대량살상무기, 재래식 무기, 여타 대량살상무기관련 물품, 물질, 부품, 상품, 기술 등의 직접이전 방지를 위해 통일부는 2007년 대북이전에 대한 절차를 공지하고 매년 금지리스트를 갱신해 왔다. 기만 혹은 불법으로 전략물자를 이전하는 이는 최대 3년 구금 혹은 3천만원 이하의 벌금형에 처한다. 한국정부는 또한 북한의 천안함 폭침에 대한 대응으로 2010년 5월 24일 이후 한국인의 북한방문에 대한 엄격한 제한, 남북무역 중단, 대북 신규투자 중단, 한국 영해내 북한선박 운항금지 등, 유엔안보리 제재와 병행하여 독자적 제재도 추진해 왔다. 2016년 초, 제4차 핵실험과 장거리탄도미사일 발사후 한국정부는 2016년 2월 10일, 최후의 보루로 남겨둔 개성공단 운용중단 조처도 감행했다. 이후 남북간 교류협력은 거의 부재한 상황이다.

다만 "간접"이전에 대한 우려가 없을 수 없는데, 이에 대해서는 산업통상자원부 등이 만전을 기하고 있다. '대외무역법,' '국제평화 및 안전유지 등 의무이행을 위한 무역에 관한 특별조치' 등을 통해 안보리 제재결의문에서 금한 모든 물품의 제3국을 통한 대북 "간접"이전을 금하고 있다. 예컨대, 산업통산자원부는 2016년 초 유엔제재결의에 부응하여 항공유를 대북수출 통제리스트에 포함시켰으며 2017년에는 선박, 헬리콥터 등 2016년 11월 30일 채택된 2321(2016)호의 부록-3품목을 추가 금수품목에 포함시키는 특별조처를 취했다. 또한 러그, 직물벽걸이, 도자기 등 제2321(2016)호 부록-4에 포함된 사치품을 대북수출통제 리스트에 추가했다. 제3국을 통한 금수품의 대북 이전사실이 발견되면 5년 이하 구금 혹은 거래액의 3배 벌금형에 처한다. 산업통상자원부는 수출기업들을 상대로 대북제재를 부과한 유엔안보리 결의문 조처를 알리고 경각심을 갖도록 해 왔다.

유엔안보리 대북 제재레짐상의 "제지 및 사찰"과 관련하여서도 한국은 이미 관세법상 이중사용 품목에 대한 사찰이 가능하며, 추가적

으로 유엔안보리의 결의에 따라 상품, 운송수단, 비축시설, 관련문건
을 사찰할 수 있다.

나가며

유엔은 2017년 탄생 72주년이 되었다. 유엔안보리의 대북제재가 현
단계에서는 북한의 핵폐기에 실패한 거버넌스로 드러났다. 즉, 지난
11년 북한을 제재했지만 북한은 핵탄두의 경량화, 소량화를 지향한다
고 말하며, 오히려 여섯차례 핵실험을 감행하고 이를 운반할 대륙간
탄도미사일급 화성-14호를 발사했다. 핵공격의 위협도 서슴지 않고
있다. 그럼에도 제재무용론은 성급한 것으로 보인다. 회원국이 글로
벌 비핵화를 공동목표로 연대하여 대북수출통제를 이행하고, 나아가
북한정권의 자금줄을 조이는 최근의 유엔 대북제재 결의들을 엄격히
이행한다면 이는 좀 더 이른 시점 북한의 핵문제를 대화로, 정치적으
로, 외교적으로 풀 수 있는 데에 기여할 여지가 있는 것이다.

제4장
유엔 타깃제재의 영향과 실효성129)

Review of "Targeted Sanctions: The Impacts and Effectiveness of United Nations Action" December 20, 2016

Reviewed by: Eunsook Chung (Department of Security Strategy Studies, The Sejong Institute)

Thomas J. Biersteker, Sue E. Eckert, and Marcos Tourinho eds. *Targeted Sanctions: The Impacts and Effectiveness of United Nations Action*(Cambridge: Cambridge University Press, 2016), pp. 421.

The Targeted Sanctions: The Impacts and Effectiveness of United Nations Action evaluates the impact and effectiveness of targeted sanctions imposed by the United Nations since 1991 in a systematic, comparative, and comprehensive way. The book is edited by three renowned scholars on sanctions, Thomas J. Biersteker, Sue E. Eckert, and Marcos Tourinho. It assesses all of the 23 targeted sanctions regimes in the past 25 years and delivers new empirical information about a

---

129) 국제유엔학회(ACUNS, Academic Council of the United Nations System) 웹사이트에 게재한 서평임 (2016.12.20). https://acuns.org/review-of-targeted-sanctions-the-impacts-and-effectiveness-of-united-nations-action/

range of themes pertinent to the study of the UN's targeted sanctions. The book is a collaborative endeavor of the Targeted Sanction Consortium(TSC) research team, which draws on TSC's databases. The broad analytical framework and datasets – quantitative and qualitative – that the authors utilize have been prepared by the TSC's research team, which was co-directed by the editors of this book.

Since the 1990s, improving effectiveness of targeted sanctions has been on the agenda of scholars and policy practitioners that examined sanctions. At the time, the UN has moved away from *comprehensive economic sanctions* that had inflicted devastating humanitarian consequences on the innocent population, as seen in the comprehensive economic sanctions imposed on Iraq in 1990. Accordingly, books and articles on the UN's *targeted sanctions* have increased in the 21st century. *Smart Sanctions: Restructuring UN Policy in Iraq*(2001) (David Cortright et al, 2001), and *Sanctions as Grand Strategy*(Peter Wallensteen et al, 2012), for instance, take up the issue of advancing UN targeted sanctions. Compared to comprehensive sanctions, targeted sanctions, often called smart sanctions, are more complex in design, implementation, and assessment. Targeted sanctions have posed a challenge to the capacity and legitimacy of the UN's Security Council.

In an attempt to enhance the UN's targeted sanctions, the three editors of the volume contributed to three processes launched by the governments of Switzerland, Germany, and Sweden – Interlaken process of effective financial sanctions(1998-1999,) Bonn-Berlin process on travel bans, aviation sanctions, and arms embargoes(1999-2000), and Stockholm Process on implementing targeted sanctions(2002). I am sure their personal experience, as well as the lessons learned from these three processes, have positively influenced TSC's research design. The editors have been involved in the development of the TSC's database since 2011 and three chapters of the volume are written by them. In their respective chapters, they explain the background of the TSC research, frameworks of analysis, methodology, and they provide a conclusion with findings and recommendations.

The book's contribution has two broad aspects: first, it uses an innovative methodology and newly developed datasets; second, it provides insightful analysis and develops policy implications for improving effectiveness of the UN's targeted sanctions. Methodologically, the book utilizes extensive databases and analytical frameworks, which are distinctive from a conventional approach to targeted sanctions. This volume adopts a *thematic approach* and not an individual country-study approach. All 23 of UN's targeted sanctions regimes since 1991 were divided into 63 case episodes for comparative analysis. Subsequently, these individual episodes were coded into 296 variables, ranging from measures of political will in the Security Council to the different evasion tactics used by the targeted countries. The book assesses the effectiveness of targeted sanctions based on a policy outcome and on a contribution of the UN's sanctions to that outcome.

As stressed by Francesco Giumelli's piece, targeted sanctions have three different *purposes* — not only coercion, which is still prevalent in public discourse, but also constraint and signaling. *Political objectives* of targeted sanctions are divided into nine categories, relating to armed conflict, counter-terrorism, non-proliferation, democracy supporting, etc. The book identifies six different kinds of targeted sanctions: individual /entity sanctions, diplomatic sanctions, arms embargoes, commodity sanctions, transportation sanctions, and core economic sanctions, which include financial sanctions.

The three appendices in the concluding chapter, co-authored by the editors, allow readers to understand the analyses made in the book's chapters. Appendix 1 provides a list of 23 country case studies and 63 episodes, including their different objectives, types, and targets. Appendix 2 evaluates criteria for effectiveness, that include coding decisions on each of the 63 episodes; and Appendix 3 provides the TSC's database codebook on 296 variables.

Now with regard to policy implications, the book produces valuable findings and recommendations on the basis of the TSC's data for improving effectiveness of the UN's targeted sanctions. In other words, in each chapter, the overarching analytical framework and scrupulous methodology and datasets are well utilized by each author, in accordance with the themes relevant to the effectiveness of the UN's targeted sanctions. Most importantly, the co-editors observe that the UN's targeted sanctions are effective, on average, 22% of the time. When these sanctions are broken into the three types of purposes, they are much more effective in constraining(27%) and signaling(27%) than coercing(10%). The editors also noticed that 59% of the UN's targeted sanctions episodes are primarily associated with an armed conflict, followed by counter-terrorism(14%), nonproliferation(11%), democratic support(10%), among others.

Peter Wallensteen's chapter notes that the effectiveness of sanctions tends to increase over time with institutional learning that has taken place in the UN processes. This does not mean everyone will be satisfied with the results. Rather, Enrico Carisch, Loraine Rickard-Martin,

Alix Boucher, and Caty Clement argue that greater technical skills and expertise, as well as greater coordination between the UN's sanctions committees and other UN bodies, is still required. Michael Brzoska and George A. Lopez find a paradox in that unanimity on the Security Council does not necessarily result in effective sanctions. Kimberly Ann Elliott discusses the challenges of keeping targeted sanctions targeted. Mikael Eriksson examines data according to different types of unintended consequences, including some of the counter-intuitive findings from the quantitative database. Contextually, most of the UN's targeted measures have been imposed along with other policy instruments and/or measures imposed by non-UN actors. Paul Bentall examines interaction between the UN's targeted sanctions, peacekeeping, use of force, and legal referrals. Andrea Charron and Clara Portela find division of labor between the UN and regional organizations, such as the African Union and European Union.

I think that the book will greatly contribute to the evolution of popular discourse, and policy discussions. The scholarly community quietly urges the readers to recognize a significant transformation of the UN's action since 1991, as the UN moved away from comprehensive sanctions. In doing so, *The Targeted Sanctions* motivates further research and shapes policy recommendations aimed to enhance effectiveness of the UN's target sanctions. In particular, I must not forget to mention the appendices and many other tables and figures provided in each chapter of the volume, the degrees of which are unprecedented in the studies on UN's targeted sanctions. They represent the dedication of the TSC's research team.

However, as discussed in the book, a careful approach is required, when we employ TSC's databases in our analysis. Researchers need to consider the uniqueness of each of the UN's sanctions regimes, a small number of cases, and the use of variables that often make generalization difficult. Yet, the nature of these limitations are predictable and unavoidable. I think that the findings and recommendations, as well as methodological frameworks, presented in the book will surely provide a better understanding and assessment of the effectiveness of the UN's targeted sanctions for the readers.

Today, all of the UN's sanctions are targeted sanctions. These sanctions are to be implemented by the 193 member states, allowing them to be the only universal mandatory measures to support international peace and to address security challenges. In this context, I think that the book should be widely read and recommended to scholars and policy-makes, since the subject matter is of the utmost importance especially in today's environment of continuing challenges that threaten international peace and security. This book should also be highly recommended to students who study international politics and the UN.

제6부 참고문헌

▶ 단행본 · 논문

정은숙. 2016. "유엔안보리의 대북 비확산레짐 10년: '중국요인'의 중요성." 「세종 논평」 1.13.

_____. 2016. "유엔안보리의 결의 2270호와 대북제재레짐의 미래." 「정세와 정 책」 4.

_____. 2017. "유엔안보리 결의문 2371호: 이행의 과제." 「세종논평」 8.11.

_____. 2017. "트럼프 행정부의 대북경제 제재: 중국, 러시아의 기업과 개인." 「세종논평」 8.28.

_____. 2017. 『유엔안보리의 대북제재레짐: 중국 · 러시아의 역할과 입장』. 세종 연구소

_____. 2017. "유엔의 대북제재와 수출통제." 「전략문자 FOCUS」 17.

Amano, Yukiya. 2012. *Statement to UN General Assembly*. November 5. http://www.iaea.org/newscenter/statements/2012/amsp2012n018.html

Asada, Masahiko. 2011. "A Solution in Sanctions: Curbing Nuclear Proliferation in North Korea." *Harvard International Review*. Winter.

Berger, Andreas. 2016. "From Paper to Practice: The Significance of New UN Sanctions on North Korea." *Arms Control Today*. May.

_____. 2016. "The New UNSC Sanctions Resolution on North Korea: A Deep Dive Assessment." 38 North InformedAmerican Journal of International Law. 1999. "Editorial Comments (NATO's Kosovo Intervention: Kosovo and the Law of Humanitarian Intervention)." *American Journal of International Law* 93-4.

Annan, Kofi A. 1999. "Two Concepts of Sovereignty." *The Economist*. September.

Azhirnov, O., ed. 2001. *Mir posle Kosovo*. Moskva: INION RAN.

Bacevich, Andrew J. & Eliot A. Cohen, eds. 2001. *War Over Kosovo: Politics and Strategy in a Global Age*. NY: Columbia University Press.

Baldwin, David A., ed. 1993. *Neorealism and Neoliberalism*. NY: Columbia University Press. Analysis of North Korea. 3.2.

Bermudez, Joseph Jr. 2013. "North Korea's Chemical and Biological Weapons Capabilities." 38 North. 10.11. www.38north.org.

Biersteker, Thomas J. et al, eds. 2016. *Targeted Sanctions: The Impact and Effectiveness of United Nations Action.* Cambridge University Press.

Billingslea, Marshall S. 2017. House of Representatives Foreign Affairs Committee Testimony of Assistant Treasury Secretary. Hearing on "Sanctions, Diplomacy, and Information: Pressuring North Korea." 9.12. https://foreign affairs.house.gov/hearing/hearing-sanctions-diplomacy-information-pressuring-north-korea.

Boulden, Jane & Andrea Charron. 2009. "Evaluating UN sanctions: New ground, new dilemmas, and unintended consequences." *International Journal* 65-1.

Brantly Womack, Brantly. 2016. "Asymmetric parity: US-China relations in a multinodal world." *International Affairs* 92-6.

Broszka, Michael. 2003. "From Dumb to Smart?: Recent Reforms of UN Sanctions." *Global Governance* 9.

_____. 2015. "International sanctions before and beyond UN sanctions." *International Affairs* 90-1.

Bunn, George & John B. Rhinelander. 2005. "NPT Withdrawal: Time for the Security Council to Step in." *Arms Control Today* 35-4.

Carisch, Enrico, et al. 2017. *The Evolution of UN Sanctions: from a Tool of Warfare to a Tool of Peace, Security and Human Rights.* Springer.

Charap, Samuel, et al. 2017. "Russia and China: A New Model of Great-Power Relations." *Survival* 59-1. February-March.

Charron, Andrea. 2011. *UN sanctions and conflict: responding to peace and security threats.* Routledge.

Chesterman, Simon, Ian Johnstone, and David Malone. 2016. *Law and practice of the United Nations: documents and commentary.* Oxford University Press.

Chung, Eunsook. 2013. "Long-Stalled Six-Party Talks on North Korea's Nuclear Program: Positions of Countries Involved." *The Korean Journal of Defense Analysis* 25-1. March.

_____. 2013. *The UN Non-Proliferation Sanctions on North Korea: Assessment and Suggestions.* The Sejong Institute.

Doxey, Margaret. 2009. "Reflections on the sanctions decade and beyond,"

International Journal. Spring.

Drezner, Daniel. 2003. "How Smart Are Smart Sanctions?" *International Studies Review* 5.

Eastin, Luke J. L. 2013. "Legitimacy Deficit: Chinese Leadership at the United Nations." *Journal of Chinese Political Science* 18.

Eckert, Sue E. 2009. "United Nations nonproliferation sanctions." *International Journal* 65-1. Winter.

Einsiedel, Sebastian von et al. 2015. *The UN Security Council in an Age of Great Power Rivalry.* United Nations University Working Paper Series 4. February.

Elliot, Kimberly A., Jeffrey J. Schott & Gary C. Hufbauer. 2007. *Economic Sanctions Reconsidered: History and Current Policy.* Washington D.C.: Institute for International Economics.

_____. 2009/10. "Assessing UN sanctions after the Cold War." *International Journal.*

Erikson, Mikael. 2011. *Targeting peace: understanding UN and EU targeted sanctions.* Farnham: Ashgate.

Fitzpatrick, Mark. 2016. *Asia's Latent Nuclear Power: Japan, South Korea and Taiwan.* IISS.

Foot, Rosemary. 2014. "Doing somethings in the Xi Jinping era: the United Nations as China's venue of choice." *International Affairs* 90-5.

Fullilove, Michael. 2011. "China and the United Nations: The Stakeholder Spectrum." *The Washington Quarterly* 34-3. Summer.

Gilpin, Robert. 1981. *War and Change in World Politics.* Cambridge University Press.

Giumelli, Francesco. 2011. *Coercing, constraining and signalling: Explaining UN and EU sanctions after the Cold War.* Colchester: ECPR Press

_____. 2015. "Understanding United Nations targeted sanctions: an empirical analysis." *International Affairs* 91-6.

Gowan, Richard. 2015. "Bursting the UN Bubble: How to Counter Russia in the Security Council." *Policy Brief.* European Council on Foreign Policy. June.

Grieco, Joseph., Robert Powell & Duncan Snidal. 1993. "The Relative Gains Problem for International Cooperation." *American Political Science Review*

87-3.

Habib, Benjamin. 2016. "The enforcement problem in Resolution 2094 and the United Nations Security Council sanctions regime: sanctioning North Korea." *Australian Journal of International Affairs* 70-1.

Haggard, Stephen. 2016. "Hard Target: Sanctions, Inducements, and the Case of North Korea." EAF Seminar. Seoul: East Asia Foundation. 8.22.

_____. 2016. "Negotiating a Korean Settlement: The Role of Sanctions." *Korea Observer* 47-4. Winter.

_____ & Marcus Noland. 2010. "Sanctioning North Korea: The Political Economy of Denuclearization and Proliferation." *Asian Survey* 50-3.

Harding, Harry. 2015. "Has U.S. China Policy Failed?" *The Washington Quarterly* 38-3. Fall.

Hassler, Sabine. 2013. *Reforming the UN Security Council Membership: the Illusion of Representativeness*. Abingdon: Routledge.

Hecker, Siegfried S. 2011. "Extraordinary Visits: Lessons learned from Engaging with North Korea." *Nonproliferation Review* 18-2.

Holland, Christopher. 2012. "Chinese Attitudes to International Law: China, the Security Council, Sovereignty, and Intervention." New York University Journal of International Law and Politics Online Forum. July.

IAEA. 2012. Report to UN General Assembly. December. https://www.iaea.org/About /Policy/GC/GC57/GC57Documents/English/gc57-3_en.pdf.

International Crisis Group. 2009. *North Korea's Chemical and Biological Weapons Program*. 6.18.

Jervis, Robert. 1978. "Cooperation Under the Security Dilemma." *World Politics* 30-2.

Karns, Margaret P. et al. 2015. *International Organizations: The Politics and Processes of Global Governance*. London: Lynne Rienner.

Katzman, Kenneth. 2003. *Iraq: Oil-for-Food Program, International Sanctions, and Illicit Trade*. Report for Congress.

Keohane, Robert. 1984. *After Hegemony: Cooperation and Discord in the World Politics*. Princeton University Press.

_____. 1993. "Institutional Theory and the Realist Challenge after the Cold War." in David A. Baldwin, ed. *Neorealism and Neoliberalism: The*

Contemporary Debate. Columbia University Press.

Kim, Min-hyung Kim. 2016. "Why provoke? the Sino-US competition in East Asia and North Korea's strategic choice." *The Journal of Strategic Studies* 39-7.

Kimberly Ann Elliott. 2009/10. "Assessing UN sanctions after the Cold War: new and evolving standards of measurement." *International Journal*. Winter.

Kirgis, Frederic L. 2003. "North Korea's Withdrawal from the NPT." *American Society of International Law Insight*.

Korea International Trade Association. 2012. "China-North Korea Trade 2011." http://www.kita.net.

Kratochvil, Friedrich. 1989. *Rules, Norms and Decisions*. Cambridge University Press.

Larson, Deborah Welch & Alexei Shevchenko. 2014. "Russia says no: Power, status, and emotions in foreign policy." *Communist and Post-Communist Studies* 47.

Levy, Arthur V. 2003. *Diamond and Conflict: Problems and Solutions*. New York: Nova Publishers, 2003.

Lukin, Artyom. 2013. "Russia shows little concern over North Korean nukes." East Asia Forum 3.3.

Maas, M. 2011. "Beyond economic sanctions: Rethinking the North Korean sanctions regime." *North Korean Review* 7-2.

Mearsheimer, John J. 2001. *The Tragedy of Great Power Politics*. New Yokr: W.W. Norton.

Milonopoulos, Niko, Siegfried S. Hecker & Robert Carlin. 2012. "North Korea from 30,000 feet." *Bulletin of the Atomic Scientists*. 6 January .

Muggord, William & Jack Liu. 2015. "North Korea's Yongbyon Nuclear Facilities: New Activity at the Plutonium Production Complex." www.38north.org. 9.8.

Neberai, Yousra. 2015 "My Enemy's Enemy: Analyzing Russia and North Korea's Year of Friendship." *Harvard International Review*. Summer.

Niksch, Larry. 2011. "When North Korea Mounts Nuclear Warheads on Its Missiles." *The Journal of East Asian Affairs* 25-2.

Office of the Secretary of Defense. 2014. *Military and Security Developments Involving the Democreatic People's Republic of Korea* 2015.

Oh, Jinhwan & Jiyong Ryu. 2011. "The Effectiveness of Economic Sanctions on

North Korea: China's Vital Role." *Korean Journal of Defense Analysis* 23-1.

Onuf, Nicholas. 1989. *World of Our Making*. University of South Carolina Press.

Orlov, Vladimir. 2000. "Nuclear Programs in North Korea and Iran: Assessing Russia's Position." *PONARS Policy Memo* 178. November.

Pabian, Frank V. al. el. 2017. "North Korea's Punggye-ri Nuclear Test Site: Satellite Imagery Shows Post-Test Effects and New Activity in Alternate Tunnel Portal Areas." *38 North Informed Analysis of North Korea* 9.12.

Portela, Clara. 2004. *National Implementation of United Nations Sanctions: A Comparative Study*. Leiden: Martinus Nijhoff Publishers.

_____. 2009/10. "National Implementation of United Nations sanctions," *International Journal*.

_____. 2010. *European Union sanctions and foreign policy: when and why do they work?*. Routledge.

Powell, Robert. 1993. "Absolute and Relative Gains in International Relations Theory." in David A. Baldwin, ed. *Neorealism and Neoliberalism: The Contemporary Debate*. Columbia University Press.

Reykers, Yf & Niels Smeets. 2015. "Losing control: a principal-agent analysis of Russia in the United Nations Security Council's decision-making towards the Libya crisis." *East European Politics* 31-4.

Ruggie, John G. 2011. "Forward." in Thomas G.Weiss & Ramesh Thakur, *Global Governance and the UN: An Unfinished Journey* (Bloomington: Indiana University Press, 2011).

Snidal, Duncan. 1993. "Relative gains and the pattern of international cooperation." in David A. Baldwin, ed. *Neorealism and Neoliberalism: The Contemporary Debate*. Columbia University Press.

Stanton, Joshua et al. 2017. "Getting Tough on North Korea: How to Hit Pyongyang Where It Hurts." *Foreign Affairs* 9-3. May/June.

Thornton, Susan. 2017. Statement of Acting Assistant Secretary, Bureau of East Asian and Pacific Affairs, US Department of State. Hearing on "Sanctions, Diplomacy, and Information: Pressuring North Korea." 9.12.

Toloraya, George. 2017. "UNSCR 2270: A Conundrum for Russia." *38 North: Informed Analysis of North Korea*. 3.5.

UN Security Council. 2017. *Report of Experts established pursuant to resolution*

1874(2009). February. 27.

United Nations. 2000. *Final Report of the UN Panel of Exports on Violations of Security Council Sanctions against Unita*. UN Document S/2000/2003.

_____. 2006. *Reports from member states pursuant to resolution 1718* (2006).

_____. 2009. *Reports from member states pursuant to resolution 1874* (2009).

_____. 2010. *Report of the Panel of Experts established pursuant to resolution 1874* (2009). UN Document S/2010/571.

_____. 2012. *Report of the Panel of Experts established pursuant to resolution 1874* (2009). UN Document S/2012/422.

United States Treasury Department. 2009. Designation Statement contained TG 330. October 23.

_____. 2009. Designation Statements contained in Document TH 260. August 11.

Uria, Isabella. 2015. "Hecker Q&A on estimates of North Korea's nuclear arsenal." *CISAC News*. 4. 24.

Vines, Alex. 2012. "The effectiveness of UN and EU sanctions: lessons for the twenty-first century." *International Affairs* 88-4.

Wallensteen, Peter & Carina Staibano, eds. 2005. *International Sanctions: Between Words and Wars in the Global System*. London: Frank Cass Publishers.

Waltz, Kenneth N. 1959. *Man, the State, and War: A Theoretical Analysis*. Columbia University Press.

_____. 1979. *Theory of International Politics*. New York: McGraw Hill.

Weiss, Thomas G. & Ramesh Thakur. 2011. *Global Governance and the UN: An Unfinished Journey*. Bloomington: Indiana University Press, 2011.

Weissmann, Mikael & Linus Hagstrom. 2016. "Sanctions Reconsidered: the Path Forward with North Korea." *The Washington Quarterly* 39-3. Fall.

Wendt, Alexander. 1999. *Social Theory of International Relations*. Cambridge University Press.

▶ 웹사이트

http://comtrade.un.org

http://edition.cnn.com/interactive/2013/03/world/nuclear-weapon-states/index.html?
    hpt=hp_c2#northkorea

http://news.bbc.co.uk/2/hi/middle_east/3211036.stm

http://www.armscontrol.org/factsheets/Nuclearweaponswhohaswhat

http://www.consilium.europa.eu/en/press/press-releases/2017/10/16/north-korea-sa
    nctions/

http://www.iaea.org/Publications/Documents/Infcircs/2004/infcirc637.pdf

http://www.iaea.org/Publications/Documents/Infcircs/Others/infcirc140.pdf

http://www.nknews.org/2013/06/exclusive-fit-for-a-princess-kim-jong-uns-7m-yacht/

http://www.un.org

http://www.un.org/en/charter-united-nations/

http://www.un.org/en/sc/repertoire/data/sanctions_regimes_graphs.pdf

http://www.un.org/en/sc/repertoire/studies/overview.shtml

http://www.un.org/News/Press/docs/2006/sc8853.doc.htm

http://www.un.org/News/Press/docs/2009/sc9679.doc.htm

http://www.un.org/sc

http://www.un.org/sc/committees/1718/mstatesreports.shtml

http://www.un.prg/sc/repertoire

https://undocs.org

https://www.armscontrol.org

https://www.un.org/disarmament/wmd/nuclear/npt/

https://www.un.org/sc/suborg/en/sanctions/1718

▶ 언론

연합뉴스
조선일보
조선중앙TV
Asahi Shimbun
BBC
CNN
TASS
VOA Korea

▶ 문건

NPT

UN Charter

영국, 프랑스, 독일 외무장관의 이란방문 종결 합동선언문 (2003.10.21)

'이란 이슬람공화국'과 영국, 프랑스, 독일사이의 파리(Paris) 합의문 (2004.11.15)

유엔안전보장이사회 S/25515.

유엔안전보장이사회 S/PV 5551.

유엔안전보장이사회 S/PV.6141.

유엔안전보장이사회 SC/12983.

유엔안전보장이사회 동영상. Watch Live: Leaders of UN Security Council
          Emergency Meeting over North Korea 7/5/17.

유엔인권이사회 A/HRC/25/CRP.

제7부

P5의 유엔 밖 상호견제 구도와 국제질서 동향

짧은 글 모음

제1장
유엔창설 70주년, 시리아·우크라이나 유감[1]

 우리가 남북관계와 동북아 국제관계에 골몰하는 사이, 글로벌 세계와 대륙저편 유럽과 중동에서 큰 변화들이 일어나고 있다. 파장이 커지고 있어 이 또한 주시하지 않을 수 없다. 무엇보다 2015년은 유엔창설 70주년 되는 해다. 1945년 인류는 역사상 가장 방대하고 처참했던 전쟁의 폐허위에서 '국제연맹'의 실패를 교훈삼아 새로운 범세계적 국제기구, 유엔을 창립했다.

 1945년 4월 25-6월 26일, 두 달간 샌프란시스코에서 연합국을 주축으로 50개국이 모여 그 골격인 헌장을 제정하고 이에 서명했던 것이다. 트루먼 대통령은 이 자리에서 "역사는 유엔헌장을 제정한 당신들을 존경할 것"이라 치하하면서도 "만일 우리가 헌장이행에 실패하거나 특정국가 혹은 일군의 국가가 이를 이기적으로 이용하려든다면, 이는 헌장을 만들 수 있도록 자신의 목숨을 내놓은 모든 이들에 대한 배신"이라 경고했다. 서명 후 넉 달간 각국 의회의 비준 및 비준통보가 완료되고 드디어 1945년 10월 24일, 유엔이 인류 앞에 나타났던 것이다. 2015년 9월 15-30일, 뉴욕 유엔본부에서 개최된 제70차 유엔총회에는 미국·중국·영국·프랑스·러시아 등 유엔안전보장이사회 5개 상임이사국 정상들을 포함, 모두 150여 정상들이 참가했다. 여기서 박근혜 대통령은 9월 28일 기조연설을 통해 한반도와 동북아 평화실현 및 중견국 한국의 국제사회 기여구상 등을 밝혔다. 특히 한국

---

[1] 세종논평 (2015.10.6)

이 반세기전 전 세계에서 가장 가난한 나라 중 하나였으나 세계 10위권의 경제규모를 이룩함에 있어 유엔을 비롯한 국제사회의 지원과 개발협력이 큰 힘이 되었음을 강조했다. 그러면서 새마을운동을 통해 개도국 빈곤퇴치에 협력하고 '소녀를 위한 나은 삶' 사업에 5년간 2억 달러 규모의 보건 · 교육 ODA(공적개발원조) 지원계획을 밝혔다. 또한 유엔과의 협의하 PKO(평화유지활동) 추가파견 및 시리아 난민 등을 위한 인도적 지원의 뜻도 밝혔다. 20세기 국제지원 수혜경험 및 21세기 글로벌 중견국 외교차원에서 볼 때 적절한 정책방향이라 판단된다.

현재 유엔은 세계에서 가장 권위있고 방대한 다자협력체로 간주된다(193 회원국). 총회, 안전보장이사회, 경제사회이사회 등 산하기제들이 글로벌 문제와 그 해결책을 위한 포럼의 장이 되는 한편, 유엔만이 할 수 있는 다양한 글로벌 활동을 전개하고 있다. 예컨대, 80개국 9천만명에 대한 식량제공; 세계아동 58%에 대한 예방접종(매년 3백만명 구제); 난민, 기근, 피박해자 4천만명에 대한 지원; 기후변화 및 지속가능발전을 위한 193개국과의 협력; 유엔평화유지요원 12만명 파견(4개 대륙내 16개국); 빈곤퇴치 및 4억 2천만 농촌인구를 대상으로 한 보건 및 복지 증진; 80개 조약과 선언, 그리고 현장 활동을 기초로 한 인권 보호 및 증진; 긴급 인도주의 지원; 군사적 충돌예방 외교 및 연평균 60국에 대한 선거지원; 산모건강 지원(연평균 3천만명 구제) 등이다.

유엔의 최고수장은 유엔사무총장이다. 현재 제8대 반기문 사무총장(2007.1.1-2016.12.31)은 이번 유엔창설 70주년 총회개최를 기해 지난 15년 유엔이 추진해온 '새천년개발목표'(MDGs)를 완결하고, 새로운 15년을 향해 빈곤척결, 기후변화 대비, 양성평등 등 '지속가능발전목표(SDGs)' 의제를 설정, 이에 대한 각국의 의무와 역할을 촉구했다.

한편, 유감스럽게도 제2차 세계대전 시점 히틀러의 독일을 상대로 협공을 펼쳐온 소련, 영국, 프랑스, 미국간의 '연합국 연대감'은 70년이 지난 지금 우크라이나와 시리아 위기로 희미한 옛 기억이 되려나 보다. 첫째, 2014년 이후 계속되는 '우크라이나' 위기다. 2014년 3월 러시아의 우크라이나령 크림합병 직후부터 현재까지, 우크라이나 동부 내전으로 1년 남짓 약8천명이 희생됐다. 크림합병에 대해 유엔총회는 일찍이 무효화결의문을 채택했고(2014.3.27: 찬성 100; 반대 11), 서방은 대러 경제제재에 들어갔다. 우크라이나 동부에서 비정규 및 비전통 방식의 소위 '하이브리드 전쟁'이 지속됨에 따라 서방은 대러 경제제재를 지속·강화하고 있다. 러시아는 1998년부터 참가해온 선진국 그룹 G8에서 퇴출당했으며, 'NATO-러시아 협력위원회'도 잠정 중단된 가운데 상호 군사적 불신마저 높아지고 있다.

둘째, 2015 유엔총회 기간 중 회의장은 물론 국제뉴스를 달군 이슈는 '시리아 난민 위기'였다. 2011년 이후 인구 1700만의 시리아는 아사드 대통령 퇴진을 요구하는 반군과 정부간 무력충돌로 현재까지 약 25만명이 희생됐고 난민이 속출하고 있다. 2014년부터는 이라크와 시리아를 잠식해가며 자칭 '이슬람국가'(IS)라는 수니파 극단이슬람 비정부 단체가 제3세력으로 등장, 참수영상 시위 등 모두에 대해 잔인한 테러를 감행하고 있다. 이에 따라 2015년 난민문제가 중동과 유럽, 나아가 세계적 안보위협으로 다가오고 있다. 이번 유엔총회 개막식에서 반기문 사무총장은 시리아 난민 등에 대한 인도적 지원을 호소했다.

10년 만에 유엔총회에 모습을 드러낸 푸틴 대통령은 우크라이나 사태에 대해서는 수위를 낮추면서 시리아 위기를 부각, 선제적으로 서방을 상대로 반(反)IS작전에 동참하라 제안했다. '아랍의 봄' 여파 속 시리아 내전이 시작된 이후 지난 4년여, 유엔안전보장이사회내 시리아 제재에 대한 논의가 몇 차례 있었지만 상임이사국으로서 거부권을 소지한 러시아는 속속 제재안을 거부해 왔다. 이는 2011년 말

두마선거 즈음 있었던 러시아내 반푸틴 권위주의 시위 속, 푸틴 대통령과 아사드 대통령간 동변상련, 시리아령 지중해 유일한 러시아의 해군기지(타르투스), 시리아가 러시아제 무기고객인 점 등에 대한 고려 때문으로 보인다. 서방이 소극적으로 소규모 IS공습에 임하는 사이, 러시아는 2015년 9월 들어 시리아내 자국 병력과 군장비를 배치하고 라타키아 공군기지를 확보했다. 마침내 유엔총회 마지막 날인 2015년 9월 30일, 러시아가 전격적으로 시리아 중부 홈즈와 하마에 공습을 시작, 연일 이어가고 있다. 공습대상이 IS는 물론, 서방이 지원해온 반아사드 반군기지도 포함됐다는 보도가 나오는 가운데 서방은 진퇴양난에 직면했다.

첫째, 서방으로서는 IS퇴치에 관한한 공감하지만 러시아의 요청대로 "아사드와 함께" 연합작전을 펼치기가 쉽지 않다. 아사드 대통령은 2011년 소위 '아랍의 봄'으로 중동내 권위주의 지도자들이 줄이어 사퇴한 것과 달리 무력으로 반군을 진압해 왔다. 더구나 시리아 정부군의 화학무기 사용가능성을 배제하기 어렵다는 국제조사단 결과도 나왔다. 필립 해먼드 영국 외무장관은 "러시아가 아사드 정권 지원을 위한 공습에 나선다면 이는 국제사회의 시리아 공습 목표와 일치하지 않는다"고 지적했다. 케리 미국 국무장관도 "러시아가 IS가 아닌 다른 세력을 공격한다면 심각한 우려"라고 경고했다.

둘째, 서방이 "러시아와 함께" 군사작전을 펼치기도 쉽지 않다. 우크라이나 동부에서 심리전, 정보전, 비정규전 등을 동원한 소위 '하이브리드 전쟁'이 진행 중이기 때문이다. NATO와 EU에 신규가입한 중동부유럽국들, 그리고 우크라이나 현정부는 물론 2008년 러시아의 군사적 개입을 경험한 구소련내 그루지아 등은 러시아의 지정학적 '세력권' 인식재현 우려 속에서 미국과 NATO를 향해 러시아로부터의 자국 안보보장 강화를 요청하고 있는 형국이다.

요컨대, 2015년 유엔 창설 70주년을 맞아 우리는 '다자주의 제도론'과 함께 '글로벌 세력균형론'이 병존하고 있음을 본다. 21세기 한반도와 동북아 정세가 결코 유럽, 중동, 글로벌 정세와 별개의 것이 될 수 없는 만큼, 좀 더 냉철한 국제정세 판단과 그에 부응하는 정책추진이 필요한 때이다. 우리의 유일한 안보동맹국이자 민주주의 가치를 공유해온 미국과의 결속을 토대로 지역 및 글로벌 무대에서 중견국으로서의 기여방향을 모색해 나갔으면 한다.

제2장
시리아 유혈사태와 러시아,
그리고 현실주의 국제정치[2)]

2013 'G8 정상회의'가 6월 17~18일, 의장국인 영국 주재하 북아일랜드에서 개최되고 있다. 시리아 내전에 대한 입장차로 오바마 대통령을 위시한 서방 7개국 지도자와 푸틴 러시아 대통령간 불편한 분위기다.

시리아의 인구(2,200만명)와 영토는 북한과 비슷한 크기이다. 지리적으로 레바논, 지중해, 터키, 이라크, 요르단, 이스라엘과 접하고 있다. 1971년 아사드 대통령의 부친이 무혈 군사구테타로 정권을 잡아 29년 통치하다 사망했으며, 2000년부터는 현재의 대통령(Bashar al-Assad)이 집권함으로써 아사드가(家)의 통치기간은 올해 42년이 된다.

시리아 내전은 2011년 3월 여러 중동국가들을 휩쓴 '아랍의 봄'의 열풍으로 시작되어 현재까지 희생자만 9만여명, 난민은 수백만명에 이른다. '아랍의 봄'을 겪은 나라들 중 최대 희생이다. 2012년 6월, 아난 전(前) 유엔사무총장의 평화안은 내전격화로 불발되었다. 이후 유엔헌장 제7장("평화에 대한위협, 평화파괴, 공격행위에 대한 조처)에 입각, 영국이 내놓은 유엔의 시리아 경제제재안도 중국과 러시아의 거부권으로 불발됐다. 아난은 "이렇게 중대한 시점에 안보리가 일치하여 보다 강력하고 구체적인 행동을 취할 수 없게 된 데 대해 실망했다" 고 말했다.

당시만 해도 희생자가 약 2만명이었으나 그 후 1년 사이 7만여명이

---

2) 세종논평 (2013.6.18)

더 희생됐다. 정부군과 반군만의 내전이 아니다. 외부세력들의 진입으로 상황은 더 어둡기만 하다. 시아파인 이란과 헤즈볼라가 아사드 정부군 지원을 위해 대규모 참전함으로써 평화정착 논의는 그만큼 더 어려워졌다. 최근에는 수니파 극단세력인 알카에다 계열 누스라 (al-Nusra)가 반군측에 합류했다는 보도다. 심지어 2013년 6월 초, 한 아랍계 일간지에 따르면 아랍어를 구사하는 11~15명가량의 북한군도 시리아 정부군에게 무기기술자문 및 병참지원을 하고 있다고 한다.

급기야 시리아 정부군이 반군을 대상으로 몇 차례 화학무기를 사용했음이 2013년 6월 13일 미국정부에 의해 확인됐다. 그간 오바마 대통령이 시리아 정부의 "화학무기 사용 혹은 이의 테러단체 이전이 레드라인이 될 것"이라 해왔던 만큼 미국의 적극적인 반군지원 가능성을 엿볼 수 있다. 백악관은 "미국과 국제사회가 합법적인 재정적, 외교적, 군사적 대응책을 갖고 있다"고 했다. 오바마 대통령은 즉각 텔레비디오를 통해 영국, 프랑스, 독일, 이탈리아 등 유럽 동맹국들과 대응책을 협의하였다. 2013년 들어 미국 정가내에는 매케인 공화당 상원위원 등이 보다 적극적인 반군지원 및 레바논 내전에서처럼 '비행금지구역 설정' 등을 종용해 온 바이다.

국제사회는 서방과 궤를 달리하는 러시아의 역할과 거취에 주목하고 있다. 첫째, 러시아는 주권침해라며 그간 유엔의 시리아 제재안에 대해 몇 차례 거부권을 행사해 왔다. 유엔안전보장이사회내 상임이사국 지위를 지닌 중국도 이에 보조를 맞추었다. 2013년 2월 발표한 푸틴 대통령 제3기 신'외교정책개념'은 "러시아가 중동·북아프리카 안정화에 기여해야 한다"며 그 원칙은 "국가주권 및 영토전일성 존중, 국내문제에 대한 외세 비개입"에 있다고 밝혔다. 2011-12년 러시아 선거정국에서 나타났던 반푸틴 시위로 푸틴 대통령은 아사드 정권과 연대감을 갖게 된 것이다. 오히려 반군의 폭력성을 들어 서방의 사주라고 강조한다.

둘째, 현재 시리아군이 사용하는 무기는 거의 대부분 소련제이다. 러시아의 제7대 무기고객인 시리아는 최근 3년(2007~2010) 47억 달러 규모의 계약을 체결하였다. 에너지 다음으로 무기시장에서에서 상대적 이점을 갖고 있다고 보는 러시아는 내전이 발발했음에도 "국제법에 하자가 없다"며 다종의 무기이전을 계속하였다. 한 걸음 더 나아가 러시아는 지대공 방공미사일 체계(S-300)를 시리아에게 곧 판매할 것이라 밝혔다. 아사드 대통령은 2013년 5월 이미 S-300이 시리아내 입수되었다고도 발표했다. S-300은 혹 있을지 모를 다국적군의 '비행금지구역 설정'을 무력화시킬 수 있는 무기체계다. 이스라엘은 국가생존 차원에서 어떻게 해서든 이의 배치를 허용치 않을 것이라 단언하고 있다.

셋째, 러시아는 구소련 역외 유일한 해군기지를 시리아(지중해 Tartus)에 두고 있다. 1971년 소련과 시리아간의 약정에 따른 것이다. 러시아 해군은 최근 발틱함대를 모체로 지중해 배치군을 창설할 것이라고도 하였다.

시리아 유혈사태는 국제정치 현실주의에 대해 두 가지 상반되는 평가를 가능케 한다. 첫째, 시리아 내정차원에서만 본다면 분명 국제행위자를 '국가'로만 보는 현실주의는 문제가 있다. 오히려 냉전종식 이후 새롭게 등장한 '개인주권' 및 '보호책임'(R2P)개념이 적용되어야 한다. 예컨대, '아랍연맹'(Arab League)이 2011년 11월 시리아 정부에 대해 회원자격을 정지시키고, 2013년 3월 반정부 연합인 '시리아국가연합'에 그 지위를 부여한 점은 이를 증명한다. 둘째, 그럼에도 불구하고 아사드 정부의 정권사수 의지나 시리아를 둘러싼 중동행위자들과 유엔안보리 동학을 보면 국가주의(statism), 생존(survival), 자구책(self-help) 등을 기본원칙으로 삼는 고전적 현실주의가 설득력을 더 한다. 자유주의 이상(idea) 혹은 제도에 입각한 평화의 기미가 보이지 않고 있기 때문이다. 2013년 5월 케리 미 국무장관, 카메룬 영국총리, 네탄

야후 이스라엘 총리가 줄이어 러시아를 방문, 푸틴 대통령과 시리아 평화정착의 대원칙에는 합의했다. 그러나 러시아가 말하는 평화는 아사드 정권의 존립을 의미하고 있어 이변이 없는 한, 평화과정의 난국이 예상된다.

시리아정부, 러시아, 이란 등 대내외 시리아위기 관련행위자 모두 상대적 이득을 계산하기 앞서 급히 '절대적 이득'(유혈사태의 조속한 중단 및 중동 안정화)에 착안하기를 기대한다. 시간이 지체될수록 희생자는 배가 되고 내전결과에 사활을 거는 대내외 세력들이 급증하기 때문이다. 각별히 러시아와 서방간의 협력이 시급한 시점이다.

북핵문제도 관련국가들이 상대적 이득이 아닌 '절대적 이득'(비확산)의 눈으로 바라보았다면, 오늘같이 문제의 해결이 어려워지는 사태를 막지 않았을까 하는 생각이다.

제3장
크림반도 위기와 국제질서의 향방[3)

2014년 봄, 우크라이나 사태가 유럽안보와 국제질서의 향방에 불확실성을 던져주고 있다. 흑해연안에 자리한 우크라이나는 인구(약 4,500만)로나 영토(한반도 약 3배)로나 동유럽 국가 중 가장 큰 나라다. 서쪽으로는 폴란드, 루마니아, 몰도바, 동쪽으로는 러시아와 접해 있다. 전통적으로 우크라이나는 러시아와 함께 동(東)슬라브족이지만 9세기 말, 자신들이 첫 동슬라브국가인 '키에프 루스'를 건국했다는 자부심이 있는데다, 스탈린기(1932-33) 인재라 여겨지는 수백만 우크라이나인의 아사 등을 경험하면서 소련기 내내 상당수 반체제 인사를 배출했었다. 그렇게 본다면 분명 우크라이나에게 소련붕괴는 350년만에 러시아 세력권에서 벗어나 새로운 유럽국가로의 진로를 모색할 기회였다. 우크라이나는 CIS내 러시아 주도 '독립국가연합'(9개국)이나 '집단안보조약기구'(6개국)의 정회원이 아니다.

반면 지정학적, 역사적 유산 속에서 러시아를 극복하기 어려운 것도 사실이다. 우크라이나에게 러시아는 단연코 에너지 주공급원이며 최대 교역국이다(수출의 26%, 수입의 32%). 또한 인구의 17%가 러시아계다. 대부분 영토의 동쪽에 거주하는 이들 러시아인들은 선거때마다 친러보수 성향 후보를 지지해 왔다. 이번에 러시아로 피신한 야누코비치 전대통령도 동부지역 출신이다. 그는 푸틴 대통령에게 더할나위없는 동반자였다. 예컨대, 2010년 그의 통치하 우크라이나는 러시

---

3) 세종논평 (2014.3.10)

아 흑해함대 기지 임대기한을 기존 2017년에서 2042년으로 연장해 주었고, 양국 해군은 사이좋게 공동훈련을 했다. 마침내 2013년 11월 대통령이었던 야누코비치는 예정된 EU와의 협정을 거부하면서 대신, 즉각 모스크바로 달려가 푸틴 대통령으로부터 150억 달러 긴급지원 및 향후 5년 천연가스 가격 1/3 인하를 약속받아 왔다. 그러나 역부족이었다. EU와 함께 개혁의 길을 걸으려는 키예프 시민들의 저항은 오히려 더 거세졌고 야누코비치 개인의 호화스런 저택이 공개되자 우크라이나인들의 실망은 더욱 커졌다.

현재 태풍의 눈은 우크라이나 남부 흑해연안 크림반도다. 크림반도는 본래 크림 타타르인들의 거주지였는데, 1783년 캐더린대제가 러시아에 복속시킨 이후 러시아인들의 이주가 늘었다. 소련기 흐루시초프 서기장 시절(1954년) 크림반도는 '러시아공화국'에서 '우크라이나공화국'령으로 이양됐다. 당시만 해도 소련이라는 단일 강대국내 구획에 불과했기에 "크림반도와 우크라이나공화국간 밀접한 경제 및 문화관계"라는 단순한 동기였다. 소련 붕괴후 우크라이나 공화국의 신생 주권국 독립은 자연히 크림반도를 우크라이나내 자치공화국으로 남게 했던 것이다.

크림반도는 한반도의 약 1/9크기이며 주민은 200만명 정도인데, 주민의 58%가 러시아계이다. 러시아흑해함대(14,000명)가 러시아 애국주의의 상징인 크림반도내 세바스토폴을 사령부로 주둔하고 있다. 2개 레이더 기지도 갖추고 있다. 이러한 배경 속에서 2014년 초, 키예프에서 친러 성향의 야누코비치 대통령이 시민시위로 물러나고 임시정부가 수립되자 러시아 의회가 크림반도 파병을 승인했고, 러시아군으로 보이는 무장 민병대가 크림반도내 우크라이나 군기지 포위, 유엔사무총장 특사의 현지조사 불허 등 전면에 나서고 있다. 사실상 러시아의 크림반도 장악이라는 분석이 무리가 아니다.

문제는 '자국민 보호'라는 러시아측 군사개입 명분에 국제사회가 얼마나 공감할 수 있는가에 있다. 러시아는 크림자치공화국의 요청이 있었다고 하나 우크라이나내 1990년대 발칸반도에서처럼 군사개입을 할 정도의 대량살상 혹은 인종청소가 있었는지에 대해 국제사회는 의문을 제기한다. 국제사회가 공감하는 뚜렷한 이유없이 러시아가 무력을 행사하기는 어려울 것으로 보인다. 유형무형의 대가를 지불해야 하기 때문이다.

또 다른 한편으로는 크림자치공화국 총리가 2014년 3월 중 러시아로의 복속을 위한 주민투표를 실시할 것이라 밝혔고, 러시아는 수용 준비를 하고 있다고 응수했다. 그러나 이 역시 무리를 수반하지 않는한, 순탄할 것 같지 않다.

첫째, 우크라이나 임시정부가 자국 헌법상 영토내 지역투표가 위헌임을 대내외에 천명하고 있다.

둘째, 크림반도 주민의 58%가 러시아계지만 비러시아계도 더불어 살아왔다. 즉, 25%가 우크라이나인, 12%가 크림타타르인이며 이외에도 교차지역이다보니 다수의 인종이 있다. 고려인도 있다. 크림타타르인들은 히틀러에 동조했다는 구실로 스탈린기(1944년) 중앙아시아로 강제이주를 가야 했다. 이 과정에서 50%가 기아와 질병으로 죽었다. 소련붕괴후에야 돌아올 수 있었던 이들 대부분은 러시아로의 복속을 원치 않는다. 이들 비러시아계의 선택을 소수의견이라 간과할 수 있는지 국제사회 내 끝없는 질문이 계속될 것이다.

셋째, 보편적으로 주권과 영토전일성의 보호는 국제관계 기본법이다. 더욱이 1994년 미국, 러시아, 영국이 우크라이나의 안보와 영토전일성을 보장해 주겠다고 합의한 '부다페스트 안전보장 메모랜덤'에도 어긋난다. 당시 우크라이나 영토내 산재한 소련의 전략핵 무기들은 일시에 우크라이나를 미국, 러시아에 이어 세계 제3위 핵국가로 만들었지만, 우크라이나는 미국, 러시아, 영국의 안보 담보하에 1994-1996년간 이를 포기했다(1,900 전략핵탄두, 176 ICBMs, 44 전략폭격기 등).

이에 대한 국제사회의 질문도 계속될 것이다.

러시아에 있어 군사개입의 동기는 물리적 자국민 보호보다는 긴 세월 지정학적으로 유럽과 러시아 사이에서 완충역을 해 온 우크라이나의 전략적 가치 때문으로 보인다. 더욱이 크림반도의 경우 러시아 애국주의와 연결시킬 수 있는 고리마저 있는 것이다.

또한 푸틴 대통령은 구소련지역내 EU와 흡사한 '유라시아연합'을 계획하고 있다. 우크라이나의 참여가 중요한 관건이 될 수 있는 것이다. 더불어 인접한 우크라이나내 민주혁명이 러시아로의 전염될 가능성도 차단할 필요가 있다고 보는 것이다.

우크라이나에 얽힌 신냉전의 기류는 유럽만의 문제로 그치지 않는다. 21세기 국제질서의 향방과 관련된 문제다. 서방과 러시아가 극한 대립양상을 벌이는 가운데 자국내 신장, 티베트 등 분리주의 문제를 안고 있는 중국 외교부는 신중한 입장을 보이고 있다. 러시아는 중국이 자국과 이해를 같이하는 것으로 풀이하고 있지만 중국은 "폭력규탄 및 대화권고, 국제법과 규범의 준수, 내정불간섭 존중의 원칙" 등을 말하는 선에 그치고 있다.

총과 포가 아닌 2014년 5월 말 치를 우크라이나 조기대선에서 안정의 실마리를 찾아야 한다. 정치적으로 과열돼 있는 만큼, 선거는 최대한 객관적이고 공신력있는 국내외 조사단의 구성 및 감시 속에서 치러져야 할 것이다. 이후 국제사회는 우크라이나가 자신들의 비전 속에서 자신의 경로를 밟을 수 있도록 지원해야 한다. 서방과 러시아 간에는 목하 시리아 내전 종식 및 이란 비핵화 등을 위한 일련의 주요회의들이 진행되고 있고, 중동문제, 한반도문제, 여타 지역분쟁들이 모두 글로벌 강대국들의 협력을 요하고 있다. 우크라이나 사태로 이들 사안들이 미궁에 빠지지 않아야 할 것이다.

제4장
트럼프 시대 미러관계 전망4)

　　미국 제45대 대통령으로 선출된 트럼프 당선인이 2017년 1월 취임을 앞두고 있다. 트럼프 대통령은 적어도 2021년까지, 혹은 재선에 성공하는 경우 2025년까지 유일 초강대국 미국을 이끄는 지도자가 된다.

　　이에 최근 몇 년 악화일로를 걷던 미러관계가 신정부 취임과 함께 반전될 것인지 관심이 집중된다. 트럼프(70)와 푸틴(64)은 미 대선유세기간 상호 호감을 드러내며 역설적으로 오바마 행정부와 클린턴 후보를 곤궁에 몰아넣는 공동작전의 모습을 보였다. 전통적으로 공화당이 민주당에 비해 모스크바에 대한 강경론을 앞세워온 사실에 비춘다면, 이는 참으로 중대이변 중 하나였다. 푸틴 대통령은 이변이 없는 한 2018년 대선에 승리, 2024년까지 러시아의 최고지도자가 될 것으로 보인다. 그렇다면 트럼프와 푸틴은 향후 최소 4년 혹은 최대 7년, 함께 상호핵억지력의 양자관계, 중동, 유럽 등의 안정화, 그리고 공히 유엔안보리 상임이사국으로서 국제안보와 평화에 중요한 리더십을 발휘하게 된다.

　　과연 후보시절 정책제언을 대통령이 되어서 국가정책에 반영할 수 있는지, 어느 정도 가능한 것인지 생각해 보고자 한다. 또한 반영한다고 가정할 때 동북아와 한반도에서는 어떤 변화가 야기될 것인지 생각해 보고자 한다.

---

4) 「정세와 정책」 (2017.1)

미국의 대러 유화(宥和)책으로의 변화 가능성 논거

적어도 다음 세 측면에서 보면, 미 신행정부하 미러관계는 전임 오바마 행정부의 유산을 벗어나 유화적 관계로 진입할 가능성이 높다.

첫째, 대선유세 중 트럼프 후보는 가히 쇼킹할 정도로 '러시아 문제'에서 민주당 힐러리 클린턴 후보와 대척점에 섰다. 트럼프 후보는 푸틴을 오바마 대통령과 비교하며 "강한 지도자"라 추켜세웠다. 미러 협력, 특히 "시리아 극단테러리즘 격퇴를 위해 협력"할 수 있음을 시사했다. 전임 오바마 정부는 러시아와의 시리아내 IS타격 공동작전을 거부해 왔었다. 러시아가 2015년 9월부터 명분은 IS퇴치에 두고 실제는 '아사드' 정권의 생존을 위해 온건반군과 민간인마저 공습대상으로 삼는다고 본 것이다. 더하여 트럼프 후보는 강제합병된 크림반도(2014)를 러시아령으로 인정할지, 러시아의 우크라이나 개입에 따라 시행되온 대러제재를 해제할지 등도 연구과제라 시사했다. 이는 우크라이나 주권과 영토의 전일성 원칙, 민스크-2(2015.2)이행을 중시해온 오바마 정부나 클린턴 후보와는 너무나 멀다. 또한 트럼프 후보는 "무임승차론"에 입각, NATO집단안보에 대한 회의적 시각을 표출했다. NATO동맹에 대해 "국제테러리즘" 격퇴에 부응치 못한 채, 지나치게 "러시아위협"에 초점을 두고 있다고 비난했다. 동유럽 회원국들에 대한 NATO신속대응군 지원 등을 주창한 오바마 정부와는 반대방향이다.

이 모두는 푸틴 대통령에게 희망의 메시지였다. 트럼프는 2016년 7월 민주당 전당대회를 앞두고 민주당 전국위원회(DNC) 해킹사건이 발생, 위키리크스를 통해 위원장 포데스타 등 요직자들의 수천통 개인 메일이 공개되었을 때도 초연했다. 3개월 후 "러시아 정보당국이 관여"했으며 "미 대선과정에 혼란을 일으키려는 의도"였다는 미 '국토안보부'와 '국가정보국' 공동조사 결과발표(10.7)에도 그는 푸틴 대통령과 연대라도 하듯 증거를 대라는 입장을 고수했다.

둘째, 신정부 국가안보보좌관과 국무장관 지명자들이 상대적으로 친러성향 인물들이다. 백악관 국가안보보좌관으로 지명된 플린(58, Mike Flynn)은 트럼프 선거캠프 외교안보 브레인이다. 그는 오바마 정부 국가정보국장 재직 중 정부의 국방정책이 소극적이라 비판한 후 2014년 육군중장으로 퇴역했다. 이후 反오바마 기치 속 방러하여 푸틴 대통령을 면담하는 등 친분을 다진 바 있다. 국가안보보좌관은 상원인준을 요하지 않는 만큼 2017년 1월 20일부터 실무에 들어갈 것이다.

트럼프는 또한 2016년 12월 초 지난 10년 Exxon Mobil의 CEO를 역임한 틸러슨(64, Rex Tillerson)을 국무장관으로 지명했다. 1975년 Exxon에 입사했으니 40여년을 글로벌 에너지기업에 종사한 자이다. Exxon은 2011년 러시아와 북극 유전개발에 합의했고(3,000억 달러 규모), 이에 따라 2014년 카라해 시추에 들어갔지만, 우크라이나 사태로 인한 대러제재로 동년 9월, 사업을 중단했다. 틸러슨은 2013년 푸틴 대통령으로부터 에너지개발 협력 공로로 '친선훈장'을 수여받은 바 있으며, 대러제재가 비효과적이라는 주장을 펴왔다.

셋째, 러시아측 푸틴 대통령도 미 대선기간 중 트럼프 후보가 열정적 인물이라며 호감을 보였다. 러시아는 2014년 이후 국제유가하락과 우크라이나 개입에 따른 서방제재, 그리고 2015년 9월 이후 시리아 군사개입 비용 등 절박한 경제상황에 있다. 러시아 GDP성장율은 2015년 -3.7%, 2016년에는 -1내지 -2%로 예상된다. 지금까지는 경제난국이 국내적으로 오히려 "애국주의" "반미선전"등에 이용되고 푸틴의 높은 지지율에 기여했지만, 2018년 대선을 앞두고는 어쩌면 '아랍의 봄' 가능성도 없지 않은 것이다. 클린턴 후보는 오바마 정부의 대러강경책을 답습할 것이 명확했던 만큼, 비주류 정치인인 트럼프 후보에게 희망을 걸 수밖에 없었다. 푸틴 대통령은 트럼프 당선직후 축하전문을 보냈으며, 2016년 11월 14일 전화를 걸어 양국관계 발전을 다짐하며 머지않아 정상회담을 개최키로 했다. 12월 말에는 크리스마스 카드와 새해 트럼프의 행운을 기원하는 카드도 보냈다.

유화적(宥和的) 관계에 대한 도전과 제약요인

위의 추론에서 보면 분명 트럼프 신행정부하 미러관계는 큰 진척이 있을 것으로 전망된다. 그러나 다음의 도전요소들을 잘 극복하지 못한다면 전임 오바마 정부처럼 악화관계로 재진입할 수 있다.

첫째, 우크라이나 개입, 시리아 개입, 전략무기 현대화, 인권침해 등 "러시아의 행동에 변화가 보이지 않는다면," 미 의회, 공화당, 군부, 나아가 트럼프가 지명한 신 행정부내 외교안보 부문 상당수 인사들이 제동을 걸 것으로 보인다. 앞서 제시한 플린 국가안보보좌관과 틸러슨 국무장관 지명자를 제외하면 외교안보 내정자 다수가 과거 강력한 대러불신을 피력해 왔던 자들이다. 부통령 펜스(57, Michael Pence), 국무장관 매티스(66, James Mattis), 법무장관 세션즈(69, Jeff Sessions), CIA국장 폼페이오(52, Mike Pompeo) 등이 모두 그렇다. 친러성향의 틸러슨 국무장관 지명자는 상원인준과정에서 Exxon 재직시 러시아와의 관계가 조명을 받을 것으로 보인다. 특히 2016년 12월, CIA보고에 이어 오바마 전임 대통령이 마지막 기자회견에서 노골적으로 러시아가 트럼프의 당선을 위해 민주당 전국위원회 메일을 해킹했다고 밝힘에 따라 의회내 공화민주 양당의원들의 대러규탄이 이어지고 있어 더 그렇다. 러시아의 사이버해킹이 미국내 당파를 초월한 국가위협요소로 전면 부각된 것이다. 미 군부도 IS와 극단테러리즘을 미국안보에 대한 중대위협요소라고 보지만 기본적으로는 "전통안보 측면에서 러시아로부터의 위협"을 최대위협으로 간주하고 있다. 2016년 7월 9일, 합참총장 인준청문회에서 던포드 장군은 실존적 위협태세를 갖춘 러시아가 미국안보의 제1 위협요소임을 강조했다. IS는 러시아, 중국, 북한에 이어 제4위협 요소로 부각됐다.

둘째, 트럼프 대통령과 신정부의 대러 유화정책에 대한 구조측면에서의 도전요소도 적지 않다. (i) 트럼프는 후보시절부터 지속적으로 "시리아관련 미러협력" 가능성을 시사해 왔지만 신행정부가 어떻게 IS

와 싸울 것인지에 대해서는 구체적 답변을 회피해 왔다. 트럼프 정부 하 미국이 '러시아-시리아군-이란'과 나란히 IS를 대상으로 한 군사작전을 하기는 어려울 것이다. 미 의회의 아사드 불신, 미 군부의 러시아불신은 물론, 트럼프 스스로의 反이란 정서에 비추어도 딜레마다. '아랍동맹'의 지지를 얻을 수 있을지도 알 수 없다.

(ii) 트럼프의 대러제재 해제 검토나 우크라이나 지원공약 재검토 등은 유럽동맹국들과의 괴리를 말하며 이는 제2차 세계대전과 함께 고립주의에서 벗어난 '미국의 세기'(1941-)에 대한 원천적 재고를 말한다. 그는 다른 회원국들이 국방비를 증가하지 않으면 미국이 NATO에서 철수할 수도 있다고 밝혔다. 푸틴 대통령에게는 감미롭지만 폴란드, 발트국가 등, 러시아의 위협 일선에 선 NATO회원국들에게는 대미불신을 안겨주게 된다. 이들 신규 NATO회원국들은 그간 미국의 글로벌 안정화활동에 중요한 파트너들이었다.

(iii) 미러 군비통제는 20세기 중반 이후 워싱턴-모스크바 양자관계의 초석이었다. 트럼프는 유세 중 오바마 정부 초, 미러관계 'reset'의 성공지표로 체결된 신START(전략무기감축조약)(2010)를 비난한 것 말고는 핵군축에 대해 별 논의를 하지 않았다. 그러나 2021년 본 조약의 효력상실로 인해 미 신정부는 반드시 러시아와 양자 군비통제 미래에 관한 합의를 해야만 한다. 그런데 트럼프의 공개된 선거공약을 보면 "군비강화" 및 상실된 "미국의 힘"의 부활에 상당관심을 보이고 있어, 군비통제 부문에서 "강대국 지위," "러시아의 사명," "애국주의" 등을 강조하며 군비에 진력을 다하는 푸틴 대통령과의 협상타결이 쉽지 않을 것이다. 이미 2016년 12월 22일 트윗을 통해 트럼프는 명시적으로 "러시아와의 새 핵무기경쟁"준비가 되어 있으며, "미국이 이길 것"이라 해, 비확산전문가들을 놀라게 했다. 실행에 옮긴다면 "핵무기 없는 세상"을 목표로 했던 오바마 전임정부 정책의 위축을 말한다. 어쩌면 트럼프 대통령은 푸틴 대통령에게 오바마 대통령보다 더

심각한 도전을 안겨줄 지도 모른다.

불투명 전망과 정책시사점

소련붕괴후 미국의 대러관계는 일정 패턴을 보인다. 즉, 매 행정부 초기 관계개선이 시도되지만, 임기 말 관계악화로 마무리가 된다는 점이다. 오바마 대통령만 해도 2009년 취임하면서 미러관계 "reset"을 기치로 메드베데프 대통령과 신START체결, 유럽미사일방어망 단계적 접근 채택 등, 전임 부시정부 말기 악화된 미러관계 개선에 큰 의미를 두었었다. 그러나 오바마 대통령은 2012년 푸틴 대통령 제3기 집권과 함께 러시아 정치의 권위주의화 심화, 군비증강, 2011년 시리아 내전발발 이후 서방과 달리 아사드 권위주의 정권에 대한 정치적, 군사적 지원, 2015년 소련붕괴후 최초의 원외개입이 된 IS격퇴 명분의 시리아 공습과 이로 인한 온건반군 및 민간인 희생, 2014년 크림합병과 이후 동부반군 지원 등 악화될대로 악화된 미러관계로 임기를 마무리하게 된 것이다.

트럼프-푸틴기 미러관계 역시, 미 신정부 출범에 즈음해서 양국 최고정상간의 호감표출과 유화정책 암시 등이 있지만, 현실화과정에서 여러 도전과 제약요소들을 잘 관리하지 못하면 또 다시 임기 초 개선, 임기말 악화라는 패턴을 따를 수 있다. 2017년 당장의 현안은 시리아내 정부군의 승리가 확실시되는 가운데 향후 아사드의 입지 및 중동평화에 대한 기존 미러갈등이 어떻게 전개될지, 우크라이나 평화안으로 체결된 '민스크-2'의 이행에 러시아가 성실히 임할지, 그래서 서방의 대러제재가 풀릴 것인지, 크림을 러시아령으로 받아들일지, 그리고 미러간 신START(2010) 후속합의가 순조로울지 등이다. 북핵문제도 미러현안에 속하지만 당분간 북한의 도발이 없거나 우리의 대미외교가 적극적이지 못한 경우 미러관계에서 1차적 현안이 되지 않을 수 있다. 트럼프가 유화에서 강경으로 선회되던 기존 미 행정부들의 미러관계 패턴을 깨는 첫 대통령이 될 수 있는가는 위축된 경제속 2018년 대선을 앞둔 푸틴 대통령의 정책적 판단이 매우 중요한 변수가 될 것이다. 트럼프 정부의 출범이 유럽과 중동, 그리고 글로벌 안정과 평화를 위해 미러관계 반전의 계기가 되기를 기대한다.

동북아차원에서는 아직 가능성을 예단하기 어렵지만 만일 미 신행 정부하 미러관계가 개선된다고 가정할 때, 2014년 서방의 대러제재후 급속히 가까워진 러중관계의 상대적 이완여지가 있다. 또한 G7의 일원으로 그간 미국의 대러제재에 조응해온 일본은 물론, 이에 동참하지 않은 한국에게도 대러관계 활성화의 일 요소가 될 수 있다. 그러나 미러관계에는 위에서 본 바 인적 및 구조적 제약요소가 있어 트럼프 대통령의 대러 선호도만을 보고 장밋빛 관계를 상정하는 것은 위험하다. 더구나 이 지역에서는 러일간 기존의 영토분쟁, 한러간 북한에 대한 인식 갭 등이 그대로이다. 기본적으로 러시아측의 반미적 냉전사고 속성(지정학적 대미 영향력경쟁 의식) 및 열악한 투자환경에 변화가 수반되지 않는다면, 설사 트럼프 요인으로 어느 정도 미러관계가 개선된다 해도 큰 변화를 기대하는 데는 신중할 필요가 있다. 우리로서는 미러관계 개선 및 서방의 대러제재 해제가 기정사실이 된다 해도 부단히 러시아내 투자환경 개선을 요구하고, 북한 핵과 미사일, 인권에 대한 우리측의 입장을 잘 전달하는 것이중장기적으로 한러관계 개선의 초석을 놓는 일이 될 것이다.

제5장
트럼프 행정부의 대북경제제재5)
중국 · 러시아의 기업과 개인

2017년 8월 22일, 미 재무부 '외국자산통제국'(Office of Foreign Assents Control)은 북한핵개발프로그램에 도움을 준 것으로 판단되는 중국, 러시아 등 10개 기관(중국, 러시아, 싱가포르, 나미비아)과 6명의 개인(중국, 러시아, 북한)을 추가로 대북 제재대상 명단에 포함시켰다.

법적 근거는 2017년 8월 5일 채택된 제2371호를 포함한 8개 유엔안보리 대북제재결의문, 그리고 미 행정명령 '13382(2005)'(WMD 확산자 및 협조자 재산동결), '13722(2016)'(북한정부 재산동결 및 북한 관련 특정거래 금지) 등이다. 이제부터 "미국내" 혹은 "미국인 소유 혹은 통제하에 있는" 그들의 재산과 권익은 동결되며, 미국인·미국기업과 거래할 수도 없게 된다. 다음 중 하나 혹은 그 이상에 해당되는 일을 했기 때문이다: 유엔안보리 및 미국의 제재대상인 북한인과 북한기업 지원, 북한기관의 미국 및 국제 금융체계 접근 지원, 그리고 북한의 석탄 및 인력 송출 지원 등이다.

큰 흐름에서 보면 최근 계속되어 온 북한의 WMD개발, 유엔안보리 제재위반, 미국제재 회피 시도 등에 따른 또 하나의 추가제재이다. 2017년 만해도 미국은 이번까지 네 차례 제재대상을 추가해왔다(모두 23개 기관 & 개인 22명). 그러나 이번 10개 기관, 6명의 개인 추가는 다음 두 측면에서 중요한 변곡점으로 보인다. 첫째, 트럼프 대통령과

---

5) 세종논평 (2017.8.28)

미정부, 의회와 여론의 북한 핵위협 저지 및 차단 의지가 그 어느 때
보다 절박한 시점이다. 2017년 7월 북한의 두 차례 ICBM 발사 및 미
본토 핵공격위협은 글로벌 비확산 레짐에 대한 위협일 뿐 아니라, 미
국 국가안보 차원에서 군사적 옵션을 거론치 않을 수 없는 상황을
초래했다. 기존 제재의 강화와 엄격한 준수가 더 없이중대한 과제가
된 것이다.

둘째, 더 중요한 점은 이번 추가명단이 거의 전적으로 "중국, 러시
아"의 기업과 개인으로 채워졌다는 점이다. 10개 기관 중 5개 기관이
중국기업이며, 1개 기관이 러시아 기업이다. 개인 6명 중에는 러시아
인이 4명, 중국인이 1명이다. 이들 외에 싱가포르 2개 기관, 아프리카
나미비아 2개 기관, 북한인 김동철도 포함됐지만, 이들 모두는 제재
대상이 된 중국, 러시아의 기업 혹은 인물과 지원관계였다.

사실 미국은 2016년 '북한제재강화법'(2016.2) 및 일련의 법안과 행
정명령을 채택, 재무부로 하여금 제3국 기업과 개인의 북한거래에 대
한 세컨더리 제재를 취할 수 있도록 했다. 2010년 이후 이란에 대해
취했던 조처와 유사한 것이다. 2017년 3월 31일, 첫 제재에는 북한기
관과 북한인에 대한 직접제재가 다였지만(중국, 러시아에서 활동하는
북한인 11명, 북한기관 1곳), 6월 1일 처음으로 "러시아" 기업과 러시
아 개인이 위반품목 공급 등으로 북한기업이나 개인들과 함께 대북
제재 명단에 포함되었으며, 6월 29일에는 단둥은행 등 "중국" 기관 2
곳, 중국인 2명에 대한 제재가 취해졌다.

이번(8.22) 제재는 중국, 러시아의 기업과 개인을 함께 대상에 올림
으로써 전격적인 '세컨더리 제재'를 예고하는 것으로 보인다. 주미 중
국대사관과 러시아 외무차관이 이에 대해 항변했지만, 미국은 북한
경제나 무역 구조상 이렇게 하지 않고는 더 이상 효과적 대북제재
레짐을 구축할 수 없다는 입장을 견지하고 있다. 미 재무부 발표를
보면 북한의 유엔 및 미국 독자제재 회피기제 속에서 중국, 러시아의

기업과 개인이 어떻게 연루돼 있는지 시사하는 바가 크다. 예컨대 '밍정국제무역'은 유엔안보리와 미국 독자 제재의 대상인 북한 '대외무역은행'의 자회사로서 북한당국에 금융서비스를 제공해 왔고, '단둥 리치 어스무역' 역시 유엔안보리 및 미국 독자제재의 대상인 '금산무역'을 지원하는 한편, 북한 바나디움광석을 구매함으로써 안보리 결의 제2270(2016)을 위반했다. 다른 3개 중국 기관('단둥즈청금속,' '진호우국제지주,' '단둥티안푸무역')은 2016년 안보리결의 제2321호에서 상한선이 정해지고, 2017년 안보리결의 제2371호에서 전면 금지된 북한의 석탄수출에 관여했다.

중국인 츠위펑은 이중 '단둥즈청금속' 대표로서 북한의 석탄수출뿐 아니라 안보리 결의 제1718호를 위반하며 북한을 위해 핵과 미사일 부품 구매 지원, 그리고 이 과정에서의 외환관리 지원을 해 온 것으로 드러났다. '칭다오건설'은 중국의 나미비아 현지 자회사로서 유엔과 미국 제재 대상인 '만수대 해외프로젝트건축 기술서비스' 및 이의 모회사인 '만수대 해외프로젝트그룹사'(MOP)를 지원했다. MOP는 해외 동상건립을 통해 북한당국과 노동당의 재원확보에 기여하고 있어 안보리 결의 제2371호에서 제재기관으로 지명됐다. 북한 김동철은 이들 기업들과 함께 나미비아 활동을 전개해왔다.

한편 모스크바에 본부를 둔 페스트-M LLC와 그 사장인 루벤 라코스얀은 유엔과 미국 제재대상인 '조선단군무역회사'에 금속조달 등을 지원을 해왔고, 또 다른 3인의 러시아인은 대북 석유공급과 관련하여 미 행정명령 13722에 따라 제재대상이 됐다. 이들은 싱가포르 '트랜스아틀랜틱'을 통해 2016년 제재대상이 된 '대성신용개발은행'과 중유 구매계약을 체결하는 한편, 싱가포르 '벨머 매네지먼트'를 통해서는 대북 공급목적의 휘발유 구매를 꾀했다. 또한 이 두 싱가포르 회사는 수백만 달러규모의 북한 지급거래를 위해 미국 금융체계를 이용하려 했다.

미 법무부는 같은 날, 북한 금융기관의 돈세탁 혐의로 상기 기업들 중 1개 중국기업('단둥청타이무역': 단둥즈청금속의 다른 명칭)과 2개 싱가포르 기업('벨머 매니지먼트,' '트랜스아틀랜틱')에 대해 1,100만 달러 몰수소송을 제기했다. 이는 므누신(Steven M. Mnuchin) 미 재무장관의 당일 천명(闡明)내용이 실효적으로 정부정책에 반영됨을 말한다. 그는 "북한의 핵과 미사일 프로그램 증진에 도움을 주는 자"들을 겨냥해야 한다며, 유엔제재에 기초해 볼 때 "중국, 러시아, 혹은 기타 어디서건 개인과 기관이 북한의 WMD개발 및 지역 불안정화에 쓰는 비용을 지불하는 것을 수용하기 어렵다"했다.

제재는 원래 제재대상국이나 대상기관이 제재국의 궁극적 의도에 맞추어 정책결정을 내리는 것을 목표로 한다. 그러나 많은 제재학자들은 꼭 가시적 정책변화만이 아니더라도 '행위제약'내지 '행위구속'도 너른 의미의 목표에 포함시켜야 한다고 본다. 나아가 많은 이들은 제재의 목표에는 '상징성'도 포함되어 있다고 본다. 즉, 제재대상국은 물론 여타 제3국들에게 주는 메시지이다. 이번 제재는 중국, 러시아, 미국의 우방, 미국의 적대세력에게 공히 보내는 트럼프 행정부의 강력한 메시지가 될 수 있다. 평화적 해결을 위한 통로가 되기를 기대한다.

제6장
웨일즈 NATO 정상회의6)
러시아, IS, 안보강화

　28개국 군사동맹 NATO (북대서양조약기구)의 정상회의가 2014년 양일간(9월 4-5일) 영국 웨일즈에서 개최됐다. 올해 NATO 정상들은 우크라이나에 대한 러시아의 공격적 행위, 초국가적이며 다차원적인 중동 및 북아프리카 불안정 등 불가예측적 안보환경에 비추어, 강력한 민주주의 국가로 구성된 NATO가 1949년 '워싱턴 조약' 및 유엔헌장에 기초하여 계속 유럽-대서양 및 유관지역 안정의 핵심요소가 되어야 한다는 데에 합의했다. 더불어 'NATO 신전략개념'(2010)에 명시됐듯 "집단방위", "위기관리", 그리고 글로벌 차원에서의 "협력안보"가 NATO의 3대 과제임을 재확인했다.

　21세기 경제, 기술, 환경의 세계화와 함께 지구상 각국의 안보위협 요소나 그 대처방안도 불가피 세계화되고 있다. 따라서 우리로서도 현재 세계 최강의 군사력과 결속력을 자랑하는 NATO의 안보환경 인식과 대응을 그저 먼 곳의 일로만 간주할 수는 없게 되었다. 아래에서는 웨일즈 정상선언문, 기자회견, 기타 선행 연구자료를 토대로 간단히 몇몇 이슈를 소개, 분석코자 한다.

　첫째, 정상들은 2014년 12월 예정된 아프가니스탄 '국제안전지원군'(ISAF) 해체를 앞두고 '아프가니스탄에 관한 웨일즈 선언'을 발표했다. 2001년 이후 지난 13년간 총 50여국(NATO 및 파트너)이 동맹사상 최

---

6) 세종논평 (2014.9.12)

대의 작전에 동참했다. 정상회의는 파트너국가들을 초치, 그간의 희생자 및 부상자들에 대한 경의로써 회의를 개막했다. Post-2014 NATO의 대아프가니스탄 관여형태는 아프가니스탄 군경에 대한 훈련, 자문 등 비전투 미션이 될 것이며, 9.11테러의 교훈 속에서 아프가니스탄의 진정한 안정이 곧 NATO의 안보라는 점에서 아프가니스탄과의 동반자관계를 키워나가기로 했다.

둘째, 이번 정상회의는 소련붕괴 이후 NATO 정상회의 중 대러 불신수위가 가장 높게 표출된 정상회의가 됐다. 2014년 봄 크림합병 및 이후 우크라이나 동부반군 지원에 대해 정상들은 러시아가 우크라이나의 주권 및 영토전일성을 훼손함으로써 국제법을 위반하고, 무엇보다 유럽-대서양 안보에 심대한 도전을 제기했다고 평가했다. 2014년 7월 17일 동부 우크라이나에서 격추된 말레이시아 민항기(MH17) 탑승자 전원(298명)의 무고한 희생, 현장접근의 어려움 등 직간접 책임규명의 필요성도 강조했다. 정상들은 러시아가 외교적으로 갈등을 해결하려 하지 않는 한, EU, G7, 미국, 노르웨이, 캐나다 등의 대러제재가 불가피한 수단임을 인정했다. 러시아 국영은행의 자본시장 접근제한, 무기거래 제한, 군수목적의 이중용도 상품 수출제한, 방산 및 에너지 부문 민감 기술 접근제약 등이 현재까지의 제재조처에 포함된다. EU는 러시아가 즉각 행동변화를 취하지 않는다면 또 다시 추가제재에 들어갈 태세다. 정상들은 비록 NATO가 러시아와의 실질적 협력관계를 일시 중단했지만, 소통을 위한 정치적 채널은 열려 있음을 강조했다.

동시에 정상들은 우크라이나에 대해 계속 주권, 독립, 영토전일성을 절대적으로 지지할 것이라 표명했다. 이 점에서 2014년 5월 우크라이나 대선실시 및 6월 EU와의 연합합의문 서명, 그리고 10월 있을 의회선거가 중요하다는 인식이다. NATO는 포로셴코 우크라이나 대통령을 정상회의에 초치, 그간 우크라이나가 NATO의 군사작전 및 신속대응력 증진에 기여한 바를 인정하는 동시, 향후 NATO '특별 파트너십'틀 내 지속적으로 개혁이행 등을 지원키로 약속했다. 민주주의와 법치를 가치로 하는 독립, 주권, 안정성을 소지한 우크라이나가 유럽-대서양 안보의 열쇠라는 인식이다.

셋째, 중동·북아프리카 불안정 역시 심대한 우려의 대상이다. 특히 소위 '이라크 및 레반트 이슬람국가'(ISIL, Islamic State of Iraq and the Levant, 혹은 IS)를 자처하는 수니파 무장단체의 체계적이고 의도적인 잔혹행위가 이라크와 시리아 주민은 물론 동맹에 대한 심대한 위협으로 부각됐다. 정상들은 이라크 내 계파를 초월하는 좀 더 포괄적인 정치적 대화의 필요성을 강조하는 한편 NATO-이라크 파트너십 대한 지속적인 공약을 재확인했다. 다수 NATO 회원국들은 양자차원에서 이미 대이라크 안보 및 인도주의 지원을 시행하고 있음도 밝혔다. ISIL 출현의 직간접 책임이 있는 시리아 아사드 정권에 대해서는 즉각 '제네바 커뮤니케'(2012.6)에 따른 정치과정 이행을 촉구했다. NATO는 한편으로는 시리아 정권의 독재, 또 다른 한편으로는 ISIL 극단주의라는 이중적 위협으로부터 역내 안정을 지키기 위해서는 '온건 반대파'의 역할이중요함을 강조했다. 시리아 내전확산과 함께 NATO는 회원국인 터키의 국민과 영토를 보호할 목적으로 패트리오트 미사일을 배치해둔 상태다.

넷째, 정상들은 NATO가 보다 강건한 동맹으로 거듭나기 위한 다수의 계획안에 합의했다. 무엇보다 'NATO 군사력 2020'(2012)의 보완책으로 '준비태세 액션플랜'을 채택했다. 이 안에는 동맹동부 역내 육해공 차원에서 회원국 순환교대에 입각한 상설주둔 및 '의미있는 군사활동'이 포함된다. 긴급배치가 가능한 '초준비 합동군'(Very High Readiness Joint Task Force, VJTF)도 새로이 창설키로 했다. 이외에도 2010년 이래 진행되어온 NATO의 탄도미사일 방어능력 개발 관련 2015년 목표 루마니아(Devesleu)연안 이지스 배치에 차질이 없을 것이라 밝혔다. 동시에 NATO 탄도미사일 방어는 비유럽 국가로부터의 잠재적 미사일 공격에 대한 방어를 목적으로 하는 만큼, 러시아의 전략억지력에 영향을 미치지 않을 것임을 재확인했다. 정상들은 안보 없이는 번영도 불가능하다는 인식하 회원국 국방비 감축을 재고키로 했다. 현재 NATO는 GDP 2%를 지침으로 한다. 정상들은 이에 못 미치는 회원국들은 더 이상의 축소를 중단하고 10년내 2%에 이를 수 있도록 노력하되, 'NATO능력' 확충에 기여하는 방향이 되어야 한다는 데 합의했다. 라스무센 NATO 사무총장은 정상들의 이러한 결정이 NATO회원국의 안보강화, 북미회원국(미국, 캐나다)과 유럽회원국간 결속력 제고, 보다 공정하고 균형적인 비용 및 책임 분담에 기여할 것으로 보고 있다.

정상들은 상기 이슈 외에 군비통제, 군축, 비확산, 테러는 물론 사이버, 에너지 및 기후안보, 그루지아 및 발칸 일부 NATO가입 후보국 개혁 전망, 파트너 국가 및 UN, EU, OSCE, AU 등과의 상호보완적 협력 등 다수의 의제를 다루었다.

NATO는 군사동맹이자 개인의 자유, 민주주의, 인권, 법치 등의 원칙을 공유하는 가치동맹이다. 한국은 2005년부터 여러나라들과 함께 NATO의 글로벌 파트너다. 금번 NATO 웨일즈 정상회의의 모든 이슈가 그러하지만 그중에서도 특히 우리의 관심을 크게 끄는 부분은 '북한 핵, 미사일 문제'와 'NATO-러시아' 관계가 아닌가 싶다. 정상들은 북한의 핵 및 탄도미사일 프로그램, 그리고 확산활동을 우려하고 있다. 2012년 12월 탄도미사일 기술을 활용한 발사, 2013년 2월 핵실험, 2014년 2월 이후 단, 중거리 탄도미사일 발사를 강력히 규탄했다. 북한이 조속히 유엔안전보장이사회 결의문들 및 9.19합의문을 이행할 것을 촉구하고 있다. EU와 관계개선을 기대하는 북한으로서는 이를 경청해야만 할 것이다. 한편 G7의 러시아 퇴출, 대러제재 등 2014년 러시아는 그렇지 않아도 '신동방정책' 저변에 깔렸던 동아시아 카드를 한층 더 적극적으로 활용하고 싶은 유혹을 받게 됐다. 실제로 그러한 징조가 급격히 나타나고 있다. 그러나 현실적으로 일본, 한국은 물론 심지어 중국조차도 러시아가 바라는 소기의 성과, 즉, EU만큼 혹은 이보다 월등히 러시아의 국익에 이바지할 수 있을지는 의문스럽다.

제7장
뮌헨안보회의의 전통·비전통 안보 의제7)

2014년 1월 31일-2월 2일, 주말 독일 뮌헨에서는 제50차 연례 '뮌헨안보회의'(Munich Security Conference)가 개최됐다. 가우크 독일대통령의 개회사로 시작된 이번 회의에는 반기문 유엔사무총장을 비롯 미국 및 다수 유럽국가의 현직 외무 혹은 국방 장관, EU외교안보고문관, NATO사무총장, IAEA사무총장, 유럽평의회 의장 등이 대거 참석했다.

올해는 창설 50주년을 맞아 특별히 고령의 헬무트 슈미트(전 독일 총리), 헨리 키신저(전 미국 국무장관), 지스카르 데스탱(전 프랑스대통령) 등 은퇴인사들이 뮌헨안보회의 반세기를 회고하고 동시에 21세기 국제안보 도전요소를 짚었다. 슈미트는 인구증가와 도시화, 키신저는 비유럽권에서의 변화, 특히 중·일 군사충돌 가능성, 지스카르 데스탱은 인도적 군사개입의 결정, 방식, 책임을 각각 도전요소로 보았다. 한편 반기문 사무총장은 시리아내 적대관계 청산을 촉구하는 동시 기타 여러 지역 내 잠재적 갈등과 유엔의 평화역할을 강조했다.

뮌헨안보회의는 1960년대 초 서독의 출판인 클라이스트(Edward von Kleist)의 주창에 따라 서방 고위급 안보정책 결정자들을 위한 대화의 장으로 출범한 독립기제다. 냉전종식이후는 국제안보 환경의 변화에 따라 보다 다양해진 신안보 도전요인들을 의제로 수용하게 되었고, 이에 부응하여 참가국 규모 역시 확대되었다. 70여개국 350명이 야간까지 포함 주말 3일, 집중적으로 유럽과 글로벌 차원의 현존 및 미래

---

7) 세종논평 (2014.2.7)

의 안보도전 요소들에 대한 토론을 벌였다.

이하에서는 2014년 뮌헨안보회의에서 다룬 의제와 의미를 간략히 짚어보고자 한다.

첫째, 글로벌 안보에 미치는 영향력과 적시성이 큰 현안들이 토론 의제로 선정됐다. 유럽안보와 유럽방위의 미래, 이에 대한 미국의 입장 등 통상적 이슈는 물론, 사이버 공간에서의 자유와 안보관계, 중동평화프로세스, 시리아 재앙의 출구, "아랍의 봄" 이후 중동안정화, 이란핵 잠정협정, 우크라이나의 진로와 중동부유럽, 아시아 지역안보, 에너지안보, 기후안보 등 명실공히 포괄적이다.

둘째, 뮌헨안보회의가 점차 글로벌 위상을 갖춘 대화기제로서의 면모를 보이고 있다. 2011년에 이은 유엔 사무총장의 참석도 그렇지만, 분쟁적 이슈의 경우, 유관 다자기구 수장이 양측 대표와 함께 토론에 임했다. 예컨대, 중동평화협상은 이스라엘 법무장관, 팔레스타인 협상위원회 위원장과 함께 중동 쿼르테트(Middle East Quartet: 유엔, EU, 미국, 러시아) 공식특사인 블레어 전 영국총리, 그리고 이란핵 잠정협정에 대해서는 이란 외무장관, 미국 상원위원과 함께 아마노 IAEA총장이 나란히 패널리스트가 됐다. 세르비아 총리와 코소보 총리 사이에는 EU외교안보고등관 애쉬튼이 그 역할을 했다. 시리아 문제는 브래히미 유엔/아랍연맹 합동특사가 제네바회의 경과를 발표했다.

셋째, 주지하다시피 미국·캐나다가 참여하는 또 다른 유럽 공식 안보기제로 NATO와 OSCE가 있다. 이들과 비교, 뮌헨안보회의는 고위급 대화체로서의 특성을 활용, 그 신축성과 개방성이 두드러진다. 2007년 푸틴 대통령이 러시아대통령으로서는 처음으로 참석하여, 외교적 언사를 생략하겠다며 미국을 전격 비난한데 대해 다음날 미국 게이츠 국방장관이 "어제 연설자 중 한분의 냉전적 사고"를 지적하며 역공한 일화가 있다. 2014년에도 직격 반론의 에피소드가 많이 소개됐다. 더하여 독일, 네덜란드, 노르웨이, 스웨덴 4개국 여성 국방장관

들이 한데모여 '구시대 남성 네트워크'를 깬다는 유머있는 제하로 트
위터 사진을 올릴 수 있는 장이기도 하다.

넷째, 그럼에도 불구하고 강대국 관계를 통해볼 때 국제관계 현실
주의의 모습은 여전하다. 서방과 러시아간 냉전적 불신관계가 완전히
해소되지 않았음이 프랑스, 독일, 러시아 외무장관과 NATO사무총장
이 참석한 강대국과 지역안보 패널에서 드러났다. NATO사무총장이
러시아의 북극 및 서유럽 국경지대 군사활동에 대한 우려를 표한데
대해, 라브로프 러시아 외무장관은 즉답대신 동맹논리에 집착하지 않
아야 한다는 입장을 밝혔다. 나아가 시리아, 이란, 우크라이나 등의
이슈에 있어 러시아와 NATO회원국간 이견이 재확인됐다. 한편 케리
미국 국무장관과 헤이글 국방장관은 국제안보에서 유럽국가들의 보
다 적극적 역할을 주문하는 동시 환대서양 관계 강화의 중요성을 강
조했다.

흥미롭게도 아시아 2개 강대국 중국과 일본도 이번 뮌헨회의에 참
석, 지역안보에 대한 입장을 밝혔다. 그러나 공감부재를 재확인했을
뿐이다. 푸잉 중국 전인대 외교위원장이 남중국해가 중국의 영토라는
사실과 일본의 역사왜곡을 지적한 데 대해, 기시다 일본 외무장관은
직접적 반응대신 현재와 미래의 안보도전을 다룸에 있어 미국과 유
럽이 일본의 중요한 동반자임을 강조했던 것이다.

이상의 의제 및 시사점으로 보아 우리로서는 다음 몇 가지 점에서
'뮌헨안보회의'에 관심을 갖지 않을 수 없다. 첫째, 21세기 네트워크
안보 개념에 입각해 볼 때 동북아와 유럽, 동북아와 국제안보를 분리
하기 어렵다는 점이다. 둘째, 국제사회 내 중견국 한국의 글로벌 안
보 의제설정 및 기여에 대한 요구가 점점 더 커지고 있고, 동시에 한
반도 유사사태시 보다 효율적 국제협력을 도모해야 한다. 이번 뮌헨
회의의 토론 내용들이 도움이 될 것이다. 셋째, 우리의 유일한 군사
동맹국이자 글로벌 세력인 미국이 대서양 저쪽 동맹국들과 나누는

안보대화라는 점이다. 미국은 물론 러시아의 대한반도 정책을 분석함에 있어서도 시사점이 클 것이다. 끝으로, 동북아 지역안보의 어려움이 이번 뮌헨에서 다시 한 번 중국과 일본대표의 입장을 통해 재확인돼 답답한 마음이다. 유럽에서 제2차 세계대전을 일으킨 독일인들은 그 역사를 잊지 않기 위해 사실에 입각한 크고 작은 기념비와 팻말들을 나라 곳곳에 두고 있다. 그러한 정신과 실질적 토대 위에서 미국과 여타 유럽국가의 현직 국방 및 외무장관들이 지난 50년, 독일이 주최하는 안보회의에 참가할 수 있었던 것이다. 바로 그러한 토대 위에서 독일의 국제안보 기여에 대한 설득력도 점점 더 커질 수 있는 것이다. 일본이 꼭 참조해야할 점이라고 생각한다.

제8장
브렉시트, 유럽과 국제안보에의 함의8)

2016년 '브렉시트'라는 신조어가 국제관계 주요 핵심어로 부상됐다. 영국(United Kingdom of Great Britain and Northern Ireland, 일명 Britain)이 28개국 통합체인 EU(유럽연합)로부터 탈퇴하는 것을 일컫는 말이다. 2016년 6월 23일 투표에서 52%가 탈퇴를, 48%가 잔류에 표를 던졌다. 7월 13일 새로 취임한 집권 보수당 메이 총리는 "국민의 뜻에 따라 EU를 탈퇴할 것"이며, 2016년 말까지 충분한 시간을 두고 내부 조율을 거친 후 EU와의 탈퇴협상에 임할 것이라 밝혔다. 냉전기와 냉전종식이후를 가로지르며 EU는 기능주의 국제정치의 모범이자, 지구상 모든 지역통합의 선도적 모델로 인식되어 왔다. 그러한 만큼 영국의 탈퇴결정은 작금의 국제무대에서 가장 실감나지 않는 일 중 하나가 아닌가 싶다.

본고는 향후 브렉시트가 유럽과 글로벌 안보에 어떤 영향을 미칠지 잠정적으로 논의해 보고자 한다. 극단이슬람테러가 기승을 부리고, 우크라이나 위기로 서방과 러시아와의 신냉전이 가속화된 이 시점에 EU최강의 군사대국이자 선진민주주주의 국가이며, 더불어 미국과의 특수관계를 중시하는 영국의 EU탈퇴 결정은 많은 이들에게 EU 약화로 비춰지고, 궁극적으로 유럽과 국제안보에 부정적 영향을 줄 것이라는 우려를 안겨주고 있다. 2016년 브렉시트는 분명 현실주의나 기능주의, 혹은 구조주의로 단순히 말하기 어려운 21세기 국제관계의 또 다른 측면을 말해준다.

---

8) 「정세와 정책」 (2016.8)

더불어 우리의 입장에서도 국제안보 차원의 함의에 관심을 가져야 함은 물론 브렉시트가 한국-EU 및 한국-영국 관계에 주는 시사점을 찾아 정책에 반영해야 하는 새로운 과제가 생겼다.

EU 공동외교안보정책의 진화와 영국탈퇴의 의미

EU의 경우 단일시장 구축 등 경제부문 통합에 비한다면 외교안보 부문은 통합수준이 현저히 떨어진다. 그럼에도 EU는 1993년 '공동외교안보정책'(CFSP)을 '국가간 합의기제' 수준으로나마 수용하기 시작했고, 2009년에는 'EU외교안보정책 고위대표'직과 '대외관계청'(EEAS) 신설 등, 점차 국제무대에서 단일 목소리를 내고, 공동대응코자 노력해 온 것이 사실이다. 현재 한국포함 전세계적으로 139개 EU대사관이 현지에서 유럽의 가치와 이익증진을 추구하기에 이르렀다. 2014년부터 현재까지 외교안보 정책 고위대표직은 모게리니(前 이탈리아 외무장관)가 맡고 있다.

EU가 제시한 외교안보정책의 목적은 (i) 평화 및 국제안보, (ii) 국제협력, (iii) 민주주의, 법치, 인권 및 기본권의 개발과 강화에 있다. EU는 세계 최대 개발금융공여자로서 개도국들과 긴밀한 협력관계를 유지하고 있고, '유로'는 미국 달러에 이어 세계 2대 화폐이다. EU는 그런 EU가 점차 공동 외교정책결정의 추세를 따른다면 국제위상도 증대할 것이라 기대해 왔다. EU는 세계주요국들과 파트너십 관계를 유지하고 있으며 미국, 러시아, 캐나다, 중국, 일본, 인도 등과 정기적 정상회의를 개최한다. 그간 EU는 외교적으로 이란 핵타결, 소말리아 안정화, 지구온난화 협상 등에 적극 관여했다.

분쟁해결에 있어서 EU는 자신의 자산을 외교력, 교역 및 인도주의적 지원 등 "소프트 파워"에 있다고 보고, 필요시에 한해 무력을 보충적으로 활용하는 특징을 취해 왔다. '공동안보방위정책'하 그때그때 회원국이 공여하는 특별목적군들이 현지에서 합동군축작전, 인도주의 및 구난작업, 군사고문 및 지원, 분쟁방지 및 평화유지 · 평화조성 · 분쟁후 안정화 활동 등을 수행해 왔다.

참고로, EU가 1년여 준비 끝에 2016년 6월 내놓은 「비전공유, 공동행동: 강한 유럽」제하의 글로벌 전략 문건은 글로벌 행위자로서의 EU가 그간 "소프트 파워"에 자부심을 가졌지만, 현실적으로 수천명의 EU인이 유럽의 깃발아래 평화와 안보 관련 17개 민 · 군작전에 참여하고 있는 만큼 "소프트 파워"와 "하드 파워"가 같이 가야 한다고 강조하고 있어 눈길을 끈다. 문건서문에서 EU외교안보정책 고위대표 모게리니는 "강한 EU는 전략적으로 생각하고, 비전을 공유하며 행동을 같이 하는 것"이라 밝혔다.

아이러니컬하게도 이 문건이 나올 쯤, 영국국민들은 역으로 비전을 공유하지 않기로, 행동을 같이 하지 않기로 결정했다고 선포하듯, EU로부터의 탈퇴를 결정해 버렸다. 영국국민의 EU탈퇴결정은 경제부문뿐 아니라 불가피하게 EU의 공동외교안보정책으로부터의 철수를 의미한다. 영국은 독일, 프랑스와 함께 EU3("Big Three")로 통해왔다. 향후 탈퇴협상이 어떻게 귀결될지 모르나 적어도 영국이 (i) EU외교안보정책의 원칙과 지침을 정하는 최상위 책결정체인 '유럽이사회,' (ii) '외교안보정책 고위대표'가 정책의 일관성을 위해 개최하는 월례 외무장관회의, 그리고 (iii) '대외관계청'(EEAS)이 전세계를 대상으로 펼치는 외교활동에 참여하지 않을 가능성을 생각하게 한다. 브렉시트 이후 영국은 종전처럼 EU의 정책에 영향을 미칠 수 없게 됨을 말한다. EU 역시 영국의 외교안보 정책에 기존과 같은 조정력을 갖기가 쉽지 않을 수 있다. 불확실해 진 것이다. 영국은 EU내 비교적 중동외교에 영향력이 있었으며, 대러제재의 필요성, NATO동맹과의 협력, EU확장, 대북제재 강화 등을 선호해 왔었다. EU3(영국, 프랑스, 독일)의 대이란 핵타협 모델의 재설정도 쉽지 않게 되었다.

탈퇴캠프 '유럽회의론자'들의 안보측면 탈퇴논거

그렇다면 왜 영국내 탈퇴캠프 인사들은 EU로부터의 탈퇴를 주장했을까. 주로 경제통합 이슈가 전면에 서지만 안보측면에서도 영국내에서는 유럽프로젝트에 대한 회의론이 잠재해 왔었다. 한편으로는 독일-프랑스 주도 EU통합에 대한 불신, 다른 한편으로는 영미 특수관계와 NATO기제에 대한 믿음, 자국의 핵전력 및 유엔내 글로벌 위상 등이 심리적 저변에 깔려 있다고 할 수 있다. 사실 영국이 단일시장에는 참여하면서도 여전히 '유로'존(19개국)이나 자유이동을 보장하는 '솅겐조약'(26개국)에 참가하지 않았음은 총체적으로 시사하는 바가 크다. 탈퇴논거는 다양하지만, 여기서는 2016년 4월 RUSI(Royal United Service Institute)가 공개한 오웬 상원의원(前 외무장관 1977-79)의 주장을 주로 하여 조망해 보고자 한다.

단적으로 탈퇴캠프는 EU가 국제분쟁에 대해 효과적으로 대응하지 못하는 가운데, 궁극적으로 영국의 안보에 부정적 영향을 미칠 것이라 전망한다. 첫째, 우크라이나, 발트지역, 터키, 중동 등지 일관된 정책 부재를 문제로 제시한다. 특히 독일, 프랑스 등 유로존 국가(19개국)들이 EU의 공동외교안보정책에서 영향력을 강화시키고 있다는 불만 내지 불안감을 피력한다. 둘째, 영국 외교부 예산은 감축되는데 EU대외관계청의 예산(2012년 5억유로, 2015년 10억유로)은 빠르게 증대된다며 영국에 관한 한 이 "위선"은 멈추어야 한다고 주장한다. "소프트 파워"를 자처하는 EU의 군사력은 국제위기를 대처할 만하지 못하기 때문이다. 아프가니스탄과 이라크 전쟁, 대IS작전에도 EU연합군이 부재했음을 지적한다. 따라서 영국은 더 이상 실패한 EU 현상유지에 남지 말고 탈퇴로써 도전과 기회를 맞아야 한다고 주장한다. 셋째, 향후 상당기간 영국은 미국이 주도하는 NATO의 동맹국으로서 보다 더 적극적으로 NATO활동에 참여해야 한다. 미국 대선에서 어느 당이 승리하던 소위 유럽의 '무임승차' 비난에 대비, 종전처럼 GDP의 최소 2%를 방위비로 계속 책정해 나가야 한다. 다만 EU '공동외교안보정책'하 "연성외교"로서의 가치가 있고, 영국 대외정책과 불가피한 것들은 가급적 계속 관여해야 한다.

요컨대, 탈퇴캠프의 논거에 따르면 영국의 EU탈퇴가 곧 영국의 안보 고립주의로의 회귀를 의미하지는 않음을 알 수 있다.

다양한 안보전망과 시나리오들

투표결과 유럽을 위시, 세계주요국 정치인들은 당장 EU잔류를 원했던 스코틀랜드의 영국으로부터의 독립가능성, 이에 따른 영국 핵잠수함 기지의 스코틀랜드 밖 이전 가능성, 스페인 카탈루냐 등 유럽내 여타 분리주의 독립 가능성, 그리고 극단이슬람 테러리즘 증대에 따른 첩보강국 영국과 유럽내 요주의 인물 거대정보 교환 등 상호협력의 문제, 정보공유 결여시 향후 국경과 비자시스템 관리의 문제 등 당면 안보딜레마들을 예견하면서 불안해하고 있다.

그런가하면 적어도 "군사안보" 차원에서는 영국이 오래 전부터 EU보다는 전통적 영미 특수관계, NATO다자동맹틀, 영국-프랑스 양자 '랭커스터 조약'(Lancaster House Treaties, 2010) 등, EU 밖 협력체제를 중시해 온 만큼 큰 변화가 없을 것이라는 의견도 전개되고 있다. 펄론 영국 국방장관은 핵잠수함 현대화와 함께 아프가니스탄 군사공약, 이라크 군훈련 지원단 250명 파견, 동유럽 추가배치 등을 통해 브렉시트 투표가 영국의 고립화가 아닌 관여증대로 이어지는 것을 보여주어야 한다고 강조한다. 그는 EU탈퇴를 보상하기 위해 NATO에서 영국은 더 적극적일 것이며 미국, 프랑스, 독일과 더 강한 방위협력을 추구할 것이라 밝혔다. NATO기제 외에도 영국이 프랑스와 나란히 유럽내 두 핵보유국이자, 국제안보와 평화를 담보하는 유엔안보리의 상임이사국인 만큼, 영국이 더는 EU회원국이 아니라 해도 이를 곧 유럽내 절대적 영향력 상실로 연결하기는 쉽지 않다. 다만 상대적으로 유럽내 영향력 약화를 가져올지 모르는 불확실성이 있는 것이다.

한편, 좀 더 거시적이고 중장기적 안보환경 차원에서 볼 때, Post-브렉시트 유럽무대는 (ⅰ) '민족주의·주권주의 재현' 혹은 (ⅱ) '영국없는 새 연방 추구'라는 두 시나리오로 압축된다. 물론 순차적일수도 있고 동시적으로 발생하는 현상일 수도 있다. 첫 번째 시나리오는 주권주의 혹은 애국주의로의 회귀로서 현재 유럽전역, 그리고 트럼프 현상에서 보듯 미국에서도 가장 명백한 추세이다. 외국인 혐오증, 보호주의, 인기주의 등은 또 다른 이름들이다. 브렉시트 이후 유럽에서 이러한 추세는 영국 답습효과 및 브렉시트의 단기적 경제효과, 난민과 테러 공포 등으로 인해 강화될 수 있다. 만약 2017년 프랑스 대선에서 극우 '국민전선' 장 마린 르펜이 대통령으로 당선되고, 이후 그가 카메론 前 영국총리처럼 EU와의 재타협을 요청하고는 궁극적으로 EU탈퇴의 길을 걷는다면, 브렉시트의 유럽안보에의 함의는 분명해지고 NATO에도 큰 충격을 줄 것이다. 원심력만 남은 유럽이 과연 러시아와 중동으로부터의 위협을 어떻게 감당할지, 또 독일부상에 대한 두려움이 재현되는 것은 아닌지. 영국과 유럽, 그리고 글로벌 안보에 있어 현재보다 나은 시나리오는 결코 아니다.

두 번째 시나리오는 반대로 영국탈퇴가 오히려 유럽통합의 기폭제가 되어 독일과 프랑스가 조만한 역사상 가장 강한 연합 이니셔티브를 내놓는 것이다. 만약 2017년 프랑스 총선과 대선에서 유럽통합파가 당선되고 메르켈 총리가 재선에 성공하면 어쩌면 2018년부터 "영국이 빠진 채" '유로'에 근간한 새로운 EU조약과 심층적 통합화가 가능할 수도 있다. 이 때 영국은 유럽안보에서 차지하는 자국의 외교적, 전략적 무게가 지금보다 현저히 축소되는 것을 실감해야 할 것이다. 더불어 미국-EU관계도 종전에 비해 다소 불편해 질 수 있다. 다만 현재 강화되는 주권주의 추세, 유로존에 가입치 않은 EU내 8개국의 입장, 러시아, 중동문제, NATO의 미사일방어 등에 대한 회원국내 인식차 등 심층적 통합화를 가정한 새로운 EU 현실화 가능성을 단정하기는 어렵다.

만만치 않은 탈퇴협상과 합의일정

어떤 시나리오가 실제 전개될지는 협상행위자들의 의지와 구조, 그리고 돌발상황 등이 복합적으로 작용할 것이다. 그러나 적어도 법적 측면에서 보자면 탈퇴국은 자유의 값을 호되게 물고 어쩌면 다시 가입을 신청할 수도 있다. 리스본조약 50조는 EU회원국의 탈퇴에 대한 규정인데, 영국이 그 첫 적용사례가 된다. △"어떤 회원국도 자국 헌법요건에 따라 탈퇴결정을 할 수 있다"고 되어 있다. 그렇지만 간단하지가 않다. △"탈퇴를 결정한 회원국이 유럽이사회에 탈퇴의사를 통지하면, EU는 유럽이사회의 지침에 따라 해당국과 탈퇴절차 및 미래관계 틀에 관해 협상하고 합의한다. 합의문은 유럽의회의 동의를 득한 후. 가중다수결에 따라 EU를 대표하여 유럽이사회가 체결한다." "가중다수결제는 EU기능에 대한 조약 238조에 따른다(EU 인구 65%& 20개국 이상의 찬성)." △"탈퇴합의문의 효력발생일, 혹은 (해당국과 유럽이사회 전원이 협상을 연기하기로 합의하지 않는 경우) 탈퇴의사 통보일로부터 2년 후 조약은 더 이상 해당국에 적용되지 않는다." 아주 좋지 않은 조건으로 내보낼 수도 있음을 말한다. △"상기과정에서 해당국은 유럽이사회와 각료회의내 탈퇴 관련 토론 및 결정과정에 참여할 수 없다."

요컨대, 탈퇴국의 뜻에 맞는 탈퇴가 쉽지 않음을 말한다. 상당기간 EU와 영국간 줄다리기가 계속될 것이다. △"만일 재가입을 요청하는 경우 조약 제49조(가입절차)에 따라 절차를 밟는다."

결론과 정책시사점

양측의 연장합의가 없는 한 2018년 말이 되면 영국의 공식탈퇴가 예견된다. 현재 EU와 회원국 지도자들은 영국이 좋은 것만 가질 수 없다며 가급적 조속히 탈퇴협상이 진행되어야 한다고 압력을 넣고 있다. 이들은 영국에게 유리한 조건을 부과하거나, 협상개시일이 지연되는 경우, 여타 EU회원국의 추가 이탈우려 가능성 및 EU의 공신력과 공고화에 미칠 부정적 영향을 우려하는 것이다. 안보부문은 경제부문에 비하면 엉킨 것이 크지 않아 비교적 쉽지만, 영국과 EU가 어떻게 협상을 끌어갈지, 어떤 안보변수들이 나타날지, 국제사회가 주의깊게 지켜보고 있다.

현 단계에서는 브렉시트가 직간접 영국, 유럽, 그리고 국제사회의 안보에 해를 미칠 가능성이 "없지 않다"고 말 할 수 있는 정도다. 탈퇴파가 주장하듯 영국의 탈퇴가 영국국익에 이바지하는지에 대한 검증단계는 아직 아니다. 향후 영국과 EU는 브렉시트가 유럽 안보와 국제안보에 끼칠 수 있는 부정적 영향을 최소화하는 방향으로 슬기롭게 이별협상을 진행하고 합의해야 할 것이다. EU가 국가통합에도 선례가 됐듯, 회원국의 희망이별에도 좋은 선례가 되길 기대한다.

그런가 하면 우리의 대유럽 외교차원에서도 시사하는 바가 크다. 한국과 EU는 2010년 10월 '자유무역협정', 2014년 5월 '위기관리활동 기본참여협정' 등, 경제는 물론 정치안보 분야에서도 협력을 도모해 왔다. 우리로서는 브렉시트가 기존 한국-EU관계에 부정적 영향을 주지 않도록 독일, 프랑스, 이탈리아 등 여타 회원국들과의 외교관계에 좀 더 주력할 필요가 대두되었다. 동시에 한국-영국 양자관계도 1949년 외교관계 수립 후 전통적 우방관계를 유지해 온 만큼, 브렉시트의 부정적 영향 없이 계속 키워나갈 준비가 필요하다. 영국은 한국전쟁 시 미국에 이어 대병력을 한반도에 파병했으며, 유엔안보리 상임이사국으로서 유엔은 물론 EU내에서도 북한에 대해 핵과 미사일, 인권문제에 있어 국제규범의 이행을 촉구해온 대표적 우방이다.

제9장
오리무중(五里霧中) 속 솔즈베리 독극물 사건[9]
21세기형 전통 · 비전통 안보의 혼재

2018년 3월 들어 연일 영국과 러시아간 외교관 23명 맞추방 결정 등 상호불신의 골이 깊어지고 있다. 3월 18일 있었던 러시아 대선결과 향후 6년간 푸틴 대통령의 재집권이 확실해졌지만, 영·러 양자관계는 물론 강대국간 국제안보협력 지평에 암운이 드리워졌다.

발단은 2018년 3월 4일, 러시아 군사첩보원(GRU 소속) 출신으로 2010년 영국에 망명한 스크리팔(66세)과 그의 딸(33세)이 영국 남부도시 솔즈베리의 한 쇼핑몰 벤치에서 외상없이 의식을 잃은 상태로 발견된 데서 비롯된다. 사흘 후 영국 반테러경찰은 샘플 조사결과 '노비촉'이라는 독극물이 사용됐다고 발표했는데 이는 신경작용 화학무기로 구소련에서 개발된 것이다. 군사전문가들은 이것이 신경전달 장애를 가져오고 궁극적으로 인체기능의 체계적 붕괴를 일으킨다고 설명한다.

영국에 망명한 전직 러시아 첩보원들의 독극물 사망은 이번이 처음은 아니다. 12년 전(2006) 전직 연방보안대원(FSB) 리트비넨코가 방사성물질(폴로늄-210)이 섞인 차를 마시고 사망했는데, 최종 형사처리가 미진했다. 영국 검찰은 러시아인 2명의 소행이라 했지만, 이들이 부인했고 러시아 정부는 범죄인 소환 요구를 거절했다. 이에 영국은 4명의 외교관을 추방하는 데 그치고 말았다. 더구나 러시아도 상응조

---

[9] 세종논평 (2018.3.20)

치를 취했었다. 이번 신경화학제 검출은 이의 연장선상에서 영국인들로 하여금 자국 정부를 향해 좀 더 영향력 있는 결의와 결단을 촉구하는 계기가 됐다. 메이 총리 개인차원에서도 그녀가 2006년 당시 내무장관이었던 사실이 부담이 된다. 영국이 자국 영토내 국민과 거주자들의 안전을 지켜주지 못하는 나라라는 불명예를 안을 수 있는 것이다.

메이 총리는 사건 8일만인 2018년 3월 12일 러시아를 향해 24시간 내 노비촉의 영국내 반입과 사용에 대한 전면적 설명을 요구하는 "최후통첩"을 선언했다. 응하지 않을 경우 "광범위한 조치"가 따를 것이라 했다. 러시아가 응하지 않자 총리는 14일 의회연설을 통해 암살시도가 "불법 무력사용"의 일환이며 러시아 정부가 책임이 있거나, 적어도 러시아가 무기통제에 실패했다고 결론짓고 일련의 대러 보복조처를 밝혔다. 이중 가장 눈에 뜨이는 것이 1주일내 미신고 첩보활동 종사 러시아 외교관 23명의 추방이다. 영국주재 58명 외교관 중 43%인 23명을 첩보 관련 직원이라 본 것이다. 그간 영국정부는 이들의 활동이 반테러작전 등에 초점을 둔 것으로 간주하고 묵인했던 것으로 보인다. 영국과 소련(러시아)간에는 스파이 활동에 따른 외교관추방 및 맞추방 관련 오랜 역사가 있다. 이번 추방은 단일사례로는 냉전기인 1971년 105명 추방 이후 40년만의 최대 규모이다. 영국내에서는 대부분 이 조치를 지지하면서도 전례적 방식의 외교관 추방의 한계를 지적한다. 선언적, 시위적 차원에서는 의미가 있을지 몰라도, 러시아 경제를 압박하는 것도 아니고, 디지털화된 이즈음의 세계에서 큰 방첩효과를 갖기도 어렵다는 것이다.

메이 총리가 제시한 여타 조치들로는 항공, 관세, 화물에 대한 검색강화; 영국 국민 혹은 거주자의 생명 혹은 재산 위협에 쓰일 수 있는 러시아정부의 영국내 자산동결; 각료와 왕족의 2018년 러시아 월드컵 불참; 예정된 양국 고위급 회담 전면 중단; "적대국 활동" 억제

목적의 신규법 제정 등이 포함된다.

러시아가 반박하고 나섰다. 메이 총리의 발표와 함께 주영 러시아 대사는 이 조치가 "수용할 수 없고, 부당하며 근시안적"이라 비난했고, 나아가 대선하루 전날인 2018년 3월 17일 러시아는 전격적으로 1주일내 영국외교관 23명 맞추방, 모스크바 영국문화원 폐쇄, 상트페테르부르크 영국 총영사관 개설 취소 등 강한 보복을 선언했다. 선거직전 이 같은 강한 러시아 모습 부각은 푸틴 후보(현직 대통령)지지 유도에 도움이 됐을 수 있다.

이에 영국 내 반러여론이 커지면서 추가적으로 생각할 수 있는 조치로 러시아 올리가르키의 런던 내 사치성 부동산 접근억제 방안, 미신고 자산압류 방안, RT 등 러시아방송의 활동금지 등이 점쳐지고 있지만 어려운 결정들이다.

그렇다면 국제지평은 어떠한가. EU차원에서 새로운 제재가 가능할까. 기존 영국의 대러제재는 EU제재의 일환으로서 EU가 2014년 러시아의 우크라이나 크림반도 합병 및 동우크라이나 반군지원에 따라 부과한 것이다: 러시아 국영은행에 대한 장기차관 금지; 군사적 목적으로의 전용이 가능한 이중사용 기제 수출 및 무기거래 금지; 원유산업 기술 수출금지; 150명 개인 및 35개 기관에 대한 자산동결 및 여행금지가 포함된다.

솔즈베리 독극물 사건에 대해 EU관리들은 "거의 확실히 러시아가 개재된 잔인한 공격"이라며 조만간 중지를 모을 것이라 한다. 그 결과 대러 추가제재의 계기가 될지, 아니면 기존 대러제재의 보다 엄격한 이행으로 귀결될지 지켜보아야 한다. EU를 떠나는 영국의 설득력을 실험할 수 있는 계기가 될 것이다. 물론 향후 구체적 수사결과가 더 큰 관건이 될 것이다.

한편 메이 총리의 "불법 무력사용"의 일환이란 말은 29개 동맹국으로 구성된 NATO의 북대서양조약 제5장 집단방위를 상기하게 한다.

실제로 이번사건에 대해 NATO관리들은 "동맹국 영토에서 신경제가 공격에 쓰인 것에 대해 심대한 우려"와 함께 러시아가 영국의 질의에 답할 것을 종용하고 있다. 단, 메이 총리나 영국정부, NATO내 누구도 조약 제5장을 직접 거론하지는 않고 있다. 영국은 또한 이 사건의 국제화를 추구하고 있다. 러시아가 노비촉 프로그램에 대해 '화학무기금지기구'(OPCW)에 모든 것을 완전하게 공개해줄 것을 압박하고 있는 것이다.

소련붕괴 및 냉전종식이후 국제사회는 비정부 단체 혹은 불량국가에 의한 생화학 무기, 물질, 기술의 확산 혹은 사용가능성을 극단주의 단체의 테러 등 여타 '비전통 안보위협' 요소들과 함께 우려해 온 바이다. 2018년 국제평화와 안전 담보의 책임을 진 유엔안전보장이사회의 두 상임이사국이자 양극체제하 상반된 진영에 속했던 두 강대국관계 속에서 신경작용제 사용에 대한 책임규명을 소재로 긴장관계가 야기된 것은 기대 밖이다. 솔즈베리 독극물 사건은 메이 총리가 피력한 것처럼 영국에 대한 러시아의 직간접 "불법 무력공격"으로까지 보지 않더라도 향후 강대국간 국제안보협력에 대한 전망을 어둡게 만들기에 충분하다. 시리아 내전에서도 화학무기가 사용됐음이 드러난 바이다.

제10장
중·러 주도 상해협력기구 정상회의[10)
NATO와의 국제안보 시각차

2012년 6월 6-7일, 제12차 '상해협력기구'(Shanghai Cooperation Organization, 이하 SCO) 정상회의가 2012년도 의장국인 중국의 인민대회당에서 후진타오(胡錦濤) 국가주석의 주재로 개최되었다. 후주석을 포함, 한 달 전 집권 제3기를 맞이하며 대서방 강경논조를 펼쳐온 푸틴 러시아 대통령, 그리고 중앙아시아 4개국 정상 즉, 나자르바예프 카자흐스탄 대통령, 카리모프 우즈베키스탄 대통령, 아탐바예프 키르기스스탄 대통령, 라흐몬 타지키스탄 대통령 등 6개 회원국 정상이 참석하였다. 이들 외에 굵직한 국제안보 현안의 열쇠를 쥔 카르자이 아프가니스탄 대통령, 아흐메디네자드 이란 대통령 등 5개 옵저버국 정상들도 자리를 함께 하였다.

국제안보에 관한 SCO정상들의 관점은 바로 한 달전인 2012년 5월, 미국 시카고에서 개최된 미국주도 유럽-대서양 동맹기구 '북대서양조약기구'(NATO) 정상들의 관점과 여러 면 비교가 된다. 시카고에서 NATO 정상들을 상대로 아프가니스탄의 민주주의, 법치, 인권 등을 공약했던 카르자이 대통령은 이번 중·러가 주도하는 SCO정상들을 향해서는 그러한 선언을 할 수 없었다. 더 극명한 것은 NATO정상들에게는 위협요소였던 이란의 핵문제도 SCO틀내에서는 이란 대통령이 옵저버 자격으로 참석하는 등 그 심각성이 희석내지 역류되는 분위기였다.

---

10) 국방대학교 안보문제연구소「안보현안분석」No.72 (2012)

NATO정상들이 우려하는 시리아의 인권침해상도 SCO틀 내에서는 국내문제로 치부되고 오히려 유엔안전보장이사회 등 국제사회의 제재시도를 문제시 했다. 시카고에서 NATO정상들은 이란 등 소위 '문제국가'로부터의 잠재적 미사일공격에 대비한 유럽미사일방어 제1단계를 발표하였다. 북경에서 SCO정상들은 러시아의 편에 서서 이를 비난했다. 시카고에서 NATO정상들은 북한의 미사일 발사를 비판했지만 중·러가 주도하는 SCO틀내에서 그러한 선언은 찾을 수 없었다. 단지 정상회의 전 서면 언론인터뷰를 통해 후주석은 "SCO는 북핵문제가 대화와 협상으로 6자회담 틀내 해결되기를 바란다"고 전했을 뿐이다.

　NATO는 우리의 유일동맹국인 미국이 주도하고 있고, SCO는 한반도 인접국인 중·러가 주도하고 있는 만큼, SCO정상선언을 바라보는 우리의 입장은 착잡하다. SCO가 유라시아의 안정을 목표한다는 점에서는 긍정적이지만, 강대국 게임수단 측면도 있기 때문이다. 우리로서는 양 기구간의 국제안보 시각차내지 온도차를 예의 주시하면서, 그것이 남북이 분단된 한반도에서 미국, 중국, 러시아 3개국간 갈등심화로 나타나지 않도록 대외전략을 잘 세워나가야 할 것이다.

유라시아 포괄 다자안보협력기구

　SCO는 11년 전 2001년 6월 상해에서 중·러 주도로 6개국(중국, 러시아, 카자흐스탄, 우즈베키스탄, 키르기스스탄, 타지키스탄)이 창설한 유라시아 포괄 안보협력기구이다. 공식 설립취지는 "21세기 정치다극화 및 정보의 세계화에 비추어, 보다 효율적으로 새로운 도전 및 위협을 감당"하기 위함이다. SCO의 전신은 1996년 '중·소 접경지대 신뢰구축'을 위해 5개 접경국이 결성한 '상해 파이브'다. 5년 후인 2001년 비록 중·소 접경국에 해당되지 않지만 구소련내 또 다른 중앙아시아 국가로서 극심한 이슬람 테러에 시달리던 우즈베키스탄을 포용키로 결정하면서, 기구 명칭도 '상해협력기구'(SCO)로 바꾸었다. 무엇보다 6개 회원국의 안보가 "테러리즘, 분리주의, 극단주의"라는 소위 '3악(惡)'으로부터의 도전에 직면해 있다는 공감대에 기초했다. 돌이켜 보면, 이런 공감대를 갖고 출범한 SCO의 탄생 시점이 미국 9.11테러 3개월 전이었음이 새삼 눈에 뜨인다. 당시 테러단체 알카에다가 아프 가니스탄 탈레반 정권의 비호를 받으며 미국내 대대적 테러를 준비 하고 있었던 것이다.

매년 회원국 수도를 돌며 개최되는 연례 정상회의는 "SCO의 꽃"이라 할 만큼 대내외적으로 큰 관심을 받아 왔다. 정상들은 SCO의 기본방 향을 결정하고 그 결과를 선언문을 통해 발표해 왔다. SCO의 상설기 제로는 제반 행정업무를 담당하는 사무국(북경), 그리고 SCO의 특수 성을 상징하듯 '반테러센터'(타쉬켄트)가 각각 2004년 문을 열어 오늘 에 이르고 있다. 적어도 창립 다음해인 2002년 정상들이 채택한 'SCO 헌장'과 오늘날까지의 진행과정을 본다면 SCO는 구속력이 매우 낮은 느슨한 형태의 포괄안보협력기구이다. NATO와 같은 동맹 혹은 집단 방위체도 아니며, 그렇다고 해서 참가국간 군사적 투명성제고 등 신 뢰구축을 통해 무기경쟁 및 우발적 무력마찰 가능성 차단을 목적으 로 한 전형적 '협력안보' 혹은 '공동안보'기구라 하기도 애매한 측면이 있다. 테러리즘, 분리주의, 극단주의라는 이른바 "비전통 위협요인"을 공동의 위협으로 간주하며 출발했기 때문이다. 더불어 SCO헌장에 따 르면 협력부문은 평화와 안전 외에 경제, 문화, 외교 등 다층적이다.

2012 정상선언과 의미

2012년 후주석 주재하 SCO정상들이 발표한 선언문을 보면, 역내 안 정의 중요성, 미국과 NATO에 대한 견제, 아프가니스탄과 터키를 옵 저버와 대화파트너로 영입함으로써 아웃리치 확장, 그리고 이 과정에 서 의장국 중국의 부상과 역할이 눈에 뜨인다.

첫째, 비전통안보에 대한 공동의 대처의지이다. 즉, 회원국 국경지

대 안정화, 마약, 무기 밀매, 밀입국 등 초국가범죄 근절, 반테러, 반
분리주의, 반극단주의 의지를 재천명하였다. SCO의 본래 섭립취지에
충실하겠다는 공약이다.

둘째, 정상들은 "시리아"에 대한 군사개입 혹은 강제적 정권교체에
반대하며 일방적 제재를 인정치 않는다고 선언하였다. 유엔은 2011년
부터 점증되어 온 시리아정부의 반군 무력진압에 대해 속수무책이다.
중국과 러시아가 거부권을 행사하고 있기 때문이다. "이란"의 핵의혹
과 관련해서도 군사적 해결을 받아들일 수 없음을 강조하고, 오히려
2005년 SCO옵저버 국가가 된 이란이 역내 평화와 안전에 기여할 것
이라는 기대를 피력하였다.

셋째, 정상들은 "한 국가 혹은 블록의 일방적이고 무제한적 "미사일
방어"는 국제안보 및 전략적 안정성을 위험에 빠뜨릴 것이라고 밝혔다.
이는 최근 NATO의 유럽미사일 방어계획 제1단계 착수에 대한 SCO차
원에서의 비판으로서 푸틴 대통령의 입장이 충분히 반영된 것이다.

넷째, 아프가니스탄을 옵저버로 승인했다. 9.11이후 아프가니스탄은
지난 10여년 미국과 NATO의 전폭적 안보관리 지대였다. 그런데 이번
2012년 북경정상회의에서 SCO 정상들은 유독 "아프가니스탄 주도의
통합과정 및 독자적이고 중립적인 국가건설"을 강조하였다. 유라시아
의 두 강대국 중·러가 미국과 NATO를 견제하려 한 것이다. 후주석
과 카르자이 대통령은 정상회의 다음날 '중국-아프가니스탄 전략적 협
력동반자관계'를 선언하였다. 중국기업들이 이미 광물, 에너지 부문
개발을 위해 아프가니스탄에 진출을 시도하고 있으며, 2012년에 2,400
만 달러 차관을 지원할 것이라 한다.

다섯째, 정상들은 SCO가 국제 경제 및 금융 위기가 회원국 경제발
전에 미치는 부정적 영향을 줄이는 데에 기여할 것이라 다짐했다. 구
체적으로 교역투자 증진, 합작프로젝트 추진, 옵저버 및 대화파트너
와의 협력 등에 합의했다. 특히 지리적 특성을 고려, 아시아와 유럽

을 잇는 교통인프라 개발에 관심을 보였다. 경제부문 협력방안은 부상하는 중국의 의지가 강하게 반영된 것으로 보인다. 후주석은 폐막기자회견에서 중국이 회원국간 철도, 도로, 항공, 통신, 에너지 분야 건설을 위해 100억 달러를 대여할 것이라 밝혔다. 그는 또 회원국들로 구성된 특별 회계 및 발전 은행 건립을 추진해갈 것이라는 계획도 밝혔다. 화평굴기(和平崛起)를 기치로 한 중국이 SCO를 주변국이나 지역과의 이익공동체 도모의 기제로 투영하고 있음을 시사한다. 그럴 만한 가치가 있는 것이다. SCO 6개 회원국은 영토측면에서는 유라시아의 3/5인 3천만 평방킬로미터, 인구측면에서는 전세계의 1/4을 차지하고 있다. 나아가 전세계 원유의 23%, 천연가스의 55%가 매장되어 있는 것으로 간주되는 만큼, 21세기 글로벌 에너지 수급측면에서도 역시 막강한 잠재력을 안고 있다.

끝으로, SCO 아웃리치다. 2012 정상회의에서는 아프가니스탄이 새롭게 옵저버 지위를 부여받은 외에 터키가 새로운 '대화파트너'로 영입된 사실이 크게 주목된다. 비록 옵저버보다 낮은 수준이기는 하나 터키가 NATO회원국으로는 최초로 SCO와 공식관계를 갖는 나라가 된 것이다. 터키국민 대다수가 모슬렘이며 지정학적으로 중앙아시아 국가들과 인접한 만큼 SCO의 기저 안보인식, 즉, 테러리즘, 분리주의, 극단주의에 대한 공조 필요성이 감안되었던 것으로 보인다. 결과적으로 출범 11년만에 SCO는 6개 회원국외에 5개 옵저버(몽고, 이란, 인도, 파키스탄, 아프가니스탄), 3개 대화파트너(벨라루스, 스리랑카, 터키)를 두면서 서아시아까지 아웃리치를 확대하게 되었다. 또한 SCO는 유엔총회의 옵저버 지위를 획득한 2004년 12월 이후 '동남아국가연합'(ASEAN), '독립국가연합'(CIS) 집행위원회, '유라시아경제공동체'(Eurasec) 등 여타 유라시아 및 아시아 지역기구와의 협력 메모랜덤에도 서명하였다.

SCO의 결속력 동기, 가능성과 한계

6개 회원국 모두 공동의 목표인 테러리즘, 분리주의, 극단주의로부터의 영토안정과 역내안정을 꾀하는 것은 사실이지만 이와 병행하여 회원국 상호간 미묘하고 복합적인 정치역학이 전개된다.

역내 테러리즘, 분리주의, 극단주의 배척이라는 공식적 취지와 병행하여, 6개 회원국간 내적 결속동기도 다분하다. 첫째, 중·러의 수혜측면이다. 회원국간 평등성을 강조하지만 사실상 SCO는 유라시아의 두 강대국, 즉, 중국과 러시아가 주도하고 중앙아시아내 4국이 참여하는 위계형 조직이다. 중·러가 이미 1996년 대미견제성 "다극세계질서"기치하 '전략적 동반자관계'를 선언한 터였던 만큼, 어떤 면에서 SCO는 이 두 나라에게 기존 자신들의 전략적 동반자관계에 대한 공간확대를 의미한다. SCO 발기문은 "글로벌 차원에서의 전략적 균형과 안정 유지가 매우 중요하다"는 중·러의 공식화된 의지를 그대로 담고 있고, 이후 선언문들도 다분히 그때그때 국제안보현안에 있어 중앙아시아 국가들을 동원하여 유일 초강대국 미국을 견제하려는 중·러 전략적 공조의 모습을 적나라하게 드러내 왔다. 미국의 이라크 군사작전, NATO의 리비아 공습, CIS국가 내 색깔혁명 등이 모두 그러한 소재가 되었다. 2012년도 예외가 아니어서 앞에서 예시했듯 시리아, 이란, 유럽미사일방어 등이 소재가 되었던 것이다.

둘째, 중앙아시아 회원국 정상들의 입장에서도 득이 된다. SCO가 자신들의 권위주의 정치에 대한 대내외적 보호장치가 된다. 나자르바예프 카자흐스탄 대통령, 라흐몬 타지키스탄 대통령, 카리모프 우즈베키스탄 대통령은 모두 21년 이상 권좌에 있다. 이들에게 SCO는 소위 '3악' 척결이라는 기치하 정치적 반대파들을 억압함으로써 장기집권을 도모할 수 있는 기제이다. 또한 민주주의, 법치, 인권을 강조하는 서방의 원조에 비해 '국내문제 비개입'을 주창하는 중·러주도 SCO는 심리적으로 든든한 기제가 된다. SCO의 결속력을 시위하는 지표로는 2005년 SCO정상회의 선언을 계기로 미군이 우즈베키스탄 K-2공군기지를 떠나게 된 점, 이란이 SCO의 비호를 받고 있는 점, 회원국 정치의 권위주의화, SCO차원의 반테러 군사훈련 등을 들 수 있다.

그러나 또 다른 한편 SCO 결속력의 한계를 전망하지 않을 수 없다. SCO가 안보공동체인지, 경제공동체인지 불분명한 가운데 6개 회원국간 SCO비전에 대한 공감대가 쉽지 않을 것으로 보인다. 첫째, 무엇보다 중앙아시아내 중·러의 패권경쟁을 가정하지 않을 수 없다. 러시아 입장에서는 중국의 경제성장, 군비증강에 비추어 중국의 새로운 헤게모니 가능성을 차단할 필요가 있다. 중국으로서도 중앙아시아 3국과의 접경현실, 고속성장에 필요한 에너지 수요 등 러시아의 배타적 영향력 행사를 저지할 동기가 있다.

둘째, 중앙아시아 국가들에 있어서도 SCO는 중국 혹은 러시아의 일방적 영향력을 저지할 수 있는 틀로 인식될 수 있다. SCO차원에서 반테러 목적의 대규모 합동군사훈련이 있지만 오늘날 중앙아시아 회원국들 모두 NATO의 '평화를 위한 동반자(PfP)'회원인 점, 나아가 SCO 군사훈련 관행과 러시아 주도 CIS '집단안보조약기구'와의 중첩되고 모호한 관계 등을 생각지 않을 수 없다.

셋째 2004년 이후 중·러가 부쩍 SCO차원의 경협을 강조하고 있으나 이 역시 한계가 있다. 중국, 키르기스스탄, 러시아가 WTO회원이지만 나머지 3개국은 아직 WTO 비회원국인 점, 러시아가 주도하는 CIS 6개국 경협기구 Eurasec과의 역할갈등, 중국과 러시아간 카자흐스탄 등 중앙아시아내 에너지 자원(러시아의 경우 재수출)을 놓고 벌일 경쟁가능성, SCO내 러시아를 포함한 3개 에너지생산국의 개발 및 시장을 위한 미국 및 유럽으로부터의 재정 및 기술 지원 필요성 등에서 오는 제약을 말한다. 특히 미국은 직접 중앙아시아 개개 국가들을 대상으로 각종 지원의 끈을 늦추지 않고 있다. 키르기스스탄 마나스 공항내 미군기지가 그대로 있는 것도 시사하는 바가 크다. 요컨대,

SCO 6개 회원국간 이른바 '상해정신' 주창에도 불구하고 서로서로 불신이 병행할 수밖에 없다.

종합해 본다면, SCO는 미국과 NATO의 움직임을 견제키 위한 반서방적 선언은 계속하되, 제3국을 겨냥한 동맹으로 발전하기는 어려울 것으로 보인다.

정책시사점

국제사회내 한국이 굳이 SCO에 대해 부정적 입장을 드러낼 필요는 없다. SCO회원국간 역사적, 지리적 유대감 속에서 중앙아시아내 "비전통 위협요소"에 대처하려는 의지는 충분히 공감하는 바이기 때문이다. 그러나 친SCO 국가임을 자처하는 것은 현단계에서는 무리가 있어 보인다. 그 이유는 첫째, 우리의 정체성과 발전의 원동력은 민주주의, 법치, 인권 그리고 시장경제에 있고 이 점에서 우리는 동맹국 미국, 그리고 유럽국가들과 동일한 가치를 추구하고 있다. 반면 SCO는 아직 이들 기조와는 차이를 둔 가운데, 드물지 않게 서방과 정치적, 군사적, 경제적 알력관계임을 공공연히 드러내고 있기 때문이다. 둘째, 기구의 정체성, 실용성 등과 관련하여 장기적으로는 6개 참가국중 현실주의 국제정치에 입각한 이탈행위마저도 충분히 예상할 수 있기 때문이다. 종합해보건대, 적어도 중단기적으로 우리는 SCO에 대한 호악을 논함으로써 스스로 강대국 세력게임에 구속되기 보다는 현재와 같이 군사 및 가치 동맹국 미국과의 관계를 축으로 하되 중국, 러시아와의 정치, 경제적 양자 관계 증진 그리고 중앙아시아국가들과의 직접적인 우호관계 속 건설적인 프로젝트 동참 등을 추진하는 것이 바람직해 보인다. 중국과는 양자관계에 더하여 한·중·일 협력체제도 존재한다.

제11장
두 차례에 걸친 중·러 해상연합-2015[11]
배경, 내용, 의미

2015년 중러는 전례없이 지중해와 동해에서의 두 차례 해군 합동훈련으로 세계적 주목을 받았다. 본고는 유라시아 대륙의 두 강대국, 중국과 러시아 관계, 특히 2015년 있었던 양국 해상합동훈련의 내용과 의미를 살펴보고자 한다. 중국 해군병력은 230만 인민해방군 중 23만명으로 전투병력으로는 세계 최대 해군이며 톤수로는 미국 다음이다. 소련해군을 계승한 러시아 해군은 러시아 군병력 총77만 중 13만명이다. 중러 모두 첨단 해군력 증강을 목표로 하고 있다.

우리로서는 중러가 공히 미국, 일본과 함께 지정학적으로 주변 4강에 속하며 북한체제 존립에 대해 직간접 지원을 계속하고 있는 만큼, 보다 포괄적인 중러 전략관계의 현황 및 전망에 관해 관심을 두지 않을 수 없다. 양국 '해상연합(Joint Sea)' 시리즈는 그런 측면에서 관심을 두고 지켜볼 사안이다.

전승70주년 밀착외교와 해상 합동훈련

러시아와 중국은 2015년 제2차 세계대전 종식 70주년을 맞아 각각 5월 9일 모스크바, 그리고 9월 3일 북경에서 성대한 기념식을 거행했다. 서방지도자들이 2014년 러시아 크림합병 및 지속되는 우크라이나 동부 '하이브리드 전쟁'에 따라 러시아 열병식에 참석하지 않은 데 반

---

11) 「정세와 정책」 (2015.11)

해, 시진핑 주석은 인민해방군 파견단까지 동원, 푸틴 대통령에게 귀한 손님이 되어 주었다. 시주석은 쿠바, 베네주엘라, 짐바브웨 등 전통적 반미지도자들과 나란히 레닌묘지 앞에 섰었다. 넉 달후 2015년 9월 3일, 이번에는 푸틴 대통령이 시주석에게 귀빈이 되어 주었다. 중국이 자체개발한 최신 전략무기들을 선보이는 이 자리에 역시 대부분의 서방지도자들은 참석치 않았다. 서방과 궤를 달리하는 중러간의 유대감을 충분히 시위한 셈이다.

이와 나란히 2015년 중러해군의 합동훈련은 예년에 비해 유난히 국제여론의 주목을 받았다. 사실 2012년부터 중러 양국은 "제3국을 겨냥한 것이 아닌 비전통안보" 대처를 위함이라는 공식논평과 함께 연 1회 해군 합동훈련을 동해주변에서 시행해 왔었다. 그러나 2015년 5월 지중해에서의 훈련은 지리적 반경을 멀리 지중해로 넓혔다는 점에서 그 배경과 동기에 관심을 갖게 했다. 중국 해군으로서는 첫 지중해 훈련이었으며 2014년 3월 크림반도를 합병한 러시아가 중심이 되어 처음으로 지중해상 벌였던 중러 합동훈련이었다. 더구나 석 달후 동해에서 해군 합동훈련을 다시 시행, 종전처럼 연1회가 아닌 2회, 서쪽과 동쪽에서 거행된 점에서 '해상합동-2015'는 종전 해상합동훈련과의 차별성을 보였다. 서방당국은 공식논평을 자제하지만 대다수 분석가들은 올해 해군훈련이 서방에 대해 "중러 있음"을 시위한 셈이라 보고 있다.

비록 중러가 체제를 달리하고 있지만 시진핑 주석과 푸틴 대통령은 공히 군사부문에서 실권과 영향력을 가진 지도자로 통하며 미국과 서방을 견제하려 한다. 국제무대에서 시진핑 주석은 미중 '신형대국관계'에 대한 야심을, 푸틴 대통령은 일극세계가 아닌 다극세계로의 이행을 주장하면서 서방견제성 공감대를 형성해 왔다. 최근에 중국은 남중국해 영유권 분쟁, 러시아는 우크라이나와 시리아 문제로 공히 미국과 불편한 관계에 놓여있다.

2012년 이래 확대 · 강화되어온 중러 '해상연합' 시리즈

중러는 2011년 약정에 따라 이듬해부터 '해상연합' 제하의 연례 합동훈련을 실시해 왔다. 공식적으로 양국은 "제3국 겨냥이 아닌 비전통안보"에 초점을 둔 훈련임을 강조하지만 매년 참가 군장비와 병력 규모, 그리고 작전지역 확대 등의 측면에서 "사상 최초"라는 수사가 무색치 않은 포괄적 성격으로 진화하면서, 서방관측자들에게는 중러 군사전략 협력으로까지 발전하는 것은 아닌지 우려를 안겨주고 있다.

중러 최초의 해군훈련인 '해상협력-2012'는 4월 칭다오에서 중국 북방함대를 주축으로 시행됐다. 러시아측은 태평양함대 순양함 '바리약'(11,500톤)을 위시, 북해함대의 대잠구축함 3척, 예인선, 함대탱커, 병참선 등을 파견했다. 첫 해상합동훈련에 대해 중러 당국자들은 비전통안보, 상호운용성 증진, 기술공유, 지역안전 강화 등 아태지역내 미국 등 여타 역내 국가들의 기존 해상 합동훈련에서처럼 다양한 비정치군사적 목적을 제시했다. 이어진 '해상협력-2013'은 7월, 러시아 블라디보스토크에서 수행됐다. 중국은 자국군 "최대규모," "최강전력"을 배치했음을 강조했다. '해상협력-2014'는 5월, 중국 상해에서 개최됐는데 러시아의 크림합병 직후여서 서방의 대러제재가 시작된 시점이었다. 푸틴 대통령이 상해를 방문, 시진핑 주석과 나란히 개막식에 참가하여 세계의 주목을 받았다. 두 정상은 본 훈련이 중러 "상호협력과 안보증진을 목적으로 했다"며 치하했다. 양정상은 다음날, 다년간 미루어왔던 중러 천연가스 공급계약을 체결하는 등, 군사부문뿐 아니라 경제차원에서도 서방견제성 밀월을 시위했다.

'해상연합-2015' 내용

언급했듯 중러 해군은 2015년 "최초로" 지중해에서 5월에, 그리고 "최대 규모"로 동해에서 8월에 각각 '해상훈련-2015'(I)과 '해상훈련-2015'(II)

를 실시했다. 중러 전략관계에서 또 다른 진화라 하겠다.

지중해 합동훈련: '해상연합-2015'(I)

2015년 5월 17-21일 닷새간 지중해상에서 중러 해군 합동훈련이 거행됐다. 석 달후 있었던 동해 합동훈련에 비해 규모는 작았지만 처음으로 양국 해군이 지중해상에서 치른 합동훈련이라는 점에서 전략적 의미를 배제하기 어렵다. 러시아측 6척, 중국측 3척을 포함 모두 9척의 군함이 참가했다. 러시아측에서는 순양함 1척, 프리깃함 1척, 코르벳함 1척, 상륙함 1척, 예인선 1척, 구형군함 1척, 그리고 중국측에서는 신형 다목적 군함인 Type 054A 프리깃함 2척 및 Type 903 보급선 1척이 참가했다. 양국정부는 지중해 훈련이 "비전통안보"에 대한 합동 준비태세임을 강조했고, 실제로 양국 해군은 항해중 보급, 화물운송, 미션 에스코트, 소방훈련 등 원해에서의 안전항해 보장을 목적으로 한 시뮬레이션 훈련을 했다. 중국측 사령관은 "두 나라 해군이 새로운 방식의 합동훈련개발을 위해 공동으로 노력했으며 성공적으로 훈련을 마쳤다"고 평가했다. 나아가 러시아측 사령관은 "양국 해군기지로부터 멀리 떨어진 곳에서의 해상훈련이었던 만큼 중러 해군이 세계 어떤 대양에서도 안전항해 보장능력이 있음을 실험한 것"이라 평가했다. 요컨대, 지중해 훈련은 중러 전략적 이해의 지리적 확장이란 측면에서 중러 스스로는 물론 서방의 관심을 받고 있다고 하겠다.

동해 훈련: '해상연합-2015'(II)

중러해군은 지중해 합동훈련이 끝난 지 석 달만인 2015년 8월 20일부터 28일까지 동해 블라디보스토크 연안(표토르 대제만 해역)에서 양국 최대 규모의 합동군사훈련을 실시, 일본 등 역내 국가들의 관심을 모았다. 최초로 육군과 공군도 참가했다. 모두 23척의 함정을 포함, 잠수정 2척, 전투기 15대, 헬기 6대, 수륙양용 장비 30대를 비롯해

병력 400여명이 참가했다. 중국 측에서는 함정 7척, 헬기 6대, 전투기 5대, 병력 200명이 참가했다. 중국 공군이 처음으로 훈련에 참가했으며, 중국 수상함정부대와 상륙정찰대가 처음으로 중국 이외의 지역에서 진행되는 합동훈련에 참가했다. 합동훈련 주제는 "합동 해상수송보호 및 상륙미션"이었으며 정점은 사보타주 제어, 대잠, 대함, 대공 합동방어 작전이었다. 중국전문가들은 이 훈련이 양국 해군간 "전략적 상호신뢰를 중시"하는 반증이며 이로써 "해상안전위협에 대한 능력제고"가 가능하다는 매우 의례적 분석을 내놓고 있다. 그러나 코앞에서 벌이는 중국과 러시아 해군의 대규모 합동군사훈련을 중국, 러시아와 도서 영유권 분쟁관계에 있는 일본은 물론 여타 주변국들이 그렇게 단순히 보기는 어려운 점이 없지 않다. 요컨대, 중러 해군합동훈련이 연례적으로 실시됐지만 올해처럼 서방 전문가들의 관심을 야기하지는 않았었다.

중국측 다목적 함의

'해상연합-2015'에 숨겨진 중러의 배경과 동기를 생각지 않을 수 없다. 우선 중국의 경우 그 함의는 다음에서 찾을 수 있을 것으로 보인다. 첫째, '해상연합-2015'는 2015년 4월 동경 오바마-아베 미·일 정상회담에서 재확인된 미일 군사동맹 강화에 대한 중국의 대응적 측면이 있다. 중국은 미일 합의를 비판하면서 중러러간 2015년 5월 지중해에 이어 8월에 동해에서도 또 훈련할 것이라 밝혔었다. 둘째, 2015년 중국해군은 전통적으로 NATO나 유럽국가들의 바다로 여겨진 지중해까지 가서 러시아와 합동훈련을 시행하는 담대함을 보였다. 전적으로 "아시아"의 강대국으로만 여겨졌던 중국의 시위인 것이다. 글로벌 G2로서 국제해양 비전통안보에 대한 자국 위상이 미국에 비해 현저히 낮은 만큼 조금씩 만회할 필요가 있는 것이다. 더욱이 2008년 이후 소말리아 해적퇴치를 위한 다국적 노력에 참여해 온 만큼 글로벌 명분과 경험도 충적된 상태다. 셋째, 지중해는 지정학, 지경학적으로 21세기 해양실크로드의 서쪽 끝이다. 글로벌 파워로서 중국이 EU와의 경협, 특히 그리스에의 투자 등 남유럽과의 통로를 원활히 해둘 필요가 있다. 넷째, 중국지도부의 군사력 개발의지이다. 특히 2015년 중국 '국방백서'에서 표출됐듯, 시진핑 주석 집권 이후 중국은 국가의 해양부문, 특히 동중국해, 남중국해 분쟁지역 수호를 중시하고 있다. 지중해 공동훈련 경험이중국의 대양함대 개발과제에 비추어 매우 유용하다고 볼 수 있다. 무엇보다 남중국해 긴장에 대한 경고메세지적 의도가 있을 수 있다. 또한 동해에서 개최된 '해상연합-2015'(II)에 참가한 중국측 군장비는 육해공 요소가 포함되었으며 장비성격으로 보아도 단순히 비전통안보에 대한 대처훈련이라 보기 어려운 점이 있다.

러시아측 다목적 함의

러시아에 있어 '해상연합-2015'는 미국과 EU · NATO국을 상대로 자국이 소외되지 않은 글로벌 파워임을 시사한다. 우크라이나 문제로 미국과 EU의 대러 경제제재를 받고 있는 러시아는 그 어느 때보다도 정치, 경제적으로 중국과의 관계강화를 필요로 한다. 러시아 국방차관 안토노프는 중러 군사협력이 "도전과 위협. 그리고 현재 국제질서 재편필요성에 대한 공동의 이해를 시위한다"고 설명한다. 이는 푸틴 대통령이 2015년 5월 전승기념식에서 미국을 겨냥 "글로벌 발전이 일극세계 창출시도로 훼손되고 있다"고 말한 것과 맥을 같이 한다.

특히 러시아로서는 2014년 크림합병으로 흑해함대 사령부가 있는 세바스토폴이 자국령이 된 후 처음으로 중러해군이 지중해상 합동훈련을 벌였다는 데에 큰 의미가 있다. 국제적으로 지탄을 받고 있지만 중국해군과 이를 거점으로 한 지중해 합동훈련을 실시함으로써 기정사실화 효과를 기대할 수 있다. 흑해항에 정박해 있던 중국 군함 3척, 그리고 러시아 군함 6척이 '해상연합-2015' 수행을 위해 지중해로 향했던 것이다. 더하여 시리아령 타르투스 기지는 러시아가 지중해내 갖고 있는 유일한 해군기지다. 이에 대한 서방의 인식을 새롭게 할 의도도 있었을 것이다. 돌이켜보면 2015년 5월 중러 지중해 합동해상 훈련은 2015년 9월 30일 시작된 러시아의 아사드 정권지원을 위한 시리아 공습의 전초가 된 셈이다. 전반적으로 지중해 훈련은 러시아가 서방에게 자국 영토 밖 국익수호 및 동맹으로부터의 지원확보가 가능함을 시위할 수 있는 기회였다.

'해상연합' 시리즈의 설명모델들

2015년 두 번의 중러 해군합동훈련은 아무리 중러가 비(非)정치군사적 목적을 강조한다 해도 미국과 주변국들 입장에서 보면 그렇게 받아들이기 어려운 점이 있다. 다양한 설명모델들을 정리해 보면 다음과 같다.

첫째 모델은 중러 해상훈련을 미중러 3각틀내 중러의 대미견제 시위로 보는 것이다. 중러간에는 최근 부쩍 남중국해를 둘러싼 미중 잠재적 이해 대립, 그리고 우크라이나 및 시리아 위기를 둘러싼 미러 갈등 등 대미견제 차원에서 동병상련의 요소가 있는 것이다. 2014년 11월, 중국을 방문한 쇼이구 러시아 국방장관은 중국 창완치안 국방장관과의 회담후 "양국은 아태지역내 군사적, 정치적 영향력을 강화하려는 미국의 시도에 대해 우려를 표명했다"고 밝혔다. 또 "아태지역과 북아프리카는 물론 전 세계적 상황이 갈수록 복잡해지는 이 때, 양국 군사 및 방산기술 협력은 특별한 중요성을 지닌다"고도 덧붙였다.

다만, 적어도 현재까지는 중국보다는 러시아가 좀 더 노골적으로 대미 견제성 의의를 시사하고 있다. 이는 중국의 경우 자국 경제발전을 위해 최대 교역국인 미국과의 협력이 불가피한 점을 반영한 것이다. 2014년 기준, 중-미 교역이 약 5,900억 달러인데 반해 러-미 교역은 340억 달러에 그친다. 중-러 교역규모는 950억 달러이며 2015년은 이에서 약 30% 축소될 것으로 전망된다.

둘째 모델은 좀 더 현실적 이유로서 실물차원에서 중러 해군간 군장비 '상호운용성'증대의 필요성에 초점을 둔다. 중국은 소련붕괴후 10년여 러시아 무기 수출의 제1고객 자리를 지키다가 2000년대 중반 이후 자체개발 등 조금 주춤했었으나 이즈음 다시금 관심을 보이고 있다. 중국은 특히 러시아제 S-400 방공미사일방어체계 구매에 관심을 보여 왔고, 그럴 경우 첫 구매국이 된다.

셋째 모델은 중러 당국이 공식적으로 설명해 왔듯, 기본적으로 테러리즘, 해적, 구난 등 "비전통 안보위협"에 대한 중러 해군간의 비정치군사적 효율성 제고목적의 훈련이라는 점에 착안한다.

필자가 보기에 이 세 모델은 중러 '해상연합' 시리즈를 설명하는 데에 있어 각각의 타당성을 갖고 있다. 2005년 이후 '상해협력기구'(SCO) 틀내 진행된 중러 주도 다자 '평화미션' 합동군사훈련 역시 중러의 서방견제성 결속력, 군장비 상호운용성, 비전통안보 대처 필요성 등에 입각한 복합목적의 훈련이라 하겠다.

정책시사점

이상 중러 '해상연합-2015' 분석을 토대로 볼 때, 다음 세 측면의 정책시사점을 제시하며 글을 맺으려 한다. 첫째, 우리로서는 적어도 현단계에서 중러 합동해군훈련 그 자체에 대해 너무 군사전략적 의미를 부과하고 드러나게 경계하기에는 곤란한 측면이 있다. 21세기 세계주요국 해군들에 있어 해적, 자연재앙 등 해양 비전통안보의 잠재적 위협 가상훈련은 필요한 일이기 때문이다. 중러 당국도 이에서 공식적 명분을 찾고 있다.

둘째, 적어도 얼마간 중러 양국 관계 전체에 암영을 드리우는 변수들도 없지 않다. 러시아의 경제악화 및 시리아 군사개입 후폭풍, 여기에 중국 불경기에 따른 보다 전격적 대미협력 모드 가능성, 이와 대조적으로 중러 교역 및 중국의 대러투자 위축 등 다른 변수가 없다고 가정할 때 양국 해상훈련의 의지나 예산이 축소될 가능성도 없지 않다.

마지막으로, 국제 및 역내 차원에서 미-중-러 3각 관계 변화에 관심을 기울일 필요가 커졌다는 점이다. 악화될 대로 악화된 러시아-서방(미국, EU, NATO) 불신모드, 여기에 오바마 대통령의 '아시아 재균형' 정책과 남중국해, 동중국해 문제로 팽팽해진 미중관계, 2015년 10월 초 타결된 미국주도 TPP(환태평양경제동반자협정)의 정치적 함의 등이 우리 주변 3대 강국관계의 불편한 진실을 담고 있다. '해상훈련-2016'이 남중국해에서 거행될 것이란 보도도 있다. 우리로서는 중국, 러시아와의 관계를 등한시 할 수 없는 것이 사실이다. 하지만 우리의 안보, 그리고 궁극적으로는 경제차원의 국익에 토대가 되어온 한미동맹의 중요성을 간과해서는 안 될 것이다.

제12장
중·러 정상의 타쉬켄트와 북경 회동[12]
'신실크로드,' '남중국해,' 그리고 '사드'

2016년 6월, 영국의 EU탈퇴 투표결과가 세계의 주목을 받던 시점, 푸틴 대통령과 시진핑 주석은 사흘간 타쉬켄트와 북경을 오가며 보란 듯 양국 유대를 시위했다.

SCO 정상회의

두 정상은 먼저(6월 23-24일) 2016년 '상해협력기구'(SCO) 의장국인 우즈베키스탄이 개최한 제16차 SCO 정상회의에 참석했다. 6개 회원국(중국, 러시아, 카자흐스탄, 키르기스스탄, 타지키스탄, 우즈베키스탄) 정상외에도 6개 옵저버국(아프가니스탄, 벨로루시, 인도, 파키스탄, 몽골, 이란) 정상, 그리고 의장국 초대에 따라 투르크메니스탄 대통령이 이 자리에 참석했다.

SCO는 BRICS, 중-러-인 삼각대화 등과 함께 중러 양자협력을 초석으로 하는 대표적 다자기제이다. 2001년 중국 상해에서 중러와 중앙아시아 4개국 정상들이 소위 3惡("테러리즘, 분리주의, 극단주의") 척결을 목적으로 창립했다. 2005년부터는 '평화미션'이라는 이름의 대규모 다자반테러 합동군사훈련이 격년제로 실시되고 있다. 중국어와 러시아어를 공용어로 하며 사무국을 북경에 두고 있다. 회원국들, 그중에서도 특히 중국은 SCO가 제3국을 타깃으로 하지 않는다고 강조하

12) 세종논평 (2016.7.11)

고 있으나 대부분 연례 정상들의 성명들은 레토릭 차원이나마 대서방 견제를 시사하곤 한다.

창립 15주년을 기리는 2016년 타쉬켄트 SCO 정상회의는 다음 세 측면에서 괄목할 만하다. 첫째, 정상들이 지켜보는 가운데, 그간 옵저버 자격을 가졌던 인도와 파키스탄이 마침내 SCO 정회원 의무각서에 서명했다. 이로써 2017년부터는 중러주도 SCO가 중앙아시아를 넘어 남아시아를 포함하는 8개국 다자기구로 거듭난다. SCO공간이 전세계 인구의 절반을 수용하게 된 것이다. 러시아가 파키스탄을, 중국이 인도를 반대하지 않음으로써 가능한 일이었다. 과연 이 변화가 향후 강대국 패권경쟁에 어떤 변화를 줄 수 있는 것인지, SCO가 인도와 파키스탄의 오래된 상호불신을 완화시키고, 남아시아내 만연한 테러리즘과 극단주의, 분리주의의 효과적 통제 등에 기여하게 될지, 더하여 시진핑 주석의 일대일로 구상 및 AIIB(아시아인프라투자은행)의 이행에 여하히 기여할지 주목할 부분이다.

둘째, 역내 중국의 영향력이 확실히 가시화되고 있다. 정상들은 중국주도 '신실크로드' 경제벨트 구축에 대한 기대와 지지를 표명했다. 중국주도 AIIB의 출범, 여기에 중앙아시아 회원국들이 거대 프로젝트의 협력상대국인 점, 그리고 러시아가 2015년 5월부터 자국주도 5개국 경협체인 '유라시아경제연합(EEU: 러시아, 아르메니아, 벨로루시, 카자흐스탄, 키르기스스탄)과의 시너지를 강조해 온 점 등이 낳은 결과이다.

셋째, 이러한 추세 속에서 유독 우리의 관심을 끄는 것은 '남중국해' 영유권 분쟁이 중앙아시아 회원국들의 직접적 관심사가 아님에도 불구하고 중국이 러시아와의 공조하 SCO틀내 자국의 입장을 선전, 지지를 얻으려는 노력을 기했다는 점이다. 중국 신화통신은 SCO 정상들이 '유엔해양법협약'(UNCLPOS, 1982)과 남중국해 '행동선언'(DOC, 2002)의 이행을 촉구하면서 분쟁의 국제화 및 외세관여에 반대했다고 전했다. 지난 3-4년 남중국해 문제는 중국이 '해양주권' 행사라며 필리핀, 베트남 등과의 분쟁수역내 인공섬 건설, 이에 대한 미국 등 아태국가들의 '항해자유' 표명, 필리핀의 헤이그 상설중재재판소 중국제소 등 연쇄적 긴장국명이 조성되어 왔고, 아태지역내 미중관계에서 가장 중요한 안보현안이 되었다.

중러 양자 정상회의

SCO정상회의를 마친 푸틴 대통령과 시진핑 주석은 북경으로 자리를 옮겨 2016년 6월 25일 연례 양자 정상회담을 갖고 공동성명을 발표했다. 요지는 크게 둘이다. 첫째, 경협부문이다. 2015년도 양국교역액은 전년대비 30% 축소된 630억 달러에 그쳤다. 한중교역 약 2,500억 달러, 미중교역 약 5,500억 달러에 비한다면 중러 양국 잠재력에 훨씬 못 미치는 규모다. 이에 두 정상은 2020년 목표액을 2,000억 달러로 설정했으며, 정상회담을 계기로 에너지, 농업, 교통, 항공, 군사 등의 부문에서 30건의 양자 경협프로젝트를 채택했다. 전문가들은 중러가 과연 국제유가 하락, EU제재, 법제 및 개혁 미진 등 러시아 경제가 당면한 난조건을 극복하고 조기에 양적, 질적 도약을 꾀할 수 있을지 주목하고 있다.

둘째, 전략 및 안보차원에서 중러 정상은 늘 그러했듯, 자신들이 유엔안보리 상임이사국인만큼 이번에도 서방을 겨냥 국제문제 해결에 있어 유엔의 핵심역할 존중을 촉구했다. 또한 러시아가 대서방 견제차원에서 주장해온 바, 시리아의 주권, 독립성, 영토전일성의 중요성을 강조했으며, 타쉬켄트 다자회의에 이어 양자회담에서도 '남중국해' 영유권 분쟁과 관련해서 분쟁의 국제화 반대 등 기존 중국의 입장을 강조했다.

나아가 중러정상은 그간 중국이 강력히 표명해온 바, 미국 사드 (THAAD: Terminal High Altitude Area Defense, 고고도 미사일 방어체계)의 한반도 배치에 반대했다. 두 정상은 '글로벌 전략안정 강화'(3 쪽)라는 특별성명을 채택했는데, 여기서는 북한 위협에 따른 동북아 내 사드배치를 러시아가 반대해온 유럽내(루마니아, 폴란드) 미국의 육상 이지스 탄도미사일 방어체계 배치와 함께 "글로벌 전략안정"에 대한 부정적 요인으로 예시했다.

한미 양국은 이로부터 약 2주가 지난 2016년 7월 8일, "북한의 증대 되는 핵, 미사일 위협으로부터 우리 국민과 주한미군을 보호하기 위 해 사드체계를 주한 미군에 배치키로 결정했다"고 공식발표했다. 이 에 중국과 러시아가 실망감을 표출하고 있다. 그러나 분명한 사실은 문제의 본질이 북한의 비확산 국제규범 위반과 한국의 국가안위에 대한 위협에서 시작됐다는 점이다. 중러는 공히 국제평화와 안보를 책임지는 유엔안보리 상임이사국인 만큼 그 어느 국가보다 북한으로 인한 NPT 비확산 레짐의 위기를 막고 국제평화와 안보를 담보할 책 무가 있다. 북한은 비핵보유국으로 NPT에 가입했음에도 유일하게 탈 퇴를 선언했으며, 21세기 들어 유일하게 핵실험을, 그것도 네 차례나 감행했다.

정부는 숙고 끝에 사드배치를 결정한 만큼, "방어목적" 요격체계인 사드가 동맹의 '확장억제력,' '유엔 대북제재 결의에 대한 국제사회의 성실한 이행' 등과 함께 한반도 평화와 안전을 위한 한 요소가 될 수 있도록 만전을 기해야 할 것이다.

제13장
샹그릴라 대화와 미·중경쟁13)
아시아안보의 현주소

　2015년 5월 29일부터 2박 3일간 싱가포르에서는 영국 국제전략문제 연구소(International Institute for Strategic Studies, IISS)가 주관해오는 아시아안보회의(Asia Security Summit, 일명 Shangri-La Dialogue)가 개최됐다.

　아시아안보회의는 2002년 출범, 올해로 14년차가 된다. '샹그릴라 대화'로 더 잘 알려진 데에는 개최장소가 싱가포르 샹그릴라 호텔이기도 하고, 영국 소설가 제임스 힐턴의 소설('잃어버린 지평선' 1933)에서 주인공이 체험한 히말라야의 신비한 이상향이 샹그릴라여서가 아닌가 싶다. 역설적이지만 지금 아시아의 안보현실은 그 샹그릴라와는 멀다. 2014년부터 노골화된 중국과 ASEAN 관련국간 남중국해 영유권 분쟁은 2015 샹그릴라 대화의 핵심어라 해도 과언은 아니었다.

　샹그릴라 대화는 냉전기(1960년대) 유럽에서 탄생해 지금도 계속되는 '뮌헨안보대화'와 비교한다면 후발주자다. 다분히 그 역사와 출범 배경, 회의성격과 분위기도 차별성이 있다. 그럼에도 불구하고 21세기 들어 서서히 유럽에 '뮌헨안보대화'가 있다면 아시아에는 '샹그릴라 대화'가 있다는 인식이 자연스러울 정도로 그 존재감을 더 해가고 있다. 샹그릴라 대화는 기본적으로 역내 국방장관 및 군참모들을 대상으로 한 트랙1 안보대화체이지만 국회의원, 전문가, 언론인, 기업인들도 본회의에 초대를 받아 참석하고, 사이드라인으로 국방수장들로

---

13) "샹그릴라 대화 2015: 아시아안보의 현주소," 세종논평 298호 (2015.7.2)

하여금 비공식적 양자 혹은 다자 회담을 통해 군 대 군 구체적 협력의 물꼬를 틀 기회를 제공한다.

2015년 샹그릴라 회의는 모두 5개 전체회의를 개최했다. 이들의 주제는 "미국과 아태 안보도전," "분쟁확산 예방," "아시아의 새로운 안보협력 방식," "분쟁해결 및 협력을 위한 아태지역 질서강화," "글로벌 안보도전과 지역간 협력"이었다. 한편 5개 동시세션에서는 좀 더 구체적으로 군과 새로운 테러위협, 인도-태평양지역 에너지안보, 해상 첩보 · 감시 · 정찰, 아태 소국가들에 대한 안보위협, 아시아 군비경쟁 극복방안 등 적시성이 큰 안보현안 중심의 논의가 이어졌다.

이하에서는 구체적으로 전체회의를 토대로 2015 샹그릴라 대화에서 드러난 아시아 안보상황을 간략히 짚어 보려한다. 필자가 이번 회의를 참석한 후 필자의 시각에서 요약한 것이다.

'중국과 남중국해 영유권 분쟁' & '전략적 불안'

2015년 샹그릴라 대화는 중국이 「국방백서」(2015)를 통해 해양권익 수호를 명시한 후 처음 열리는 회의라는 점이 여러 측면에서 가시화됐다. 그러한 맥락 속에서 2014년에 이어 중국과 동남아 국가간 "남중국해 영유권 분쟁," 더하여 중국과 필리핀, 베트남 등 ASEAN 회원국들과의 해상충돌 잠재력이 핵심 관심사가 되었다. 특히 분쟁지역내 2014년 12월부터 시작된 중국의 인공섬 건설은 상당기간 중국-ASEAN 및 미-중 정치, 외교, 군사관계에 적지 않은 영향을 미칠 것으로 보인다. 이를 집약하여 칩만 IISS 소장은 개회사에서 아태안보 상황을 "전략적 불안"(strategic unease)이란 말로 대신했다. 역내 세력들의 군사적 공세성, 특히 해상 군사활동을 우려했다.

미국을 위시 다수국가들이 중국의 남중국해 활동 우려측면에서 단합하는 분위기였다. '자유로운 항해, 외교적 해결, 국제법 존중, 행동규범(Code of Conduct)'에 관한 관련국간 조속한 합의 등이 요구됐다.

라이엔 독일 국방장관, 펄론 영국 국방장관, 모게리니 EU 외교안보고
등관 등 유럽측 외교안보 고위급 인사들도 분명한 어조로 글로벌 안
보차원에서 이들 가치의 긴요함을 강조했다. 무역의존도가 높은 우리
로서도 남중국해 해양안보와 항해의 자유보장이 매우 중요한 문제다.
남중국해 긴장이 향후 어떻게 전개될지, 2016년 샹그릴라 대화에서
어떤 식으로 논의될지 주목하지 않을 수 없다.

미국의 '재균형 정책' 실천 의지

GDP 세계 1, 2, 3위인 미국, 중국, 일본의 안보관과 안보정책은 한
반도와 아시아 안보구도에 중요한 영향을 미친다. 그런데 2015 샹그
릴라 대화에서 중국, 그리고 어느 정도 일본이 각각 남중국해 긴장과
역사문제로 인해 리더십 권위가 감해진 반면, 미국은 상대적으로 그
렇지 않았던 것 같다. 리셴룽 싱가포르 총리는 기조연설을 통해 미국
헤게모니에서 미-중관계로의 세력전이가 상호 유익한 경쟁모델이 되기
를 기대한다면서도, 전후 아시아의 경제발전과 안정을 도모하는 데에
있어 역내 지배세력이었던 미국의 군사적 역할이 컸음을 강조했다.

애쉬튼 카터 미 국방장관은 기후, 북한, 사이버안보 등 불안정 요
인들을 예시하며 군사, 경제 차원에서 한국, 일본, 호주, 인도, 필리
핀, 베트남, 말레이시아 등 역내 동맹 및 파트너 국가들과의 협력강
화를 통한 "재균형 정책" 실천의지를 밝혔다. 특히 남중국해 스프래틀
리 군도 이해당사국간 오판에 의한 군사적 충돌가능성 및 중국의 인
공섬 군사화를 우려했다.

반면 중국측 쑨젠궈 부총참모장은 중국지도부가 제시해온 인류운
명공동체 이념, 지역 및 국제평화 기여, 일대일로(一帶一路) 이니셔어
티브 등을 소개했다. 남중국해 문제는 중국이 자제력을 발휘 현재 자
유로운 항해에 문제가 없다는 식의 설명으로 여타 참석자들의 전략
적 불안에 대한 우려와는 갭을 드러냈다. 더불어 한반도 비핵화는 차

분히 대화로 해결해야 한다는 기존 중국측 특유의 정형화된 입장을 밝혔다.

나카타니겐 일본방위상은 남중국해, 동중국해 긴장을 우려하며 국제법, 강압이 아닌 평화적 방법 등의 원칙을 강조하면서 미·일동맹의 중요성, 2015년 4월 체결한 신(新)미·일가이드라인, 국제평화의 적극기여 의지 등을 설명했다. 다만 설명 후 일본의 역사인식에 대한 청중측 논평, 그리고 다른 패널이었지만 독일 국방장관이 전후 독일의 철저한 역사반성을 당당히 말할 수 있었던 점 등은 또 다른 측면에서 아시아안보의 '전략적 불안'을 시사해 주었다.

ASEAN · 인도, 다양한 비전통 안보위협

동북아 소지역에 비해 ASEAN 회원국이나 인도 등에 있어 안보위협은 국가관계에서 오는 전통적 위협 잠재력 외에도 종교나 인종에 기반을 둔 테러리즘, 정치적 극단주의, 환경, 자연재난, 전염병, 마약밀매, 사이버, 해적 등 비전통적이고 초국가적인 측면이 중요한 부분을 차지하고 있다. ASEAN-plus 외무장관포럼인 ARF(1994년 출범)도 그렇지만 각각 2006년과 2010년 출범한 'ASEAN 국방장관회의'나 'ASEAN-plus 국방장관회의'는 전통안보뿐 아니라 비전통안보 관련 구체적 실천방안에 도움을 줄 수 있으리라 기대를 모으고 있다. 싱 인도 국방장관, 응엔 헨 싱가포르 국방장관 등은 중동지역 수니파 극단주의 '이슬람국가'(IS)가 남아시아에도 직간접 위협요소가 된다고 보고 이에 대한 공동의 노력을 촉구했다. 우리가 좀 더 신경을 써나가야 할부분이다.

폐회사에서 칩만 IISS소장은 2015년 34개국으로부터 약 500명의 대표(비정부 대표 포함)가 참석했으며, 26명의 국방장관이 67건의 양자회담 통해 상당수 구체적 군사협력 제안을 논의했다고 보고했다. 2016년도 더 나은 대화를 기약했다. 취임 후 처음으로 이번 샹그릴라 대화에 참석한 한민구 국방장관은 미국, 일본, 중국, 태국, 인도네시아 등과 총 8회의 국방회담을 통해 한반도 정세를 논하고 교류협력확대를 도모했다.

끝으로, 도시국가 싱가포르에 대한 소고다. ASEAN 창설회원국인 싱가포르는 유럽과 아시아 상권을 잇는 허브로서 일본보다 높은 1인당 GDP(54,000달러)를 보여주고 있다. 그 싱가포르가 비록 런던 소재 IISS의 주관이고 비록 대화체에 그치지만, 연례 샹그릴라 대화 개최국으로서 아시아 안보 측면 건설적 중견국이 되었다는 생각을 떨치기 어렵다. 2012년 국방차관급 다자안보협의체로 출범한 '서울안보대화'도 시간이 가면서 한반도를 위시한 역내평화와 안정에 기여하는 국방네트워크가 되기를 기대해 본다.

제7부 참고문헌

▶ 단행본 · 논문

정은숙. 2008. "2008년 유엔전망: 평화 · 발전 · 인권 3대축." 「정세와 정책」 2.

_____. 2009. "2009년 유엔전망: 오바마 대통령 취임을 기해." 「정세와 정책」 2.

_____ (편). 2010. 『미 · 중 · 일 · 러의 한반도정책 결정과정』. 세종연구소.

_____. 2014. 「동북아 평화 · 협력 구상 내실화 및 실천을 위한 제언: 헬싱키 프로세스의 재조명을 중심으로」. 세종연구소.

_____. 2016. "21세기 글로벌 세력균형과 미국의 역할." 「국가전략」 22-1.

_____. 2016. 「트럼프 당선과 미러 관계 변화전망」. 세종연구소.

_____. 2018. 「이란 핵문제 해결을 위한 JCPOA의 미래」. 세종연구소.

_____. 2018. "푸틴의 재선: 절대권력과 국제정치 함수." 「정세와 정책」 4.

_____. 2018. "트럼프 정부의 핵태세보고서: 현실주의 프리즘." 「정세와 정책」 3.

Borko, Yuriy. & Orlov, Boris. 1989. "Reflections on the Fate of Europe." *MEMO*. September.

Bykov, Oleg N. 1991. "A Multilateral Arms Control Regime for East Asia: Overviews and Prospects," *The Korea Journal of International Studies* 39-4.

Farrall, Jeremy and Hilary Charlesworth, ed. 2016. *Strengthening the rule of law through the UN Security Council*. Routledge.

Ferguson, Nial. 2012. *When China Rules the World: The End of the Western World and a Birth of a New Global Order*. 2nd, ed. Penguin Books.

Forsythe, David P., Roger A. Coate, and Kelly-Kate Pease. 2013. *The United Nations and changing world politics*. Westview Press.

Gabriel, Jonsson. 2017. *South Korea in the United Nations: Global Governance, Inter-Korean Relations and Peace Building*. World Scientific.

Genser, Jared, and Bruno Stagno Ugarte, eds. 2014. *The United Nations Security Council in the Age of Human Rights*. Cambridge University Press.

Goodby, James E. 1993. Collective security in Europe after the Cold War. *Journal of International Affairs*. Winter.

Gordenker, Leon, ed. 2017. *United Nations in International Politics*. Princeton

University Press.

Grenfell Bozek, Felix Jack. 2013. "Britain, European security and freer movement: the development of Britain's CSCE policy 1969~1972." *Cold War History* 13-4.

Gubin, Sandra L. 1995. "Between Regimes and Realism-Transnational Agenda Setting: Soviet Compliance with CSCE Human Rights Norms," *Human Right Quarterly* 17-2.

Harsch, Michael F. 2015. *The power of dependence: NATO-UN cooperation in crisis management*. Oxford University Press.

Herro, Annie. 2016. *UN Emergency Peace Service and the Responsibility to Protect*. Routledge.

Hunt, Charles T. 2014. *UN peace operations and international policing: negotiating complexity, assessing impact and learning to learn*. Routledge.

Hong, Ki-Joon. 2015. "A Path to 'Emergent Peace' in Northeast Asia: The Shadow of the Past Matters," *Asian Studies Review* 39-3.

IISS (The Institute of International Security Studies). 2015. *Asia Pacific Regional Security Assessment*.

Jervis, Robert. 1982. "Security regimes." *International Organization* 36-2. Spring.

Kelly, Robert. 2014. "The Pivot and its Problems: American Foreign Policy in Northeast Asia," *The Pacific Review* 27-3.

Kertcher, Chen. 2016. *The United Nations and Peacekeeping, 1988-95*. Oxford University Press.

Kim, Samuel S. 2015. *China, the United Nations and world order*. Princeton University Press.

Nye, Joseph S. Jr. 2015. *Is the American Century Over?*. Cambridge: Polity Press.

Puchala, Donald, Katie Verlin Laatikainen, and Roger Coate. 2015. *United Nations politics: International organization in a divided world*. Routledge.

Simons, Geoff. 2016. *The United Nations: A chronology of conflict*. Springer

Stefanova, Radoslava N. 2017. *The G8, the United Nations, and conflict prevention*. Routledge

Mack, Andrew. 1992. "Security Cooperation in Northeast Asia: Problems and Prospects," *Journal of Northeast Asian Studies*. Summer.

Merkel, Christine M. 1990. "The Helsinki Process and Future Peace Structures in

Europe," *Helsinki Monitor* 1-3.

Ministry of Foreign Affairs, ROK. 2015. *Northeast Asia Peace and Cooperation Initiative*.

Vreeland, James Raymond, and Axel Dreher. 2014. *The political economy of the United Nations Security Council: money and influence*. Cambridge University Press.

Walling, Carrie Booth. 2013. *All necessary measures: The United Nations and humanitarian intervention*. University of Pennsylvania Press.

Weiss, Thomas G. 2016. *What's Wrong with the United Nations and how to Fix it*. John Wiley & Sons.

결론

본 저서는 '국제질서와 유엔 평화·안보 거버넌스'를 주제로 한다. (i) 유엔의 총괄적 이해에서 시작하여, 유엔 평화·안보 거버넌스 측면에서 (ii) 유엔안보리 동학과 역대 유엔사무총장들의 과제와 업적, (iii) 유엔평화유지활동의 가능성과 도전요소, (iv) 인권의 국제화에 대한 유엔의 역할, (v) 글로벌 비전통 안보위협이 안고 있는 위험성과 유엔의 과제, (vi) 유엔헌장 제7장에 따른 유엔안보리 제재의 영향과 실효성, 특히 대북제재레짐의 진화와 도전, 마지막으로 (vii) 거부권을 가진 유엔안보리 5개 상임이사국들간 유엔밖 현실주의적 상호견제와 경쟁 구도, 이를 배제하기 어려운 국제질서 변화를 각각 살폈다.

호기심 속에서 필자가 1990년대부터 하나 둘씩 집필해 온 것들이 주축이 되었다. 욕심이 많았던 것 같다. 유엔의 활동 중 평화·안보 거버넌스에 초점을 둔다 했지만 여전히 많은 평화·안보 주제들을 다루지 못했다. 다만 이 저술이 냉전종식이후 국제안보환경 변화 속 유엔에 관한 연구를 해오는 동료, 선후배들에게 새로운 연구주제를 찾을 수 있는 작은 디딤돌이 되었으면 한다.

국제관계이론에 관심이 크다면 제1부 1장("국제관계이론 시각에서 보는 유엔") 외에도 제2부 5장("이라크 전후복구와 유엔의 역할"), 제3부 3장("통합형 유엔평화유지활동: 코소보사례를 중심으로"), 제4부 1장("유엔인권위원회와 러시아의 체첸군사작전")과 3장("인도주의적 군사개입, 시행착오의 여정"), 제5부 2장("세계화와 글로벌 테러리즘"), 제6부 1장("유엔 타깃제재, 북한·중국·러시아, 국제정치이론") 그리고 제7부 2장("시리아 유혈사태와 러시아 그리고 현실주의 국제정치")이 어느 정도 도움을 줄 수 있을 것이다.

한국과 유엔관계는 본 책자가 유엔자체에 대한 객관적 인식도모에 관심을 두었기 때문에 별도의 부(部)를 설정하지 않고, 필요시 각 부(部)에서 장(章)으로 처리하거나, 보편적 주제를 다루면서 짚는 형식을 취했다. 제3부 4장("한국·중국·일본의 유엔평화유지활동 참여")과 5장("한국군의 국제평화유지활동"), 제5부 1장("글로벌 비전통 안보위협: 유엔과 한국의 기여 요소") 등이 한국과 관련된 글들이다. 또한 유엔안보리의 제재결정과 이행을 다룬 제6부 1장-3장은 대북한 비확산 제재를 구체적 사례로 다루고 있어 우리에게 정책시사점을 안겨준다. 그럼에도 분명 한국과 유엔관계는 우리에게 중요한 과제인 만큼 추후 저자 혹은 누군가의 집중적인 연구주제가 될 것을 기대한다. 한국은 1948년 유엔감시 아래 초대 의회선거, 한국전쟁 시 유엔 최초의 군사작전, 전후 유엔의 지원 등 유엔과의 각별한 인연에도 불구하고 냉전의 영향으로 가입이 지연되어 오다가, 1991년 9월에 와서야 비로소 남북한 동시 가입을 할 수 있었다. 이후 현재까지 28년간 한국은 1996-97년과 2013-14년 두 번에 걸쳐 유엔안전보장이사회 비상임이사국으로서 국제평화와 안보에 관한 유엔의 정책결정에 참여했으며, 2001년 유엔총회의장(한승수 前 외교통상부 장관), 2006년 유엔사무총장(반기문 前 외교통상부 장관) 당선 등 짧은 기간 내에 유엔 안에서 입지를 확대해왔다. 유엔 내 지위 향상은 한국과 국제사회 관계강화의 결과인 동시에 향후 더 중요한 역할을 수행할 수 있는 또 다른 토대가 되고 있다.

국제 평화와 안보를 담보함에 있어 유엔에 대한 지나친 기대와 지나친 실망은 공히 바람직하지 않다는 입장에서 이 저술을 마치고자 한다. 많은 경우 정당성과 효율성이 상호배타적으로 작용하는 것이 현실세계이다. 도전은 어느 때나 등장하고 피할 수 없다. 이 도전은 유엔안보리나 사무국, 사무총장만의 과제가 아니라 193개 회원국 모두의 과제이다. 다만 제7부(「P5의 유엔 밖 상호견제 구도와 국제질서 동향」)가 시사하듯이 이즈음 P5(안보리 상임이사국)간 신냉전 조짐, 미국 트럼프 행정부의 탈다자주의 행보 등 유엔 전망이 그리 밝지 않다. 그러나 비관할 일은 아니다. 냉전종식이후 유엔중심 다자주의 지평의 공간이 부단히 발전해 온 것이 사실이지만 때론 후퇴하기도 했다. 분명 유엔안보리 5개 상임이사국이 각각의 국익차원에서 그리는 국제질서 변화는 자연히 유엔 평화·안보 거버넌스의 내용과 형식에 영향을 주는 중대한 요소 중 하나가 된다. 그렇다해도 사안에 따라, 나아가 좀 더 길게 본다면 후자가 견고해지는 그만큼, 전자의 영향이 제한되는 것은 아닐까 생각해 본다.

부록

1. 유엔헌장 제6장(분쟁의 평화적 해결)[1]

CHAPTER VI: PACIFIC SETTLEMENT OF DISPUTES

Article 33

1. The parties to any dispute, the continuance of which is likely to endanger the maintenance of international peace and security, shall, first of all, seek a solution by negotiation, enquiry, mediation, conciliation, arbitration, judicial settlement, resort to regional agencies or arrangements, or other peaceful means of their own choice.

2. The Security Council shall, when it deems necessary, call upon the parties to settle their dispute by such means.

Article 34

The Security Council may investigate any dispute, or any situation which might lead to international friction or give rise to a dispute, in order to determine whether the continuance of the dispute or situation is likely to endanger the maintenance of international peace and security.

Article 35

1. Any Member of the United Nations may bring any dispute, or any situation of the nature referred to in Article 34, to the attention of the Security Council or of the General Assembly.

2. A state which is not a Member of the United Nations may bring to the attention of the Security Council or of the General Assembly any dispute to which it is a party if it accepts in advance, for the purposes of the dispute, the obligations of pacific settlement provided in the present Charter.

---

[1] http://www.un.org/en/sections/un-charter/un-charter-full-text/

3. The proceedings of the General Assembly in respect of matters brought to its attention under this Article will be subject to the provisions of Articles 11 and 12.

Article 36

1. The Security Council may, at any stage of a dispute of the nature referred to in Article 33 or of a situation of like nature, recommend appropriate procedures or methods of adjustment.
2. The Security Council should take into consideration any procedures for the settlement of the dispute which have already been adopted by the parties.
3. In making recommendations under this Article the Security Council should also take into consideration that legal disputes should as a general rule be referred by the parties to the International Court of Justice in accordance with the provisions of the Statute of the Court.

Article 37

1. Should the parties to a dispute of the nature referred to in Article 33 fail to settle it by the means indicated in that Article, they shall refer it to the Security Council.
2. If the Security Council deems that the continuance of the dispute is in fact likely to endanger the maintenance of international peace and security, it shall decide whether to take action under Article 36 or to recommend such terms of settlement as it may consider appropriate.

Article 38

Without prejudice to the provisions of Articles 33 to 37, the Security Council may, if all the parties to any dispute so request, make recommendations to the parties with a view to a pacific settlement of the dispute.

2. 유엔헌장 제7장(평화위협, 평화파괴, 침략행위에 대한 조처)[2]

CHAPTER VII: ACTION WITH RESPECT TO THREATS TO THE PEACE, BREACHES OF THE PEACE, AND ACTS OF AGGRESSION

Article 39

The Security Council shall determine the existence of any threat to the peace, breach of the peace, or act of aggression and shall make recommendations, or decide what measures shall be taken in accordance with Articles 41 and 42, to maintain or restore international peace and security.

Article 40

In order to prevent an aggravation of the situation, the Security Council may, before making the recommendations or deciding upon the measures provided for in Article 39, call upon the parties concerned to comply with such provisional measures as it deems necessary or desirable. Such provisional measures shall be without prejudice to the rights, claims, or position of the parties concerned. The Security Council shall duly take account of failure to comply with such provisional measures.

Article 41

The Security Council may decide what measures not involving the use of armed force are to be employed to give effect to its decisions, and it may call upon the Members of the United Nations to apply such measures. These may include complete or partial interruption of economic relations and of rail, sea, air, postal, telegraphic, radio, and other means of communication, and the severance of diplomatic relations.

[2] http://www.un.org/en/sections/un-charter/un-charter-full-text/

Article 42

Should the Security Council consider that measures provided for in Article 41 would be inadequate or have proved to be inadequate, it may take such action by air, sea, or land forces as may be necessary to maintain or restore international peace and security. Such action may include demonstrations, blockade, and other operations by air, sea, or land forces of Members of the United Nations.

Article 43

1. All Members of the United Nations, in order to contribute to the maintenance of international peace and security, undertake to make available to the Security Council, on its call and in accordance with a special agreement or agreements, armed forces, assistance, and facilities, including rights of passage, necessary for the purpose of maintaining international peace and security.

2. Such agreement or agreements shall govern the numbers and types of forces, their degree of readiness and general location, and the nature of the facilities and assistance to be provided.

3. The agreement or agreements shall be negotiated as soon as possible on the initiative of the Security Council. They shall be concluded between the Security Council and Members or between the Security Council and groups of Members and shall be subject to ratification by the signatory states in accordance with their respective constitutional processes.

Article 44

When the Security Council has decided to use force it shall, before calling upon a Member not represented on it to provide armed forces in fulfilment of the obligations assumed under Article 43, invite that Member, if the Member so desires, to participate in the decisions of the Security Council concerning the employment of contingents of that Member's armed forces.

Article 45

In order to enable the United Nations to take urgent military measures, Members shall hold immediately available national air-force contingents for combined international enforcement action. The strength and degree of readiness of these contingents and plans for their combined action shall be determined within the limits laid down in the special agreement or agreements referred to in Article 43, by the Security Council with the assistance of the Military Staff Committee.

Article 46

Plans for the application of armed force shall be made by the Security Council with the assistance of the Military Staff Committee.

Article 47

1. There shall be established a Military Staff Committee to advise and assist the Security Council on all questions relating to the Security Council's military requirements for the maintenance of international peace and security, the employment and command of forces placed at its disposal, the regulation of armaments, and possible disarmament.

2. The Military Staff Committee shall consist of the Chiefs of Staff of the permanent members of the Security Council or their representatives. Any Member of the United Nations not permanently represented on the Committee shall be invited by the Committee to be associated with it when the efficient discharge of the Committee's responsibilities requires the participation of that Member in its work.

3. The Military Staff Committee shall be responsible under the Security Council for the strategic direction of any armed forces placed at the disposal of the Security Council. Questions relating to the command of such forces shall be worked out subsequently.

4. The Military Staff Committee, with the authorization of the Security

Council and after consultation with appropriate regional agencies, may establish regional sub-committees.

Article 48

1. The action required to carry out the decisions of the Security Council for the maintenance of international peace and security shall be taken by all the Members of the United Nations or by some of them, as the Security Council may determine.

2. Such decisions shall be carried out by the Members of the United Nations directly and through their action in the appropriate international agencies of which they are members.

Article 49

The Members of the United Nations shall join in affording mutual assistance in carrying out the measures decided upon by the Security Council.

Article 50

If preventive or enforcement measures against any state are taken by the Security Council, any other state, whether a Member of the United Nations or not, which finds itself confronted with special economic problems arising from the carrying out of those measures shall have the right to consult the Security Council with regard to a solution of those problems.

Article 51

Nothing in the present Charter shall impair the inherent right of individual or collective self-defence if an armed attack occurs against a Member of the United Nations, until the Security Council has taken measures necessary to maintain international peace and security. Measures taken by Members in the exercise of this right of self-defence shall be immediately reported to the Security Council and shall not in any way affect the authority and responsibility of the Security Council under the present Charter to take at any time such action as it deems necessary in order to maintain or restore international peace and security.

3. 유엔안전보장이사회 결의문 제1718(2006) 북한 제1차 핵실험에 대한 제재결의문[3]

Resolution 1718 (2006)
Adopted by the Security Council at its 5551st meeting, on14 October 2006

The Security Council,

Recalling its previous relevant resolutions, including resolution 825 (1993), resolution 1540 (2004) and, in particular, resolution 1695 (2006), as well as the statement of its President of 6 October 2006 (S/PRST/2006/41),

Reaffirming that proliferation of nuclear, chemical and biological weapons, as well as their means of delivery, constitutes a threat to international peace and security,

Expressing the gravest concern at the claim by the Democratic People's Republic of Korea (DPRK) that it has conducted a test of a nuclear weapon on 9 October 2006, and at the challenge such a test constitutes to the Treaty on the Non-Proliferation of Nuclear Weapons and to international efforts aimed at strengthening the global regime of non-proliferation of nuclear weapons, and the danger it poses to peace and stability in the region and beyond,

Expressing its firm conviction that the international regime on the non-proliferation of nuclear weapons should be maintained and recalling that the DPRK cannot have the status of a nuclear-weapon state in accordance with the Treaty on the Non-Proliferation of Nuclear Weapons,

Deploring the DPRK's announcement of withdrawal from the Treaty on the Non-Proliferation of Nuclear Weapons and its pursuit of nuclear weapons,

---

[3] http://www.un.org/ga/search/view_doc.asp?symbol=S/RES/1718%20%282006%29

Deploring further that the DPRK has refused to return to the Six-Party talks without precondition, Endorsing the Joint Statement issued on 19 September 2005 by China, the DPRK, Japan, the Republic of Korea, the Russian Federation and the United States,

Underlining the importance that the DPRK respond to other security and humanitarian concerns of the international community,

Expressing profound concern that the test claimed by the DPRK has generated increased tension in the region and beyond, and determining therefore that there is a clear threat to international peace and security,

Acting under Chapter VII of the Charter of the United Nations, and taking measures under its Article 41,

1. Condemns the nuclear test proclaimed by the DPRK on 9 October 2006in flagrant disregard of its relevant resolutions, in particular resolution 1695 (2006), as well as of the statement of its President of 6 October 2006 (S/PRST/2006/41), including that such a test would bring universal condemnation of the international community and would represent a clear threat to international peace and security;

2. Demands that the DPRK not conduct any further nuclear test or launch of a ballistic missile;

3. Demands that the DPRK immediately retract its announcement of with drawal from the Treaty on the Non-Proliferation of Nuclear Weapons;

4. Demands further that the DPRK return to the Treaty on the N on-Proliferation of Nuclear Weapons and International Atomic Energy Agency(IAEA) safeguards, and underlines the need for all States Parties to the Treaty on the Non-Proliferation of Nuclear Weapons to continue to comply with their Treaty obligations;

5. Decides that the DPRK shall suspend all activities related to its ballistic missile programme and in this context re-establish its pre-existing commitments to a moratorium on missile launching;

6. Decides that the DPRK shall abandon all nuclear weapons and existing nuclear programmes in a complete, verifiable and irreversible manner,

shall act strictly in accordance with the obligations applicable to parties under the Treaty on the Non-Proliferation of Nuclear Weapons and the terms and conditions of its International Atomic Energy Agency (IAEA) Safeguards Agreement (IAEAINFCIRC/403) and shall provide the IAEA transparency measures extending beyond these requirements, including such access to individuals, documentation, equipments and facilities as may be required and deemed necessary by the IAEA;

7. Decides also that the DPRK shall abandon all other existing weapons of mass destruction and ballistic missile programme in a complete, verifiable and irreversible manner;

8. Decides that:

(a) All Member States shall prevent the direct or indirect supply, sale or transfer to the DPRK, through their territories or by their nationals, or using their flag vessels or aircraft, and whether or not originating in their territories, of: (i) Any battle tanks, armoured combat vehicles, large calibre artillery systems, combat aircraft, attack helicopters, warships, missiles or missile systems as defined for the purpose of the United Nations Register on Conventional Arms, or related materiel including spare parts, or items as determined by the Security Council or the Committee established by paragraph12 below (the Committee); (ii) All items, materials, equipment, goods and technology as set out in the lists in documents S/2006/814 and S/2006/815, unless within 14 days of adoption of this resolution the Committee has amended or completed their provisions also taking into account the list in document S/2006/816, as well as other items, materials, equipment, goods and technology, determined by the Security Council or the Committee, which could contribute to DPRK's nuclear-related, ballistic missile-related or other weapons of mass destruction related programmes; (iii) Luxury goods;

(b) The DPRK shall cease the export of all items covered in subparagraphs (a) (i) and (a) (ii) above and that all Member States shall prohibit the procurement of such items from the DPRK by their nationals, or using their flagged vessels or aircraft, and whether or not originating in the territory of the DPRK;

(c) All Member States shall prevent any transfers to the DPRK by their nationals or from their territories, or from the DPRK by its nationals or from its territory, of technical training, advice, services or assistance related to the provision, manufacture, maintenance or use of the items in subparagraphs (a) (i) and (a) (ii)above;

(d) All Member States shall, in accordance with their respective legal processes, freeze immediately the funds, other financial assets and economic resources which are on their territories at the date of the adoption of this resolution or at any time thereafter, that are owned or controlled, directly or indirectly, by the persons or entities designated by the Committee or by the Security Council as being engaged in or providing support for, including through other illicit means, DPRK's nuclear-related, other weapons of mass destruction -related and ballistic missile related programmes, or by persons or entities acting on their behalf or at their direction, and ensure that any funds, financial assets or economic resources are prevented from being made available by their nationals or by any persons or entities within their territories, to or for the benefit of such persons or entities;

(e) All Member States shall take the necessary steps to prevent the entry into or transit through their territories of the persons designated by the Committee or by the Security Council as being responsible for, including through supporting or promoting, DPRK policies in relation to the DPRK's nuclear-related, ballistic missile-related and other weapons of mass destruction-related programmes, together with their family members, provided that nothing in this paragraph shall oblige astate to refuse its own nationals entry into its territory;

(f) In order to ensure compliance with the requirements of this paragraph, and thereby preventing illicit trafficking in nuclear, chemical or biological weapons, their means of delivery and related materials, all Member States are called upon to take, in accordance with their national authorities and legislation, and consistent with international law, cooperative action including through inspection of cargo to and from the DPRK, as necessary;

9. Decides that the provisions of paragraph 8 (d) above do not apply to financial or other assets or resources that have been determined by relevant States:

    (a) To be necessary for basic expenses, including payment for foodstuffs, rent or mortgage, medicines and medical treatment, taxes, insurance premiums, and public utility charges, or exclusively for payment of reasonable professional fees and reimbursement of incurred expenses associated with the provision of legal services, or fees or service charges, in accordance with national laws, for routine holding or maintenance of frozen funds, other financial assets and economic resources, after notification by the relevant States to the Committee of the intention to authorize, where appropriate, access to such funds, other financial assets resources and in the absence of a negative decision by the Committee within five working days of such notification;

    (b) To be necessary for extraordinary expenses, provided that such determination has been notified by the relevant States to the Committee and has been approved by the Committee; or

    (c) To be subject of a judicial, administrative or arbitral lien or judgement, in which case the funds, other financial assets and economic resources may be used to satisfy that lien or judgement provided that the lien or judgement was entered prior to the date of the present resolution, is not for the benefit of a person referred to in paragraph 8 (d) above or an individual or entity identified by the Security Councilor the Committee, and has been notified by the relevant States to the Committee;

10. Decides that the measures imposed by paragraph 8 (e) above shall not apply where the Committee determines on a case-by-case basis that such travel is justified on the grounds of humanitarian need, including religious obligations, or where the Committee concludes that an exemption would otherwise further the objectives of the present resolution;

11. Calls upon all Member States to report to the Security Council within thirty days of the adoption of this resolution on the steps they have taken with a view to implementing effectively the provisions of paragraph 8 above; 12. Decides to establish, in accordance with rule 28 of its provisional rules of procedure, a Committee of the Security Council consisting of all the members of the Council, to undertake the following tasks:

(a) To seek from all States, in particular those producing or possessing the items, materials, equipment, goods and technology referred to in paragraph 8 (a)above, information regarding the actions taken by them to implement effectively the measures imposed by paragraph 8 above of this resolution and whatever further information it may consider useful in this regard;

(b) To examine and take appropriate action on information regarding alleged violations of measures imposed by paragraph 8 of this resolution;

(c) To consider and decide upon requests for exemptions set out in paragraphs 9 and 10 above;

(d) To determine additional items, materials, equipment, goods and technology to be specified for the purpose of paragraphs 8 (a) (i) and 8 (a) (ii)above;

(e) To designate additional individuals and entities subject to the measures imposed by paragraphs 8 (d) and 8 (e) above;

(f) To promulgate guidelines as may be necessary to facilitate the implementation of the measures imposed by this resolution;

(g) To report at least every 90 days to the Security Council on its work, withits observations and recommendations, in particular on ways to strengthen the effectiveness of the measures imposed by paragraph 8 above;

13. Welcomes and encourages further the efforts by all States concerned to intensify their diplomatic efforts, to refrain from any actions that might aggravate tension and to facilitate the early resumption of the Six-Party Talks, with a view to the expeditious implementation of the Joint Statement issued on 19 September 2005 by China, the DPRK, Japan, the Republic of Korea, the Russian Federation and the United States, to achieve the verifiable denuclearization of the Korean Peninsula and to maintain peace and stability on the Korean Peninsula and in north-east Asia;

14. Calls upon the DPRK to return immediately to the Six-Party Talks without precondition and to work towards the expeditious implementation of the Joint Statement issued on 19 September 2005 by China, the DPRK, Japan, the Republic of Korea, the Russian Federation and the United States;

15. Affirms that it shall keep DPRK's actions under continuous review and that it shall be prepared to review the appropriateness of the measures contained in paragraph 8 above, including the strengthening, modification, suspension or lifting of the measures, as may be needed at that time in light of the DPRK's compliance with the provisions of the resolution;

16. Underlines that further decisions will be required, should additional measures be necessary;

17. Decides to remain actively seized of the matter.

찾아보기

정 鄭

은 銀

숙 淑

현재 세종연구소 안보전략연구실 수석연구위원
    통일부, 외교부, 해군발전 자문위원
고려대학교 정치외교학과 졸업
미국 오하이오 주립대학교 정치학 박사

● 주요 저서
  『글로벌 거버넌스와 국제안보』
  『유엔안보리의 대북제재레짐』
  『러시아 외교안보정책의 이해』
  『미 · 중 · 일 · 러의 한반도정책 결정과정』(편) 등

● 주요 논문
  "제2세대 유엔PKO"
  "글로벌 거버넌스의 이해"
  "헬싱키 프로세스와 남북관계"
  "Long Stalled Six-Party Talks on North Korea's Nuclear Program
  : Positions of Contries Involved" 등

세종연구소 부소장 역임
국제유엔체계학회(ACUNS) 이사 역임
미국 스탠포드대학교 후버연구소, 독일 프랑크푸르트 평화연구소,
오스트리아 국제문제연구소, 핀란드 국제문제연구소 객원연구위원 역임
국가안전보장회의 정책자문위원 역임